注册会计师全国统一考试辅导用书 **2021**

CPA知识点全解及真题模拟

公司战略与风险管理

高顿教育CPA考试研究院 编著

立信会计出版社
LIXIN ACCOUNTING PUBLISHING HOUSE

图书在版编目(CIP)数据

CPA知识点全解及真题模拟. 公司战略与风险管理 / 高顿教育CPA考试研究院编著. —上海：立信会计出版社，2020.4(2021.3重印)
ISBN 978-7-5429-6413-7

Ⅰ. ①C… Ⅱ. ①高… Ⅲ. ①公司—企业管理—资格考试—习题集②公司—风险管理—资格考试—习题集
Ⅳ. ①F23-44

中国版本图书馆CIP数据核字(2020)第030780号

策划编辑　方士华
责任编辑　方士华

CPA知识点全解及真题模拟　公司战略与风险管理

出版发行　立信会计出版社
地　　址　上海市中山西路2230号　　邮政编码　200235
电　　话　(021)64411389　　传　　真　(021)64411325
网　　址　www.lixinaph.com　　电子邮箱　lixinaph2019@126.com
网上书店　http://lixin.jd.com　　http://lxkjcbs.tmall.com
经　　销　各地新华书店

印　　刷　上海龙腾印务有限公司
开　　本　889毫米×1194毫米　1/16
印　　张　19.5
字　　数　660千字
版　　次　2020年4月第1版
印　　次　2021年3月第2次
书　　号　ISBN 978-7-5429-6413-7/F
定　　价　89.00元

目 录

第一章　战略与战略管理

本章领读

考情概要

本章的知识点在考试中多以客观题的形式出现，每年考查分值为2~4分。同时，有部分知识点如公司使命与目标、战略创新管理等也会与其他章节的知识点相结合，进行主观题的命题。

考点及考频分布

表1-1　考点及考频分布

考纲内容	考纲能力等级	考查年份及题型
公司战略的定义	1级	2018年多选题、2013年多选题
公司的使命与目标	2级	2020年单选题、2019年单选题、2015年单选题、2014年单选题、2014年多选题、2018年综合题
公司战略的层次	1级	2015年单选题、2014年单选题、2013年多选题、2012年多选题
战略管理的内涵与特征	1级	近年未涉及
战略管理过程	2级	2014年单选题、2014年多选题
战略创新管理	3级	新增知识点

其中，1级代表知识理解能力，即理解考点的基本概念和基本原理。

2级代表基本应用能力，即在1级的基础上，在比较简单的职业环境中，运用专业知识解决实务问题。

3级代表综合运用能力，即在1级的基础上，在相对复杂的职业环境中，综合运用专业知识和职业技能解决实务问题。

学习建议

在本章的学习过程中，同学们可以在理解公司战略相关概念与内涵的基础上，从公司战略的层次出发，依次学习战略管理的内涵与特征、战略管理的过程，以及战略创新管理。其中，公司战略、使命和目标，公司战略的层次及战略创新管理的内容是本章的重点，需要同学们予以特别关注。

学习框架

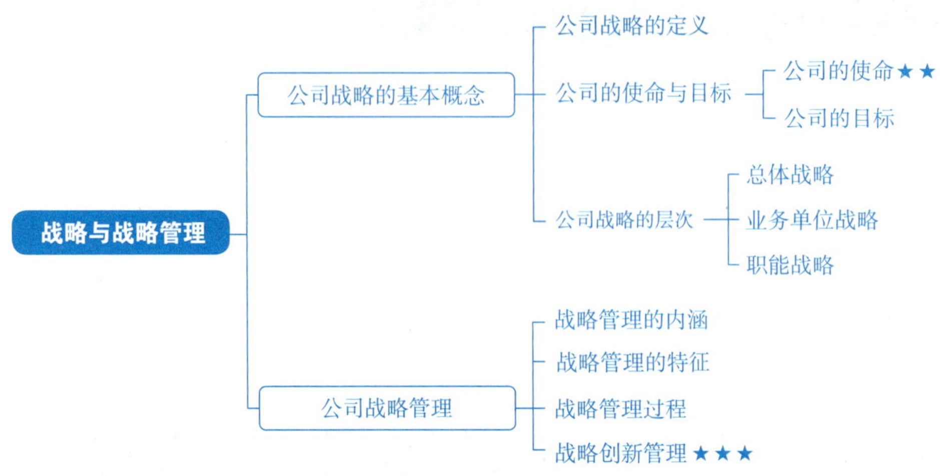

图 1-1 学习框架图

Part Ⅰ 知识点全解

一、公司战略的基本概念

（一）公司战略的定义★

传统概念：美国哈佛大学教授波特认为公司战略是公司为之奋斗的一些**终点**与公司为达到它们而寻求的**途径的结合物**。它强调的公司战略的属性——**计划性、全局性、长期性**。

现代概念：加拿大管理学家明茨伯格认为，公司战略是一系列或整套的**决策或行动方式**。它强调的公司战略的属性——**应变性、竞争性、风险性**。

名师说

（1）传统概念强调终点与途径的结合（即传统=终点+途径），而现代概念只强调途径，不强调终点（即现代=途径）。

（2）事实上，传统与现代概念都片面，公司大部分战略是计划性和应变性的组合。也就是说，首先由管理者根据需要设定一个预谋的规划，之后随着内外部环境的不断变化随时调整。

【例 1-1 · 多选题】在当今瞬息万变的环境变化之下，某公司根据竞争对手的状况调整自己的战略，决定通过购买土地、大兴土木的方式给竞争对手以扩张生产规模的印象，其目的是阻止竞争对手开设新的工厂。这个例子说明（　　）。

A. 战略具有计划性　　B. 战略具有应变性

C. 战略具有竞争性　　D. 战略具有长期性

【答案】BC

【考点】公司战略的定义

【解析】根据材料可知，该公司是根据对手情况调整战略，属于临时出现的战略，因此，该公司采用的是现代战略的范畴，现代战略具有应变性、竞争性和风险性。

（二）公司的使命与目标

1. 公司的使命★★

公司的使命阐明企业组织的根本性质与存在理由，一般包括三个方面：

（1）公司目的：公司目的是企业组织的根本性质和存在理由的直接体现。组织按其存在理由可分为两类：营利组织和非营利组织。

（2）公司宗旨：公司宗旨阐述公司长期的战略意向，说明公司目前和未来所要从事的经营业务范围。业务范围包括产品或服务、顾客对象、市场、技术等。

（3）经营哲学：经营哲学是公司为其经营活动方式确立的价值观、基本信念、行为准则，是企业文化的高度概括。经营哲学影响公司的经营范围和经营效果。

请同学们记忆公司使命三方面的名称，并且注意三方面的案例辨析，考试中常出现案例让同学们选择是属于公司目的、公司宗旨和经营哲学中的哪一个。

名师说

（1）公司目的即赚钱与否；公司宗旨即公司做什么；经营哲学即公司做事的底线。

（2）事实上，使命就是前文中公司战略传统概念强调的终点。但是许多公司对于其使命的表述往往较为抽象，不会太全面，因为过于全面的使命表述会使公司在多变的环境中较为被动。比如，假设某公司将使命表述为"赚够1个亿"，那么是否意味着赚够1个亿以后该公司则不再继续经营？

（3）营利性组织的首要目的是为所有者带来经济价值，但这并非唯一目的，此外，还须履行社会责任（如促进地区经济发展、保护环境、支持公益事业等），从而保障营利目的的实现。

2. 公司的目标★

公司目标是使命的具体化，是一个体系，分为两类：

（1）财务目标体系：市场占有率、收益增长率、投资回报率、股利增长率、股票价格评价、现金流、公司的信任度，等等。

（2）战略目标体系：获取足够的市场竞争优势，在产品质量、客户服务或产品革新等方面压倒竞争对手，使整体成本低于竞争对手的成本，提高公司在客户中的声誉，在国际市场上建立更强大的立足点，建立技术上的领导地位，获得持久的竞争力，抓住诱人的成长机会，等等。

名师说

（1）目标是为完成使命而存在，因此，区别于使命来说，目标较为具体，有具体的指标变量、有具体的完成期限、定量化。

（2）与财务数据相关的结果属于财务目标体系，相对于竞争对手的结果属于战略目标体系。两大目标体系都有长期和短期之分。目标体系的建立是需要所有管理者的参与，公司中各个单元的目标都需汇总，并且与整个公司目标匹配，才能最终实现目标，完成使命。

（3）注意两大体系指标的不同分类，考试中可能会出现让同学们选择是财务指标还是战略指标的客观题。尤其要注意，"公司的信任度"是财务指标，指的是公司自己的信贷额度；"使整体成本低于竞争对手的成本"是战略指标，是与竞争对手去比较。

（三）公司战略的层次

战略一般分为三个层次：总体战略、业务单位战略和职能战略。各层次战略所涉及的管理层次见图1－2。

图 1-2 公司战略的管理层次

1. 总体战略（公司层战略）

最高层次战略，与选择企业的经营领域、配置企业的资源有关，涉及整个企业的财务结构和组织结构方面的问题。

2. 业务单位战略（竞争战略）

二级战略，涉及各业务单位的主管及辅助人员，他们将企业目标、发展方向和措施具体化，形成本业务单位具体的竞争与经营战略。

3. 职能战略（职能层战略）

主要涉及企业内各职能部门，如营销、财务、生产、研发、人力资源、信息技术等，如何更好地配置企业内部资源，为各级战略服务，提高组织效率。

名师说

（1）总体战略强调领域选择和资源配置，业务单位战略强调竞争，职能战略强调协调与效率。其中，总体战略中的“配置企业的资源”配置的是全部资源，由高层管理者去分配；职能战略中的“配置企业内部资源”配置的是职能部门内部的资源，是在得到上层分配下来的资源之后进行的有效利用；但是在利用资源的过程中，某个职能部门内部或者各个职能部门之间就会产生协调性问题。

（2）对于一家单业务公司来说，总体战略和业务单位战略合二为一；只有对业务多元化的公司来说，总体战略和业务单位战略的区分才有意义。

【例 1-2·多选题】甲集团的经营范围涉及网络游戏、医药保健。最近，该集团宣布进军电子金融领域。由此可见，甲集团的公司战略层次包括(　　)。

A. 总体战略　　B. 业务单位战略

C. 多元化战略　　D. 职能战略

【答案】ABD

【考点】公司战略的层次

【解析】甲集团涉及多个业务领域，说明甲公司为跨行业经营的多元化集团。业务多元化的公司拥有三个战略层次：总体战略、业务单位战略、职能战略。

二、公司战略管理

（一）战略管理的内涵★

企业战略管理是为实现企业的使命和战略目标，科学地分析企业的内外部环境与条件，制定战略决策，评估、选择并实施战略方案，控制战略绩效的动态管理过程。

（二）战略管理的特征★

（1）战略管理是企业的综合性管理。

（2）战略管理是企业的高层次管理。

（3）战略管理是企业的一种动态性管理。

综合性管理是指战略管理涉及企业所有管理部门、业务单位及所有相关因素；高层次管理是指战略管理必须由企业的高层领导来推动和实施；动态性管理是指根据内外部条件和因素的变化进行管理活动的适当调整与变更。

（三）战略管理过程★

战略管理过程

战略管理包括三个关键要素：战略分析、战略选择和战略实施，是一个**循环往复**的过程，要不断监控和评价战略的实施过程，修正原来的分析、选择与实施工作。

1. 战略分析

战略分析阶段要明确**企业目前处于什么位置**，需要考虑许多方面的问题，主要是外部环境分析和内部环境分析。战略分析的内容见图 1－3。

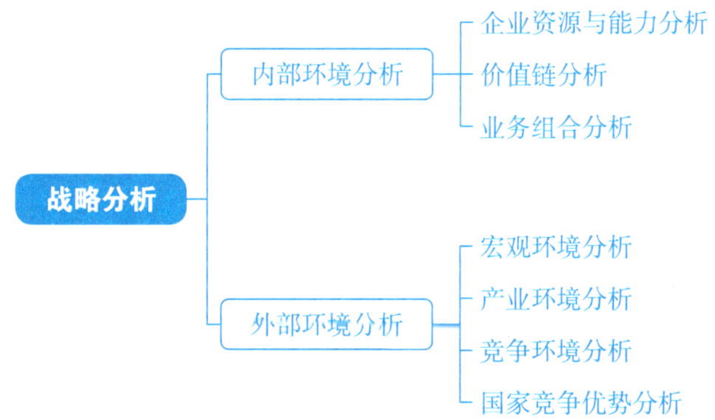

图 1－3　战略分析的内容

2. 战略选择

战略选择要回答的问题是**企业向何处发展**。

（1）选择类型。

战略选择的类型，见表 1－2。

表 1－2　战略选择的类型

类型	内容
总体战略（公司层战略）	发展战略、稳定战略、收缩战略
业务单位战略（竞争战略）	基本竞争战略、中小企业竞争战略、蓝海战略
职能战略（职能层战略）	市场营销战略、生产运营战略、研究与开发战略、采购战略、人力资源战略、财务战略等

选择类型就是根据战略的三个层次来划分，这是战略选择章节的重点内容，甚至是考试的重点考查内容，会在本书后续章节战略选择这一部分详细叙述。

（2）选择过程。

战略选择过程主要有四个步骤，见表 1－3。

表 1-3 战略选择过程

步骤	方法或标准
制订战略选择方案	自上而下：高层制订，下属形成系统。 自下而上：下属提交，高层修改。 上下结合：共同参与，沟通制定
评估战略备选方案	适宜性标准：考虑方案是否适合企业，有无扬长避短。 可接受性标准：考虑利益相关者能否接受方案。 可行性标准：考虑收益与风险的指标，方案是否行得通
选择战略	根据企业目标选择； 提交上级管理部门审批； 聘请外部专家进行战略选择工作

3. 战略实施

战略实施是将战略转化为行动，需要解决的主要问题有：

（1）确定和建立一个有效的组织结构。

（2）保证人员和制度的有效管理。

（3）正确处理和协调公司内部关系。

（4）选择适当的组织协调和控制系统。

（5）协调好企业战略、结构、文化和控制诸方面的关系。

名师说

所谓有效的行动就是需要建立有效的组织结构，召集相关人才，并且制订管理人才的制度，建立内控系统和适宜的企业文化，并不断协调上述几个方面。实际上，战略实施需要关注的几个方面就是在战略实施章节需要学习的几个小节。

（四）战略创新管理★★★

1. 什么是战略创新

企业创新是指企业为了获得可持续竞争优势，根据所处的内外部环境已经发生或预测会发生的变化，结合环境、战略、组织三者之间的动态协调性原则，并涉及企业组织各要素同步支持性变化，对新的创意进行搜索、选择、实施、获取的系统性过程。

2. 创新的重要性

（1）创新是企业适应不断变化的外部环境、确保自身生存发展至关重要的能力。

（2）创新是企业获得持续竞争优势最主要的来源。

（3）持续不断的创新是维持企业竞争优势的根本保障。

3. 战略创新的类型

（1）产品创新，是指组织提供的产品和服务的变化。例如，推出一款新设计的轿车、为婴儿提供新保险种类、提供安装新的家庭娱乐系统服务等。

（2）流程创新，是指产品和服务的生产和交付方式的变化。例如，生产汽车及家庭娱乐系统的制造方法和设备的变化，保险业务办公手续和任务排序的变化等。

（3）定位创新，是指产品和服务进入市场的环境的变化，即通过在特定用户情境下重新定位对既有产品和流程的感知来实现的创新。例如，英国产品“Lucozade”，早在 1927 年用葡萄糖饮品用来做病人康复，后来作为提高运动效能的饮品重新推出。

（4）范式创新，是指影响组织业务的潜在思维模式的变化。例如，安然公司意识到水电等公共事业方面范式创新的潜力，从而赢得了显赫的市场地位。

4. 探索战略创新的不同方面

（1）创新的新颖程度——渐进性还是突破性。相关内容见表 1-4。

表 1-4　渐进性创新和突破性创新

持续性渐进性创新	非连续突破性创新
持续、稳步前进的变化过程	全面性的变化，企业整个体系发生改变
“全面质量管理”的运动	“创造性毁灭”的过程

（2）创新的平台和产品家族。

例如，睿祥公司 2014 年开启的“生态链计划”，围绕睿祥公司核心主业手机业务，建成了全球最大的消费类万物互联平台。

（3）创新的层面——在组件层面还是架构层面。

（4）时机——创新生命周期。相关内容见表 1-5。

表 1-5　创新生命周期

创新特征	流变阶段	过渡阶段	成熟阶段
竞争重点	功能性的产品性能	产品差异化	降低成本
创新的驱动因素	关于客户需求的信息，技术投入	通过扩展内部的技术能力来创造机会	降低成本、提高质量等方面的压力
创新的主要类型	产品的经常性的主要变化	随着生产规模扩大，要求出现重大流程创新	渐进性的产品和流程创新
产品线	多样性，通常包括定制的设计	包括至少一种稳定或主导设计	大多数是无差异的标准产品
生产流程	灵活但低效，目标带有实验性，而且经常变化	变得越来越严格和明确	高效，通常形成资本集约化并且相对严格

5. 战略创新的情境

（1）建立创新型组织。

创新型组织的组成要素和关键特征，见表 1-6。

表 1-6　创新型组织的组成要素和关键特征

组成要素	关键特征
共同使命、领导力和创新的意愿	明确阐述共同的使命感； 延伸战略目标——“高管层的承诺”
合适的组织结构	组织设计使得创造力、学习和互动成为可能； 关键问题是在“有机的”和“机械的”模式之间找到恰当的平衡
关键个体	发明者、组织发起者、把关人员和其他角色赋予创新活力或促进创新
全员参与创新	参与整个组织的持续改进活动。 五个阶段：①无意识的全员创新；②组织动员全员创新的正式尝试；③将全员创新习惯与组织战略目标联系起来，使得各种团队和个体的改进活动能够与组织战略目标保持一致；④对个体和小组“授权”；⑤达到全员创新的最高阶段，组织中的每个人都充分参与试验和改进过程，分享知识，积极创建学习型组织

续表

组成要素	关键特征
有效的团队合作	适当地使用团队（在本部门、跨职能和组织间）来解决问题，需要在团队选择和建设上给予投入。 影响高效团队合作的关键因素：①得到明确定义的任务和目标；②有效的团队领导；③团队角色和个人行为风格的良好平衡；④小组内部有效的冲突解决机制；⑤与外部组织的持续联络。 团队的四个发展阶段：①形成；②震荡；③规范化；④执行
创造性的氛围	使用积极的方法来获得创造性的想法，得到相关激励系统的支持。 氛围影响创新六个最关键因素：①信任和开放性；②挑战和参与；③组织松弛度；④冲突和争论；⑤风险承担；⑥自由
跨越边界	内部和外部的顾客导向； 广泛的网络

（2）制定创新的战略。

6. 创新管理的主要过程

（1）搜索阶段——如何找到创新的机会。

（2）选择阶段——要做什么以及为什么。

（3）实施阶段——如何实现创新。

（4）获取阶段——如何获得利益。

Part II 历年真题

一、单选题

1. 【2020】天鸣公司是全球领先的通信基础设施和智能终端提供商，该公司在网站上的显著位置有如下说明：致力于把数字科技带入每个人、每个家庭、每个组织，构建万物互联的智能世界。天鸣公司的上述说明体现了该公司的（　　）。

A. 目的　　B. 宗旨　　C. 经营哲学　　D. 目标

【答案】B

【考点】公司使命与目标

【解析】“致力于把数字科技带入每个人、每个家庭、每个组织，构建万物互联的智能世界”涉及的是经营业务范围，属于宗旨。

2. 【2019】睿祥公司创业初期主营手机业务，后来成长为一家涵盖众多消费电子产品和软硬件的互联网企业。本案例体现了睿祥公司(　　)。

A. 宗旨的变化　　B. 经营哲学的变化　　C. 战略层次的变化　　D. 公司目的的变化

【答案】A

【考点】公司使命与目标

【解析】“睿祥公司创业初期主营手机业务，后来成长为一家涵盖众多消费电子产品和软硬件的互联网企业”，说明其经营业务范围进行了调整，是宗旨的变化。

3. 【2015】以盈利为目的而成立的组织，其首要目的是(　　)。

A. 保证员工利益　　B. 实现经营者期望

C. 履行社会职责　　D. 为其所有者带来经济价值

【答案】D

【考点】公司使命与目标

【解析】公司目的是企业组织的根本性质和存在理由的直接体现。组织按其存在理由可以分为两大类：营利组织和非营利组织。以营利为目的而成立的组织，其首要目的是为其所有者带来经济价值。

4. 【2014】甲公司的创始人在创业时就要求公司所有员工遵守一个规定：在经营活动中永远不做违背道德和法律的事情。从公司使命角度来看，此规定属于(　　)。

A. 公司目的　　B. 公司宗旨　　C. 经营哲学　　D. 公司目标

【答案】C

【考点】公司使命与目标

【解析】经营哲学是公司为其经营活动方式所确立的价值观、基本信念和行为准则，是企业文化的高度概括。经营哲学主要通过公司对利益相关者的态度、公司提倡的共同价值观、政策和目标以及管理风格等方面体现出来。本题“在经营活动中永远不做违背道德和法律的事情”体现的是公司的经营哲学，选项 C 正确。公司目的为是否营利，公司宗旨为业务范围。

5. 【2015】下列各项中，属于多元化公司总体战略的核心要素的是(　　)。

A. 明确企业竞争战略　　B. 选择企业可以竞争的经营领域

C. 协调每个职能中各种活动之间的关系　　D. 协调不同职能与业务流程之间的关系

【答案】B

【考点】公司战略的层次

【解析】总体战略是根据企业的目标，选择企业可以竞争的经营领域，合理配置企业经营所必需的资源，使各项经营业务相互支持、相互协调。所以，选项 B 正确。选项 A 属于竞争战略的核心要素；选项 CD 属于职能战略的核心要素。

6. 【2014】公司总体战略的构成要素是(　　)。

A. 选择经营范围，发挥协同作用　　B. 确立竞争优势，有效地控制资源的分配和使用

C. 配置企业内部资源，发挥协同作用　　D. 选择经营范围，合理配置企业经营所需资源

【答案】D

【考点】公司战略的层次

【解析】总体战略又被称为公司层战略，是企业最高层次的战略。它需要根据企业的目标，选择企业可以竞争的经营领域，合理配置企业经营所必需的资源，使各项经营业务相互支持、相互协调。所以，选项 D 正确。选项 A 前半句是总体战略构成要素，后半句为职能战略构成要素；选项 B 是竞争战略的构成要素；选项 C 是职能战略的构成要素。

7. 【2014】甲公司评估战略备选方案时，主要考虑选择的战略是否发挥了企业优势，克服了劣势，是否利用了机会，将威胁削弱到最低程度，是否有助于企业实现目标。甲公司评估战略备选方案使用的标准是(　　)。

A. 适宜性标准　　B. 外部性标准　　C. 可行性标准　　D. 可接受性标准

【答案】A

【考点】战略管理的过程

【解析】适宜性标准，考虑选择的战略是否发挥了企业的优势，克服了劣势，是否利用了机会，将威胁削弱到最低程度，是否有助于企业实现目标，所以选项 A 正确。可行性标准是所选战略需要落实到风险和收益的指标上；可接受性标准是要考虑利益相关者能否接受战略方案。

二、多选题

1. 【2018】逸风公司是一家手机游戏软件开发商。该公司为实现预定的战略目标，借助大数据分析工具，及时根据市场需求的变化调整产品开发和经营计划，成效显著。下列各项中，对逸风公司上述做法表述正确的有(　　)。

A. 逸风公司的战略是理性计划的产物

B. 逸风公司的战略是在其内外环境的变化中不断规划和再规划的结果
C. 逸风公司采取主动态势预测未来
D. 逸风公司的战略是事先的计划和突发应变的组合

【答案】BCD
【考点】公司战略的定义
【解析】由于该公司是先设定预先目标并根据实际需求变化调整战略，可以判断该公司的战略是现代的战略，有预先性的计划又有临时调整的部分。选项 A 中理性计划的产物是传统概念的显著特征。

2.【2013】公司战略的现代概念强调战略的(　　)。
A. 全局性　　B. 竞争性　　C. 风险性　　D. 应变性

【答案】BCD
【考点】公司战略的定义
【解析】全局性为传统概念的属性。

3.【2014】下列关于公司建立战略目标体系目的的表述中，正确的有(　　)。
A. 提高股利增长率　　B. 获得满意的投资回报率
C. 提高公司在客户中的声誉　　D. 获得持久的竞争优势

【答案】CD
【考点】公司使命与目标
【解析】战略目标体系建立的目的在于为公司赢得下列结果：获取足够的市场份额，在产品质量、客户服务或产品革新等方面压倒竞争对手，使整体成本低于竞争对手的成本，提高公司在客户中的声誉，在国际市场上建立更强大的立足点，建立技术上的领导地位，获得持久的竞争优势，抓住诱人的成长机会，等等。选项 AB 属于财务目标体系的指标。

4.【2012】甲公司的 100 多家生活日用品百货超市，分布于一个三省交界的地域，分别由公司下设的 5 个地区事业部管理，各个事业部实行自我计划和自我管理。所以该公司的企业战略的结构层次应当包括(　　)。
A. 公司战略　　B. 业务单位战略　　C. 市场战略　　D. 职能战略

【答案】ABD
【考点】公司战略的层次
【解析】对于复杂的多元化经营的企业来说，公司战略的层次包括公司战略、业务单位战略和职能战略。甲公司的业务领域涉及范围已经跨地域，并且设立了多个事业部（横向分工结构的基本类型之一，是产品线较多的多元化企业采用的组织结构），因此包含三个层次。

5.【2014】下列各项中，属于战略实施要解决的主要问题的有(　　)。
A. 企业的组织结构是否有效　　B. 企业战略、结构、文化和控制诸方面是否协调
C. 企业自身所处的地位是否有利　　D. 人员和制度的管理是否合理

【答案】ABD
【考点】战略管理的过程
【解析】有效的行动就是需要建立有效的组织结构，召集相关人才，并且制定管理人才的制度，建立内控系统和适宜的企业文化，并不断协调上述几个方面，故选项 ABD 正确。企业自身所处的地位是否有利属于战略分析所需要考虑的范畴，故选项 C 错误。

战略这门课程主观题的综合性尤其强，涉及很多跨章节知识点，并且主观题需进行专项演练，更多内容请见《CPA 高频高分主观题·公司战略与风险管理》（中国税务出版社 2021 版）。

Part III 模拟训练

Section 1 基础巩固

一、单选题

1. “战略是一系列或整套的决策或行动方式。”关于这句话的说法，不正确的是(　　)。
A. 强调了战略的应变性、竞争性和风险性
B. 这套方式不包括刻意安排的（即计划性）战略，只有临时出现的（即非计划性的）战略
C. 大部分公司的战略是事先计划和突发应变的组合
D. 意味着企业要采取主动姿态预测未来，影响变化，而不是被动地对变化做出反应

2. 以下属于财务目标体系的指标是(　　)。
A. 现金流
B. 获取足够的市场份额
C. 使整体成本低于竞争对手的成本
D. 建立技术上的领导地位

3. 下列各项中，关于战略管理特征的表述，不正确的是(　　)。
A. 战略管理要由企业的各级人员来推动和实施
B. 战略管理是企业的动态性管理
C. 战略管理是一项涉及企业所有管理部门、业务单位及所有相关因素的管理活动
D. 战略管理为企业的发展指明基本方向和前进道路，是各项管理活动的精髓

4. 甲公司是一家著名的计算机生产企业。近期，在充分考虑了股东、供应商和员工的意见之后，高层管理者最终决定将零部件的生产外包给乙公司。上述材料说明，甲公司在进行战略备选方案评估的时候，采用的是(　　)。
A. 适宜性标准　　B. 可行性标准
C. 经济性标准　　D. 可接受性标准

5. 中华公司是国内一家著名的通信服务及产品制造商。下列关于该公司发布的公告中，属于公司宗旨的是(　　)。
A. 我们将持续提供有竞争力的通信方案和服务
B. 我们要始终保持客户第一的理念
C. 我们将帮助小企业盈利
D. 我们将争取在5年内实现5G信号全区域的覆盖

6. 大龙表业公司是欧洲一家著名的手表厂商，为了适应国际市场变化莫测的经营环境，一直秉承着“坚定信心，精神不倒，方寸不乱”的经营理念，通过不断的创新和磨炼，抓住了让世界众多厂家望而却步的客户需求。该公司的经营理念体现了公司使命的(　　)。
A. 公司目的　　B. 公司目标
C. 公司宗旨　　D. 经营哲学

7. 甲公司是一家高档箱包的进出口企业。面对公司高管针对贸易战爆发后的紧张经济形势所提出的规划，各领域经理人员决定加紧实施和推进，利用公司在箱包产品上的独特优势开展经营与竞争。甲公司各领域经理人员所使用的战略属于(　　)。
A. 公司层战略　　B. 业务单位战略
C. 职能战略　　D. 市场营销战略

8. 2018年，甲公司决定上市。公司的业务定位是“围绕手机业务构建起配件、硬件和消费品三层矩阵，从手机公司过渡到一个全覆盖的互联网公司”。甲公司的业务定位属于使命的(　　)。
A. 公司目的　　B. 公司目标
C. 公司宗旨　　D. 经营哲学

9. 光亮公司是一家民主化的新式企业。创始人非常注重员工能力的发挥。针对经济危机对公司销售额的影响，创始人要求员工各抒己见，对公司面对的问题提出解决方案。收集到方案后，创始人经权衡，明确了最终方案。根据材料可知，光亮公司制定战略备选方案的方法是(　　)。
A. 自上而下　　B. 自下而上
C. 上下结合　　D. 头脑风暴

10. 下列选项中，不属于战略创新的类型的是(　　)。
A. 产品创新　　B. 流程创新
C. 定位创新　　D. 服务创新

11. 下列选项中，不属于战略创新重要性的是(　　)。
A. 创新是企业适应不断变化的外部环境、确保自身生存发展至关重要的能力

B. 创新是企业创造价值的主要途径

C. 创新是企业获得持续竞争优势最主要的来源

D. 持续不断的创新是维持企业竞争优势的根本保障

二、多选题

12. 下列关于明茨伯格关于战略定义的表述中，正确的有(　　)。

A. 战略是一系列或整套的决策或行动方式

B. 战略是理性计划的产物

C. 战略包括刻意安排的战略和任何临时出现的战略

D. 战略是公司为之奋斗的终点与公司为达到它们而寻求的途径的结合物

13. 营造和保持创新型组织环境，是企业成功实现战略创新的关键情境之一。创新型组织的构成要素包括(　　)。

A. 共同使命、领导力和创新的意愿

B. 合适的组织结构

C. 全员参与创新

D. 跨越边界

14. 下列选项中，属于创新管理的主要过程的有(　　)。

A. 搜索阶段　　B. 选择阶段

C. 实施阶段　　D. 获取阶段

Section 2 强化提高

三、单选题

15. 下列各项表述中，可以作为企业使命的是(　　)。

A. 加强开发项目的质量管理

B. 5 年内在市区建成 2 个地标性建筑

C. 为城市建设的现代化、特色化、合理化添砖加瓦

D. 在开发某地标建筑时，以中国传统文化为基础融入科技元素

16. 甲集团是国内大型粮油集团公司，近年来致力于从田间到餐桌的产业链建设，2018 年收购了以非油炸方式生产“健康”牌方便面的乙公司，并全面更换了乙公司的管理团队。2019 年“健康”牌方便面市场份额下降，为了从竞争激烈的方便面市场上重新赢得原有市场份额，2020 年年初需要制定方便面竞争战略。该竞争战略属于(　　)。

A. 公司战略　　B. 业务单位战略

C. 产品战略　　D. 职能战略

17. VV 公司是一家新能源汽车制造商，近几年一直在汽车创新化、产业化的道路上遥遥领先。2020 年年底，VV 公司推出了一款备受瞩目的新型混动轿车 V plus，该车采用全新的智能系统，一经推出就受到了消费者的一致好评。VV 公司采取的战略创新类型是(　　)。

A. 产品创新　　B. 流程创新

C. 定位创新　　D. 范式创新

18. L 公司是英国一家药品生产企业，在 20 世纪 20 年代，该公司用葡萄糖饮品 L 来给病人做康复，进入 21 世纪后，又将饮品 L 作为提高运动效能的饮品重新推出市场。L 公司所涉及的创新管理类型是(　　)。

A. 产品创新　　B. 流程创新

C. 定位创新　　D. 范式创新

四、多选题

19. G 公司是一家以电子设备和电器产品制造为主的多元化经营公司。每当公司面临新的挑战或业务转型时，G 公司就会实施新一轮的业务流程变革或组织架构的调整，因此，近一个世纪的时间，G 公司多次从金融危机下成功生存下来。G 公司体现出的战略属性有(　　)。

A. 应变性　　B. 风险性

C. 长期性　　D. 全局性

20. 甲公司是一家从二、三线城市突围，最终打入一线城市的共享汽车公司。为了解决共享汽车管理的难题，甲公司重新调整产品定位，将共享汽车的商业属性拓展至公益属性，满足了市民的出行需求，也为政府管理提供了支持；多数共享汽车企业的主营业务就是投放车辆、抢占市场，一些龙头企业都将运营维护外包，然而甲公司坚持自主运营模式，通过不断升级硬件和软件，将数据精细化、城市网格化，因而大大降低了运营成本。根据战略创新理论，甲公司涉及的战略创新类型包括(　　)。

A. 产品创新　　B. 流程创新

C. 定位创新　　D. 范式创新

21. 在建立创新型组织的过程中，需要有效的团队合作。下列关于影响高效团队合作的关键因素中，正确的有(　　)。

A. 得到明确定义的任务和目标
B. 有效的团队领导
C. 小组内部有效的冲突解决机制
D. 减少与外部组织的持续联络

22. 下列关于成功的战略创新赖以实现的关键情境中，表述正确的有(　　)。
A. 高管层的领导力关注未来市场的渗透和增长或战略收益等因素，而不是关注投资收益
B. 创新管理的关键是在“有机的”和“机械的”模式之间找到恰当的平衡，在特定的环境中采取最合适的结构形式
C. 在企业创新活动中，发明者、组织发起者、技术把关人员和其他角色都对项目的结果产生重要的影响
D. 在建立创新型组织过程中，需要开发一种外部导向意识，并保持这种意识贯穿于组织的各个层面

Section 3 答案解析

1. 【答案】B
【考点】公司战略的定义
【解析】这套方式包括刻意安排的（即计划性）战略和临时出现的（即非计划性的）战略。
2. 【答案】A
【考点】公司使命与目标
【解析】选项 BCD 都属于战略目标体系的指标。
3. 【答案】A
【考点】战略管理的过程
【解析】战略管理是企业的高层次管理，必须由企业的高层领导来推动和实施。
4. 【答案】D
【考点】战略管理的过程
【解析】“考虑了股东、供应商和员工的意见之后，高层管理者最终决定将零部件的生产外包给乙公司”是看利益相关者是否能接受此方案，因此是可接受性标准。
5. 【答案】A
【考点】公司使命与目标
【解析】选项 B 属于经营哲学；选项 C 属于公司目的；选项 D 属于公司目标。
6. 【答案】D
【考点】公司使命与目标
【解析】经营哲学是经营活动中设立的价值观、基本信念和行为准则。“坚定信心，精神不倒，方寸不乱”的经营理念体现了经营哲学。
7. 【答案】B
【考点】公司战略的层次
【解析】业务单位战略着眼于竞争，就是针对不断变化的环境，将公司层分配的目标、方向和措施具体化。
8. 【答案】C
【考点】公司使命与目标
【解析】公司宗旨反映企业的定位，说明了目前和未来所从事的经营业务范围。
9. 【答案】B
【考点】战略管理的过程
【解析】由下属提出方案，上级决策。属于自下而上的方法。
10. 【答案】D
【考点】战略创新管理
【解析】战略创新的类型包括产品创新、流程创新、定位创新和范式创新，故选项 D 符合题意。
11. 【答案】B
【考点】战略创新管理
【解析】战略创新的重要性有三点：①创新是企业适应不断变化的外部环境、确保自身生存发展至关重要的能力（选项 A)；②创新是企业获得持续竞争优势最主要的来源（选项 C)；③持续不断的创新是维持企业竞争优势的根本保障（选项 D)。选项 B 符合题意。
12. 【答案】AC
【考点】公司战略的定义
【解析】“战略是理性计划的产物”以及“战略是公司为之奋斗的终点与公司为达到它们而寻求的途径的结合物”是波特的传统战略概念。明茨伯格的为现代概念，认为许多成功的企业战略是在事先无计划的情况下产生的。
13. 【答案】ABCD
【考点】战略创新管理
【解析】创新型组织的构成要素有：①共同使命、领导力和创新的意愿（选项 A)；②合适的组织结构（选项 B)；③全员参与创新（选项 C)；④关键个体；⑤有效的团队合作；⑥创造性的氛围；⑦跨越边界（选项 D)。
14. 【答案】ABCD
【考点】战略创新管理

【解析】创新管理的过程主要包括四个阶段：①搜索阶段——如何找到创新的机会；②选择阶段——要做什么以及为什么；③实施阶段——如何实现创新；④获取阶段——如何获得利益。

15. 【答案】C

【考点】企业使命与目标

【解析】使命的描述比较抽象，目标比较具体化。在选项 ABD 中，“加强开发项目的质量管理”“5 年内在市区建成 2 个地标性建筑”“在开发某地标建筑时，以中国传统文化为基础融入科技元素”提到的都是具体的活动，甚至有些还提到了数字。相对地，在选项 C 中，“为城市建设的现代化、特色化、合理化添砖加瓦”则并没有说明活动的内容，而仅仅只是表明了一种努力方向。

16. 【答案】B

【考点】公司战略的层次

【解析】企业战略依据其影响区域和职能可划分为三个层次：公司层战略、业务单位战略和职能战略。业务单位战略，是在总体战略指导下，一个业务单位进行竞争的战略，也称为竞争战略。竞争战略是在战略业务单位这个层次制定的，包括如何实现竞争优势，以便最大限度地提高企业盈利能力和扩大市场份额，确定相关产品的范围、价格、促销手段和市场营销渠道等。甲集团要从激烈竞争的市场中重新赢得市场份额，属于业务单位层次。

17. 【答案】A

【考点】战略创新管理

【解析】产品创新，是指组织提供的产品和服务的变化，例如，推出一款新设计的轿车、为婴儿提供新保险种类、提供安装新的家庭娱乐系统服务等。“VV 公司推出了一款备受瞩目的新型混动轿车 V plus”，这属于产品创新。

18. 【答案】C

【考点】战略创新管理

【解析】定位创新，是指产品和服务进入市场的环境的变化，即通过在特定用户情境下重新定位对既有产品和流程的感知来实现的创新。例如，英国葡萄糖饮品“Lucozade”，早在 1927 年就用来做病人康复，后来作为提高运动效能的饮品重新推出。题目中，L 公司重新推出产品为重新定位的表现，即定位创新。

19. 【答案】AB

【考点】公司战略的定义

【解析】根据材料判断，G 公司采用的战略属于现代战略。具有应变性、风险性和竞争性的属性。

20. 【答案】CD

【考点】战略创新管理

【解析】“甲公司重新调整产品定位，将共享汽车的商业属性拓展至公益属性，满足了市民的出行需求，也为政府管理提供了支持”，是通过在特定用户情境下重新定位对既有产品和流程的感知来实现的创新，体现了定位创新；“多数共享汽车企业的主营业务就是投放车辆、抢占市场，一些龙头企业都将运营维护外包，然而甲公司坚持自主运营模式”，是影响组织业务的潜在思维模式的变化，体现了范式创新。

21. 【答案】ABC

【考点】战略创新管理

【解析】影响高效团队合作的关键因素：①得到明确定义的任务和目标（选项 A）；②有效的团队领导（选项 B）；③团队角色和个人行为风格的良好平衡；④小组内部有效的冲突解决机制（选项 C）；⑤与外部组织的持续联络。选项 D 不符合题意。

22. 【答案】BCD

【考点】战略创新管理

【解析】当股东对于短期收益的要求与长期技术开发计划难以协调时，高管层的领导力体现在不仅关注投资收益，而且关注诸如未来市场的渗透和增长或战略收益等其他因素，以此获得一个更加灵活或有更好呼应的生产系统，因此选项 A 表述错误。

第二章 战略分析

本章领读

考情概要

本章在考试中属于重要章节，在单选题、多选题和简答题中都有出现，每年考查分值为 15~25 分。同时，考试也会将本章知识点如五力模型、核心能力、SWOT 分析等与其他章节的知识点相结合，进行综合题的命题。

考点及考频分布

表 2-1 考点及考频分布

考纲内容	考纲能力等级	考查年份及题型
宏观环境（PEST）分析	3 级	2019 年单选题、2017 年简答题、2014 年简答题、2013 年简答题、2012 年简答题、2014 年综合题
产品生命周期	2 级	2020 年单选题、2019 年单选题、2018 年单选题、2017 年单选题、2015 年单选题、2014 年单选题、2013 年单选题、2014 年多选题、2016 年简答题、2012 年简答题
产业五种竞争力（五力模型）	3 级	2020 年单选题、2019 年单选题、2017 年单选题、2016 年单选题、2015 年单选题、2014 年单选题、2013 年单选题、2020 年多选题、2019 年多选题、2018 年多选题、2017 年多选题、2012 年多选题、2020 年简答题、2017 年简答题、2014 年简答题、2016 年综合题、2014 年综合题、2013 年综合题
成功关键因素分析	2 级	2020 年单选题、2017 年单选题、2019 年多选题、2013 年多选题
竞争对手分析	2 级	2020 年单选题、2017 年单选题、2014 年单选题、2013 年单选题
战略群组分析	3 级	2014 年单选题、2012 年单选题、2017 年多选题、2013 年多选题、2016 年简答题、2015 年简答题、2014 年简答题、2020 年综合题
国家竞争优势（钻石模型）分析	2 级	2018 年单选题、2013 年单选题、2012 年单选题、2020 年多选题、2019 年多选题、2014 年多选题、2020 年简答题、2020 年简答题、2017 年简答题
企业资源分析	2 级	2020 年单选题、2018 年单选题、2016 年单选题、2015 年单选题、2014 年单选题、2020 年多选题、2019 年多选题、2017 年多选题、2013 年多选题、2020 年简答题、2019 年简答题、2017 年简答题
企业能力分析	2 级	2019 年简答题、2018 年综合题、2014 年综合题
核心能力分析	3 级	2019 年单选题、2017 年单选题、2016 年单选题、2014 年单选题、2013 年单选题、2012 年单选题、2019 年多选题、2020 年简答题、2020 年综合题、2018 年综合题、2017 年综合题
价值链分析	2 级	2020 年单选题、2017 年单选题、2016 年单选题、2012 年单选题、2020 年多选题、2017 年多选题、2015 年多选题、2014 年多选题、2013 年多选题、2018 年简答题、2016 年简答题、2015 年简答题、2014 年简答题、2019 年综合题、2017 年综合题
波士顿矩阵	3 级	2018 年单选题、2017 年单选题、2016 年单选题、2014 年单选题、2013 年单选题、2020 年多选题、2012 年简答题、2015 年综合题
通用矩阵	2 级	近年未涉及

续表

考纲内容	考纲能力等级	考查年份及题型
SWOT 分析	3 级	2020 年单选题、2019 年单选题、2018 年单选题、2017 年单选题、2016 年单选题、2015 年多选题、2014 年多选题、2013 年多选题、2012 年综合题

学习建议

在本章的学习过程中，同学们可以在理解战略分析框架的基础上，首先从企业的外部环境分析出发，依次学习宏观环境分析、产业环境分析、竞争环境分析以及国家竞争优势分析；接着从企业的内部环境分析出发，依次学习企业资源与能力分析、价值链分析以及业务组合分析；最后进行综合的 SWOT 分析。其中，准确判断企业内部条件的优势和劣势、外部环境的机会和威胁，并且熟练掌握五力模型的内容是本章的重点和难点，需要考生予以特别关注。

学习框架

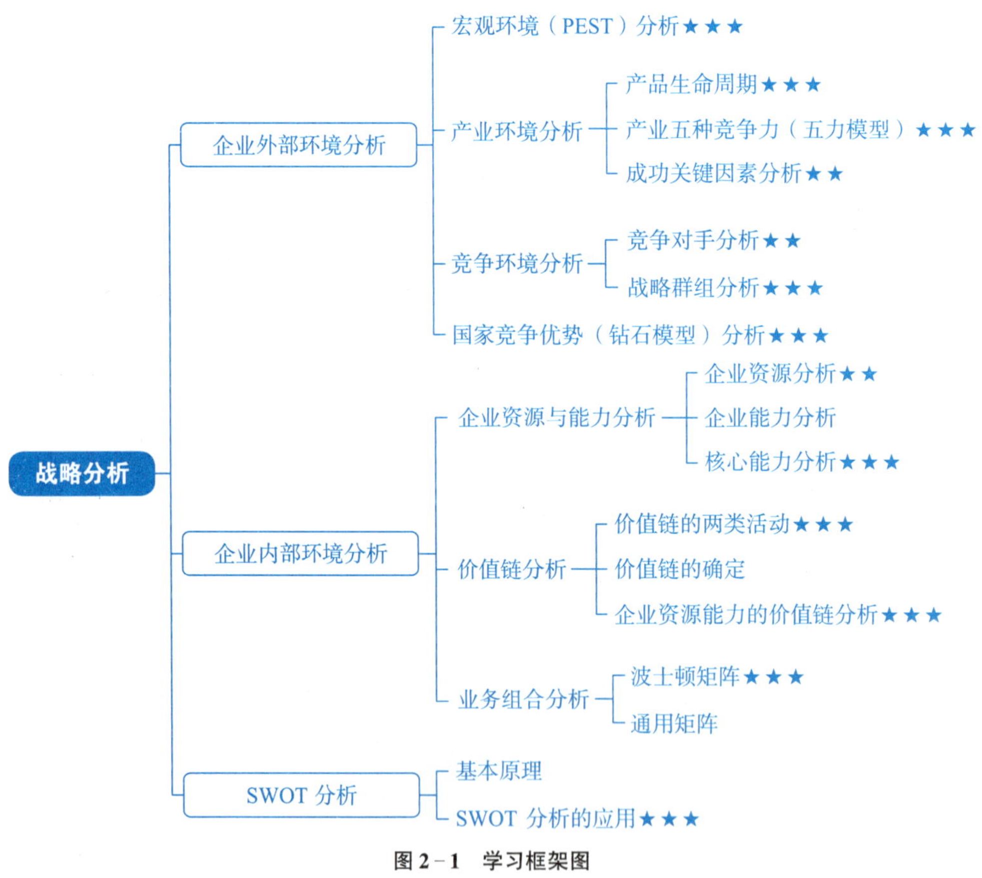

图 2-1 学习框架图

Part I 知识点全解

一、企业外部环境分析

（一）宏观环境分析★★★

宏观环境因素指的是企业无法直接控制的因素，主要由政治和法律因素（political factors）、经济因素

(economical factors)、社会和文化因素(social factors)和技术因素(technological factors)四大类组成。所以，宏观环境分析又称PEST分析，见图2-2。

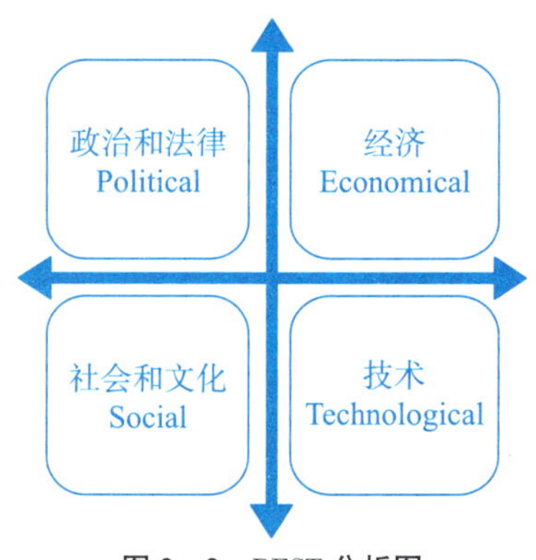

图2-2 PEST分析图

政治和法律环境是指那些制约和影响企业的政治要素和法律系统及其运行状态。政治环境包括国家的政治制度、权力机构的方针政策、政治团体、政治形势等因素；法律环境包括国家制定的法律、法规、法令以及国家执法机构等因素。政治要素和法律系统会影响和制约企业的运行，同一种政策或法规，给不同企业带来的机会或制约是不同的。

经济环境是指构成企业生存和发展的社会经济状况及国家的经济政策。与政治法律环境相比，经济环境对企业生产经营的影响更具体。例如，经济发展状况(包括税收水平、通货膨胀率等)会直接影响一个企业的财务业绩。

社会和文化环境是指企业所处的社会结构、社会风俗和习惯、信仰和价值观念、行为规范、生活方式、文化传统、人口规模与地理分布等因素的形成和变动。社会和文化环境对企业生产经营的影响也是不言而喻的。例如，人口规模、社会人口年龄结构、家庭人口结构、社会风俗对消费者消费偏好的影响是企业在确定投资方向、产品改进与革新等重大经营决策时必须考虑的因素。

技术环境是指企业所处环境中的科技要素及与该要素直接相关的各种社会现象的集合。在科学技术迅速发展的今天，技术环境对企业的影响既可能是创造性的，也可能是毁灭性的。使用数据库或自动化系统获取数据会更加精准，也会刺激社会对本行业产品和服务的需求，进而在企业不增加成本的情况下，提供更优质的产品和服务；但是，技术的进步和发展也会加速现有产品的淘汰，并对企业关注环保、社会责任和持续成长等方面提出了更高的要求。

宏观环境四种要素的首字母组合为PEST，主要的PEST因素见表2-2。

表2-2　　宏观环境因素汇总

四要素名称	分析内容
政治和法律因素(P)	政治因素分析包括： (1)企业所在国家和地区的**政局稳定状况**。 (2)**政府行为**对企业的影响。 (3)**执政党的态度和政策**以及政策的连续性和稳定性。 (4)**各政治利益集团**对企业活动产生的影响。 法律法规存在的四大目的： (1)**保护企业**，反对不正当竞争。 (2)**保护消费者**，包括商品包装、商标、食品卫生、广告等方面的法规。 (3)**保护员工**，包括员工招聘和工作条件的健康与安全方面的法规。 (4)**保护公众权益**免受不合理企业行为的损害

续表

四要素名称	分析内容
经济因素（E）	（1）社会经济结构，一般包括产业结构、分配结构、交换结构、消费结构和技术结构等。 （2）经济发展水平与状况。经济发展水平是指一国经济发展的规模、速度和所达到的水平，常用指标为国内生产总值GDP、人均GDP和经济增长速度。经济发展状况会影响一个企业的财务业绩。经济的增长率取决于商品和服务需求的总体变化，其他影响因素包括税收水平、通货膨胀率、贸易差额和汇率、失业率、利率、信贷投放以及政府补助等。 （3）经济体制，通常是指国家经济组织的形式，规定了各经济主体之间的关系，通过一定手段和方法调控或影响社会经济流动的范围、内容和方式。 （4）宏观经济政策，是指实现国家经济发展目标的战略和政策，包括综合性的全国发展战略和产业政策、国民收入分配政策、价格政策、物资流通政策等。 （5）其他经济条件，如工资水平、供应商及竞争对手的价格变化等
社会和文化因素（S）	（1）人口因素。变量：结婚率、离婚率、出生率、死亡率、平均寿命、人口年龄、地区分布、民族比例、性别比例、教育水平差异、生活方式差异。 （2）社会流动性，多指阶层之间的转换和差异、财富差异以及不同区域的人口分布。 （3）消费心理。 （4）生活方式变化。 （5）文化传统。 （6）价值观
技术因素（T）	（1）国家科技体制。 （2）科技政策。 （3）科技水平。 （4）科技发展趋势

敲黑板

PEST分析为每年必考知识点，同学们须在记忆四要素名称的基础上，应深刻理解每一种要素分析内容的含义，并可以根据案例从机会和威胁两个角度分析企业所面对的宏观环境。PEST分析各因素重在关键词：若题目中出现“政府或国家……”“政府或国家推行……政策”或“……法律”等则归纳为政治和法律环境；若题目中有经济指标，或出现“经济增长”“经济发展”等字眼则归纳为经济环境；若与人们的生活方式、生活态度、消费观念、消费环境相关，或出现“消费者……”，则属于社会和文化环境；若是因市场或者行业的技术趋势导致某种现象，或者出现“技术”“科技”等字眼则归纳为技术环境。

【例2-1·多选题】甲公司为国内上市的电信公司。甲公司正在研究收购某发展中国家的乙移动通信公司。下列各项因素中，属于甲公司在PEST分析中应当考虑的有(　　)。

A. 甲公司收购乙移动通信公司符合其总体公司战略

B. 乙移动通信公司所在国政府历来对企业实施高税收政策

C. 甲公司在国内提供电信服务积累的经验与技术有助于管理乙移动通信公司的业务

D. 乙移动通信公司所在国的电信行业十年来发展迅速，移动通信业务过去10年增长了300倍

【答案】BD

【考点】PEST分析

【解析】选项A属于企业内部的分析；选项B属于外部宏观环境分析中政治法律环境因素（政府推行的基本政策）；选项C属于甲公司自身积累的经验技术，依旧是企业内部的资源与能力分析；选项D属于外部宏观环境分析中的经济环境因素（社会经济结构）。

【例 2-2·多选题】对于房地产企业来说，下列因素中属于需要考虑的宏观环境因素有(　　)。

A. 国家下调土地价格，并限制购房资格　　B. 居民用于购房的消费支出日渐增长

C. 出生率的提高使居民对大户型的需求增长　　D. 房地产行业竞争对手众多

【答案】ABC

【考点】PEST 分析

【解析】"国家下调土地价格，并限制购房资格"属于政治和法律因素；"居民用于购房的消费支出日渐增长"属于经济因素；"出生率的提高使居民对大户型的需求增长"属于社会和文化因素；"房地产行业竞争对手众多"是产业层次的影响因素。

（二）产业环境分析

产品生命周期

1. 产品生命周期★★★

关于生命周期是适合用于个别产品还是适用于整个产业存在争论，全国注册会计师统一考试中产品生命周期理论既适用于产业也适用于产品。

产业要经过四个阶段：导入期、成长期、成熟期和衰退期。这些阶段是以产业销售额增长率曲线的拐点划分。产业的增长与衰退由于新产品的创新和推广过程而呈"S"形，四阶段销量变化见图 2-3。

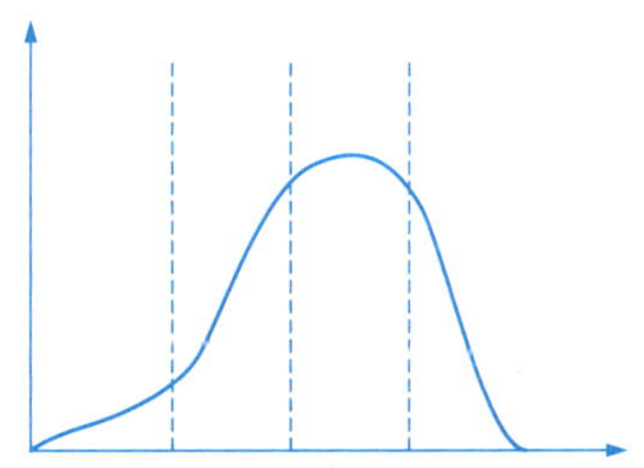

图 2-3　产品生命周期销量变化曲线

波特总结了常见的关于产业在其生命周期中如何变化以及它如何影响战略，四阶段的特征变化以及战略变化见表 2-3。

表 2-3　产品生命周期四阶段比较

阶段	导入期	成长期	成熟期	衰退期
产品特征	不成熟。 产品质量有待提高。产品类型、特点、性能和目标市场方面尚在不断发展变化当中	差异化。 各厂家的产品在技术和性能方面有较大差异	标准化。 产品逐步标准化，差异不明显，技术和质量改进缓慢	差别小。 各企业的产品差别小，因此价格差异也会缩小。为降低成本，产品质量可能会出现问题
销量	小，增长慢。 产品用户很少，只有高收入用户会尝试新的产品	产品销量上升，产品的销售群已经扩大。消费者对质量的要求不高	新的客户减少，主要靠老客户的重复购买支撑。市场巨大，但已经基本饱和	下降。 客户对性价比要求很高
成本	为了说服客户购买，导入期的产品营销成本高，广告费用大，而且销量小，产能过剩，生产成本高	广告费用较高，但是每单位销售收入分担的广告费在下降。生产能力不足，需要向大批量生产转换，并建立大宗分销渠道	生产稳定，局部生产能力过剩	产能严重过剩，只有大批量生产并有自己销售渠道的企业才具有竞争力

续表

阶段	导入期	成长期	成熟期	衰退期
竞争	企业数量少，只有很少的竞争对手	市场扩大，竞争加剧	价格竞争（最激烈）	有些竞争者先于产品退出市场
利润	净利润较低。 产品的独特性和客户的高收入，可以采用高价格、高毛利的政策，但是销量小使得净利润较低。企业的规模可能会非常小	净利润最高； 产品价格最高	产品价格开始下降，毛利率和净利润率都下降，利润空间适中	产品的价格、毛利都很低，只有到后期，多数企业退出后，价格才有望上扬
经营风险	非常高	仍然维持在较高水平，但有所下降	中等。 销售额和市场份额、盈利水平都比较稳定，现金流量变得比较容易预测。经营风险主要是稳定的销售额可以持续的时间，以及总盈利水平的高低	低。 进一步降低，主要的悬念是什么时间产品将完全退出市场
战略目标	扩大市场份额，争取成为“领头羊”	争取最大市场份额，并坚持到成熟期的到来	重点转向在巩固市场份额的同时提高投资报酬率	首先是防御，获取最后的现金流
战略路径	投资于研究与开发和技术改进，提高产品质量	市场营销，此时是改变价格形象和质量形象的好时机	提高效率，降低成本	控制成本，以求能维持正的现金流量。如果缺乏成本控制的优势，就应采用退却战略，尽早退出

名师说

（1）产品生命周期指的是产品经过研发并生产出来，投向市场并最终被市场淘汰的过程。若指的是产业，则为产业的演变过程。

（2）经营风险指的是由于生产经营变动或市场环境改变导致企业未来的盈利或成本发生变化，导致企业经营失败或发生损失的可能性。导入期的经营风险非常高，是因为研制产品能否成功、研制成功的产品能否被顾客接受、被顾客接受的产品又能否达到经济生产规模、可以达到规模生产的产品又能否取得相应的市场份额等问题，都存在很大的不确定性。也就是说，新产品只有成功和失败两种可能性，成功便会进入到下一阶段——成长期，失败则连前期投入的研发、设备和开拓市场的成本都无法收回。

敲黑板

注意四阶段的特征区分，考试中常出现根据关键词判断所处阶段的题目。四个阶段最主要最明显的性质需要稍加记忆：

导入期：产品不成熟并且销量小，各项成本费用都很高，利润最低，产能过剩，需要扩大市场份额。

成长期：产品差异化且销量上升快，产品价格和净利润最高（市场供小于求），产能不足，需要争取最大市场份额。

成熟期：产品标准化并且销量达峰值，竞争者之间出现价格战，利润空间适中，市场基本饱和，局部产能过剩，需要巩固市场份额。

衰退期：产品差别小且销量开始下降，有些竞争者先于产品退出市场，产能严重过剩，需要防御以获取最后现金流。

产品生命周期理论的局限性：

（1）各阶段的**持续时间随产业的不同而不同**，且产业处于生命周期的哪一个**阶段通常不清楚**。

（2）产业的**增长并不总是“S”形**。有的产业跳过成熟阶段，直接从成长走向衰亡；有的产业在经过一段时间衰退之后又重新上升；还有的产业似乎完全跳过了导入期这个缓慢的起始阶段。

（3）**公司可**通过产品创新和产品重新定位，来**影响增长曲线的形状**。若公司认定生命周期一成不变，那就成为一种没有意义的预言。

（4）与生命周期每一阶段相联系的**竞争属性随着产业的不同而不同**。

【例2-3·单选题】甲公司是国内一家著名的日化行业。国内日化行业竞争异常激烈，整个产业的销售额达到前所未有的规模，且基本饱和。由于市场上的日化产品功能相似，甲公司与其他企业一样面对着市场发展的瓶颈。根据上述资料显示，日化行业属于（　　）。

A. 导入期　　B. 成长期　　C. 成熟期　　D. 衰退期

【答案】C

【考点】产品生命周期

【解析】销售额达到峰值，市场基本饱和，产品标准化，这些都是成熟期的特征。

【例2-4·多选题】下列关于产品生命周期的表述中，正确的有（　　）。

A. 成长期的利润适中，盈利水平、市场份额等都比较稳定

B. 衰退期的战略目标是通过市场营销来争取最大市场份额

C. 导入期的产品营销成本和生产成本都较高，但产品质量有待提高

D. 成熟期的产品生产稳定，局部生产能力过剩

【答案】CD

【考点】产品生命周期

【解析】利润适中，盈利水平、市场份额等都比较稳定的是成熟期；通过市场营销来争取最大市场份额的是成长期。

2. 产业五种竞争力——分析产业竞争格局★★★（记忆）

波特认为，每一个产业中都存在五种基本竞争力量，即潜在进入者、替代品、购买者、供应者和现有竞争者之间的抗衡，见图2-4。

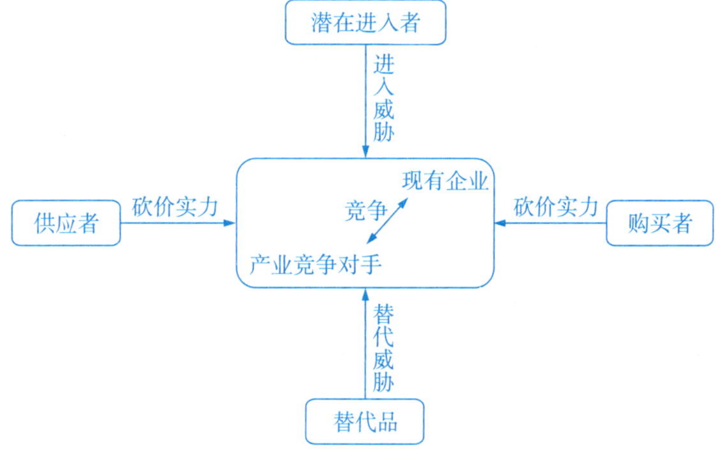

图2-4 产业竞争格局

（1）潜在进入者的进入威胁。

潜在进入者将在两个方面减少现有厂商的利润：

第一，进入者会瓜分原有的市场份额获得一些业务；

第二，进入者减少了市场集中，从而激发现有企业间的竞争，减少利润。

进入威胁的大小取决于呈现的进入障碍，见表2－4。

表2－4　进入威胁的影响因素

决定进入壁垒高度的主要因素	结构性障碍	①规模经济； ②现有企业对关键资源的控制（表现为对资金、专利或专有技术、原材料供应、分销渠道、学习曲线等资源及资源使用方法的积累与控制）； ③现有企业的市场优势（品牌优势、政府政策）
	行为性障碍（或战略性障碍）	①限制进入定价； ②进入对方领域

名师说

①结构性障碍是新进入者在进入产业之前面对的来自产业结构的挑战，行为性障碍是现有企业对新进入者实施的报复手段。不管是结构性障碍的三种类型还是行为性障碍的两种类型，只要导致了进入障碍较高，则潜在进入者的进入威胁就会变小。也就是说，进入障碍高，对新进入者不利，对现有企业有利。

②在结构性障碍中，学习曲线与规模经济往往交叉的影响产品成本的下降水平。区别因学习曲线所产生的学习经济和因规模而产生的规模经济很必要：

规模经济使经济活动在处于一个比较大的规模时，能够以较低的单位成本进行生产，学习经济是由于累积经验导致的单位成本的减少；

即使学习经济很小的情况下（即累计产量导致的成本下降），规模经济也可能是很大的，这在简单资本密集型生产中通常能产生，比如铝罐制造；

在规模经济很小时（即因规模导致的单位成本下降），学习经济也可以很大，这存在于复杂的劳动密集型产业中，比如计算机软件开发。

③在行为性障碍中，限制进入定价对于有技术优势的、需要大量投资的市场非常有利，现有企业会通过实施低价来告诉新进入者自己是低成本的，进入则无利可图；进入对方领域是寡头垄断企业常用的手段，目的就是占据先机，采取主动攻势来避免新进入者对自己带来的风险。

（2）替代品的替代威胁，见表2－5。

表2－5　产品替代的种类

种类名称	解释
直接产品替代	即某一种产品直接取代另一种产品，如苹果计算机取代微软计算机
间接产品替代	即由能起到相同作用的产品非直接地取代另外一些产品，如人工合成纤维取代天然布料

名师说

①关于界限问题：直接与间接是相对的概念，取决于对产业边界的大小界定。

②关于替代规律：老产品能否被新产品替代主要取决于两种产品的性能—价格比（价值＝功能/成本）的比较，即价值高（物美价廉）的产品获得竞争优势。对老产品来说，当替代品的威胁日益严重时，老产品已处于成熟期或衰退期，因此，老产品提高产品价值的主要途径是降低成本与价格。

③关于共存问题：替代品的替代威胁并不一定意味着新产品对老产品最终的取代。几种替代品长期共存也是很常见的情况，比如运输工具中，火车、汽车、飞机、轮船长期共存。

（3）供应者、购买者讨价还价的能力。

五力模型的水平方向是对产业价值链的描述，反映产品或服务从原材料开始到最终产品的价值增值的活动过程。每个环节都有双重身份，对上游单位是购买者，对下游单位就变为供应者。购买者和供应者讨价还价能力的大小，取决于以下几方面的实力，见表2-6。

表2-6　影响讨价还价能力大小的因素

影响因素	解释
买方（或卖方）的集中程度或业务量的大小	购买者集中度高，业务量大，议价能力强； 供应者集中度高，议价能力强
产品差异化程度与资产专用性程度	供应者的产品存在差异化，替代品无法与其竞争，议价能力强； 供应者的产品是标准化产品或者没有差别（替代品），议价能力弱
纵向一体化程度	购买者实行部分一体化或存在后向一体化的现实威胁，议价能力强； 供应者表现出前向一体化的现实威胁，议价能力强
信息掌握的程度	购买者充分了解需求、实际市场价格，甚至供应者的成本等方面信息，购买者将处于更为有利的位置； 若供应者充分掌握购买者的有关信息，了解购买者的转化成本（即从一个供应者转到另一个供应者的成本），也增加了讨价还价的能力

供应者、购买者讨价还价的能力是选择题的常考点，也是易错点。注意，买方和卖方的议价能力刚好相反。

名师说

①集中度指的是某行业相关市场内部前几家最大企业所占市场份额的总和。集中度越高，则说明相关主体数量越少。比如，对卖方市场来说，少数几家公司形成垄断，销售给较为零散的消费者，则公司就会在价格、质量等条件上对买方实施压力。

②纵向一体化是企业沿着经营链条的纵向（即上下游方向）进一步发展。具体分为前向一体化，即向销售商（下游企业）方向延伸；以及后向一体化，即向供应商（上游企业）方向延伸。详细的实施条件、风险等内容会在“战略选择”章节进行讲述。

③信息掌握的程度中，转化成本是站在消费者角度说的，是消费者在不同供应商那里购买产品所付出的代价。

④劳动力也是供应者的一部分，当劳工紧紧地团结起来或者稀缺劳动力的供应受到某些限制无法增加时，劳务供应方的势力就会很强大，该观点在“战略实施的利益相关者的权力来源”知识点中还会得到证实。

（4）产业内现有企业的竞争。

产业内现有企业的竞争在下面几种情况下可能是很激烈的：

①产业内有众多的或势均力敌的竞争对手。

②产业发展缓慢。

③顾客认为所有的商品都是同质的。

④产业中存在过剩的生产能力。

⑤产业进入障碍低而退出障碍高。

名师说

产业发展缓慢会导致现有市场饱和，相当于产业进入了成熟期甚至是演变为衰退期，因此企业竞争激烈。

（5）五种竞争力量的应对。

五种竞争力分析表明产业中所有公司都必须面对产业利润的威胁力量。因此，公司必须寻求以下几种战略来对抗这些竞争力量：

①公司必须自我定位，利用**成本领先和差异优势**把公司与五种竞争力相隔离，从而超过竞争对手。

②公司必须识别在产业的哪一个细分市场中，五种竞争力的影响更少一点，即波特提出来的**“集中战略”**。

③公司必须努力去改变这五种竞争力，比如，通过建立长期战略联盟来减少讨价还价。

名师说

对付五种竞争力的战略，其实就是“战略选择”章节的三种基本竞争战略，在“战略选择”章节会有详细讲解。

（6）五力模型的局限性：

①该分析模型基本上是**静态的**。然而，在现实中竞争环境始终在变化。这些变化可能从高变低，也可能从低变高，其变化速度比模型所显示的要快得多。

②该模型能够确定行业的盈利能力，但是**对于非营利机构**，有关获利能力的**假设可能是错误的**。

③该模型基于这样的**假设**：即一旦进行了这种分析，**企业就可以制定企业战略来处理分析结果**，但这只是一种理想的方式。

④该模型**假设战略制定者可以了解整个行业**（包括所有潜在的进入者和替代产品）的信息，但这一假设在现实中并不存在。对于任何企业来讲，在制定战略时掌握整个行业的信息既不可能也无必要。

⑤该模型**低估了**企业与供应商、客户或分销商、合资企业之间**可能建立长期合作关系**以减轻相互之间威胁的可能性。

⑥该模型**对产业竞争力的构成要素考虑不够全面**。哈佛商学院教授大卫·亚非认为，任何一个产业内部都存在不同程度的**互补互动（指互相配合一起使用）的产品或服务业务**，见图2-5。

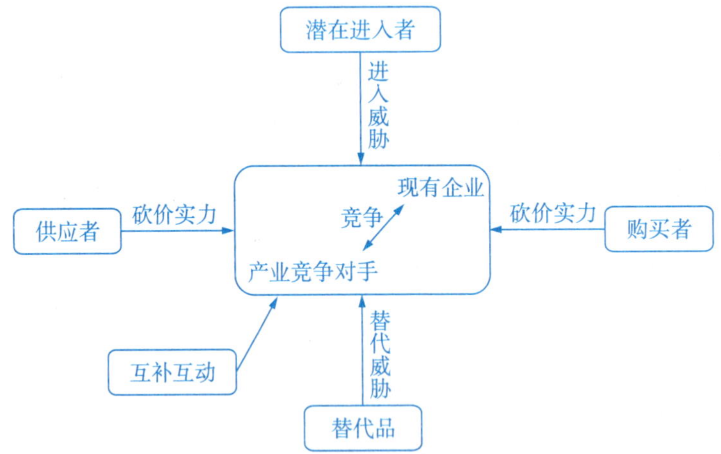

图2-5 产业竞争力的第六种要素

【例2-5·多选题】近年来，国内洗化企业面临着激烈的竞争压力：其一，国外洗化企业不断通过收购国内品牌或在国内直接建厂进入国内市场；其二，原料成本、用工成本不断上涨，同时由于国内企业众多，产品差异小，利润微薄；其三，天然无添加的洗化用品层出不穷，对传统洗化用品形成部分替代。从五种竞争力角度考察，国内洗化生产企业面临的竞争压力包括（ ）。

A. 产业内现有企业的竞争　　B. 潜在进入者的进入威胁

C. 供应者讨价还价　　D. 替代品的替代威胁

【答案】ABCD

【考点】五力模型

【解析】“国外洗化企业不断通过收购国内品牌或在国内直接建厂进入国内市场”体现了潜在进入者的进入威胁；“原料成本、用工成本不断上涨”体现了供应者的讨价还价；“国内企业众多，产品差异小，利润微薄”体现了产业内现有企业的竞争；“天然无添加的洗化用品层出不穷，对传统洗化用品形成部分替代”体现了替代品的替代威胁。

【例2-6·多选题】根据波特的五种竞争力分析理论，下列各项关于供应商讨价还价能力的说法中，正确的有(　　)。

A. 供应商提供的产品专用性程度越高，其讨价还价能力越强

B. 供应商借助互联网平台掌握的购买者转换成本信息越多，其讨价还价能力越强

C. 占市场份额85%以上的少数供应商将产品销售给较为零散的购买者时，其讨价还价能力强

D. 供应商拥有足够的资源能够进行后向一体化时，其讨价还价能力强

【答案】ABC

【考点】五力模型

【解析】供应商进行后向一体化，并不影响购买者的讨价还价能力。

3. 成功关键因素分析★★

成功关键因素（key success factor，KSF），是指公司在**特定市场**获得盈利必须拥有的**技能和资产**，是企业取得产业成功的前提条件，详细内容见表2-7。成功关键因素是**市场层次的特征**。

表2-7　　成功关键因素分析相关内容

框架	内容
确认产业的关键成功因素必须考虑的因素	(1) 顾客在各个竞争品牌之间进行选择的基础是什么。 (2) 产业中的一个卖方厂商要取得竞争成功需要什么样的资源和竞争能力。 (3) 产业中的一个卖方厂商获取持久的竞争优势必须采取什么样的措施
其他因素	(1) 随着**产品寿命周期的演变**，成功关键因素也**发生变化**。 (2) 随着**产业的不同而不同，相同产业也会**因产业驱动因素和竞争环境而**变化**。 (3) 即使是**同一产业中的各个企业**，也可能对该产业成功关键因素**有不同的侧重**

名师说

(1) 成功关键因素涉及的是每一个产业成员所必须擅长的东西，想要在产业内取得竞争和财务成功，必须要集中精力搞好的一些因素。

(2) 成功关键因素随着产业的不同而不同，比如，在啤酒行业，成功关键因素是充分利用酿酒能力（以使制造成本保持在较低的水平上）、强大的批发分销商网络（以尽可能多地进入零售渠道）、上乘的广告（以吸引饮用人购买某一特定品牌的啤酒）。再比如，在服装生产行业，成功关键因素是吸引人的设计和色彩组合（以引起购买者的兴趣）以及低成本制造效率（以便制定吸引人的零售价格和获得很高的利润率）。

即便各个企业处于同一产业，也会对成功关键因素有不同侧重。比如，零售业中，沃尔玛侧重卫星定位系统支持下的物流配送体系，以及在此基础上与供应商的良好关系；而家乐福则侧重于鲜明的市场布局策略、兼有廉价性和综合性的大卖场的业态选择以及对消费者心理的准确把握等。

（三）竞争环境分析

作为产业环境分析的补充，竞争环境分析的重点集中在与企业直接竞争的每一个企业。其包括两个方面：一是从个别企业视角去观察分析竞争对手的实力（竞争对手分析），二是从产业竞争结构视角观察分析企业面对的竞争格局（战略群组分析）。

1. 竞争对手分析（Competitor Analysis）★★

对竞争对手的分析有四个方面的主要内容，即竞争对手的未来目标、假设、现行战略和能力，基本框

架见图 2-6。

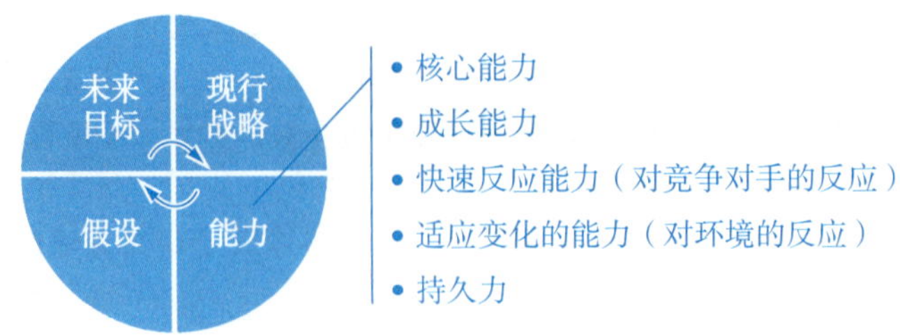

图 2-6 竞争对手分析的基本框架

（1）对竞争对手未来目标的分析与了解，有利于**预测竞争对手对其目前的市场地位以及财务状况的满意程度**，从而推断其改变现行战略的可能性以及对其他企业战略行为的敏感性。在此过程中，不仅要分析竞争对手整体的未来目标，同时还要分析竞争对手业务单位的目标以及竞争对手的战略在其母公司总体战略中的重要性和匹配性。

一方面，竞争对手的未来目标分析对本公司制定竞争战略会起到一定作用，因为制定战略的一种方法是在市场中找到既能达到自身目的又不威胁竞争对手的位置（相安无事）。了解竞争对手的目标，就有可能找到每个公司都相对满意的位置。

另一方面，竞争对手的目标分析非常关键，因为这能帮助公司避免那些可能威胁到竞争对手达到其主要目标从而引发激烈战争的战略行动（避免激化竞争）。

（2）对竞争对手的假设分析，目的在于**揭示竞争对手对其自身、所处产业以及产业内其他企业的评价和看法**，是企业各种战略行为取向的最根本动因。

竞争对手的假设分为**两类：一是竞争对手对自己的假设；二是竞争对手对产业及产业中其他公司的假设**。竞争对手对其自身、所处产业以及产业内其他企业的评价和看法可能存在误区和盲点，这些误区和盲点可帮助公司把握一些战略契机，同时辨识立即遭到报复的可能性，并有针对性地采用行动以使竞争对手的报复失灵。波特提出了两条判断和检验竞争对手目标与假设的方法：一是竞争对手在本产业中的经营历史，二是竞争对手领导层的背景和经历。

（3）对竞争对手现行战略的分析，目的在于**揭示竞争对手正在做什么、能够做什么**。通过对竞争对手现行战略的分析，可以帮助公司了解竞争对手目前是如何进行竞争的，如果将来竞争结构发生了变化，竞争对手进行战略调整的力度。竞争对手的目标、假设和现行战略会影响其进行战略反击的可能性、时间、性质及强烈程度。

（4）对竞争对手能力的分析，目的在于**揭示竞争对手的强项和弱点在哪里**，而其优势与劣势将决定其发起战略反击行动的能力以及处理所处环境或产业中事件的能力。竞争性行动在本质上分为战略性和战术性两种，战略性行动需要获取大量的资源，并难以被成功地执行和改变；相反，采取战术性行动需要较少的资源，相对来说更容易执行和改变。分析竞争对手的能力时，主要分析五个方面的内容，包括**核心能力、成长能力、快速反应能力、适应变化的能力、持久力**。

同学们需记忆五个能力的名称，并能在考试中准确判断案例所指代的是哪一种能力。

名师说

核心能力指的是竞争对手在职能领域中比其他企业做得更好的能力。持久力是指竞争对手财务方面有压力时，持久战的能力有多大。快速反应能力是指竞争对手对其他公司的行动能否迅速做出反应并发动攻击，主要由自有现金储备、留存借贷能力、厂房设备的余力、定型的但尚未推出的新产品几个方面的因素决定。适应变化的能力是针对内外部环境变化后的适应能力，内部变化主要包括成本竞争、管理更复杂的产品系列、增加新产品和服务方面的竞争、营销活动升级等方面的变化；外部事件主要包括持续的高通货膨胀、技术革命引起对现有厂房设备的淘汰、经济衰退、工资率上升、最有可能出现的会影响该业务的政府条例、竞争对手是否面临退出壁垒等。

【例 2-7·单选题】2010 年，R 国汽车制造商 G 公司预测，随着绿色环保理念的普及和政府相关产业政策的推出，R 国的新能源汽车将迎来一个巨大的发展机遇；其本国竞争对手汽车制造商 S 公司，将凭借雄厚资金实力和强大科研能力，把投资和研发重点转向新能源汽车领域。G 公司对 S 公司的上述分析属于(　　)。

A. 财务能力分析　　B. 成长能力分析　　C. 适应变化能力分析　　D. 快速反应能力分析

【答案】C

【考点】竞争对手分析

【解析】适应变化能力关注的是竞争对手对内外部变化的反应，G 公司分析的是 S 公司面对"绿色环保理念的普及和政府相关产业政策的推出"这个外部事件做出的应对，因此属于适应变化能力分析。

2. 产业内的战略群组（Strategic Group）★★★

产业内的战略群组

战略群组是指某一个产业中在某一战略方面采用相同或相似战略，或具有相同战略特征的各公司组成的集团。

（1）战略群组的特征。

识别战略特征包括的变量有：产品（或服务）差异化（多样化）程度，各地区交叉的程度，细分市场的数目，所使用的分销渠道，品牌的数量，营销的力度（如广告覆盖面，销售人员的数目等），纵向一体化程度，产品的服务质量，技术领先程度（是技术领先者还是技术追随者），研究开发能力（生产过程或产品的革新程度），成本定位（如为降低成本而作的投资大小等），能力的利用率，价格水平，装备水平，所有者结构（独立公司或者母公司的关系），与政府、金融界等外部利益相关者的关系，组织的规模。

名师说

战略群组的特征实际上就是分组的标准。

（2）战略群组分析的意义（记忆）。

战略群组分析有助于企业了解相对于其他企业本企业的战略地位以及公司战略变化可能的竞争性影响。

①有助于很好地了解战略**群组间的竞争状况**，主动地发现近处和远处的竞争者，也可以很好地了解某一群组与其他群组间的不同，图 2-7 显示了 20 世纪 80 年代欧洲食品业划分的战略群组。

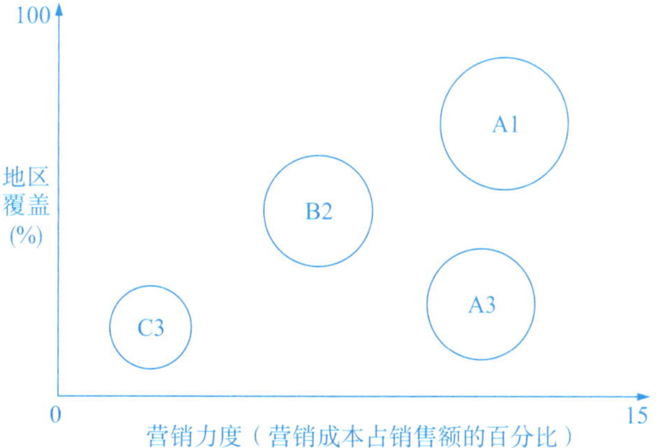

图 2-7　20 世纪 80 年代欧洲食品业战略分组

名师说

图 2-7 显示了 20 世纪 80 年代的欧洲食品工业的战略分组，横轴代表的是营销力度，纵轴代表的是地区覆盖率，总共分成 4 个组，分别是 A1、A3、B2 和 C3，每个组中都会有很多的企业包含在内。其中，A1 和 A3 营销力度都很强，说明两组中的企业在营销方面竞争激烈；而 C3 和 A3 地区覆盖率都很低，说明两组中的企业都非常注重成本的控制；另外，A1 组与 C3 组距离较远，营销力度和地区覆盖两个指标完全相反，说明两者竞争关系较为缓和。

②有助于了解各战略**群组之间的“移动障碍”**，见图 2-8。

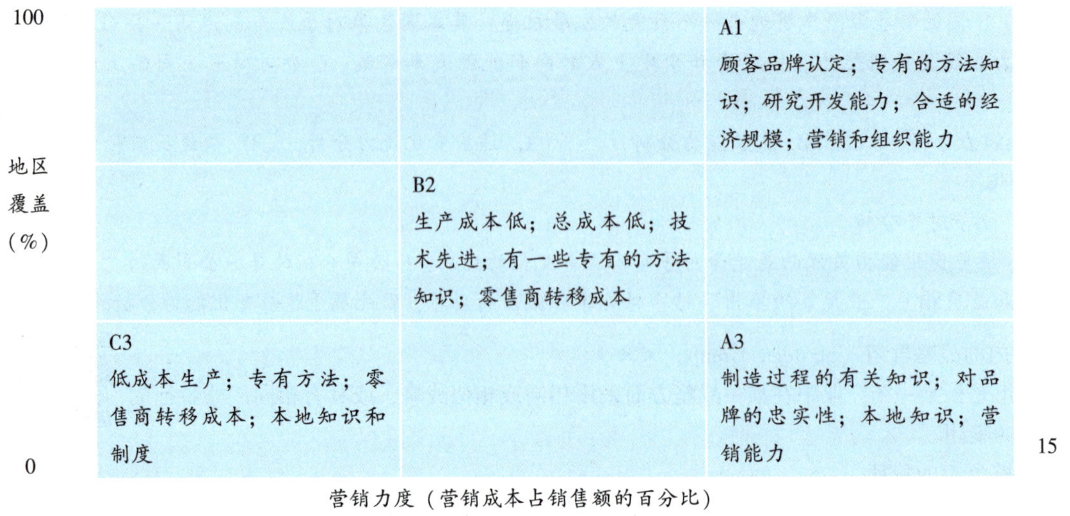

地区覆盖（%）：100（上）至 0（下）；营销力度（营销成本占销售额的百分比）：0 至 15

		A1 顾客品牌认定；专有的方法知识；研究开发能力；合适的经济规模；营销和组织能力
	B2 生产成本低；总成本低；技术先进；有一些专有的方法知识；零售商转移成本	
C3 低成本生产；专有方法；零售商转移成本；本地知识和制度		A3 制造过程的有关知识；对品牌的忠实性；本地知识；营销能力

营销力度（营销成本占销售额的百分比）

图 2-8 移动障碍因素

名师说

移动障碍指的是从一个群组转移到另一个群组时公司付出的代价。如图 2-8 所示，A1 条件较高，相比之下，C3 条件较低，从 A1 到 C3 较容易。

③有助于了解战略群**组内企业竞争的主要着眼点**。

名师说

同一个组内的企业战略实施效果不同，因此，要看组内的竞争对手情况。比如，同在 A1 组中的不同企业，即便地区覆盖和营销力度两个战略特征都相似，相互之间的战略也有所区别。

④利用战略**群组图还可以预测市场变化或发现战略机会**，见图 2-9。

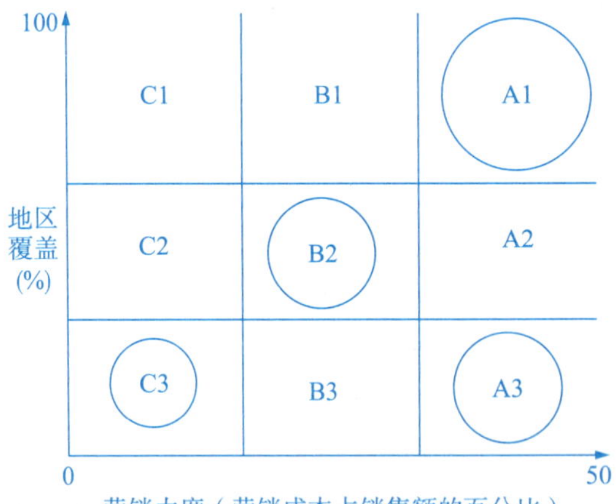

图 2-9 战略群组图

名师说

图 2-9 是在图 2-7 的基础上，根据两个维度划分成的九宫格。其中，C1、C2、B1、B3、A2 这五个组里面企业不多甚至是没有企业存在其中，属于竞争的缓冲地带，竞争不激烈。也是之后“战略选择”章节的蓝海战略所说的“蓝海”概念。

【例 2-8·单选题】甲公司是一家生产高档电动汽车的公司。下列四类企业中，属于甲企业的直接竞争对手的是(　　)。

A. 生产低档电动自行车的企业　　B. 生产高档电动自行车的企业

C. 属于同一战略群组的电动汽车生产企业　　　　D. 属于同一战略群组的新能源汽车生产企业

【答案】C

【考点】战略群组分析

【解析】只有处于同一个群组、业务相同才属于直接竞争对手。

（四）国家竞争优势（钻石模型）分析★★★

1990 年波特在《国家竞争优势》一书中，试图对能够加强国家在产业中的竞争优势的国家特征进行分析，他识别出国家竞争优势的四个决定性因素，并以钻石图来显示，见图 2-10。

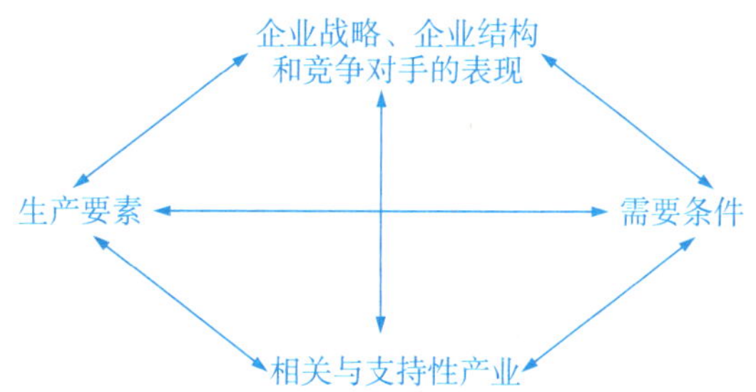

图 2-10　国家竞争优势分析的钻石图

钻石模型四要素有生产要素、需求条件、相关与支持性产业以及企业战略、企业结构和竞争对手的表现，详细内容见表 2-8。

表 2-8　　钻石模型要素及内容

要素名称	内容
生产要素	第一种分类： (1) 初级生产要素：天然资源、气候、地理位置、非技术工人、资金等。 (2) 高级生产要素：现代通讯、信息、交通等基础设施，受过高等教育的人力、研究机构等。 第二种分类： (1) 一般生产要素。 (2) 专业生产要素：高级专业人才、专业研究机构、专用的软、硬件设施等。 结论： (1) 一个国家如果想通过生产要素建立起产业强大而又持久的优势，就必须发展高级生产要素和专业生产要素。如果国家把竞争优势建立在初级与一般生产要素的基础上，它通常是不稳定的。 (2) 一个国家的竞争优势其实可以从不利的生产要素中形成
需求条件	国内需求：产业发展的动力（本地客户的本质、预期性需求）
相关与支持性产业	对形成国家竞争优势而言，相关和支持性产业与优势产业是一种休戚与共的关系。例如"产业集群"
企业战略、企业结构和竞争对手的表现	这是波特的企业治理三角理论，指如何创立、组织和管理公司，如何应对同业竞争对手等问题

钻石模型四要素的名称需要记忆，并且注意四要素的辨析。

（1）高级生产要素和专业生产要素很难从外部获得，必须企业自己投资创造。一般认为，资源丰富和劳动力价格便宜的国家应该发展劳动密集的产业，但是这类产业对大幅度提高国民收入不会有大的突破，同时仅仅依赖初级生产要素是无法获得全球竞争力的。

（2）需求条件中的需求指的是国内需求，企业可以及时发现国内市场的客户需求，这是国外竞争对手所不及的。此外，波特指出，国内挑剔的客户会激发该国企业的竞争优势，如果能满足最难缠的客户，其他客户要求也不在话下；另一个重要方面是预期性需求，即本地需求领先于其他国家则也会产生一种优势，因为先进的产品需要前卫的需求来支持。

（3）一个优势产业不是单独存在的，是与国内相关强势产业一同崛起，即波特五力模型中的第六种要素——互动互补作用力，有竞争力的本国产业通常会带动相关产业的竞争力。

（4）创造与持续产业竞争优势的最大关联因素是国内市场强有力的竞争对手。在国际市场上，成功的产业必须先经过国内市场的搏斗，迫使其进行改进和创新，海外市场则是竞争力的延伸。反观一些在政府保护和补贴下的国内没有竞争对手的“超级明星企业”，则通常不具有国际竞争能力。

【例2-9·多选题】甲公司是C国一家生产经营消费类电子产品的企业，准备到发展中国家N国投资彩电生产业务，对N国诸多条件进行了认真的调查分析。以下分析内容属于钻石模型四要素的有（　　）。

A. 国际名牌家电企业早已进入N国彩电市场，且竞争激烈

B. N国市场上质量高、价格适中的大众化彩电较少

C. 由于C国产品在N国名声不好，N国政府对于C国家电产品的进入制定了许多限制性政策

D. N国劳动力价格比C国明显偏低，且劳动者的文化与技术水平较低

【答案】ABD

【考点】钻石模型

【解析】选项AB属于同业竞争的表现；选项D属于生产要素的表现；选项C是政府政策，属于PEST分析的内容。

二、企业内部环境分析

（一）企业资源与能力分析

1. 企业资源分析★★

企业资源是指企业所拥有或控制的有效因素的总和，包括资产、生产或其他作业程序技能和知识等。按照竞争优势的资源基础理论，企业的持续竞争优势主要是**由资源禀赋决定**的。企业资源**分析的目的在于识别**企业的资源状况、企业资源方面所表现出来的**优势和劣势**以及对未来战略目标制定和实施的影响如何。

（1）企业资源的主要类型。

企业资源是企业所拥有或控制的有效因素的总和，包括资产、生产或其他作业程序、技能和知识等。企业的资源主要分为三种：有形资源、无形资源和人力资源，见表2-9。

表2-9　　企业资源的主要类型

主要类型	解释说明	注意事项
有形资源	是指可见的、能用货币直接计量的资源，主要包括**物质资源和财务资源**。 （1）物质资源包括企业的土地、厂房、生产设备、原材料等，是企业的实物资源。 （2）财务资源是企业可以用来投资或生产的资金，包括应收账款、有价证券等	（1）资产负债表所记录的账面价值并不能完全代表有形资源的战略价值。 （2）具有**稀缺性的有形资源**能使公司获得**竞争优势**

续表

主要类型	解释说明	注意事项
无形资源	是指企业长期积累的、没有实物形态的，甚至无法用货币精确度量的资源。通常包括品牌、商誉、技术、专利、商标、企业文化及组织经验等	(1) 资产负债表中的无形资产并不能代表企业的全部无形资源。 (2) 无形资源一般都难以被竞争对手了解、购买、模仿或替代，因此，无形资源是一种十分重要的企业核心竞争力的来源
人力资源	组织成员向组织提供的技能、知识以及推理和决策能力	

名师说

①需要注意的是，战略中的无形资源与会计中的无形资产不同，企业资源强调的涵盖范围比会计中确认的资产范围要大得多。

②技术资源包括专利、版权和商业秘密等，企业可以根据此建立自己的竞争优势。

③商誉是指企业由于管理卓越、顾客信任或者其他特殊优势而具有的企业形象，能给企业带来超额利润。对于产品质量差异较小的行业（如软饮料行业），由于技术无法推动产品质量的改进，商誉可以说是最重要的企业资源。

（2）决定企业竞争优势的企业资源判断标准。

分析一个企业拥有的资源时，必须知道哪些资源是有价值的，可以帮助企业获得竞争优势，判断标准见表 2－10。

表 2－10　企业竞争优势的资源判断标准

判断标准	分类及解释说明	
资源的稀缺性	如果企业掌握了处于短缺供应状态的资源，而其他竞争对手又不能获取这种资源，则企业就可获得竞争优势；同时，如果企业能持久地拥有这种稀缺性资源，则企业的竞争优势也是可持续的	
资源的不可模仿性	物理上独特的资源	物质本身特性决定，如绝佳的地理位置、矿物开采权或受到法律保护的专利生产技术等
	具有路径依赖性的资源	长期积累才能获得，如多年来不断完善的营销体制和售后服务
	具有因果含糊性的资源	形成原因不能给出清晰的解释，如企业文化
	具有经济制约性的资源	因市场空间有限导致竞争对手无法复制资源，如需要在特定市场投入大量资本的领先企业
资源的不可替代性	五力模型中替代品的替代威胁，竞争者可通过获得替代资源改变自己的竞争地位，如旅游景点的独特优势就很难被其他景点的资源所替代	
资源的持久性	资源的贬值速度越慢，就越有利于形成核心竞争力。一般来说，有形资源都有损耗周期，而无形资源和人力资源则很难确定贬值速度。比如，一些品牌资源随着时代的发展会不断升值，而通信和计算机技术的迅速更新换代会对建立在这些技术之上的企业竞争优势构成严峻挑战	

敲黑板

客观题中常出现根据案例的描述，判断企业资源所属的标准的题目。

【例2-10·多选题】下列企业资源中，可以构成企业核心竞争力的有(　　)。

A. 甲公司拥有独特的“家庭式愉快，节俭而投入”企业文化

B. 乙公司拥有一只长期训练有素的令顾客赞不绝口的服务团队

C. 丙公司的酒店占据了绝佳的地理位置

D. 丁公司通过良好的财务支持购买了一台生产设备

【答案】ABC

【考点】企业资源分析——判断标准

【解析】甲公司独特的企业文化属于因果含糊性的资源；乙公司长期训练有素的服务团队属于具有路径依赖性的资源；丙公司绝佳的地理位置属于物理上独特的资源；丁公司购买的生产设备属于有形资源，很容易被新技术替代或者被竞争对手模仿和复制。

2. 企业能力分析★

(1) 企业能力的定义。

企业能力，是指企业**配置资源，发挥其生产和竞争作用**的能力。企业能力来源于企业有形资源、无形资源和人力资源的整合，是企业**各种资源有机组合**的结果。

(2) 企业能力的构成。

企业能力主要由**研发能力、生产管理能力、营销能力、财务能力和组织管理能力**等组成。(记忆)

①研发能力主要从研发计划、研发组织、研发过程和研发效果几个方面衡量；

②生产管理能力主要涉及生产过程、生产能力、库存管理、人力资源管理和质量管理；

③营销能力包括产品竞争能力、销售活动能力和市场决策能力；

④财务能力涉及筹集资金以及资金使用和管理的能力；

⑤组织管理能力从职能管理体系的任务分工、岗位责任、集权和分权的情况、组织结构以及管理层次和管理范围的匹配几个方面进行衡量。

3. 核心能力分析★★★

(1) 核心能力的概念。

所谓核心能力，就是企业在具有重要竞争意义的经营活动中能够**比其竞争对手做得更好的能力**。

核心能力的产生是企业中各个不同部分有效合作的结果，也就是各种单个资源整合的结果。

每个企业所具有的核心能力都是不同的。公司要把握住自己的各种能力，并且要超过自己的竞争对手，使之成为核心能力。当然，一个公司不可能只有一种竞争能力，也很少同时具有多种核心能力。

(2) 核心能力的辨别，见表2-11。

表2-11　　核心能力的辨别

内容		解释说明
三个关键性测试(记忆)		(1) 它对**顾客**是否有**价值**。 (2) 它与企业**竞争对手**相比是否有**优势**。 (3) 它是否**很难被模仿或复制**
三种辨别方法	功能分析	考查企业功能是识别企业核心竞争力常用的方法，这种方法虽然比较有效，但是它可能只能识别出具有特定功能的核心能力
	资源分析	分析实物资源比较容易，例如，企业商厦所处的区域、生产设备以及机器的质量等，而分析像商标或者商誉这类无形资源则比较困难
	过程系统分析	过程涉及企业多种活动从而形成系统。过程和系统有可能仅是企业单一的功能，但是通常都涉及多种功能，因而过程系统本身是比较复杂的，但是企业通常还是会使用这种方式来识别企业的核心能力，因为只有对整个系统进行分析才能很好地判断企业的经营状况

（3）核心能力的评价。

①企业的自我评价。

②行业内部比较。

③基准分析。

基准分析就是把企业和标杆企业相比，进而评价企业的核心能力。基准对象的不同决定了不同的基准类型，基准分析的类型见表2－12。

表2－12　基准分析的类型

类型名称	解释说明
内部基准	即内部标杆。标杆伙伴是企业内部其他单位或部门，主要适用于大型多部门的企业集团或跨国公司
竞争性基准	即竞争性标杆。标杆伙伴是产业内部直接竞争对手
过程或活动基准	标杆伙伴是不同产业但拥有相同或相似活动、流程的企业。其理论基础是任何产业均存在一些相同或相似的功能或流程，如物流、人力资源管理、营销手段等
一般基准	标杆伙伴是处于同一产业具有相同业务功能但不在一个市场的企业
顾客基准	即以顾客的预期为基准进行比较

五种基准分析类型的辨析是客观题的常考点，也是容易混淆的点。判断时，首先判断两企业是否处于同一产业，若不是则为“过程或活动基准”，若是则为“竞争性基准”和“一般基准”；再判断两者是否属于直接竞争对手，若不是则为“一般基准”，若是则为“竞争性基准”。

④成本驱动力和作业成本法。

⑤收集竞争对手的信息。

【例2－11・单选题】多米诺公司是一家专做比萨饼的餐饮公司，为了评价自己的核心能力，将某医院的急救室作为自己的基准分析对象，来寻求提高送货人员的工作效率的途径。多米诺公司进行基准分析的类型是（　　）。

A. 顾客基准　　　　B. 竞争性基准

C. 过程或活动基准　　　　D. 一般基准

【答案】C

【考点】基准分析

【解析】餐饮和医院属于不同的产业，可判断属于过程或活动基准。

（4）企业核心能力与成功关键因素。

区别点：成功关键因素应被看作是产业和市场层次的特征，而不是针对某个个别公司。拥有成功关键因素是获得竞争优势的必要条件，而不是充分条件。

共同点：它们都是公司盈利能力的指示器。虽然在概念上的区别是清楚的，但在特定的环境中区分它们并不容易。例如，一个成功关键因素可能是某产业所有企业要成功都必须具备的，但它也可能是特定公司所具备的独特能力。

成功关键因素是产业中所有企业必须拥有的条件，而核心能力专属于个别公司。

（二）价值链分析

波特认为，企业每项生产经营活动都是其创造价值的经济活动；那么，企业所有的互不相同但又相互关联的生产经营活动，便构成了创造价值的一个动态过程，即价值链，见图2－11。

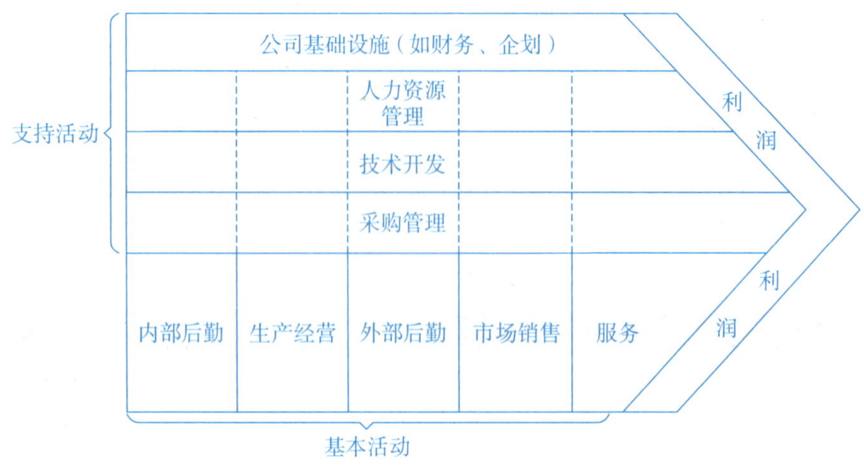

图 2-11 价值链

1. 价值链的两类活动★★★

敲黑板

九种活动名称需记忆，在主观题或客观题中都可能出现，考生要能够对案例描述的活动准确划分类别。

（1）五种基本活动的内容，见表 2-13。

表 2-13 价值链的基本活动

名称	解释	具体活动形式
内部后勤（进货物流）	与产品投入有关的进货、仓储和分配等活动	原材料的装卸、入库、盘存、运输以及退货等
生产经营	将投入转化为最终产品的活动	机加工、装配、包装、设备维修、检测等
外部后勤（出货物流）	与产品的库存、分送给购买者有关的活动	最终产品的入库、接受订单、送货等
市场销售	与促进和引导购买者购买企业产品的活动	广告、定价、销售渠道等
服务	与保持和提高产品价值有关的活动	培训、修理、零部件的供应和产品的调试等

名师说

基本活动其实是企业日常经营的完整过程，即从原料进入企业到生产成成品运到外部，最后被消费者购买并且提供售后服务的全过程。

（2）四种支持活动的内容，见表 2-14。

表 2-14 价值链的支持活动

名称	解释	具体活动形式
采购管理	采购企业所需投入品的职能，而不是被采购的投入品本身	采购是广义的，既包括生产原材料的采购，也包括其他资源投入的管理
技术开发	可以改进企业产品和工序的一系列技术活动	广义的概念，既包括生产性技术，也包括非生产性技术

续表

名称	解释	具体活动形式
人力资源管理	是指企业对职工的管理	企业职工的招聘、雇用、培训、提拔和退休等各项管理活动
基础设施	企业的组织结构、惯例、控制系统以及文化等活动、企业高层管理人员	企业高层管理人员（包括财务人员）

名师说

（1）五种基本活动都需要四种辅助活动的支持，同时四种辅助活动也会相互支持。

（2）采购管理和技术开发都是广义的，也就是说，不管是资源的采购还是技术的开发范围都不仅仅限于原料和产品。比如，采购另一个企业的服务也算采购管理，企业的信息技术也算技术开发。

（3）厂房、设备等都属于设施而非活动，因此，价值链中的基础设施不包括这些。

【例 2-12·多选题】下列选项中，属于企业基本活动的有（　　）。

A. 聘请广告咨询公司实施广告策划　　B. 通过物流配送产成品

C. 通过互联网进行广告宣传　　D. 对生产设备进行维修

【答案】BCD

【考点】价值链分析

【解析】“聘请广告咨询公司实施广告策划”属于支持活动中的采购管理；“通过物流配送产成品”属于基本活动中的外部后勤；“通过互联网进行广告宣传”属于基本活动中的市场销售；“对生产设备进行维修”属于基本活动中的生产运营。

2. 价值链的确定★

为了在一个特定产业进行竞争并判定企业竞争优势，就必须确定企业的价值链，也就是在一个特定的企业中按照企业的要求将每一项活动进一步分解为相互分离的活动用来揭示企业的竞争优势，见图 2-12。在对企业价值活动进行分解时需要把握的原则是：

（1）具有**不同的经济性**。

（2）对**产品差异化**产生很大的潜在影响。

（3）在**成本中比例很大或**所占比例在**上升**。

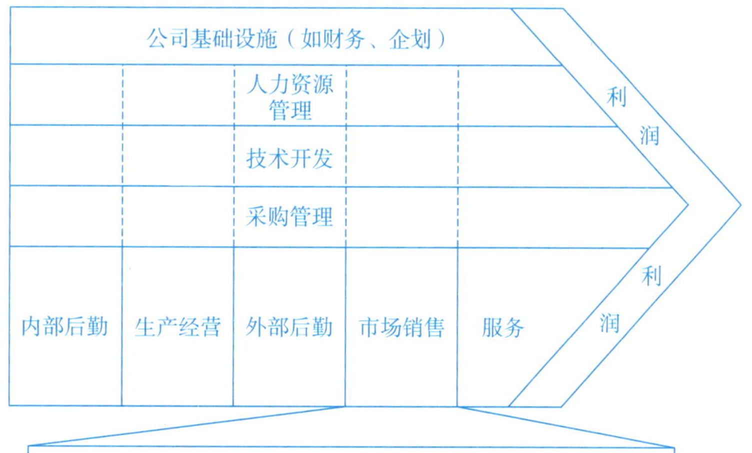

图 2-12　一条价值链的再分解

3. 企业资源能力的价值链分析★★★（记忆）

价值链分析的关键就是要将资源有效地组织起来，生产出最终顾客认为有价值的产品或服务。因此，资源分析必须是一个**从资源评估到对怎样使用这些资源的评估过程**。资源使用的价值链分析要明确以下几点：

（1）**确认**那些支持企业竞争优势的**关键性活动**。（单个活动）

（2）**明确**价值链内**各种活动之间的联系**。（企业内部联系）

（3）**明确**价值**系统内各项价值活动之间的联系**。（企业外部联系）

总之，价值活动的联系不仅存在于企业价值链内部，而且存在于企业与企业的价值链之间。

敲黑板

企业资源能力的价值链分析在主观题中很可能会出现，若出现在主观题中，同学们须首先默写上述三点，接着找出案例材料中的对应素材，寻找方法是：先从九种活动中找出对企业来说最有优势的关键性活动，再看活动之间有没有联系，最后看上下游企业价值链的联系，形成共赢的局面。

（三）业务组合分析

名师说

价值链分析有助于对企业能力进行考察，这种来源就是独立的产品、服务或业务单位。但是对于多元化经营的公司来说，价值链分析就显得过于复杂，需要将资源和能力作为一个整体来考虑。也就是业务组合分析，用来分析和规划企业的产品组合，常用的分析方法就是波士顿矩阵和通用矩阵。

1. 波士顿矩阵（BCG Matrix）★★★

波士顿矩阵

它又称市场增长率——相对市场份额矩阵、波士顿咨询集团法、四象限分析法、产品系列结构管理法等。BCG 既可以解决如何使用企业的产品品种及其结构适合市场需求的变化，又可以将有限的资源有效地分配到合理的产品结构中去。BCG 认为一般决定产品结构的基本因素有两个，即市场引力与企业实力，两者都包括很多指标，其中，**最主要的反映市场引力的综合指标为市场增长率，反映企业实力的综合指标为相对市场占有率**。

名师说

①市场增长率和相对市场占有率相互影响又互为条件：市场引力大同时市场占有率高，显示产品发展的良好前景，企业也具备较强的内部实力；市场引力大而市场占有率低，说明企业尚没有足够的实力，该产品也无法顺利发展；企业实力强但市场引力小，则预示该产品的市场前景不佳。

②相对市场占有率是企业的某项业务的市场份额与该业务最大竞争对手的市场份额之比，分界线为 1，该分界线将占有率分为高和低两个区域，若大于 1，则说明企业的该产品处于市场老大的地位。市场增长率是企业所在产业某项业务前后两年市场销售额增长的百分比，通常用 10%作为高和低的分界线。

（1）BCG 的基本原理。

BCG 将企业所有产品从市场增长率和相对市场占有率两个角度进行再组合，见图 2－13。在图中，圆圈面积大小代表该业务收益占企业全部收益的比重。

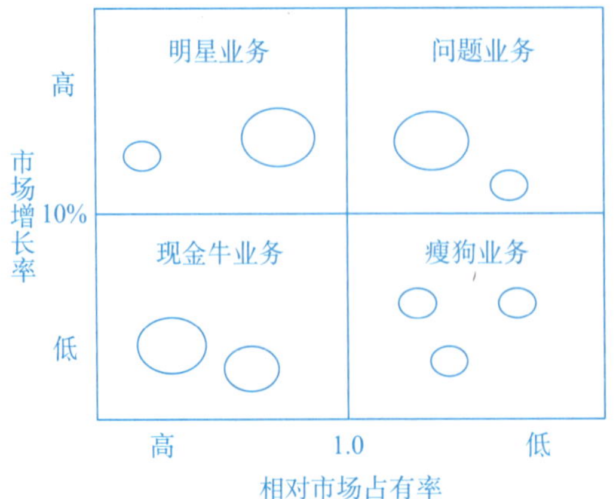

图 2－13 波士顿矩阵

波士顿矩阵四种业务类型比较见表 2－15。

表 2－15　　波士顿矩阵四种业务类型比较（记忆）

业务类型	指标特征	资金状况	对策	组织要求
明星业务	市场占有率高；市场增长率高	是企业资源的主要消费者，需要大量的投资	采取发展战略：在短期内优先供给他们所需的资源，支持它们继续发展，积极扩大经济规模和市场机会，以长远利益为目标，提高市场占有率，加强竞争地位	管理组织最好采用事业部形式，由对生产技术和销售两方面都很内行的经营者负责
问题业务	市场占有率低；市场增长率高	通常处于最差的现金流量状态	采取选择性投资战略：对“问题”业务的改进与扶持方案一般均列入企业长期计划中	最好是采取智囊团或项目组织等形式，选拔有规划能力、敢于冒风险、有才干的人负责
现金牛业务	市场占有率高；市场增长率低	本身不需要投资，反而能为企业提供大量资金，用以支持其他业务的发展	采用收获战略：即所投入资源以达到短期收益最大化为限。一方面把设备投资和其他投资尽量压缩；另一方面采用榨油式方法，对于市场增长率仍有所增长的业务，应进一步进行市场细分，维持现存市场增长率或延缓其下降速度	适合于用事业部制进行管理，其经营者最好是市场营销型人物。
瘦狗业务	市场占有率低；市场增长率低	可获利润很低，不能成为企业资金的来源	采用撤退战略：首先应减少批量，逐渐撤退，对那些还能自我维持的业务，应缩小经营范围，加强内部管理；而对那些市场增长率和企业市场占有率均极低的业务则应立即淘汰。其次是将剩余资源向其他产品转移。最后是整顿产品系列	最好将“瘦狗”产品与其他事业部合并，统一管理

考试中客观题常出现根据四种业务的特征、资金状况、对策或者组织要求判断所属阶段的题目。

名师说

①理论上说，部分问题业务和明星业务需要资金较多，而现金牛业务恰好可以带来大量资金，因此，现金牛业务的资金是要用于支持这两种业务发展的。此外，瘦狗业务前景不大又费钱，专项管理反而会花费大量资金，造成管理成本的重复，因此，只需与其他业务合并管理即可。

②四种业务与产品生命周期一一对应：问题业务对应导入期，明星业务对应成长期，现金牛业务对应成熟期，瘦狗业务对应衰退期。

【例 2－13·多选题】环美公司原以家电产品的生产和销售为主，近年来逐渐把业务范围扩展到新能源、房地产生物制药等行业，依据波士顿矩阵分析，下列对业务定位正确的有(　　)。

A. 家电业务的多数产品进入成熟期，公司在家电行业竞争优势显著。公司应当对该业务加大投资力度，以维持公司在行业中的优势地位

B. 新能源行业发展潜力巨大、前景广阔，公司在该领域竞争优势不足。公司应当对新能源业务进行重点投资，以提高市场占有率

C. 房地产进入“寒冬”期，公司的房地产业务始终没有获利。公司应当果断地从该业务中撤出

D. 生物制药行业近年来发展迅猛，公司收购的一家生物制药企业由弱到强，竞争优势日益显现。公司

应当在短期内优先供给其所需资源，支持该业务继续发展

【答案】BCD

【考点】波士顿矩阵

【解析】选项 A 中，成熟期的企业对应现金牛业务，对于现金牛业务，应该采取收获策略，成熟期的产品也是应该提高效率和降低成本，不应加大投资力度。

（2）BCG 的运用策略，见表 2-16。

表 2-16　波士顿矩阵的运用策略

对策	对策目标	适用情况
发展	以提高经营单位的相对市场占有率为目标，甚至不惜放弃短期收益	“问题”类业务成为“明星”类业务
保持	投资维持现状，目标是保持业务单位现有的市场占有率	较大的“现金牛”
收割	主要是为了获得短期收益，目标是在短期内尽可能地得到最大限度的现金收入	处境不佳的“现金牛”类业务及没有发展前途的“问题”类业务和“瘦狗”类业务
放弃	目标在于清理和撤销某些业务，减轻负担，以便将有限的资源用于效益较高的业务	无利可图的“瘦狗”类和“问题”类业务

名师说

实际上，波士顿矩阵这四种运用对策，对应的就是四种业务类型的策略：问题业务需要选择性的投资策略，如果是有希望则发展，没有希望就收割或放弃；明星业务需要发展，因此需要投资；现金牛是收获策略，因此可以带来大量资金的则保持，带来资金少的则收割；瘦狗业务需要撤退，将无利可图的放弃、没有前途的就直接收割，把这部分资金省下来用于其他业务。

（3）BCG 的启示。

波士顿矩阵有以下几方面的贡献：

①波士顿矩阵是最早的组合分析方法之一，作为一个有价值的思想方法，被广泛运用在产业环境与企业内部条件的综合分析、多样化的组合分析等方面。

②波士顿矩阵将企业不同的经营业务综合在一个矩阵中，具有简单明了的效果。

③波士顿矩阵指出了每个经营单位在竞争中的地位，使企业了解到它们的作用和任务，从而有选择和集中地运用企业有限的资金。每个经营业务单位也可以从矩阵中了解自己在总公司中的位置和可能的战略发展方向。

④利用波士顿矩阵还可以帮助企业推断竞争对手对相关业务的总体安排。其前提是竞争对手也使用波士顿矩阵的分析技巧。

（4）BCG 的局限性。

波士顿矩阵也有局限性：

①波士顿矩阵过于简单。首先，它用市场增长率和企业相对市场占有率两个单一指标分别代表产业的吸引力和企业的竞争地位，不能全面反映这两方面的状况；其次，两个坐标各自的划分都只有两个，划分过粗。

②在实践中，企业要确定各业务的市场增长率和相对市场占有率是比较困难的。

③波士顿矩阵事实上暗含了一个假设：企业的市场份额与投资回报是呈正比的。但在有些情况下这种假设可能是不成立或不全面的。一些市场占有率小的企业如果实施创新、差异化和市场细分等战略，仍能获得很高的利润。

④波士顿矩阵的另一个条件是资金是企业的主要资源。但在许多企业内，要进行规划和均衡的重要资源不仅是现金，还有技术、时间和人员的创造力。

⑤波士顿矩阵在具体运用中有很多困难。

2. 通用矩阵（见图 2－14）★

通用矩阵又称行业吸引力矩阵，是美国通用电气公司设计的一种投资组合分析方法。通用矩阵改进了波士顿矩阵过于简化的不足：首先，纵横坐标轴上都增加了中间等级；其次，纵横坐标轴都是多个指标（加权平均综合计算得出）综合反映产业吸引力和企业竞争地位。图 2－14 所示的通用矩阵比波士顿矩阵更好地说明了企业各类业务的状态，其中，矩阵中圆圈面积的大小与产业规模呈正比，圈中扇形部分，表示某项业务所占有的市场占有率。

名师说

影响产业吸引力的因素包括产业增长率、市场价格、市场规模、获利能力、市场结构、竞争结构、技术及社会政治因素等。影响竞争地位的因素包括相对市场占有率、市场增长率、买方增长率、产品差别化、生产技术、生产能力、管理水平等。

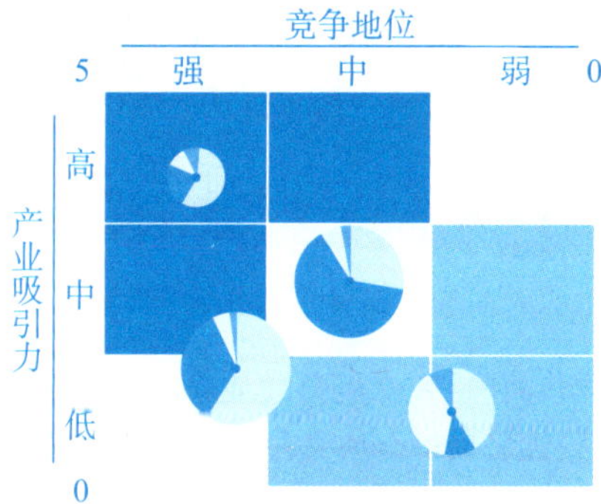

图 2－14 通用矩阵

（1）通用矩阵的运用。

处于左上方三个方格的业务：最适于采取增长与发展战略，企业应优先分配资源。

处于右下方三个方格的业务：一般就采取停止、转移、撤退战略。

处于对角线三个方格的业务：应采取维持或有选择地发展的战略，保护原有的发展规模，同时调整其发展方向。

（2）通用矩阵的局限性。

通用矩阵虽然改进了波士顿矩阵过于简化的不足，但是也因此带来了自身的不足：

①划分较细，对于多元化业务类型较多的大公司必要性不大，且需要更多数据，方法比较繁杂。

②用综合指标来测算产业吸引力和企业的竞争地位，这些指标在一个产业或一个企业的表现可能会产生不一致，评价结果也会由于指标权数分配的不准确而带来偏差。

名师说

产业吸引力和竞争地位所包含因素较多，各个因素在两个维度中所占的比重，只能由管理者确定，因此带有主观性。

三、SWOT 分析

（一）基本定理★

SWOT 分析是一种综合考虑企业内部条件和外部环境的各种因素，进行系统评价，从而选择最佳经营战略的方法。其中，S 指的是企业内部的优势（strengths），W 指的是企业内部的劣势（weakness），O 指的是企业外部环境的机会（opportunities），T 指的是企业外部环境的威胁（threats）。

敲黑板

考生需会判断和归纳案例中的优势、劣势、机会和威胁。企业内部的优势和劣势是相对于竞争对手而言的，一般表现在企业的资金、技术设备、员工素质、产品、市场、管理技能等方面。企业外部的机会和威胁是环境中的有利因素和不利因素。比如，政府支持、高新技术的应用、良好的购买者和供应者关系等属于有利因素；新竞争对手的出现、市场增长缓慢、购买者和供应者讨价还价能力增强、技术老化等属于不利因素。

（二）SWOT 分析的应用★★★

SWOT 分析中最核心部分是评价企业的优势和劣势、判断企业所面临的机会和威胁并做出决策，即在企业现有的内外部环境下，如何最优地运用自己的资源，并且建立公司未来的资源，见表 2-17。

表 2-17　　SWOT 分析的应用（记忆）

内外条件		外部环境：机会	外部环境：威胁
内部环境	优势	1. 增长型战略（SO）	4. 多元化战略（ST）
内部环境	劣势	2. 扭转型战略（WO）	3. 防御型战略（WT）

1. 优势——机会（SO）

增长型战略是一种**发展企业内部优势与利用外部机会的战略**，是一种理想的战略模式。当企业具有特定方面的优势，而外部环境又为发挥这种优势提供有利机会时，可以采取该战略。

2. 劣势——机会（WO）

扭转型战略是**利用外部机会来弥补内部劣势**，使企业改劣势而获取优势的战略。存在外部机会，但由于企业存在一些内部劣势而妨碍其利用机会，可采取措施先克服这些劣势。

3. 劣势——威胁（WT）

防御型战略是一种旨在减少内部劣势，回避外部环境威胁的防御性战略。当企业存在**内忧外患**时，往往面临生存危机，进行业务调整，设法避开威胁和消除劣势。

4. 优势——威胁（ST）

多元化战略是指企业**利用自身优势，回避或减轻外部威胁所造成的影响**。例如，竞争对手利用新技术大幅度降低成本，给企业很大成本压力；同时材料供应紧张，其价格可能上涨；消费者要求大幅度提高产品质量；企业还要支付高额环保成本等等，但若企业拥有充足的现金、熟练的技术工人和较强的产品开发能力，便可利用这些优势开发新工艺，简化生产工艺过程，提高原材料利用率，从而降低材料消耗和生产成本，同时它可提高产品质量，从而回避外部威胁影响。

名师说

SWOT 分析的下一步就是战略选择，在战略分析和战略选择中属于承上启下的存在，即承接了外部和内部环境分析的结果，最终确定企业的战略方向。

【例 2-14·单选题】甲公司是一家多元化经营的企业，业务范围涉及洗化、零售、房地产、新能源等。甲公司对其业务发展状况进行分析，下列各项中，不符合 SWOT 分析的是（　　）。

A. 洗化行业增长缓慢，公司市场占有率高，应采用 SO 战略

B. 房地产行业不景气，公司市场占有率低，应采用 WT 战略

C. 新能源行业具有广阔的发展前景，公司在该行业不具有竞争优势，应采用 WO 战略

D. 零售行业近年来发展势头明显回落，公司在该行业中具备一定优势，应采用 ST 战略

【答案】A

【考点】SWOT 分析应用

【解析】选项 A，“洗化行业增长缓慢”属于外部环境的威胁（T），“公司市场占有率高”属于企业内部的优势（S），因此应采用 ST 战略。

Part II 历年真题

一、单选题

1. 【2019】国家出台“每对夫妻可生育两个子女”的政策后，少儿智能学习机制造商龙华公司预测其产品的市场需求将明显增长，于是制定并实施了新的发展战略，扩大投资，提高生产能力，同时采用新一代智能技术实现产品升级。龙华公司外部环境分析所采用的主要方法是(　　)。

A. 五种竞争力分析　　B. PEST 分析

C. 成功关键因素分析　　D. 产业生命周期分析

【答案】B

【考点】PEST 分析

【解析】国家出台政策属于宏观环境分析，即 PEST 分析中的政治和法律因素。

2. 【2019】2012 年，政府颁布了《生活饮用水卫生标准》。然而，由于相关设施和技术等方面原因，国内一些地区的自来水水质短期内还不能达到标准。同时，近年随着国内经济迅速发展，国民追求健康和高品质生活的愿望不断提高。通过对上述情况的分析，华道公司于 2013 年从国外引进自来水滤水壶项目，获得成功。本案例中，华道公司外部环境分析所采用的主要方法是(　　)。

A. 产品生命周期分析　　B. 五种竞争力分析　　C. PEST 分析　　D. 钻石模型分析

【答案】C

【考点】PEST 分析

【解析】政府颁布标准属于政治和法律因素；相关设施等方面原因水质达不到标准属于技术因素；国内经济迅速发展属于经济因素；国民追求健康和高品质生活的愿望提高属于社会和文化因素。因此，该公司采用的分析方法为 PEST 分析。

3. 【2020】宝灵公司是一家牙膏生产企业。目前牙膏行业的销售额达到前所未有的规模，各个企业生产的不同品牌的牙膏在质量和功效等方面差别不大，价格竞争十分激烈。在上述情况下，宝灵公司的战略重点应是（　　）。

A. 扩大市场份额　　B. 在巩固市场份额的同时提高投资报酬率

C. 提高投资报酬率　　D. 争取最大的市场份额

【答案】B

【考点】产品生命周期

【解析】“行业的销售额达到前所未有的规模，各个企业生产的不同品牌的牙膏在质量和功效等方面差别不大，价格竞争十分激烈”说明牙膏行业处于成熟期，成熟期的战略目标重点转向在巩固市场份额的同时提高投资报酬率，所以选项 B 正确。

4. 【2019】专为商业零售企业提供管理咨询服务的智信公司于 2015 年预测中国的实体百货零售业已进入衰退期。该公司做出上述预测的依据应是(　　)。

A. 实体百货零售业投资额增长率曲线的拐点　　B. 实体百货零售业利润额增长率曲线的拐点

C. 实体百货零售业工资额增长率曲线的拐点　　D. 实体百货零售业销售额增长率曲线的拐点

【答案】D

【考点】产品生命周期

【解析】产品生命周期四个阶段是按照销售额增长率曲线的拐点划分的。

5. 【2018】近年来，国产品牌智能手机企业强势崛起，出货量迅猛增长，与国际品牌智能手机在市场上平分秋色。中低端智能手机市场基本被国产智能手机占领，新进入者难以获得市场地位，同时，由于运营商渠道调整，电商等渠道比重加大，产品同质化现象加剧，价格战日趋激烈。根据上述情况，国内智能手机产业目前所处的生命周期阶段是(　　)。

A. 成长期　　B. 导入期　　C. 衰退期　　D. 成熟期

【答案】D

【考点】产品生命周期

【解析】同质化现象加剧，价格战日趋激烈，属于成熟期。

6. 【2017】近年来，国内空调产业的销售额达到前所未有的水平。不同企业生产的空调在技术和质量等方面的差异不明显，空调生产企业的主要战略途径是提高效率、降低成本。按照产品生命周期理论，目前国内空调产业所处的阶段是(　　)。

A. 导入期　　B. 成长期　　C. 成熟期　　D. 衰退期

【答案】C

【考点】产品生命周期

【解析】“销售额达到前所未有的水平”说明销售额达到峰值；“不同企业生产的空调在技术和质量等方面的差异不明显”说明产品标准化；“主要战略途径是提高效率、降低成本”，以上特征都是成熟期的典型特征。

7. 【2015】根据产品生命周期理论，产业从导入期到进入衰退期，其经营风险(　　)。

A. 不断提高　　B. 先提高后下降　　C. 先下降后提高　　D. 不断下降

【答案】D

【考点】产品生命周期

【解析】导入期的经营风险非常高；成长期的经营风险有所下降，但是经营风险仍然维持在较高水平；成熟期的经营风险进一步降低，达到中等水平；进入衰退期后，经营风险会进一步降低。所以综上所述，选项 D 正确。

8. 【2014】根据产品生命周期理论，当企业的战略目标是争取最大市场份额时，企业所在产业处于(　　)。

A. 导入期　　B. 衰退期　　C. 成熟期　　D. 成长期

【答案】D

【考点】产品生命周期

【解析】成长期，企业的战略目标是争取最大市场份额，并坚持到成熟期的到来，故选项 D 正确。

9. 【2013】关于产品生命周期，以下表述正确的是(　　)。

A. 从产业环境与从国际生产要素组合不同角度分析，产品生命周期的内涵是一致的

B. 从产品研发和生产角度考察，产品生命周期可以划分为导入期、成长期、成熟期和衰退期 4 个阶段

C. 在衰退期后期，多数企业退出后，产品价格可能上扬

D. 产品生命周期可用于分析所有产业的发展规律，但各阶段的持续时间随着产业不同而不同

【答案】C

【考点】产品生命周期

【解析】波特提出的产品生命周期理论将产品生命周期分为导入期、成长期、成熟期和衰退期 4 个阶段。美国哈佛大学教授弗农提出了产品寿命周期理论，与波特的产品生命周期理论有所不同，弗农的产品生命周期理论从产品的研发和生产角度进行考察，将产品生命周期分为产品创新、成熟与标准化 3 个阶段（该知识点在战略选择章节的国际化经营战略中讲解）。所以，选项 AD 错误。在衰退期，产能严重过剩，只有大批量生产并有自己销售渠道的企业才具有竞争力。有些竞争者先于产品退出市场。产品的价格、毛利都很低。只有到后期，多数企业退出后，价格才有望上扬。所以，选项 C 正确。波特提出的产品生命周期理论假设产业的增长与衰退由于新产品的创新和推广过程而呈“S”形，但不同产业的增长并不总是“S”形。有些产业跳过成熟阶段，直接从成长走向衰亡；有些产业在一段时间衰退之后又重新上升；还有的产业似乎完全跳过了导入期这个缓慢的起始阶段。同时各阶段的持续时间随着产业的不同而非常不同。所以，选项 D 错误。

10. 【2020】山野公司是国际著名的户外运动服装设计和生产商。该公司的产品广受消费者喜爱，该公司品

牌被誉为户外运动服装行业的第一品牌。不少企业试图进入该行业并挑战山野公司的市场地位，但均未获成功。山野公司为潜在进入者设置的结构性障碍是（　　）。

A. 规模经济　　B. 现有企业的市场优势

C. 学习曲线　　D. 现有企业对关键资源的控制

【答案】B

【考点】五力模型

【解析】“户外运动服装行业的第一品牌”属于品牌优势，品牌优势和政府政策均属于现有企业的市场优势。

11. 【2019】龙苑公司一家制作泥塑工艺品的家族企业。该公司成立100多年来，经过世代相传积累了丰富的泥塑工艺品制作经验和精湛技艺，产品远销国内外。目前一些企业试图进入泥塑工艺品制作领域。根据上述信息，龙苑公司给潜在进入者设置的进入障碍是(　　)。

A. 资金需求　　B. 学习曲线　　C. 行为性障碍　　D. 分销渠道

【答案】B

【考点】五力模型

【解析】“经过世代相传积累了丰富的泥塑工艺品制作经验和精湛技艺”体现了该家族企业拥有学习曲线效应。

12. 【2017】2007—2013年，S公司在作为P公司最大的元器件和闪存供应商的同时，推出了系列智能手机和平板电脑，成为P公司在智能手机和平板电脑市场主要的竞争对手。P公司很想摆脱对S公司的依赖，但由于S公司在生产关键零件方面的能力显著强于其他公司，因而在短期内P公司仍离不开S公司。这一案例中，影响S公司对P公司讨价还价能力的主要因素是(　　)。

A. 业务量　　B. 产品差异化程度和与资产专用化程度

C. 纵向一体化程度　　D. 信息把握程度

【答案】B

【考点】五力模型

【解析】当供应者的产品存在着差异化，因而替代品不能与供应者所销售的产品相竞争时，供应者讨价还价的能力就会增强。由于S公司在生产关键零件方面的能力显著强于其他公司，因而短期内P公司仍离不开S公司，最后影响了S公司对P公司的讨价还价能力。

13. 【2017】20世纪90年代，光美公司在国内推出微波炉产品。目前光美公司已建成覆盖全国的营销网络，包括电商销售平台、数以千计的超市专卖柜和实体店以及十几个仓储物流中心。近年来不少企业试图进入微波炉行业，均未能成功。光美公司给潜在进入者设置的进入障碍是(　　)。

A. 现有企业对关键资源的控制　　B. 行为性障碍

C. 规模经济　　D. 现有企业的市场优势

【答案】A

【考点】五力模型

【解析】“已建成覆盖全国的营销网络，包括电商销售平台、数以千计的超市专卖柜和实体店以及十几个仓储物流中心”是光美公司作为现有企业对于分销渠道的控制。

14. 【2016】根据波特的五种竞争力分析理论，下列各项关于供应商讨价还价能力的说法中，错误的是(　　)。

A. 供应商提供的产品专用性程度越高，其讨价还价能力越强

B. 供应商借助互联网平台掌握的购买者转换成本信息越多，其讨价还价能力越强

C. 占市场份额80%以上的少数供应商将产品销售给较为零散的购买者时，其讨价还价能力强

D. 供应商拥有足够的资源能够进行后向一体化时，其讨价还价能力强

【答案】D

【考点】五力模型

【解析】因为供应商实施后向一体化战略，并不影响当前作为购买者的企业的讨价还价能力，所以选项D的说法错误。

15. 【2016】哈佛商学院教授大卫·亚非在波特教授五种竞争力研究的基础上提出了影响产业利润的第六个因素。下列各项中，体现该要素作用的是(　　)。

A. 某火力发电企业并购了一家煤矿，降低了原材料成本

B. 某地区交通条件的改善促进了该地区房地产业的发展

C. 某牛奶供应商控制了全市的销售渠道，使其他牛奶供应商在该市难以立足

D. 两家大型超市通过降低销售，争夺消费者

【答案】B

【考点】五力模型

【解析】哈佛商学院教授大卫·亚非在波特教授研究的基础上，根据企业全球化经营的特点，提出了第六个要素，即互动互补作用力。亚非认为，任何一个产业内部都存在不同程度的互补互动（指互相配合一起使用）的产品或服务业务。例如，对于房地产业来说，交通、家具、电器、学校、汽车、物业管理、银行贷款、有关保险、社区、家庭服务等会对住房建设产生影响，进而影响到整个房地产业的结构。所以，选项B正确。选项ACD体现的都是企业之间的激烈竞争。

16. 【2016】甲专车公司是基于互联网的专车服务提供商。甲专车公司采用“专业车辆、专业司机”的运营模式，利用移动互联网及大数据技术为客户提供“随时随地、专人专车”的全新服务体验，在专车服务市场取得很大的成功。甲专车公司给潜在进入者设置的进入障碍是(　　)。

A. 规模经济　　B. 资金需求　　C. 价格优势　　D. 产品差异

【答案】D

【考点】五力模型

【解析】甲公司独特的运营模式以及互联网技术支持下的全新服务在专车服务市场上取得成功，说明甲公司提供的是差异化服务，可以形成产品差异化，形成进入障碍。

17. 【2015】达美公司在全国各地拥有10多个仓储物流中心，还控制了多个中药材交易市场。基于此优势，达美公司决定构建一个中药材电子商务市场，并把它建成实体市场与虚拟市场相结合、中药材电子交易与结算服务为一体的中药材大宗交易平台。目前许多企业计划进入中药材电子商务业务。达美公司给潜在进入者设置的进入障碍是(　　)。

A. 规模经济　　B. 现有企业的市场优势

C. 资金需求　　D. 现有企业对关键资源的控制

【答案】D

【考点】五力模型

【解析】现有企业对关键资源的控制一般表现为资金、专利或专有技术、原材料供应、分销渠道、学习曲线等资源及资源使用方法的积累与控制。如果现有企业控制了生产经营所必需的某种资源，那么它就会受到保护而不被进入者所侵犯。本题中，达美公司拥有了10多个仓储物流中心，还控制了多个中药材交易市场，属于对关键资源的控制，所以选项D正确。

18. 【2014】下列各项中，对规模经济和学习经济之间的关系做出正确表述的是(　　)。

A. 两者总是同方向变动

B. 在劳动密集型产业中，学习经济很小，规模经济却很大

C. 在资本密集型产业中，规模经济很小，学习经济却很大

D. 两者交叉地影响产品成本的下降水平

【答案】D

【考点】五力模型

【解析】学习曲线（又称经验曲线），是指当某一产品累计生产量增加时，由于经验和专有技术的积累所带来的产品单位成本的下降。它与规模经济往往交叉地影响产品成本的下降水平。规模经济使经济

活动在处于一个比较大的规模时，能够以较低的单位成本进行生产；学习经济是由于积累经验而导致的单位成本的减少。即使是学习经济规模很小的情况下，规模经济也可能是很大的。这在诸如铝罐制造这样的简单资本密集型的生产中通常能够产生；同样的在规模经济很小时，学习经济也可以是很大的，这存在于诸如计算机软件开发等复杂的劳动密集型产业中。规模经济与学习经济这两者是交叉地影响成本变动的。

19. 【2013】甲公司是一家大型化工企业，产品的原材料主要来源于钛铁矿，同行业 7 家主要竞争对手则以金红石为原料。由于开采成本上升，金红石价格大幅上涨，而钛铁矿的开采成本不变。甲公司利用成本优势立即大幅度扩张生产能力，并且降低产品价格，使得 3 家竞争对手退出该产品领域，甲公司的市场份额因此提升 50%以上，该行业很长一段时间内没有新的进入者。运用产业五种竞争力理论分析甲公司对付五种竞争力的主要手段，表述正确的是(　　)。

A. 通过差异化手段与竞争对手竞争

B. 通过采用不同的原材料增强对于供应商的讨价还价能力

C. 采用限制进入定价手段形成进入障碍

D. 利用成本优势抵御产业替代品的威胁

【答案】C

【考点】五力模型

【解析】甲公司通过成本优势来抵御竞争对手并使得竞争对手退出了产品领域，说明甲公司使用的是报复手段来形成行为性障碍，而该行为又导致“该行业很长一段时间内没有新的进入者”，说明甲公司的行为性障碍表现为限制进入定价手段。

20. 【2017】近年来，国内智能家电产业的产品销售量节节攀升，竞争者不断涌入。各厂家的产品虽然在技术和性能方面有较大差异，但均可被消费者接受。产品由于供不应求，价格高。在产品寿命周期的这个阶段从市场角度看国内智能家电产业的成功关键因素应当是(　　)。

A. 建立商标信誉，开拓新销售渠道　　B. 保护现有市场，渗入别人的市场

C. 选择区域市场，改善企业形象　　D. 广告宣传，开辟销售渠道

【答案】A

【考点】成功关键因素

【解析】销量节节攀升，产品技术和性能方面差异化程度大，属于成长期的特点，主要的战略途径是市场营销，此时是改变价格形象和质量形象的好时机，需要扩大市场份额。“建立商标信誉，开拓新销售渠道”属于成长期的市场营销手段（即改变价格、扩大份额）；“保护现有市场，渗入别人的市场”是成熟期的手段；“选择区域市场，改善企业形象”属于衰退期的手段；“广告宣传，开辟销售渠道”属于导入期的手段。

21. 【2020】T 公司是国际著名汽车制造商，该公司 2019 年预计随着环保理念的普及和相关技术的进步，Z 国的新能源汽车产业将进入快速发展期，其竞争对手 Z 国的汽车制造商 S 公司将减少传统燃油汽车的生产量，增加电动汽车和混合动力汽车的生产量。T 公司对 S 公司的上述分析属于（　　）。

A. 财务能力分析　　B. 适应变化的能力分析　　C. 快速反应能力分析　　D. 成长能力分析

【答案】B

【考点】竞争对手分析

【解析】“随着环保理念的普及和相关技术的进步，Z 国的新能源汽车产业将进入快速发展期”说明存在变化，分析竞争对手对该变化的适应能力，属于适应变化的能力分析。

22. 【2014】自由现金储备、留存借贷能力、厂房设备的余力、定型的但尚未推出的新产品等因素，决定着企业竞争对手的(　　)。

A. 快速反应能力　　B. 成长能力　　C. 适应变化的能力　　D. 持久力

【答案】A

【考点】竞争对手分析

【解析】竞争对手的快速反应能力指的是竞争对手对其他公司的行动迅速做出反应的能力，或立即发动

进攻的能力。这将由下述因素决定：自由现金储备、留存借贷能力、厂房设备的余力、定型的但尚未推出的新产品。

23. 【2013】2008 年美国次贷危机爆发，波及中国大部分金融企业。在此期间，国外投行 K 预计其竞争对手中国的甲银行将会逐步降低权益类投资。并逐渐降低对客户的理财产品的收益率。投行 K 对甲银行进行的上述分析属于(　　)。

A. 财务能力分析　　B. 快速反应能力分析

C. 成长能力分析　　D. 适应变化的能力分析

【答案】D

【考点】竞争对手分析

【解析】投行 K 对甲银行进行的上述分析属于对竞争对手能否对外部事件（次贷危机爆发）做出反应的分析，所以，选项 D 正确。

24. 【2019】七彩公司以“文化娱乐性”和“观光游览性”为两维坐标，将旅游业分为不同的战略群组，并将“文化娱乐性高、观光游览性低”的文艺演出与“文化娱乐性低、观光游览性高”的实景旅游两类功能结合起来，率先创建了“人物山水”旅游项目，它将震撼的文艺演出置于秀丽山水之中，让观众在观赏歌舞演出的同事将身心融于自然。七彩公司采用战略群组分析的主要思路是(　　)。

A. 了解战略群组间的竞争状况　　B. 了解战略群组间的“移动障碍”

C. 预测市场变化或发现战略机会　　D. 了解战略群组内企业竞争的主要着眼点

【答案】C

【考点】战略群组分析

【解析】“率先创建了人物山水旅游项目，它将震撼的文艺演出置于秀丽山水之中，让观众在观赏歌舞演出的同事将身心融于自然”说明该公司通过对战略群组图的市场预测分析，抓住了新的战略机会。

25. 【2014】下列关于产业内战略群组分析的表述中，正确的是(　　)。

A. 有助于预测市场变化或发现战略机会

B. 有助于寻找产业内的合作伙伴结成战略联盟

C. 有助于了解产业的进入障碍

D. 有助于了解产业内企业之间的纵向或横向的联系

【答案】A

【考点】战略群组分析

【解析】战略群组分析有助于企业了解相对于其他企业本企业的战略地位以及公司战略变化可能的竞争性影响；有助于很好地了解战略群组间的竞争状况，主动地发现近处和远处的竞争者，也可以很好地了解某一群体与其他群组间的不同（选项 B）；有助于了解战略群组之间的移动障碍（选项 C）；有助于了解战略群组内企业竞争的主要着眼点（选项 D）；利用战略群组图还可以预测市场变化或发现战略机会（选项 A）。

26. 【2012】甲企业生产中档电动自行车。在以下四类企业中，甲企业的直接主要竞争对手是(　　)。

A. 生产高档电动自行车的企业　　B. 属于同一战略群组的电动自行车生产企业

C. 生产低档电动自行车的企业　　D. 属于同一战略群组的环保车生产企业

【答案】B

【考点】战略群组分析

【解析】只有属于同一战略群组并且生产相似或相同产品的企业才属于直接竞争对手，因此，只有生产中档（或处于同一群组中）电动自行车的企业才是甲公司的直接竞争对手。

27. 【2018】甲公司是 C 国著名的生产和经营电动汽车的厂商。2017 年，公司制定了国际化战略，拟到某发展中国家 N 国投资建厂。为此，甲公司委托专业机构对 N 国的现有条件进行了认真详细的分析。根据波特的钻石模型理论，下列分析中不属于钻石模型四要素的是(　　)。

A. N 国电动汽车零部件市场比较落后，供应商管理水平较低

B. N 国电动汽车市场刚刚兴起，市场需求增长较快

C. N 国政府为了保护本国汽车产业，对甲公司的进入设定了限制条件

D. N 国劳动力价格相对 C 国较低，工人技术水平和文化素质不高

【答案】C

【考点】钻石模型

【解析】选项 C 不是要素，是变量，属于 PEST 分析中的政治要素；选项 A 属于相关与支持性产业；选项 B 属于需求条件；选项 D 属于生产要素。

28. 【2013】甲汽车制造公司准备到发展中国家 M 国投资，对 M 国诸多条件进行了认真的调查分析，以下分析内容不属于钻石模型要素的是(　　)。

A. M 国汽车零部件产业发展状况

B. M 国政府对汽车业发展的产业政策

C. M 国劳动力价格和素质

D. M 国对汽车的需求状况

【答案】B

【考点】钻石模型

【解析】选项 A 属于相关与支持性产业；选项 B 属于政府政策，即 PEST 分析中的政治要素；选项 C 属于生产要素；选项 D 属于需求条件。

29. 【2012】在波特的战略管理理论中，用于分析一个国家在某产业中竞争优势的是(　　)。

A. 五力模型　B. 钻石模型　C. 价值链理论　D. 吸引力测试

【答案】B

【考点】钻石模型

【解析】钻石模型是用来分析国家某产业中竞争优势的模型。

30. 【2014】下列战略分析工具中，用来分析企业外部环境的是(　　)。

A. 波士顿矩阵　B. 成功关键因素分析　C. SWOT 分析　D. 通用矩阵

【答案】B

【考点】外部环境分析

【解析】选项 AD 属于企业内部资源和能力的分析，选项 C 属于外部环境与内部资源和能力分析的结合模型。

31. 【2020】天昊公司是国内成立的第一家动漫产品设计企业。该公司以“创造、协作、共生”的企业文化为导向，凝聚了一批精通业务的人才，与影视、出版、服装、玩具等行业的多家企业签订了长期合作协议，占据了行业龙头地位。天昊公司的竞争优势来源于其拥有的（　　）。

A. 物理上独特的资源

B. 具有因果含糊性的资源

C. 具有路径依赖性的资源

D. 具有经济制约性的资源

【答案】B

【考点】企业资源分析

【解析】该公司取得成功是因为企业文化，企业文化属于具有因果含糊性的资源。

32. 【2018】以生物药品研发为主营业的康力公司多年来不断完善科研管理体制建设，为科研人才的创造性活动提供了坚实的基础和障碍，使公司在激烈的市场竞争中获得明显优势，康力公司的竞争优势来源于(　　)。

A. 具有经济制约性的资源

B. 物理上特制的资源

C. 具有因果含糊性的资源

D. 具有路径依赖性的资源

【答案】D

【考点】企业资源分析

【解析】“多年来不断完善科研管理体制建设……使公司在激烈的市场竞争中获得明显优势”说明形成这种资源需要经过很长时间的积累，是具有路径依赖性的资源。

33. 【2016】西江公司是一家有 100 多年历史的医药公司，使用国家级保密配方配制的某种药品，从 20 世

纪初推出以来，疗效显著，一直深受患者欢迎。西江公司拥有的具有不可模仿性的资源属于(　　)。

A. 物理上独特的资源　　B. 具有因果含糊性的资源

C. 具有路径依赖性的资源　　D. 具有经济制约性的资源

【答案】A

【考点】企业资源分析

【解析】物理上独特的资源是物质本身的特性所决定的。例如，企业所拥有的房地产处于极佳的地理位置，拥有矿物开采权或是拥有法律保护的专利生产技术等。这些资源都有它的物理上的特殊性，是不可能被模仿的。

34. 【2015】W 航空公司以“家庭式愉快，节俭而投入”的企业文化为基础，构建起在 U 国航空业的竞争优势，竞争对手对其难以模仿。W 公司的竞争优势来源于(　　)。

A. 物理上独特的资源　　B. 具有路径依赖性的资源

C. 具有因果含糊性的资源　　D. 具有经济制约性的资源

【答案】C

【考点】企业资源分析

【解析】有些资源找不出复制方法，甚至无法解释产生的原因。例如，企业的文化常常是一种具有因果含糊性的资源，难以被竞争对手模仿。所以，选项 C 正确。

35. 【2014】对于产品质量差异较小的软饮料行业而言，最重要的企业资源是(　　)。

A. 财务资源　　B. 企业文化　　C. 商誉　　D. 技术

【答案】C

【考点】企业资源分析

【解析】对于产品质量差异较小的行业，如软饮料行业，商誉可以说是最重要的企业资源。

36. 【2014】甲公司是一家连锁经营川式火锅的公司，在行业景气度一般的情况下经营业绩高速增长。甲公司的竞争优势来自其优质的服务，包括每个分店都有一支长期训练有素的服务人员队伍，在顾客就餐时熟练表演“街舞拉面”的技艺。顾客都对公司的服务交口称赞。甲公司的具有不可模仿性的资源是(　　)。

A. 物理上独特的资源　　B. 具有路径依赖性的资源

C. 具有因果含糊性的资源　　D. 具有经济制约性的资源

【答案】B

【考点】企业资源分析

【解析】具有路径依赖性的资源是指那些必须经过长期的积累才能获得的资源。甲公司通过长期训练有素的服务团队撑过了行业不景气阶段，拥有了竞争优势，是需要长期的培训才能得到的资源，短期内竞争对手是没有办法模仿的。

37. 【2014】下列各项中，可以评价企业核心能力的方法是(　　)。

A. 功能分析　　B. 基准分析　　C. 资源分析　　D. 过程系统分析

【答案】B

【考点】核心能力

【解析】核心能力的评价方法：企业的自我评价、产业内部比较、基准分析、成本驱动力和作业成本法、收集竞争对手的信息。选项 ACD 属于核心能力的辨别方法。

38. 【2013】以下关于企业核心能力的表述，正确的是(　　)。

A. 核心能力是企业各种单个资源整合的结果

B. 核心能力的本质就是迅速适应环境变化、满足市场需求的能力

C. 企业的竞争优势只来自企业的核心能力

D. 企业的核心能力主要体现为强大的研发能力

【答案】A

【考点】核心能力

【解析】核心能力的产生是企业中各个不同部分有效合作的结果，也就是各种单个资源整合的结果，选项 A 正确；企业的核心能力是形成企业的竞争优势的一个主要方面而不是全部，选项 C 错误；企业的核心能力可以有多种不同的表现形式，选项 BD 错误。

39. 【2019】2016 年，多年成功经营的啤酒生产企业宝泉公司投资新建了一家果蔬饮料生产企业，但因管理不善出现持续亏损。最近宝泉公司组织果蔬饮料生产企业的管理人员到本公司的啤酒生产企业调研、学习，收效良好。宝泉公司所实施的基准分析的类型属于(　　)。

A. 顾客基准　　B. 一般基准　　C. 内部基准　　D. 竞争性基准

【答案】C

【考点】基准分析

【解析】蔬菜以及啤酒都属于宝泉公司的自身业务，果蔬企业学习的是本公司的啤酒业务的能力，属于内部基准。

40. 【2017】西康酒店是一家位于中国西部某著名旅游景区的五星级酒店，为了提升管理水平，西康酒店定期派人去东部旅游景区的五星级酒店学习，从而逐步提升了服务质量和财务业绩。西康酒店进行基准分析的基准类型是(　　)。

A. 内部基准　　B. 过程或活动基准　　C. 一般基准　　D. 竞争性基准

【答案】C

【考点】基准分析

【解析】两公司都是相同的产业（星级酒店），但并非服务于同一个市场（一个东部一个西部），因此是一般基准。

41. 【2016】M 国的甲航空公司专营国内城际航线，以低成本战略取得很大成功。专营 H 国国内城际航线的 H 国乙航空公司，也采用低成本战略，学习甲公司的成本控制措施，在 H 国竞争激烈的航空市场取得了良好的业绩。乙公司的基准分析类型是(　　)。

A. 内部基准　　B. 竞争基准　　C. 一般基准　　D. 过程或活动基准

【答案】C

【考点】基准分析

【解析】M 国的甲航空公司专营国内城际航线和专营国内城际航线的 H 国乙航空公司，因为是处于不同的国家，所以并非服务于同一个市场，没有构成直接竞争关系，但是两者是处于同一行业中的（都为航空产业），所以属于一般基准。

42. 【2012】迅驰电梯公司是世界上最大的电梯、自动扶梯和自动走道的制造、安装和服务公司。2003 年公司总裁鲍勃在主持公司年度会议时，为迅驰电梯公司提出了一个愿景：超越自己，在提供卓越服务方面成为世界范围内所有公司——不仅仅是电梯公司——公认的领袖。为了追求服务卓越，迅驰电梯公司未来的参照标准是像 UPS 这样具有类似核心业务的公司。从基准分析方法判断，鲍勃的观点是基于(　　)。

A. 竞争性基准　　B. 过程或活动基准　　C. 一般基准　　D. 顾客基准

【答案】B

【考点】基准分析

【解析】过程或活动基准是以具有类似核心经营的企业为基准进行比较，但是二者之间的产品和服务不存在直接竞争的关系。迅驰电梯公司未来的参照标准是像 UPS 这样具有类似核心业务的公司，UPS 公司是快递承运商与包裹递送公司，两者处于不同的产业，所以属于过程或活动基准。

43. 【2020】甲公司是一家汽车制造企业。该公司通过售后用户体验追踪系统随时掌握、分析不同车型的质量问题，并与汽车分销商共享信息，不断提高前来维修的客户的满意度。甲公司的上述做法属于该公司价值链中的（　　）。

A. 内部后勤　　B. 服务　　C. 基础设施　　D. 外部后勤

【答案】B

【考点】价值链分析

【解析】服务是指与保持和提高产品价值有关的活动。“该公司通过售后用户体验追踪系统随时掌握、分析不同车型的质量问题，并与汽车分销商共享信息，不断提高前来维修的客户的满意度”属于服务。

44.【2017】根据波特的价值分析理论，下列各项中，属于企业支持活动（或称辅助活动）的是(　　)。

A. 聘请咨询公司实施广告策略　　B. 物流配送产品

C. 通过互联网进行广告宣传　　D. 生产设备维修

【答案】A

【考点】价值链分析

【解析】选项A属于支持活动中的采购管理，选项B属于基本活动中的外部后勤，选项C属于基本活动中的市场销售，选项D属于基本活动中的生产运营。

45.【2016】东海公司为了提升公司的信息化管理水平，聘请某著名咨询公司为其开发一套管理信息系统。东海公司的上述活动属于价值链支持活动中的(　　)。

A. 采购管理　　B. 人力资源管理　　C. 公司基础设施　　D. 技术开发

【答案】A

【考点】价值链分析

【解析】采购管理是指采购企业所需投入产品的职能，而不是被采购的投入品本身。这里的采购是广义的，既包括生产原材料的采购，也包括其他资源的投入管理。例如，企业聘请咨询公司为企业进行广告策划、市场预测、管理信息系统设计（选项A）、法律咨询等属于采购管理。

46.【2012】贾某经营一家美发店，尝试利用波特的价值链理论分析向顾客提供服务的各项活动。针对下面的几项活动，比照价值链五种基本活动的概念及解释，属于美发店生产运营的活动是(　　)。

A. 迎送进店顾客　　B. 引导顾客消费　　C. 清洁门前环境　　D. 为客户头发造型

【答案】D

【考点】价值链分析

【解析】生产运营是将投入转化为最终产品的活动，对于美发店来说，为顾客头发做造型就是生产运营。

47.【2019】实行多元化经营的达梦公司在家装行业有很强的竞争力，市场占有率达50%以上。近年来家装市场进入低速增长阶段。根据波士顿矩阵原理，下列各项中，对达梦公司的家装业务表达正确的是(　　)。

A. 该业务应采用撤退战略，将剩余资源向其他业务转移

B. 该业务应由生产技术和销售两方面都很内行的经营者负责

C. 该业务的经营者最好是市场营销型人物

D. 该业务需要增加投资以加强竞争地位

【答案】C

【考点】波士顿矩阵

【解析】“达梦公司在家装行业有很强的竞争力，市场占有率达50%以上。近年来家装市场进入低速增长阶段”说明相对市场占有率高、市场增长率低，该业务属于现金牛业务。经营者最好是市场营销型人物。选项A属于瘦狗业务的特征；选项B属于问题业务的特征；选项D属于明星业务的特征。

48.【2018】天兆公司经营造船、港口建设、海运和相关智能设备制造四部分业务，这些业务的市场增长率分别为7.5%、9%、10.5%和18%，相对市场占有率分别为1.2、0.3、1.1和0.6。该公司四部分业务中，适合采用智囊团或项目组等管理组织是(　　)。

A. 港口建设业务　　B. 造船业务

C. 相关智能设备制造业务　　D. 海运业务

【答案】C

【考点】波士顿矩阵

【解析】采用智囊团或项目组形式的是问题业务，需要找增长高、占有率低的业务，相关智能设备制造的指标（18%、0.6）是符合要求的。

49. 【2017】环美公司原以家电产品的生产和销售为主，近年来逐渐把业务范围扩展到新能源、房地产生物制药等行业，依据波士顿矩阵分析，下列对业务定位错误的是（ ）。

A. 家电业务的多数产品进入成熟期，公司在家电行业竞争优势显著。公司应当对该业务加大投资力度，以维持公司在行业中的优势地位

B. 新能源行业发展潜力巨大、前景广阔，公司在该领域竞争优势不足。公司应当对新能源业务进行重点投资，以提高市场占有率

C. 房地产进入“寒冬”期，公司的房地产业务始终没有获利。公司应当果断地从该业务中撤出

D. 生物制药行业近年来发展迅猛，公司收购的一家生物制药企业由弱到强，竞争优势日益显现。公司应当在短期内优先供给其所需资源，支持该业务继续发展

【答案】A

【考点】波士顿矩阵

【解析】成熟期对应的是波士顿矩阵的现金牛业务，现金牛业务采取的是收获战略，不应加大投资力度；此外，成熟期的企业应提高效率和降低成本，巩固市场份额的同时提高投资报酬率。

50. 【2016】近年来中国公民出境游市场处于高速发展的阶段，实行多元化经营的鸿湖集团于 2006 年成立了甲旅行社，该旅行社专门提供出境游的服务项目，其市场份额位列第二。根据波士顿矩阵原理，鸿湖集团的甲旅行社业务属于（ ）。

A. 明星业务　　B. 瘦狗业务　　C. 问题业务　　D. 现金牛业务

【答案】C

【考点】波士顿矩阵

【解析】因为波士顿矩阵中的相对市场占有率是指以企业某项业务的市场份额与这个市场上最大的竞争对手的市场份额之比，而市场份额位列第二，那么说明其与市场份额位列第一的比值是大于 1 的，且中国公民出境游市场处于高速发展的阶段，说明其市场增长率是较高的，所以根据波士顿矩阵可知，该公司的产品应属于问题业务。

51. 【2014】下列关于波士顿矩阵的表述中，错误的是（ ）。

A. 纵轴表示企业销售额增长率

B. 横轴表示企业在产业中的相对竞争地位

C. 市场增长率是决定企业产品结构是否合理的外在因素

D. 波士顿矩阵事实上暗含了一个假设，企业的市场份额与投资回报是正相关的

【答案】A

【考点】波士顿矩阵

【解析】波士顿矩阵的纵轴表示市场增长率，是指企业所在产业某项业务前后两年市场销售额增长的百分比，选项 A 错误；波士顿矩阵的横轴表示企业在产业中的相对市场占有率，是指以企业某项业务的市场份额与这个市场上最大的竞争对手的市场份额之比，这一市场占有率反映企业在市场上的竞争地位，选项 B 正确；市场增长率是决定企业产品结构是否合理的外在因素，选项 C 正确；波士顿矩阵事实上暗含了一个假设，即企业的市场份额与投资回报是成正比的，选项 D 正确。

52. 【2013】下列各项企业竞争策略运用了波士顿矩阵分析的是（ ）。

A. 放弃与对手的竞争，不再对市场增长快的产品加大投入

B. 加大对市场占有率下滑产品的广告投入，以使该产品的市场占有率回升

C. 重新定位进入成熟期的产品价格，提高该产品的竞争力

D. 减少对市场占有率低且价格竞争激烈的产品的投资

【答案】D

【考点】波士顿矩阵

【解析】市场增长率高的产品属于明星产品或问题产品，对于明星产品和有发展前途的问题产品应加大投入，选项 A 错误；市场占有率下滑的产品，应界定为问题产品或瘦狗产品，对于部分没有前途的问题产品和瘦狗产品不应追加投资，选项 B 错误；进入成熟期的产品属于现金牛产品，较大的现金牛产品应采用收获战略，对于仍有所增长的现金牛产品，应通过市场细分，维持其现有的市场占有率或延缓其下降速度，选项 C 错误；市场占有率低且价格竞争激烈的产品属于瘦狗产品，瘦狗产品应采用撤退战略，选项 D 正确。

53. 【2012】在对企业外部环境和内部环境进行综合分析时，可以运用的战略分析工具包括(　　)。

A. 波特五力模型　　B. 价值链分析　　C. 行业吸引力测试　　D. SWOT 分析

【答案】D

【考点】SWOT 分析基本原理

【解析】SWOT 分析属于内部环境和外部环境分析相结合的工具。

54. 【2020】飞牛公司是一家农用无人机研发和制造企业。下列各项中，符合飞牛公司 SWOT 分析要求的是(　　)。

A. 农用无人机市场需求旺盛，飞牛公司有较强的研发和制造能力，应加快业务发展。此为 ST 战略

B. 农用无人机市场需求旺盛，飞牛公司缺乏精通业务的营销人员，应与有实力的公司合作。此为 SO 战略

C. 农用无人机市场竞争日趋激烈，飞牛公司有较强的研发和制造能力，应加大技术和产品创新力度。此为 WO 战略

D. 农用无人机市场竞争日趋激烈，飞牛公司缺乏精通业务的营销人员，应加大相关人才的招聘和培养力度。此为 WT 战略

【答案】D

【考点】SWOT 分析应用

【解析】“农用无人机市场竞争日趋激烈”属于外部环境的威胁（T），“飞牛公司缺乏精通业务的营销人员”属于企业内部的劣势（W），所以选项 D 正确。

55. 【2019】近年来新能源汽车产业及市场迅猛增长。国内汽车制造商华新公司于 2018 年进入新能源汽车制造领域，但是受技术和管理水平制约，其产品性能欠佳，市场占有率较低。根据 SWOT 分析，该公司应采取的战略是(　　)。

A. 增长型战略　　B. 多元化战略　　C. 防御型战略　　D. 扭转型战略

【答案】D

【考点】SWOT 分析应用

【解析】“近年来新能源汽车产业及市场迅猛增长”体现了外部环境的机会（O），“受技术和管理水平制约，其产品性能欠佳，市场占有率较低”体现了企业内部的劣势（W）。该公司应采取扭转型战略（WO）。

56. 【2018】平阳公司是国内一家中型煤炭企业，近年来在政府出台压缩过剩产能政策、行业竞争异常激烈的情况下，经营每况愈下，市场份额大幅缩减。根据 SWOT 分析，平阳公司应采取(　　)。

A. 扭转型战略　　B. 增长型战略　　C. 防御型战略　　D. 多种经营战略

【答案】C

【考点】SWOT 分析应用

【解析】“政府出台压缩过剩产能政策，行业竞争异常激烈”属于外部环境的威胁（T）；“经营每况愈下，市场份额大幅缩减”属于企业内部的劣势（W）。内忧外患，须加强防御，应采取防御型战略（WT）。

57. 【2017】扬帆集团是一家中药制造企业。2015 年以前，扬帆集团主打的 Q 产品治疗热毒肿痛功效显著，很受市场欢迎，被认为是国宝名药。近年来中药市场需求依然旺盛，然而扬帆集团的 Q 产品销售增长缓慢，公司的业绩和市值增长指标不如其他著名中药企业。根据 SWOT 分析，扬帆集团目前应该采取

的战略是(　　)。

A. 增长型战略　　B. 扭转型战略　　C. 多种经营战略　　D. 防御型战略

【答案】B

【考点】SWOT 分析应用

【解析】市场需求旺盛是外部环境的机会（O），Q 产品销售增长缓慢是企业内部的劣势（W），所以适合扭转型战略（WO）。

58. 【2016】受国家政策扶持，3D 打印产业及市场呈现爆发式增长。智创三维有限公司是国内一家 3D 打印设备制造商，该公司通过仿造国外同类产品，制造用来打印珠宝、齿科产品等中小型产品的 3D 打印设备。但是，受技术水平的制约，其产品质量欠佳，故障率明显高于国外同类产品。根据 SWOT 分析，该公司应采取的战略是(　　)。

A. 增长型战略　　B. 扭转型战略　　C. 防御型战略　　D. 多元化战略

【答案】B

【考点】SWOT 分析应用

【解析】“受国家政策扶持，3D 打印产业及市场呈现爆发式增长”是外部环境的机会（O），“受技术水平的制约，其产品质量欠佳，故障率明显高于国外同类产品”是企业内部的劣势（W）。企业面临着巨大的外部机会，却受到内部劣势的限制，应采用扭转型战略（WO），充分利用环境带来的机会，设法清除劣势。

二、多选题

1. 【2014】下列关于产品生命周期的表述中，正确的有(　　)。

A. 以产业销售额增长率曲线的拐点划分，产业生命周期可以划分为导入期、成长期、成熟期和衰退期 4 个阶段

B. 成熟期开始的标志是竞争者之间出现挑衅性的价格竞争

C. 与产品生命周期每一阶段相联系的竞争属性随着产业的不同而不同

D. 一个产业所处的生命周期具体阶段通常比较清晰

【答案】ABC

【考点】产品生命周期

【解析】产品各阶段的持续时间随着产业的不同而不同，并且一个产业究竟处于生命周期的哪一个阶段通常不清楚，选项 D 错误。

2. 【2019】巨能公司是多家手机制造企业的电池供应商。根据波特的五种竞争力分析理论，下列各项关于巨能公司与其客户讨价还价能力的说法中，正确的有(　　)。

A. 巨能公司能够进行前向一体化时，其讨价还价能力强

B. 巨能公司提供的电池差异化程度越高，其讨价还价能力越强

C. 巨能公司的客户购买量越大，巨能公司讨价还价能力强

D. 巨能公司掌握的客户的转换成本信息越多，其讨价还价能力强

【答案】ABD

【考点】五力模型

【解析】客户购买量越大，巨能公司的讨价还价能力越弱，选项 C 错误。

3. 【2019】惠丰公司是一家柴油机生产企业。最近，该公司拟把业务延伸到农机生产领域。下列各项中，属于惠丰公司进入新产业所面临的结构性障碍的有(　　)。

A. 现有农机企业采取限制进入定价行为　　B. 现有农机企业的品牌优势

C. 政府颁布的农机产业进入政策　　D. 现有农机企业对销售渠道的控制

【答案】BCD

【考点】五力模型

【解析】"现有农机企业采取限制进入定价行为"属于行为性障碍；结构性障碍包括规模经济、现有企业对关键资源的控制（选项D）、现有企业的市场优势（选项BC）。

4.【2018】近年来国内洗涤品生产企业面临日益沉重的竞争压力；国外著名洗涤品公司加快进入中国市场的步伐；原材料及用工成本不断上涨；国内洗涤品生产企业众多，产品差异较小，消费者选择余地大；新型洗涤品层出不穷，产品生命周期缩短，原有洗涤品不断遭到淘汰。从产业五种竞争力角度考察，国内洗涤品生产企业面临的竞争压力包括(　　)。

A. 产业内现有企业的竞争　　B. 购买者讨价还价

C. 供应者讨价还价　　D. 潜在进入者的进入威胁

【答案】ABCD

【考点】五力模型

【解析】"原材料及用工成本不断上涨"是供应者的讨价还价能力；"国内洗涤品生产企业众多，产品差异较小"是产业内现有企业的竞争；"消费者选择余地大"是购买者的讨价还价能力；"国外著名洗涤品公司加快进入中国市场的步伐"是潜在进入者的进入威胁。

5.【2017】近年来，国内调味品企业面临着激烈的竞争压力：其一，海外调味品企业不断通过收购国内品牌或在国内直接建厂进入国内市场；其二，原料成本、用工成本不断上涨，同时由于国内企业众多，产品差异小，利润微薄；其三，天然营养的综合型调味品层出不穷，对传统调味品形成部分替代。从五种竞争力角度考察，国内调味品生产企业面临的竞争压力包括(　　)。

A. 产业内现有企业的竞争　　B. 潜在进入者的进入

C. 供应者讨价还价　　D. 购买者讨价还价

【答案】ABC

【考点】五力模型

【解析】"海外企业收购国内品牌或在国内直接建厂进入国内市场"属于潜在进入者的进入威胁；"原料成本、用工成本不断上涨"属于供应者的讨价还价能力；"国内企业众多，产品差异小，利润微薄"属于产业内现有企业的竞争。未提到消费者的部分。

6.【2012】根据波特的五力模型，下列各项中，可以提高购买商议价能力的原因有(　　)。

A. 购买商主要为零散的个人，但是通过协议方式进行集体大量购买产品

B. 市场上的替代产品多

C. 购买商对于产品的性能、规格、质量以及售价信息很了解

D. 购买商对于产品的供应时间要求迫切

【答案】ABC

【考点】五力模型

【解析】大量购买，可以增加购买商的讨价还价能力；替代品较多，购买商的选择较多，所以讨价还价能力增强；购买商对于产品的信息很熟悉，也会加大议价能力。但若购买商对产品的供应时间要求迫切则会降低其议价能力。

7.【2012】甲公司是一家有机蔬菜生产供应商，通过分析普通蔬菜生产商对有机蔬菜行业盈利能力的影响，认为普通蔬菜生产商的影响力主要是波特五力模型中所提及的(　　)。

A. 购买商的议价能力　　B. 潜在进入者的威胁　　C. 替代产品的威胁　　D. 供应商的议价能力

【答案】BC

【考点】五力模型

【解析】因为普通蔬菜生产商可能进入有机蔬菜行业，也可能代替有机蔬菜，所以属于潜在进入者的进入威胁以及替代品的替代威胁。

8.【2019】近几年VR（虚拟现实）产品的销售量节节攀升，顾客群逐渐扩大；不同企业的产品在技术和性能方面有较大差异；消费者对产品质量的要求不高。从市场角度看，现阶段VR行业的成功关键因素有(　　)。

A. 保护现有市场　　B. 建立商标信誉　　C. 开拓新销售渠道　　D. 改善企业形象

【答案】BC

【考点】成功关键因素

【解析】从材料可知，VR 行业销量上升快、产品出现差异化、消费者对质量要求不高，说明 VR 行业处于成长期。从产品生命周期的角度看，成长期的成功关键因素为建立商标信誉、开拓新销售渠道。保护现有市场是成熟期的关键因素；改善企业形象是衰退期的关键因素。

9. 【2013】对于电梯制造企业而言，其产业的成功关键因素包括(　　)。

A. 拥有核心能力　　B. 售后服务

C. 具有比其他竞争对手做得更好的能力　　D. 销售能力

【答案】BD

【考点】成功关键因素

【解析】成功关键因素是指公司在特定市场获得盈利必须拥有的技能和资产。成功关键因素所涉及的是每一个产业成员所必须擅长的东西，或者说公司要取得竞争和财务成功 所必须集中精力搞好的因素。成功关键因素是企业取得产业成功的前提条件。核心能力，就是企业在具有重要竞争意义的经营活动中能够比其竞争对手做得更好的能力。成功关键因素应被看作是产业和市场层次的特征，而不是针对某个个别公司。拥有成功关键因素是获得竞争优势的必要条件，而不是充分条件。选项 BD 属于产业的成功关键因素；选项 AC 属于某个企业取得竞争优势的核心能力因素。

10. 【2017】国内卫浴产品企业可分为两类：第一类是知名的国际品牌企业，其产品实现了功能性和外观时尚性的完美结合，但研发和投资成本都很大，产品价格高；第二类是国内老牌企业，产品的功能性和外观性都与国际品牌产品有较大差距，价格也显著低于国际品牌产品。有专家建议，在激烈的竞争中第二类企业应当增强售后服务功能以提升竞争力，因为国内各类企业都没有对该功能给予应有的重视。依据战略群组分析理论，下列各项中，对专家建议理解正确的有(　　)。

A. 了解战略群组内企业竞争的主要着眼点　　B. 了解各战略群组之间的移动障碍

C. 运用战略群组分析发现战略机会　　D. 了解战略群组间的竞争状况

【答案】ABCD

【考点】战略群组分析

【解析】根据材料可知，国内老牌企业以及国际品牌企业处于不同的战略群组中。专家的建议针对的是所有国内各类企业。

11. 【2013】以下关于企业战略群组的描述，正确的有(　　)。

A. 利用战略群组图可以预测市场变化

B. 分析战略群组可以更好地了解不同战略群组之间的竞争状况

C. 通过战略群组分析可以了解组内企业竞争的主要着眼点

D. 突破战略群组的边界就能够进入“蓝海市场”

【答案】ABCD

【考点】战略群组分析

【解析】战略群组分析有助于企业了解本企业相对于其他企业的战略地位以及公司战略变化可能的竞争性影响；有助于很好地了解战略群组间的竞争状况，主动地发现近处和远处的竞争者，也可以很好地了解某一群体与其他群组间的不同（选项 B）；有助于了解战略群组内企业竞争的主要着眼点（选项 C）；利用战略群组图还可以预测市场变化或发现战略机会（选项 A）。传统的战略思维立足于当前已存在的行业和市场，采取常规的竞争方式与同行业中的企业展开针锋相对的竞争，那是一种“红海战略”，而“蓝海战略”是指不局限于现有产业边界而是极力打破这样的边界条件，通过提供创新产品和服务，开辟并占领新的市场空间的战略。所以，选项 C 正确（蓝海战略的知识点讲解请见“战略选择”章节）。

12. 【2020】卓力公司是一家汽车玻璃生产企业，拟在 S 国投资建立汽车玻璃生产基地，并对 S 国的相关环境进行了分析。卓力公司所做的下列分析中，属于钻石模型要素分析的有（　　）。

A. S 国的汽车玻璃业发展落后，仅有一家本国汽车玻璃生产企业，其他国家的汽车玻璃生产企业尚未进入

B. S 国政府鼓励并支持该国汽车玻璃业的发展

C. S 国的汽车制造业处于成长期

D. S 国的土地租金和电力价格长期处于较低水平

【答案】ACD

【考点】钻石模型

【解析】"S 国政府鼓励并支持该国汽车玻璃业的发展"属于政府的政策，不属于钻石模型要素。

13. 【2019】华泰医药公司拟在 J 国建立一个药品研发和生产基地，并对该国的相关情况进行了调查分析。下列各项中，符合钻石模型四要素分析要求的有(　　)。

A. J 国近年来经济增长较快，对高质量药品需求与日俱增

B. J 国政府近期颁布了多项支持医药产业发展的政策

C. J 国药品研发人才不足，尚无一项药品专利

D. J 国本土医药企业虽然数量较多，但规模小，竞争主要围绕价格进行

【答案】ACD

【考点】钻石模型

【解析】选项 A 体现的是需求条件；选项 B 为宏观环境分析中的政治因素；选项 C 体现了生产要素；选项 D 为企业战略、企业结构和同业竞争。

14. 【2019】研发和生产家用滤水壶的汇康公司秉承"使员工幸福，让顾客满意"的理念，建立并持续实施了一套以顾客需求为导向、充分调动员工积极性的管理体制，使该公司的技术发明专利数量、盈利率和顾客满意率长期稳居行业前列，显示出难以模仿的竞争优势。汇康公司的资源不可模仿性主要表现为(　　)。

A. 物理上独特的资源　　B. 具有路径依赖性的资源

C. 具有因果含糊性的资源　　D. 具有经济制约性的资源

【答案】ABC

【考点】企业资源分析

【解析】"'使员工幸福，让顾客满意'的理念"属于具有因果含糊性的资源；"建立并持续实施了一套以顾客需求为导向、充分调动员工积极性的管理体制"属于具有路径依赖性的资源；"该公司的技术发明专利数量、盈利率和顾客满意率长期稳居行业前列"属于物理上独特的资源。

15. 【2017】天翔航空公司于 2016 年年初率先布局航空互联网。现在该公司已有 50 多架飞机完成改造和机组培训，为乘客提供了稳定的互联网接入服务，并由此赢得了明显的竞争优势。下列各项中，属于天翔航空公司竞争优势来源的资源有(　　)。

A. 文化资源　　B. 人力资源　　C. 技术资源　　D. 物质资源

【答案】BCD

【考点】企业资源分析

【解析】"现在该公司已有 50 多架飞机完成改造"体现了物质资源，"公司已完成机组培训"体现了人力资源，"为乘客提供了稳定的互联网接入服务"体现了技术资源。

16. 【2013】香港半岛酒店位于九龙半岛的天星码头旁，占据有利的地理位置，游客可以遥望对岸香港岛和维多利亚港美不胜收的海景和夜景。关于半岛酒店这一大特色，以下表述正确的有(　　)。

A. 是半岛酒店难以被竞争对手模仿的无形资源　　B. 是一种稀缺性资源

C. 有助于半岛酒店获得竞争优势　　D. 是一种有形资源

全国注册会计师统一考试——《公司战略与风险管理》

历年真题卷

扫码加入

CPA 硬核学习法训练营

赠阅

注册会计师全国统一考试——《公司战略与风险管理》历年真题卷（2020年考生回忆版）

一、单项选择题（本题型共24小题，每小题1分，共24分。每小题只有一个正确答案，请从每小题的备选答案中选出一个你认为正确的答案，用鼠标点击相应的选项。）

1. 灵川公司是一家汽车制造商，原先只从一家公司购买其所需的轴承，后来改为分别从三家公司购买。下列各项，属于灵川公司增加轴承供应商的目的的是（　　）。

A. 容易设计出有效的质量保证计划

B. 与轴承供应商建立更为稳定的关系

C. 产生规模经济

D. 利用供应商之间的竞争对供应商压价

2. 圣元公司是一家智能家居用品制造商。该公司在技术开发和行政管理上具有很大的灵活性，由技术、营销等人员组成的项目组拥有产品开发的自主选择权。近年来该公司适应不断变化的市场需求，陆续开发出智能音箱、智能手环、智能电视、扫地机器人等产品。圣元公司组织结构的战略类型是（　　）。

A. 防御型战略组织　　B. 分析型战略组织　　C. 反应型战略组织　　D. 开拓型战略组织

3. 新安水电公司采用成本导向定价法确定其出售的目标电力价格。该公司的定价目标是（　　）。（该题涉及的定价目标相关内容在2021年教材中已删除）

A. 实现投资的目标回报率　　B. 实现目标市场份额

C. 利润最大化　　D. 增加竞争力

4. 国内大型制冷设备制造商X公司拟在欧洲N国建立生产基地并雇佣当地操作员，当得知N国劳动者工资水平高且经常在工会支持下提出增加福利的要求后，X公司修改了投资和建设方案，所需操作员工全部由机器代替。X公司在战略决策与实施过程中的行为方式是（　　）。

A. 折中　　B. 对抗　　C. 协作　　D. 规避

5. 经营健身房的永强公司率先采用新技术，在其拥有的所有分店统一推出智能健身设备。使用该设备，健身者可以比以往节省50%的时间达到同样的健身效果，因此该设备受到健身者的好评。但由于购置、使用、维护智能健身设备耗资很大，而需求和使用率有限，永强公司入不敷出，经营陷入困境。从零散产业角度看，下列各项中，属于永强公司进行战略选择未能避免的战略陷阱的是（　　）。

A. 寻求支配地位　　B. 对新产品做出过度反应

C. 不能保持严格的战略约束力　　D. 过分集权化

6. 佳美公司是一家全国性家电零售连锁企业，在国内一、二线城市拥有近百家大型连锁商城，是国内外众多家电品牌厂家在中国的最大销售商。2019年，该公司并购了国内另一家著名的家电零售连锁企业恒兴公司，销售网络扩展到全国三分之二以上的城市和部分乡镇，市场占有率提高了20%，进一步巩固了其行业领先地位。佳美公司实施上述并购的动机是（　　）。

A. 避开进入壁垒，迅速进入，争取市场机会

B. 克服企业负外部性，增强对市场的控制力

C. 避免经营风险

D. 实现资源互补

7. 主营文化社区网站的金兰公司与经营网络音乐服务产品的天籁公司签订协议，在音乐人扶持、优质音乐作品推广等方面开展战略合作，前者为使用后者产品的音乐人提供丰富的表现机会和平台，后者向前者推荐其客户中优秀音乐人及其原创作品。下列各项中，属于金兰公司与天籁公司进行战略合作的动因的是（　　）。

A. 避免经营风险　　B. 实现资源互补

C. 降低协调成本　　D. 避免或减少竞争

8. 贝恩公司是著名的电子商务企业，下设 5 大商务区和分布在 100 多个国家的子公司。商务区经理负责为各自商务区制定国际化经营战略，各国子公司经理则根据所在国市场需求对该子公司的经营活动形式经营权和管理权。商务区经理需要各国子公司经理的合作，当商务区经理和子公司经理的意见或决策发生冲突时，可提交总公司裁决。贝恩公司采用的国际化经营的战略类型是（　　）。

A. 国际战略　　B. 全球化战略

C. 跨国战略　　D. 多国本土化战略

9. 广记公司是一家卤制品生产企业。该公司凭借其长期积累形成的原料配制秘方和生产工艺诀窍等资源生产的多种卤制品，深受消费者喜爱，近年国内市场占有率一直位居第一。在下列资源不可模仿性的形式中，广记公司的上述资源属于（　　）。

A. 物理上独特的资源　　B. 具有因果含糊性的资源

C. 具有经济制约性的资源　　D. 具有路径依赖性的资源

10. 天鸣公司是全球领先的通信基础设施和智能终端提供商，该公司在网站上显著位置有如下说明：致力于把数字科技带入每个人、每个家庭、每个组织，构建万物互联的智能世界。天鸣公司的上述说明体现了该公司的（　　）。

A. 目的　　B. 宗旨　　C. 经营哲学　　D. 目标

11. 宝灵公司是一家牙膏生产企业。目前牙膏行业的销售额达到前所未有的规模，各个企业生产的不同品牌的牙膏在质量和功效等方面差别不大，价格竞争十分激烈。在上述情况下，宝灵公司的战略重点应是（　　）。

A. 扩大市场份额　　B. 在巩固市场份额的同时提高投资报酬率

C. 提高投资报酬率　　D. 争取最大市场份额

12. T 公司是国际著名汽车制造商，该公司 2019 年预计随着环保理念的普及和相关技术的进步，Z 国的新能源汽车产业将进入快速发展期，其竞争对手 Z 国的汽车制造商 S 公司将减少传统燃油汽车的生产量，增加电动汽车和混合动力汽车的生产量。T 公司对 S 公司的上述分析属于（　　）。

A. 财务能力分析　　B. 适应变化的能力分析

C. 快速反应能力分析　　D. 成长能力分析

13. 飞牛公司是一家农用无人机研发和制造企业。下列各项中，符合飞牛公司 SWOT 分析要求的是（　　）。

A. 农用无人机市场需求旺盛，飞牛公司有较强的研发和制造能力，应加快业务发展。此为 ST 战略

B. 农用无人机市场需求旺盛，飞牛公司缺乏精通业务的营销人员，应与有实力的公司合作。此为 SO 战略

C. 农用无人机市场竞争日趋激烈，飞牛公司有较强的研发和制造能力，应加大技术和产品创新力度。此为 WO 战略

D. 农用无人机市场竞争日趋激烈，飞牛公司缺乏精通业务的营销人员，应加大相关人才的招聘和培养力度。此为 WT 战略

14. 升达公司是一家控股企业，下属多个分别主营石油化工、物渣、机械制造等业务的独立经营的子公司。升达公司不干预子公司的战略决策和业务活动，仅根据市场前景和子公司的经营状况做出对子公司增加或减少投资的决策。升达公司应采取的组织结构类型是（　　）。

A. 事业部组织结构　　B. H 型组织结构

C. 战略业务单位组织结构　　D. M 型组织结构

15. 华通公司是一家铁路建造企业。该公司把施工单位分为轨道、桥梁、涵洞等若干项目组，每个项目组都包括从事技术、采购、运输、生产等活动的人员；每个人员都接受项目主管和所属职能部门主管的双重领导。下列各项中，属于华通公司采用的组织结构的优点的是（　　）。

A. 权力划分比较清晰　　B. 实现了各个部门之间的协作

C. 容易协调管理者之间的关系　　D. 职能专家更加关注自身的业务范围

16. 达康公司是国内一家中成药品生产企业。为了保障原材料的稳定供给与产品质量，自 2015 年以来投资建设了 3 个原材料现代化种植基地，收购了 2 个原属于其他药品公司的药材种植企业，全面推进原料药材规范化绿色种植工程。下列各项中，属于达康公司采用上述战略适用条件的是（　　）。

A. 中成药品产业增长潜力较大　　B. 达康公司现有销售商的销售成本较高

C. 达康公司存在过剩的生产能力　　D. 中成药品产业竞争较为激烈

17. 桐城钢铁公司需要的铁矿石购自 U 国的山谷矿山公司，后者曾多次在前者急需大量铁矿石时大幅提高产品价格，使前者遭受很大损失。后来桐城钢铁公司买下山谷矿山公司 51%的股权并获得定价权。下列各项中，属于桐城钢铁公司采用的风险管理策略的是（　　）。

A. 风险规避　　B. 风险控制　　C. 风险补偿　　D. 风险转移

18. 甲公司是一家汽车制造企业，该公司通过售后用户体验追踪系统随时掌握，分析不同车型的质量问题，并与汽车分销商共享信息，不断提高来维修的客户的满意度，甲公司的上述做法属于该公司价值链中的（　　）。

A. 内部后勤　　B. 服务　　C. 基础设施　　D. 外部后勤

19. 建安集团是一家上市公司，公开信息显示该公司 2016 年实现净利润 3.8 亿元。当年该公司股价波动区间为 12~22 元，市盈率波动区间为 6~11 倍，公司以每股 5 元的价格向控股股东定向增发 1 000 万股。从掠夺性财务活动角度分析，建安集团的上述定向增发行为属于（　　）。

A. 内幕交易　　B. 超额股利

C. 掠夺性资本运作　　D. 掠夺性融资

20. 甲公司每年最低运营资本是 5 000 万元，有 10%的可能性维持运营需要 5 800 万元，有 5%的可能性维持运营需要 6 200 万元。若甲公司风险资本为 1 000 万元，则该公司的生存概率为（　　）。

A. 10%　　B. 90%~95%　　C. 95%以上　　D. 90%

21. 为了对可能给企业造成重大损失的风险事件进行有效管理，南方石油公司成立了自己的专属保险公司，为母公司提供保险，并由母公司筹集总计 10 亿元的保险费，建立损失储备金。下列各项中，属于南方石油公司采用的上述损失事件管理办法的优点的是（　　）。

A. 降低内部管理成本　　B. 改善公司现金流

C. 增加了其他保险的可得性　　D. 损失储备金充足

22. 格朗公司是一家从事环境艺术的企业，该公司的业务以创意为核心，员工根据个人的爱好、专长和成长需要，自主选择从事建筑设计或室内装潢或城市雕塑和壁画制作等工作，公司则为员工的工作需要提供必要的服务。格朗公司的企业文化类型是（　　）。

A. 权力导向型　　B. 任务导向型

C. 人员导向型　　D. 角色导向型

23. 然达公司是合成橡胶、合成树脂等石化类产业的龙头企业。2017 年，该公司启动新的战略变革，将公司在原产业领域积累的高分子技术应用到光化学和有机合成化学领域，使业务内容扩大到半导体制造材料、显示器材料等领域，同时进行了广泛的组织结构调整。此时战略变革得到公司上下一致认同和支持。该公司处理企业战略稳定性与文化适应性的关系时应（　　）。

A. 以企业使命为基础　　B. 根据文化进行管理

C. 重新制定战略　　D. 加强协同作用

24. 近年来，人们不断增加的对健康水源的需求催生了越来越多的滤水壶生产企业。目前这些企业提供的产品性能和质量大体相同，彼此之间为争夺客户展开挑衅性的价格竞争，行业规模达到前所未有的水平，任何一个企业扩大市场份额都十分困难。下列各项中，属于上述企业所具有的经营特征的是（　　）。

A. 经营风险非常高　　B. 价格盈余倍数非常高

C. 具有中等的股利分配率　　D. 资金来源于保留盈余+债务

二、多项选择题（本题型共 14 小题，每小题 1.5 分，共 21 分。每小题均有多个正确答案，请从每小题的备选答案中选出你认为正确的答案，用鼠标点击相应的选项。每小题所有答案选择正确的得分，不答、错答、漏答均不得分。）

1. 甲公司为加强风险管理制定并实施了下列内部控制制度，其中符合我国《企业内部控制基本规范》关于内部环境要素要求的有（　　）。

A. 董事会负责内部控制的建立健全和有效实施

B. 编制内部管理手册，使高级管理人员掌握内部机构设置、岗位职责、业务流程等情况

C. 制定和实施有利于企业可持续发展的人力资源政策

D. 在董事会下设立审计委员会

2. XX 公司是一家大型能源集团，拥有分别从事煤矿开采、炼焦、发电等业务的多家子公司。面对煤炭产能过剩销售困难的局面，该公司管理层提出放弃煤矿开采业务，但此举将大量煤炭采掘设备废弃，下岗工人生活和重新安置费用短期难以解决，炼焦、发电等业务原料来源的稳定性将受影响，因此遭到各个子公司员工的质疑、不满甚至反对。XX 公司的煤矿开采业务面临的退出障碍有（　　）。

A. 感情障碍　　B. 固定资产的专用性程度

C. 内部战略联系　　D. 退出成本

3. 凯阳公司拥有发电设备制造、新能源开发、电站建设和环保四部分业务，这些业务的市场增长率依次为 5.5%、11%、5%和 13%，相对市场占有率依次为 1.3、1.1、0.8 和 0.2。根据波士顿矩阵原理，上述四部分业务中，可以视情况采取收割战略的有（　　）。

A. 发电设备制造业务　　B. 环保业务

C. 新能源开发业务　　D. 电站建设业务

4. 为共同推进国内某市 5G 生态产业集群的发展，鹏霄电信公司与东序软件公司达成战略合作协议，前者作为基础网络和电信服务供应商，提供基础通信流量入口、运营平台建设保障；后者作为技术供应商，负责与该市智慧园区工业互联网“5G+光网双千兆”标杆园区、云计算应用等领域的场景落地。下列各项中属于上述两个公司结成的战略联盟的特点的有（　　）。

A. 双方在经营上具有较强的灵活性和自主权

B. 联盟内成员之间的沟通不充分

C. 组织效率较高

D. 双方具有较好的信任感和责任感

5. 欣馨公司是某市一家向公众开放的花卉种植和销售企业，平时采用自动化设备培植、出售当地居民喜爱的兰花、绿萝等花卉；每逢节日前夕，便向市场推出富有节庆意义的花卉；同时接受并满足顾客观看公司业务流程后所提出的个性化定制要求。该公司的生产运营战略所涉及的主要因素有（　　）。

A. 批量　　B. 可见性　　C. 种类　　D. 需求变动

6. 甲公司采用流动比率、资产负债比率等财务指标进行绩效评价。下列各项中，属于甲公司上述做法的局限性的有（　　）。

A. 鼓励短期行为　　B. 比率不可以用作目标

C. 难以进行项目比较　　D. 忽视战略目标

7. 松涛旅行社面对老年社会的到来，专注于组织老年消费者出国游业务，并在业内率先根据旅行中所在国家或地区的特点，开展健身邀约、摄影、休闲、美食品尝与制作、探访居民等活动。面对越来越多的慕名而来的消费者，该社在国内设立了上百家分社或代理机构，复制推广上述业务模式，取得了远远高于行业平均水平的利润率。从零散产业的战略选择角度看，松涛旅行社的做法有（　　）。

A. 连锁经营或特许经营　　B. 提高产品差异化程度

C. 目标集聚　　D. 尽早发现产业趋势

8. 朝晖汽车制造公司为了获取成本优势，与汽车发动机供应商建立了良好的关系，保证生产进度不受影响，所需外购配件由就近的泰达公司提供，减少了运输费用；内部各个配件厂分布在总装厂周围，建立大规模生产线实现规模经济。该公司的上述做法涉及其价值链中的（　　）。

A. 内部后勤　　B. 生产经营　　C. 采购管理　　D. 外部后勤

9. 经营连锁超市的茂林公司为了改善内部管理，开展了顾客满意度调查，组织相关管理人员走访学习了某著名连锁餐饮集团管理下属分店的经验，并瞄准本行标杆企业制定了整改方案。茂林公司进行基准分析所采用的基准类型有（　　）。

A. 内部基准　　B. 一般基准　　C. 顾客基准　　D. 竞争性基准

10. 富和矿业公司于 2013 年收购了 Y 国一座铁矿，预计 5 年后收回成本并盈利。后来发现这座铁矿的储量和矿石出铁率低于预期，且所处地质环境复杂，开采成本和运输费用超出预算 1 倍以上。2018 年底，该铁矿的运营出现严重收不抵支状况，富和矿业公司向当地银行申请贷款，但由于 Y 国有限制外资贷款的法律未果，公司被迫宣布该铁矿倒闭。富和矿业公司上述收购失败的原因有（　　）。

A. 决策不当　　B. 跨国并购面临政治风险

C. 支付过高的并购费用　　D. 并购后不能很好地进行企业整合

11. 创维公司是一家拥有 3 000 多名员工的高科技企业，该公司的组织结构从上至下分为总经理、部门经理、一些管理人员和基层员工四个层次。根据组织纵向分工结构理论，创维公司采用的组织结构通常具有的特点有（　　）。

A. 可以及时反映市场的变化　　B. 容易造成管理的失控

C. 企业战略难以实施　　D. 企业管理费用会大幅度增加

12. 甲公司在加强风险管理过程中采取了下列做法，其中符合我国《企业内部控制基本规范》关于信息与沟通要素要求的有（　　）。

A. 加强法制教育，建立健全法律顾问制度和重大法律纠纷案件备案制度

B. 建立举报投诉制度和举报人保护制度

C. 建立重大风险预警机制和突发事件应急处理机制

D. 建立反舞弊机制，坚持惩防并举、重在预防的原则

13. 国内从事有色金属矿产地质勘探的艾文地公司于2017年横向收购了N国的纳奇公司，N国政府只允许本国企业从事贵金属矿产的勘探，因此这次收购使艾文地公司获得N国储量丰富的黄金矿产的勘探权，此后艾文地公司留用了纳奇公司经验丰富的管理层。艾文地公司向N国投资的动机有（　　）。

A. 寻求市场　　B. 寻求现成资产　　C. 寻求效率　　D. 寻求资源

14. 卓力公司是一家汽车玻璃生产企业，拟在S国投资监理汽车玻璃生产基地，并对S国的相关环境进行了分析。卓力公司所做的下列分析中，符合钻石模型要素分析要求的有（　　）。

A. S国的汽车玻璃业发展落后，仅有一家本国汽车玻璃生产企业，其他国家的汽车玻璃生产企业尚未进入

B. S国政府鼓励并支持该国汽车玻璃业的发展

C. S国的汽车制造业处于成长期

D. S国的土地租金和电力价格长期处于较低水平

三、简答题（本题型共4小题30分。其中一道小题可以选用中文或英文解答，请仔细阅读答题要求，如果用英文解答，须全部使用英文，答题正确的，增加5分。本题型最高得分为35分。）

1.（本小题6分，可以选用中文或英文解答，如使用英文解答，须全部使用英文，答题正确的，增加5分，最高得分为11分。）

水泉公司成立于1992年，是国内知名度最高的果汁品牌之一。经过多年的发展，2007年，水泉公司成功上市。

2005年，水泉公司公开招标寻求合作，T国最大的食品生产企业宏丰公司立即回应，希望能够与水泉公司共同打造东南亚最大的食品“帝国”。2005年3月，水泉公司与宏丰公司签约组建合资公司。水泉公司以果汁业务资产入股，占95%，宏丰公司注资3 030万美元，占股权的5%。然而，T国政府于4个月后出台的政策规定，T国企业在中国内地投资不能超过资本净值的40%，宏丰公司在中国累计的投资，已接近40%的上限。最终双方签约4个月以后，合作夭折。

2008年，U国乐大公司宣布拟收购水泉公司全部股权。为配合乐大公司的收购，水泉公司砍掉了16年来建立起的销售体系，并同时开始大规模布局上游。然而，因收购不符合中国反垄断法的相关规定，水泉公司与乐大公司的合作被有关部门紧急叫停。

这项没有完成的收购案，成为水泉公司命运的转折点。此后的几年，尽管公司创始人、控股股东刘杰竭尽全力试图挽救水泉公司的命运，但水泉公司还是不可逆转地陷入了持续的困境。

2017年8月15日至2018年3月29日，水泉公司向其子公司B市水泉公司提供42.82亿元短期贷款，以便B市水泉公司应付临时营运资金需要及还债。但是，这件事没有得到董事会批准，也没有签订协议，更没有对外披露。由于涉嫌违反香港上市规则中关于关联交易申报、股东批准及信息披露的条款，水泉公司自2018年4月3日起正式停牌。

除此之外，2019年12月初，公司创始人、控股股东刘杰还因为未按期向合作方履行给付义务，收到了限制消费令，被司法机关列入失信被执行人名单。

要求：

（1）简要分析水泉公司在2005年和2008年所遭遇的政治风险。

（2）简要分析水泉公司2017—2019年所面对的法律风险与合规风险。

（3）简要分析公司治理的基础设施在水泉公司治理中所发挥的作用。

2.（本小题8分。）随着国内消费的不断升级，中高端白酒产品日益成为酒业的消费热点。由于高端白酒在窖池、工艺、环境、品牌等多方面的进入门槛很高，高端白酒长期处于供不应求的状态，使其对消费者具有更强的议价能力，并且高端白酒通常具备一定的收藏价值，这对价格不太敏感的高端酒客户来说更具吸引力。一些以中低端酒为主的酒企也开始转型升级，调整产品

结构，增加高端产品的占比，以适应国内消费升级的变化趋势。此外，对国内白酒业整体而言，进口红酒的冲击也不可小视，如今商务宴请中喝红酒的人越来越多，抢占了一定的市场份额。

S省酒业有着悠久的历史。改革开放后，S省白酒地理优势、技术优势和人才优势逐步凸显，白酒产业迅速发展，保持着较强的盈利能力。S省既有多家全国品牌大企业，也有诸多地方品牌中小企业。2019年1月，S省白酒行业协会推出的《白酒产业振兴发展培育方案》指出，要做专做优做强白酒名优企业，提升企业效益，增强企业核心竞争力；支持名优企业通过兼并、收购等多种方式整合省内中小企业；支持名优企业之间强强联合、战略合作；推进白酒产业与旅游文化产业的融合发展，充分发挥S省得天独厚的旅游文化资源等。

作为国内名优白酒品牌的龙头企业之一，S省致臻老窖公司近年来实施一系列战略举措以打造其在高端白酒业的竞争优势：

(1) 采取“公司+农户”的订单模式，大力开发建设生态酿酒原料生产基地，从源头上把好质量关。

(2) 启动“酿酒废弃物热化学能源化与资源化耦合利用技术”研究项目，为实现“高粱种植→白酒酿造→固废资源化利用→优质高粱种植→优质白酒酿造”的绿色循环产业链打下坚实基础。

(3) 投资实施智能化包装中心技改项目，打造自动化、智能化的现代化包装基地，推动公司包装物流体系的转型升级。

(4) 通过音乐、艺术等国际通用的“语言”将白酒文化传播到世界各地，拓展海外市场，抵消了部分进口红酒在国内市场的替代威胁。

要求：

(1) 从五种竞争力分析的角度，简要分析致臻老窖公司在高端白酒业所具备的竞争优势。

(2) 根据钻石模型四要素，简要分析S省白酒业发展的优势。

3. (本小题8分。) 在汽车产业电动化、智能化、网联化、共享化融合变革之际，被称为“造车新势力”之一的家家智能汽车公司于2015年正式成立，家家公司的董事长兼创始人王向认为，汽车制造业已经进入2.0数字时代，其特征是“电机驱动+智能互联”；而汽车3.0时代是人工智能时代，其特征是“无人驾驶+出行空间”。为了赢得2.0时代，并参与3.0时代的竞争，家家公司开始全面布局：通过三轮融资获得资金，拥有了自己的制造基地，与国内最大的出租车网约平台合作切入共享出行领域，积极投资产业链（包括投资孵化自动驾驶系统供应商MJ公司、专注自动驾驶中央控制器的ZX公司以及研发生产激光雷达的LH公司等）。

王向认为，未来企业竞争的关键要素，是具备快速成长能力的公司组织。他把60%的时间用于组织管理，以是否具备创新能力与价值观而非是否来自成功大企业为标准选拔人才；帮助团队中每一个人成就心中的事业追求，去挑战自己和团队成长的极限。

家家公司的第一款产品SEV面向国内外共享汽车使用群体，续航里程将超过100公里。但是，两年筹备之后，由于低速车的合法性以及海外分时租赁市场实际容量的局限，这个雄心勃勃的计划还是夭折了。面对挫折，王向立即将公司产品开发重心转移到中大型SUV的“家家智造ONE”。为了实现“没有里程焦虑”，“家家智造ONE”采用全新的形式——增程式电动。王向认为，相对于U国TL等电动车采用的充电桩、换电站等方式，中国消费者更需要从产品本身去解决问题的产品。2018年10月18日晚，备受汽车及科技界人士瞩目的家家公司新车——“家家智造ONE”于B市正式发布。这场发布会没有明星大腕捧场助阵，全程由王向一人直接以大量数据对比和充满硬核知识的“干货”完成了自我演绎，让消费者在各类新产品中有了清晰的比较。王向表示，“家家智造ONE”定价不会高于40万元，而增程式电动技术显著难于纯电动车，因而“家家智造ONE”的性价比具有优势。

2018年12月，家家公司以6.5亿元收购LF股份公司所持有的C市LF汽车公司100%股权，被业界称为家家“完美避开进入门槛”，取得了新能源汽车的生产资质，以实现王向掌控并引领新能源汽车市场的梦想。而此举对于LF股份公司而言是其战略重组的一部分，将经营不善的C市LF汽车公司剥离出去，以应对流动资金不足的困境。家家公司与LF股份还签署了为期3年的框架合作协议。双方将通过资源互补、技术互补等方式，在新能源技术开发、车联网、人车交互及数据共享等领域形成技术联盟。

要求：

（1）简要分析LF股份公司采用收缩战略的原因和方式。

（2）简要分析家家公司收购C市LF汽车公司的动机。

（3）简要分析王向统领家家公司所克服的智能汽车在新兴产业中的发展障碍。

4.（本小题8分。）2003年，从国内名牌大学毕业的李轩开始以“眼镜肉店”老板的身份在X市农贸市场卖猪肉，成为备受关注的“最有文化的猪肉佬”。多年的教育背景让李轩把卖猪肉这个生意做到了很高的水准，他从来不卖注水肉，品质不好的肉坚决不进货，也从不缺斤少两，慢慢地积攒了诚信经营的口碑，他的肉铺一天能卖出十几头猪。

2008年，李轩与同是经营猪肉生意的本校校友张生相识。张生于2007年在Z市创办猪肉连锁店，同样因为“国内名牌大学”和“猪肉”的名号，引起众人关注。李轩和张生开始联手打造“特号土猪”的猪肉品牌。他们自己养猪，自己卖猪。他们选择口感颇受国内百姓喜爱的优良土猪品种；猪场采用半开放式的大空间，让猪自由活动；猪场里设有音响，专门给猪听音乐。他们认为，猪和人一样，只有心情愉悦，才会长得又肥又壮，肉质也会更加鲜美。

“特号土猪”公司日益发展壮大。从2010年5月开始，李轩和张生凭着自己多年经营猪肉的经验，开办了培训职业屠夫的“屠夫学校”，培养目标是“通晓整个产业流程的高素质创新型人才”。“特号土猪”公司每年都会招聘应届大学生，经过“屠夫学校”40天培训，再派往各店铺工作。

2015年，“特号土猪”销量超过10亿元，成为国内土猪肉第一品牌。2016年，在互联网的大潮引领下，“特号土猪”登陆国内最大电商平台，成为第一个面向大众消费者的“互联网+”猪肉品牌。线上与线下同时发力，“特号土猪”品牌影响力进一步扩展，销量也更上一层楼。

2019年，“特号土猪”品牌连锁店开到了全国20多个城市，共有2 000多家门店。十几年来，李轩和张生专心致志，将“特号土猪”这个高端品牌做到了极致。

要求：

（1）从差异化战略实施条件（资源能力）角度，简要分析李轩和张生将“特号土猪”高端品牌做到极致的原因。

（2）本案例中，简要分析李轩和张生在零散产业——猪肉经营业中是如何实施三种基本竞争战略的。

四、综合题（本题共25分。）

2003年，在个人音响领域经营多年的张煌创立了力益公司，进军国内需求旺盛的MP3播放器市场，推出力益公司的开山之作MX系列。力益公司创立之初就推崇“小而美”的策略，致力于开发优质的MP3产品。张煌对于上市产品的审核标准十分苛刻，多数开发的产品因“不够完美”被否定。力益公司对产品品质的严格把控受到市场认同，其产品成为国产MP3高品质的代表，也因此拥有了大量忠实用户，并创造了国内MP3历史上多个“第一”。2006年，力益公司的MP3播放器在国际市场已经是一个很知名的品牌，风格活泼、时尚的产品远销欧美日韩等数十个国家，进一步巩固了力益公司在国内MP3市场的领导地位。

2006年初，国内MP3产业还正在繁荣时期，张煌却看到了全球MP3产业的衰势，开始着手战略转型。进入2007年，国内MP3市场盛极而衰。此时，力益公司破釜沉舟地放弃了国内MP3

市场“领头羊”的地位，转向互联网智能手机的研发。

2008年，力益公司开始在智能手机领域投入全部的精力，致力开发高端智能手机。2009年2月18日，国内第一款大屏幕全触屏智能机力益M8正式上市。凭借“国产智能手机先驱者”的名号，2009年力益M8站稳了国产智能手机的领先地位。

2010—2014年，力益公司延续着做MP3产品时的策略，崇尚“小而美”，不追求扩大市场份额，专注制造精品。与产品开发同步，力益公司强化营销体系建设，在实施多重营销策划方案的同时，不断扩展专卖店和维修中心。2013年力益公司国内专卖店数量超过1 000家，维修中心数量突破100家。力益公司内部采取员工股票和期权激励制度，吸引和鼓励更多人才致力于公司的技术和产品创新。

随着通信网络技术的发展，智能手机行业迎来了巨大的机遇。自2009年开始，各大手机厂商纷纷发力智能手机，疯抢市场份额。

2009—2013年，在国内智能手机发展的初期，智能手机的销量与国内三大电信运营商密切相关。凭借与三大电信运营商良好的合作关系，“中旺”“华夏”“盟进”“联展”（简称“中华联盟”）四大厂商的手机常常与电信运营商套餐绑定，迅速占据了大部分市场份额。

2013—2016年，“中华联盟”统治市场的后期，“OO”“VV”“XM”等手机厂商开始异军突起。他们凭借出色的营销渠道网络和庞大的广告投放，不断从线下和线上掠取智能手机市场份额。与此同时，一些传统电信运营商手机厂商也开始谋求转变，如华夏公司对线下与线上都非常重视，在维持自身传统优势的同时，在营销上充分借鉴“OO”“XM”等友商成功的销售策略，“华夏”成为“中华联盟”中唯一转型成功的公司。

然而，“力益”这个国产智能手机的先驱者却迷失了方向。公司实施“小而美”策略，既没有在前期抓住与三大电信运营商合作的机遇，也没有在后期强化营销扩大市场份额。公司一年只开发上市两部精品手机，广告投入与渠道建设也停滞不前。力益公司逐渐失去市场份额，成为一个小众品牌。

在规模经济显著且已进入成熟期的产业中，产品差异逐渐变小，投资者和供应链都开始拒绝“小而美”。小众厂商如果无法拿出很好的企划方案，很难说服投资方。而新一轮的手机技术竞争，需要大量投入才能够做出高端产品，消费者也情愿为高端产品埋单。供应链对于销量甚少的小众厂商，态度难免“势利”，因为体量大、销量预期稳定的公司，才是供应商的大客户。此外，在产品定价上，小厂商也非常被动。

2014年，力益公司全年手机销量不到400万台。而彼时的“学徒”，现在的竞争对手XM公司全年手机销量则超过6 000万台，成为国内第一。在严峻的市场形势下，2014年底张煌重新出山，担任力益公司董事长。力益公司启动了新一轮战略转型：

(1) 调整发展理念，摒弃“小而美”，启动“大而全”。力益公司接受了两家大公司的投资总计6.5亿美元，确立了大力提高市场份额的战略目标。

(2) 实施机海战术，全面扩大产品线。2015年全年，力益公司发布了6款手机，覆盖了高、中、低三种不同档次和价格的产品线。

(3) 对内理清管理职责，对外加大营销力度。配合公司战略调整，力益公司重新设计内部的管理职责，提高管理效率。同时，运用新的投资，扩张线下门店，广告、公关宣传等营销手段在线上线下全面展开。

然而，自2016年起，力益公司再次遭受重创。主要原因是专业经验不足与评价体系不完善，力益手机大量使用了LFK公司的手机芯片。LFK芯片用料廉价，CPU核心技术落后，与竞争对手GT芯片相比差距明显。力益公司巨资开发的PR6系列和PR7系列，由于“内芯”这一致命缺陷，市场并不买账。2018年力益手机全年销量仅405万台，市场占比仅有0.1%，形势异常严峻。

2018 年底，在公司生死存亡关头，张煌又一次重新调整企业战略：确立了新的品牌口号“追求不止，只因热爱”；改用 GT 芯片；跟进全面屏技术；改进前代的产能等一系列问题。营销策略上，线上启用新的意见领袖，在各大平台上投放广告，不断制造热门话题。线下大力投入整合专卖店，积极展开地铁、车站等地推广活动。多方发力作用下，力益手机一定程度上挽回了前几年的销售颓势。2019 年公司新产品 16x 发布仅半个月，销量就超过 10 万台，进入热销机型 TOP8，16x 有可能成为力益手机的“续命之作”。

业界人士认为，在激烈的市场竞争和孱弱的底子下，力益公司依旧面临严峻考验。要想绝境求生，不仅需要继续强化产品的投入与创新，进一步优化营销策略也是重要的着力点。

要求：

（1）从差异化战略实施条件（资源能力）角度，简要分析力益公司开发高端 MP3 和高端智能手机成功的原因。

（2）简要分析力益公司对高端 MP3 和高端智能手机的研发类型、动力来源、研发定位。

（3）运用“与电信运营商密切程度”和“营销力度”两个战略特征各分为“高”“低”两个档次，将智能手机生产厂商“中旺”“华夏”“盟进”“联展”“OO”“VV”“XM”进行战略群组划分。

（4）依据集中化竞争战略的风险，简要分析力益公司在 2010—2014 年实施“小而美”策略失败的原因。

（5）简要分析 2009—2014 年与 2015 年以后，力益手机市场营销组合的变化。

（6）简要分析 2013 年以后力益手机所面临的运营风险。

参考答案及解析（2020 年）

一、单项选择题

1.【答案】D

【解析】本题考查采购战略。

从三家公司同时进货，说明该公司采用的是多货源策略，供应商之间的竞争有利于压价。选项 ABC 为单一货源策略的优点。

2.【答案】D

【解析】本题考查组织的战略类型。

开拓型战略组织的特点是具有很强的灵活性，不断开发新产品。“该公司在技术开发和行政管理上具有很大的灵活性，由技术、营销等人员组成的项目组拥有产品开发的自主选择权。近年来该公司适应不断变化的市场需求，陆续开发出智能音箱、智能手环、智能电视、扫地机器人等产品”，符合开拓性战略组织的特征。

3.【答案】A

【解析】本题考查市场营销战略。

实现投资的目标回报率这一定价目标，会导致企业采用成本导向定价法。

4.【答案】D

【解析】本题考查权力的运用。

当预期即将发生矛盾与冲突时，该公司选择通过调整来躲避冲突，这种行为方式属于规避。

5.【答案】B

【解析】本题考查零散产业的竞争战略。

“公司率先采用新技术，在其拥有的所有分店统一推出智能健身设备……但由于购置、使用、维护智能健身设备耗资很大，而需求和使用率有限，永强公司入不敷出，经营陷入困境”，体现了对新产品做出过度反应的战略陷阱。

6.【答案】B

【解析】本题考查发展战略的主要途径——并购。

避免经营风险和实现资源互补属于战略联盟的动因，可以排除选项 CD。该公司通过并购另一家企业，使得销售网络扩大、市场占有率提高，说明该公司市场控制力增强，克服了企业负外部性。

7.【答案】B

【解析】本题考查发展战略的主要途径——企业战略联盟。

“前者为使用后者产品的音乐人提供丰富的表现机会和平台，后者向前者推荐其客户中优秀音乐人及其原创作品”，体现了实现资源互补的战略合作动因。

8.【答案】C

【解析】本题考查国际化经营的战略类型。

“商务区经理负责为各自商务区制定国际化经营战略，各国子公司经理则根据所在国市场需求对该子公司的经营活动形式经营权和管理权”，说明本土独立性和适应能力强；“商务区经理需要各国子公司经理的合作，当商务区经理和子公司经理的意见或决策发生冲突时，可提交总公司裁决”，说明全球协作程度高，为跨国战略。

9.【答案】D

【解析】本题考查企业资源分析——竞争优势判断标准。

"凭借其长期积累形成的……资源"体现了该资源具有路径依赖性。

10. 【答案】B

【解析】本题考查公司使命与目标。

"致力于把数字科技带入每个人、每个家庭、每个组织，构建万物互联的智能世界"是公司的宗旨，未体现是否盈利（选项A），未体现企业文化（选项C），体现了该公司的经营业务范围（选项B）。

11. 【答案】B

【解析】本题考查财务战略。

"牙膏行业的销售额达到前所未有的规模"说明销量达到峰值，"各个企业生产的不同品牌的牙膏在质量和功效等方面差别不大"说明产品标准化，"价格竞争十分激烈"说明出现价格竞争，可判断属于成熟期，成熟期的战略重点为巩固市场份额的同时提高投资报酬率。

12. 【答案】B

【解析】本题考查核心能力。

T公司分析的是S公司在面对"环保理念的普及和相关技术的进步"这种外部环境的变化时会做出的反应，因此为适应变化的能力分析。

13. 【答案】D

【解析】本题考查SWOT分析应用。

"农用无人机市场需求旺盛"属于外部的机会（O），"农用无人机市场竞争日趋激烈"属于外部的威胁（T）；"飞牛公司有较强的研发和制造能力"属于内部的优势（S），"飞牛公司缺乏精通业务的营销人员"属于内部的劣势（W）。因此选项A为SO战略，选项B为WO战略，选项C为ST战略，选项D为WT战略。

14. 【答案】B

【解析】本题考查横向分工结构的基本类型。

该公司的子公司都是独立经营的，母公司不干预经营和决策，仅根据市场前景和子公司的经营状况做出增加或减少投资的决策，因此该公司采取的组织结构类型为H型组织结构。

15. 【答案】B

【解析】本题考查横向分工结构的基本类型。

"每个人员都接受项目主管和所属职能部门主管的双重领导"说明该公司采用的是矩阵制组织结构，可实现各部门之间的协作。

16. 【答案】A

【解析】本题考查一体化战略。

根据"为了保障原材料的稳定供给与产品质量，自2015年以来投资建设了3个原材料现代化种植基地，收购了2个原属于其他药品公司的药材种植企业，全面推进原料药材规范化绿色种植工程"，可判断该公司采用的是后向一体化战略。"产业增长潜力较大"是适用条件。

17. 【答案】A

【解析】本题考查风险管理策略工具。

该公司"买下山谷矿山公司51%的股权并获得定价权"，规避了因为山谷矿山公司曾多次在该公司急需大量铁矿石时大幅提高产品价格造成的损失，临时提价的风险已经消失，所以该公司采用的风险管理策略是风险规避。

18. 【答案】B

【解析】本题考查价值链分析。

"通过售后用户体验追踪系统随时掌握""不断提高来维修的客户的满意度"都是与保持和提高产品价值有关的售后服务。

19. 【答案】D

【解析】本题考查三大公司治理问题。

该公司以低价向控股股东定向增发，属于掠夺性融资。

20. 【答案】B

【解析】本题考查风险理财措施。

根据题意，当该公司风险资本为 800 万元（5 800−5 000）时，其生存概率是 90%；当该公司风险资本为 1 200 万元（6 200−5 000）时，其生存概率为 95%。因此当风险资本为 1 000 万元（在 800 万和 1 200 万之间）时，其生存概率也在 90%~95%之间。

21. 【答案】B

【解析】本题考查风险理财措施。

该公司的损失事件管理办法为专业自保公司。专业自保公司的优点为：降低运营成本、改善公司现金流、保障项目更多、公平的费率等级、保障的稳定性、直接进行再保险、提高服务水平、减少规章限制、国外课税扣除和流通转移。专业自保公司的缺点为：提高内部管理成本、增加资本与投入、损失储备金不足、减少其他保险的可得性。

22. 【答案】C

【解析】本题考查企业文化的类型。

人员导向型的企业是为员工的需要服务，企业的生存也依赖于员工，该公司的企业文化类型为人员导向型。

23. 【答案】A

【解析】本题考查战略稳定性与文化适应性。

“使业务内容扩大到半导体制造材料、显示器材料等领域，同时进行了广泛的组织结构调整”说明组织要素变化多，“战略变革得到公司上下一致认同和支持”说明一致性大，因此属于以企业使命为基础。

24. 【答案】D

【解析】本题考查财务战略。

“企业提供的产品性能和质量大体相同，彼此之间为争夺客户展开挑衅性的价格竞争，行业规模达到前所未有的水平，任何一个企业扩大市场份额都十分困难”属于成熟期的特征。成熟期的企业经营风险达到中等水平，价格盈余倍数中等，股利分配率高，资金来源于保留盈余+债务。

二、多项选择题

1. 【答案】ACD

【解析】本题考查内部控制的要素。

企业应当通过编制内部管理手册，使全体员工掌握内部机构设置、岗位职责、业务流程等情况，明确全责分配，正确行使职权。因此，选项 B 错误。

2. 【答案】ABCD

【解析】本题考查收缩战略。

“此举将大量煤炭采掘设备废弃”体现了固定资产的专用性程度；“下岗工人生活和重新安置费用短期难以解决”体现了退出成本；“炼焦、发电等业务原料来源的稳定性将受影响”体现了内部战略联系；“遭到各个子公司员工的质疑、不满甚至反对”体现了感情障碍。

3. 【答案】ABD

【解析】本题考查波士顿矩阵。

根据波士顿矩阵的运用，可以采用收割战略的业务有处境不佳的“现金牛”业务及没有发展前途的“问题”业务和“瘦狗”业务。其中，该公司的发电设备制造属于“现金牛”业务，环保属于“问题”业务，新能源开发属于“明星”业务，电站建设属于“瘦狗”业务。

4. 【答案】AB
【解析】本题考查发展战略的主要途径——企业战略联盟。
两公司达成战略合作协议，说明为契约式战略联盟，结构灵活，自主性强，但沟通不充分、组织效率低下。
5. 【答案】ABCD
【解析】本题考查生产运营战略。
“平时采用自动化设备培植”属于批量；“出售当地居民喜爱的兰花、绿萝等花卉”属于种类；“每逢节日前夕”属于需求变动；“接受并满足顾客观看公司业务流程”属于可见性。
6. 【答案】AD
【解析】本题考查战略控制的方法——企业业绩评价。
该公司采用的绩效评价方法是比率。比率的优点：通过比较各个时期的相应比率可以很容易发现这些比率的变动；相对于实物数量或货币价值的绝对数，比率更易于理解；比率可以进行项目比较并有助于计量绩效（选项C）；比率可以用作目标（选项B）；比率提供了总结企业结果的途径，并在类似的企业之间进行比较。比率的局限性：可比信息的可获得性；历史信息的使用；比率不是一成不变的；需要仔细解读；被扭曲的结果，经过会计的确认、估计与计量过程产生的财务指标本身很可能被扭曲；鼓励短期行为（选项A）；忽略战略目标（选项D），例如顾客服务和创新；无法控制无预算责任的员工。
7. 【答案】ABCD
【解析】本题考查零散产业的竞争战略。
“专注于组织老年消费者出国游业务”体现了目标集聚；“在业内率先根据旅行中所在国家或地区的特点”体现了尽早发现产业趋势以及提高产品差异化程度；“设立了上百家分社或代理机构，复制推广上述业务模式”体现了连锁经营或特许经营。
8. 【答案】ABC
【解析】本题考查价值链分析。
“与汽车发动机供应商建立了良好的关系，保证生产进度不受影响”属于采购管理；“所需外购配件由就近的泰达公司提供，减少了运输费用”属于内部后勤；“内部各个配件厂分布在总装厂周围，建立大规模生产线实现规模经济”属于生产经营。
9. 【答案】CD
【解析】本题考查基准分析。
“开展了顾客满意度调查”属于顾客基准；“组织相关管理人员走访学习了某著名连锁餐饮集团管理下属分店的经验”属于过程或活动基准；“瞄准本行标杆企业制定了整改方案”属于竞争性基准。
10. 【答案】AB
【解析】本题考查发展战略的主要途径——并购。
“预计5年后收回成本并盈利。后来发现这座铁矿的储量和矿石出铁率低于预期，且所处地质环境复杂，开采成本和运输费用超出预算1倍以上”体现了决策不当；“公司向当地银行申请贷款，但由于Y国有限制外资贷款的法律未果”体现了跨国并购面临政治风险。
11. 【答案】AB
【解析】本题考查纵向分工结构。
根据题意可判断，该公司为扁平型组织结构，利于对市场做出较快的反应，但容易造成管理失控。
12. 【答案】BD
【解析】本题考查内部控制的要素。

“加强法制教育，建立健全法律顾问制度和重大法律纠纷案件备案制度”属于内部环境要素；“建立举报投诉制度和举报人保护制度”和“建立反舞弊机制，坚持惩防并举、重在预防的原则”属于信息与沟通要素；“建立重大风险预警机制和突发事件应急处理机制”属于控制活动要素。

13. 【答案】ABD

【解析】本题考查发展中国家企业国际化经营动因。

“国内……公司……收购了 N 国的纳奇公司”体现了寻求市场；“这次收购使艾文地公司获得 N 国储量丰富的黄金矿产的勘探权”体现了寻求资源；“艾文地公司留用了纳奇公司经验丰富的管理层”体现了寻求现成资产。

14. 【答案】ACD

【解析】本题考查钻石模型。

“S 国的汽车玻璃业发展落后，仅有一家本国汽车玻璃生产企业，其他国家的汽车玻璃生产企业尚未进入”属于同业竞争；“政府鼓励并支持该国汽车玻璃业的发展”为政府行为，是变量，不属于钻石模型要素；“汽车制造业处于成长期”属于相关与支持性产业；“土地租金和电力价格长期处于较低水平”属于生产要素。

三、简答题

1. 【答案】

（1）本案例中，水泉公司在 2005 年和 2008 年所遭遇的政治风险如下：

政治风险是指完全或部分由政府官员行使权力和政府组织的行为而产生的不确定性。

①水泉公司在 2005 年遭遇的政治风险表现为：“T 国政府于 4 个月后出台的政策规定，T 国企业在中国内地投资不能超过资本净值的 40%，宏丰公司在中国累计的投资，已接近 40%的上限。最终双方签约 4 个月以后，合作夭折。”

②水泉公司在 2008 年遭遇的政治风险表现为：“因收购不符合中国反垄断法的相关规定，水泉公司与乐大公司的合作被有关部门紧急叫停。这项没有完成的收购案，成为水泉公司命运的转折点。”

（2）本案例中，水泉公司 2017—2019 年所面对的法律风险与合规风险如下：

①合规风险侧重于行政责任和道德责任的承担。水泉公司 2017—2019 年所面对的合规风险体现为：“由于涉嫌违反香港上市规则中关于关联交易申报、股东批准及信息披露的条款，水泉公司自 2018 年 4 月 3 日起正式停牌”；“公司创始人、控股股东刘杰还因为未按期向合作方履行给付义务，收到了限制消费令，被司法机关列入失信被执行人名单。”

②法律风险则侧重于民事责任的承担。水泉公司 2017—2019 年所面对的法律风险体现为：“公司创始人、控股股东刘杰……未按期向合作方履行给付义务”。

（3）本案例中，公司治理的基础设施在水泉公司治理中所发挥的作用表现为：

①信息披露制度。“水泉公司向其子公司 B 市水泉公司提供 42.82 亿元短期贷款，以便 B 市水泉公司应付临时营运资金的需要及还债。但是，这件事没有得到董事会批准，也没有签订协议，更没有对外披露。”信息披露制度没有发挥作用。

②法律法规。“由于涉嫌违反香港上市规则中关于关联交易申报、股东批准及信息披露的条款，水泉公司自 2018 年 4 月 3 日起正式停牌。”法律法规发挥了作用。

③政府监管。“水泉公司自 2018 年 4 月 3 日起正式停牌”；“控股股东刘杰收到了限制消费令，被司法机关列入失信被执行人名单”；“因收购不符合中国反垄断法的相关规定，水泉公司与乐大公司的合作被有关部门紧急叫停”。政府监管发挥了作用。

2. 【答案】

（1）本案例中，从五种竞争力分析角度，致臻老窖公司在高端白酒业所具备的竞争优势如下：

①潜在进入者的进入威胁。“一些以中低端酒为主的酒企也开始转型升级，调整产品结构，增加高端产品的占比，以适应国内消费升级的变化趋势”；“高端白酒在窖池、工艺、环境、品牌等多方面的进入门槛很高”。

②替代品的替代威胁。“对国内白酒业整体而言，进口红酒的冲击也不可小视，如今商务宴请中喝红酒的人越来越多，抢占了一定的市场份额”；“致臻老窖公司通过音乐、艺术等国际通用的‘语言’将白酒文化传播到世界各地，拓展海外市场，抵消了部分进口红酒在国内市场的替代威胁”。

③供应者讨价还价。“采取‘公司+农户’的订单模式，大力开发建设生态酿酒原料生产基地，从源头上把好质量关”。

④购买者讨价还价。“高端白酒长期处于供不应求的状态，使其对消费者具有更强的议价能力，并且高端白酒通常具备一定的收藏价值，这对价格不太敏感的高端酒客户来说更具吸引力”。

⑤产业内现有企业的竞争。“作为国内名优白酒品牌的龙头企业之一，S 省致臻老窖公司近年来实施一系列战略举措以打造其在高端白酒业的竞争优势……”

（2）本案例中，依据钻石模型四要素，简要分析 S 省白酒业发展的优势如下：

①生产要素。“S 省白酒地理优势、技术优势和人才优势逐步凸显”。

②需求条件。“随着国内消费的不断升级，中高端白酒产品日益成为酒业的消费热点”。

③相关与支持性产业。“采取‘公司+农户’的订单模式，大力开发建设生态酿酒原料生产基地，从源头上把好质量关”；“推进白酒产业与旅游文化产业的融合发展，充分发挥 S 省得天独厚的旅游文化资源”；“启动‘酿酒废弃物热化学能源化与资源化耦合利用技术’研究项目，为实现‘高粱种植→白酒酿造→固废资源化利用→优质高粱种植→优质白酒酿造’的绿色循环产业链打下坚实基础”；“投资实施智能化包装中心技改项目，打造自动化、智能化的现代化包装基地，推动公司包装物流体系的转型升级”。

④企业战略、企业结构和同业竞争。“S 省既有多家全国品牌大企业，也有诸多地方品牌中小企业。2019 年 1 月，S 省白酒行业协会推出的《白酒产业振兴发展培育方案》指出，要做专做优做强白酒名优企业，提升企业效益，增强企业核心竞争力；支持名优企业通过兼并、收购等多种方式整合省内中小企业；支持名优企业之间强强联合、战略合作”。

3. **【答案】**

（1）本案例中，LF 股份公司采用收缩战略的原因包括：

①主动原因，大企业战略重组的需要。“而此举对于 LF 股份公司而言是其战略重组的一部分，将经营不善的 C 市 LF 汽车公司剥离出去，以应对流动资金不足的困境。”

②被动原因，企业（或企业某项业务）失去竞争优势。由于企业内部经营机制不顺、决策失误、管理不善等原因，企业经营陷入困境，不得不采用防御措施。“将经营不善的 C 市 LF 汽车公司剥离出去”。

LF 股份公司采用收缩战略的方式是放弃战略中的卖断，指母公司将其所属的业务单位卖给其他企业，从而与该业务单位断绝一切关系，实现产权的彻底转移。“家家公司以 6.5 亿元收购 LF 股份公司所持有的 C 市 LF 汽车公司 100%股权”。

（2）本案例中，家家公司收购 C 市 LF 汽车公司的动机如下：

①避开进入壁垒，迅速进入，争取市场机会，规避各种风险。“被业界称为家家‘完美避开进入门槛’，取得了新能源汽车的生产资质”。

②获得协同效应。“家家与 LF 股份还签署了为期 3 年的框架合作协议。双方将通过资源互补、技术互补等方式，在新能源技术开发、车联网、人车交互及数据共享等领域形成技术联盟”。

③增强对市场的控制力。“‘完美避开进入门槛’，取得了新能源汽车的生产资质，以实现王向掌控并引领新能源汽车市场的梦想”。

（3）本案例中，王向统领家家公司所克服的智能汽车在新兴产业中的发展障碍如下：

①专有技术选择、获取与应用的困难。“为了实现‘没有里程焦虑’，‘家家智造 ONE’采用全新的形式——增程式电动。王向认为，相对于 U 国 TL 等电动车采用的充电桩、换电站等方式，中国消费者更需要从产品本身去解决问题的产品。”

②原材料、零部件、资金与其他供给的不足。“家家公司开始全面布局：通过三轮融资获得资金，拥有了自己的制造基地，与国内最大的出租车网约平台合作切入共享出行领域，积极投资产业链（包括投资孵化自动驾驶系统供应商 MJ 公司、专注自动驾驶中央控制器的 ZX 公司以及研发生产激光雷达的 LH 公司等）”。

③顾客的困惑与等待观望。“这场发布会没有明星大腕捧场助阵，全程由王向一人直接以大量数据对比和充满硬核知识的‘干货’完成了自我演绎，让消费者在各类新产品中有了清晰的比较。”

④被替代产品的反应。老产品生产企业会采用各种有效的办法降低替代品的威胁，老产品防范新产品的最佳战略可能是进一步降低成本，这也给新兴产业的发展增添了难度。“王向表示，‘家家智造 ONE’定价不会高于 40 万元，而增程式电动技术显著难于纯电动车，因而‘家家智造 ONE’的性价比具有优势。”

⑤缺少承担风险的胆略与能力。新兴产业早期的发展障碍较少来源于缺乏对巨大资源掌控的能力，而更多地源于缺少承担风险的胆略与能力、技术上的创造性以及作出前瞻性的决策以储备投入人力、物资与分销渠道的能力等。“王向认为，汽车制造业已经进入 2.0 数字时代，其特征是‘电机驱动+智能互联’；而汽车 3.0 时代是人工智能时代，其特征是‘无人驾驶+出行空间’。为了赢得 2.0 时代，并参与 3.0 时代的竞争，家家开始全面布局……”；“由于低速车的合法性以及海外分时租赁市场实际容量的局限，这个雄心勃勃的计划，还是夭折了。面对挫折，王向立即将公司产品开发重心转移到中大型 SUV 的‘家家智造 ONE’”；“王向认为，未来企业竞争的关键要素，是具备快速成长能力的公司组织。他把 60%的时间用于组织管理，以是否具备创新能力与价值观而非是否来自成功大企业为标准选拔人才；帮助团队中每一个人成就心中的事业追求，去挑战自己和团队成长的极限”。

4. **【答案】**

（1）本案例中，从差异化战略实施条件（资源能力）角度，李轩和张生将“特号土猪”高端品牌做到极致的原因如下：

①具有强大的研发能力和产品设计能力。“开办了培训职业屠夫的‘屠夫学校’，培养目标是‘通晓整个产业流程的高素质创新型人才’”；“他们自己养猪，自己卖猪。他们选择口感颇受国内百姓喜爱的优良土猪品种；猪场采用半开放式的大空间，让猪自由活动；猪场里设有音响，专门给猪听音乐。他们认为，猪和人一样，只有心情愉悦，才会长得又肥又壮，肉质也会更加鲜美”。

②具有很强的市场营销能力。“从来不卖注水肉、品质不好的肉坚决不进货，也从不缺斤少两，慢慢地积攒了诚信经营的口碑，他的肉铺一天能卖出十几头猪”；“在互联网的大潮引领下，‘特号土猪’登陆国内最大电商平台，成为第一个面向大众消费者的‘互联网+’猪肉品牌。线上与线下同时发力，‘特号土猪’品牌影响力进一步扩展，销量也更上一层楼”。

③有能够确保激励员工创造性的激励体制、管理体制和良好的创造性文化。“开办了培训职业屠夫的‘屠夫学校’，培养目标是‘通晓整个产业流程的高素质创新型人才’”。

④具有从总体上提高某项经营业务的质量、树立产品形象、保持先进技术和建立完善分销渠道的能力。“李轩和张生开始联手打造‘特号土猪’的猪肉品牌”；“选择口感颇受国内百姓喜爱的优良土猪品种，猪场采用半开放式的大空间，让猪自由活动，猪场里设有音响，专门给猪听音乐”；“开办了培训职业屠夫的‘屠夫学校’，培养目标是‘通晓整个产业流程的高素质创新型人才’”；“在互联网的大潮引领下，‘特号土猪’登陆国内最大电商平台，成为第一个面向大众消费者的‘互联网+’猪肉品牌”；“专心致志，将‘特号土猪’这个高端品牌做到了极致”。

（2）本案例中，李轩和张生在零散产业——猪肉经营业中实施三种基本竞争战略的选择如下：

1）克服零散——获得成本优势。

①连锁经营或特许经营。“张生于 2007 年在 Z 市创办猪肉连锁店”；“2019 年，‘特号土猪’品牌连锁店开到了全国 20 多个城市，共有 2 000 多家门店”。

②技术创新以创造规模经济。“在互联网的大潮引领下，‘特号土猪’登陆国内最大电商平台，成为第一个面向大众消费者的‘互联网+’猪肉品牌。线上与线下同时发力，‘特号土猪’品牌影响力进一步扩展，销量也更上一层楼”；“开办了培训职业屠夫的‘屠夫学校’，培养目标是‘通晓整个产业流程的高素质创新型人才’”。

2）增加附加价值——提高产品差异化程度。“把卖猪肉这个生意做到了很高的水准，从来不卖注水肉、品质不好的肉坚决不进货，也从不缺斤少两，慢慢地积攒了诚信经营的口碑”；“他们自己养猪、自己卖猪。他们选择口感颇受国内百姓喜爱的优良土猪品种；猪场采用半开放式的大空间，让猪自由活动；猪场里设有音响，专门给猪听音乐。他们认为，猪和人一样，只有心情愉悦，才会长得又肥又壮，肉质也会更加鲜美”；“开办了培训职业屠夫的‘屠夫学校’，培养目标是‘通晓整个产业流程的高素质创新型人才’”。

3）专门化——目标集聚。“十几年来，李轩和张生专心致志，将‘特号土猪’这个高端品牌做到了极致”。

四、综合题

【答案】

（1）从差异化战略实施条件（资源能力）角度，力益公司开发高端 MP3 和高端智能手机成功的原因如下：

①具有强大的研发能力和产品设计能力。“力益公司创立之初就推崇‘小而美’的策略，致力于开发优质的 MP3 产品……其产品成为国产 MP3 高品质的代表，也因此拥有了大量忠实用户，并创造了国内 MP3 历史上多个‘第一’”；“力益公司开始在智能手机领域投入全部的精力，致力开发高端智能手机”；“力益公司的智能手机新品种在不断创新中脱颖而出”。

②具有很强的市场营销能力。“力益公司强化营销体系建设，在实施多重营销策划方案的同时，不断扩展专卖店和维修中心。2013 年力益公司国内专卖店数量超过 1 000 家，维修中心数量突破 100 家”。

③有能够确保激励员工创造性的激励体制、管理体制和良好的创造性文化。“力益公司内部采取员工股票和期权激励制度，吸引和鼓励更多人才致力于公司的技术和产品创新”。

④具有从总体上提高某项经营业务的质量、树立产品形象、保持先进技术和建立完善分销渠道的能力。“力益公司创立之初就推崇‘小而美’的策略，致力于开发优质的 MP3 产品。张煌对于上市产品的审核标准十分苛刻，多数开发的产品因‘不够完美’被否定”；“力益公司延续着做 MP3 产品时的策略，崇尚‘小而美’，不追求扩大市场份额，专注制造精品”。

（2）力益公司对高端 MP3 和高端智能手机的研发类型、动力来源、研发定位如下：

①力益公司对高端 MP3 和高端智能手机的研发类型属于“产品研究——新产品开发”。“进军国内 MP3 播放器市场，推出力益公司的开山之作 MX 系列”；“力益公司开始在智能手机领域投入全部的精力，致力开发高端智能手机”。

②力益公司对高端 MP3 和高端智能手机研发的动力来源类型属于“需求拉动”。“进军国内需求旺盛的 MP3 播放器市场”；“进入 2007 年，MP3 市场盛极而衰，力益公司转向互联网智能手机的研发”。

③力益公司对高端 MP3 和高端智能手机的研发定位属于“成为成功产品的创新模仿者”。“进军国内需求旺盛的 MP3 播放器市场，推出力益公司的开山之作 MX 系列”；“力益公司开始在智能手机领域投入全部的精力，致力开发高端智能手机”。

（3）运用“与电信运营商密切程度”和“营销力度”两个战略特征各分为“高”“低”两个档次，将智能手机生产厂商“中旺”“华夏”“盟进”“联展”“OO”“VV”“XM”进行战略群组划分：

①与电信运营商密切程度高、营销力度高的群组，包括“华夏”；

②与电信运营商密切程度高、营销力度低的群组，包括“中旺”“盟进”“联展”；

③与电信运营商密切程度低、营销力度高的群组，包括“OO”“VV”“XM”；

④与电信运营商密切程度低、营销力度低的群组，包括“力益”。

（4）依据集中化竞争战略的风险，力益公司在2010—2014年实施“小而美”策略失败的原因如下：

①狭小的目标市场导致的风险。“力益公司逐渐失去市场份额，成为一个小众品牌”；“在规模经济显著且已进入成熟期的产业中，投资者和供应链都开始拒绝‘小而美’”；“小众厂商如果无法拿出很好的企划方案，很难说服投资方。而新一轮的手机技术竞争，大量投入，才能够做出高端产品，消费者情愿为高端产品埋单”。

②购买者群体之间需求差异变小。“在规模经济显著且已进入成熟期的产业中，产品差异逐渐变小”。

（5）2009—2014年与2015年以后，力益手机市场营销组合的变化如下：

①产品策略。2009—2014年，“崇尚‘小而美’，不追求扩大市场份额，专注制造精品，一年开发上市两部的精品”；2015年以后，“实施机海战术，全面扩大产品线。2015年全年，力益公司发布了6款手机，覆盖了高、中、低三种不同档次和价格的产品线”。

②促销策略。2009—2014年，“广告投入也停滞不前”；2015年以后，“运用新的投资，扩张线下门店，广告、公关宣传等营销手段在线上线下全面展开”。

③分销策略。2009—2014年，“渠道建设也停滞不前”；2015年以后，“运用新的投资，扩张线下门店，广告、公关宣传等营销手段在线上线下全面展开”。

④价格策略。2009—2014年，“专注制造精品”；2015年以后，“力益公司发布了6款手机，覆盖了高、中、低三种不同档次和价格的产品线”。

（6）2013年以后力益手机所面临的运营风险如下：

①企业产品结构、新产品研发方面可能引发的风险。“‘中旺’‘华夏’‘盟进’‘联展’（简称‘中华联盟’）四大厂商的手机常常与电信运营商套餐绑定，迅速占据了大部分市场份额……‘OO’‘VV’‘XM’等手机厂商开始异军突起。他们凭借出色的营销渠道网络和庞大的广告投放，不断从线下和线上掠取智能手机市场份额。”然而，力益公司“实施‘小而美’策略……一年只开发上市两部精品手机，广告投入与渠道建设也停滞不前。力益公司逐渐失去市场份额，成为一个小众品牌”。

②企业新市场开发，市场营销策略方面可能引发的风险。“公司实施‘小而美’策略……广告投入与渠道建设也停滞不前。力益公司逐渐失去市场份额”。

③企业组织效能、管理现状、企业文化，高、中层管理人员和重要业务流程中专业人员的知识结构、专业经验等方面可能引发的风险。“自2016年起，力益公司再次遭受重创。主要原因是专业经验不足与评价体系不完善，力益手机大量使用了LFK的手机芯片”。

④质量、安全、环保、信息安全等管理中发生失误导致的风险。“LFK芯片用料廉价，CPU核心技术落后，与竞争对手GT芯片相比差距明显……由于‘内芯’这一致命缺陷，市场并不买账，形势异常严峻。”

⑤企业现有业务流程和信息系统操作运行情况的监管、运行评价及持续改进能力方面引发的风险。“自2016年起，力益公司再次遭受重创。主要原因是……评价体系不完善，力益手机大量使用了LFK的手机芯片”。

注册会计师全国统一考试——《公司战略与风险管理》历年真题卷（2019年）

一、单项选择题（本题型共24小题，每小题1分，共24分。每小题只有一个正确答案，请从每小题的备选答案中选出一个你认为正确的答案，用鼠标点击相应的选项。）

1. 华蓓公司是Y市一家生产婴幼儿用品的企业，多年来在Y市婴幼儿用品市场拥有稳定的市场占有率，为了巩固其竞争优势，华蓓公司运用竞争性定价阻止竞争对手进入其经营领域，并实施有利于保持高效率的“机械式”组织机制。华蓓公司所采取的组织结构的战略类型属于（　　）。

A. 防御型战略组织　　B. 开拓型战略组织　　C. 反应型战略组织　　D. 分析型战略组织

2. 从事苹果种植与销售的秋实公司于2017年率先采取了一种新的经营方式，在种植区内增设了园林景观、运动场、游戏场等，到秋收季节，顾客可以前来付费进行休闲娱乐等活动，同时能以市场最低的价格采摘和购买苹果。顾客采摘和购买苹果的达到一定数量，可以免费参加休闲娱乐活动。这一经营方式受到市场的热捧。秋实公司采用的上述战略属于（　　）。

A. 成本领先战略　　B. 差异化战略　　C. 集中化战略　　D. 混合战略

3. 甲公司在实施全面风险管理过程中，注意加强法制教育，增强董事、监事、经理及其他高级管理人员和员工的法治观念，严格依法决策、依法办事、依法监督。甲公司的上述做法所涉及的内部控制要素是（　　）。

A. 控制环境　　B. 风险评估　　C. 监控　　D. 控制活动

4. 厨具生产商佳乐公司为了分散经营风险，开展多元化经营，投资了一个环保项目。由于对该项目的前期调研不够充分，相关信息搜索不足，公司管理人员在分析项目运营风险时，无法判断风险发生的概率。在这种情况下，佳乐公司应采取的风险度量的方法是（　　）。

A. 期望值　　B. 在险值　　C. 最大可能损失　　D. 概率值

5. 云飞公司最初是一家电子商务企业，后来成长为业务涵盖网上商城、餐饮、酒店和物流的大型多元化公司，云飞公司的发展体现了公司（　　）。

A. 经营哲学　　B. 公司宗旨　　C. 公司目的　　D. 战略层次

6. 瑞安保险公司依托医疗大数据智能化管理系统，将来自保险机构、医院和药房的诸如疾病发病率、治疗效果和医疗费用等方面的大数据及时进行“提纯”与整合，对潜在目标客户进行精细化管理，从而实现对健康保费的有效控制。本案例主要体现的大数据特征是（　　）。

A. 大量性　　B. 多样性　　C. 价值性　　D. 高速性

7. 实行多元化经营的达梦公司在家装行业有很强的竞争力，市场占有率达50%以上。近年来家装市场进入低速增长阶段，根据波士顿矩阵原理，下列各项中，对达梦公司的家装业务表达正确的是（　　）。

A. 该业务应采用撤退战略，将剩余资源向其他业务转移

B. 该业务应由生产技术和销售两方面都很内行的经营者负责

C. 该业务的经营者最好是市场营销型人物

D. 该业务需要增加投资以加强竞争地位

8. 中科公司是国内一家著名的印刷机制造商。面对 G 国先进印刷机在中国的市场占有率迅速提高，中科公司将业务转型为给 G 国印刷机的用户提供零配件和维修保养服务，取得比业务转型前更高的收益率。从风险管理策略角度看，中科公司采取的策略是（　　）。

A. 风险规避　　B. 风险转换

C. 风险转移　　D. 风险补偿

9. 近年来新能源汽车产业及市场迅猛增长。国内汽车制造商华新公司于 2018 年进入新能源企业制造领域，但是受技术和管理水平制约，其产品性能欠佳，市场占有率较低。根据 SWOT 分析，该公司应采取的战略是（　　）。

A. 增长型战略　　B. 多元化战略

C. 防御型战略　　D. 扭转型战略

10. 甲公司每年维持经营所需的最低资本是 1 000 万元，但是有 4%的可能性需要 1 500 万元才能维持经营。该公司为了保证 96%的生存概率所需的风险准备金是（　　）。

A. 500 万元　　B. 1 500 万元　　C. 2 500 万元　　D. 1 000 万元

11. 专为商业零售企业提供管理咨询服务的智信公司于 2015 年预测中国的实体百货零售业已进入衰退期。该公司做出上述预测的依据应是（　　）。

A. 实体百货零售业投资额增长率曲线的拐点　　B. 实体百货零售业利润额增长率曲线的拐点

C. 实体百货零售业工资额增长率曲线的拐点　　D. 实体百货零售业销售额增长率曲线的拐点

12. 2015 年大型冶金企业金通公司为获得稳定的原材料来源，向某稀土企业提出以 20 亿人民币并购该企业的要求，遭到后者拒绝。后来双方经过多次谈判，最终达成以部分股权互换的方式结为战略联盟的协议。金通公司在战略决策与实施过程中的行为模式属于（　　）。

A. 对抗　　B. 和解　　C. 折中　　D. 规避

13. 国家出台“每对夫妻可生育两个子女”的政策后，少儿智能学习机制造商龙华公司预测其产品的市场需求将明显增长，于是制定并实施了新的发展战略，扩大投资，提高生产能力，同时采用新一代智能技术实现产品升级。龙华公司外部环境分析所采用的主要方法是（　　）。

A. 五种竞争力分析　　B. PEST 分析　　C. 成功关键因素分析　　D. 产业生命周期分析

14. 智达公司是一家计算机制造企业，为了减少库存，公司对生产过程实施订单管理。生产部门依据销售部门提供的客户订购的产品数量安排当期生产。智达公司的生产运营战略所涉及的主要因素是（　　）。

A. 种类　　B. 批量

C. 需求变动　　D. 可见性

15. 甲公司在实施风险管理过程中，对有人为操作和自然因素引起的各种风险对企业影响的大小和发生的可能性进行分析，为确定企业风险的优先次序提供分析框架。该公司采取的上述风险管理方法属于（　　）。

A. 决策树法　　B. 马尔科夫分析法

C. 流程图分析法　　D. 风险评估系图法

16. 生产智能家电产品的凯威公司适应外部环境的不断变化，及时调整内部资源和组织结构，发挥协调效果和整体优势，激发员工的创新精神和使命感，对社会需求做出灵活、快速的反应。该公司采取的组织协调机制是（　　）。

A. 直接指挥，直接控制　　B. 工作过程标准化

C. 共同价值观　　D. 工作成果标准化

17. 为了拓展国际业务，国内玩具制造商甲公司收购了H国玩具制造商乙公司，并很快打开H国玩具市场。其后不久，甲公司发现乙公司在被收购前卷入的一场知识产权纠纷，将导致甲公司面临严重的经营风险。甲公司在并购中失败的原因是（　　）。

A. 决策不当　　B. 支付过高的并购费用

C. 并购后不能很好地进行企业整合　　D. 跨国并购面临的政治风险

18. 2017年，主营电子商城业务的鑫茂公司制定和实施了新零售战略，对原有业务进行了较大调整，建立了多家商品销售实体店，线下线上业务协同开展。这一变革得到了企业固有文化的支持。根据战略稳定性和文化适宜性矩阵的要求，该公司在实施上述新战略适宜（　　）。

A. 以企业使命为基础　　B. 加强协调作用

C. 重新制定战略　　D. 根据文化进行管理

19. 为高净值客户提供理财咨询服务的天元公司采用平衡计分卡衡量企业业绩，并把主要客户的收益率作为一项重要的考核指标。该指标属于平衡计分卡的（　　）。

A. 财务角度　　B. 顾客角度

C. 内部流程角度　　D. 创新与学习角度

20. 七彩公司以“文化娱乐性”和“观光游览性”为两维坐标，将旅游业分为不同的战略群组，并将“文化娱乐性高、观光游览性低”的文化演出与“文化娱乐性低、观光游览性高”的实景旅游两类功能结合起来，率先创建了“人物山水”旅游项目，它将震撼的文化演出置于秀丽山水之中，让观众在观赏歌舞演出的同时将身心融于自然。七彩公司采用战略群组分析的主要思路是（　　）。

A. 了解战略群组间的竞争状况　　B. 了解战略群组间的“移动障碍”

C. 预测市场变化或发现战略机会　　D. 了解战略群组内企业竞争的主要着眼点

21. 龙苑公司是一家制作泥塑工艺品的家族企业。该公司成立100多年以来，经过世代相传积累了丰富的泥塑工艺品制作经验和精湛技艺，产品远销国内外。目前一些企业试图进入泥塑工艺品制作领域。根据上述信息，龙苑公司给潜在进入者设置的进入障碍是（　　）。

A. 资金需求　　B. 学习曲线

C. 行为性障碍　　D. 分销渠道

22. 佳宝公司是一家上市公司，最近连续两年亏损，经营陷入困境。经审计发现，佳宝公司的重大决策权一直被控股股东控制，控股股东把佳宝公司当作“提款机”，占用佳宝公司的资金累计高达10亿元。佳宝公司存在的公司治理问题属于（　　）。

A. 代理型公司治理问题　　B. 内部人控制问题

C. 剥夺型公司治理问题　　D. 企业与其他利益相关者之间的关系问题

23. 嘉利啤酒公司通过数据分析发现，其产品的89%是被50%的顾客（重度饮用啤酒者）消费掉的，另外50%的顾客（轻度饮用啤酒者）的消费量只占总消费量的11%。该公司据此推出了吸引重度饮用啤酒者而放弃轻度饮用啤酒者的促销策略。该公司进行市场细分的依据是（　　）。

A. 地理细分　　B. 人口细分

C. 行为细分　　D. 心理细分

24. 面对国外著名医药公司在中国市场生不断扩张，多年从事药品研发、生产和销售的康达公司为了自身的长期发展，把药品的生产和销售业务转让给其他公司，同时与国外某医药公司合作专注于新药品的研发任务。从本土企业战略选择的角度来看，康达公司扮演的角色可称为（　　）。

A. 防御者　　B. 扩张者　　C. 抗衡者　　D. 躲闪者

二、多项选择题（本题型共 14 小题，每小题 1.5 分，共 21 分。每小题均有多个正确答案，请从每小题的备选答案中选出你认为正确的答案，用鼠标点击相应的选项。每小题所有答案选择正确的得分，不答、错答、漏答均不得分。）

1. 华泰医药公司拟在 J 国建立一个药品研发和生产基地，并对该国的相关情况进行了调查分析。下列各项中，符合钻石模型四要素分析要求的有（　　）。

A. J 国近年来经济增长较快，对高质量药品需求与日俱增

B. J 国政府近期颁布了多项支持医药产业发展的政策

C. J 国药品研发人才不足，尚无一项药品专利

D. J 国本土医药企业虽然数量较多，但规模小，竞争主要围绕价格进行

2. 以生产、销售多种石化产品为主业的东昌公司对本企业的经营活动和人员，按照北方区域和南方区域进行划分。公司总部负责计划、协调和安排资源，区域分部负责所在区域的所有经营活动、产品销售和客户维护。下列各项中，属于东昌公司组织结构的优点有（　　）。

A. 能实现更好更快的地区决策　　B. 可以削减差旅费和交通费用

C. 易于处理跨区域的大客户的事务　　D. 可以避免管理成本的重复

3. 巨能公司是多家手机制造商企业的电池供应商。根据波特的五种竞争力分析理论，下列各项关于巨能公司与其客户讨价还价能力的说法中，正确的有（　　）。

A. 巨能公司能够进行前向一体化时，其讨价还价能力强

B. 巨能公司提供的电池差异化程度越高，其讨价还价能力越强

C. 巨能公司的客户购买量越大，巨能公司讨价还价能力越强

D. 巨能公司掌握的客户的转换成本信息越多，其讨价能力越强

4. 国内零售企业海川公司与主营大数据业务的出云公司签订战略合作协议，商定由海川公司免费向出云公司开放相关数据收集平台，出云公司无偿为海川公司提供数据分析及应用方案。下列各项中，属于上述两个公司所采用的战略联盟特点的有（　　）。

A. 有利于扩大企业的资金实力　　B. 具有较好的灵活性

C. 有利于企业长久合作　　D. 更具有战略联盟的本质特征

5. 多年成功经营的丰盛纺织集团收购了某国一家濒临破产的纺织厂，并组织该厂管理人员到集团旗下国内某著名纺织厂调研、学习，收益良好。丰盛集团所收购的纺织厂基准分析的类型涉及（　　）。

A. 一般基准　　B. 顾客基准　　C. 竞争性基准　　D. 内部基准

6. 甲公司是一家煤炭企业集团。近年来，煤炭产品的客户对性价比的要求很高；各煤炭企业的产品差别很小，价格差异缩小且处于很低水平，产品毛利很低，只有在大规模生产并有自己的销售渠道的企业才具有竞争力，大量中小煤炭企业陆续退出市场。在该产业发展的现阶段，甲公司具备的财务特征有（　　）。

A. 经营风险低　　B. 财务风险高

C. 股价稳定　　D. 资金来源于保留盈余和债务

7. 宝胜公司是一家全球性的手机生产企业，近年来公司在高速发展的同时，面临的风险也与日俱增。为了更好地分析面临的市场风险，宝胜公司应该至少收集的与该公司相关的重要信息有（　　）。

A. 全球汇率变动状况

B. 全球手机价值链生产供应状况

C. 各国企业手机的价格及供需变化

D. 各国手机及其零部件进出口的政策导向

8. 研发和生产家用滤水壶的汇康公司秉承“使员工幸福，让顾客满意”的理念，建立并持续实施了一套以顾客需求为导向、充分调动员工积极性的管理体制，是该公司的技术发明专利数量、盈利率和顾客满意率长期稳居行业前列，显示出难以模仿的竞争优势。汇康公司的资源不可模仿性主要表现为（　　）。

A. 物理上独特的资源　　B. 具有路径依赖性的资源

C. 具有因果含糊性的资源　　D. 具有经济制约性的资源

9. 生产农业运输车辆的江陵公司将柴油发动机的生产授权给一个供应商。下列各项中，属于该公司货源策略优点的有（　　）。

A. 能够取得更多的知识和专门的技术　　B. 采购方能够就规模经济进行谈判

C. 允许采用外部专家和外部技术　　D. 有利于在货源上取得竞争优势

10. 美邦服装公司每年都采用投资回报率、销售利润率、资产周转率等比率指标对经营业绩进行评价。下列各项中，属于该公司采用的绩效评价指标的局限性的有（　　）。

A. 鼓励短期行为　　B. 比率不是一成不变的

C. 比率不可以用作目标　　D. 可比信息的可获得性较差

11. 理发业由很多中小企业组成，其中没有任何一个企业占有显著的市场份额或对整个产业的发展产生重大影响，造成理发业上述状况的原因有（　　）。

A. 理发业的经营成本迅速转化

B. 理发业进入障碍低

C. 理发市场需求多样导致高度产品差异化

D. 理发业难以达到规模经济

12. 主营太阳能电池组件业务的日华公司上市后，通过股权融资、债券融资、银行借贷、信贷融资、民间集资等各种手段融资近 70 亿元，在多个国家投资布局光伏全产业链，还大举投资房地产、汽车等项目。后来光伏产业国际市场需求急剧萎缩，导致公司出现大额亏损，深陷债务危机。本案例中，日华公司所面临的主要风险类型有（　　）。

A. 战略风险　　B. 政治风险

C. 社会文化风险　　D. 财务风险

13. 京川餐饮公司近期实行了新的经营方式，顾客既可以按照公司提供的菜谱点餐，也可以自带菜谱和食材请公司的厨师加工烹饪，还可以在支付一定学习费用后在厨师的指导下自己操作，从而在享受美食的同时提高厨艺。这些新的经营方式使该公司的顾客数量和营业收入均增长 20% 以上。从密集型战略的角度看，京川公司的上述做法属于（　　）。

A. 市场渗透战略　　B. 集中化战略

C. 一体化战略　　D. 产品开发战略

14. 甲公司某年的投资回报率为 5%，销售增长率为 10%，经测算甲公司的加权平均资本成本为 8%，可持续增长率为 6%。在上述情况下，甲公司应选择的财务战略有（　　）。

A. 彻底重组　　B. 改变财务政策

C. 提高投资资本回报率　　D. 出售

三、简答题（本题型共 4 小题 30 分。其中一道小题可以选用中文或英文解答，请仔细阅读答题要求。如果用英文解答，须全部使用英文，答题正确的，增加 5 分。本题型最高得分为 35 分。）

1. （本小题 6 分，可以选用中文或英文解答，如使用英文解答，须全部使用英文，答题正确的，增加 5 分。最高得分为 11 分。）

日升公司于 1995 年成立，1996 年在国内设立生产基地，建设了五个制造厂房。日升公司最初主要从事 OEM 代工业务，为 M 国的客户 FC 公司贴牌生产家具配套及小巧家具组件。之后，公司业务拓展至餐厅及卧房家具，成为国内首家生产卧房家具的企业。1998 年，日升公司单月出货量从 100 个货柜大幅提升至 300 个货柜，制造能力远远超过昔日家具业的龙头老大。

1999 年以前，日升公司的家具几乎全部外销，只做 OEM 代工业务而没有自己的品牌。公司在低附加值的经营中认识到打造自身品牌的重要性。1999 年 3 月，日升公司在 M 国组建公司并创立公司品牌“LC”，主要从事中低端家具的生产和销售。然而，日升公司在 M 国自创品牌的成效并不显著。于是，公司先后实施四次跨国并购，获取了欧美知名企业的品牌、渠道、研发设计及制造能力等战略性资产，实现了从 OEM 向 OBM 的升级。

2001 年，日升公司斥资完成对原委托方 FC 公司的收购，直接进入 M 国中高档家具市场。2005 年日升公司成功上市。上市后，公司市值从 2004 年的 1.37 亿美元跃升至 2005 年的 3.69 亿美元，增长 2.69 倍。

在强大的资金和产能支持下，日升公司于 2006—2008 年又先后收购国际三大品牌家具制造商。四次跨国收购使日升公司的产品组合由单一的中低端木制家具拓展为包含中低端、高端、顶级木制家具，以及沙发、酒店家具的组合；销售市场由 M 国扩展到欧洲等地。2000 年和 2008 年，在国内设立研发中心的基础上，日升公司又分别在 M 国和欧洲设立了研发中心。

2007 年以来，全球经济环境发生了很大的变化。出于对国内市场潜力的判断，日升公司适时调整经营策略，决定在巩固海外市场的同时，进军国内市场。多年的国际化经历使日升公司在生产、设计、销售方面储备、积累了大量人才和经验。2008 年日升公司在国内展会上全面亮相，展出专门针对国内市场开发的三大品牌——“日升家居”“日升家园”“日升屋”。2009 年 9 月在国内建成了日升国际风尚馆。

日升公司在原有多个知名品牌的基础上，运用特许经营品牌、针对细分客户设立新品牌等策略，进一步巩固日升公司的 OBM 业务。2010 年，开展酒店家具业务，并在 J 国和 N 国设立生产基地。2009 年、2012 年，先后推出特许品牌“PDH”和“PDK”；2011 年，推出青年家具品牌“SM”；2012 年，M 国日升推出特许品牌“MH”；2013 年，推出特许品牌“WB”；2014 年，推出婴儿家具品牌“SB”。日升公司的 OBM 业务约占总业务的 90%。

目前，日升公司在国内 18 个城市 23 家门店销售产品，国际市场仍然是日升公司的主要市场。

要求：

(1) 简要分析日升公司从 OEM 向 OBM 升级所采用的发展途径。

(2) 简要分析日升公司从 OEM 向 OBM 升级所显示的企业能力。

2. (本小题 8 分。) 1992 年，以家电研发、生产和销售为主业的信达公司确立了“技术立企”的发展战略。公司董事长程静强调：“那些只引进不研发、落伍了再引进的企业，没有追求，必死无疑。”信达公司拒绝参与彩电行业价格战，每年将销售收入的 5%投入研发。公司实行奖金与开发成果挂钩的制度，将技术开发人员工资涨到一线工人的 3 倍。几十年来，在信达公司彩电业务的发展过程中，经历了四个关键的转折点。

(1) 2005 年研发成功“中国芯”，中国首块拥有自主知识产权并产业化的数字视频处理芯片在信达公司诞生，彻底打破了国外芯片的垄断地位。2013 年国内首款网络多媒体电视 SoC 主芯片研制成功并实现量产，2015 年发布 VP 画质引擎芯片，使信达公司正式比肩国际行业巨头，成为中国拥有自主高端画质芯片的企业。

(2) 建成中国电视行业第一条液晶模组线，彻底扭转中国液晶模组几乎全部依赖外国企业的状况，率先完成平板电视上游产业链的突破。

(3) UD 电视与激光电视并行。其中，“UD 显示技术”是信达公司十年来对电视行业上游垄断发起的第 3 次突围战。凭借历时 7 年研发的激光电视提前锁定主动权，在全球大屏幕电视市场赢得了一席之地。

(4) 转型布局智能电视。2017 年，信达公司推出的 V5 智能系统由简单的单向人机交互向更简洁的触控交互、智能交互发展，主动感知用户需求，实现智能化推荐。

信达公司以强大的研发实力为后盾，以优秀的销售团队为支撑，产品销售额与营销收入实现稳步增长。根据有关部门提供的信息，2018 年，信达公司电视机的营业收入位居全球品牌第三位，国内品牌第一位。

要求：

（1）简要分析信达公司所实施的竞争战略类型，并从资源和能力角度分析信达公司实行这一竞争战略的条件。

（2）简要分析信达公司的研发定位。

3.（本小题 8 分。）太阳公司是 G 省一家于 2013 年挂牌上市的公司，主营业务是从事水泥及水泥制品的生产和销售。2018 年 5 月，某财经媒体深度报道了太阳公司存在的多种经营违规行为。该报道在微博等网络平台上成为热门话题后，G 省证监局迅速反应，立案调查。

根据证监局的调查结果，太阳公司经营违规行为主要有以下几点：

（1）2016 年 9 月，太阳公司与银行签署一笔担保合同，为大股东星科集团 5 000 万元的贷款提供担保，承担连带保证责任。2016 年 11 月，星科集团向龙辉公司借款 2 亿元，太阳公司为该笔借款提供担保，到期后星科集团没有偿还借款，龙辉公司向法院提起诉讼，法院做出判决，太阳公司作为该笔借款担保方，须和星科集团共同偿还债务本金和利息。这两笔担保均没有在 2016 年年报中进行信息披露。

（2）太阳公司从甲公司购进熟料等重要原材料，双方签订了长期供应合同，价格比市场价高 40%。太阳公司还从乙公司以租赁的方式引入一台机器设备，租赁费用每年 5 000 万元，同样的设备市场租赁价格为 4 000 万元。经查，甲公司和乙公司均为星科集团全资控制的子公司。

（3）太阳公司在 2017 年年底向星科集团以每股 6 元价格定向增发 1 亿股，当时太阳公司股价为每股 12 元，相当于 5 折进行定向增发。

（4）太阳公司发布公告，拟购买丙公司 100%股权。由于丙公司拥有物联网概念，所以太阳公司发布公告后 10 个交易日内，股价大涨 70%。发布公告前几天，星科集团实际控制人刘某买入太阳公司股票 100 万股，在公告发布后卖出，获利 600 万元。经查，刘某买卖股票的时间都属于证监会认定的敏感期。

（5）2017 年 5 月，太阳公司发布了一份收购方案，计划收购了大股东星科集团 100%持有的丁公司的全部股权，收购价格为 20 亿元，而丁公司账目净资产为 5 000 万元，盈利能力较差，业内专家质疑是超溢价收购。

（6）2016 年太阳公司 1.4 亿元的销售费用未及时入账，造成 2016 年年度报告虚假记载。此外，与星科集团多笔资金往来事项并未披露和记账，导致太阳公司在 2016 年和 2017 年年报中存在信息不实、虚假记载的情况。而太阳公司上述年报经过注册会计师审计后，审计师都出具了标准无保留的审计意见。

证监局对太阳公司及其大股东星科集团立案调查后，依法对其进行了行政处罚及公开谴责。

要求：

（1）依据“三大公司治理问题”，简要分析太阳公司存在的终极股东“隧道挖掘”的利益输送行为的主要表现。

（2）简要分析公司治理基础设施在本案例中发挥作用的情况。

4.（本小题 8 分。）2008 年，传统汽车生产企业旭辉公司决定研发、生产国内第一款新能源汽车。此举在同行眼中无异于一种“逆风而上”的冒险行为。

首先，对传统汽车企业而言，研发新能源汽车是一个全新的挑战。新能源汽车的驱动原理与传统燃油汽车有着本质性的区别。技术的不确定性以及业务创新对技术和人才储备的要求都是对企业严峻的考验。

其二，新能源汽车的运营模式、行业规范和服务体系等方面无法仿照传统燃油汽车，存在诸多不确定性。

其三，新能源汽车供应链处于初建期，企业原材料、零部件及其他供给不足；分销渠道、充电设备、维修保养、保险业务等服务很不完善。

其四，传统汽车企业的竞争与消费者的困惑与等待观望。2014 年下半年，政府推出一系列扶持新能源汽车产业的政策，而此前传统汽车企业大多采取深耕传统燃油汽车的策略以降低被新能源汽车替代的风险。消费者普遍认为新能源汽车技术尚不成熟，服务设施尚不完善，价格过高，且伴随规模经济与经验曲线的形成肯定会大幅度降价，第二代和第三代产品将迅速取代现有产品，因而采取等待观望态度。在这种情况下，企业市场营销的中心活动只能是选择顾客对象并诱导初始购买行为。

旭辉公司以一往无前的勇气和高瞻远瞩的眼力，坚守十年时间，实现了对新能源汽车领域核心技术的掌控与完整的产业链布局，也迎来了新能源汽车销量在国内外的全面爆发。到目前为止，旭辉公司是全球唯一一家同时掌握新能源汽车电池、电机、电控及充电配套设施、整车制造等核心技术以及拥有成熟市场推广经验的企业。旭辉公司物美价廉的新能源汽车已遍布全球六大洲的 50 个国家和地区。截至 2018 年，旭辉公司连续 5 年摘得全国新能源汽车生产和销售桂冠，连续 4 年蝉联世界新能源汽车销量冠军。

要求：

（1）简要分析作为新兴产业，新能源汽车行业内部结构的特征。

（2）简要分析作为新兴产业，新能源汽车行业早期的进入障碍。

（3）简要分析作为新兴产业，新能源汽车行业的发展障碍。

四、综合题（本题共 25 分。）

资料一

1994 年，电表行业的巨头升达公司进军空调行业。由于当时国内空调还是属于少数人的奢侈品，升达公司与业内其他公司一样，产品定位于比较高档的空调。因为升达空调没有品牌优势，产品价格又与竞争对手不相上下，所以，升达空调在规模上一直没有多大突破，年产量不到 60 万台。

变化发生在 1999 年之后。经过几年的打拼，升达公司意识到，国内空调从少数人的奢侈品转为大众消费品的时机已经来临，市场需要大量老百姓买得起、用得起的“民牌”空调。处于弱势地位的升达公司找到了挑战竞争对手、壮大自身的法宝——以价格制胜。

经过缜密的策划之后，2002 年 4 月，面对百余名记者，升达公司突然抛出《空调成本白皮书》，文中指出，一台 1.5 匹的冷暖型空调的生产成本为 1 378 元，加上销售费用 370 元、商家利润 80 元、厂家利润 52 元，市场零售价应该是 1 880 元。而当时市场上同为 1.5 匹的其他空调价格大多在 2 800 元到 3 800 元之间。

升达公司在公布空调成本的同时，将其空调产品全线降价，平均降幅达 20%。升达公司得罪了同行，却赢得无数的消费者。2003 年，升达空调销量达到了 250 万台，进入国内前三强，比 2002 年高出近 100 万台。升达公司的价格战也使整个空调行业的产品价格节节下滑，市场均价从 2002 年的 2 500 元降到 2003 年的 2 000 元。

升达公司在空调制造业发动价格战并非鲁莽之举，而是以其自身优势为底气的。

首先，在升达公司家乡 N 市，做空调配件的企业很多，整个空调产业链已经成形，升达公司通过整合这些企业，产品零部件自制率达到 90%，与同类企业一般不超过 50% 的自制率相比，在零部件成本、生产率、设备利用率、规模经济等方面都具备整机制造成本优势。以空调的关键元器件冷凝器和蒸发器为例，其成本在空调总成本中一般占 80% 以上的比重，从 2000 年初，升达自建分厂以来，该种元器件的成本就下降至原来外购时的 3/5 左右，而且质量更好。

其二，公司在 2001 年引起全球最先进的信息化管理工具 ERP，配合内部各个部门严格的承包制的实施，对提高企业效率和降低运营成本起到了极大的作用。

其三，在采购环节，升达公司同时采用自制和外购两条路线，当自制的质量和价格有优势时，采用自制，当自制明显不如外购有竞争力时，就毫不犹豫地采用外购，甚至关掉自制部门。升达公司借鉴国外企业“全球论质比价采购”的模式，其加工蒸发器和冷凝器的自动生成设备购自J国；保证镀层10年不脱皮泛锈的瓦格纳喷涂设备是引进D国的；制造空调塑壳的ABS粉料来自H国；机身上的所有接插件购自M国。这些设备和原料共有的特点是品质在全球范围内相对较好，价格最低。

其四，以年轻人为主体的人员结构和灵活的民营企业机制是升达公司成本优势的又一源泉。升达公司是新办的企业，没有下岗职工和离退休人员的负担；升达公司发挥其灵活的民营企业机制，实施全方位的承包责任制，激发了各级人员的积极性、主动性和创造性，对于提高企业效率和降低运营成本发挥了重要作用。

资料二

然而，质疑甚至批评之声一直伴随着升达公司：“升达公司的‘价格屠夫’策略是不是在自断创新之路?”“升达公司低价营销得到了规模优势，但牺牲了品牌优势。”近年来随着国内消费升级与产品更新换代，大众的空调消费需求开始从“功能型”向“品质型”转变。升达公司日益认识到启动新的战略转型的必要性与紧迫性。

早在2012年，升达公司就敏锐察觉到互联网发展的大趋势，积极与电商平台合作，在整体布局上确定了互联网、智能化发展战略。

为了避开与国内空调行业优势品牌的正面较量，升达公司将目标客户聚焦在新一代网络消费群体。充分依托电商平台，用18~35岁年轻消费者熟悉的代言人和沟通方式，建立起年轻化、时尚化的品牌形象，打造了“倾国倾城”“淑女窈窕”等情感化的明星产品，吸引了一批有时尚要求、重情感又注重性价比的年轻人群。这样的选择让升达公司的产品品质与创新力不断提升，从而实现了跨越式的增长。

在随后的2013年，升达公司开始进行企业产品升级，累计投入超过30亿元用于技术创新、效率提升。先后推出二级供应链管理、引进全球领先检测设备、吸纳超过50%的硕博人才组成创新研究团队，从根本上把控产品品质。2017年，升达公司智能工厂落成投产，以更加标准化、高周转率的技术实力，实现产品品质的又一次提升；在J国建立研发中心，实现智能化产品占比超80%；筹建多个智能制造基地累计投资超过150亿元，为实现空调产业全智能一体化做好准备。

资料三

2017年下半年以来，升达公司意识到，虽然电商存量市场很大，但增长速度开始下降，线上流量红利在下滑。面对市场环境新的变化，升达公司采用了两个新的战略举措。

一是与国内著名电商普天组建联合团队，打通商家与平台的供应链，全面提升电商渠道供应链效率。升达公司和普天旗下天鸟、乐淘融合的智慧供应链系统销售预测准确率达到70%。升达空调原来的电商渠道供应链SOP（即标准操作程序）分为18个节点，操作共需33个小时，新的系统上线以后优化为6个节点、只需1个多小时，大大提升了供应链效率。

二是抓住国内电商平台纷纷下沉开店的机遇，向基层市场渗透，逐步熟悉终端零售商渠道。升达公司放弃了向经销商层层压货、完成销售任务后给予返利的销售模式，而是采用“互联网直卖”方式，只发展一层终端零售商，产品订货起点定为8台。这样做的好处是投资少，不压货。目前升达公司拥有1.5万多家终端零售商，这些终端零售商通过手机APP直接下单，升达公司接单后通过各区域的仓储中心调配，由第三方物流送货到店；升达公司已建成社会化的售后服务网点7 500个，覆盖国内98%的县市。终端零售商或用户通过云平台寻找所在地的升达公司售后服务人员，由他们抢单帮助安装、维修。在“互联网直卖”模式下，终端零售商不管卖多少台产品，每一台的利润都是固定的，不和总销量挂钩。这不仅有利于市场价格体系的稳定，也克服了传统模式下渠道库存严重、层层加价、经销商资金周转慢、利润不稳定等弊端。

2018 年 11 月，升达公司与以线下销售为主的长宁家电零售公司合作，共创智慧零售新模式。升达公司作为长宁家电品牌主力军，通过长宁零售公司快速开启渠道下沉绿色通道，从线上渠道转移至线下渠道，在运营上借助长宁零售公司在市场上的口碑和服务，形成很强的品牌竞争力。

2018 年 12 月，升达公司召开新闻发布会，宣布启动“双轮战略”规划，从以前“通过厂家直供的方式真正让利于经销商，打造至真至诚的利益共同体”，进一步延伸到“以升达公司主导产业为基础搭建 O2O（即 Online to Offline，线上到线下）平台，为更多中小企业服务，全面赋能线下经销商”。“双轮战略”的实施，将进步实现线上线下的融合，深耕零售发展道路。

2018 年升达空调总销售量达到 1 500 万台，在国内排名第三；在电商平台上，升达是销量最大的空调品牌。升达公司致力于推动模式创新、技术革新、品质升级，已然成为国内家电行业的佼佼者、互联网时代空调智能化的“领头羊”。

要求：

（1）从市场情况与资源能力两个方面，简要分析从 2002 年开始升达公司实施成本领先战略的条件。

（2）简要分析升达公司在 1999 年之后、2012 年之后、2017 年之后所意识到的市场风险，并简要说明升达公司相应的三次战略转型（变革）的类型。（该题涉及的战略变革类型相关内容在 2021 年教材中已删除）

（3）依据资料二，简要分析作为跟跑者的升达公司在与国内强大竞争对手竞争时所体现的蓝海战略特征（即红海战略和蓝海战略的关键性差异），简要分析升达公司在竞争激烈的空调市场开辟新的生存与发展空间的途径（即蓝海战略重建市场边界的基本法则）。

（4）依据企业价值链两类活动，简要分析升达公司的主要竞争优势。

（5）依据信息技术与企业价值网相关理论，简要分析 2017 年下半年以后，升达公司所采用的新的战略举措，是如何在网络经济背景下，构建以顾客为核心的价值创造体系的。（该题涉及的信息技术与企业价值网相关内容在 2021 年教材中已删除）

（6）简要分析升达公司与普天公司、长宁公司结成战略联盟的动因。

（7）依据市场营销组合四个要素，简要分析升达公司在其三次战略转型进程中市场营销组合策略的变化。

参考答案及解析（2019年）

一、单项选择题

1.【答案】A

【解析】本题考查组织的战略类型。

案例描述："为了巩固其竞争优势，华蓓公司用竞争性定价阻止竞争对手进入其经营领域，并实施有利于保持高效率的'机械式'组织机制"，说明公司采取措施（竞争性定价）的目的是让竞争对手没办法进入自己的市场，从而达到保持原有市场的效果，符合防御型战略组织的特征（提示："机械式"组织机制也是"题眼"），所以选项A当选。选项B，开拓型战略组织追求新的机会，所以是"有机式"的组织；选项C，反应型战略组织永远处于不稳定状态；选项D，分析型战略组织是在寻求新的机会的同时，保持原有市场；选项BCD不符合案例中的表述，不选。

2.【答案】D

【解析】本题考查战略钟。

一个公司的优势很少完全建立在成本或者差异之上，很多消费者既关心价格也关心质量。所以，混合战略强调的是，在为顾客提供更高认可价值的同时获得成本优势。秋实公司为顾客提供更高认可价值的同时获得成本优势，故选项D正确。选项A，成本领先战略包括：①低价低值战略，②低价战略；秋实公司征服市场依靠的不仅仅是低价，不选。选项B，差异化战略包括：①高值高价战略，②高值战略；秋实公司除了差异化优势以外，还有成本优势，不选。选项C，集中化战略是针对某一特定的战略群体、产品细分市场和区域市场，属于基本竞争战略的类型，不选。

3.【答案】A

【解析】本题考查内部控制系统中的五要素。

案例描述加强董监高和员工的法治观念，与法治建设相关，属于控制环境的范围（组织架构/人力资源/文化/法治），选项A正确。选项B，风险评估涉及风险识别、风险分析和风险应对；选项C，监控涉及信息与信息沟通、反舞弊、举报制度与举报人保护制度；选项D，控制活动比较具体，包括7个常见的控制措施和重大风险预警机制与应急处理机制。选项BCD案例中均无表述，不选。

4.【答案】C

【解析】本题考查风险管理策略中的风险度量。

案例描述："无法判断风险发生的概率"，本题其实是问下列四个选项中，哪个与概率无关。最大可能损失与风险发生的概率无关，所以选项C当选。选项ABD都需要利用风险发生的概率进行分析，故不选。

5.【答案】B

【解析】这是一道"给材料+判断类型"的题目，考查的是公司使命与目标的三个方面的辨析，这几乎是每年的客观题中的必考点。

案例描述云飞公司从单一业务发展成为有多种业务的"大型多元化公司"。云飞公司的发展主要体现在其业务范围扩大，这对应的是公司宗旨的变化。公司宗旨在阐述公司长期的战略意向，其具体内容主要说明公司目前和未来从事的经营业务的范围。选项B正确。

选项A，经营哲学的关键词是：信念、原则、准则、文化，材料未涉及，不选。选项C，公司目的是企业组织的根本性质和存在理由的直接体现，组织按其存在理由可以分为两大类：营利组织和非营利组织；云飞公司发展前后都是营利组织，故选项 C 不选。选项 D，战略分为 3 个层次：公司层战略（又称总体战略）、业务单位战略（又称竞争战略）、职能战略。云飞公司业务的选择和发展，均属于公司层战略，战略层次未发生变化。公司战略需要根据企业的目标，选择企业可以竞争的经营领域，合理配置企业所需要的资源，使各项业务相互支持、相互协调。

6. **【答案】** C

【解析】 本题以案例形式考查大数据的特征。

案例描述："实现对健康保费的有效控制"，说明保险公司通过大数据的手段，控制了保费，进而控制了成本，在收入不变的情况下，提升企业的利润。所以企业利用大数据为企业带来了价值，体现了大数据的价值性，选项 C 当选。选项 A，大量性指的是大数据的数据量非常大；选项 B，多样性指的是大数据的数据种类多，包括图形、图像、视频、音乐，等等；选项 D，高速性指的是数据的形成和处理的速度非常快；选项 ABD 案例均无表述，不选。

7. **【答案】** C

【解析】 本题考查波士顿矩阵的运用。本题解题思路分两步，首先，同学们需要根据案例判断波士顿矩阵的业务类型；其次，识别该种业务类型的特征。

首先，判断类型。案例描述："市场占有率达 50%以上"，说明是公司内部因素，公司与它最大的竞争对手业务相比，比率是大于 1 的，所以，相对市场占有率为高；案例描述："近年来家装市场进入低速增长阶段"，说明是外部因素，所以市场增长率为低；企业业务属于现金牛业务。

其次，识别现金牛业务的特征。选项 A，现金牛业务应该保持现状，所以选项 A 表述错误，不选；选项 A 是瘦狗业务的特征。选项 B，"生产技术和销售两方面都很内行"说明要求经营者的能力很高，那么相应的业务应该属于非常重要、不能放弃的业务，所以匹配的是明星业务，不选。选项 C，现金牛业务的经营者最好擅长营销，所以表述正确，当选。选项 D，关键词为"增加投资"，目的是为了加强竞争地位，有点像市场增长率高，但是相对市场占有率低的问题业务，所以不选。

8. **【答案】** A

【解析】 本题以案例形式考查风险管理工具的类型。

案例描述："中科公司将业务转型为给 G 国印刷机的用户提供零配件和维修保养服务"，即公司退出了印刷机制造领域，转而进入了配件、维修保养业务，属于风险规避（关键词：停止、退出），选项 A 当选。选项 B，风险转换需要涉及多个风险，是将一种风险转换为另一种风险，但转换前后，风险总和没有发生变化；选项 C，风险转移是将风险的所有权转移给第三方，例如保险；选项 D，风险补偿是在风险事件发生后采取的补偿措施，包括损失融资、应急资本、风险资本等。选项 BCD 案例均无表述，故不选。

9. **【答案】** D

【解析】 本题以案例形式考查 SWOT 分析的运用。本题解题分两步：首先，根据案例判断 SWOT 分析的情形；其次，匹配该种情形对应的策略。

案例描述："近年来新能源汽车产业及市场迅猛增长"，市场是外部环境，描述是积极的，体现了外部环境的机会（O）；同时，案例提示："但是受技术和管理水平制约，其产品性能欠佳，市场占有率较低"，描述的是企业的内部因素，描述是消极的、不好的一面，体现了内部环境的劣势（W）；故 SWOT 分析的情形是 WO。WO 情形对应的策略是扭转型战略，选项 D 当选。选项 A，增长型战略对应的情形是 SO；选项 B，多元化战略对应的情形是 ST；选项 C，防御型战略对应的情形是 WT。选项 ABC 均不符合案例描述，不选。

10. **【答案】** A

【解析】本题考查风险准备金的计算。

题干描述："有 4%的可能性需要 1 500 万元才能维持经营"，意味着准备了 1 500 万元就可以保证 1-4% = 96%的生存概率，但是风险准备金 = 全部资金-运营资本 = 1 500-1 000 = 500 万元，所以选项 A 当选。

11. 【答案】D

【解析】本题考查产品生命周期的定义，属于比较耿直的考法，建议同学们拿分。

波特提出的产品生命周期理论以产业销售额增长率曲线的拐点为依据，将产品生命周期分为四阶段：导入期、成长期、成熟期、衰退期。所以，选项 D 当选。

12. 【答案】C

【解析】本题考查权力的运用。

案例描述："金通公司……向某稀土企业提出……并购该企业的要求，遭到后者拒绝"，说明金通公司原来的目的是并购，但目的没有达到。"最终达成以部分股权互换的方式结为战略联盟的协议"，说明稀土企业原本不想成为金通公司的一部分的目的也没有达到，说明双方都各退一步，双方让步符合折中的特征，选项 C 当选。

选项 A，对抗是低合作性行为+高坚定性行为的组合，关键特征是单方达到目的；选项 B，和解是高合作性行为+低坚定性行为的组合，关键特征是单方面妥协；选项 D，规避是低合作性行为+低坚定性行为的组合，关键特征是惹不起躲得起。选项 ABD 案例均无表述，不选。

13. 【答案】B

【解析】本题以案例形式考查外部环境分析。本题命题相对比较综合，整体难度较大。

案例描述："国家出台'每对夫妻可生育两个子女'的政策"，政策是政府行为，属于宏观环境分析（PEST）中的政治和法律因素，选项 B 当选。选项 A，五力模型包括潜在进入者、替代品、供应商、采购商、行业内现有竞争；选项 C，成功关键因素是公司在特定市场获得盈利必须拥有的技能和资产；选项 D，产品生命周期是以销售额曲线的拐点为划分依据，分为导入期、成长期、成熟期、衰退期。选项 ACD 均无表述，不选。

14. 【答案】C

【解析】本题以案例形式考查生产经营战略。

"依据销售部门提供的客户订购的产品数量安排当期生产" 属于需求变动，选项 C 正确。选项 A，种类是指企业提供产品或者服务的范围，或者企业对这些产品或服务投入的范围，材料未涉及，不选；选项 B，涉及生产运营流程在所处理的投入和产出的批量，材料未涉及，不选；选项 D，可见性是指运营流程为客户所见的程度，材料未涉及，不选。

15. 【答案】D

【解析】本题以案例形式考查风险管理技术与方法。

案例描述："对……各种风险对企业影响的大小和发生的可能性进行分析"，也就是说，公司考虑风险时，只考虑风险发生的概率（可能性）与风险发生之后可能的影响大小，属于风险评估系图法。使用风险评估系图法可以帮助企业确定风险管理的先后顺序，所以选项 D 当选。

选项 A，决策树是对不确定性投资方案的期望收益分析（与投资决策相关）；选项 B，马尔科夫分析法是对多种状态的复杂系统的分析，计算非常复杂；选项 C，流程图分析法涉及工作过程具体步骤；选项 ABC 案例汇总均无表述，所以不选。

16. 【答案】C

【解析】本题考查横向分工的基本协调机制。本题可以采用排除法解题。

选项 A，"直接指挥，直接控制" 的特征是组织的所有活动都按照一个人的决策和指令行事，案例中并无表述，不选。选项 B，“工作过程标准化”意味着公司标准化的是工作的过程，案例没有提及“标准化”问题，不选。“及时调整内部资源和组织结构，发挥协调效果和整体优势，激发员工的创新精神和使命感，对社会需求做出灵活、快速的反应”体现了企业对内要及时调整，发挥创新精神、协同效果和整体优势，对外要灵活适应，快速行动，即共同价值观，选项 C 正确。选项 D，“工作成果标准化”意味着公司标准化的是企业的产品和服务，案例没有涉及标准化问题，不选。

17. 【答案】A

【解析】本题考查并购失败的原因。

“其后不久，甲公司发现乙公司在被收购前卷入的一场知识产权纠纷，将导致甲公司面临严重的经营风险”体现了企业在并购前没有认真地分析目标企业的潜在成本和效益，属于决策不当，选项 A 正确。选项 B，案例中未涉及并购费用过高的表述，与题意不符，不选；选项 C，材料并未涉及企业完成并购后面临的战略、组织、制度、业务和文化等多方面的整合，与题意不符，不选；选项 D，案例中未涉及在 H 国遇见的政治风险，与题意不符，不选。

18. 【答案】A

【解析】本题考查战略稳定性与文化适应性矩阵。

案例描述：“对原有业务进行了较大调整，建立了多家商品销售实体店，线下线上业务协同开展”，关键词为“较大调整”，说明企业战略要素变动较大，组织变动要素较大。同时，案例提示：“这一变革得到了企业固有文化的支持”，说明文化上和原有文化一致性好。应采用以企业使命为基础，选项 A 当选。

选项 B，适用情形为：组织要素变动小，文化一致性大；选项 C，适用情形为：组织要素变动大，文化一致性小；选项 D，适用情形为：组织要素变动小，文化一致性小；选项 BCD 均不满足案例描述，故不选。

19. 【答案】A

【解析】本题考查平衡计分卡。

主要顾客收益率关注“主要顾客”，也就是企业的大客户。大客户的收益率提升一点点，会直接导致企业利润的直线上升，所以主要客户收益率与企业的利润相关，属于财务角度，所以选项 A 当选。选项 B，顾客角度与顾客满意度相关；选项 C，内部流程角度关注企业内部的流程优化，关注运营效率的提升；选项 D，创新与学习角度同新产品和员工学习相关；选项 BCD 案例中均无表述，不选。

20. 【答案】C

【解析】本题以案例形式考查战略群组分析的意义，考查相对比较灵活。

旅游业本来分为两类战略群组，包括文化演出（文化娱乐性高、观光游览性低）和实景旅游（文化娱乐性低、观光游览性高）。但公司“率先创建了‘人物山水’旅游项目，它将震撼的文化演出置于秀丽山水之中，让观众在观赏歌舞演出的同时将身心融于自然”，也就是说公司的旅游项目是文化娱乐性高、观光游览性高的新项目，属于利用战略群组分析能够帮助企业预测市场变化、发现市场机会，选项 C 当选。选项 A，关键词为“组间”，如果案例描述了文化演出与实景旅游两个不同的战略群组之间采取怎样的竞争方式，则当选；选项 B，关键词为“组间”，如果案例描述了业务为文化演出的企业想进入实景旅游业务，需要克服的困难就是观光游览性，那么就是移动障碍的体现，则当选；选项 D，关键词为“组内”，如果案例描述了文化演出的企业之间如何竞争，则当选。

21. 【答案】B

【解析】本题以案例形式考查五力模型中的进入障碍。

案例描述："经过世代相传积累了丰富的泥塑工艺品制作经验和精湛技艺，产品远销国内外"，说明是企业的经验和技艺导致企业产品远销海外的结果。经验和技艺需要员工不断学习积累而成，是学习曲线的体现，所以选项 B 当选。

选项 A，资金需求与钱、投资等相关；选项 C，行为性障碍包括限制性进入定价和进入对方领域；选项 D，分销渠道，与企业产品如何到达消费者的方式相关。选项 ACD 案例均无体现，不选。

22. 【答案】C

【解析】本题以案例形式考查三大公司治理问题的判断。

案例描述："重大决策权……被控股股东控制，控股股东……占用……资金累计高达 10 亿元"，说明公司治理问题的产生原因是控股股东占用资金，获利者是控股股东，中小股东的利益受到了侵害，属于终极股东对中小股东的"隧道挖掘问题"，它的别称是剥夺型公司治理问题，选项 C 当选。选项 AB，经理人对股东的"内部人控制问题"的别称是代理型公司治理问题，是指经理人利用信息不对称伤害股东的利益，本题为单选，选项 AB 一并排除；选项 D，企业和其他利益相关者的问题需要涉及企业的利益相关者，如政府、社会公众、债权人等，案例中并无表述，不选。

23. 【答案】C

【解析】本题考查消费者市场细分。

本题主要划分的依据是消费者对啤酒的使用程度，属于行为细分，选项 C 正确。

24. 【答案】D

【解析】本题考查新兴市场企业的战略选择。

"面对国外著名医药公司在中国市场生不断扩张"体现出全球压力化程度较大，"把药品的生产和销售业务转让给其他公司，同时与国外某医药公司合作专注于新药品的研发任务"体现出公司不参与竞争的态势，所以是躲闪者，选项 D 正确。

二、多项选择题

1. 【答案】ACD

【解析】本题考查钻石模型。

钻石模型的四要素，包括生产要素，需求条件，相关与支持性产业，企业战略、企业结构和竞争对手的表现。选项 A，关键词为"需求"，说明市场需求特别旺盛，属于需求条件。选项 B，关键词为"政府"，是宏观环境分析中的政治与法律因素，不属于钻石模型分析，不选。选项 C，关键词为"专利"，专利是用于生产产品的，所以属于生产要素。选项 D，关键词为"竞争"，说明同业竞争的焦点是价格，属于企业战略、企业结构和同业竞争。所以选项 ACD 当选。

2. 【答案】AB

【解析】本题考查横向分工结构。

"按照北方区域和南方区域进行划分"属于区域事业部制结构的特征，选项 AB 正确。选项 CD 两者都是区域事业部组织结构的缺点。

3. 【答案】ABD

【解析】本题考查五力模型中的讨价还价能力。

选项 A，公司进行前向一体化，是替代了它的采购商/顾客，所以能够增强它对客户的讨价还价能力，当选。选项 B，差异化程度越高，讨价还价能力越强，表述正确，当选。选项 C，客户的购买量大意味着客户对于公司的讨价还价能力强，公司的讨价还价能力弱，不选。选项 D，公司的信息掌握程度越高，公司的讨价还价能力越强，当选。所以选项 ABD 当选。

4. 【答案】BD

【解析】本题考查战略联盟的类型。

"国内零售企业海川公司与主营大数据业务的出云公司签订战略合作协议"说明该合作形式为契约式战略联盟。选项 BD 正确，选项 AC 属于股权式战略联盟的特点。

5. 【答案】AD

【解析】本题考查基准分析类型的判断。

首先，案例描述："多年成功经营的丰盛纺织集团收购了某国一家濒临破产的纺织厂"，关键词为"收购"，说明二者不存在竞争关系，但是基准对象同处于一个大行业，属于一般基准，选项 A 当选；其次，案例描述："组织该厂管理人员到集团旗下国内某著名纺织厂调研、学习"，说明是企业自己与自己旗下企业相比，属于内部基准，选项 D 当选。选项 B，基准对象与顾客、顾客满意度相关；选项 C，基准对象有直接竞争关系（同一市场做一件事）。选项 BC 案例均无表述，不选。

6. 【答案】AB

【解析】本题考查基于生命周期的财务战略选择。

"只有在大规模生产并有自己的销售渠道的企业才具有竞争力，大量中小煤炭企业陆续退出市场"说明产业属于衰退期，选项 AB 正确，选项 CD 属于成熟期的财务特征。

7. 【答案】ABC

【解析】本题表面上考查风险管理基本流程中的收集风险管理的初始信息，但实质上考查的是市场风险的具体内容。

分析市场风险，企业应广泛收集国内外企业忽视市场风险、缺乏应对措施导致企业蒙受损失的案例，并至少收集与被企业相关的以下重要信息：①产品或服务的价格及供需变化（选项 C）；②能源、原材料、配件等物资供应的充足性、稳定性和价格变化（选项 B）；③主要客户、主要供应商的信用情况；④税收政策和利率、汇率、股票价格指数的变化（选项 A）；⑤潜在竞争者、竞争者及其主要产品、替代品情况。所以选项 ABC 当选，选项 D 为政治风险需要考虑的因素。

8. 【答案】ABC

【解析】本题以案例形式考查决定企业竞争优势的资源的类型。

案例描述："汇康公司秉承'使员工幸福，让顾客满意'的理念"，企业理念体现了独特的企业经营的哲学，是企业文化的体现，属于因果含糊性资源，所以选项 C 当选；同时，案例描述："持续实施了一套以顾客需求为导向、充分调动员工积极性的管理体制"，管理体制不是一朝一夕形成的，需要长期积累而来，所以选项 B 当选。案例提示："技术发明专利数量"，关键字词为"专利"，专利属于物理上独特的资源，所以 A 当选。选项 ABC 当选。选项 D，经济制约性的资源的特征是市场空间有限，不能支持多个企业获利，案例中没有描述，不选。

9. 【答案】BC

【解析】本题考查货源策略。

"生产农业运输车辆的江陵公司将柴油发动机的生产授权给一个供应商"属于由一个供应商负责一个完整的子部件，选项 A 为多货源策略的优点，竞争者能够使用相同的外部企业，所以企业在货源上不大可能取得竞争优势，选项 D 错误。

10. 【答案】ABD

【解析】本题考查企业业绩衡量指标，属于非常冷门的考点，建议同学们仅当查漏补缺，不必花费过多的时间。

美邦公司采用“投资回报率、销售利润率、资产周转率”，这些财务指标都是比率，所以公司采用的是比率评价。比率评价的局限性包括：①可比信息的可获得性（选项 D）；②历史信息的使用；③比率不是一成不变的（选项 B）；④需要仔细解读；⑤被扭曲的结果；⑥鼓励短期行为（选项 A）；⑦忽略战略目标；⑧无法控制无预算责任的员工。所以选项 ABD 当选。选项 C，比率可以用作目标，所以不选。

11. **【答案】** BCD

【解析】 本题考查造成产业零散的原因。

理发业属于零散产业，造成产业零散的原因有：①进入障碍低或存在退出障碍；②市场需求多样导致高度产品差异化；③不存在规模经济或难以达到规模经济。

12. **【答案】** AD

【解析】 本题以案例形式考查企业面对的风险种类，难度偏大。

案例描述：“通过股权融资、债券融资、银行借贷、信贷融资、民间集资等各种手段融资近 70 亿元”“公司出现大额亏损，深陷债务危机”，体现出筹资决策不当，引发资本结构不合理或无效融资，可能导致企业融资成本过高或债务危机，属于财务风险，选项 D 当选。同时，案例提示：“在多个国家投资布局光伏全产业链，还大举投资房地产、汽车等项目”，说明公司迅速进入多个产业，体现出企业发展战略过于激进，脱离实际能力或偏离主业，导致企业过度扩张，甚至经营失败，属于战略风险，选项 A 当选。所以本题选项 AD 当选。

选项 B，政治风险与政府行为有关，包括政策、关税等；选项 C，社会文化风险与文化冲突有关，包括国与国之间的（跨国经营）、企业与企业间的（并购）、员工与员工间的（组织内部因素）。选项 BD 案例并未提及，不选。

13. **【答案】** AD

【解析】 本题以案例形式考查密集型战略类型的判断。这道题目中的有些条比较隐晦，不容易得出正确解答，建议同学们从正反向两种思路来解题。

①反向思路（排除法）：“从密集型战略的角度”，给定了选项的范围，选项 B，集中化战略不属于密集型战略，排除；选项 C，一体化战略不属于密集型战略，排除。因为是多选题，故选择选项 AD。

②正向思路，对选项 ABCD 进行逐项辨析。选项 A，案例中“这些新的经营方式使该公司的顾客数量和营业收入均增长 20%以上”，符合市场渗透战略的内涵。市场渗透战略的基础是增加现有产品或服务的市场份额，或增加正在现有市场中经营的业务，它的目标是通过各种方法来增加产品的使用频率。故选项 A 当选。选项 D，案例中，原有模式是“按照公司的提供的菜谱点餐”，新创模式是“自带菜谱和食材请公司的厨师加工烹饪，还可以在支付一定的学习费用后在厨师的指导下自己操作”。这符合产品开发战略的内涵。产品开发战略是在原有的市场上，通过技术改进与开发，研制新产品。故选项 D 当选。发展战略包括一体化战略、密集型战略、多元化战略。一体化战略不属于密集型战略，选项 BC 不选。

14. **【答案】** AD

【解析】 本题考查财务矩阵。

投资资本回报率-资本成本=5%-8%=-3%<0，减损型业务；销售增长率-可持续增长率=10%-6%=4%>0，现金短缺；公司的状况属于减损型现金短缺，选项 AD 正确。

三、简答题

1. **【答案】**

（1）发展战略的实施途径有：内部发展（新建）、外部发展（并购）、战略联盟。

①外部发展（并购）。“公司先后实施四次跨国并购，获取了欧美知名企业的品牌、渠道、研发设计及制造能力等战略性资产，实现了从 OEM 向 OBM 的升级”；“2001 年，日升公司斥资完成对原委托方 FG 公司的收购，直接进入 M 国中高档家具市场”；“日升公司于 2006—2008 年又先后收购国际三大品牌家具制造商”。

②内部发展（新建）。“1996 年在国内设立生产基地，建设了五个制造产房”；“1999 年 3 月，日升公司在 M 国组建公司并创立公司品牌‘LC’，主要从事中低端家具的生产和销售”；“2000 年和 2008 年，在国内设计研发中心的基础上，日升公司有分别在 M 国和欧洲设立了研发中心”；“2009 年 9 月在国内建成了日升国际风尚馆”；“2010 年，开展酒店家具业务，并在 J 国和 N 国设立生产基地”；“日升公司在国内 18 个城市，23 家门店销售产品”。

③战略联盟。“日升公司最初主要从事 OEM 代工业务，为 M 国的客户 FG 公司贴牌生产家具配套及小巧家具组件”；“日升公司在原有多个知名品牌的基础上，运用特许经营品牌、针对细分客户设立新品牌等策略，进一步巩固日升公司的 OBM 业务”。

（2）企业能力包括：研发能力、生产管理能力、营销能力、财务能力、组织管理能力。日升集团体现的能力如下。

①研发能力。“公司先后实施四次跨国并购，获取了欧美知名企业的品牌、渠道、研发设计及制造能力等战略性资产，实现了从 OEM 向 OBM 的升级”；“2000 年和 2008 年，在国内设立研发中心的基础上，日升公司又分别在 M 国和欧洲设立了研发中心”。

②生产管理能力。“1996 年在国内设立生产基地，建设了五个制造产房”；“公司业务拓展至餐厅及卧房家具，成为国内首家投入生产卧房家具的企业。1998 年，日升公司单月出货量从 100 个货柜大幅提升至 300 个货柜，制造能力远远超过昔日家具业的龙头老大。”

③营销能力。

A. 产品竞争能力。“1998 年，日升公司单月出货量从 100 个货柜大幅提升至 300 个货柜，制造能力远远超过昔日家具业的龙头老大”；“四次跨国收购使日升公司的产品组合由单一的中低端木制家具拓展为包含中低端、高端、顶级木制家具，以及沙发、酒店家具的组合；销售市场由 M 国扩展到欧洲等地。”

B. 销售活动能力。“2008 年日升公司在国内展会上全面亮相，展出专门针对国内市场开发的三大品牌——‘日升家居’‘日升家园’‘日升屋’。”“2009 年 9 月在国内建成了日升国际风尚馆”。“2009 年、2012 年，先后推出特许品牌‘PDH’和‘PDK’；2011 年，推出年家具品牌‘SM’；2012 年，M 国日升推出特许品牌‘MH’；2013 年，推出特许品牌‘WB’；2014 年，推出婴儿家具品牌‘SB’”。

C. 市场决策能力。“公司在低附加值的经营中认识到打造自身品牌的重要性”；“然而，日升公司在 M 国自创品牌的成效并不显著。于是，公司先后实施四次跨国并购”；“出于对国内市场潜力巨大的判断，日升公司适时调整经营策略，决定在巩固海外市场的同时，进军国内市场”。

④财务能力。“在强大的资金和产能支持下”；“上市后，公司市值从 2004 年的 1.37 亿美元跃升至 2005 年的 3.69 亿美元，增长 2.69 倍。”

⑤组织管理能力。“公司先后实施四次跨国并购”；“出于对国内市场潜力巨大的判断，日升公司适时调整经营策略，决定在巩固海外市场的同时，进军国内市场”；“日升公司在原有多个知名品牌的基础上，运用特许经营品牌、针对细分客户设立新品牌等策略”；“日升公司在国内 18 个城市，23 家门店销售产品”。

2. **【答案】**

（1）信达公司实施的是差异化战略。“信达公司拒绝参与彩电行业价格战，每年将销售收入的

5%投入研发。”

资源和能力：

①具有强大的研发能力和产品设计能力。“每年将销售收入的5%投入研发。”“2005年研发成功‘中国芯’。”“建成中国电视行业第一条液晶模组线，彻底扭转中国液晶模组几乎全部依赖外国企业的状况。”“‘UD显示技术’是信达公司十年来对电视行业上游垄断发起的第3次突围战。”

②具有很强的市场营销能力。“信达公司以强大的研发实力为后盾，以优秀的销售团队为支撑，产品销售额与营销收入实现稳步增长”。

③有能够确保激励员工创造性的激励体制、管理体制和良好的创造性文化。“公司实行奖金与开发成果挂钩的制度，将技术开发人员工资涨到一线工人的3倍”。

④具有从总体上提高某项经营业务的质量、树立产品形象、保持先进技术和建立完善分销渠道的能力。“信达公司以强大的研发实力为后盾，以优秀的销售团队为支撑，产品销售额与营销收入实现稳步增长。根据有关部门提供的信息，2018年，信达公司电视机的营业收入位居全球品牌第三位，国内品牌第一位”。

（2）研发定位包括成为向市场推出新技术产品的企业，成为成功产品的创新模仿者，成为成功产品的低成本生产者。信达公司的研发定位是成为成功产品的创新模仿者。“2005年研发成功‘中国芯’，中国首块拥有自主知识产权并产业化的数字视频处理芯片在信达公司诞生，彻底打破了国外芯片的垄断地位。”“‘UD显示技术’是信达公司十年来对电视行业上游垄断发起的第3次突围战。凭借历时7年研发的激光电视提前锁定主动权，在全球大屏幕电视市场赢得了一席之地。”

3. **【答案】**

（1）①直接占用资源。“2016年9月，太阳公司与银行签署一笔担保合同，为大股东星科集团5 000万元的贷款提供担保，承担连带保证责任。2016年11月，星科集团向龙辉公司借款2亿元，太阳公司为该笔借款提供担保”。

②通过关联交易进行利益输送。“太阳公司从甲公司购进熟料等重要原材料，双方签订了长期供应合同，价格比市场价高40%。太阳公司还从乙公司以租赁的方式引入一台机器设备，租赁费用每年5 000万元，同样的设备市场租赁价格为4 000万元。经查，甲公司和乙公司均为星科集团全资控制的子公司”。

③掠夺性财务活动。

A. 掠夺性融资。“太阳公司在2017年年底完成一项定向增发，向星科集团以每股6元价格增发1亿股，当时太阳公司股价为每股12元，相当于5折进行定向增发”。

B. 内幕交易。“太阳公司发布公告，拟购买丙公司100%股权。由于丙公司拥有物联网概念，所以太阳公司发布公告后10个交易日内，股价大涨70%，发布公告前几天，星科集团实际控制人刘某买入太阳公司股票100万股，在公告发布后卖出，获利600万元。经查，刘某买卖股票的时间都属于证监会认定的敏感期”。

C. 掠夺性资本运作。“2017年5月，太阳公司发布了一份收购方案，计划收购了大股东星科集团100%持有的丁公司的全部股权，收购价格为20亿元，而丁公司账目净资产为5 000万元，盈利能力较差，业内专家质疑是超溢价收购”。

（2）本案例中公司治理的基础设施主要体现在信息披露制度，中介机构，政府监管，以及媒体、专业人士的舆论监督。

①信息披露制度。“这两笔担保均没有在2016年年报中进行信息披露。”“2016年太阳公司1.4亿元的销售费用未及时入账，造成2016年年度报告虚假记载。此外，与星科集团多笔资金往来

事项并未披露和记账，导致太阳公司在 2016 年和 2017 年年报中存在信息不实、虚假记载的情况”。信息披露制度没有发挥应有的治理作用。

②中介机构。“太阳公司上述年报经过注册会计师审计后，审计师都出具了标准无保留的审计意见。” 中介机构制度在案例中没有发挥应有的治理作用。

③政府监管。“G 省证监局迅速反应，立案调查。”“证监局根据以上调查结果，依法对太阳公司及其大股东星科集团进行了行政处罚。” 案例中政府监管发挥了应有的治理作用。

④媒体、专业人士的舆论监督。“2018 年 5 月，某财经媒体深度报道了太阳公司存在的多种经营违规行为。该报道在微博等网络平台上成为热门话题”。案例中舆论监督发挥了应有的治理作用。

4. 【答案】

(1) ①技术的不确定性。“技术的不确定性以及业务创新对技术和人才储备的要求都是对企业严峻的考验。”

②战略的不确定性。“新能源汽车的运营模式、行业规范和服务体系等方面无法仿照传统燃油汽车，存在诸多不确定性。”

③成本的迅速变化。“消费者普遍认为新能源汽车技术尚不成熟、服务设施尚不完善、价格过高且伴随规模经济与经验曲线的形成肯定会大幅度降价”。

④首次购买者。“在这种情况下，企业市场营销的中心活动只能是选择顾客对象并诱导初始购买行为。”

(2)（教材已删除）

①专有技术。“技术的不确定性以及业务创新对技术和人才储备的要求都是对企业严峻的考验。”

②获得分销渠道。“分销渠道、充电设备、维修保养、保险业务等服务很不完善”；“服务设施尚不完善”。

③得到适当成本和质量的原材料和其他投入（如熟练劳动力）。“新能源汽车供应链处于初建期，企业原材料、零部件及其他供给不足”。

④经验造成的成本优势。“消费者普遍认为新能源汽车技术尚不成熟、服务设施尚不完善、价格过高且伴随规模经济与经验曲线的形成肯定会大幅度降价”。

⑤风险。“2008 年，传统汽车生产企业旭辉公司决定研发、生产国内第一款新能源汽车。此举在同行眼中无异于一种‘逆风而上’的冒险行为。”“技术的不确定性以及业务创新对技术和人才储备的要求都是对企业严峻的考验。”

(3)（教材已修订）

①专有技术选择、获取与应用的困难。“对传统汽车企业而言，研发新能源汽车是一个全新的挑战。能源汽车的驱动原理与传统燃油汽车有着本质性的区别。技术的不确定性以及业务创新对技术和人才储备的要求都是对企业严峻的考验。”

②原材料、零部件、资金与其他供给的不足。“新能源汽车供应链处于初建期，企业原材料、零部件及其他供给不足；分销渠道、充电设备、维修保养、保险业务等服务很不完善。”

③顾客的困惑与等待观望。“消费者普遍认为新能源汽车技术尚不成熟、服务设施尚不完善、价格过高且伴随规模经济与经验曲线的形成肯定会大幅度降价，第二代和第三代产品将迅速取代现有产品，因而采取等待观望态度。”

④被替代产品的反应。“此前传统汽车企业大多采取深耕传统燃油汽车的策略以降低被新能源汽车替代的风险。”

⑤缺少承担风险的胆略与能力。“旭辉公司决定研发、生产国内第一款新能源汽车。此举在同行眼中无异于一种‘逆风而上’的冒险行为。”“旭辉公司以一往无前的勇气和高瞻远瞩的眼力，

坚守十年时间，实现了对新能源汽车领域核心技术的掌控与完整的产业链布局，也迎来了新能源汽车销量在国内外的全面爆发”。

四、综合题

【答案】

(1) ①市场情况。

A. 产品具有较高的价格弹性，市场中存在大量的价格敏感用户。“国内空调从少数人的奢侈品转为大众消费品的时机已经来临，市场需要大量老百姓买得起、用得起的‘民牌’空调。”“升达公司得罪了同行，却赢得无数的消费者。”

B. 购买者不太关注品牌，大多数购买者以同样的方式使用产品。“市场需要大量老百姓买得起、用得起的‘民牌’空调。”

C. 价格竞争是市场竞争的主要手段，消费者的转换成本较低。“升达公司在公布空调成本的同时，将其空调产品全线降价，平均降幅达20%。升达公司得罪了同行，却赢得无数的消费者。”

②资源和能力。

A. 在规模经济显著的产业中装备相应的生产设施来实现规模经济。“在零部件成本、生产率、设备利用率、规模经济等方面都具备整机制造成本优势。”

B. 降低各种要素成本。“在零部件成本、生产率、设备利用率、规模经济等方面都具备整机制造成本优势。”“升达公司发挥其灵活的民营企业机制，实施全方位的承包责任制，激发了各级人员的积极性、主动性和创造性，对于提高企业效率和降低运营成本发挥了重要作用。”

C. 提高生产率。“在零部件成本、生产率、设备利用率、规模经济等方面都具备整机制造成本优势。”“公司在2001年引进全球最先进的信息化管理工具ERP，配合内部各个部门严格的承包制，对提高企业效率和降低运营成本起到了极大的作用。”“升达公司发挥其灵活的民营企业机制，实施全方位的承包责任制，激发了各级人员的积极性、主动性和创造性，对于提高企业效率和降低运营成本发挥了重要作用”。

D. 提高生产能力利用程度。“在零部件成本、生产率、设备利用率、规模经济等方面都具备整机制造成本优势。”

E. 选择适宜的交易组织形式。“在采购环节，升达公司同时采用自制和外购两条路线，当自制的质量和价格有优势时，采用自制；当自制明显不如外购有竞争力时，就毫不犹豫地采用外购，甚至关掉自制部门。”“这些设备和原料共有的特点是品质在全球范围内相对较好，价格最低。”

(2) ①1999年之后：

公司主要面临的是市场风险中的产品或服务的价格及供需变化带来的风险。“升达公司意识到，国内空调从少数人的奢侈品转为大众消费品的时机已经来临，市场需要大量老百姓买得起、用得起的‘民牌’空调。”

涉及的战略变革类型：

A. 技术变革。“公司在2001年引进全球最先进的信息化管理工具ERP，配合内部各个部门严格的承包制，对提高企业效率和降低运营成本起到了极大的作用。”

B. 产品和服务变革。“升达公司在公布空调成本的同时，将其空调产品全线降价，平均降幅达20%。”

C. 结构和体系变革。“公司在2001年引进全球最先进的信息化管理工具ERP，配合内部各个部门严格的承包制，对提高企业效率和降低运营成本起到了极大的作用”。

D. 人员变革。“升达公司发挥其灵活的民营企业机制，实施全方位的承包责任制，激发了各级人员的积极性、主动性和创造性，对于提高企业效率和降低运营成本发挥了重要作用。”

②2012 年之后：

公司面临的主要是市场风险中的产品或服务的价格及供需变化带来的风险。“近年来随着国内消费升级与产品更新换代，大众的空调消费需求开始从‘功能型’向‘品质型’转变。升达公司日益认识到启动新的战略转型的必要性与紧迫性。”

涉及的战略变革的类型：

A. 技术变革。“累计投入超过 30 亿元用于技术创新、效率提升。”

B. 产品和服务变革。“建立起年轻化、时尚化的品牌形象，打造了‘倾国倾城’‘淑女窈窕’等情感化的明星产品，”“在随后的 2013 年，升达公司开始进行企业产品升级”。

C. 结构和体系变革。“先后推出二级供应链管理、引进全球领先检测设备、吸纳超过 50%的硕博人才组成创新研究团队，从根本上把控产品品质。”“2017 年，升达公司智能工厂落成投产，以更加标准化、高周转率的技术实力，实现产品品质的又一次提升；在 J 国建立研发中心，实现智能化产品占比超 80%”

D. 人员变革。“吸纳超过 50%的硕博人才组成创新研究团队，从根本上把控产品品质”。

③2017 年之后：

公司面临的主要是市场风险中的能源、原材料、配件等物资供应的充足性、稳定性和价格变化带来的风险（本案例主要体现在销售渠道稳定性变化带来的风险）。“2017 年下半年以来，升达公司意识到，虽然电商存量市场很大，但增长速度开始下降，线上流量红利在下滑。”

涉及的战略变革的类型：

A. 技术变革。“升达空调原来的电商渠道供应链 SOP（即标准操作程序）分为 18 个节点、共需 33 个小时，新的系统上线以后优化为 6 个节点、只需 1 个多小时，大大提升了供应链效率。”

B. 结构和体系变革。“一是与国内著名电商普天组建联合团队，打通商家与平台的供应链，全面提升电商渠道供应链效率。”“采用‘互联网直卖’方式，只发展一层终端零售商，产品订货起点定为 8 台。”

C. 人员变革。“升达公司已建成社会化的售后服务网点 7 500 个，可以覆盖国内 98%的县市。终端零售商或用户通过云平台寻找所在地的升达公司售后服务人员，由他们抢单帮助安装、维修。”

（3）①红海战略与蓝海战略的关键性差异。

A. 规避竞争，拓展非竞争性空间。“为了避开与国内空调行业优势品牌的正面较量，升达公司将目标客户聚焦在新一代网络消费群体。”

B. 创造并攫取新需求。“打造了‘倾国倾城’‘淑女窈窕’等情感化的明星产品，吸引了一批有时尚要求、重情感又注重性价比的年轻人群。”

C. 打破价值与成本互替定律。“吸引了一批有时尚要求、重情感又注重性价比的年轻人群。”

②蓝海战略重建市场边界的基本法则。

A. 重新界定产业的买方群体。“为了避开与国内空调行业优势品牌的正面较量，升达公司将目标客户聚焦在新一代网络消费群体。”“升达充分依托电商平台，用 18~35 岁年轻消费者熟悉的代言人和沟通方式，建立起年轻化、时尚化的品牌形象”。

B. 重设客户的功能与情感导向。“用 18~35 岁年轻消费者熟悉的代言人和沟通方式，建立起年轻化、时尚化的品牌形象，打造了‘倾国倾城’‘淑女窈窕’等情感化的明星产品，吸引了一批有时尚要求、重情感又注重性价比的年轻人群”。

C. 跨越时间参与塑造外部潮流。“升达公司就敏锐察觉到互联网发展的大趋势，积极与电商平台合作，在整体布局上确定了互联网、智能化发展战略。”

（4）①基本活动。

A. 内部后勤。“在升达公司家乡 N 市，做空调配件的企业很多，整个空调产业链已经成形。”

B. 生产经营。“2017 年，升达公司智能工厂落成投产，以更加标准化、高周转率的技术实力，实现产品品质的又一次提升；在 J 国建立研发中心，实现智能化产品占比超 80%；筹建多个智能制造基地累计投资超过 150 亿元，为实现空调产业全智能一体化做好准备。”

C. 外部后勤。“目前升达公司拥有 1.5 万多家终端零售商，这些终端零售商通过手机 APP 直接下单，升达公司接单后通过各区域的仓储中心调配，由第三方物流送货到店。升达公司已建成社会化的售后服务网点 7 500 个，覆盖国内 98%的县市。”

D. 市场销售。“将目标客户聚焦在新一代网络消费群体，充分依托电商平台，用 18—35 岁年轻消费者熟悉的代言人和沟通方式，建立起年轻化、时尚化的品牌形象，打造了‘倾国倾城’‘淑女窈窕’等情感化的明星产品，吸引了一批有时尚要求、重情感又注重性价比的年轻人群。”“抓住国内电商平台纷纷下沉开店的机遇，向基层市场渗透，逐步熟悉终端零售商渠道。”“升达空调总销售量达到 1500 万台，在国内排名第三；在电商平台上，升达是销量最大的空调品牌。”

E. 服务。“终端零售商或用户通过云平台寻找所在地的升达公司售后服务人员，由他们抢单帮助安装、维修”。

②支持活动。

A. 采购管理。“在采购环节，升达公司同时采用自制和外购两条路线，当自制的质量和价格有优势时，采用自制；当自制明显不如外购有竞争力时，就毫不犹豫地采用外购，甚至关掉自制部门。”

B. 技术开发。“在随后的 2013 年，升达公司开始进行企业产品升级，累计投入超过 30 亿元用于技术创新、效率提升。先后推出二级供应链管理、引进全球领先检测设备、吸纳超过 50%的硕博人才组成创新研究团队，从根本上把控产品品质。”

C. 人力资源管理。“升达公司是新办的企业，没有下岗职工和离退休人员的负担；升达公司发挥其灵活的民营企业机制，实施全方位的承包责任制，激发了各级人员的积极性、主动性和创造性，对于提高企业效率和降低运营成本发挥了重要作用”；“吸纳超过 50%的硕博人才组成创新研究团队”。

D. 基础设施。“升达公司意识到，国内空调从少数人的奢侈品转为大众消费品的时机已经来临”；“升达公司就敏锐察觉到互联网发展的大趋势，积极与电商平台合作，在整体布局上确定了互联网、智能化发展战略”；“面对市场环境新的变化，升达公司采用了两个新的战略举措”。

（5）①信息技术与企业价值网。价值网络强调“以顾客为中心”，在专业化分工的生产服务模式下，把处于“价值链”上不同位置并存在密切关联的企业或者相关利益体整合在一起，建立一个以顾客为核心的价值创造体系，共同为顾客创造价值。“与国内著名电商普天组建联合团队，打通商家与平台的供应链，全面提升电商渠道供应链效率。”“升达公司与以线下销售为主的长宁家电零售公司合作，共创智慧零售新模式。”

②信息技术与企业生态系统。其主要特点包括以下方面。

A. 由一个或少数几个企业统领着这个生态系统，并建造了平台以供其他专业定位企业应用。

B. 信息技术在企业生态系统建立与运作中扮演强有力的角色。“从以前‘通过厂家直供的方式真正让利于经销商，打造至真至诚的利益共同体’，进一步延伸到‘以升达公司主导产业为基础搭建 O2O（即 Online to Offline，线上到线下）平台，为更多中小企业服务，全面赋能线下经销商’。‘双轮战略’的实施，将进一步实现线上线下的融合，深耕零售发展道路。”

（6）①促进技术创新。“升达空调原来的电商渠道供应链 SOP（即标准操作程序）分为 18 个节点，操作共需 33 个小时，新的系统上线以后优化为 6 个节点、只需 1 个多小时，大大提升了供应链效率。”

②避免经营风险。“2017 年下半年以来，升达公司意识到，虽然电商存量市场很大，但增长速度开始下降，线上流量红利在下滑。面对市场环境新的变化，升达公司采用了两个新的战略举措。”

③避免或减少竞争。“打通商家与平台的供应链”；“通过厂家直供的方式真正让利于经销商，打造至真至诚的利益共同体”。

④实现资源互补。“升达公司作为长宁家电品牌主力军，通过长宁零售公司快速开启渠道下沉绿色通道，从线上渠道转移至线下渠道，在运营上借助长宁零售公司在市场上的口碑和服务，形成很强的品牌竞争力。”

⑤开拓新的市场。“将进一步实现线上线下的融合，深耕零售发展道路。”

（7）在三次战略转型中，市场营销组合的变化包括：

①产品策略。“1994 年，电表行业的巨头升达公司决定进军空调业。由于当时国内空调还是属于少数人的奢侈品，升达公司与业内其他公司一样，产品定位于比较高档的空调。”“国内空调从少数人的奢侈品转为大众消费品的时机已经来临，市场需要大量老百姓买得起、用得起的‘民牌’空调。”“充分依托电商平台，用 18~35 岁年轻消费者熟悉的代言人和沟通方式，建立起年轻化、时尚化的品牌形象，打造了‘倾国倾城’‘淑女窈窕’等情感化的明星产品。”“在随后的 2013 年，升达公司开始进行企业产品升级，累计投入超过 30 亿元用于技术创新、效率提升。”

②促销策略。“2002 年 4 月，面对百余名记者，升达公司突然抛出《空调成本白皮书》。”“充分依托电商平台，用 18~35 岁年轻消费者熟悉的代言人和沟通方式，建立起年轻化、时尚化的品牌形象，打造了‘倾国倾城’‘淑女窈窕’等情感化的明星产品，吸引了一批有时尚要求、重情感又注重性价比的年轻人群。”

③分销策略。“早在 2012 年，升达公司就敏锐察觉到互联网发展的大趋势，积极与电商平台合作，在整体布局上确定了互联网、智能化发展战略。”“二是抓住国内电商平台纷纷下沉开店的机遇，向基层市场渗透，逐步熟悉终端零售商渠道。”“2018 年 11 月，升达公司与以线下销售为主的长宁家电零售公司合作，共创智慧零售新模式。”

④价格策略。“升达公司在公布空调成本的同时，将其空调产品全线降价，平均降幅达 20%。”

注册会计师全国统一考试——《公司战略与风险管理》历年真题卷（2018年）

一、单项选择题（本题型共24小题，每小题1分，共24分。每小题只有一个正确答案，请从每小题的备选答案中选出一个你认为正确的答案，用鼠标点击相应的选项。）

1. 近年来，国产品牌智能手机企业强势崛起，出货量迅猛增长，与国际品牌智能手机在市场上平分秋色。中低端智能手机市场基本被国产智能手机占领，新进入者难以获得市场地位，同时，由于运营商渠道调整，电商等渠道比重加大。产品“同质化”现象加剧，“价格战”日趋激烈。根据上述情况，国内智能手机产业目前所处于生命周期阶段是（　　）。

A. 成长期　　B. 导入期

C. 衰退期　　D. 成熟期

2. 甲公司是C国著名的生产和经营电动汽车的厂商，2017年，甲公司制定了国际化战略，拟到某发展中国家N国投资建厂。为此，甲公司委托专业机构对N国的现有条件进行了认真详细的分析。根据波特的钻石模型理论，下列分析中不属于钻石模型要素的是（　　）。

A. N国电动汽车零部件市场比较落后，供应商管理水平较低

B. N国电动汽车市场刚刚兴起，市场需求增长较快

C. N国政府为了保护本国汽车产业，对甲公司的进入设定了限制条件

D. N国劳动力价格相对C国较低，工人技术水平和文化素质不高

3. 以生物药品研发为主营业的康力公司多年来不断完善科研管理体制建设，为科研人才的创造性活动提供了坚实的基础和障碍，使公司在激烈的市场竞争中获得明显优势，康力公司的竞争优势来源于（　　）。

A. 具有经济制约性的资源　　B. 物理上独特的资源

C. 具有因果含糊性的资源　　D. 具有路径依赖性的资源

4. 家电制造商东岳公司于2015年并购了一家同类企业，在保留被并购企业原有组织的同时实行了新的绩效考核制度，结果遭到被并购企业大多数员工反对。本案例中，东岳公司在处理被并购企业战略稳定性与文化适应性关系时正确的做法是（　　）。

A. 加强协调作用　　B. 以企业使命为基础

C. 重新制定战略　　D. 根据文化的要求进行管理

5. 志铭公司是一家小型咨询公司，有20多名员工。员工既负责从市场上承揽咨询项目，又根据自己的特长和爱好选择并完成咨询业务。公司为员工顺利开展工作提供必要的条件和服务。志铭公司企业文化的类型属于（　　）。

A. 权力导向型　　B. 人员导向型

C. 角色导向型　　D. 任务导向型

6. 平阳公司是国内一家中型煤炭企业，近年来在政府出台压缩过剩产能政策。行业竞争异常激烈的情况下，经营每况愈下，市场份额大幅缩减，根据SWOT分析，平阳公司应采取（　　）。

A. 扭转型战略　　B. 增长型战略

C. 防御型战略　　D. 多种经营战略

7. 惠通公司开发出一种用于少儿英语学习的智能机器人，该产品投放市场不久，便被其他公司仿制。从技术活动过程所处的不同阶段考查，惠通公司面临的技术风险属于（　　）。

A. 技术选择风险　　B. 技术设计风险

C. 技术应用风险　　D. 技术研发风险

8. M 国某地区位于地震频发地带，那里的居民具有较强的防震意识，住房普遍采用木质结构，抗震性能优越。不少家庭加装了地震时会自动关闭煤气的仪器，以防范地震带来的相关灾害。根据上述信息，该地区居民采取的风险管理策略工具是（　　）。

A. 风险控制　　B. 风险转移

C. 风险规避　　D. 风险转换

9. 天兆公司经营造船、港口建设、海运和相关智能设备制造四部分业务，这些业务的市场增长率分别为 7.5%、9%、10.5%和 18%，相对市场占有率分别为 1.2、0.3、1.1 和 0.6。该公司四部分业务中，适合采用智囊团或项目组等管理组织是（　　）。

A. 港口建设业务　　B. 造船业务

C. 相关智能设备制造业务　　D. 海运业务

10. 多邦公司是一家驼羊毛制品生产和销售企业，产品销往多个国家和地区，为了确保产品质优价廉，该公司在最适合驼羊生产的 L 国建立统一的驼羊养殖场，并在加工条件最好的 N 国设厂生产脱羊毛制品，多邦公司国际化经营的战略类型是（　　）。

A. 多国本土化战略　　D. 国际战略

C. 跨国战略　　D. 全球化战略

11. 经营电子商城业务的亚迪公司通过数据挖掘了解消费者的购买经历，对产品的评价，产品浏览和搜索行为，从而在掌握消费者真实需求的基础上有的放矢地向消费者推荐商品。据统计，该公司网站推荐的食品类、服装类和家电类商品的销售转化率分别高达 52%、55%和 60%。在本案例中，亚迪公司运用信息技术实施了（　　）。

A. 差异化战略　　B. 市场开发战略

C. 多元化战略　　D. 集中化战略

12. 永泽公司是一家餐饮公司。2010 年，一场传染病的流行使餐饮业进入“寒冬”，该公司在进行风险评估后认为，这场传染病的流行将使消费者的健康饮食意识大大增强，于是组织员工迅速开发并推出系列健康菜品，使公司营业额逆势上升。永泽公司的上述做法体现的风险管理特征是（　　）。

A. 专业性　　B. 战略性　　C. 系统性　　D. 二重性

13. 万明电力公司通过大数据分析发现了停电以后恢复供电时间的长短与客户满意度的高度相关性，并依据具体的数据调整了服务战略，提高了客户满意度，根据上述信息，万明公司运用大数据分析影响的战略转型的主要方面是（　　）。（该题涉及的战略转型相关内容在 2021 年教材中已删除）

A. 营销管理　　B. 生产管理

C. 市场调研与预测　　D. 成本管理

14. 有关研究机构证实，从事中成药生产的上市公司天康公司的主打产品含有对人体健康有害的成分，该研究结果被媒体披露后，天康公司的股价大跌，购买其产品的部分消费者和经销商纷纷要求退货，致使其经营陷入危机，上述案例中，天康公司面临的风险属于（　　）。

A. 非市场风险　　B. 运营风险　　C. 财务风险　　D. 产业风险

15. 经营中式快餐的力元公司于2015年宣布其战略目标是建成门店覆盖全国的“快餐帝国”。由于扩张过快、缺乏相关资源保障、各地流行菜系经营者的激烈竞争以及不同消费者口味难以调和的矛盾，该战略目标未能实现，公司经营也陷入危机。从零散产业角度看，下列各项中，属于力元公司进行战略选择未能避免的战略陷阱是（　　）。

A. 不能保持严格的战略约束力　　B. 寻求支配地位

C. 不了解竞争者的战略目标和管理费用　　D. 过分集权化

16. 截至2015年秋，U国N航空公司与M航空公司合并已有5年，但原N公司和M公司机舱服务员的劳工合约仍未统一。为此，原N公司与M公司的机舱服务员在临近圣诞节期间，发起抗议行动，有效推动了该项问题的解决。本案例中原N公司与M公司机舱服务员的权力来源于（　　）。

A. 在管理层次中的地位

B. 个人的素质和影响

C. 参与或影响企业战略决策与实施过程

D. 利益相关者集中或联合的程度

17. 民先公司是一家销售生鲜食品的大型连锁超市。2017年，该公司新开设了网上销售业务，并初步建立了快速高效的物流体系，目前已实现在若干超市门店3公里范围内，至多30分钟即可送货上门。从战略变革发展阶段角度看，民先公司的上述做法属于战略变革的（　　）。（该题涉及的战略变革相关内容在2021年教材中已删除）

A. 连续阶段　　B. 渐进阶段

C. 不断改变阶段　　D. 全面阶段

18. 贝乐玩具公司成立十年来，生产和经营规模逐步扩大，玩具产品的品种不断增加。为了提高工作效率并实现规模经济，该公司应采用的组织结构是（　　）。

A. M型组织结构　　B. 事业部制组织结构

C. 创业型组织结构　　D. 职能制组织结构

19. 甲公司是一家白酒生产企业，为了进一步提高产品质量，甲公司通过图表形式将白酒生产按顺序划分为多个模块，并对各个模块逐一进行详细调查，识别出每个模块各种潜在的风险因素或风险事件，从而使公司决策者获得清晰直观的印象。根据上述信息，下列各项中，对甲公司采取的风险管理办法的描述错误的是（　　）。

A. 该方法的使用效果依赖于专业人员的水平

B. 该方法的优点是简单明了易于操作

C. 该方法可以对企业生产或经营中的风险及其成因进行定性分析

D. 该方法适用于组织规模较小、流程较简单的业务风险分析

20. 甲公司曾是一家世界著名的照相机生产企业。近年来，面对各类新型照相设备的兴起，该公司业务转型迟缓，目前出现巨额亏损，濒临破产。甲公司遭遇的风险属于（　　）。

A. 技术风险　　B. 财务风险　　C. 战略风险　　D. 产业风险

21. 2016年以来，生产安保设施的天盾公司先后收购了两家同类企业，在扩大生产经营规模、降低成本的同时，开发出功能优于其他同类产品的新产品。天盾公司的上述收购行为属于该公司的（　　）。

A. 业务单位战略　　B. 总体战略

C. 混合战略　　D. 职能战略

22. 风华公司的主营业务是生产、销售体育运动器材，从去年起，该公司在保留原有业务的同时寻找新的市场机会，开发出适合个人使用的运动健康补测仪并尝试性投放市场，该仪器可随时把使用者在运动中的有关生物指数显示并记录下来，从而帮助使用者了解自己的健康状况并选择适当的运动方式，风华公司适宜采取的组织战略类型是（　　）。

A. 开拓型战略组织　　B. 创新型战略组织　　C. 反应型战略组织　　D. 分析型战略组织

23. 面对国外品牌牙膏不断涌入国内市场的不利局面，健华牙膏厂独创了完全用中草药提取物制造、具有生津健齿功效的牙膏，并通过强化销售网络的建设和管理，赢得了越来越多国内消费者的好评。作为新兴市场本土企业，健华牙膏厂采用的战略属于（　　）。

A. “防御者”战略　　B. “扩张者”战略　　C. “躲闪者”战略　　D. “抗衡者”战略

24. 专营化妆品销售的雅兰公司取得某外商产品的独家经销权后发现，该外商把部分产品批发给另一家化妆品经销商，于是向该外商提出抗议并威胁将诉诸法律，对方当即表示将杜绝同类事情发生并向雅兰公司做出赔偿。雅兰公司接受了对方的意见。在本案列中，雅兰公司对待矛盾与冲突的行为方式是（　　）。

A. 和解　　B. 对抗　　C. 协作　　D. 折中

二、多项选择题（本题型共 14 小题，每小题 1.5 分，共 21 分。每小题均有多个正确答案，请从每小题的备选答案中选出你认为正确的答案，用鼠标点击相应的选项。每小题所有答案选择正确的得分，不答、错答、漏答均不得分。）

1. 2017 年初，甲公司与乙银行签订一份协议，约定甲公司一旦发生特定事件引起财务危机时，有权从乙银行取得 500 万贷款来应对风险。在协议中，双方明确了甲公司归还贷款的期限以及获得贷款应当支付的利息和费用。关于上述协议，下列各项中表述正确的有（　　）。

A. 甲公司采取的风险理财策略为其可持续经营提供了保证

B. 甲公司采取的风险理财策略不涉及风险补偿

C. 乙银行向甲公司提供贷款不承担甲公司发生特定事件的风险

D. 甲公司采取的风险理财策略是风险资本的表现形式之一

2. 近年来国内洗涤品生产企业面临日益沉重的竞争压力。国外著名洗涤品公司加快进入中国市场的步伐；原材料及用工成本不断上涨；国内洗涤品生产企业众多，产品差异较小，消费者选择余地大；新型洗涤品层出不穷，产品生命周期缩短，原有洗涤品不断遭到淘汰。从产业五种竞争力角度考察，国内洗涤品生产企业面临的竞争压力包括（　　）。

A. 产业内现有企业的竞争　　B. 购买者讨价还价

C. 供应者讨价还价　　D. 潜在进入者的进入威胁

3. 乐融旅行社定期开展会员俱乐部活动。活动期间，该社向参加活动的会员提供免费茶点、风景摄影及旅游知识讲座、旅游新项目推介等，建立了良好的公众形象。在上述活动中，乐融旅行社采用的促销组合要素有（　　）。

A. 营业推广　　B. 广告促销　　C. 人员推销　　D. 公关宣传

4. 甲客运公司与乙旅行社于 2016 年开启深度战略合作，联合推出“车票+地接”打包旅游产品。其中，甲客运公司提供用于打包产品的“低价票”，乙旅行社则提供比以往更为丰富、优质的旅游目的地和地接服务。该产品的推出明显提升了合作双方的竞争力。本案例中，甲客运公司与乙旅行社进行战略合作的动因有（　　）。

A. 保持统一的管理风格和企业文化　　B. 防范信任危机

C. 开拓新的市场　　D. 实现资源互补

5. 顺驰公司是国内一家汽车玻璃制造商。面对国内生产要素成本不断上涨和产品订单日趋减少，该公司把一部分资金和生产能力转移至生产综合成本相对较低的汽车产销大国 M 国。通过独立投资设厂和横向并购 M 国一家拥有国际知名品牌的企业，顺驰公司在 M 国不仅很快站稳脚跟，而且获得 M 国汽车制造商的大量订单，业务量大幅增长。在本案例中，顺驰公司向 M 国投资的动机有（　　）。

A. 寻求效率　　B. 寻求市场

C. 寻求现成资产　　D. 寻求资源

6. 信达银行每年都依据实际业绩编制预算。2016 年底信达银行在某地开设了一家分行，该分行 2017 年预算编制类型的优点有（　　）。

A. 能够促进更为有效的资源分配　　B. 系统相对容易操作和理解

C. 容易实现协调预算　　D. 能够应对环境的变化

7. 逸风公司是一家手机游戏软件开发商。该公司为实现预定的战略目标，借助大数据分析工具，及时根据市场需求的变化调整产品开发和经营计划，成效显著。下列各项中，对逸风公司上述做法表述正确的有（　　）。

A. 逸风公司的战略是理性计划的产物

B. 逸风公司的战略是在其内外环境的变化中不断规划和再规划的结果

C. 逸风公司采取主动态势预测未来

D. 逸风公司的战略是事先的计划和突发应变的组合

8. 近年来，随着汽车销量的上升，洗车行业迅速发展。由于洗车业务不需要复杂的技术和大量的投资，且消费者需要的洗车地点分散，因而洗车公司数量大量增加，洗车行业呈零散状态。根据以上信息，造成洗车产业零散的原因有（　　）。

A. 进入障碍低　　B. 成本的迅速变化

C. 市场需求多样导致高度产品差异化　　D. 技术的不确定性

9. 富华公司是一家特种钢材生产企业，其产品主要用于大型采矿机械、采油设备的生产。为了增强对钢铁市场需求变化的敏感性，富华公司决定把前向一体化作为发展战略。下列各项中，符合该公司发展战略的有（　　）。

A. 与东港石油公司签订集研发、生产、销售为一体的合作协议

B. 参股海城矿山机械公司

C. 与南岗煤炭集团建立战略联盟

D. 投资建立铁矿资源开发和生产企业

10. 隆盛信托投资公司自成立以来，结合业务特点和内部控制要求设置内部机构，明确职责权限，将权力和责任落实到责任单位，同时综合运用风险规避、风险降低、风险分担和风险承受等风险应对策略，实现对风险的有效控制。根据我国《企业内部控制基本规范》，该公司的上述做法涉及的内部控制要素有（　　）。

A. 风险评估　　B. 控制环境

C. 信息与沟通　　D. 控制活动

11. 甲公司是一家互联网叫车平台公司，目前经营处于培育客户的阶段。该公司通过支付大量的营销费用来培养客户通过互联网叫车的习惯。下列各项中，属于甲公司现阶段经营特征的有（　　）。

A. 经营风险非常高而财务风险非常低　　B. 具有中等的股利分配率

C. 价格/盈余倍数非常高　　D. 主要资金来源是风险资本

12. 东风林场为了加强对火灾风险的防控工作，组织有关人员深入分析了由于自然或人为因素引发火灾、场内消防系统工作、火警和灭火直升机出动等不确定事件下产生各种后果的频率。下列各项中，属于该林场采用的风险管理方法优点的有（　　）。

A. 生动地体现事件的顺序

B. 不会遗漏重要的初始事项

C. 能够将延迟成功或恢复事件纳入其中

D. 能说明时机、依赖性和多米诺效应

13. 从事能源工程建设的百川公司在并购 M 国一家已上市的同类企业后发现，后者因承建的项目未能达到 M 国政府规定的环保标准而面临巨额赔偿的风险，股价一落千丈；上市企业的核心技术人员因对百川公司的管理措施不满而辞职。百川公司为挽救被并购企业的危局做出各种努力，均以失败告终。下列各项中，属于百川公司上述并购失败的原因的有（　　）。

A. 决策不当　　B. 并购后不能很好地进行企业整合

C. 支付过高的并购费用　　D. 跨国并购面临政治风险

14. 甲公司是一家钢铁生产企业。2015 年上半年，甲公司把通过银行贷款取得的大部分技改项目基金投入股市。后来，由于政府宏观管理措施的出台和股市的暴跌，甲公司投入股市的资金无法收回。在上述案例中，甲公司面临的风险有（　　）。

A. 技术风险　　B. 战略风险　　C. 法律和合规风险　　D. 政治风险

二、简答题（本题型共 4 小题 30 分。其中一道小题可以选用中文或英文解答，请仔细阅读答题要求。如果用英文解答，须全部使用英文，答题正确的，增加 5 分。本题型最高得分为 35 分。）

1.（本小题 6 分，可以选用中文或英文解答，如使用英文解答，须全部使用英文，答题正确的，增加 5 分。最高得分为 11 分。）

随着生活节奏的加快，生活在都市的人们越来越希望能有一方净土，在空闲的时光摆脱繁忙的工作，通过劳动来净化自己的心灵，回归到最简单家庭亲情的生活方式中。此外，消费者对有机农产品的需求与日俱增，而一些企业的不规范行为导致消费者对市场销售的有机农产品的真实性产生怀疑。

一种新型的社区支持型农业顺应这些需求而产生，其中以小马驹市民农园最为知名。小马驹市民农园成立于 2008 年。农园将农业、休闲业、教育产业融为一体，以会员制的模式运作。会员分为两种类型——配送份额会员和劳动份额会员。对于配送份额会员，农园提供配送服务，包括宅配和取菜点两种方式。宅配即配送到家，配送频率为每周一次或两次；小马驹农园在市区设立了三个取菜点，会员可以自行选择时间和取菜点。这些配送为消费者提供了便利，使他们享受到被关爱的体验。

劳动份额会员可以在空闲时间到农场耕种自己的园地。有儿童的家庭特别青睐这种亲近自然、家庭团聚、寓教于乐的模式。小马驹农园策划了很多节事活动，包括开锄节、立夏节、端午节、立秋节、中秋节、丰收节等，在这些节事活动中，对小朋友进行传统农耕和文化教育。农园还开展了一些活动激发小朋友的兴趣，包括认识植物、喂养动物、挖红薯、拔萝卜、荡秋千、玩沙子、滚铁环、拔河、在野地里撒欢等，这些活动是孩子们在城市中不可能见到的。在农园一角设立了一个大食堂，会员在劳动过程中，可以到食堂用餐，农园要求会员用餐后自己洗碗，洗碗用的不是洗涤灵，而是麦麸，更增添了农园天然质朴环保的色彩。

小马驹市民农园新鲜的有机农产品去掉了中间商，可以直接被会员们购买，在传统农产品的激烈竞争中，确保了稳定的市场和农民可靠的收入来源；同时，由于降低了农产品物流和包装成本，会员们能够亲历有机农产品的生产过程，也满足了会员们能够放心地享用物美价廉有机农产品的消费需求。

要求：

（1）依据红海战略和蓝海战略的关键性差异，简要分析小马驹农园怎样体现蓝海战略的特征。

（2）依据蓝海战略重建市场边界的基本法则（开创蓝海战略的途径），简要分析小马驹农园如何在激烈的农产品生产领域，开创新的生存与发展空间。

2. （本小题 8 分。）原本是地方特产的辣椒调味品“乡中情”辣酱，如今成了全国乃至世界众多消费者佐餐和烹饪的佳品。乡中情公司在国内 65 个大中城市建立了省级、市级代理机构。2001 年，乡中情公司产品已出口欧洲、北美、澳洲、亚洲、非洲多个国家和地区，一个曾经的“街边摊”，发展成一个上缴利税上亿元的国家级重点龙头企业。

“乡中情”辣酱热销多年，无一家其他同类产品能与其抗衡，关键原因就在于其高度稳定的产品品质和低廉的价格。

“乡中情”辣酱恰到好处地平衡了辣、香、咸口味，让大多数消费者所接受。“乡中情”辣酱制作从不偷工减料，用料、配料和工艺流程严谨规范，保持产品风味，迎合消费者的口味。乡中情公司对辣椒原料供应户要求十分严格，提供的辣椒全部要剪蒂，保证分装没有杂质。只要辣椒供应户出现一次质量差错，乡中情公司就坚决终止合作关系。为了确保原料品质与低成本的充足供应，乡中情公司在 Z 地区建立了无公害辣椒基地和绿色产品原材料基地，搭建了一条“企业+基地+农户”的农业产业链，90%以上的原料来源于这一基地。

中低端消费人群是“乡中情”辣酱的目标客户，与此相应的就是低价策略。“乡中情”产品相继开发的十几种品类中，主打产品风味豆豉和鸡油辣椒，210g 规格的锁定在 8 元左右；280g 规格的占据 9 元左右价位。其他几种品类产品根据规格不同，大多也集中在 7～10 元的主流消费区间。“乡中情”产品价格一直非常稳定，涨幅微乎其微。

多年来“乡中情”产品从未更换包装和瓶贴。乡中情公司的理念是，包装便宜，就意味着消费者花钱买到的实惠更多，而节省下来的都是真材实料的辣酱。事实上，“乡中情”产品土气的包装和瓶贴，已固化为最深入消费者内心的品牌符号。

乡中情公司不做广告，不搞营销活动。公司产品推广有两条绝招：一是靠过硬的产品让消费者口口相传；二是靠广泛深入的铺货形成高度的品牌曝光，直接促成即时的现实销售。

乡中情公司的经销商策略极为强势：（1）先打款后发货，现货现款；（2）以火车皮为单位，量小不发货；（3）没有优惠政策支持，而且利润很低，一瓶甚至只有几毛钱；（4）大区域布局，一年一次经销商会。乡中情公司如此强势的底气来自产品，将产品做成了硬通货，经销商只要能拿到货，就不愁卖不出，流通速度快，风险小，是利润的可靠保障。

多年来，乡中情公司专注辣椒调味制品，着力打造“乡中情”品牌，坚持不上市，不贷款，不冒进，不投资控股其他企业，规避了民营企业创业后急于扩张可能面对的各种风险，走出了一条传统产业中家族企业稳健发展的独特之路。

要求：

（1）简要分析乡中情公司发展战略的类型及其适用条件。

（2）简要分析乡中情公司的营销组合策略。

3. （本小题 8 分。）2003 年，“电池大王”环亚公司收购了一家汽车制造公司，成立了环亚汽车公司。环亚汽车公司将其电池生产技术优势与汽车制造技术相结合，迅速成为国内新能源汽车领域的龙头企业。

新能源汽车生产的关键在于掌握三大核心零部件电机、电控与电池的生产制造技术以及具有完备的整车组装能力。环亚汽车公司下大力气增强企业这些关键性活动的竞争优势。

环亚汽车公司在包括电机、电控与电池生产领域投入的研发费用占销售收入比重达 4. 13%，远高于国内同类汽车生产企业的研发投入占比，与国际知名汽车品牌企业相当。环亚汽车公司自主研发的磷酸铁锂电池（锂电池的一种）及管理系统安全性能好、使用寿命长；环亚汽车公司的锂电池专利数量名列国内第一。环亚汽车公司自主研发的永磁同步电机功率大、扭矩大，足够满足双模电动汽车（拥有燃油驱动与电能驱动两种动力系统，驱动力可以由电动机单独供给，也可以由发动机与电动机耦合供给，与混合动力汽车并无差别）与纯电动车的动力需求。环亚汽车公司自主研发的动力系统匹配技术能够保证动力电池、驱动电机及整车系统的匹配，保证整车运行效率。此外，2008 年环亚汽车公司以近 2 亿元的价格收购了半导体制造企业中达公司，此次收购使环亚汽车公司拥有了电动汽车驱动电机的研发能力和生产能力。2011 年环亚汽车公司与国际知名老牌汽车制造企业 D 公司成立合资企业，借助 D 公司掌握的汽车结构以及安全领域的专有技术，增强公司在汽车整车组装方面的研发能力和生产能力。

为了进一步扩大新能源汽车生产制造规模，环亚汽车公司又将在新能源轿车制造的优势延展至新能源客车制造。2009 年环亚汽车公司以 6 000 万元的价格收购国内美泽客车公司，获得客车生产许可证；2014 年环亚汽车公司又与国内广贸汽车集团分别按 51%和 49%的持股比例合资设立新能源客车公司，注册资本 3 亿元人民币。

近年来，环亚汽车公司开启了向产业上下游延展的战略新举措。2015 年环亚汽车公司收购专门从事盐湖资源综合利用产品的开发、加工与销售的东州公司，这一收购整合了环亚汽车公司零部件的生产。2016 年环亚汽车公司以 49%的持股比例，与青山盐湖工业公司及深域投资公司共同建立合资企业，注册基金 5 亿元人民币。此次合作实现了环亚汽车公司的动力锂电池优势与盐湖锂资源优势相结合。2015 年环亚汽车公司与广安银行分别以 80%和 20%的持股比例合资成立环亚汽车金融公司，注册资本 5 亿元人民币，这是环亚汽车公司向汽车服务市场延伸的一个重大事件。

到目前为止，环亚汽车公司是全球少有的同时掌握新能源电池、电机、电控及充电配套、整车制造等核心技术以及拥有成熟市场推广经验的企业之一。环亚新能源汽车的足迹已遍布全球六大洲 50 个国家和地区。

要求：

（1）简要分析环亚汽车公司在分析自身的资源和能力，从而构筑其竞争优势的过程中，是如何体现价值链分析方法的。

（2）简要分析环亚汽车公司实施发展战略所采用的主要途径。

4.（本小题 8 分。）四水集团是一家专门从事基础设施研发与建造、房地产开发及进出口业务的公司，1990 年 11 月 21 日在证券交易所正式挂牌上市。2014 年 8 月 8 日，四水集团收到证监局《行政监管措施决书》，四水集团一系列违规问题被披露出来。

（1）未按规定披露重大关联交易。四水集团监事张三同时担任 F 公司的董事长、法定代表人；张三的配偶小芳担任 H 贸易公司的董事、总经理、法定代表人。2012 年度四水集团与 F 公司关联交易总金额 6 712 万元，与 H 贸易公司的关联交易总金额 87 306 万元，2013 年度，四水集团与 H 贸易公司的关联交易总金额为 215 395 万元。这些关联交易均超过 3 000 万元且超过四水集团最近一期经审计净资产的 5%。根据证监会的规定，这些交易属于应当在年报中披露的重大关联交易，但是，四水集团均未在这两年的年度报告中披露上述重大关联交易。

（2）违规在关联公司间进行频繁的资金拆借，非法占用上市公司资金。四水集团无视证监会关于禁止上市公司之间资金相互拆借的有关规定，2012 年 4 月至 2014 年 8 月，向关联公司 H 贸易公司、F 公司拆借和垫付资金 6 笔，共 27 250 万元。

（3）通过派发高额工资等方式变相占用上市公司非经营性资金。四水集团近年来效益很不佳，连续多年没有分红，公司股价也一直处于低迷状态。然而，2011—2013 年，包括董事长在内的公司高管人数分别为 17 名、19 名和 16 名，合计从公司领走 1 317 万元、1 436 万元和 1 447 万元薪酬，均超过同期四水集团归属于母公司股东的净利润水平。

(4) 连续多年向公司董事、监事和高级管理人员提供购房借款。截至 2013 年 12 月 31 日，四水集团向公司董事、监事和高级管理人员提供购房借款金额达到 610 万元。上述行为违反了《公司法》关于"公司不得直接或通过子公司向董事、监事、高级管理人员提供借款"的相关规定。

(5) 利用上市公司信用为关联公司进行大量违规担保。四水集团 2011—2014 年为公司高管所属的公司提供担保的金额分别为 0.91 亿元、5.2 亿元、5.6 亿元、7.7 亿元。公司管理层将四水集团当作融资工具，为自己所属公司解决资金需求，一旦这些巨额贷款到期无法偿还，四水集团就必须承担起还款的责任。

四水集团管理层频繁的违规行为，导致四水集团的发展陷入举步维艰的地步。公司 2011—2014 年的经营状况不佳，扣除非经常性损益后的净利润出现连续大额亏损的状况，公司连续多年资产负债率高达 70%以上，且流动资产和流动负债相差无几，财务风险很大。四水集团的每股收益连续多年走低，远低于上市公司平均水平，反映四水集团股东的获利水平很低。

要求：

(1) 依据"三大公司治理问题"简要分析四水集团存在的公司治理问题的类型与主要表现。

(2) 依据《企业内部控制应用指引第 6 号——资金活动》，简要分析四水集团资金活动存在的主要风险。

四、综合题（本题共 25 分。）

资料一

2010 年 4 月，由 6 名工程师、2 名设计师组成的联合团队创建的科通科技公司正式成立。公司成立之初，公司 CEO 刘毅与股东们就有一个想法，要做一款设计好、品质好、价格便宜的智能手机。

2010 年的手机市场，还是国际品牌的天下，功能机仍是主体，智能手机的价格至少在 3 000～4 000 元。虽然也有一些国产品牌手机，但大多数是低质低价的山寨机。

为了开发物美价廉的智能手机，科通公司首先运用互联网工具，让用户参与到手机硬件的设计、研发之中，通过用户的反馈意见，了解市场的最新需求。而此前其他公司的研发模式都是封闭的，动辄一两年，开发者以为做到了最好，但其实未必是用户喜欢的，而且一两年时间过去，市场很可能已经变化。其次，坚持做顶级配置，真材实料，高性能，高体验，强调超用户预期的最强性价比。第三，以品牌和口碑积累粉丝，靠口口相传，节省大量广告费用。第四，开创了官网直销预订购买的发售方式，不必通过中间商，产品可以直接送到消费者手上，省去了实体店铺的各种费用和中间的渠道费用。

2011 年 8 月 16 日，科通公司发布了第一款"为发烧而生"的科通手机。这款号称顶级配置的手机定价只有 1 999 元，几乎是同配置手机价格的一半。科通手机 2012 年实现销售量 719 万部。2014 年第二季度，科通手机占据国内智能手机市场的第一名，科通公司在全球也成为第三大手机厂商。

短短 5 年时间，科通公司的估值增长 180 倍，高达 460 亿美元。科通成为国内乃至全球成长最迅猛的企业，一度是全国估值最高的初创企业。刘毅总结科通公司成功的秘诀是"用互联网思维做消费电子，这是科通在过去 5 年取得成绩的理论基础"。在刘毅看来，"互联网思维"体现在两个关键点上：一是用户体验，利用互联网接近用户，了解他们的感受和需求；二是效率，利用互联网技术提高企业的运行效率，使优质的产品以高性价比的形式出现，做到"感动人心、价格厚道"。

科通的成功模式成为各行各业观摩学习的范本，大量企业开始对标科通，声称要用科通模式颠覆自己所在行业，"做××行业的科通"成为众多企业的口号。

资料二

然而，在 2015 年，迅猛增长的科通遇到了前所未有的危机。一方面，销量越来越大就意味着要与数百个零部件供应商建立良好高效的合作协同关系，不能有丝毫闪失。而科通的供货不足、发货缓慢被指为“饥饿营销”，开始颇受质疑。另一方面，竞争对手越来越多、越来越强大。H 公司推出的互联网手机品牌 R 手机成为科通手机强劲的对手。O 公司和 V 公司也借助强大的线下渠道开始崛起。芯片供应商 G 公司的一脚急刹车成为导火线。在经历了 5 年的超高速增长后，2015 年下半年，科通公司放缓了飞速前进的脚步。由于市场日趋饱和，整个智能手机行业的增速下滑，虽然科通手机 2015 年 7 000 万部的销量依然是国内出货量最高的手机，但刘毅在年初喊出 8 000 万部销量的目标没能实现。

科通手机销量下滑的趋势并没有止住。2016 年，科通手机首次跌出全球出货量前五；在国内市场，科通手机也从第一跌到了第五，季度出货量跌幅一度超过 40%，全年出货量暴跌 36%。而这一年，以线下渠道为主的 O 公司和 V 公司成为手机行业的新星，其手机出货量不仅增幅超过 100%，而且双双超过科通公司进入全球前五、国内前三。

因为增速放缓，一直被顶礼膜拜的科通模式在这一年开始遭遇前所未有的质疑。科通公司似乎自己也乱了节奏，在渠道、品牌和产品等方面都出现了不少问题。

科通公司认识到过于迅猛的发展背后还有很多基础没有夯实，亟待主动减速、积极补课。2016 年，科通公司内部开始进行架构和模式多维调整。

(1) 刘毅亲自负责科通手机供应链管理。前供应链负责人转任首席科学家，负责手机前沿技术研究。这意味着科通公司从组织架构上加大对供应链的管理力度。

(2) 开启“新零售”战略。所谓新零售就是指通过线上线下互动融合的运营方式，将电商的经验和优势发挥到实体零售中。让消费者既能享用线下看得见摸得着的良好体验，又能获取电商一样的低价格。截至 2018 年 3 月 10 日，全国范围内已有 330 实体店“科通之家”，覆盖 186 座城市。

(3) 早年一直坚持口碑营销从未请过代言人的科通公司在 2016 年开始改变策略，先后邀请几位明星作为代言人，赢得不少新老客户。

2017 年科通公司开始重新恢复高速增长。2017 年第二季度，科通手机的出货量环比增长 70%，达 2 316 万部，开创了科通手机季度出货量的新纪录。2017 年第四季度，在其他全球前五名的智能手机厂商出货量全部负增长的情况下，科通手机出货量增长 96.9%。

资料三

2014 年，刘毅开始意识到“智能硬件”和“万物互联（Internet of Things，IoT）”可能是比智能手机更大的发展机遇。于是，科通公司开启了科通生态链计划，运用科通公司已经积累的大量资金，准备在 5 年内投资 100 家创业公司，在这些公司复制科通模式。

科通公司抽出 20 名工程师，让他们从产品的角度看待拟投资的创业公司，通过与创业公司团队的沟通，了解这家公司的未来走向。科通生态链团队不仅做投资，而且是一个孵化器，从 ID、外观、结构、硬件、软件、云服务、供应链、采购、品牌等诸多方面给予创业公司全方位的支持。这些创业公司有一大半是科通生态链团队从零开始孵化的。但是，科通公司并没有控股任何一家科通生态链公司，所有的公司都是独立的。这样有利于在统一的价值观和目标下，生态链企业各自发挥技术创新优势，同时降低科通公司整体内部协调成本，规避经营风险。

科通生态链的投资主要围绕以下五大方向：手机周边，如手机的耳机、移动电源、蓝牙音箱；智能可穿戴设备，如科通手环、智能手表；传统白电的智能化，如净水器、净化器；极客酷玩类产品，如平衡车、3D 打印机；生活方式类，如科通插线板。

2016 年，科通生态链宣布使用全新的麦家品牌，除了手机、电视、路由器等继续使用科通品牌，科通生态链的其他产品都将成为“麦家”成员。2016 年，科通生态链企业的总营业收入超过了 150 亿元。至 2018 年 5 月，科通已经投资了 90 多家生态链企业，涉足上百个行业。在移动电源、空气净化器、可穿戴设备、平衡车等许多新兴产品领域，麦家的多个产品已经做到全球数量第一。科通生态链公司也出现多个独角兽（指那些估值达 10 亿美元以上的初创企业）。

由于科通品牌给人们高性价比的印象已经根深蒂固，因而不少人认为科通生态链企业的产品无法赢利。但实际上，科通生态链企业已经有多家实现盈利。这是因为科通公司利用其规模经济带来的全球资源优势帮助这些生态链企业提高效率。科通公司运用其全球供应链优势能够让生态链上的小公司瞬间拥有几百亿供应链提供的能力。

科通公司还建成了全球最大消费类 IoT 平台，连接超过 1 亿台智能设备。通过这种独特的战略联盟模式，科通公司投资和带动了更多志同道合的创业者，围绕手机业务构建起手机配件、智能、生活消费产品三层产品矩阵；科通公司也从一家手机公司过渡到一个涵盖众多消费电子产品、软硬件和内容全覆盖的互联网企业。

2018 年 4 月，科通公司成功上市。

要求：

（1）简要分析科通公司从初创时期到上市之前公司宗旨的变化。

（2）依据“战略钟”理论，简要分析科通智能手机与科通生态链产品所采用的竞争战略类型；依据信息技术与竞争战略关系的相关理论，简要分析科通智能手机与科通生态链产品所采用的竞争战略的实施条件。

（3）针对“科通的成功模式成为各行各业观摩学习的范本”，依据核心能力评价理论，简要分析本案例中向科通公司学习的企业进行基准分析的基准类型。

（4）简要分析科通公司在 2015 年面临的市场风险。

（5）简要分析科通公司 2016 年所采用的收缩战略（撤退战略）的主要方式。

（6）简要分析科通生态链所采用的发展战略的类型及其优点、途径及该途径的动因。

（7）简要分析科通公司的企业能力。

参考答案及解析（2018年）

一、单项选择题

1. **【答案】** D

【解析】 本题以案例形式考查同学们对产品生命周期的阶段的判断。这种命题思路近年来相当流行，几乎每年必考，同学们需要重点掌握。

案例描述："产品'同质化'现象加剧，'价格战'日趋激烈。"说明产品是标准化的产品，且已经打价格战，属于成熟期的特征（成熟期最显著的特征就是价格战），所以选项D当选。选项A，成长期的产品是不成熟的，销量小，企业数量少所以竞争小，战略途径是研发；选项B，导入期的产品是差异化的，销量扩大，竞争加剧，战略途径是销售；选项C，衰退期的产品是差异小的，销量下降，有些竞争者先于产品退出市场，战略途径是控制成本。选项ABC均不符合案例描述，不选。

2. **【答案】** C

【解析】 本题考查钻石模型的四要素（生产要素、需求条件、相关与支持性产业、企业战略企业结构和竞争对手）。

选项A，关键词为"电动汽车零部件"，制造汽车的零部件对汽车制造业有支撑作用，属于相关与支持性产业，不选；选项B，关键词为"市场需求"，这是需求条件，不选；选项C，关键词为"政府"，属于政治环境分析（PEST模型），当选；选项D，关键词为"劳动力"，生产汽车需要人力，属于生产要素，不选。

3. **【答案】** D

【解析】 本题以案例形式考查决定企业竞争优势的资源的类型。

案例描述："多年来不断完善科研管理体制建设，为科研人才的创造性活动提供了坚实的基础和障碍"，关键词"多年来"说明体制建设经历了很长的一段时间，是长期积累的结果，符合路径依赖资源的描述，所以D选项当选。

选项A，经济制约性的资源的特征是市场空间有限，不能支持多个企业获利；选项B，物理上独特的资源包括地理位置、采矿权和专利技术；选项C，具有因果含糊性的资源是指企业对资源的形成原因不能清晰解释，例如企业文化。选项ABC案例中均无表述，故不选。

4. **【答案】** D

【解析】 本题相对较难，考查战略稳定性与文化适应性。

案例描述："在保留被并购企业原有组织的同时实行了新的绩效考核制度"，说明组织的变动要素仅仅是绩效考核，属于小变动（案例没有描述大变动，默认为小变动）。同时，案例描述："遭到被并购企业大多数员工反对"，关键词为"并购"，并购失败的原因中有一条（并购后不能很好地进行整合）特意提及了企业文化的问题。"大多数员工反对"说明新企业的文化与原来的企业文化一致性小。所以案例描述的是"组织变动要素小，文化一致性小"的情况，根据矩阵，对应的管理方式为根据文化的要求进行管理，选项D当选。

选项A对应的情形是"组织要素变动小，文化一致性大"；选项B对应的情形是"组织要素变动大，文化一致性大"；选项C对应的情形是"组织要素变动大，文化一致性小"。案例均无提及，故不选。

5.【答案】B

【解析】本题考查企业文化的类型。有两种解题思路。

解题思路一：案例描述："志铭公司是一家小型咨询公司"，关键词为"小型咨询公司"，属于人员导向型文化的适用条件（俱乐部、协会、专业团体和小型咨询公司），所以选项 B 当选。

解题思路二：案例描述："根据自己的特长和爱好选择并完成咨询业务。公司为员工顺利开展工作提供必要的条件和服务。"说明公司对员工的强制力度低，符合人员导向型企业文化的含义，所以选项 B 当选。

选项 A，权力导向型文化的权力在上层，企业的变革主要由企业中心权力来决定；选项 C，角色导向型文化的权力仍然在上层，企业管理主要依靠规章制度；选项 D，任务导向型文化的管理者关心的是不断地和成功地解决问题，权力来自于个人专长。选项 ACD 案例均无体现，不选。

6.【答案】C

【解析】本题考查 SWOT 分析的运用，是近年来流行的考试套路。解题思路分两步，首先分析案例，匹配符合案例描述的情形；其次，再判断该种情况的处理方式。

案例描述："政府……行业竞争异常激烈"，关键词为"政府""行业"，说明是外部因素，判断描述是消极的，所以是威胁 T。"经营每况愈下，市场份额大幅缩减"是企业自己的市场份额下降，所以是内部的因素，描述也是消极的，所以是劣势 W。因此，对应 WT 的防御型战略，选项 C 当选。选项 A，扭转型战略对应的情形为 WO；选项 B，增长型战略对应的情形为 SO；选项 D，多种经营战略对应的情形为 ST。选项 ABD 均不符合案例描述，不选。

7.【答案】C

【解析】本题以案例形式考查企业面对的风险种类。

首先，技术风险划分为技术设计风险、技术研发风险、技术应用风险，所以排除选项 A。其次，案例描述："产品投放市场不久，便被其他公司仿制"，说明技术在研发之后，已经投入市场，在变现的过程中没有起到足够的商业价值，属于技术应用风险，选项 C 当选。选项 B 与产品的设计阶段有关，选项 D 与技术研发失败有关，选项 BD 案例均无表述，故不当选。

8.【答案】A

【解析】本题以案例形式考查 7 个风险管理工具。

案例描述："住房普遍采用木质结构，抗震性能优越""加装了地震时会自动关闭煤气的仪器，以防犯地震带来的相关灾害"，说明居民有意识地将地震发生后的影响降低，属于风险控制的范畴，选项 A 当选。选项 B，涉及所有权发生变更，案例中没有相关描述（若案例描述："居民为地震灾害购买保险，地震发生后由保险公司赔付"，则为风险转移）；选项 C，关键词为"停止""退出""回避"，规避之后，风险与企业无关，案例没有相关描述（若案例描述"M 国地区为地震高发地区，居民搬家了"，则为风险规避）；选项 D，由一种风险转化为另一种风险，但风险总量不变，案例无相关描述。

9.【答案】C

【解析】本题考查波士顿矩阵各业务对应的组织结构类型，难度较大。本题解题思路分两步：首先，只有问题业务适用的组织结构是智囊团或项目组等管理组织（其余均与事业部相关）；其次，分析各选项，挑选出问题业务的选项。

选项 A，①市场增长率 = 9% < 10%，市场增长率低；②相对市场占有率 = 1.2 > 1，相对市场占有率高；该业务属于现金牛业务，不选。

选项 B，①市场增长率＝7.5%<10%，市场增长率低；②相对市场占有率＝0.3<1，相对市场占有率低；该业务属于瘦狗业务，不选。

选项 C，①市场增长率＝18%>10%，市场增长率高；②相对市场占有率＝0.6<1，相对市场占有率低；该业务属于问题业务，当选。

选项 D，①市场增长率＝10.5%>10%，市场增长率高；②相对市场占有率＝1.1>1，相对市场占有率高；该业务属于明星业务，不选。

10. **【答案】** D

【解析】 本题考查国际化经营的战略类型。

全球化战略是指向全世界的市场推销标准化的产品和服务，并在较有利的国家集中地进行生产经营活动，由此形成经验曲线和规模经济效益以获得高额利润。材料中，甲公司在最有利的国家进行生产和加工，并且向全球提供标准化的产品，故属于全球化战略，选项 D 正确。选项 A，多国本土化战略：不同国家市场，不同产品，材料未涉及，不选。选项 B 国际战略：标准产品，多在母国开发，材料未涉及，不选。选项 C，跨国战略强调的是一种双向关系，不仅母公司向子公司提供产品和技术，子公司也可以向母公司提供产品和技术。

11. **【答案】** D

【解析】 本题明面上考查信息技术与竞争战略，实质上考查同学们对基本竞争战略类型的判断。

案例描述：“有的放矢地向消费者推荐商品”，关键词是“有的放矢”，意味着公司不是向所有的客户投放广告，而是向符合特征的特定的客户推送广告，满足集中化战略的特征（专门、特定），所以选项 D 当选。选项 A，差异化战略是在全市场范围内，提供不一样的产品或服务，案例并无描述。选项 BC，市场开发战略是总体战略下密集型战略，符合情形为原有产品+新市场，多元化战略涉及新产品+新市场。本案例强调使用原有产品，在原有市场上刺激顾客多购买，属于市场渗透战略的体现，所以选项 BC 均不选。

12. **【答案】** D

【解析】 本题以案例形式考查风险管理的特征，属于近年来比较流行的考法。

案例描述：“一场传染病的流行使餐饮业进入‘寒冬’”，说明企业面临着风险，“这场传染病的流行将使消费者的健康饮食意识大大增强”表明在风险下预示着新的机会，“组织员工迅速开发并推出系列健康菜品。使公司营业额逆势上升”说明公司采取措施，利用风险中的机会，属于二重性的特征，选项 D 当选。

选项 A，关键词“专业”，即具备专业技能的人才能接手风险管理工作；选项 B，风险管理运用于企业战略层面，因此层次较高，影响广泛；选项 C，关键词“系统”，即风险管理需要一整套系统的体系从而合理保证目标的实现。选项 ABC 案例中均无体现。

13. **【答案】** A

【解析】 大数据相关内容是近年新增的知识点，所以也是近年常见的考点。知识点庞多，但是考查内容相对较为集中。其中，大数据企业战略转型的主要方面相对来说比较重要。

案例描述：“通过大数据分析发现了停电以后恢复供电时间的长短与客户满意度的高度相关性，并依据具体的数据调整了服务战略，提高了客户满意度”，运用大数据分析发现了一个现象，最终目的是“提高顾客满意度”，本题关键词是“顾客满意度”，它与顾客、用户有关，属于营销管理的范畴，选项 A 当选（与用户/品牌相关）。

选项 B，与生产经营战略相关，还包括定价与库存；选项 C，与市场需求、资金需求、未来现金流量相关；选项 D，不属于大数据企业战略转型的主要方面，除非案例有描述，否则可以先行排除。选项 BCD 案例均无表述，不选。

14. 【答案】B

【解析】本题以案例形式考查企业面对的风险种类。

案例描述："产品含有对人体健康有害的成分"，说明公司产品安全、质量有问题，符合质量、安全、环保、信息安全等管理中发生失误导致的风险的表述，属于运营风险，选项 B 当选。选项 A 教材并无表述，选项 D 教材已删除，均排除。选项 C 与预算、财务报表和资金运营有关，案例中并无表述，不选。

15. 【答案】B

【解析】本题考查零散产业的战略陷阱。

该类中式快餐属于零散产业，针对零散产业的战略选择要注意避免寻求支配地位、保持严格的战略约束力、避免过分集权化、了解竞争者的战略目标与管理费用、避免对新产品做出过度反应。本题中，该企业"扩张过快"，其"目标是建成覆盖全国的'快餐帝国'"，属于企图寻求支配地位，所以选项 B 正确。

16. 【答案】D

【解析】本题考查的是判断权力的来源，是近年偏向的考试套路，需要同学们重点关注。一般命题思路是采用案例形式，要求同学们判断符合案例描述的到底是哪种权力的来源。

案例描述："原 N 公司与 M 公司的机舱服务员在临近圣诞节期间，发起抗议行动，有效推动了该项问题的解决"，首先，问题的解决与组织结构、职务没有关联，排除选项 A。其次，案例也没有描述问题解决是因为某个杰出的大人物，所以排除选项 B。最后，案例中没有提及干预决策，所以排除选项 C。解决问题的原因是两家公司的机舱服务员一起抗议，体现了人多力量大的优势，所以与集中程度相关，答案为选项 D。

17. 【答案】B

【解析】本题考查战略变革的阶段。

案例描述："新开设了网上销售业务""初步建立了快速高效的物流体系"。

识别特点：关键词为"新开设""初步"。说明民先公司已经发生变化，但是没有发生怪（坏的或者方向相反）的变化，也没有发生巨大的变化。

判断类型：符合渐进阶段的特点，即战略发生缓慢的变化，这种变化可能是零敲碎打性的，也可能是系统性的，选项 B 正确。

选项 A，连续阶段制定的战略基本上没有发生大的变化，仅有一些小的修正；选项 C，不断改变阶段的战略变化呈现无方向或者无重心的特点；选项 D，全面阶段的战略在一个较短的时间内，发生革命性或者转化性的变化。选项 ACD 均未在案例中体现，不选。

18. 【答案】D

【解析】本题考查横向分工组织结构的判断。

案例描述："贝乐玩具公司……玩具产品的品种不断增加"，说明公司虽然一直都在变大，但一直从事玩具业务，属于单一业务的企业，匹配的组织结构为职能制组织机构，选项 D 当选。同时，如果同学们是记忆型选手，则会发现"提高工作效率并实现规模经济"是职能制组织结构的优点，也可以解题。选项 A，M 型组织结构适用于多个产品线的多部门结构，每个事业部都含有一个或多个产品线；选项 B，事业部制组织结构按照产品、服务、市场或地区定义出不同的事业部。案例没有提及“多产品线”，所以排除选项 AB；案例提示“提高工作效率并实现规模经济”，这属于分工带来的好处，所以排除选项 C（不分工）。

19. 【答案】D

【解析】本题考查风险管理技术方法，属于近年比较偏向的考试题型，整体难度较大。首先，需要同学们判断案例情形属于哪个风险管理技术方法。其次，再以知识点直接还原的方式考查该种方法的特征。

案例描述：“通过图表形式将白酒生产按顺序划分为多个模块……识别出每个模块各种潜在的风险因素或风险事件”，即将白酒生产流程按顺序画成图表，并逐一观察各个流程中的风险点，属于流程图分析法。

选项 A，流程图分析法需要依靠专业人员的水平，如果专业人员在看图说话的过程中，发现不了风险点，则流程图分析法的用处受限，表述正确。选项 B，流程图分析法以图形图像的方法让复杂的流程清晰明了，易于操作，表述正确。选项 C，流程图分析法为定性分析法，表述正确。选项 D，流程图分析法最大的优点就是简化流程，所以在组织越复杂、流程越繁琐的情况下，流程图分析法反而越有优势。选项 D 表述错误，当选。

20. 【答案】C

【解析】本题以案例形式考查企业面对的风险种类。

案例描述：“面对各类新型照相设备的兴起，该公司业务转型迟缓……濒临破产”，说明企业在外部环境变化时没有适应环境变化而变化，属于战略风险。选项 A 与“技术”相关，包括设计风险、研发风险、应用风险；选项 B 与财务报表、预算、资金活动相关；选项 D 教材已删除，选项 ABD 均无案例表述，故不当选。

21. 【答案】B

【解析】这是一道“给材料+判断类型”的题目，考查的知识点是公司战略的层次。

天盾公司一共做了三件事：①收购，②扩大规模、降低成本，③开发产品。而这道题目问的是仅针对该企业的收购这一项行为。根据关键词“收购”，有两种解题思路。

解题思路一：收购行为本身是总体战略——发展战略可以选择的途径之一，即外部发展（并购）；同时也是总体战略——一体化战略中的横向一体化战略的举措。

解题思路二：根据公司三个层次本身的含义进行判断。收购往往是公司的最高管理层做出的决策，涉及企业资源的合理配置，使得各项经营业务相互支持、相互协调。

以上两种解题思路都表明，收购行为属于总体战略，选项 A 正确。

22. 【答案】D

【解析】本考点的考试套路一般为案例形式，要求同学们识别符合案例描述的组织的战略类型，这也是主流的命题思路；解题时，不仅要求同学们把握 4 种战略类型的关键特征，还需要同学们能够联系案例表述灵活运用，所以本知识点的备考要求相对较高。

案例描述：“该公司在保留原有业务的同时寻找新的市场机会”，满足寻求新的产品和市场机会的同时，保持传统的产品和市场的特征，所以选项 D 正确。选项 A，关键特征为追求更为动态的环境，寻求和开发产品与市场机会；选项 B，不属于 4 种组织的战略类型，优先排除，除选项 ACD 外，还有防御型战略组织；选项 C，反应型战略组织永远处于不稳定状态。选项 ABC 案例均无表述，故不选。

23. 【答案】A

【解析】本题以案例形式考查新兴市场企业的战略选择。

健华牙膏厂通过“独创”牙膏、强化销售网络的建设和管理赢得顾客的好评，符合“防御者”战略的特征“利用本土优势进行防御”：调整产品和服务，以适应客户的需求，以及加强分销网络的建设和管理，缓解国外竞争对手的竞争压力，故选项 A 正确。选项 B，“扩张者”战略指向海外延伸本土优势，寻找与本国相类似的市场，以便最有效地利用自己的资源，案例未体现，不选；选项 C，“躲闪者”战略通过采取措施避开跨国公司的冲击，比如出售给跨国公司等，案例未体现，不选；选项 D，“抗衡者”战略指在全球范围内对抗，案例未体现，不选。

24. **【答案】** B

【解析】 本题命题套路是判断权力的运用方式，一般的命题思路是案例形式，考查频率较高。

案例描述：“雅兰公司……向该外商提出抗议并威胁将诉诸法律”，说明雅兰公司不达目的不罢休，坚定性行为高，同时，走法律程序说明雅兰公司没有“私了”的意图，合作性行为低，属于高坚定行为，低合作性行为的对抗，B 选项当选。

选项 A，低坚定性行为，高合作性性行为，表现形式为单方面妥协；选项 C，高坚定性行为，高合作性行为，表现形式为合作共赢；选项 D，中等坚定性行为，中等合作性行为，表现形式为双方各让一步。选项 ACD 案例均无表述，不选。

二、多项选择题

1. **【答案】** ACD

【解析】 本题考查损失事件管理，属于近年比较偏向的考试题型。

首先，需要同学们判断案例情形属于哪个损失事件管理的方式；其次，再以知识点直接还原的方式考查该种方法的特征。

案例描述：“甲公司与乙银行签订一份协议”，即甲公司与乙银行签订了一份合约。合约规定当特定事件发生后，“有权从乙银行取得 500 万贷款”，即有权融资。“双方明确了甲公司归还贷款的期限以及获得贷款应当支付的利息和费用”，说明为了取得融资的权利，公司支付了相应的费用。同时，融资后是需要归还银行贷款的。以上特征说明公司使用的损失事件管理的方式是应急资本。

选项 A，应急资本可以在突发事件发生后给公司提供一个融资的权利，帮助公司渡过难关，所以可以提供经营持续性的保证，表述正确。选项 B，应急资本是损失事件发生后的公司的准备措施，属于风险补偿的范畴，表述错误。选项 C，公司向银行取得贷款后，需要归还银行，所以银行不承担风险，表述正确；选项 D，应急资本是风险资本的表现形式之一，表述正确。所以，选项 ACD 正确。

2. **【答案】** ABCD

【解析】 本题考查五力模型。

“国外著名洗涤品公司加快进入中国市场的步伐”是指市场外面的人想要进入中国市场，属于潜在进入者威胁，选项 D 当选；“原材料及用工成本不断上涨”是指原材料相关的讨价能力受限，属于供应者讨价还价能力，选项 C 当选；“国内洗涤品生产企业众多”说明国内洗涤品的市场中有很多同行、竞争对手，说明竞争较激烈，属于产业内现有企业的竞争，选项 A 当选；“产品差异较小，消费者选择余地大”说明产品是标准化的产品，消费者认为到哪里买都一样，所以消费者议价能力较强，属于购买者讨价还价，选项 B 当选。案例中选项 ABCD 均有提及，所以本题全选。

3. **【答案】** ACD

【解析】 本题以案例形式考查促销。

“向参加活动的会员提供免费茶点、风景摄影及旅游知识讲座”是采用“非媒体”推销的手段，以鼓励客户购买产品或者服务，对应的促销组合要素是营业推广，选项 A 当选；“旅游新项目推介”意味着是企业员工对会员的推介，是人员推销（人员推销是指企业的销售代表直接与预期客户进行接触，解释产品细节，解答客户的问题，演示产品用途）的一种形式，选项 C 当选；

“建立了良好的公众形象”意味着公司对自己的形象进行了宣传，这是公关宣传的结果（公关宣传是指宣传企业形象、为企业及其产品建立良好的公众形象），选项 D 正确；选项 B，广告促销是指在媒体中投放广告，使潜在客户对企业产品和服务产生良好的印象，案例中未涉及广告媒体，不选。

4. 【答案】CD

【解析】本题考查战略联盟的动因。

企业战略联盟形成的动因包括：①促进技术创新；②避免经营风险；③避免或减少竞争；④实现资源互补；⑤开拓新的市场；⑥协调降低成本。选项 A 属于内部发展（新建）战略的优点，选项 B 的说法在教材中已删除。根据案例，甲客运公司与乙旅行社进行战略合作属于战略联盟，通过合作推出产品，提升了合作双方的竞争力，体现了实现资源互补和开拓新的市场的动因。选项 CD 正确。

5. 【答案】ABC

【解析】本题考查发展中国家企业国际化经营的动因。

顺驰公司“把一部分资金和生产能力转移至生产综合成本相对较低的汽车产销大国 M 国”，体现了寻求效率，选项 A 正确。“获得 M 国汽车制造商的大量订单，业务量大幅增长”体现了寻求市场，选项 B 正确。“横向并购 M 国一家拥有国际知名品牌的企业”体现了寻求现成资产，选项 C 正确。选项 D，寻求资源是为获取战略性资产，主要是自然资源方面的考虑，案例未涉及，不选。

6. 【答案】AD

【解析】本题考查预算，属于典型的一带二的问法。解题时，首先需要判断案例公司采用的预算类型；其次，需要识别该种预算类型的优点。

首先，判断预算类型。案例描述：“2016 年底信达银行在某地开设了一家分行”，2017 年分行编制预算没有以前年度的基础，预算编制类型是零基预算。

其次，零基预算的优点有：①能够识别和去除不充分或者过时的行动；②能够促进更为有效的资源分配；③需要广泛的参与；④能够应对环境的变化；⑤鼓励管理层寻找替代方法。

所以选项 AD 当选，选项 BC 属于增量预算的优点。

7. 【答案】BCD

【解析】这是一道“给材料+判断类型+识别特点”的题目，考查的知识点是公司战略的定义，难度较大。

“为实现预定的战略目标……及时根据市场需求的变化调整产品开发和经营计划”强调公司战略的“应变性”，考查的内容是与之有关的公司战略的现代概念。公司战略的现代概念强调应变性、风险性、竞争性。在现代概念的基础上发展起来的综合概念由美国学者汤姆森提出，它强调战略既是预先性的（预谋战略），又是反应性的（适应性战略）。

选项 A，关键词为“理性计划”，描述的是公司战略的传统概念中的计划性，与现代概念不符，不选。选项 B，综合概念中强调，一个实际的战略是管理者在公司内外各种情况不断暴露的过程中不断规划和在规划的结果，正确。选项 C，综合概念中强调，在当今瞬息万变的环境里，企业的管理者需要采取主动态势预测未来，影响变化，而不是被动地对变化做出反应，正确。选项 D，事实上大部分公司的战略是实现计划和突发应变的组合，这也符合公司战略的综合概念，选项 D 正确。

8. 【答案】AC

【解析】本题考查零散产业的特征。最好的解题思路就是先直接回忆造成产业零散的原因，再用“排除+对应材料”的方法解题。

造成产业零散的原因包括：①进入障碍低或者存在退出障碍（选项 A 正确）；②市场需求多样导致高度产品差异化（选项 C 正确）；③不存在规模经济或者难以达到规模经济。选项 BD 均属于新兴产业的共同结构特征，不选。

9. 【答案】AB

【解析】这是一道“给定战略类型+逐项辨析”的题目，考查的知识点是发展战略，难度较大。解题分为两步，首先，要明确前向一体化战略的特征；其次，对四个选项进行辨析。判断战略类型的难点在于明确富华公司和其他四家公司的产品的买卖关系（谁将产品卖给谁）。

首先，明确前向一体化战略的特征。前向一体化战略是指获得分销商或零售商的所有权或加强对它们的控制权的战略，即获取控制权的方向与产品流动方向一致。

其次，对四个选项分别进行辨析。

选项 A，实质是钢材生产企业加强对石油公司的控制。这两家企业的关系是：富华公司将生产的设备（采油设备）卖给石油公司，所以获取控制权的方向与产品流动方向一致（产→销），属于前向一体化战略，选项 A 正确。

选项 B，实质是钢材生产企业加强对机械公司的控制。这两家企业的关系是：富华公司将生产的设备卖给海城矿山机械公司，所以获取控制权的方向与产品流动方向一致（产→销），属于前向一体化战略。选项 B 正确。

选项 C，实质是钢材生产企业加强对煤炭集团的控制。这两家企业的关系是：南岗煤炭集团属于富华公司的上游煤炭供应商，所以获取控制权的方向与产品流动方向相反（供←产），属于后向一体化战略，选项 C 不选。

选项 D，实质是钢材生产企业加强铁矿企业控制。这两家企业的关系是：通过自建的形式为本公司提供原料铁矿（供←产），所以获取控制权的方向与产品流动方向相反，属于后向一体化战略，选项 D 不选。

10. 【答案】AB

【解析】本题以案例形式考查内控五要素的判断，属于几乎每年必考的选择题考点。

“结合业务特点和内部控制要求设置内部机构，明确职责权限，将权力和责任落实到责任单位”是组织架构搭建的范围，属于控制环境，选项 B 正确。“综合运用风险规避、风险降低、风险分担和风险承受等风险应对策略”，风险规避、风险降低、风险分担和风险承受是风险应对的步骤，属于风险评估（涉及风险识别→风险评估→风险应对），选项 A 正确。选项 C，信息与沟通一般与反舞弊、信息传递和举报制度相关，案例没有涉及。选项 D，控制活动是具体的内部控制措施。若案例描述：明确某个岗位的职责权限，则属于授权审批控制和不相容职务分离控制，属于控制活动。它比控制环境具体很多，此处为易错选项。

11. 【答案】ACD

【解析】本题考查基于生命周期的财务战略选择。

首先根据材料“目前经营处于培育客户的阶段”可以推断出 A 公司处于导入期。导入期的经营特征包括：经营风险非常高，财务风险非常低（选项 A 正确）；资金来源主要是风险资本（选项 D 正确）；随着企业的发展，股价也迅速增长；价格/盈余倍数很高（选项 C 正确）；一般不分配股利（选项 B 错误）。

12. 【答案】AD

【解析】本题考查风险管理技术与方法，属于典型的一问带两问的考法。先要求同学们根据案例判断风险管理的方法是哪种，再要求同学们识别该种方法的优点。

案例描述：“由于自然或人为因素引发火灾、场内消防系统工作、火警和灭火直升机出动等不确定事件下产生各种后果的频率”，即火灾发生后（初始事件），场内消防系统工作、火警和灭火直升机等事件是否发生，并描述各事件发生的频率，属于事件树法。

事件树法的优点是：①以清晰的图形显示了经过分析的初始事项之后的潜在情景，以及缓解系统或功能成败产生的影响；②能说明时机、依赖性，以及故障树模型中很烦琐的多米诺效应（选项 D）；③生动地体现事件的顺序，而使用故障树是不可能表现的（选项 A）。

所以本题选项 AD 当选。选项 B，遗漏重要的初始事项；选项 C，不能够将延迟成功或恢复事件纳入其中，这是事件树分析法的缺点。

13. **【答案】** AB

【解析】 这是一道“给材料+识别原因”的题目，考查的知识点是并购失败的原因。

根据材料，百川公司是在并购 M 国一家企业之后，才发现该企业面临巨额赔偿的风险，并购之前并没有进行调查了解，属于决策不当，选项 A 符合题意，当选；“核心技术人员因对百川公司的管理措施不满而辞职”，以及挽救危局的努力都以失败告终，都属于不能很好地进行企业整合，选项 B 正确；选项 C，案例中未涉及并购费用过高的表述，与题意不符；选项 D，案例中未涉及在 M 国遇见的政治风险，与题意不符，不选。

14. **【答案】** BCD

【解析】 本题以案例形式考查企业面对的风险种类，难度偏大。

案例描述：“甲公司是一家钢铁生产企业……甲公司把通过银行贷款取得的大部分技改项目基金投入股市”，说明主营业务为钢铁生产的甲公司，上马投资业务，公司的发展战略偏离主业，属于战略风险，选项 B 当选。同时，“甲公司把通过银行贷款取得的大部分技改项目基金投入股市”说明公司私自改变资金用途，违规挪用资金，所以甲公司面临法律和合规风险，选项 C 正确。“政府宏观管理措施的出台”说明公司由于政府行为受到了影响，所以存在政治风险，选项 D 当选。选项 A 与技术有关，包括设计风险、研发风险、应用风险，案例中并无表述，所以不当选。

三、简答题

1. **【答案】**

（1）①拓展非竞争性市场空间，规避竞争。“在传统农产品的激烈竞争中，确保了稳定的市场和农民可靠的收入来源”。

②创造并攫取新的需求。“随着生活节奏的加快，生活在都市的人们越来越希望能有一方净土，在空闲的时光摆脱繁忙的工作，通过劳动来净化自己的心灵，回归到最简单家庭亲情的生活方式中。此外，消费者对有机农产品的需求与日俱增，而一些企业的不规范行为导致消费者对市场销售的有机农产品的真实性产生怀疑。一种新型的社区支持型农业顺应这些需求而产生”。

③打破价值与成本互替定律，同时追求差异化和低成本，把企业行为整合为一个体系。“小马驹市民农园新鲜的有机农产品去掉了中间商，可以直接被会员们购买，……由于降低了农产品物流和包装成本，会员们能够亲历有机农产品的生产过程，也满足了会员们能够放心地享用物美价廉有机农产品的消费需求”。

（2）①审视他择产业或跨越产业内不同的战略群体。“农园将农业、休闲业、教育产业融为一体”。

②重新界定产业的买方群体。“小马驹市民农园新鲜的有机农产品去掉了中间商，可以直接被会员们购买”。

③放眼互补性产品或服务。“农园将农业、休闲业、教育产业融为一体”。

④重设客户的功能性与情感性诉求。“这些配送为消费者提供了便利，使他们享受到被关爱的体验”；“有儿童的家庭特别青睐这种亲近自然、家庭团聚、寓教于乐的模式。小马驹农园策划了很多节事活动……在这些节事活动中，对小朋友进行传统农耕和文化教育”；“农园还开展了一

些活动激发小朋友的兴趣……这些活动是孩子们在城市中不可能见到的”；“在农园一角设立了一个大食堂，会员在劳动过程中，可以到食堂用餐，农园要求会员用餐后自己洗碗，洗碗用的不是洗涤灵，而是麦麸，更增添了农园天然质材环保的色彩”。

⑤跨越时间参与塑造外部潮流。“一种新型的社区支持型农业顺应这些需求而产生，其中以小马驹市民农园最为知名”。

2. 【答案】

（1）①密集型战略。

A. 市场渗透——现有产品和现有市场。“坚守阵地”，这种战略强调发展单一产品，试图通过更强的营销手段来获得更大的市场占有率。“多年来，乡中情公司专注辣椒调味制品”。对于乡中情公司而言，实施这一战略的主要条件是：

a. 如果其他企业由于各种原因离开了市场，那么采用市场渗透战略比较容易成功。“‘乡中情’辣酱热销多年，无一家其他同类产品能与其抗衡，……”。

b. 企业拥有强大的市场地位，并且能够利用经验和能力来获得强有力的独特竞争优势，那么实施市场渗透战略是比较容易的。“‘乡中情’辣酱热销多年，无一家其他同类产品能与其抗衡，关键原因就在于其高度稳定的产品品质和低廉的价格”。

c. 当市场渗透战略对应的风险较低，且在需要的投资较少的时候，市场渗透战略也会比较适用。“多年来，乡中情公司专注椒调味制品……不投资控股其他企业，规避了民营企业创业后急于扩张可能面对的各种风险，走出了一条传统产业中家族企业稳健发展的独特之路”。

B. 市场开发——现有产品和新市场。市场开发战略是指将现有产品或服务打入新市场的战略。“乡中情公司在国内 65 个大中城市建立了省级、市级代理机构。2001 年，乡中情公司产品已出口欧洲、北美、澳洲、亚洲、非洲多个国家和地区”。

对于乡中情公司而言，实施这一战略的主要条件是：

a. 存在未开发或未饱和的市场。“原本是地方特产的辣椒调味品‘乡中情’辣酱，如今成了全国乃至世界众多消费者佐餐和烹饪的佳品”，说明地方特色产品开发为被全国乃至世界接受的产品。

b. 企业在现有经营领域十分成功。“‘乡中情’辣酱热销多年，无一家其他同类产品能与其抗衡，关键原因就在于其高度稳定的产品品质和低廉的价格”。

c. 企业拥有扩大经营所需要的资金和人力资源；企业存在过剩的生产能力。“乡中情公司在 Z 地区建立了无公害辣椒基地和绿色产品原材料基地，搭建了一条‘企业+基地+农户’的农业产业链，90%以上的原料都来源于这一基地”；“先打款后发货，现货现款……乡中情公司……将产品做成了硬通货，经销商只要能拿到货，就不愁卖不出，流通速度快”；“不贷款”。

d. 企业的主业属于正在迅速全球化的产业。“原本是地方特产的辣椒调味品‘乡中情’辣酱，如今成了全国乃至世界众多消费者佐餐和烹饪的佳品”说明地方特色产品变为全球化产品。

C. 产品开发——新产品和现有市场。这种战略是在原有市场上，通过技术改进与开发研制新产品。“‘乡中情’产品相继开发的十几种品类”。

对于乡中情公司而言，实施这一战略的主要条件是：

企业具有较高的市场信誉度和顾客满意度。“‘乡中情’热销多年，无一家其他同类产品能与其抗衡，关键原因就在于其高度稳定的产品品质和低廉的价格”；“‘乡中情’辣酱恰到好处地平衡了辣、香、咸口味，让大多数消费者所接受。‘乡中情’辣酱制作从不偷工减料，用料、配料和工艺流程严谨规范，保持产品风味，虏获消费者的舌尖。乡中情公司对辣椒原料供应户要求十分严格，提供的辣椒全部要剪蒂，保证分装没有杂质”。

②一体化战略，纵向一体化战略中的后向一体化。是指获得供应商的所有权或加强对其控制权。

“为了确保原料品质与低成本的充足供应，乡中情公司在Z地区建立了无公害辣椒基地和绿色产品原材料基地，搭建了一条‘企业+基地+农户’的农业产业链，90%以上的原料都来源于这一基地”。

对于乡中情公司而言，实施这一战略的主要条件是：

A. 企业现有的供应商供应成本较高或者可靠性较差而难以满足企业对原材料、零件等的需求。“为了确保原料品质与低成本的充足供应”。

B. 企业所在产业的增长潜力较大。“一个曾经的‘街边摊’，发展成一个上缴利税上亿元的国家级重点龙头企业”。

C. 企业具备后向一体化所需的资金、人力资源等。“搭建了一条‘企业+基地+农户’的农业产业链”（说明企业具备人力资源）；“先打款后发货，现货现款，乡中情公司将产品做成了硬通货，只要能拿到货，就不愁卖不出，流通速度快”；“不贷款”（都说明现金流充足）。

D. 企业产品价格的稳定对企业而言十分关键，后向一体化有利于控制原材料成本从而确保产品价格的稳定。“‘乡中情’产品价格一直非常稳定，涨幅微乎其微”；“为了确保原料品质与低成本的充足供应”。

（2）①产品策略。

A. 产品组合策略。

乡中情公司的产品组合很简单，从产品组合的宽度看，就是一大类，“乡中情”辣酱。从产品组合的深度看，“乡中情”相继开发了十几种品类产品。

乡中情公司的产品组合策略，也是一种，扩大产品组合，加强产品组合的深度。“相继开发的十几种品类产品”。

B. 品牌和商标策略。

乡中情公司的品牌和商标策略属于单一的企业名称。“着力打造‘乡中情’品牌”；“多年来，‘乡中情’产品从未更换包装和瓶贴……‘乡中情’产品土气的包装和瓶贴，已固化为最深入消费者内心的品牌符号”。

C. 产品开发策略。“相继开发的十几种品类产品”。

②促销策略。

在促销组合的四个要素构成（广告促销、营销推广、公关宣传、人员推销）中，乡中情公司以其独特的方法，主要采用后两种。

A. 公关宣传。公关宣传指宣传企业形象，以便为企业及其产品建立良好的公众形象。“二是靠广泛深入的铺货形成高度的品牌曝光，直接促成即时的现实销售”。

B. 人员推销。“一是靠过硬的产品，让消费者口口相传”。

③分销策略。

乡中情公司采用间接分销渠道，“大区域布局，一年一次经销商会”。

④价格策略。

“中低端消费人群是‘乡中情’辣酱的目标客户，与此相应的就是低价策略”；“‘乡中情’产品价格一直非常稳定，涨幅微乎其微”。

3. **【答案】**

（1）①确认那些支持企业竞争优势的关键性活动。虽然价值链的每项活动，包括基本活动和支持活动，都是企业成功所必经的环节，但是，这些活动对企业竞争优势的影响是不同的。在关键活动的基础上建立和强化这种优势很可能使企业获得成功。“新能源汽车生产的关键在于掌握三大核心零部件电机、电控与电池的生产制造技术以及具有完备的整车组装能力。环亚汽车公司下大力气增强企业这些关键性活动的竞争优势”。

②明确价值链内各种活动之间的联系。价值链中基本活动之间、基本活动与支持活动之间以及支持活动之间存在各种联系，选择或构筑最佳的联系方式对于提高价值创造和战略能力是十分重要的。“环亚汽车公司在包括电机、电控与电池生产领域投入的研发费用占销售收入比重达4.13%，远高于国内同类汽车生产企业的研发投入占比，与国际知名汽车品牌企业相当”；“2008年环亚汽车公司以近2亿元的价格收购了半导体制造企业中达公司，此次收购使环亚汽车公司拥有了电动汽车驱动电机的研发能力和生产能力。2011年环亚汽车公司与国际知名老牌汽车制造企业D公司成立合资企业，借助D公司掌握的汽车结构以及安全领域的专有技术，增强公司在汽车整车组装方面的研发能力和生产能力”；“2009年环亚汽车公司收购国内美泽客车公司，获得客车生产许可证；2014年环亚汽车公司又与国内广贸汽车集团分别按51%和49%的持股比例合资设立新能源客车公司”，都是环亚汽车公司选择或构筑了公司价值链内各种活动最佳的联系方式，以提高公司价值创造和战略能力。

③明确价值系统内各项价值活动之间的联系。价值活动的联系不仅存在于企业价值链内部，而且存在于企业与企业的价值链之间。价值系统内包括供应商、分销商和客户在内的各项价值活动之间的许多联系。“近年来，环亚汽车公司开启了向产业上下游延展的战略新举措”；“2015年环亚汽车公司收购专门从事盐湖资源综合利用产品的开发、加工与销售的东州公司，这一收购整合了环亚汽车公司汽车零部件的生产”；“2016年环亚汽车公司以49%的持股比例，与青山盐湖工业公司及深域投资公司共同建立合资企业……实现了环亚汽车公司的动力锂电池优势与盐湖锂资源优势相结合”；“2015年环亚汽车公司与广安银行……合资成立环亚汽车金融公司……向汽车服务市场延伸”，都是环亚汽车公司选择和构筑了价值系统中企业与企业的价值链之间最佳的联系方式。

（2）发展战略一般可以用三种途径，外部发展（并购）、内部发展（新建）与战略联盟。环亚汽车公司实施发展战略所采用的三种途径具体表现为：

①内部发展（新建）。“环亚汽车公司在包括电机、电控与电池生产领域投入的研发费用占销售收入比重达4.13%”；“环亚汽车公司自主研发的磷酸铁锂电池（锂电池的一种）及管理系统安全性能好、使用寿命长”；“环亚汽车公司自主研发的永磁同步电机功率大、扭矩大，足够满足双模电动汽车与纯电动车的动力需求”；“环亚汽车公司自主研发的动力系统匹配技术能够保证动力电池、驱动电机及整车系统的匹配，保证整车运行效率”。

②外部发展（并购）。“2003年，环亚公司收购了一家汽车制造公司，成立了环亚汽车公司”；“2008年环亚汽车公司以近2亿元的价格收购了半导体制造企业中达公司”；“2009年环亚汽车公司……收购国内美泽客车公司，获得客车生产许可证”；“2015年环亚汽车公司收购专门从事盐湖资源综合利用产品的开发、加工与销售的东州公司”。

③战略联盟。“2011年环亚汽车公司与国际知名老牌汽车制造企业D公司成立合资企业”；“2014年环亚汽车公司又与国内广贸汽车集团分别按51%和49%的持股比例合资设立新能源客车公司”；“2016年环亚汽车公司以49%的持股比例，与青山盐湖工业公司及深域投资公司共同建立合资企业”；“2015年环亚汽车公司与广安银行分别以80%和20%的持股比例合资成立环亚汽车金融公司”。

4. **【答案】**

（1）四水集团存在的公司治理问题的类型是经理人对于股东的“内部人控制”问题。主要表现有：

①信息披露不规范、不及时。“未按规定披露重大关联交易……根据证监会的规定，这些交易属于应当在年报中披露的重大关联交易。但是，四水集团均未在这两年的年度报告中披露上述重大关联交易”。

②工资、奖金等收入增长过快，侵占利润。“通过派发高额工资等方式变相占用上市公司非经营性资金。四水集团近年来效益很不佳，连续多年没有分红，公司股价也一直处于低迷状态。然而，2011—2013 年，包括董事长在内的公司高管人数分别为 17 名、19 名和 16 名，合计从公司领走 1 317 万元、1 436 万元和 1 447 万元薪酬，均超过同期四水集团归属于母公司股东的净利润水平”。

③资产转移。“违规在关联公司间进行频繁的资金拆借，非法占用上市公司资金”；“连续多年向公司董事、监事和高级管理人员提供购房借款”。

④大量负债，甚至亏损。“利用上市公司信用为关联公司进行大量违规担保（这是一种变相的负债）”；“公司 2011—2014 年的经营状况不佳，扣除非经常性损益后的净利润出现连续大额亏损的状况，公司连续多年资产负债率高达 70%以上，且流动资产和流动负债相差无几，财务风险很大”。

（2）本案例中，四水集团资金活动存在的主要风险有两个：

①资金活动管控不严，可能导致资金被挪用、侵占、抽逃或遭受欺诈。“违规在关联公司间进行频繁的资金拆借，非法占用上市公司资金”；“连续多年向公司董事、监事和高级管理人员提供购房借款”；“利用上市公司信用为关联公司进行大量违规担保……一旦这些巨额贷款到期无法偿还，四水集团就必须承担起还款的责任”。

②资金调度不合理、营运不畅，可能导致企业陷入财务困境。一方面，“在关联公司间进行频繁的资金拆借……2012 年 4 月至 2014 年 8 月，向关联公司 H 贸易公司、F 公司拆借和垫付资金 6 笔，共 27 250 万元”；另一方面“公司连续多年资产负债率高达 70%以上，且流动资产和流动负债相差无几，财务风险很大”；导致“2011—2014 年的经营状况不佳，扣除非经常性损益后的净利润出现连续大额亏损的状况”。

四、综合题

【答案】

（1）公司宗旨旨在阐述公司长期的战略意向，其具体内容主要说明公司目前和未来所要从事的经营业务范围。科通公司初创时期的业务定位是做手机业务，“要做一款设计好、品质好而价格又便宜的智能手机”；而历经 8 年的发展，到 2018 年科通公司上市之前，公司的业务定位是“涵盖众多消费电子产品、软硬件和内容全覆盖的互联网企业”。

（2）依据“战略钟”理论，科通智能手机与生态链产品所采用的竞争战略类型是混合战略，即在为顾客提供更高的认可价值的同时，获得成本优势，亦即差异化与成本领先兼顾的战略。“科通坚持做顶级配置，真材实料，高性能，高体验，强调超用户预期的最强性价比”；“这款号称顶级配置的手机定价只有 1 999 元，几乎是同配置手机价格的一半”；“由于科通品牌给人们高性价比的印象已经根深蒂固，因此不少人认为科通生态链企业的产品无法赢利。但实际上，科通生态链企业已经有多家实现盈利”；“感动人心、价格厚道”。

科通智能手机与生态链产品能够实现混合战略主要依靠互联网信息技术。

首先，企业可以借助信息技术推出区别于竞争对手的新产品、新服务，从而获得竞争优势。“科通公司首先运用互联网工具，让用户参与到手机硬件的设计、研发之中，通过用户的反馈意见，了解市场的最新需求。而此前其他公司的研发模式都是封闭的，动辄一两年，开发者以为做到了最好，但其实未必是用户喜欢的，而且一两年时间过去，市场很可能已经变化”；“在刘毅看来，‘互联网思维’体现在两个关键点上：一是用户体验，利用互联网接近用户，了解他们的感受和需求；……，做到感动人心、价格厚道”。

其次，信息技术在企业中的应用可以帮助企业在生产、工程、设计、服务等环节有效低成本，甚至达到行业中最低的运营成本。“开创了官网直销预订购买的发售方式，不必通过中间商，产品可以直接送到消费者手上，省去了实体店铺的各种费用和中间的渠道费用”；“在刘毅看来，‘互联网思维’体现在两个关键点上：……，二是效率，利用互联网技术提高企业的运行效率，使优质的产品以高性价比的形式出现，做到‘感动人心、价格厚道’。”

(3)“科通的成功模式成为各行各业观摩学习的范本”，依据核心能力评价理论，向科通学习的企业基准分析的基准类型是过程或活动基准，即以具有类似核心经营的企业为基准进行比较，但是二者之间的产品和服务不存在直接竞争关系。这类基准分析的目的在于找出企业做得最突出的方面，“大量企业开始对标科通，声称要用科通模式颠覆自己所在行业，‘做××行业的科通’，成为众多企业的口号”，说明不是同一行业企业，当然也不存在直接竞争关系。

(4) 科通公司在2015年所面临的市场风险主要表现在两个方面：

①能源、原材料、配件等物资供应的充足性、稳定性和价格的变化带来的风险。“销量越来越大就意味着要与数百个零部件供应商建立良好高效的合作协同关系，不能有丝毫闪失。而科通的供货不足、发货缓慢被指为‘饥饿营销’，开始颇受质疑”；“芯片供应商G公司的一脚急刹车成为导火线”。

②潜在进入者、竞争者、与替代品的竞争带来的风险。“竞争对手越来越多、越来越强大。H公司推出的互联网手机品牌R手机成为科通手机强劲的对手。O公司和V公司也借助强大的线下渠道开始崛起”；“以线下渠道为主的O公司和V公司成为手机行业的新星，其手机出货量不仅增幅超过100%，而且双双超过科通公司进入全球前五、国内前三”。

(5) 科通公司2016年所采用的收缩战略（撤退战略）的主要方式有：

①紧缩与集中战略中的机制变革，主要做法是调整管理层领导班子。“刘毅亲自负责科通手机供应链管理。前供应链负责人转任首席科学家，负责手机前沿技术研究。这意味着科通公司从组织架构上加大对供应链的管理力度”。

②转向战略中的调整营销策略，在价格、广告、渠道等环节推出新的举措。“开启‘新零售’战略……通过线上线下互动融合的运营方式，将电商的经验和优势发挥到实体零售中。让消费者既能享用线下看得见摸得着的良好体验，又能获取电商一样的低价格”；“早年一直坚持口碑营销从未请过代言人的科通公司在2016年开始改变策略，先后邀请几位明星作为代言人，赢得不少新老客户”。

(6) 科通生态链所采用的发展战略的类型属于相关多元化（同心多元化）。“科通生态链的投资主要围绕以下五大方向：手机周边，如手机的耳机、移动电源、蓝牙音箱；智能可穿戴设备，如科通手环、智能手表；传统白电的智能化，如净水器、净化器；极客酷玩类产品，如平衡车、3D打印机；生活方式类，如科通插线板”；“围绕手机业务构建起手机配件、智能、生活消费产品三层产品矩阵”。

科通公司采用这一战略的优点：

①有利于企业利用原有产业的产品知识、制造能力、营销渠道、营销技能等优势来获取融合优势，即两种业务或两个市场同时经营的盈利能力大于各自经营时的能力之和。“科通生态链团队……从ID、外观、结构、硬件、软件、云服务、供应链、采购、品牌等诸多方面给予创业公司全方位的支持”；“麦家的多个产品已经做到了全球数量第一。科通生态链公司也出现多个独角兽（指那些估值达到10亿美元以上的初创企业）”；“科通公司也从一家手机公司过渡到一个涵盖众多消费电子产品、软硬件和内容全覆盖的互联网企业”。

②利用未被充分利用的资源。“科通公司抽出20名工程师，让他们从产品的角度看待拟投资的创业公司，通过与创业公司团队的沟通，了解这家公司的未来走向”。

③运用盈余资金。“运用科通公司已经积累的大量资金”。

④运用企业在某个产业或某个市场中的形象和声誉来进入另一个产业或市场，而在另一个产业

或市场中要取得成功，企业形象和声誉是至关重要的。“科通生态链团队……从外观、……、品牌等诸多方面给予创业公司全方位的支持”。

科通生态链所采用的实施发展战略的途径是战略联盟。“科通生态链团队不仅做投资，而且是一个孵化器……但是，科通公司并没有控股任何一家科通生态链公司，所有的公司都是独立的”；“通过这种独特的战略联盟模式，科通公司投资和带动了更多志同道合的创业者，围绕手机业务构建起手机配件、智能、生活消费产品三层产品矩阵”。

科通公司采用这种方式的动因：

①促进技术创新。“生态链企业各自发挥技术创新优势”“许多新兴产品领域，麦家的多个产品已经做到了全球数量第一。科通生态链公司也出现多个独角兽”。

②避免经营风险。“同时……规避经营风险”。

③实现资源互补。“从ID、外观、结构、硬件、软件、云服务、供应链、采购、品牌等诸多方面给予创业公司全方位的支持”；“科通公司利用其规模经济带来的全球资源优势帮助这些生态链企业提高效率。科通公司运用其全球供应链优势能够让生态链上的小公司瞬间拥有几百亿的供应链提供的能力。”

④开拓新的市场。“科通已经投资了90多家生态链企业，涉足上百个行业”。

⑤降低协调成本。“同时降低科通公司整体内部协调成本”。

（7）①研发能力。“科通公司首先运用互联网工具，让用户参与到手机硬件的设计、研发之中，通过用户的反馈意见，了解市场的最新需求。而此前其他公司的研发模式都是封闭的，动辄一两年，开发者以为做到了最好，但其实未必是用户喜欢的，而且一两年时间过去，市场很可能已经变化。其次，坚持做顶级配置，真材实料，高性能，高体验，强调超用户预期的最强性价比”；“从ID、外观、结构、硬件、软件、云服务、供应链、采购、品牌等诸多方面给予创业公司全方位的支持。”“许多新兴产品领域，麦家的多个产品已经做到了全球数量第一”。

②生产管理能力。“利用互联网技术提高企业的运行效率，使优质的产品以高价比形式出现”“科通公司利用其规模经济带来的全球资源优势帮助这些生态链企业提高效率，科通公司运用其全球供应链优势能够让生态链上的小公司瞬间拥有几百亿供应链提供的能力”。

③营销能力。

A. 产品竞争能力。“这款号称顶级配置的手机定价只有1 999元，几乎是同配置手机价格的一半。科通手机2012年实现销售量719万部。2014年第二季度，科通手机成为国内智能手机市场的第一名，科通公司在全球也成为第三大手机厂商”；“麦家的多个产品已经做到了全球数量第一，科通生态链公司也出现多个独角兽”。

B. 销售活动能力。“以品牌和口碑积累粉丝，靠口口相传，节省大量广告费用。”“开创了官网直销预订购买的发售方式，不必通过中间商，产品可以直接送到消费者手上，省去了实体店铺的各种费用和中间的渠道费用。”“开启‘新零售’战略……通过线上线下互动融合的运营方式，将电商的经验和优势发挥到实体零售中”；“早年一直坚持口碑营销从未请过代言人的科通公司在2016年开始改变策略，先后邀请几位明星作为代言人，赢得不少新老客户”。

C. 市场决策能力。“公司成立之初，公司CEO刘毅与股东们就有一个想法：要做一款设计好、品质高、价格便宜的智能手机。2010年的手机市场，还是国际品牌的天下，功能机仍是主体，智能手机的价格至少在3 000~4 000元。虽然也有一些国产品牌手机，但大多数是低质低价的山寨机”；“2014年，刘毅开始意识到‘智能硬件’和‘万物互联（Internet of Things，IoT）’可能是比智能手机更大的发展机遇。于是，科通公司开启了科通生态链计划”。

④财务能力。“科通公司开启了科通生态链计划，运用科通公司已经积累的大量资金”；“2018年4月，科通公司成功上市”；“不少人认为科通生态链企业的产品无法赢利。但实际上，科通

生态链企业已经有多家实现盈利。这是因为科通公司利用其规模经济带来的全球资源优势帮助这些生态链企业提高效率”。

⑤组织管理能力。“科通公司内部开始进行架构和模式多维调整。刘毅亲自负责科通手机供应链管理。前供应链负责人转任首席科学家，负责手机前沿技术研究。这意味着科通公司从组织架构上加大对供应链的管理力度”；“科通公司抽出 20 名工程师，让他们从产品的角度看待拟投资的创业公司，通过与创业公司团队的沟通，了解这家公司的未来走向”；“科通公司并没有控股任何一家科通生态链公司，所有的公司都是独立的。这样有利于在统一的价值观和目标下，生态链企业各自发挥技术创新优势，同时降低科通公司整体内部协调成本，规避经营风险”。

全国注册会计师统一考试　配套资料

公司战略与风险管理考前必背

赠阅

公司战略与风险管理考前必背

第一章 战略与战略管理

1. 战略创新管理

（1）战略创新的类型。

①产品创新；②流程创新；③定位创新；④范式创新。

（2）探索战略创新的不同方面（创新的特点）。

①创新的新颖程度——渐进性还是突破性；②创新的平台和产品家族；③创新的层面——在组件层面还是架构层面；④时机——创新生命周期。

（3）建立创新型组织的组成要素。

①共同使命、领导力和创新的意愿；②合适的组织结构；③关键个体；④全员参与创新；⑤有效的团队合作；⑥创造性的氛围；⑦跨越边界。

（4）创新管理的主要过程。

①搜索阶段——如何找到创新的机会；②选择阶段——要做什么以及为什么；③实施阶段——如何实现创新；④获取阶段——如何获得利益。

第二章 战略分析

1. 宏观环境分析（PEST 分析）

①P：政治和法律因素；②E：经济因素；③S：社会和文化因素；④T：技术因素。

2. 产品生命周期

（1）导入期、成长期、成熟期、衰退期。

（2）产品生命周期各阶段的战略目标与战略途径（见表 2–1）。

表 2–1 产品生命周期各阶段的战略目标与战略途径

特征	导入期	成长期	成熟期	衰退期
战略目标	扩大市场份额，争取成为“领头羊”	争取最大市场份额，并坚持到成熟期的到来	在巩固市场份额的同时提高投资报酬率	首先是防御，获取最后的现金流
战略途径	研发和技术改进；提高产品质量	市场营销；改变价格形象和质量形象	提高效率，降低成本	控制成本，以求能维持正的现金流量；如果缺乏成本控制的优势，就应采用退却战略，尽早退出

3. 产业五种竞争力

潜在进入者、替代品、购买者、供应者与现有竞争者。

4. 竞争对手分析

竞争对手的未来目标、假设、现行战略和能力。

5. 产业内的战略群组

（1）战略群组的定义。

战略群组是指某一个产业中在某一战略方面采用相同或相似战略，或具有相同战略特征的各公司组成的集团。

（2）战略群组分析的意义。

①有助于很好地了解战略群组间的竞争状况，主动地发现近处和远处的竞争者，也可以很好地了解某一群组与其他群组间的不同。

②有助于了解各战略群组之间的“移动障碍”。

③有助于了解战略群组内企业竞争的主要着眼点。

④利用战略群组图还可以预测市场变化或发现战略机会。

6. 国家竞争优势（钻石模型）分析

①生产要素；②需求条件；③相关与支持性产业；④企业战略、企业结构、同业竞争。

7. 企业资源分析

（1）企业资源的主要类型：有形资源、无形资源、人力资源。

（2）决定企业竞争优势的企业资源判断标准。

①资源的稀缺性。

②资源的不可模仿性。

A. 物理上独特的资源；B. 具有路径依赖性的资源；C. 具有因果含糊性的资源；D. 具有经济制约性的资源。

③资源的不可替代性。

④资源的持久性。

8. 企业能力分析

研发能力、生产管理能力、营销能力、财务能力和组织管理能力等。

9. 企业的核心能力

（1）核心能力的 3 个关键测试：

①它对顾客是否有价值？

②它与企业竞争对手相比是否有优势？

③它是否很难被模仿或复制？

（2）基准类型。

①内部基准；②竞争性基准；③过程或活动基准；④一般基准；⑤顾客基准。

10. 价值链分析

（1）价值链的两类活动。

①基本活动：A. 内部后勤；B. 生产经营；C. 外部后勤；D. 市场销售；E. 服务。

②支持活动：A. 采购管理；B. 技术开发；C. 人力资源管理；D. 公司基础设施。

（2）价值链确定。

价值链中的每一个活动都能分解为一些相互分离的活动。这些活动被分离的基本原则是：

①具有不同的经济性；

②对产品差异化产生很大的潜在影响；

③在成本中所占比例很大或所占比例在上升。

（3）企业资源能力的价值链分析。

企业资源能力的价值链分析要明确以下 3 点：

①确认那些支持企业竞争优势的关键性活动。

②明确价值链内各种活动之间的联系。

③明确价值系统内各项价值活动之间的联系。

11. 波士顿（BCG）矩阵

（1）基本概念（见图 2-1）。

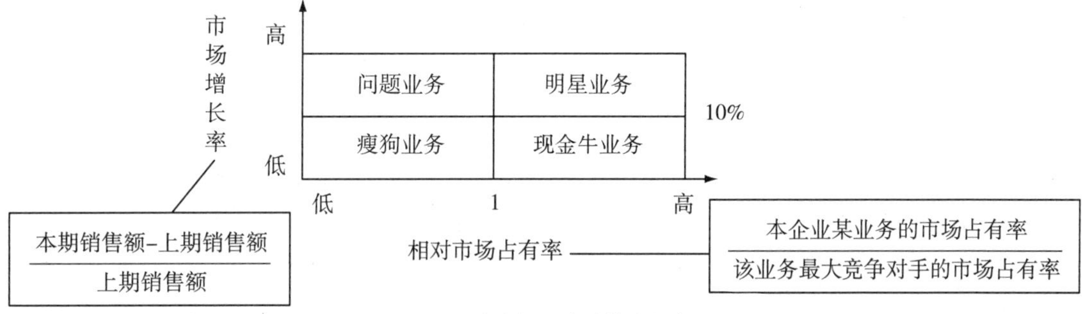

图 2-1 波士顿矩阵的基本概念

（2）业务类型与对策（见表 2-2）。

表 2-2 波士顿矩阵的业务类型与运用

业务类型	对策	可选择的战略
明星业务	短期内优先供给资源，支持继续发展，积极扩大经济规模和市场机会，以长远利益为目标，提高市场占有率	发展
问题业务	选择性投资战略，列入企业长期计划中	发展、收割、放弃
现金牛业务	收获战略，即所投入资源以达到短期收益最大化为限	保持、收割
瘦狗业务	撤退战略，即先撤退，再将剩余资源向其他业务转移，最后，整顿产品系列	收割、放弃

12. SWOT 分析的运用（见表 2-3）

表 2-3 SWOT 分析的运用

<table>
<tr><th rowspan="2">内部环境</th><th colspan="2">外部环境</th></tr>
<tr><th>机会</th><th>威胁</th></tr>
<tr><td>优势</td><td>增长型战略（SO）</td><td>多元化战略（ST）</td></tr>
<tr><td>劣势</td><td>扭转型战略（WO）</td><td>防御型战略（WT）</td></tr>
</table>

第三章 战略选择

1. 一体化战略

一体化战略的适用条件（见表 3-1）。

表 3-1 纵向一体化战略与横向一体化战略的适用条件

<table>
<tr><th rowspan="2">适用条件</th><th colspan="2">纵向一体化战略</th><th rowspan="2">横向一体化战略</th></tr>
<tr><th>前向一体化战略</th><th>后向一体化战略</th></tr>
<tr><td>共同点</td><td>①企业所在产业的增长潜力较大</td><td>①企业所在产业的增长潜力较大</td><td>①企业所在产业的增长潜力较大</td></tr>
<tr><td>方向不同</td><td>②企业具备前向一体化所需的资金、人力资源等；
③企业现有销售商的销售成本较高或者可靠性较差而难以满足企业的销售需要；
④销售环节的利润率较高</td><td>②企业具备后向一体化所需的资金、人力资源等；
③企业现有的供应商供应成本较高或者可靠性较差而难以满足企业对原材料、零件等的需求；
④供应环节的利润率较高</td><td>②企业具备横向一体化所需的资金、人力资源等</td></tr>
<tr><td>特性</td><td>—</td><td>⑤供应商数量较少而需求方竞争者众多；
⑥企业产品价格的稳定对企业十分关键，后向一体化有利于控制原材料成本，从而确保产品价格的稳定</td><td>③企业所在产业竞争较为激烈；
④企业所在产业的规模经济较为显著；
⑤企业的横向一体化符合反垄断法律法规，能够在局部地区获得一定的垄断地位</td></tr>
</table>

2. 密集型战略

（1）市场渗透：现有产品和现有市场。

此种策略的难易程度取决于：市场的性质及竞争对手的市场地位。

适用情况：

①整个市场正在增长，渗透相对容易。向停滞或衰退的市场渗透会难得多。

②如果一家企业决定将利益局限在现有产品或市场领域，即使在整个市场衰退时也不允许销售额下降，那么企业就必须采取市场渗透战略。

③如果其他企业由于各种原因离开了市场，那么采用市场渗透战略比较容易成功。

④企业拥有强大的市场地位，并且能够利用经验和能力来获得强有力的独特竞争优势，那么实施市场渗透是比较容易的。

⑤市场渗透战略的风险较低、高级管理者参与度较高，且需要的投资相对较少的时候，市场渗透策略也会比较适用。

（2）市场开发：现有产品和新市场（见表 3-2）。

表 3-2　市场开发战略

采用原因	①企业发现现有产品生产过程的性质导致难以转而生产全新的产品，因此他们希望能开发其他市场； ②市场开发往往与产品改进结合在一起； ③现有市场或细分市场已经饱和，企业只能去寻找新的市场
适用情况	①存在未开发或未饱和的市场； ②可得到新的、可靠的、经济的和高质量的销售渠道； ③企业在现有经营领域十分成功； ④企业拥有扩大经营所需的资金和人力资源； ⑤企业存在过剩的生产能力； ⑥企业的主业属于正在迅速全球化的产业

（3）产品开发：新产品和现有市场（见表 3-3）。

表 3-3　产品开发战略

采用原因	①充分利用企业对市场的了解； ②保持相对于竞争对手的领先地位； ③从现有产品组合的不足中寻求新的机会； ④使企业能继续在现有市场中保持稳固的地位
适用情况	①企业产品具有较高的市场信誉度和顾客满意度； ②企业所在产业属于适宜创新的高速发展的高新技术产业； ③企业所在产业正处于高速增长阶段； ④企业具有较强的研究和开发能力； ⑤主要竞争对手以类似价格提供更高质量的产品

3. 多元化战略

（1）多元化战略的优点。

①分散风险，当现有产品及市场失败时，新产品或新市场能为企业提供保护。

②能更容易地从资本市场中获得融资。

③当企业在原产业无法增长时找到新的增长点。

④利用未被充分利用的资源。

⑤运用盈余资金。

⑥获得资金或其他财务利益。

⑦运用企业在某个产业或某个市场中的形象和声誉进入另一个产业或市场，而在另一个产业或市场中要取得成功，企业形象和声誉至关重要。

（2）多元化战略的风险。

①来自原有经营产业的风险。

②市场整体风险。

③产业进入风险。

④产业退出风险。

⑤内部经营整合风险。

4. 收缩战略

（1）收缩战略的原因。

①主动原因：A. 大企业战略重组的需要；B. 小企业的短期行为。

②被动原因：A. 外部原因；B. 企业（或某业务）失去竞争优势。

（2）收缩战略的方式。

①紧缩与集中战略；②转向战略；③放弃战略。

5. 并购

（1）并购的类型（见图 3-1）。

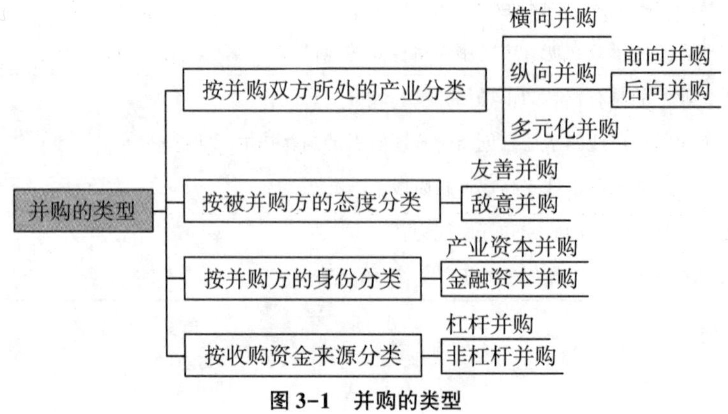

图 3-1 并购的类型

（2）并购的动机。

①避开进入壁垒，迅速进入，争取市场机会，规避各种风险。

②获得协同效应。

③克服企业负外部性，减少竞争，增强对市场的控制力。

（3）并购失败的原因。

①决策不当。

②并购后不能很好地进行企业整合。

③支付过高的并购费用。

④跨国并购面临政治风险。

6. 战略联盟

（1）企业战略联盟形成的动因。

①促进技术创新。

②避免经营风险。

③避免或减少竞争。

④实现资源互补。

⑤开拓新的市场。

⑥降低协调成本（相对于并购而言）。

7. 基本竞争战略

（1）各基本竞争战略的优势（见表 3-4）。

表 3-4 各基本竞争战略的优势

基本竞争战略	优势
成本领先战略	①形成进入障碍；②增强讨价还价能力；③降低替代品的威胁；④保持领先的竞争地位
差异化战略	①形成进入障碍；②增强讨价还价能力；③抵御替代品的威胁；④降低顾客敏感程度
集中化战略	①成本领先和差异化战略抵御产业五种竞争力的优势也都能在集中化战略中体现出来； ②由于集中化战略避开了在大范围内与竞争对手的直接竞争，所以，对于一些力量还不足以与实力雄厚的大公司抗衡的中小企业来说，集中战略的实施可以增强它们相对的竞争优势； ③对于大企业来说，采用集中化战略能够避免与竞争对手正面冲突，使企业处于一个竞争的缓冲地带

（2）各基本竞争战略的风险（见表 3–5）。

表 3–5　各基本竞争战略的风险

基本竞争战略	风险
成本领先战略	①技术的变化可能使过去用于降低成本的投资（如扩大规模、工艺革新等）与积累的经验一笔勾销； ②市场需求从注重价格转向注重产品的品牌形象，使得企业原有的优势变为劣势； ③产业的新进入者或追随者通过模仿或者以更高技术水平设施的投资能力，达到同样的甚至更低的成本
差异化战略	①企业形成产品差别化的成本过高； ②市场需求发生变化； ③竞争对手的模仿和进攻使已建立的差异缩小甚至转向
集中化战略	①狭小的目标市场导致的风险； ②购买者群体之间需求差异变小； ③竞争对手的进入与竞争

（3）各基本竞争战略的实施条件。

成本领先战略的实施条件如表 3–6 所示。

表 3–6　成本领先战略的实施条件

实施条件类型	具体内容
市场情况 （外部条件）	①产品具有较高的价格弹性，市场中存在大量的价格敏感用户； ②产业中所有企业的产品都是标准化的产品，产品难以实现差异化； ③购买者不太关注品牌，大多数购买者以同样的方式使用产品； ④价格竞争是市场竞争的主要手段，消费者的转换成本较低
资源和能力 （内部条件）	①在规模经济显著的产业中装备相应的生产设施来实现规模经济； ②降低各种要素成本； ③提高生产率； ④改进产品工艺设计； ⑤提高生产能力利用程度； ⑥选择适宜的交易组织形式（自行生产或外购）； ⑦重点集聚

差异化战略的实施条件如表 3–7 所示。

表 3-7 差异化战略的实施条件

实施条件类型	具体内容
市场情况（外部条件）	①产品能够充分地实现差异化，且为顾客所认可； ②顾客的需求是多样化的； ③企业所在产业技术变革较快，创新成为竞争的焦点
资源和能力（内部条件）	①具有强大的研发能力和产品设计能力； ②具有很强的市场营销能力； ③有能够确保激励员工创造性的激励体制、管理体制和良好的创造性文化； ④具有从总体上提高某项经营业务的质量、树立产品形象、保持先进技术和建立完善分销渠道的能力

集中化战略的实施条件：

①购买者群体之间在需求上存在着差异；

②目标市场在市场容量、成长速度、获利能力、竞争强度等方面具有相对的吸引力；

③在目标市场上，没有其他竞争对手采用类似的战略；

④企业资源和能力有限，难以在整个产业实现成本领先或差异化，只能选定个别细分市场。

8. 零散产业中的竞争战略

（1）零散产业的战略选择（见表 3-8）。

表 3-8 零散产业的战略选择

零散产业的战略选择	具体途径
克服零散——获得成本优势	①连锁经营或特许经营； ②技术创新以创造规模经济； ③尽早发现产业趋势
增加附加价值——提高产品差异化程度	—
专门化——目标集聚	①产品类型或产品细分的专门化； ②顾客类型专门化； ③地理区域专门化

（2）谨防潜在的战略陷阱。

在零散产业中进行战略选择要注意：

①避免寻求支配地位；

②保持严格的战略约束力；

③避免过分集权化；

④了解竞争者的战略目标与管理费用；

⑤避免对新产品做出过度反应。

9. 新兴产业中的竞争战略

（1）新兴产业内部结构的特征。

①技术的不确定性；

②战略的不确定性；

③成本的迅速变化；

④萌芽企业和另立门户；

⑤首次购买者。

（2）新兴产业发展障碍与机遇。

①专有技术选择、获取与应用的困难；

②原材料、零部件、资金与其他供给的不足；

③顾客的困惑与等待观望；

④被替代产品的反应；

⑤缺少承担风险的胆略与能力。

（3）新兴产业的战略选择。

①塑造产业结构；

②正确对待产业发展的外在性；

③注意产业机会与障碍的转变，在产业发展变化中占据主动地位；

④选择适当的进入时机与领域。

10. 蓝海战略

（1）蓝海战略的特征。

①规避竞争，拓展非竞争性市场空间；

②创造并攫取新需求；

③打破价值与成本互替规律，同时追求差异化和低成本，把企业行为整合为一个体系。

（2）重建市场边界的基本法则（六条路径框架）。

①审视他择产业；

②跨越产业内不同的战略群体；

③重新界定产业的买方群体；

④放眼互补性产品或服务；

⑤重设产业的功能与情感导向（重设客户功能性或情感性诉求）；

⑥跨越时间参与塑造外部潮流。

11. 市场营销战略（见图 3-2）

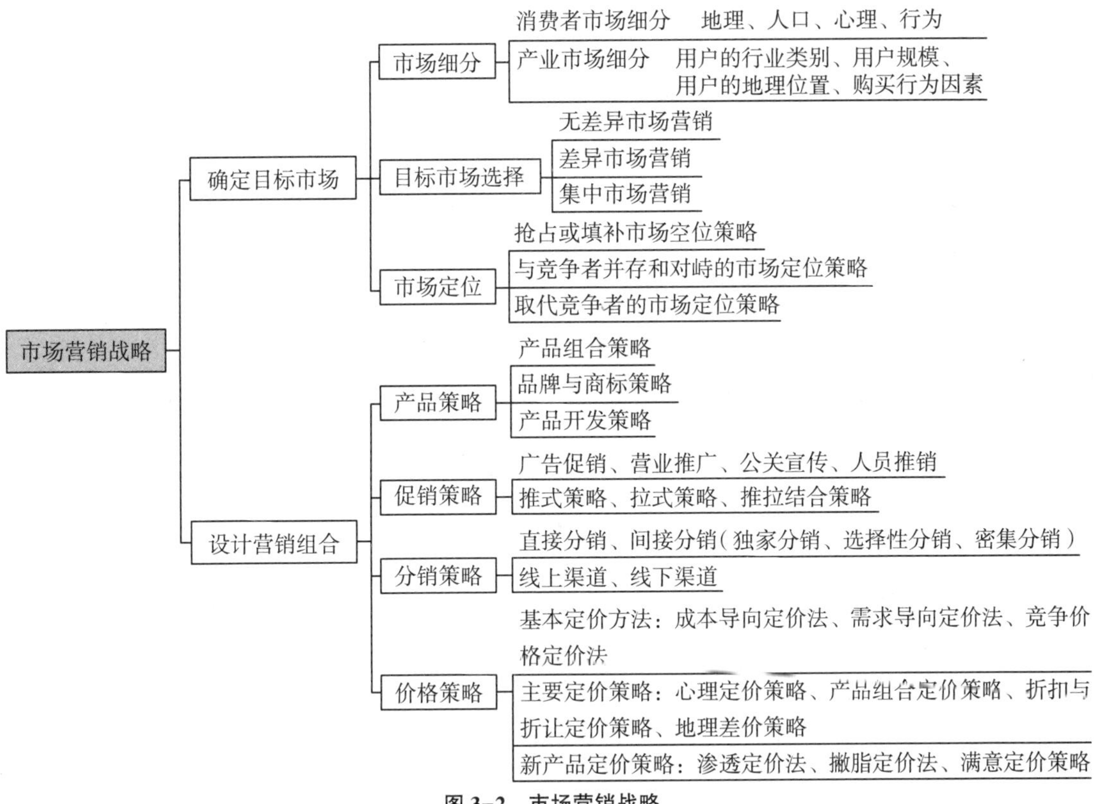

图 3-2 市场营销战略

提示：营销 4P 理论包括产品、促销、分销和价格。

12. 研发的类型、研发的动力来源和研发的定位

（1）研发的类型：①产品研究——新产品开发；②流程研究。

（2）研发的动力来源：①需求拉动；②技术推动。

（3）研发定位：

①成为向市场推出新技术产品的企业；

②成为成功产品的创新模仿者；

③成为成功产品的低成本生产者。

13. 采购战略

货源策略：①单一货源策略；②多货源策略；③由供应商负责交付一个完整的子部件。

14. 人力资源战略

（1）人力资源供需平衡策略。

①针对供给和需求总量平衡但结构不匹配情况应当采取的措施：进行人员内部的重新配置，包括晋升、调动、降职等，来弥补空缺的职位；对现有人员进行有针对性的专门培训，使他们能够从事空

缺职位的工作；进行人员的置换，清理企业不需要的人员，补充企业需要的人员，以调整人员的结构。

②针对供给大于需求情况应当采取的措施：扩大经营规模，或者开拓新的增长点；永久性地裁员或者辞退员工；鼓励员工提前退休；冻结招聘；缩短员工的工作时间、实行工作分享或者降低员工工资等方式；对富余的员工进行培训。

③针对供给小于需求情况应当采取的措施：从外部雇用人员，包括返聘退休人员；采取多种方法提高现有员工的工作效率；延长工作时间；降低员工的离职率；将企业的某些业务外包。

（2）招聘的渠道和方法。

①内部招聘招募的来源与方法。

来源：下级职位上的人员通过晋升的方式填补空缺职位；同级职位上的人员工作调换或轮换；上级职位上的人员通过降职的方式来填补空缺职位。

方法：工作公告法；档案记录法。

②外部招募的来源与方法。

来源：学校、竞争者、其他公司、失业者、老年群体、退伍军人、自由职业者等。

方法：广告招募、外出招募、借助职业中介机构招募、推荐。

15. 财务战略

价值创造和增长率矩阵（财务战略矩阵）（见图 3-3）。

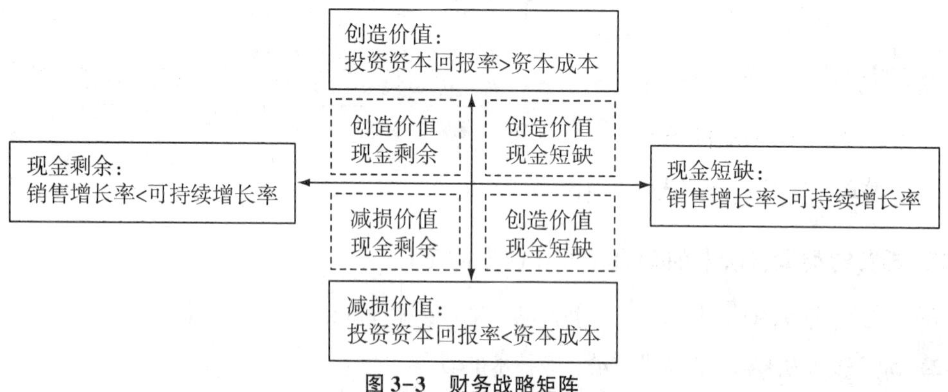

图 3-3 财务战略矩阵

①增值型现金短缺的战略选择（见图 3-4）。

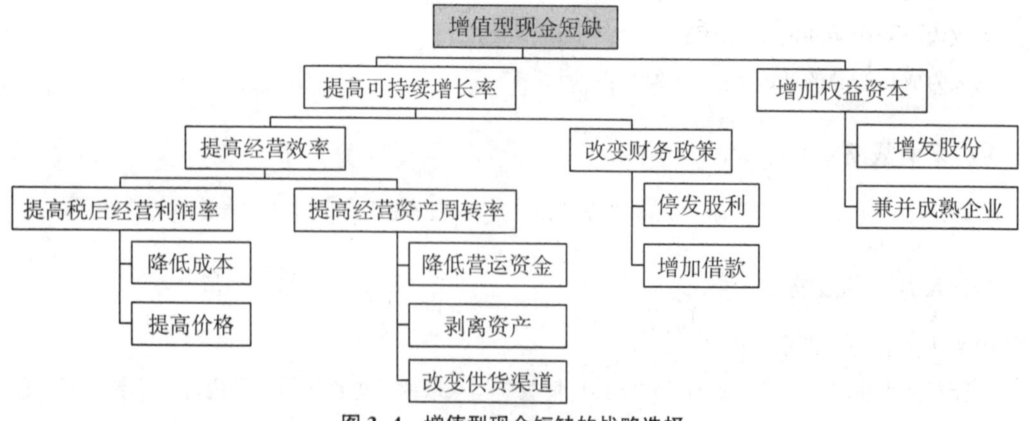

图 3-4 增值型现金短缺的战略选择

②增值型现金剩余的战略选择（见图 3-5）。

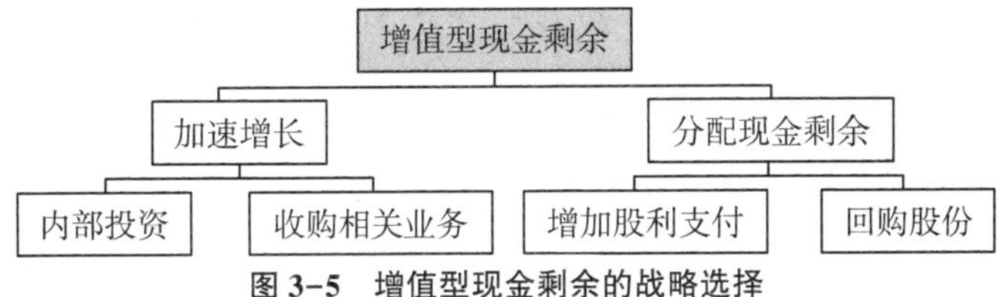

图 3-5 增值型现金剩余的战略选择

③减损型现金剩余的战略选择（见图 3-6）。

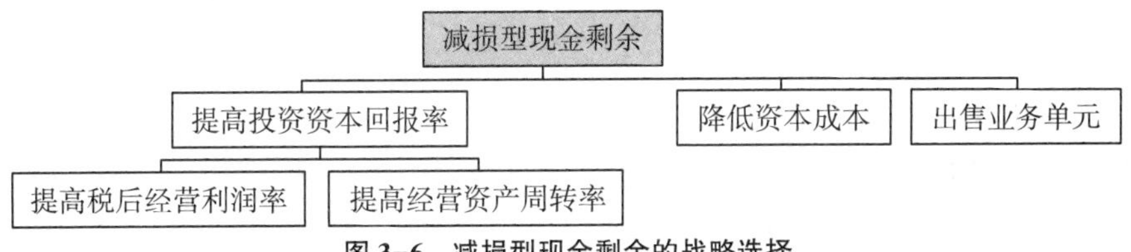

图 3-6 减损型现金剩余的战略选择

④减损型现金短缺的战略选择（见图 3-7）。

图 3-7 减损型现金短缺的战略选择

16. 企业国际化经营的动因

发展中国家企业国际化经营动因：①寻求市场；②寻求效率；③寻求资源；④寻求现成资产。

17. 国际化经营的战略类型

国际战略、全球化战略、多国本土化战略、跨国战略。

18. 新兴市场本土企业的战略选择

“躲闪者”“抗衡者”“防御者”“扩张者”。

第四章 战略实施

1. 组织结构与战略的关系

组织结构服从战略：①战略的前导性与结构的滞后性；②企业发展阶段与结构相适宜。

2. 文化与绩效（见图 4-1）

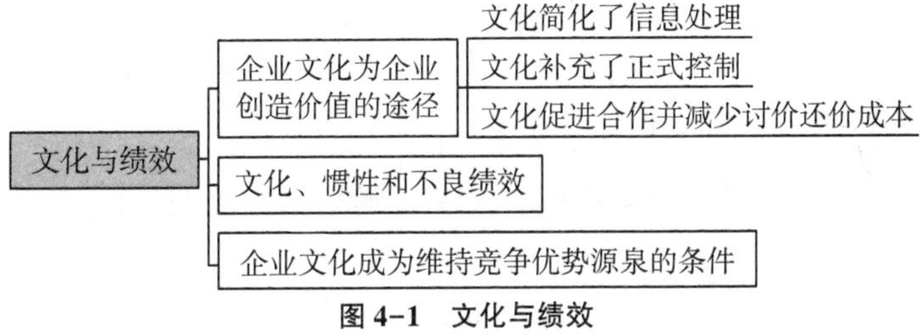

图 4-1 文化与绩效

3. 平衡计分卡的业绩衡量方法

（1）衡量角度：财务角度、顾客角度、内部流程角度、创新与学习角度。

（2）意义：平衡了短期与长期业绩、外部与内部的业绩、财务与非财务业绩以及不同利益相关者的角度。

4. 权力与战略过程

企业利益相关者的权力来源：

（1）对资源的控制与交换的权力；

（2）在管理层次中的地位（法定权、奖励权、强制权）；

（3）个人的素质和影响（榜样权和专家权）；

（4）参与或影响企业的战略决策与实施过程；

（5）利益相关者集中或联合的程度。

5. 公司战略与数字化技术

（1）数字化技术的发展历程。

①信息化；②数字化；③智能化。

（2）数字化技术应用领域。

①大数据；②人工智能；③移动互联网；④云计算；⑤物联网；⑥区块链。

6. 数字化技术对公司战略的影响

（1）数字化技术对组织结构的影响。

①组织结构向平台化转型；②构建传统与数字的融合结构；③以新型组织结构为主要形式（即团队结构和虚拟组织）。

（2）数字化技术对经营模式的影响。

①互联网思维的影响；②多元化经营的影响；③消费者参与的影响。

（3）数字化技术对产品和服务的影响。

①个性化；②智能化；③连接性。

（4）数字化技术对业务流程的影响。

业务流程重组，是通过对业务流程彻底地再设计而大幅度改善成本、质量、进度和服务效益，企业从而可以在市场上成为一名成功的竞争者的过程。数字化信息系统是企业重组业务流程的核心。

7. 数字化战略转型的主要方面

（1）技术变革（包括数字化基础设施建设、数字化研发、数字化投入）；

（2）组织变革（包括组织架构、数字化人才）；

（3）管理变革（包括业务数字化管理、生产数字化管理、财务数字化管理、营销数字化管理）。

8. 数字化战略转型的困难和任务

（1）公司数字化战略转型面临的困难。

①网络安全问题；②数据容量问题；③“数据孤岛”问题；④核心数字技术问题。

（2）大数据时代企业战略转型的主要任务。

①构建数字化组织设计，转变经营管理模式；

②加强核心技术攻关，夯实技术基础；

③打破“数据孤岛”，打造企业数字化生态体系；

④加快企业数字文化建设；

⑤利用新兴技术，提升公司网络安全水平。

第五章　公司治理

1. 三大公司治理问题（见图 5-1）

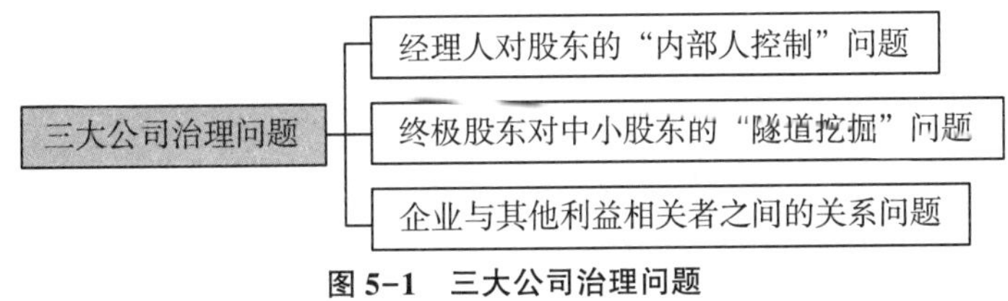

图 5-1　三大公司治理问题

（1）经理人对于股东的“内部人控制”问题（见表 5-1）。

表 5-1　经理人对于股东的“内部人控制”问题的表现形式

表现形式	经理人对于股东的“内部人控制”问题
违背忠诚义务	过高的在职消费，盲目过度投资，经营行为的短期化；侵占资产，资产转移；工资、奖金等收入增长过快，侵占利润；会计信息作假、财务作假；建设个人帝国
违背勤勉义务	信息披露不完整、不及时；敷衍偷懒不作为；财务杠杆过度保守；经营过于稳健、缺乏创新等等
我国国企改革过程中	国有资产流失、会计信息失真

（2）终极股东对于中小股东的“隧道挖掘”问题。

①终极股东对于中小股东的“隧道挖掘”问题的表现形式（见表 5-2）。

表 5-2　终极股东对于中小股东的“隧道挖掘”问题的表现形式

表现形式	终极股东对于中小股东的“隧道挖掘”问题
滥用公司资源	并非以占有公司资源为目的，但也未按照公司整体目标为行动导向的行为→违背勤勉义务
占用公司资源	终极股东通过各种方法将公司的利益输送至自身的行为→违背忠实义务

其中，占用公司资源的具体表现形式见图 5-2。

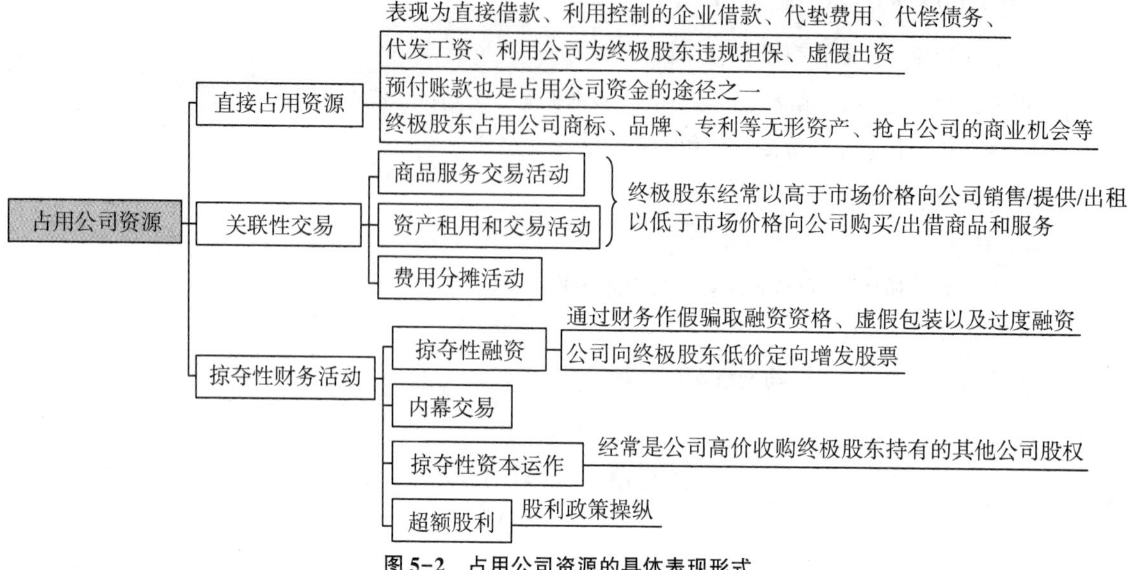

图 5-2　占用公司资源的具体表现形式

②保护中小股东权益的方式：

A. 累积投票制；

B. 建立有效的股东民事赔偿制度；

C. 建立表决权排除制度；

D. 完善小股东的代理投票权；

E. 建立股东退出机制（转股、退股）。

（3）企业与其他利益相关者之间的关系问题。

第六章　风险与风险管理

1. 企业面对的风险种类（见图 6-1）

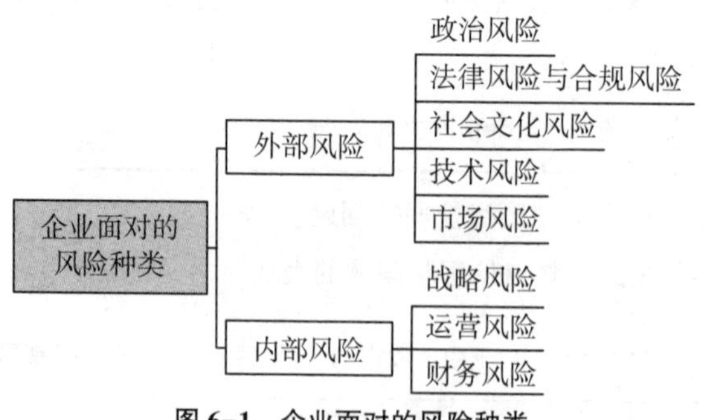

图 6-1　企业面对的风险种类

（1）市场风险。

市场风险至少要考虑以下 5 个方面：

①产品或服务的价格及供需变化带来的风险；

②能源、原材料、配件等物资供应的充足性、稳定性和价格的变化带来的风险；

③主要客户、主要供应商的信用风险；

④税收政策和利率、汇率、股票价格指数的变化带来的风险；

⑤潜在进入者、竞争者、与替代品的竞争带来的风险。

（2）战略风险（见表 6-1）。

表 6-1 战略风险的具体表现形式

对象	风险点	可能导致的不良后果
发展战略	缺乏明确的发展战略或发展战略实施不到位	企业盲目发展，难以形成竞争优势，丧失发展机遇和动力
	过于激进，脱离企业实际能力或偏离主业	企业过度扩张，甚至经营失败
	因主观原因频繁变动	资源浪费，甚至危及企业的生存和持续发展

（3）运营风险。

①依据《中央企业全面风险管理指引》，运营风险至少要考虑以下几个方面：

A. 企业产品结构、新产品研发方面可能引发的风险；

B. 企业新市场开发，市场营销策略（包括产品或服务定价与销售渠道，市场营销环境状况等）方面可能引发的风险；

C. 企业组织效能、管理现状、企业文化，高、中层管理人员和重要业务流程中专业人员的知识结构、专业经验等方面可能引发的风险；

D. 期货等衍生产品业务发生失误带来的风险；

E. 质量、安全、环保、信息安全等管理发生失误导致的风险；

F. 因企业内、外部人员的道德风险或业务控制系统失灵导致的风险；

G. 给企业造成损失的自然灾害等风险；

H. 企业现有业务流程和信息系统操作运行情况的监管、运行评价及持续改进能力方面引发的风险。

②从内部控制角度展开几个主要运营风险。

A. 组织架构设计与运行中需关注的主要风险（见表 6-2）。

表 6-2 组织架构设计与运行中需关注的主要风险

主要对象	风险点	可能导致的不良后果
治理结构	形同虚设，缺乏科学决策、良性运行机制和执行力	可能导致企业经营失败，难以实现发展战略
内部机构	设计不科学，权责分配不合理	可能导致机构重叠、职能交叉或缺失、推诿扯皮，运行效率低下

B. 人力资源管理需关注的主要风险（见表 6-3）。

表 6-3 人力资源管理需关注的主要风险

主要对象	风险点	可能导致的不良后果
人力资源	缺乏或过剩、结构不合理、开发机制不健全	可能导致企业发展战略难以实现
	激励约束制度不合理、关键岗位人员管理不完善	可能导致人才流失、经营效率低下或关键技术、商业秘密和国家机密泄露
	退出机制不当	可能导致法律诉讼或企业声誉受损

C. 履行社会责任方面需关注的主要风险（见表 6-4）。

表 6-4 履行社会责任方面需关注的主要风险

主要对象	风险点	可能导致的不良后果
安全生产	安全生产措施不到位，责任不落实	可能导致企业发生安全事故
产品质量（含服务）	产品质量低劣，侵害消费者利益	可能导致企业巨额赔偿、形象受损，甚至破产
环境保护与资源节约	环境保护投入不足，资源耗费大，造成环境污染或资源枯竭	可能导致企业巨额赔偿、缺乏发展后劲，甚至停业
促进就业与员工权益保护	促进就业和员工权益保护不够	可能导致员工积极性受挫，影响企业发展和社会稳定

D. 企业文化建设需关注的主要风险（见表 6-5）。

表 6-5 企业文化建设需关注的主要风险

风险点	可能导致的不良后果
缺乏积极向上的企业文化	可能导致员工丧失对企业的信心和认同感，企业缺乏凝聚力和竞争力
缺乏开拓创新、团队协作和风险意识	可能导致企业发展目标难以实现，影响可持续发展
缺乏诚实守信的经营理念	可能导致舞弊事件的发生，造成企业损失，影响企业信誉
忽视企业间的文化差异和理念冲突	可能导致并购重组失败

E. 采购业务需关注的主要风险（见表 6-6）。

表 6-6 采购业务需关注的主要风险

主要对象	风险点	可能导致的不良后果
采购计划	安排不合理，市场变化趋势预测不准确，造成库存短缺或积压	可能导致企业生产停滞或资源浪费
供应商/采购方式/价格	供应商选择不当，采购方式不合理，招投标或定价机制不科学，授权审批不规范	可能导致采购物资质次价高，出现舞弊或遭受欺诈
验收/付款	采购验收不规范，付款审核不严	可能导致采购物资、资金损失或信用受损

F. 资产管理需关注的主要风险（见表 6-7）。

表 6-7 资产管理需关注的主要风险

主要对象	风险点	可能导致的不良后果
存货	积压或短缺	可能导致流动资金占用过量、存货价值贬损或生产中断
固定资产	更新改造不够、使用效能低下、维护不当、产能过剩	可能导致企业缺乏竞争力、资产价值贬损、安全事故频发或资源浪费
无形资产	缺乏核心技术、权属不清、技术落后、存在重大技术安全隐患	可能导致企业法律纠纷、缺乏可持续发展能力

G. 销售业务需关注的主要风险（见表 6-8）。

表 6-8 销售业务需关注的主要风险

主要对象	风险点	可能导致的不良后果
销售政策、市场预测、销售渠道	销售政策和策略不当，市场预测不准确，销售渠道管理不当等	可能导致销售不畅、库存积压、经营难以为继
客户信用管理、结算方式、账款回收	客户信用管理不到位，结算方式选择不当，账款回收不力等	可能导致销售款项不能收回或遭受欺诈
销售过程	存在舞弊行为	可能导致企业利益受损

H. 研究与开发需关注的主要风险（见表 6-9）。

表 6-9 研究与开发需关注的主要风险

主要对象	风险点	可能导致的不良后果
研究项目	未经科学论证或论证不充分	可能导致创新不足或资源浪费
研发人员	配备不合理	可能导致研发成本过高、舞弊或研发失败
研发过程	管理不善	
研究成果	转化应用不足、保护措施不力	可能导致企业利益受损

I. 工程项目需关注的主要风险（见表 6-10）。

表 6-10 工程项目需关注的主要风险

主要对象	风险点	可能导致的不良后果
工程立项	缺乏可行性研究或者可行性研究流于形式，决策不当，盲目上马	可能导致难以实现预期效益或项目失败
工程招标	“暗箱操作”，存在商业贿赂	可能导致中标人实质上难以承担工程项目、中标价格失实及相关人员涉案
工程造价	工程造价信息不对称，技术方案不落实，概预算脱离实际	可能导致项目投资失控

（续表）

主要对象	风险点	可能导致的不良后果
工程建设	工程物资质次价高，工程监理不到位，项目资金不落实	可能导致工程质量低劣，进度延迟或中断
工程验收	竣工验收不规范，最终把关不严	可能导致工程交付使用后存在重大隐患

J. 办理担保业务需关注的主要风险（见表 6-11）。

表 6-11 办理担保业务需关注的主要风险

主要对象	风险点	可能导致的不良后果
担保申请人	资信状况调查不深，审批不严或越权审批	可能导致企业担保决策失误或遭受欺诈
监控	对被担保人出现财务困难或经营陷入困境等状况监控不力，应对措施不当	可能导致企业承担法律责任
担保过程	存在舞弊行为	可能导致经办审批等相关人员涉案或企业利益受损

K. 企业的业务外包需关注的主要风险（见表 6-12）。

表 6-12 企业的业务外包需关注的主要风险

主要对象	风险点	可能导致的不良后果
外包范围、价格、承包方	外包范围和价格确定不合理，承包方选择不当	可能导致企业遭受损失
监控	业务外包监控不严、服务质量低劣	可能导致企业难以发挥业务外包的优势
舞弊	业务外包存在商业贿赂等舞弊行为	可能导致企业相关人员涉案

L. 合同管理需关注的主要风险（见表 6-13）。

表 6-13 合同管理需关注的主要风险

主要对象	风险点	可能导致的不良后果
没有合同、合同主体无权限、内容	未订立合同、未经授权对外订立合同、合同对方主体资格未达要求、合同内容存在重大疏漏和欺诈	可能导致企业合法权益受到侵害
合同履行、监控	合同未全面履行或监控不当	可能导致企业诉讼失败、经济利益受损
合同纠纷	合同纠纷处理不当	可能损害企业利益、信誉和形象

M. 内部信息传递需关注的主要风险（见表 6-14）。

表 6-14 内部信息传递需关注的主要风险

主要对象	风险点	可能导致的不良后果
内部报告系统	内部报告系统缺失、功能不健全、内容不完整	可能影响生产经营有序运行
内部信息传递	不通畅、不及时	可能导致决策失误、相关政策措施难以落实
	泄露商业秘密	可能削弱企业核心竞争力

N. 利用信息系统实施内部控制需关注的主要风险（见表 6–15）。

表 6–15 利用信息系统实施内部控制需关注的主要风险

主要对象	风险点	可能导致的不良后果
信息系统	缺乏或规划不合理	可能造成信息孤岛或重复建设，导致企业经营管理效率低下
开发 & 授权	系统开发不符合内部控制要求，授权管理不当	可能导致无法利用信息技术实施有效控制
运维 & 安全	系统运行维护和安全措施不到位	可能导致信息泄露或毁损，系统无法正常运行

（4）财务风险。

①实行全面预算管理需关注的主要风险（见表 6–16）。

表 6–16 实行全面预算管理需关注的主要风险

主要对象	风险点	可能导致的不良后果
没有或不健全	不编制预算或预算不健全	可能导致企业经营缺乏约束或盲目经营
预算目标、编制	预算目标不合理、编制不科学	可能导致企业资源浪费或发展战略难以实现
预算刚性	预算缺乏刚性、执行不力、考核不严	可能导致预算管理流于形式

②资金活动需关注的主要风险（见表 6–17）。

表 6–17 资金活动需关注的主要风险

对象	风险点	可能导致的不良后果
筹资	筹资决策不当，引发资本结构不合理或无效融资	可能导致企业筹资成本过高或债务危机
投资	投资决策失误，引发盲目扩张或丧失发展机遇	可能导致资金链断裂或资金使用效益低下
资金营运	资金调度不合理、营运不畅	可能导致企业陷入财务困境或资金冗余
	资金活动管控不严	可能导致资金被挪用、侵占、抽逃或企业遭受欺诈

③财务报告：编制、对外提供和分析利用财务报告需关注的主要风险（见表 6–18）。

表 6–18 编制、对外提供和分析利用财务报告需关注的主要风险

主要对象	风险点	可能导致的不良后果
财务报告的编制	违反会计法律法规和国家统一的会计准则制度	可能导致企业承担法律责任和声誉受损
财务报告的提供	提供虚假财务报告	误导财务报告使用者，造成决策失误，干扰市场秩序
财务报告的利用	不能有效利用财务报告，难以及时发现企业经营管理中存在的问题	可能导致企业财务和经营风险失控

2. 风险管理组织体系

企业风险管理组织体系，主要包括规范的公司法人治理结构、风险管理委员会、风险管理职能部门、审计委员会、企业其他职能部门及各业务单位和下属子公司。

（1）董事会、风险管理委员会和风险管理职能部门的职责（见表6-19）。

表6-19 董事会、风险管理委员会和风险管理职能部门的职责

职责	董事会	风险管理委员会	风险管理职能部门
全面风险管理年度工作报告	审议并向股东（大）会提交	提交	研究提出
风险管理总体目标、风险偏好、风险承受度	确定	—	—
风险管理策略和重大风险管理解决方案	批准	审议	研究提出
企业面临的各项重大风险及其风险管理现状	了解和掌握，并做有效控制的决策	—	研究提出
重大决策、重大风险、重大事件和重要业务流程的判断标准或判断机制	批准	审议	研究提出
重大决策的风险评估报告	批准	审议	研究提出
风险管理监督评价审计报告（由内审部门提交）	批准	审议	—

【关键词总结】

①董事会：批准+审议全面风险管理年度工作报告。

②风险管理委员会：审议+提交全面风险管理年度工作报告。

③风险管理职能部门：研究提出/负责。

（2）审计委员会在内部控制中的作用（见表6-20）。

表6-20 审计委员会在内部控制中的作用

特征	具体内容	
组织结构	董事会下设立的专门委员会	
成员要求	负责人	应当具备相应的独立性、良好的职业操守和专业胜任能力
	成员	应全部由独立、非行政董事组成，他们至少拥有相关的财务经验
与履行职责相关的关键数字	3	建议审计委员会每年至少举行三次会议，并于审计周期的主要日期举行
	1	审计委员会应每年至少与外聘及内部审计师会面一次，讨论与审计相关的事宜，但无需管理层出席
	1	审计委员会应每年对其权限及其有效性进行复核，并就必要的人员变更向董事会报告

3. 内部控制系统

内部控制的要素：控制环境、风险评估、控制活动（不相容职务分离控制、授权审批控制、会计系统控制、财产保护控制、预算控制、运营分析控制和绩效考评控制）、信息与沟通、监控。

【答案】BCD

【考点】企业资源分析

【解析】有形资源通常容易被竞争对手轻易地取得，因此，这些有形资源便不能成为企业竞争优势的来源。但是，具有稀缺性的有形资源能为公司带来竞争优势。在香港的五星级观光酒店中，半岛酒店因为位于九龙半岛的天星码头旁，占有有利的地理位置，游客可以遥望对岸香港岛和维多利亚港。美不胜收的海景和夜景，便是它的一大特色，构成其竞争优势的一个来源。

17. 【2019】多年成功经营的丰盛纺织集团收购了某国一家濒临破产的纺织厂，并组织该厂管理人员到集团旗下国内某著名纺织厂调研、学习，收效良好。丰盛集团所收购的纺织厂基准分析的类型涉及(　　)。

A. 一般基准　　B. 顾客基准　　C. 竞争性基准　　D. 内部基准

【答案】AD

【考点】基准分析

【解析】“多年成功经营的丰盛纺织集团收购了某国一家濒临破产的纺织厂”说明两者处于相同的产业，具有相同业务但并非服务同一市场，因此是一般基准；“组织该厂管理人员到集团旗下国内某著名纺织厂调研、学习，收效良好”是内部比较，因此是内部基准。

18. 【2020】朝辉汽车制造公司为了获取成本优势，与汽车发动机供应商建立了良好关系，保证生产进度不受影响；所需外购配件由就近的泰达公司提供，减少了运输费用；内部各个配件厂分布在总装厂周围，建立大规模生产线实现规模经济。该公司的上述做法涉及其价值链中的（　　）。

A. 内部后勤　　B. 生产经营　　C. 外部后勤　　D. 采购管理

【答案】ABD

【考点】价值链分析

【解析】“与汽车发动机供应商建立了良好关系，保证生产进度不受影响”属于采购管理；“所需外购配件由就近的泰达公司提供，减少了运输费用”属于内部后勤；“内部各个配件厂分布在总装厂周围，建立大规模生产线实现规模经济”属于生产经营。

19. 【2017】华生公司开发了有助于失明患者进行义眼移植的Y产品，并且取得了发明专利。公司随后建立了生产Y产品的工厂，目前形成了较为完善的进货、生产、发货、服务与分销体系。从企业价值链角度考察，华生公司与Y产品有关的价值活动包括(　　)。

A. 基础设施　　B. 生产经营　　C. 内部后勤　　D. 技术开发

【答案】AD

【考点】价值链分析

【解析】“形成了较为完善的进货、生产、发货、服务与分销体系”属于基础设施（管理层面）；“开发了有助于失明患者进行义眼移植的Y产品，并且取得了发明专利”属于技术开发。

20. 【2015】按照波特的价值链分析方法，企业支持活动中的基础设施包括(　　)。

A. 财务管理　　B. 厂房、道路等

C. 企业高层管理人员　　D. 企业的组织、惯例、控制系统以及文化等活动

【答案】ACD

【考点】价值链分析

【解析】企业支持活动中的基础设施是指企业组织结构、惯例、控制系统以及文化等活动。企业高层管理人员往往在这些方面发挥重要作用，因此，高层管理人员也往往被视作基础设施的一部分。公司的厂房属于固定资产而不是一种活动，所以选项B错误。

21. 【2014】下列各项对企业资源能力的价值链分析表述中，正确的有(　　)。

A. 支持企业竞争优势的关键性活动是企业独特能力之一

B. 选择或构筑价值链各项活动之间的最佳联系方式，有利于提高价值创造和战略能力

C. 价值链分析适用于多元化经营企业对企业资源能力进行考察

D. 价值活动的联系既存在于企业价值链内部，也存在于企业与企业的价值链之间

【答案】ABD

【考点】价值链分析

【解析】支持企业竞争优势的关键性活动事实上就是企业的独特能力的一部分，选项 A 正确；价值链中基本活动之间、基本活动与支持活动之间以及支持活动之间存在各种联系，选择或构筑最佳的联系方式对于提高价值创造和战略能力是十分重要的，选项 B 正确；价值链分析有助于对企业的能力进行考察，这种能力来源于独立的产品、服务或业务单位。但是，对于多元化经营的公司来说，还需要将企业的资源和能力作为一个整体来考虑，选项 C 错误；价值活动的联系不仅存在于企业价值链内部，而且存在于企业与企业的价值链之间，选项 D 正确。

22. 【2013】甲公司是一家复印机生产企业。关于甲公司的价值链，以下表述正确的有(　　)。

A. 进货材料搬运、部件装配、订单处理、广告、售后服务等活动属于基本活动

B. 公司的基础设施包括厂房、建筑物等

C. 运输服务、原材料采购、信息系统开发、招聘等活动属于支持活动

D. 价值链的每项活动对甲公司竞争优势的影响是不同的

【答案】ACD

【考点】价值链分析

【解析】价值链将企业的生产经营活动分为基本活动和支持活动两大类。基本活动是指生产经营的实质性活动，一般可以分为内部后勤、生产经营、外部后勤、市场销售和服务五种活动，选项 A 正确；支持活动是指用以支持基本活动而且内部之间又相互支持的活动，包括采购管理、技术开发、人力资源管理和企业基础设施，选项 C 正确。虽然价值链的每项活动，包括基本活动和支持活动都是企业成功所必经的环节，但是，这些活动对企业竞争优势的影响是不同的，选项 D 正确。基础设施指企业的组织结构、惯例、控制系统以及文化等活动，厂房属于企业的资产而并非活动，选项 B 错误。

23. 【2014】下列各项中，属于企业内部环境分析常用的战略分析工具有(　　)。

A. 波士顿矩阵　　B. 通用矩阵　　C. SWOT 分析　　D. 成功关键因素分析

【答案】ABC

【考点】内部环境分析

【解析】成功关键因素属于外部环境分析中的产业环境分析。

24. 【2015】甲公司是国内火力发电装备制造行业的龙头企业，拥有雄厚的资金实力和品牌优势。2012 年，甲公司在国家政策支持下，投资开展了为核电企业提供配套设备的新业务，由于相关技术研发力量不足，且市场竞争激烈，该业务一直处于亏损状态。下列各项对甲公司所作的 SWOT 分析并提出的相应战略中，正确的有(　　)。

A. 甲公司新业务的相关技术研发力量不足，且市场竞争激烈，应将新业务出售。此为 WT 战略

B. 甲公司虽然新业务的相关技术研发力量不足，但面对国家政策的支持，应寻找有实力的公司，结成战略联盟。此为 ST 战略

C. 甲公司拥有雄厚的资金实力和品牌优势，但自身研发能力不足，应寻求有实力的公司，结成战略联盟。此为 WO 战略

D. 甲公司拥有雄厚的资金实力和品牌优势，应借国家政策支持的东风，加强技术攻关力度，争取新业务尽快扭亏为盈。此为 SO 战略

【答案】AD

【考点】SWOT 分析应用

【解析】SWOT 分析的战略一定是企业内部环境和外部环境的组合，所以不可能出现 SW 组合和 OT 组合，而选项 C 表述的是内部环境（拥有雄厚的资金实力和品牌优势属于优势，自身研发能力不足属于企业内部的劣势（W）），而不涉及外部环境，所以选项 C 错误。“研发能力不足”属于企业内部的劣

势（W），而“国家政策支持”属于外部环境的机会（O），是 WO 战略，所以选项 B 错误。

25. 【2014】甲公司是 C 国一家以乳制品业务为主体的多元化经营企业，业务范围涉及乳制品、煤化工、房地产、新能源等。甲公司对其业务发展状况进行分析，以下各项符合 SWOT 分析的有（　　）。

A. 乳制品行业增长缓慢，公司市场占有率高，应采用 SO 战略

B. 房地产行业不景气，公司市场占有率低，应采用 WT 战略

C. 新能源行业具有广阔的发展前景，公司在该行业不具有竞争优势，应采用 WO 战略

D. 煤化工行业近年来发展势头明显回落，公司在该行业中具备一定优势，应采用 ST 战略

【答案】BCD

【考点】SWOT 分析应用

【解析】“乳制品行业增长缓慢”属于外部环境的威胁（T），“公司市场占有率高”属于企业内部的优势（S），应该采用 ST 战略，所以选项 A 错误。

26. 【2013】甲公司是国内一家印刷机制造企业，主要产品是胶印机。为了开发印后设备（即折页装订、模切、包装等设备），该公司进行了 SWOT 分析。在以下表述中，符合该公司 SWOT 分析要求的有（　　）。

A. 甲公司产品在国内具有较高的品牌知名度和完善的销售渠道，但在短期内印后设备研发能力不足，甲公司寻求一家有印后研发能力的企业进行战略合作，此战略为 WT 战略

B. 甲公司产品在国内具有较高的品牌知名度和完善的销售渠道，国家政策鼓励优势企业进行产品和技术开发进入市场需求旺盛的印后设备领域，甲公司决定借政策东风，迅速进入印后设备领域，此战略为 SO 战略

C. 由于甲公司短期内印后设备研发能力不足，国外印后设备制造商竞争对手实力强大，因此，甲公司决定与一家国外印后设备制造商进行战略合作，此战略为 ST 战略

D. 由于甲公司短期内印后设备研发能力不足，面对国内对印后设备日益强劲的市场需求，甲公司寻求一家有印后研发能力的企业进行战略合作，此战略为 WO 战略

【答案】BD

【考点】SWOT 分析应用

【解析】通过 SWOT 分析可以将企业战略分析过程中总结出的企业的优势与劣势、外部环境的机会与威胁转换为企业下一步的战略开发方向。“甲公司在短期内印后设备研发能力不足，寻求一家有印后研发能力的企业进行战略合作”，体现的都是甲公司企业内部的劣势（W），此战略可能为 WT 战略也可能为 WO 战略，所以选项 A 错误；“由于甲公司短期内印后设备研发能力不足，国外印后设备制造商竞争对手实力强大，因此，甲公司决定与一家国外印后设备制造商进行战略合作”为 WT 战略，所以选项 C 错误。

三、简答题

1. 【2018】2003 年，“电池大王”××公司收购了一家汽车制造公司，成立了××汽车公司。××汽车公司将其电池生产技术优势与汽车制造技术相结合，迅速成为国内新能源汽车领域的龙头企业。新能源汽车生产的关键在于掌握三大核心零部件电机、电控与电池的生产制造技术以及具有完备的整车组装能力。××汽车公司下大力气增强企业这些关键性活动的竞争优势。××汽车公司在包括电机、电控与电池生产领域投入的研发费用占销售收入比重达 4.13%，远高于国内同类汽车生产企业的研发投入占比，与国际知名汽车品牌企业相当。××汽车公司自主研发的磷酰铁锂电池（锂电池的一种）及管理系统安全性能好、使用寿命长；××汽车公司的锂电池专利数量名列国内第一。××汽车公司自主研发的永磁同步电机功率大、扭矩大，足够满足双模电动汽车（拥有燃油驱动与电能驱动两种动力系统，驱动力可以由电动机单独供给，也可以由发动机与电动机耦合供给，与混合动力汽车并无差别）与纯电动车的动力

需求。××汽车公司自主研发的动力系统匹配技术能够保证动力电池、驱动电机及整车系统的匹配，保证整车运行效率。

此外，2008 年××汽车公司以近 2 亿元的价格收购了半导体制造企业中达公司，此次收购使××汽车公司拥有了电动汽车驱动电机的研发能力和生产能力。

2011 年，××汽车公司与国际知名老牌汽车制造企业 D 公司成立合资企业，借助 D 公司掌握的汽车结构以及安全领域的专有技术，增强公司在汽车整车组装方面的研发能力和生产能力。为了进一步扩大新能源汽车生产制造规模，××汽车公司又将在新能源轿车制造的优势延展至新能源客车制造。

2009 年，××汽车公司以6 000万元的价格收购国内美泽客车公司，获得客车生产许可证。

2014 年，××汽车公司又与国内广贸汽车集团分别按 51%和 49%的持股比例合资设立新能源客车公司，注册资本 3 亿元人民币。近年来，××汽车公司开启了向产业上下游延展的战略新举措。

2015 年，××汽车公司收购专门从事盐湖资源综合利用产品的开发、加工与销售的东州公司，这一收购整合了××汽车公司零部件得到生产。

2016 年，××汽车公司以 49%的持股比例，与青山盐湖工业公司及深域投资公司共同建立合资企业，注册基金 5 亿元人民币。此次合作实现了××汽车公司的动力锂电池优势与盐湖锂资源优势相结合。

2016 年，××汽车公司与广安银行分别以 80%和 20%的持股比例合资成立环亚汽车金融公司，注册资本 6 亿元人民币，这是××汽车公司向汽车服务市场延伸的一个重大事件。

到目前为止，××汽车公司是全球少有的同时掌握新能源电池、电机、电控及充电配套、整车制造等核心技术以及拥有成熟市场推广经验的企业之一。环亚新能源汽车的足迹已遍布全球六大洲 50 个国家和地区。

要求：简要分析××汽车公司在分析自身的资源和能力，从而构筑其竞争优势的过程中，是如何体现价值链分析方法的。

【考点】价值链分析

【答案】

××汽车公司在分析自身的资源和能力方面体现的价值链分析方法包括：

（1）确认那些支持企业竞争优势的关键性活动。“新能源汽车生产的关键在于掌握三大核心零部件电机、电控与电池的生产制造技术以及具有完备的整车组装能力。××汽车公司下大力气增强企业这些关键性活动的竞争优势”。

（2）明确价值链内各种活动之间的联系。“××汽车公司自主研发的动力系统匹配技术能够保证动力电池、驱动电机及整车系统的匹配，保证整车运行效率”。

（3）明确价值系统内各项价值活动之间的联系。“2011 年，××汽车公司与国际知名老牌汽车制造企业 D 公司成立合资企业，借助 D 公司掌握的汽车结构以及安全领域的专有技术，增强公司在汽车整车组装方面的研发能力和生产能力”。

敲黑板

战略主观题的综合性尤其强，涉及很多跨章节的知识点，因此主观题需专项演练，更多内容请见《CPA 高频高分主观题·公司战略与风险管理》（中国税务出版社 2021 版）。

Part III 模拟训练

Section 1 基础巩固

一、单选题

1. 根据通用矩阵理论，在甲公司对自身业务进行的测算指标中，需要采取维持或有选择地发展战略的是(　　)。
A. 乳制品竞争地位弱，产业吸引力很高
B. 白酒业竞争地位中等，但产业吸引力高
C. 粮油业竞争地位弱，产业吸引力中等
D. 豆奶制品竞争地位中等，产业吸引力很低

2. 下列选项中，不属于核心能力辨别方法的是(　　)。
A. 功能分析　　B. 资源分析
C. 过程系统分析　　D. 基准分析

3. 甲公司是北京一家餐饮企业，在进行客户满意度调查时发现未满足部分高端消费者的要求，于是甲公司决定向上海的一家餐饮企业请教如何满足该类顾客需要。甲公司采用的基准分析类型是(　　)。

A. 顾客基准　　B. 竞争性基准
C. 一般基准　　D. 过程或活动基准

4. 甲公司利用波士顿矩阵对自身业务进行了分析后发现，W 业务由于在市场上应用广泛，且质量上乘、性价比高，深受合作商家的喜爱，客户认可度高，在国内的市场份额一直处于领先地位。同时，由于国内 W 板块整体增长迅速，因此甲公司的 W 业务发展潜力巨大。甲公司的 W 业务属于(　　)。

A. 问题业务　　B. 明星业务
C. 现金牛业务　　D. 问题业务

5. 甲集团近年来发展较好，规模日渐壮大，业务领域慢慢增加。然而甲集团管理层发现近期进入的整车制造行业虽然市场发展迅速，但是竞争异常激烈，占用的营运资金数额较大，业务的市场份额非常小，导致该业务的现金流状态非常不好。针对整车制造的特征，甲集团管理层需要采取的策略是(　　)。

A. 加大投资　　B. 收获战略
C. 撤退战略　　D. 选择性投资战略

6. 甲公司的产品在国内的知名度不高，销售业绩一直平平；好在国外市场需求旺盛，甲公司可利用国外市场的渠道开发自己的产品。根据 SWOT 分析的应用，甲公司的战略属于(　　)。

A. 增长型战略　　B. 扭转型战略
C. 防御型战略　　D. 多元化战略

7. 甲公司是一家手机配件供应商，配件主要出口到 M 国，为其手机生产企业提供配件。近期甲公司在出口配件时，为了节省费用而利用了非正常渠道运输这批配件，该行为遭到 M 国相关部门的高额罚款。根据宏观环境分析，甲公司所面临的因素是(　　)。

A. 政治和法律环境　　B. 经济环境
C. 社会文化环境　　D. 技术环境

8. 下列关于波特五力模型的说法中，错误的是(　　)。

A. 该模型低估了企业与供应商、分销商以及合资企业之间可能建立的长期合作关系以减轻相互之间威胁的可能性

B. 劳动力不属于供应者的一部分，无法对产业施加压力

C. 替代品之间的竞争规律是，价值高的产品获得竞争优势

D. 若供应商了解购买商的转换成本，会增加供应商的讨价还价能力

9. 近年来，贸易差额和汇率的波动使我国外贸型企业的进出口业务受到很大影响，许多企业被迫寻找新的出路。以上说明企业受到的宏观环境因素影响是(　　)。

A. 政治环境因素　　B. 经济因素
C. 社会和文化因素　　D. 技术因素

10. 甲公司计划进入发展中国家 N 国展开经营。下列选项中，属于甲公司需要对 N 国的社会和文化环境进行分析的因素是(　　)。

A. N 国近年来国民收入分配政策形势大好

B. N 国居民消费水平渐涨，对外来事物接受度高

C. N 国汇率波动较大

D. 甲公司所在产业在 N 国技术发展速度较快

11. 甲公司是一家饮用水生产企业。在对饮用水行业进行分析时，甲公司发现市场基本饱和，产业规模趋于稳定，局部生产能力过剩，各厂家价格竞争十分激烈。针对这个现象，甲公司应该实现的战略目标是(　　)。

A. 巩固市场份额

B. 防御以获取最后的现金流

C. 扩大市场份额

D. 争取最大的市场份额

12. X 书店曾是我国最大的传统书店之一，在我国大大小小城市设立了上百家分店。然而在各大线上书店出现后，X 书店经营大不如前，关闭了数十家分店，甚至一度面临倒闭的危机。从五力模型的角度来看，线上书店属于(　　)。

A. 替代品的替代威胁

B. 现有企业的竞争

C. 供应商的讨价还价能力

D. 购买商的讨价还价能力

13. 甲公司是一家汽车生产企业。近期，甲公司对核心能力进行了评价，选取了一家快递公司乙公司为标杆，学习其成本控制经验。甲公司所采用的基准分析的类型为(　　)。

A. 竞争性基准　　B. 过程或活动基准
C. 一般基准　　D. 内部基准

二、多选题

14. 甲公司是我国一家大型食品生产企业。随着行业的发展，海外企业也看好中国市场需求的不断扩大，纷纷进入中国市场，加之本身国内食品生产企业就很多，竞争异常激烈；随着产品细分程度不断扩大，各种新型食品层出不穷，对传统的食品形成替代；食品种类越来越多，用户的选择范围增大，消费者总是有办法可以获得优惠价格；此外，近年来食品原料的成本大幅上涨，甲公司竞争压力日益增大。根据五种竞争力分析，甲公司面对的压力来自(　　)。
A. 潜在进入者的进入威胁
B. 替代品的替代威胁
C. 供应者、购买者的讨价还价能力
D. 产业内现有企业的竞争

15. 从五种竞争力模型的角度，下列选项中，对于国内某一民营电信运营商，会产生不利影响的有(　　)。
A. 该公司目前的产品较为单一，且容易被竞争对手复制
B. 进入电信行业需要投入巨额资金
C. 有的运营商可能会用更为先进的 5G 技术代替传统的宽带接入
D. 面对广阔的市场前景，国营运营商跃跃欲试，准备打造该领域的全产业链战略

16. 下列关于产品生命周期的表述中，不正确的有(　　)。
A. 在成熟期，有一些企业会先于产品退出市场
B. 导入期的产品销售额增长较快
C. 成长期的战略途径是提高效率，降低成本
D. 消费者对衰退期产品的性价比要求很高

17. 甲公司是我国最大的电商企业，公司近期一直在考虑新企业进入带来的威胁。下列选项中，能够帮助企业增加进入壁垒高度的因素有(　　)。
A. 电商行业增长迅速
B. 稳定的销售渠道和消费者的口碑
C. 行业内部有限制进入定价
D. 进入电商行业所需资金投入不大

18. 根据价值链分析理论，下列关于企业的活动中，属于支持性活动的有(　　)。
A. 甲公司对原材料进行装卸
B. 乙公司降低产品价格，实施促销
C. 丙公司聘请广告公司进行策划
D. 丁公司改进信息技术系统

19. 下列关于波士顿矩阵的说法中，正确的有(　　)。
A. 相对市场占有率高的产品有明星业务和现金牛业务
B. 瘦狗业务首选的战略是撤退
C. 明星业务是企业资源的主要消费者
D. 现金牛业务通常处于最差的现金流状态

20. 甲公司是一家手机生产企业，由于独特的芯片技术使其系统运行速度非常快，其独立研发的自有品牌手机深受消费者的喜爱，市场占有率世界第一。甲公司还拥有大型手机生产流水线，形成规模经济，资金充沛。甲公司拥有的无形资源包括(　　)。
A. 生产设备　　B. 品牌
C. 技术　　D. 资金

21. 下列选项中，能够成为具有竞争优势的资源有(　　)。
A. 甲公司是一家拥有绝佳地理位置的旅游开发企业
B. 乙公司是一家拥有良好师资力量的培训机构
C. 丙公司的独特服务一直为顾客称赞
D. 丁公司斥巨资购买了一套先进的财务分析软件

22. 根据价值链分析理论，下列活动中，属于基本活动的是(　　)。
A. 服装企业进行季末打折促销活动
B. 家具生产企业将成品家具运至仓库中
C. 科技公司重新整顿业务结构，采取灵活的矩阵制结构
D. 食品企业设立专门的研究中心开发新型食品

23. 下列关于波士顿矩阵的表述中，正确的有(　　)。
A. 问题业务应该采取收获战略，最好与其他事业部合并管理
B. 明星业务会创造大量的现金，是企业资源的主要提供者
C. 现金牛业务适合用事业部制进行管理，其经营者最好是市场营销型人物
D. 瘦狗业务可获得的利润很低，不能成为企业资金的来源

24. 根据价值链理论，分解企业价值活动时需要把握的原则包括(　　)。
A. 能显著改善与顾客关系的活动

B. 在成本中比例很大
C. 占用较多资金的活动
D. 具有不同的经济性

25. 对于一家婴儿用品企业来说，下列属于该企业机会的有(　　)。
A. 国家颁布“二孩”政策以提高出生率
B. 婴儿用品企业较多，竞争激烈
C. 婴儿用品的原料价格下降
D. 该企业设立专项研究院，提高产品工艺设计

Section 2 强化提高

三、单选题

26. 商界有句名言“女人和孩子的钱好赚”。从战略分析角度来看，该说法主要分析的因素是(　　)。
A. 人口因素　　B. 价值观
C. 生活方式变化　　D. 消费心理

27. 甲公司是某省唯一一家风力发电企业，另外两家发电企业是火力发电企业。与其他两家发电企业相比，甲公司具有一定的经营优势，包括：①风力发电站设在本省最适宜设立风电厂的出口，该出口常年具有风力发电所必需的有效风速；②风机和风车等风力发电设备全部从国外进口；③拥有省内水平最高的风电工程师；④享受国家对风电企业给予的税收优惠政策。与省内其他两家发电企业相比，甲公司核心竞争力的资源是(　　)。
A. 先进的风力发电设备
B. 正在享受的税收优惠政策
C. 地理位置和风力资源
D. 拥有省内水平最高的风电工程师

28. 在激烈的竞争环境中，处在同一行业的企业纷纷通过市场营销争取某产品的最大市场份额，这种情形标志着该产品已进入生命周期的(　　)。
A. 导入期阶段　　B. 成长期阶段
C. 成熟期阶段　　D. 衰退期阶段

29. 下列各项中，不能增加企业核心竞争力的是(　　)。
A. 产品差异化　　B. 购买生产专利权
C. 创新生产技术　　D. 聘用生产外包商

30. 下列各项中，不属于PEST分析的经济环境因素是(　　)。
A. 产业结构　　B. 经济发展水平
C. 收入分配政策　　D. 人口地区分布

31. 某国际快餐连锁公司宣布在中东开设连锁店，但并不出售猪肉汉堡，只出售牛肉汉堡、鸡肉汉堡和鱼肉汉堡。这说明该国际快餐连锁公司在战略分析中考虑了(　　)。
A. 政治和法律因素　　B. 经济因素
C. 社会和文化因素　　D. 技术因素

32. 根据波士顿矩阵理论，当某企业的所有产品均处于高市场增长率时，下列各项关于该企业产品所属类别的判断中，正确的是(　　)。
A. 明星产品和金牛产品
B. 明星产品和问题产品
C. 瘦狗产品和金牛产品
D. 金牛产品和问题产品

四、多选题

33. 甲公司是一家国际知名的快餐连锁企业。下列各项中，属于甲公司战略分析时必须关注的企业资源有(　　)。
A. 自动化生产线
B. 独特的企业文化
C. 组织成员的推理和决策能力
D. 作为商业秘密保管的食品配方

34. 某研究员提出：经过20年的发展，饮用水市场目前已进入成熟期。支持该研究员结论的市场现象包括(　　)。
A. 竞争者之间出现挑衅性的价格竞争
B. 市场上饮用水品牌的数量逐渐减少，先于产品退出市场
C. 产品的市场增长率及企业的相对市场占有率同时处于低位
D. 同行业企业战略的重点应倾向于在巩固市场份额的同时提高投资报酬率

35. 甲公司是一家重型汽车生产企业。甲公司管理层正在考虑进军小轿车生产行业，并创立一个全新品牌的小轿车。甲公司在评估面临的进入壁垒高度时，应当考虑的因素有(　　)。
A. 为加入小轿车行业而成立新厂所需的资金是否足够
B. 政府是否出台限制某些公司进入小轿车行业的政策
C. 甲公司是否能够承担从重型汽车生产到小轿车生产的转换成本
D. 市场上汽车生产用合金材料供应商的数目及其议价能力

36. 按照波特的五力分析模型，下列各项因素中，可能对某家航空公司获取行业竞争优势产生不

利影响的有(　　)。

A. 进入航空业需要大量的资本投入

B. 航空产业的行业增长率开始处于下降趋势

C. 廉价航空公司兴起，使机票价格大幅降低

D. 许多大型国际企业采用视频会议管理跨国业务，使商务航空服务需求降低

37. 下列关于企业资源的表述中，正确的有(　　)。

A. 企业文化和组织经验属于企业的人力资源

B. 应收账款属于企业的无形资源

C. 企业的无形资源一般难以被竞争对手了解、购买、模仿或替代

D. 企业的有形资源列示在资产负债表的公允价值不能完全代表其战略价值

38. 按照波特的价值链理论，企业的下列各项活动中，属于支持活动的有(　　)。

A. 新华书店提供网络在线销售服务

B. 家电生产企业利用仓库储存其产成品

C. 快递公司重整其人力资源管理，提升员工的服务能力

D. 制鞋企业设立特定研究中心专门从事人体工程学和产品生产的研究

39. 下列各项中，属于引起产业竞争激烈的主要因素有(　　)。

A. 竞争对手数量众多　B. 产业已进入成熟期

C. 产业的退出障碍高　D. 企业拥有稀缺资源

40. 乙公司是苏州一家集团企业，其主营业务为原木材料的供应，其他业务为家具制造、公园设施基建工程业务等。乙公司拥有多年加工木材的经验及大型加工场所，木材产量位居全国第二。乙公司自主品牌家具在 2018 年成为欧洲单一品牌家具销量之首。根据上述信息，可以判断乙公司所拥有的无形资源有(　　)。

A. 加工场　　B. 组织经验

C. 品牌　　D. 专利

41. 乙公司拟开办航空业务并将其基地设在印度尼西亚，以使企业多元化发展。在分析该战略提案时，乙公司需要对外部环境进行评估，其可使用的分析工具有(　　)。

A. BCG 矩阵分析　　B. 4P 分析

C. PEST 分析　　D. 五力模型分析

五、简答题

42. W 公司是国内一家一次性餐具生产企业，所生产的餐具大多销往中部地区，例如河南、河北等地。近年来，随着外卖行业的兴起，市场上对于一次性餐具的需求日益增加，W 公司的规模也因此不断扩大。公司领导层决定将市场扩大到上海，为此，公司特意针对上海的一次性餐具市场进行了调查。上海作为一个时尚大都市，经济一直处于迅速发展的阶段，排名全国前列，地区经济的发展使得人们的生活方式也在发生变化，大部分消费者都在追求健康的新阶段，凡是能够满足消费者追求的健康以及生活品质的产品通常都会有较好的市场表现。然而，自 2019 年 7 月 1 日开始，《上海市生活垃圾管理条例》将在上海强制性实施，要求各大餐馆不再主动提供一次性餐具。应改善环境的要求，各餐具生产厂也在改进一次性餐具生产技术，甚至有企业也在研究可食用的一次性餐具，但是，由于技术原因，达到可食用的标准以及量产的要求还需要较长的时间。

通过对一次性餐具市场的深入调研，W 公司管理层对市场竞争格局有了清晰的把握：上海的一次性餐具市场虽然巨大，但是竞争对手较多，并且已经占据优势地位的企业也不在少数，想要与它们抗衡难度太大。最终，W 公司管理层决定：着手开发上海市场上尚属空白的可食用性餐具，而且选择高端市场，注重品质和功能。这部分市场虽然有难度，但是发展前景良好。

要求：

（1）简要说明 W 公司所进行的宏观因素分析。

（2）简要分析 W 公司的战略决策体现的战略分析意义。

43. T 公司是一家汽车生产企业，多年来一直致力于将电能应用在汽车动力领域，目前主要生产纯汽油动力车以及电力汽油混动车。2018 年年初，为了制定自身的发展战略，T 公司对行业的竞争结构进行分析后发现，电动汽车领域的投入较大，由于我国对整车制造业的保护，不允许外资企业直接投资建厂，外国汽车制造商只能采取出口或者合资的方式进入中国市场。对于电动汽车来说，最重要的原材料就是电池，与普通电池不同的是，电动汽车的电池对蓄电量、持久性、安全性等方面的要求都很高。虽然整个市场上电池供应商非常有限，好在还有混动车的存在，大部分汽车可以利用汽油作为电池的替代品，汽车可用双动力驱动。近年来，由于我国市场的开放和市场需求的多样化，大量外国企业制造的电动汽车被进口，性能良好，深受消费者的欢迎，选择范围也更大。不过，进口的电动汽车在价格上没有优势，还是高于国内电动汽车。由于纯电动汽车是未来的发展趋势，市场算蓝海，因此国内外很多汽车企业都在研究，整个市场竞争激烈。针对分析结果，

T公司管理层最终决定设立专门的研究院开发纯电动汽车，并着手自己生产电池。

要求：从机会和威胁两个方面简要分析T公司所面对的五种竞争力量。

敲黑板

主观题需专项演练，更多内容请见《CPA高频高分主观题·公司战略与风险管理》（中国税务出版社2021版）。

Section 3 答案解析

1. 【答案】A

【考点】通用矩阵

【解析】“白酒业竞争地位中等，但产业吸引力高”应采取增长与发展战略；“粮油业竞争地位弱，产业吸引力中等”应采取停止、转移或撤退战略；“豆奶制品竞争地位中等，产业吸引力很低”应采取停止、转移或撤退战略。

2. 【答案】D

【考点】核心能力

【解析】基准分析属于核心能力的评价方法。

3. 【答案】C

【考点】基准分析

【解析】甲乙处于同一产业，但是非直接竞争关系（北京、上海两地），所以是一般基准。

4. 【答案】B

【考点】波士顿矩阵

【解析】“国内的市场份额一直处于领先地位”说明相对市场份额较高；同时，“国内W板块整体增长迅速，因此，甲公司的W业务发展潜力巨大”说明市场增长率较高。

5. 【答案】D

【考点】波士顿矩阵

【解析】该业务“市场发展迅速，但是竞争异常激烈，占用的营运资金数额较大”说明市场增长率较高，但是“业务的市场份额非常小，导致该业务的现金流状态非常不好”说明相对市场份额较低，属于问题业务，需要采取选择性投资战略。

6. 【答案】B

【考点】SWOT分析应用

【解析】“产品在国内的知名度不高，销售业绩一直平平”属于劣势（W），“国外市场需求旺盛”属于机会（O），甲公司的战略为扭转型战略（WO）。

7. 【答案】A

【考点】PEST分析

【解析】“该行为遭到M国相关部门的高额罚款”属于政治和法律环境。

8. 【答案】B

【考点】五力模型

【解析】劳动力也属于供应者的一部分，可能对许多产业施加压力。比如，短缺的、高技能雇员以及紧密团结起来的劳工可以与雇主或劳动力购买者讨价还价而削减相当一部分产业利润潜力。

9. 【答案】B

【考点】PEST分析

【解析】贸易差额和汇率属于经济因素中的当前经济状况。

10. 【答案】B

【考点】PEST分析

【解析】“N国近年来国民收入分配政策形势大好”属于经济环境因素；“N国汇率波动较大”属于经济因素；“甲公司所在产业在N国技术发展速度较快”属于技术因素。

11. 【答案】A

【考点】产品生命周期

【解析】根据“市场基本饱和，产业规模趋于稳定，局部生产能力过剩，各厂家价格竞争十分激烈”可判断饮用水行业处于成熟期，应该巩固市场份额。

12. 【答案】A

【考点】五力模型

【解析】线上线下属于替代品。

13. 【答案】B

【考点】基准分析

【解析】汽车生产和快递公司为不同产业，甲公司和乙公司也没有竞争关系，而且甲公司学习的是乙公司的类似职能活动，因此为过程或活动基准。

14. 【答案】ABCD

【考点】五力模型

【解析】“海外企业也看好中国市场需求的不断扩大，纷纷进入中国市场”是潜在进入者的进入威胁；“本身国内食品生产企业就很多，竞争异常激烈”是产业内现有企业的竞争；“随着产品细分程度不断扩大，各种新型食品层出不穷，对传统的食品形成替代”是替代品的替代威胁；“用户的选择范围增大，消费者总是有办法可以获得优惠价格”是购买者的讨价还价能力；“近年来食品原料的成本大幅上涨”是供应者的讨价还价能力。

15. 【答案】ACD
【考点】五力模型
【解析】“进入电信行业需要投入巨额资金”说明电信行业进入壁垒较高，潜在进入者进入威胁小，对于现有企业是有利的。

16. 【答案】ABC
【考点】产品生命周期
【解析】有一些企业会先于产品退出市场的是衰退期；产品销售额增长较快的是成长期；成熟期的战略途径是提高效率，降低成本。

17. 【答案】BC
【考点】五力模型
【解析】“电商行业增长迅速”属于现有企业的竞争激烈因素；“稳定的销售渠道和消费者的口碑”属于现有企业对关键资源的控制，对甲公司有利；“行业内部有限制进入定价”属于行为性障碍，对甲公司有利；“进入电商行业所需资金投入不大”对甲公司不利。

18. 【答案】CD
【考点】价值链分析
【解析】“甲公司对原材料进行装卸”属于基本活动中的内部后勤；“乙公司降低产品价格，实施促销”属于基本活动中的市场销售；“丙公司聘请广告公司进行策划”属于支持活动中的采购管理；“丁公司改进信息技术系统”属于支持活动中的技术开发。

19. 【答案】ABC
【考点】波士顿矩阵
【解析】问题业务通常处于最差的现金流状态。

20. 【答案】BC
【考点】企业资源分析
【解析】“独特的芯片技术”体现了技术，“独立研发的自有品牌手机”体现了品牌。

21. 【答案】AC
【考点】企业资源分析
【解析】师资力量和财务分析软件属于易得资源。

22. 【答案】AB
【考点】价值链分析
【解析】“服装企业进行季末打折促销活动”属于基本活动中的市场销售；“家具生产企业将成品家具运至仓库中”属于基本活动中的外部后勤；“科技公司重新整顿业务结构，采取灵活的矩阵制结构”属于支持活动中的企业基础设施；“食品企业设立专门的研究中心开发新型食品”属于支持活动中的技术开发。

23. 【答案】CD
【考点】波士顿矩阵
【解析】问题业务采取的是撤退战略；明星业务是企业资源的主要消耗者，需要大量投资。

24. 【答案】BD
【考点】价值链分析
【解析】选项 AC 属于选择基准对象需要关注的问题。

25. 【答案】AC
【考点】SWOT 分析应用
【解析】“国家颁布‘二孩’政策以提高出生率”属于机会；“婴儿用品企业较多，竞争激烈”属于威胁；“婴儿用品的原料价格下降”属于机会，“该企业设立专项研究院，提高产品工艺设计”属于优势。

26. 【答案】D
【考点】PEST 分析
【解析】消费心理是指消费者进行消费活动时所表现出的心理特征与心理活动的过程。“女人和孩子的钱好赚”主要分析的因素是消费心理。

27. 【答案】C
【考点】企业资源分析
【解析】选项 AD 属于可以被模仿或复制的资源，不能建立核心竞争力；选项 B 属于不能持久的资源，具有较强的变动性，不能建立核心竞争力；选项 C 属于物理上独特的资源，能够帮助企业建立核心竞争力。

28. 【答案】B
【考点】产品生命周期
【解析】成长期的战略目标是争取最大市场份额，其战略路径是市场营销，是改变价格形象和质量形象的最佳时机。

29. 【答案】D
【考点】企业资源分析
【解析】四个选项全部为有形资源。只有稀缺性的有形资源才可以帮助企业获得竞争优势。因此，容易获取的能力一般不能直接成为企业的竞争优势，如聘用生产外包商。

30. 【答案】D
【考点】PEST 分析
【解析】人口地区分布属于社会和文化环境因素。

31. 【答案】C

【考点】PEST 分析
【解析】中东地区信仰穆斯林的消费者较多，该公司考虑的是社会和文化因素中的文化传统因素。

32. 【答案】B
【考点】波士顿矩阵
【解析】问题产品和明星产品的市场增长率较高。

33. 【答案】ABCD
【考点】企业资源分析
【解析】企业的资源包括有形资源、无形资源和人力资源。“自动化生产线”属于有形资源中的物质资源；“独特的企业文化”和“作为商业秘密保管的食品配方”属于无形资源；“组织成员的推理和决策能力”属于人力资源。

34. 【答案】AD
【考点】产品生命周期
【解析】成熟期开始的标志就是竞争者之间出现挑衅性的价格竞争（选项 A）；市场上竞争者先于产品退出市场是衰退期的特征（选项 B）；产品的市场增长率以及相对市场占有率均处于低位的是瘦狗业务，对应产品生命周期的衰退期（选项 C）；成熟期的企业扩大市场份额已经变得很困难，因此，经营的战略重点应倾向于在巩固市场份额的同时提高投资报酬率（选项 D）。

35. 【答案】AB
【考点】五力模型
【解析】题目要求为评估进入壁垒高度，因此只能从结构性障碍和行为性障碍两个角度考虑。选项 A 属于影响行业进入壁垒的资金投入（结构性障碍——现有企业对于关键资源的控制）；选项 B 属于影响行业进入壁垒的政府政策（结构性障碍——现有企业的市场优势）。

36. 【答案】BCD
【考点】五力模型
【解析】进入航空业需要大量的资本投入，表明航空业进入壁垒高，有助于保护现有航空公司获取行业竞争优势，即对现有的该航空公司获取行业竞争优势会产生有利影响，因此选项 A 错误；航空产业的行业增长率开始处于下降趋势，说明产业发展缓慢，新进入者为了寻求发展机会，就需要从竞争者那里争夺市场份额，导致行业竞争程度增强，对现有航空公司获取行业竞争优势产生不利影响，因此选项 B 正确；此外，廉价航空以及视频会议都属于替代产品的威胁，将对现有航空公司获取行业竞争优势产生不利影响，因此选项 CD 正确。

37. 【答案】CD
【考点】企业资源分析
【解析】企业的资源分为有形资源、无形资源和人力资源。其中，无形资源是指企业长期积累的、没有实物形态的、甚至无法用货币精确度量的资源，通常包括品牌、商誉、技术、专利、商标、企业文化及组织经验等（选项 A）；有形资源包括物质资源和财务资源，其中财务资源是可以用于投资或生产的资金，包括应收账款、有价证券（选项 B）；尽管无形资源难以精确度量，但由于无形资源一般都难以被竞争对手了解、购买、模仿或替代，因此，无形资源是一种十分重要的企业核心竞争力的来源（选项 C）；资产负债表中的无形资产并不能代表企业的全部无形资源，甚至可以说，有相当一部分无形资源是游离在企业资产负债表之外的，同时，由于会计核算的原因，资产负债表所记录的账面价值或公允价值并不能完全代表其战略价值（选项 D）。

38. 【答案】CD
【考点】价值链分析
【解析】“书店提供网络在线销售服务”属于基本活动中的市场营销（选项 A）；“家电生产企业利用仓库储存其产成品”属于基本活动中的外部后勤（选项 B）；“快递公司重整其人力资源管理，提升员工的服务能力”属于支持活动中的人力资源管理（选项 C）；“制鞋企业设立特定研究中心专门从事人体工程学和产品生产的研究”属于支持活动中的技术开发（选项 D）。

39. 【答案】ABC
【考点】五力模型
【解析】产业内有众多的势均力敌的竞争对手、产业发展缓慢（成熟期市场饱和，发展受阻）、产业进入障碍低而存在退出障碍都属于行业竞争激烈的因素。若企业拥有稀缺资源则会获得竞争优势。

40. 【答案】BC
【考点】企业资源分析
【解析】“加工厂”属于有形资产，可排除；“公司拥有多年加工木材的经验及大型加工场所”体现了组织经验（选项 B）；“自主品牌家具在 2018 年成为欧洲单一品牌家具销量之首”体现了品牌（选项 C）；专利（选项 D）虽也为无形资源，但在题干中并未体现。

41. 【答案】CD
【考点】外部环境分析
【解析】BCG 矩阵（波士顿矩阵）属于内部环

境分析；4P 分析属于市场营销战略的核心。

42. 【考点】PEST 分析、战略群组分析

【答案】（1）W 公司针对上海市场主要从政治、经济、社会和文化以及技术四个方面进行了分析。具体分析内容如下：

①政治因素。“自 2019 年 7 月 1 日开始，《上海市生活垃圾管理条例》将在上海强制性实施，要求各大餐馆不再主动提供一次性餐具。”

②经济因素。“上海作为一个时尚大都市，经济一直处于迅速发展的阶段，排名全国前列”；“随着外卖行业的兴起，市场上对于一次性餐具的需求日益增加”。

③社会和文化因素。“地区经济的发展使得人们的生活方式也在发生变化，大部分消费者都在追求健康的新阶段，凡是能够满足消费者追求的健康以及生活品质的产品通常都会有较好的市场表现。”

④技术因素。“应改善环境的要求，各餐具生产厂也在改进一次性餐具生产技术，甚至有企业也在研究可食用的一次性餐具，但是，由于技术原因，达到可食用的标准以及量产的要求还需要较长的时间。”

（2）W 公司的战略决策体现出的战略群组分析的思想如下：

①有助于了解战略群组之间的竞争状况，主动发现近处和远处的竞争者，也可以很好地了解某一群体与其他群组之间的不同。“W 公司管理层对市场竞争格局有了清晰的把握：上海的一次性餐具市场虽然巨大，但是竞争对手较多……”

②有助于了解各战略群组之间的“移动障碍”。“已经占据优势地位的企业也不在少数，想要与他们抗衡难度太大。”

③有助于了解战略群组内企业竞争的主要着眼点。“W 公司管理层对市场竞争格局有了清晰的把握：上海的一次性餐具市场虽然巨大，但是竞争对手较多，……”

④利用战略群组图还可以预测市场变化或发现战略机会。“着手开发上海市场上尚属空白的可食用性餐具，而且选择高端市场，注重品质和功能。这部分市场虽然有难度，但是发展前景良好。”

43. 【考点】五力模型

【答案】T 公司所面对的机会有：

①潜在进入者的进入威胁：T 公司作为现有企业具有市场优势，因为有政府政策对产业的保护，形成的结构性障碍降低了潜在进入者的进入威胁。“电动汽车领域的投入较大，由于我国对整车制造业的保护，不允许外资企业直接投资建厂，外国汽车制造商只能采取出口或者合资的方式进入中国市场。”

②替代品的替代威胁：对 T 公司的汽车来说，混动车和进口电动汽车都属于替代品，而且都属于间接产品替代。“有混动车的存在，大部分汽车可以利用汽油作为电池的替代品，汽车可用双动力驱动”；“进口的电动汽车在价格上没有优势，还是高于国内电动汽车。”

T 公司所面对的威胁有：

①供应商的讨价还价能力：电池的要求高，但是市场供给有限，说明供应商的集中度高，对于需要电池供应的 T 公司来说讨价还价能力较弱。“对于电动汽车来说，最重要的原材料就是电池，与普通电池不同的是，电动汽车的电池对蓄电量、持久性、安全性等方面的要求都很高……整个市场上电池供应商非常有限。”

②购买商的讨价还价能力：消费者选择范围大，因此，T 公司的讨价还价能力较弱。“近年来，由于我国市场的开放和市场需求的多样化，大量外国企业制造的电动汽车被进口，性能良好，深受消费者的欢迎，选择范围也更大。”

③现有企业的竞争：产业内有众多竞争对手，竞争激烈。“由于纯电动汽车是未来的发展趋势，市场算蓝海，因此国内外很多汽车制造企业都在研究，整个市场竞争激烈。”

第三章 战略选择

本章领读

考情概要

本章在考试中属于特别重点章节，在单选题、多选题和简答题中都有出现，每年考查分值为40~55分。同时，考试也会将本章知识点与其他章节的知识点相结合，进行综合题的命题，如发展战略的类型，发展战略的主要途径，业务单位战略的类型、优势、实施条件及风险，市场营销战略的内容，发展中国家企业国际化经营的动因，新兴市场的企业战略等。

考点及考频分布

表 3-1 考点及考频分布

考纲内容	考纲能力等级	考查年份及题型
发展战略	3级	2020年单选题、2018年单选题、2016年单选题、2013年单选题、2019年多选题、2018年多选题、2017年多选题、2016年多选题、2015年多选题、2014年多选题、2012年多选题、2020年简答题、2019年简答题、2018年简答题、2017年简答题、2014年简答题、2012年简答题、2018年综合题、2017年综合题、2016年综合题、2015年综合题、2014年综合题、2012年综合题
稳定战略	1级	近年未涉及
收缩战略	2级	2017年单选题、2013年单选题、2020年多选题、2019年多选题、2016年多选题、2014年多选题、2020年简答题、2020年简答题、2018年综合题、2015年综合题
发展战略可选择的途径	1级	2019年简答题、2018年简答题、2015年简答题、2014年简答题、2018年综合题、2017年综合题、2015年综合题、2013年综合题、2012年综合题
外部发展（并购）战略	2级	2020年单选题、2019年单选题、2018年单选题、2014年单选题、2019年多选题、2018年多选题、2017年多选题、2020年简答题、2018年简答题、2016年简答题、2015年简答题、2012年简答题、2019年综合题、2013年综合题
内部发展（新建）战略	2级	2012年简答题、2013年综合题、2012年综合题
企业战略联盟	2级	2020年单选题、2019年单选题、2015年单选题、2020年多选题、2019年多选题、2018年多选题、2016年多选题、2013年多选题、2019年简答题、2012年简答题、2019年综合题、2018年综合题、2017年综合题、2014年综合题、2013年综合题
成本领先战略	2级	2017年简答题、2015年简答题、2014年简答题、2019年综合题、2017年综合题、2016年综合题
差异化战略	2级	2015年多选题、2014年多选题、2020年简答题、2019年简答题、2015年简答题、2013年简答题、2012年简答题、2020年综合题、2017年综合题、2016年综合题

续表

考纲内容	考纲能力等级	考查年份及题型
集中化战略	2 级	2017 年单选题、2014 年单选题、2017 年多选题、2015 年多选题、2015 年简答题、2013 年简答题、2020 年综合题
综合分析——“战略钟”	3 级	2019 年单选题、2018 年单选题、2017 年单选题、2014 年单选题、2015 年多选题、2018 年综合题
零散产业的竞争战略	2 级	2020 年单选题、2018 年单选题、2015 年单选题、2020 年多选题、2019 年多选题、2018 年多选题、2017 年多选题、2020 年简答题、2018 年简答题
新兴产业的竞争战略	2 级	2020 年简答题、2019 年简答题、2020 年综合题、2019 年综合题
蓝海战略的内涵	1 级	2015 年单选题、2018 年简答题、2017 年简答题、2019 年综合题
蓝海战略制定的原则	2 级	近年未涉及
重建市场边界的基本法则	3 级	2016 年单选题、2020 年简答题、2019 年简答题、2018 年简答题、2017 年简答题、2020 年综合题、2019 年综合题
市场营销战略	2 级	2020 年单选题、2019 年单选题、2017 年单选题、2015 年单选题、2013 年单选题、2012 年单选题、2020 年多选题、2019 年多选题、2018 年多选题、2014 年多选题、2013 年多选题、2019 年简答题、2018 年简答题、2017 年简答题、2013 年简答题、2012 年简答题、2020 年综合题、2019 年综合题、2017 年综合题、2016 年综合题
研究与开发战略	2 级	2013 年多选题、2019 年简答题、2020 年综合题、2018 年综合题、2017 年综合题、2016 年综合题、2014 年综合题、2012 年综合题
生产运营战略	2 级	2019 年单选题、2017 年单选题、2016 年单选题、2013 年单选题、2012 年单选题、2020 年多选题、2014 年综合题
采购战略	2 级	2020 年单选题、2016 年单选题、2012 年单选题、2019 年多选题、2017 年多选题、2014 年多选题
人力资源战略	2 级	2013 年单选题、2014 年多选题、2012 年多选题、2014 年简答题
财务战略	2 级	2020 年单选题、2019 年单选题、2018 年单选题、2015 年单选题、2014 年单选题、2013 年单选题、2012 年单选题、2019 年多选题、2018 年多选题、2017 年多选题、2016 年多选题、2015 年多选题、2012 年多选题
企业国际化经营动因	2 级	2017 年单选题、2014 年单选题、2013 年单选题、2020 年多选题、2018 年多选题、2012 年多选题、2016 年简答题、2015 年简答题、2019 年综合题、2013 年综合题
国际市场进入模式	2 级	2015 年单选题、2012 年多选题、2012 年简答题、2018 年综合题
国际化经营的战略类型	3 级	2020 年单选题、2019 年单选题、2018 年单选题、2017 年单选题、2016 年单选题、2013 年单选题、2012 年单选题

续表

考纲内容	考纲能力等级	考查年份及题型
新兴市场的企业战略	3 级	2019 年单选题、2018 年单选题、2017 年单选题、2016 年单选题、2015 年单选题、2017 年简答题、2019 年综合题、2018 年综合题

学习建议

在本章的学习过程中，考生需要先将整个章节的框架牢记心中，接着按照从国内市场到国外市场的顺序，依据战略层次的划分，依次学习总体战略、业务单位战略、职能战略以及国际化经营战略。考试中，考生需精准区分各个战略类型，并且记忆企业所采取战略类型的动因、实施条件及风险。

学习框架

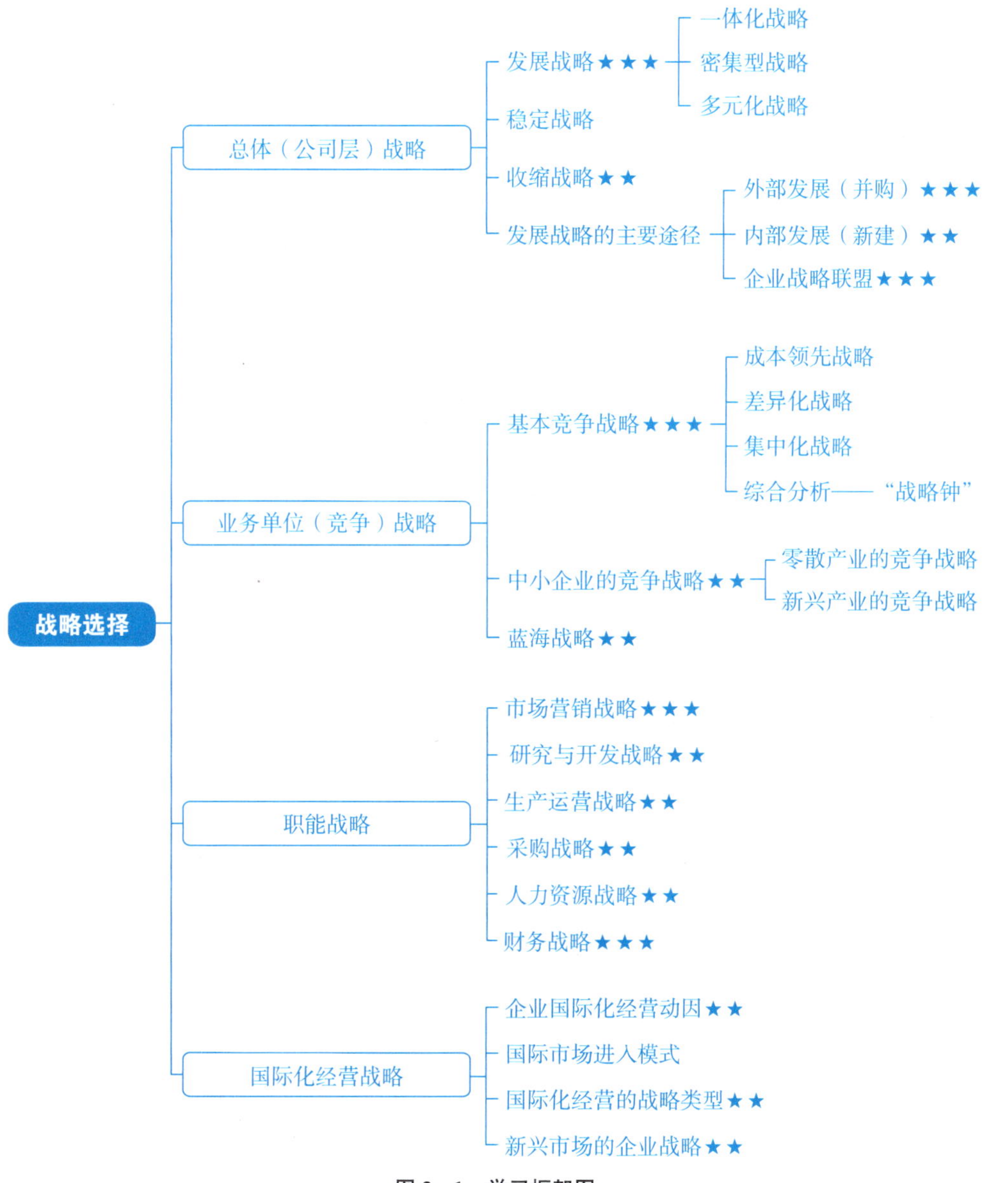

图 3-1 学习框架图

Part I 知识点全解

一、总体（公司层）战略★★★

总体战略的细分类型较多，也是考试的重点部分，考试中不管是客观题还是主观题，如果问到发展战略的类型，请同学们判断到最后一种细分类型（比如发展战略中的一体化战略中的纵向一体化战略中的前向一体化战略），这也是主观题回答原因、适用条件和风险的前提。

总体战略分为三大类：**发展战略、稳定战略和收缩战略**。

（一）发展战略★★★

一体化战略

发展战略强调充分利用外部环境的机会，充分发掘企业内部的优势资源，以求得企业在现有的基础上向更高一级的方向发展。

1. 一体化战略★★★

一体化战略是指企业对具有优势和增长潜力的产品或业务，沿其**经营链条的纵向或横向延展业务**的深度和广度，扩大经营规模，实现企业成长。按照业务拓展的方向划分，**一体化战略分为纵向一体化战略和横向一体化战略，纵向一体化战略又分为前向一体化战略和后向一体化战略**。表 3－2 列示了一体化战略的优缺点及风险。

表 3－2　　一体化战略的优缺点及风险（记忆）

<table>
<tr><th colspan="2">战略类型</th><th colspan="2">简要说明</th><th>适用条件</th></tr>
<tr><td rowspan="3">一体化战略</td><td rowspan="3">纵向一体化战略</td><td colspan="2">优点：从理论上分析，企业采用纵向一体化战略有利于节约与上、下游企业在市场上进行购买或销售的交易成本，控制稀缺资源，保证关键投入的质量或者获得新客户。
缺点：会增加企业的内部管理成本，企业规模并不是越大越好。
主要风险：
（1）不熟悉新业务领域所带来的风险。
（2）纵向一体化，尤其是后向一体化，一般涉及的投资数额较大且资产专用性较强，增加了企业在该产业的退出成本</td><td>—</td></tr>
<tr><td>前向一体化战略：获得分销商或销售商的所有权或加强对他们的控制权</td><td>优点：有利于企业控制和掌握市场，增强对消费者需求变化的敏感性，提高企业产品的市场适应性和竞争力</td><td>（1）企业现有销售商的销售成本较高或者可靠性较差而难以满足企业的销售需要。
（2）企业所在产业的增长潜力较大。
（3）企业具备前向一体化所需的资金、人力资源等。
（4）销售环节的利润率较高</td></tr>
<tr><td>后向一体化战略：获得供应商的所有权或加强对其控制权</td><td>优点：有利于企业有效控制关键原材料等投入的成本、质量及供应可靠性，确保企业生产经营活动稳步进行</td><td>（1）企业现有的供应商供应成本较高或者可靠性较差而难以满足企业对原材料、零件等的需求。
（2）供应商数量较少而需求方竞争者众多。
（3）企业所在产业的增长潜力较大。
（4）企业具备后向一体化所需的资金、人力资源等。
（5）供应环节的利润率较高。
（6）企业产品价格的稳定对企业十分关键，后向一体化有利于控制原材料成本，从而确保产品价格的稳定</td></tr>
</table>

续表

战略类型		简要说明	适用条件
一体化战略	横向一体化战略	指企业向产业价值链相同阶段方向扩张的战略。企业采用横向一体化战略的主要目的是实现规模经济以获取竞争优势	(1) 企业所在产业竞争较为激烈。 (2) 企业所在产业的规模经济较为显著。 (3) 企业的横向一体化符合反垄断法律法规，能够在局部地区获得一定的垄断地位。 (4) 企业所在产业的增长潜力较大。 (5) 企业具备横向一体化所需的资金、人力资源等

名师说

(1) 特别关注前向一体化（向下游延伸）、后向一体化（向上游延伸）和横向一体化（同环节竞争对手）的区分。

(2) 后向一体化战略在汽车、钢铁等产业用得较多，因此，其投资数额较大、资产专用性程度也很高。

(3) 因为发展战略强调利用外部环境的机会，发掘内部优势资源，所以发展战略类型的适用条件中，都有“产业增长潜力大”（外部环境的机会）和“具有扩张的资金、人力资源”（内部资源的优势）。

【例 3－1・单选题】福海公司是国内一家著名的肉类加工企业。为了保持业绩持续增长，福海公司近年来陆续收购了几家规模较大的养殖场、肉类连锁超市。福海公司采取的发展战略类型属于(　　)。

A. 多元化战略　　B. 一体化战略　　C. 差异化战略　　D. 产品开发战略

【答案】B

【考点】一体化战略

【解析】福海公司收购的是与现在经营的肉类加工不同环节的企业，因此，该公司的战略类型是纵向一体化战略。该公司作为肉类加工企业，收购养殖场属于后向一体化战略，收购肉类连锁超市属于前向一体化战略。

【例 3－2・单选题】甲律师事务所系经司法部门批准成立的我国最早的合伙制律师事务所。今年该所与国内的另一律师事务所进行了合并。甲律师事务所的发展战略类型属于(　　)。

A. 集中化战略　　B. 市场渗透战略　　C. 纵向一体化战略　　D. 横向一体化战略

【答案】D

【考点】一体化战略

【解析】横向一体化指的是向产业价值链相同阶段方向扩张的战略。甲公司作为一家事务所合并另一家事务所属于相同阶段、相同环节的扩展，属于横向一体化。

2. 密集型战略★★★

密集型战略的基本框架，是安索夫的“产品—市场战略组合”矩阵，见表 3－3。

表 3－3　　安索夫矩阵

市场或产品		产品	
		现有产品	新产品
市场	现有市场	市场渗透：在单一市场，依靠单一产品，目的在于大幅度增加市场占有率	产品开发：在现有市场上推出新产品；延长产品寿命周期
	新市场	市场开发：将现有产品推销到新地区；在现有实力、技能和能力基础上发展，改变销售和广告方法	多元化：以新技术或市场而言的相关多元化；与现有产品或市场无关的非相关多元化

市场渗透战略（现有产品和现有市场），强调发展单一产品，试图通过更强的营销手段来获得更大的市场占有率。**市场开发（现有产品和新市场）**，是指将现有产品或服务打入新市场的战略。**产品开发（新产品和现有市场）**，是在原有市场上，通过技术改进与开发研制新产品。表3-4列示了三种战略的具体内容。

表3-4 密集型战略的三种类型（记忆）

类型	方法或原因	适用条件
市场渗透战略	基础是增加现有产品或服务的市场份额，或增加正在现有市场中经营的业务。目标是通过各种方法来增加产品的使用频率。 方法： (1) 扩大市场份额：适合于整体正在成长的市场。 (2) 开发小众市场：适合于实力弱小的企业。 (3) 保持市场份额：适合于衰退的市场	(1) 当整个市场正在增长时，那些想要取得市场份额的企业能够以较快的速度达成目标。相反，向停滞或衰退的市场渗透可能会难得多。 (2) 如果一家企业决定将利益局限在现有产品或市场领域，即使在整个市场衰退时也不允许销售额下降，那么企业可能必须采取市场渗透战略。 (3) 如果其他企业由于各种原因离开了市场，市场渗透战略可能是比较容易成功的。 (4) 企业拥有强大的市场地位，并且能够利用经验和能力来获得强有力的独特竞争优势，那么向新市场渗透是比较容易的。 (5) 市场渗透战略对应的风险较低、高级管理者参与度较高，且需要的投资相对较低的时候，市场渗透策略也会比较适用
市场开发战略	原因： (1) 企业发现现有产品生产过程的性质导致难以转而生产全新的产品，因此他们希望能开发其他市场。 (2) 市场开发往往与产品改进结合在一起。 (3) 现有市场或细分市场已经饱和，这可能会导致竞争对手去寻找新的市场	(1) 存在未开发或未饱和的市场。 (2) 可得到新的、可靠的、经济的和高质量的销售渠道。 (3) 企业在现有经营领域十分成功。 (4) 企业拥有扩大经营所需的资金和人力资源。 (5) 企业存在过剩的生产能力。 (6) 企业的主业属于正在迅速全球化的产业
产品开发战略	拥有特定细分市场、综合性不强的产品或服务范围窄小的企业可能会采用这一战略： (1) 充分利用企业对市场的了解。 (2) 保持相对于竞争对手的领先地位。 (3) 从现有产品组合的不足中寻求新的机会。 (4) 使企业能继续在现有市场中保持稳固的地位	(1) 企业产品具有较高的市场信誉度和顾客满意度。 (2) 企业所在产业属于适宜创新的高速发展的高新技术产业。 (3) 企业所在产业正处于高速增长阶段。 (4) 企业具有较强的研究与开发能力。 (5) 主要竞争对手以类似价格提供更高质量的产品

名师说

需要注意的是，产品开发中的新产品也包括产品升级，因此提供不同尺寸、不同颜色和不同包装的产品也属于产品开发。

【例3-3·单选题】某旅行社与航空公司、出租汽车公司合作，采用代购机票、免费机场接送的营销方法吸引更多的客户。该旅行社采用的战略是(　　)。

A. 市场开发战略　B. 产品开发战略　C. 相关多元化战略　D. 市场渗透战略

【答案】D

【考点】密集型战略——市场渗透

【解析】“采用代购机票、免费机场接送的营销方法吸引更多的客户”，属于市场渗透战略。

【例 3-4·多选题】下列选项中对应的企业战略，不属于市场渗透战略的是（ ）。

A. 某酒店收购一家旅行社，进入新的业务领域

B. 甲银行与乙航空公司发行联名卡，刷该银行信用卡客户可累计航空里程积分

C. 甲公司通过与国外经销商合作的方式将生产出来的智能手机出口至拉美国家

D. 某超市为了提高牙膏的销售，采用美化包装、买赠的促销方式

【答案】AC

【考点】密集型战略——市场渗透

【解析】市场渗透战略的基础是增加现有产品或服务的市场份额，或增加正在现有市场中经营的业务，其产品和市场均不变。选项 A 属于多元化战略（新产品+新市场），选项 C 是与市场开发战略（现有产品+新市场）。

3. 多元化战略★★★

多元化是新产品与新市场结合的结果，又可分为相关多元化和非相关多元化，这一战略可从密集型战略类型中分离出来，归为发展战略的另一种类型。多元化战略是进入与现有产品和市场不同的领域，由于市场变化是如此迅速，企业必须持续地调查市场环境寻找多元化的机会。当现有产品或市场不存在期望的增长空间时（例如，受到地理条件限制、市场规模有限或竞争太过激烈），企业经常会考虑多元化战略。表 3-5 列示了多元化战略的分类、原因、优点和风险。

表 3-5 多元化战略的内容（记忆）

内容名称	解释说明
类型	（1）相关多元化也称同心多元化，是指企业以现有业务或市场为基础进入相关产业或市场的战略。相关多元化的相关性可以是产品生产技术、管理技能、营销渠道、营销技巧以及用户等方面的类似。 （2）非相关多元化也称离心多元化，是指企业进入与当前产业不相关的产业和市场均不相关的领域的战略。如果企业当前产业或市场缺乏吸引力，而企业也不具备较强的能力和技能转向相关产品或市场，较为现实的选择就是采用非相关多元化战略
原因	（1）在现有产品或市场中持续经营并不能达到目标。 （2）企业以前由于在现有产品或市场中成功经营而保留下来的资金超过了其在现有产品或市场中的财务扩张所需要的资金。 （3）与在现有产品或市场中的扩张相比，多元化战略意味着更高的利润
优点	（1）分散风险，当现有产品及市场失败时，新产品或新市场能为企业提供保护。 （2）能更容易地从资本市场中获得融资。 （3）在企业无法增长的情况下找到新的增长点。 （4）利用未被充分利用的资源。 （5）运用盈余资金。 （6）获得资金或其他财务利益。 （7）运用企业在某个产业或某个市场中的形象和声誉来进入另一个产业或市场，而在另一个产业或市场中要取得成功，企业形象和声誉是至关重要的
风险	（1）来自原有经营产业的风险。企业资源总是有限的，多元化经营往往意味着原有经营的产业要受到削弱。 （2）市场整体风险。市场经济中的广泛相互关联性决定了多元化经营的各产业仍面临共同的风险。在宏观力量的冲击之下，企业多元化经营的资源分散反而加大了风险。

续表

内容名称	解释说明
风险	(3) 产业进入风险。企业在进入新产业之后还必须不断地注入后续资源，去学习这个行业并培养自己的员工队伍，塑造企业品牌。另外，产业竞争态势是不断变化的，竞争者的策略也是一个未知数，企业必须相应地不断调整自己的经营策略。 (4) 产业退出风险。如果企业深陷一个错误的投资项目却无法做到全身而退，那么很可能导致企业全军覆没。 (5) 内部经营整合风险。企业作为一个整体，必须把不同业务对其管理机制的要求以某种形式融合在一起。多元化经营多重目标和企业有限资源之间的冲突，使这种管理机制上的融合更为困难，使企业多元化经营的战略目标最终由于内部冲突而无法实现

名师说

(1) 多元化战略不仅仅属于安索夫矩阵的一部分，也是发展战略的其中一种类型。

(2) 由于多元化战略是进入与现有产品和市场不同的领域，需要企业重新对市场和产品进行定位，需要花费的资金巨大，因此多元化战略的原因、优点和风险都是从“钱”这个方面考虑。

【例 3-5·单选题】下列企业采用的成长型战略中，属于多元化战略的是(　　)。

A. 甲碳酸饮料生产企业通过在各传统节日期间附赠小包装饮料等方式增加市场份额

B. 乙汽车制造企业开始将其原在国内生产销售的小型客车出口到南美地区

C. 丙洗衣粉生产企业通过自行研发，开始生产销售具有不同功效的洗发水

D. 丁酸奶生产企业新开发出一种凝固型酸奶，并将其推向市场

【答案】C

【考点】多元化战略

【解析】选项 A 属于密集型战略中的市场渗透战略；选项 B 属于密集型战略中的市场开发战略；选项 C 属于多元化战略中的相关多元化战略；选项 D 属于密集型战略中的产品开发战略。

【例 3-6·单选题】M 公司是一家空调生产企业，公司从最初的生产家用空调，到成为提供金融服务、家用电器的综合型企业，销售额一直蒸蒸日上。近期，M 公司管理层计划充分利用现有的资金去进一步发展节能汽车业务。该公司采取多元化战略的原因是(　　)。

A. M 公司在现有产品或市场中持续经营并不能达到目标

B. M 公司以前由于在现有产品或市场中成功经营而保留下来的资金超过了其在现有产品或市场中的财务扩张所需要的资金

C. 与在现有产品或市场中的扩张相比，多元化战略意味着更高的利润

D. M 公司需要利用未被充分利用的资源

【答案】B

【考点】多元化战略

【解析】M 公司采用多元化战略的原因是因为现有市场和产品（“公司从最初的生产家用空调，到成为提供金融服务、家用电器的综合型企业，销售额一直蒸蒸日上”）所得资金有剩余，超过了扩张所需的资金，因此，“管理层计划充分利用现有的资金去进一步发展节能汽车业务”。选项 D 为采取多元化战略的优点。

（二）稳定战略★

稳定战略，又称为维持战略，是指限于经营环境和内部条件，企业在战略期所期望达到的经营状况**基本保持在战略起点的范围和水平上**的战略，见表 3-6。

表 3-6 稳定战略的内容

内容名称	解释说明
适用情况	适用于对战略期环境的预测变化不大，而企业在前期经营相当成功的企业
优点	(1) 可以充分利用原有生产经营领域中的各种资源。 (2) 减少开发新产品和新市场所必需的巨大资金投入和开发风险。 (3) 避免资源重新配置和组合的成本。 (4) 防止由于发展过快、过急造成的失衡状态
风险	(1) 一旦企业外部环境发生较大变动，企业战略目标、外部环境、企业实力三者之间就会失去平衡，将会使企业陷入困境。 (2) 稳定战略还容易使企业减弱风险意识，甚至会形成惧怕风险、回避风险的企业文化，降低企业对风险的敏感性和适应性

（三）收缩战略★★

收缩战略，也称为撤退战略，是在那些没有发展或者发展潜力很渺茫的企业应该采取的战略，见表 3-7。

表 3-7 收缩战略的内容

内容名称	解释说明	
原因	主动原因	①大企业战略重组的需要； ②小企业的短期行为
	被动原因	①外部原因，包括整体经济形势、产业周期、技术变化、政策变化、社会价值观或时尚变化、市场饱和、竞争行为等； ②企业（或企业某业务）失去竞争优势，包括企业内部经营机制不顺、决策失误、管理不善等
方式（记忆）	紧缩与集中战略： 往往集中于短期效益，主要涉及采取补救措施制止利润下滑，以期立即产生效果	①机制变革，如调整领导班子、重新制定新的政策和管理控制系统、改善激励机制和约束机制； ②财政和财务战略，如严格控制现金流量、签订债转股协议等； ③削减成本战略，如削减人工成本、材料成本、管理费用及资产（内部放弃或改租、售后回租）等、缩小分部和职能部门的规模
	转向战略： 更多地涉及企业的经营方向的改变	①重新定位或调整现有的产品和服务； ②调整营销策略
	放弃战略： 涉及企业（或子公司）产权的变更	①特许经营； ②分包； ③卖断； ④管理层与杠杆收购； ⑤拆产为股/分拆； ⑥资产互换与战略贸易
困难	对企业或业务状况的判断	收缩战略效果如何，取决于对公司业务状况判断的准确程度，而这是一项难度很大的工作
	退出障碍的表现	①固定资产的专用性程度； ②退出成本，包括劳工协议、重新安置成本、备件维修能力等； ③内部战略联系； ④感情障碍，即管理人员和职工的抵触情绪； ⑤政府与社会约束

收缩战略指的是业务范围、业务部门、市场或者产品的缩减，并非是企业的整体出售。同学们要特别关注收缩战略三种方式以及退出障碍五大表现在案例中的运用。

【例 3-7·单选题】2014 年年初，甲公司经营陷入困境。面对困境，甲公司采取了以下措施：高管减薪，加强广告宣传，委托其他公司生产本公司的产品。这些措施所体现的收缩战略的方式不包括(　　)。

A. 削减成本　　B. 调整营销策略

C. 分包　　D. 资产互换

【答案】D

【考点】收缩战略

【解析】“高管减薪”属于削减成本；“加强广告宣传”属于调整营销策略；“委托其他公司生产本公司的产品”属于分包。因此，该公司的收缩方式不包括资产互换。

（四）发展战略的主要途径★★★

发展战略一般可以采用三种途径，即外部发展（并购）、内部发展（新建）与企业战略联盟。(记忆)

1. 外部发展（并购）★★★（记忆）

外部发展是指企业通过取得外部经营资源谋求发展的战略。外部发展的狭义内涵是并购，表 3-8 列示了并购的类型。

并购战略

表 3-8　　并购的类型

划分标准	类型名称	解释说明
按并购双方所处的产业分类	横向并购	指并购方与被并购方处于同一产业
	纵向并购	指在经营对象上有密切联系，但处于不同产销阶段的企业之间的并购。可分为前向并购与后向并购
	多元化并购	指处于不同产业、在经营上也无密切联系的企业之间的并购
按被并购方的态度分类	友善并购	指并购方与被并购方通过友好协商确定并购条件，在双方意见基本一致的情况下实现产权转让的一类并购
	敌意并购	又叫恶意并购，通常是指当友好协商遭到拒绝后，并购方不顾被并购方的意愿采取强制手段，强行收购对方企业的一类并购
按并购方的身份分类	产业资本并购	一般由非金融企业进行。目的是获得产业利润
	金融资本并购	一般由投资银行或非银行金融机构(如金融投资企业、私募基金、风险投资基金等)进行收购。目的是获得投资利润
按收购资金来源分类	杠杆收购	收购方在实施企业收购时，如果其主体资金来源是对外负债，即是在银行贷款或金融市场借贷的支持下完成的
	非杠杆收购	收购方的主体资金来源是自有资金

考试中常考案例所属的并购类型，在判断时，要特别关注题干中的划分标准。比如，若题干中的标准是被并购方的态度，则答案应在友善并购和敌意并购当中选择，而非其他并购类型。

名师说

前向并购和后向并购的方向判断，与前向一体化战略和后向一体化战略相同，前向并购是控制下游企业的手段，后向并购是控制上游企业的手段。

（1）并购的动机。

采用并购战略的原因有：

①**避开进入壁垒，迅速进入，争取市场机会，规避各种风险**；

②**获得协同效应**；

③**克服企业负外部性，减少竞争，增强对市场的控制力**。

名师说

①与内部发展（新建）这种方式相比，外部发展（并购）要快得多。

②协同效应指的是两个企业资源整合后达到 1 加 1 大于 2 的效果。

③负外部性实际上是指竞争对手之间的不良竞争。

（2）并购失败的原因。

并购方式失败的概率是很高的，主要原因有以下几种：

①**决策不当的并购**；

②**并购后不能很好地进行企业整合**；

③**支付过高的并购费用**；

④**跨国并购面临政治风险**。

名师说

防范东道国的政治风险，具体措施可以考虑以下几点：

①加强对东道国的政治风险的评估，完善动态监测和预警系统；

②采取灵活的国际投资策略，构筑风险控制的坚实基础；

③实行企业当地化策略，减少与东道国之间的矛盾和摩擦。

【例 3－8·多选题】经过多次磋商签订协议后，汽车制造商甲公司凭借自有资金 2 亿元和发行债券融资 5 亿元，实现了对汽车零部件供应商乙公司的收购。从并购的类型来看，上述收购类型不包括(　　)。

A. 杠杆收购　　B. 前向收购　　C. 友善收购　　D. 金融资本收购

【答案】BD

【考点】发展战略的主要途径——并购

【解析】“经过多次磋商签订协议后”说明是友善并购；“凭借自有资金 2 亿元和发行债券融资 5 亿元”说明主体资金来源为负债，属于杠杆并购；“汽车制造商甲公司……实现了对汽车零部件商乙公司的收购”说明乙公司为甲公司的上游企业，并且经营上有密切联系，属于纵向并购中的后向并购；而甲公司身份为非金融机构，并购目的是为了获得产业利润，属于产业资本并购。

【例 3－9·多选题】甲公司和乙公司是两家规模相当、产品类似、设在同一地区的小型日化生产企业，属于竞争对手。两家公司都依靠银行借款缓解成长期现金短缺问题，但都因规模小，所以只能以较高利率取得银行借款。2018 年，甲公司和乙公司完成了企业合并，共同组成了一家全新的公司——丙公司。丙公司凭借企业合并后的规模，经与银行谈判成功签订了较低利率的长期借款合同。同样，相对于该地区其他小型日化生产企业来说，丙公司有了相对的竞争优势，表现就是丙公司因规模扩大在与供应商的谈判中降低了采购成本。下列各项中，属于甲公司和乙公司合并的动机有(　　)。

A. 避开进入壁垒，迅速进入，争取市场机会，规避各种风险

B. 获得协同效应

C. 克服企业负外部性，减少竞争，增强对市场的控制力

D. 支付过高的并购费用

【答案】BC

【考点】发展战略的主要途径——并购

【解析】甲、乙公司原为竞争对手，“丙公司凭借企业合并后的规模，经与银行谈判成功签订了较低利率的长期借款合同”说明合并之后的公司获得了协同效应，成功的合并使两公司资源互补，获得了原本没有的效益；另外，“相对于该地区其他小型日化生产企业来说，丙公司有了相对的竞争优势，表现就是丙公司因规模扩大在与供应商的谈判中降低了采购成本”说明两公司通过合并克服了企业负外部性，减少竞争，增强了对市场的控制力。竞争的结果往往是两败俱伤，并购可以减少残酷竞争，增强相对于其他竞争对手的竞争优势。选项 D 为并购失败的原因。

2. 内部发展（新建）★★

内部发展也称内生增长，是企业在**不收购其他企业的情况下利用**自身的规模、利润、活动等**内部资源来实现扩张**。内部发展的**狭义内涵是新建，是指新建立一个企业**。表 3-9 列示了内部发展的动因、应用条件和风险。

表 3-9　内部发展

内容	解释说明
动因	(1) 开发新产品的过程使企业能最深刻地了解市场及产品。 (2) 不存在合适的收购对象。 (3) 保持同样的管理风格和企业文化，从而减轻混乱程度。 (4) 为管理者提供职业发展机会，避免停滞不前。 (5) 可能需要的代价较低，因为获得资产时无须为商誉支付额外的金额。 (6) 收购通常会产生隐藏的或无法预测的损失，而内部发展不太可能产生这种情况。 (7) 这可能是唯一合理的、实现真正技术创新的方法。 (8) 可以有计划地进行，很容易从企业资源获得财务支持，并且成本可以按时间分摊。 (9) 风险较低。在收购中，购买者可能还需承担以前业主所做的决策而产生的后果。 (10) 内部发展的成本增速较慢
应用条件	(1) 产业处于不均衡状况，结构性障碍还没有完全建立起来。 (2) 产业内现有企业的行为性障碍容易被制约。 (3) 企业有能力克服结构性壁垒与行为性障碍，或者企业克服障碍的代价小于企业进入后的收益。 克服进入障碍的能力往往表现在以下几个方面：①企业现有业务的资产、技能、分销渠道同新的经营领域有较强的相关性；②企业进入新领域后，有独特的能力影响其行业结构，使之为自己服务；③企业进入该经营领域后，有利于发展企业现有的经营内容
缺点	(1) 与购买市场中现有的企业相比，在市场上增加了竞争者，这可能会激化某一市场内的竞争。 (2) 企业并不能接触到另一知名企业的知识及系统，可能会更具风险。 (3) 从一开始就缺乏规模经济或经验曲线效应。 (4) 当市场发展得非常快时，内部发展会显得过于缓慢。 (5) 可能会对进入新市场产生非常高的障碍

内部发展（新建）的动因和风险实际上是与并购做的对比，同学们可以对比并购进行理解。此外，内部发展的应用条件是站在五力模型中的进入障碍的角度提出的，因为狭义上的内部发展指的是在产业内新建一个企业，其实就是要看进入产业条件是否合适。

3. 企业战略联盟★★★

战略联盟是指两个或两个以上经营实体之间为了**达到某种战略目的而建立的一种合作关系**，内容见表 3-10。

表 3－10 战略联盟的内容

内容名称	解释说明	
基本特征	（1）从经济组织形式来看，战略联盟是介于企业与市场之间的一种“中间组织”。 （2）从企业关系来看，组建战略联盟的企业各方是在资源共享、优势相长、相互信任、相互独立的基础上通过事先达成协议而结成的一种平等的合作伙伴关系。 联盟企业之间的协作关系主要表现为： ①相互往来的平等性； ②合作关系的长期性； ③整体利益的互补性； ④组织形式的开放性。 （3）从企业行为来看，联盟行为是一种战略性的合作行为	
形成的动因（记忆）	（1）促进技术创新。 （2）避免经营风险。 （3）避免或减少竞争。 （4）实现资源互补。 （5）开拓新的市场。 （6）降低协调成本	
主要类型（记忆名称）	（1）合资企业。 （2）相互持股投资。 （3）功能性协议： ①技术交流协议：联盟成员间相互交流技术资料，通过“知识”的学习以增强竞争实力。 ②合作研究开发协议：分享现成的科研成果，共同使用科研设施和生产能力，在联盟内注入各种优势，共同开发新产品。 ③生产营销协议：通过制定协议，共同生产和销售某一产品。 ④产业协调协议：建立全面协作与分工的产业联盟体系，多见于高科技产业中	
按阶段分类	（1）研究开发阶段的战略联盟。 （2）生产制造阶段的战略联盟。 （3）销售阶段的战略联盟。 （4）全面性的战略联盟	
管控	订立协议	①严格界定联盟的目标； ②周密设计联盟结构； ③准确评估投入的资产； ④规定违约责任和解散条款
	建立合作信任的联盟关系	联盟企业之间必须相互信任，并且以双方利益最大化为导向，而不是以自身利益最大化为导向

名师说

（1）五力模型有一个局限性是忽略了企业之间的合作关系，战略联盟其实就是这种合作最明显的表现之一。

（2）战略联盟的形式分为股权式和契约式。合资企业和相互持股投资都属于股权式战略联盟，功能性协议属于契约式战略联盟。

①股权式战略联盟的特征有：要求组成具有法人地位的经济实体，对资源配置、出资比例、管理结构和利益分配均有严格规定；依各方出资多少有主次之分，且对各方的资金、技术水平、市场规模、人员配备等有明确的规定，股权大小决定着发言权的大小；利益分配上，股权式战略联盟要求按出资比例分配利益；初始投入较大，转置成本较高，投资难度大，灵活性差，政府的政策限制也很严格；有利于扩大企业的资金实力，并通过部分“拥有”对方的形式，增强双方的信任感和责任感，因而更利于长久合作；不足之处是灵活性差。

②契约式战略联盟的特征包括：无须组成经济实体，也无须常设机构，结构比较松散，协议本身在某种意义上只是无限制性的“意向备忘录”；各方一般都处于平等和相互依赖的地位，并在经营中保持相对独立性；各方可根据各自的情况，在各自承担的工作环节上从事经营活动，获取各自的收益；具有较好的灵活性；但也有一些先天不足，如企业对联盟的控制能力差、松散的组织缺乏稳定性和长远利益、联盟内成员之间的沟通不充分、组织效率低下等。

敲黑板

考试中可能会出现让同学们判断联盟形式之后选择相应特征的题目。实际上，股权式联盟是因为双方有“钱”的连接而使得两方关系较为正式也会更长久，而契约式联盟则是因为没有“钱”的连接而导致双方限制没有那么严格。

【例 3－10·多选题】甲客运公司与乙旅行社于 2016 年开启深度战略合作，联合推出“车票+地接”打包旅游产品。其中，甲客运公司提供用于打包产品的“低价票”，乙旅行社则提供比以往更为丰富、优质的旅游目的地和地接服务。该产品的推出明显提升了合作双方的竞争力。本案例中，甲客运公司与乙旅行社进行战略合作的动因不包括(　　)。

A. 保持统一的管理风格和企业文化　　B. 防范信任危机

C. 开拓新的市场　　D. 实现资源互补

【答案】AB

【考点】发展战略的主要途径——战略联盟

【解析】战略联盟动因不包括选项 AB，“保持统一的管理风格和企业文化”是内部发展的动因，“防范信任危机”是战略联盟的管控措施。

【例 3－11·多选题】国内著名零售企业 D 公司与主营大数据业务的 G 公司签订战略合作协议，商定由 D 公司免费向 G 公司开放相关数据收集平台，G 公司无偿为 D 公司提供数据分析及应用方案。下列各项中，不属于上述两个公司结成的战略联盟的特点的有(　　)。

A. 企业对联盟的控制力较强　　B. 有利于扩大企业资金实力

C. 有利于企业长久合作　　D. 更具有战略联盟的本质特征

【答案】ABC

【考点】发展战略的主要途径——企业战略联盟

【解析】两公司签订战略合作协议说明两公司采取的战略联盟类型为契约式战略联盟。选项 ABC 都是股权式战略联盟的特征。

二、业务单位（竞争）战略★★★

名师说

业务单位战略是将总体战略所包括的目标、方向和措施具体化，形成适合本业务单位具体的经营战略。

（一）基本竞争战略★★★

基本竞争战略

波特在《竞争战略》一书中归纳总结了三种具有内部一致性的基本竞争战略，即成本领先战略（cost leadership strategy）、差异化战略（differentiation strategy）和集中化战略（focus strategy），其中集中化战略包括集中成本领先战略与集中差异化战略，见表 3 - 11。

表 3 - 11　波特的基本竞争战略

分类	低成本优势	顾客可察觉到的独特性
全产业范围	成本领先	差异化
特定细分市场	集中成本领先	集中差异化

1. 成本领先战略★★★

成本领先战略是指企业通过在内部加强成本控制，在研究开发、生产、销售、服务和广告等领域把成本降到最低限度，成为产业中的成本领先者的战略。成本领先战略的优势、实施条件和风险见表 3 - 12。

表 3 - 12　成本领先战略的优势、实施条件和风险（记忆）

名称		解释说明
优势		（1）形成进入障碍。 （2）增强讨价还价能力。 （3）降低替代品的威胁。 （4）保持领先的竞争地位
实施条件	市场情况（外部条件）	（1）产品具有较高的价格弹性，市场中存在大量的价格敏感用户。 （2）产业中所有企业的产品都是标准化的产品，产品难以实现差异化。 （3）购买者不太关注品牌，大多数购买者以同样的方式使用产品。 （4）价格竞争是市场竞争的主要手段，消费者的转换成本较低
	资源和技能（内部条件）	（1）在规模经济显著的产业中建立生产设备来实现规模经济。 （2）降低各种要素成本。 （3）提高生产率。 （4）改进产品工艺设计。 （5）提高生产能力利用程度。 （6）选择适宜的交易组织形式（自行生产或外购）。 （7）重点集聚
风险		（1）技术的变化可能使过去用于降低成本的投资（如扩大规模、工艺革新等）与积累的经验一笔勾销。 （2）产业的新加入者或追随者通过模仿或者以高技术水平设施的投资能力，用较低的成本进行学习。 （3）市场需求从注重价格转向注重产品的品牌形象，使企业原有的优势变为劣势

名师说

（1）成本领先战略和后续差异化战略的优势都可以联系五力模型理解。

（2）价格弹性全称为需求价格弹性，指的是价格和需求的变化关系。产品具有较高的价格弹性指的是价格的变化导致需求变化的幅度较大。

（3）实际上，大部分生活必需品都是比较符合成本领先战略的，同学们可以根据生活必需品的特征来理解和记忆成本领先战略的优势、实施条件和风险。

【例 3 - 12 · 多选题】某企业集团的下列业务单位中，不适用成本领先战略的有（　　）。

A. 甲业务单位，生产顾客需求多样化的产品

B. 乙业务单位，生产购买者不太关注品牌的产品

C. 丙业务单位，生产消费者转换成本较低的产品

D. 丁业务单位，生产目标市场具有较大需求空间或增长潜力的产品

【答案】AD

【考点】基本竞争战略——成本领先

【解析】成本领先战略适用的情形包括：市场中存在大量的价格敏感用户；产品难以实现差异化；购买者不太关注品牌；消费者的转换成本低。选项A为差异化战略的适用条件；选项D为集中化战略的适用条件。

【例3-13·单选题】甲公司是一家日用洗涤品生产企业。甲公司在市场调研中发现，采购日用洗涤品的消费者主要是家庭主妇，他们对品牌的忠诚度不高，但对价格变动非常敏感。目前，甲公司主要竞争对手的各类产品与甲公司的产品大同小异。在这种市场条件下，最适合甲公司选择的业务单位战略是（　　）。

A. 成本领先战略　　B. 差异化战略　　C. 集中化战略　　D. 一体化战略

【答案】A

【考点】基本竞争战略——成本领先

【解析】"对品牌的忠诚度不高，但对价格变动非常敏感。目前，甲公司主要竞争对手的各类产品与甲公司的产品大同小异"都属于成本领先战略的适用条件。

2. 差异化战略★★★

差异化战略指的是企业向顾客提供的产品和服务**在产业范围内独具特色**，这种特色**可以给产品带来额外的加价**，如果一个企业的产品或服务的溢出价格超过因其独特性所增加的成本，那么，拥有这种差异化的企业将获得竞争优势。差异化战略的优势、实施条件和风险，见表3-13。

表3-13　差异化战略的优势、实施条件和风险（记忆）

名称		解释说明
优势		（1）形成进入障碍。 （2）**降低顾客敏感程度**。 （3）增强讨价还价能力。 （4）防止替代品威胁
实施条件	市场情况（外部条件）	（1）产品能够**充分地实现差异化**，且**为顾客所认可**。 （2）**顾客的需求是多样化的**。 （3）企业所在**产业技术变革较快，创新成为竞争的焦点**
	资源和技能（内部条件）	（1）具有**强大的研发能力和产品设计能力**，具有很强的研究开发管理人员。 （2）具有**很强的市场营销能力**，具有很强的市场营销能力的管理人员。 （3）有能够确保激励员工**创造性的激励体制、管理体制和良好的创造性文化**。 （4）**具有从总体上提高某项经营业务的质量、树立产品形象、保持先进技术和建立完善分销渠道的能力**
风险		（1）企业形成产品**差别化的成本过高**。 （2）**市场需求发生变化**。 （3）**竞争对手的模仿和进攻**使已建立的**差异缩小甚至转向**

名师说

（1）注意成本领先和差异化在优势上的不同，成本领先为"保持领先的竞争地位"，而差异化为"降低顾客敏感程度"。

（2）注意成本领先战略和差异化战略的实施条件都是分内部和外部的，因此考试时主观题答题也需要分内外。

（3）实际上，奢侈品是比较符合差异化战略的，同学们可以参考奢侈品的特征进行知识点的理解与记忆。

【例 3-14·多选题】甲公司管理层根据市场状况，决定实施差异化战略。该公司可能遇到的风险不包括(　　)。

A. 形成产品差异化的成本过高　　B. 购买者需要的产品差异化程度下降

C. 技术的变化使过去的经验一笔勾销　　D. 市场需求从注重价格转向注重品牌形象

【答案】CD

【考点】基本竞争战略——差异化战略

【解析】采取差异化战略的风险：①企业形成产品差别化的成本过高，从而与实施成本领先战略的竞争对手的产品价格差距过大，购买者不愿意为获得差异化的产品支付过高的价格。②市场需求发生变化。购买者需要的产品差异化程度下降，使企业失去竞争优势。③竞争对手的模仿和进攻使已建立的差异缩小甚至转向。这是随着产业的成熟而发生的一种普遍现象。选项 CD 为成本领先战略的风险。

【例 3-15·单选题】甲公司是一家奢侈品公司，在业内具有很高的地位。在奢侈品行业，大部分消费者都不关注价格，注重的就是像甲公司这样的品牌。为了降低顾客敏感程度，甲公司利用自身的声誉和强大的设计能力，不断推出特色产品，广受需求多样的消费者的欢迎。甲公司所采取的基本竞争战略类型是(　　)。

A. 成本领先战略　　B. 差异化战略　　C. 集中化战略　　D. 一体化战略

【答案】B

【考点】基本竞争战略——差异化战略

【解析】根据材料可知，甲公司在产业范围内独具特色，符合差异化战略的定义，并且“在奢侈品行业，大部分消费者都不关注价格，注重的就是像甲公司这样的品牌”说明甲公司用的不是成本领先战略。此外，“降低顾客敏感程度”是差异化的优势，“声誉和强大的设计能力”是差异化战略的内部实施条件，“广受需求多样的消费者的欢迎”是差异化战略的外部实施条件。

3. 集中化战略★★★

集中化战略是指针对某一特定购买群体、产品细分市场或区域市场，采用成本领先或产品差异化来获取竞争优势的战略。一般是**中小企业采用的战略，可分为两类：集中成本领先战略和集中差异战略**。集中化战略的优势、实施条件和风险见表 3-14。

表 3-14　　集中化战略的优势、实施条件和风险（记忆）

名称	解释说明
优势	(1) 成本领先和差异化战略抵御产业五种竞争力的优势也都能在集中化战略中体现出来。 (2) 由于集中战略避开了在大范围内与竞争对手的直接竞争，所以，对于一些力量还不足以与实力雄厚的大公司抗衡的中小企业来说，集中战略的实施可以增强它们相对的竞争优势。 (3) 对于大企业来说，采用集中战略避免与竞争对手正面冲突，使企业处于一个竞争的缓冲地带
实施条件	(1) 购买者群体之间在需求上存在着差异。 (2) 目标市场在市场容量、成长速度、获利能力、竞争强度等方面具有相对的吸引力。 (3) 在目标市场上，没有其他竞争对手采用类似的战略。 (4) 企业资源和能力有限，难以在整个产业实现成本领先或差异化，只能选定个别细分市场
风险	(1) 狭小的目标市场导致的风险。 (2) 购买者群体之间需求差异变小。 (3) 竞争对手的进入与竞争

集中化战略包括两种类型，都是在目标市场（某一特定购买群体、产品细分市场或区域市场）采用的战略。在考试中，不管是客观题还是主观题，都要尽可能准确地判断出是集中化战略中的哪一种类型。

【例3-16·单选题】甲公司是一家餐饮外卖公司。该公司运用大数据挖掘技术，对某软件园区的客户订餐行为进行了深入调查，并根据调查结果，针对该区域的客户制定和实施了一套促销方案，取得了良好效果。甲公司实施的竞争战略属于(　　)。

A. 差异化战略　　B. 成本领先战略　　C. 集中化战略　　D. 蓝海战略

【答案】C

【考点】基本竞争战略——集中化

【解析】“对某软件园区的客户订餐行为进行了深入调查”说明该公司将产业集中于特定的区域市场，为集中化战略。

【例3-17·多选题】Y国的F公司是一家专门生产高档运动自行车的企业，其产品在Y国高档运动自行车细分市场上的占有率高达80%以上。下列各项中，属于F公司竞争战略实施条件的有(　　)。

A. 购买者群体之间在需求上存在差异

B. 目标市场上在市场容量、成长速度等方面具有相对的吸引力

C. 产品具有较高的价格弹性，市场中存在大量价格敏感用户

D. 产业规模经济显著

【答案】AB

【考点】基本竞争战略——集中化

【解析】根据材料可知，F公司采用的竞争战略为集中差异化（高档运动自行车细分市场），选项AB为集中化战略的实施条件，选项CD为成本领先战略的实施条件。

4. 基本竞争战略的综合分析——“战略钟” ★★★

鲍曼提出的“战略钟”，可以对波特的许多理论进行综合。将产品的价格作为横坐标，顾客对产品认可的价值作为纵坐标，然后将企业可能的竞争战略选择在这一平面上用八种途径表现出来，见图3-2。

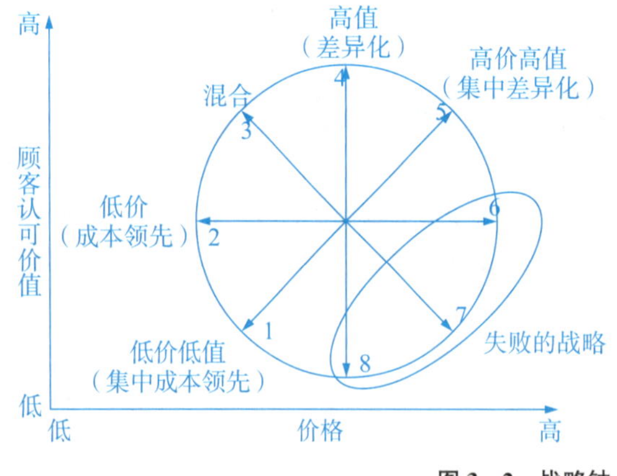

成本领先战略（途径1、途径2）
差异化战略（途径4、途径5）
混合战略（途径3）
失败的战略（途径6、途径7、途径8）

图3-2　战略钟

在战略钟的竞争战略里面，有效竞争战略分为下列五种。

(1) 成本领先战略。

成本领先战略包括途径1和途径2。可以大致分为两个层次：一是**低价低值战略（途径1）**，二是**低价战略（途径2）**。途径1可以看成是集中成本领先战略。途径2则可以看作是成本领先战略。

(2) 差异化战略。

差异化战略包括途径4和途径5。也可大致分为两个层次：一是**高值战略（途径4）**，二是**高值高价战略（途径5）**。途径4可以看成是差异化战略。途径5则可以看成是集中差异化战略。

(3) 混合战略（整体成本领先/差异化战略）。

混合战略指的是途径3。在某些情况下，**企业可以在为顾客提供更高的认可价值的同时，获得成本**

优势。

从理论角度看，以下因素会导致一个企业同时获得两种优势：

(1) 提供高质量产品的公司会增加市场份额，而这又会因规模经济而降低平均成本。其结果是，公司可同时在该产业取得高质量和低成本的定位。

(2) 高质量产品的累积经验降低成本的速度比低质量产品的快。其原因是生产工人必须更留心产品的生产，这又会因经验曲线而降低平均成本。

(3) 注重提高生产效率可以在高质量产品的生产过程中降低成本。

名师说

"战略钟"其实就是将波特所有的基本竞争战略放在一起，同时加入了新的四种途径所形成的战略方法。对于混合战略，其实就是生活中所提到的"物美价廉"，即提供高质量服务或产品的同时价格又很低，这也是波特的基本竞争战略所忽视的一种战略方式，同时追求成本领先和差异化。

【例 3－18·多选题】混合战略认为，在某些情况下，企业可以在为顾客提供更高的认可价值的同时，获得成本优势。下列因素属于这种情况的有(　　)。

A. 提供高质量产品的同时增加市场份额

B. 生产高质量产品的经验累积降低成本的速度比生产低质量产品快

C. 提高价格的同时降低产品质量

D. 注重提高生产效率可以在高质量产品的生产过程中降低成本

【答案】ABD

【考点】战略钟

【解析】从理论角度看，以下一些因素会导致一个企业同时获得更高的认可价值和成本优势：①提供高质量产品的公司会增加市场份额，而这又会因规模经济而降低平均成本。②高质量产品的累积经验降低成本的速度比低质量产品快。其原因与下面的事实有关，即生产工人必须更留心产品的生产，这又会因经验曲线而降低平均成本。③注重提高生产效率可以在高质量产品的生产过程中降低成本。选项 C 属于一种失败的战略。

【例 3－19·单选题】甲公司是一家家装用品企业，该公司率先采用线上线下结合的方式，在国内外办出了名气，该方式使大量客户慕名而来，该公司又因此获得了规模经济。甲公司所采取的竞争战略类型是(　　)。

A. 成本领先战略　　B. 差异化战略　　C. 集中化战略　　D. 混合战略

【答案】D

【考点】战略钟

【解析】"率先采用线上线下结合的方式，在国内外办出了名气"体现了差异化战略，"该方式使大量客户慕名而来，该公司又因此获得了规模经济"体现了成本领先战略，该公司是在差异化的基础上实施成本领先，属于混合战略。

(二) 中小企业的竞争战略★★

名师说

中小企业既可以指其规模比较小，也可以指其产业类型是零散和新兴的。

1. 零散产业的竞争战略★★

在零散型产业中，**产业集中度很低**，且没有任何企业占有显著的市场份额，也没有任何一个企业对整个产业的发展产生重大的影响。

名师说

一些传统的服务业，比如快餐业、洗衣业、照相业、零售业等都符合零散产业的特征。

(1)造成产业零散的原因。

产业零散的原因主要来源于产业本身的基础经济特性:

①进入障碍低或存在退出障碍;

②市场需求多样导致高度产品差异化;

③不存在规模经济或难以达到经济规模。

以上三个方面的原因是从产业本身的经济特性角度归纳的。如果再考虑其他的因素,如政府政策和地方法规对某些产业集中的限制,以及一个新产业中还没有企业掌握足够的技能和能力以占据重要的市场份额等因素,也是导致产业零散的原因。

名师说

实际上,零散产业当中,原本企业数量就较多,而产业进来容易退出难、消费者需求多样、不存在规模经济、政府的政策和产业处于导入期这些造成产业零散的原因又会进一步使产业不能规模化。

(2)零散产业的战略选择。

零散产业中有很多企业,每个企业的资源和能力条件会有很大差异,因此零散产业的战略可以从多个角度考虑。

如果从三种基本竞争战略的角度出发,零散产业的战略选择有以下三个分类,见表3-15。

表3-15　零散产业的战略选择

选择类型	具体途径
克服零散——获得成本优势	①连锁经营或特许经营; ②技术创新以创造规模经济; ③尽早发现产业趋势
增加附加价值——提高产品差异化程度	许多零散产业生产的产品或服务是一般性的商品,或者是很难实现差异化的,因此需要增加产品的附加价值
专门化——目标集聚	①产品类型或产品细分的专门化; ②顾客类型专门化; ③地理区域专门化

(3)谨防潜在的战略陷阱。

零散产业独特的结构环境造成了一些特殊的战略陷阱。某些常见的陷阱应引起足够的警惕。在零散产业中进行战略选择要注意以下几个方面:

①避免寻求支配地位;

②保持严格的战略约束力;

③避免过分集权化;

④了解竞争者的战略目标与管理费用;

⑤避免对新产品做出过度反应。

名师说

零散产业本身的特征也决定了其战略陷阱:没有企业能够对整个产业造成影响,因此寻求支配地位(不断扩大规模)、对新产品做出过度反应(盲目投资新产品或进行产品开发)的企业往往没有好下场;规模较小的企业也就意味着战略容易变化(缺乏战略约束力)、容易改变企业的目标、决策权也往往集中于上层领导者(过分集权化)。以上都属于零散产业当中的企业需要避免的问题。

2. 新兴产业的竞争战略★★

新兴产业是新形成的或重新形成的产业。其形成的原因是技术创新、消费者新需求的出现,或其他经济和社会文化将某个产品或服务提高到一种潜在可行的商业机会的水平。

从战略制定的观点看，新兴产业的基本特征是**没有游戏规则**。缺乏游戏规则**既是风险又是机会的来源**。

（1）新兴产业的内部结构环境。

新兴产业在内部结构上彼此差异很大，但是仍有一些共同的结构特征，包括：

①**技术的不确定性**；

②**战略的不确定性**；

③**成本的迅速变化**；

④**萌芽企业和另立门户企业较多**；

⑤**客户多为首次购买者**。

（2）新兴产业发展障碍与机遇。

新兴产业在不同程度上面临产业发展的障碍。从产业的五种竞争力角度分析，这些**障碍主要表现在新兴产业的供应者、购买者与被替代品三个方面**，其根源还在于前述的产业本身的结构特征。

新兴产业常见的发展障碍有：

①专有技术选择、获取与应用的困难；

②原材料、零部件、资金与其他供给的不足；

③顾客的困惑与等待观望；

④被替代产品的反应；

⑤缺少承担风险的胆略与能力。

（3）新兴产业的战略选择。

在新兴产业中，风险与机遇共存，而风险与机遇都来源于产业的不确定性。所以新兴产业中的战略制定过程必须处理好这一不确定性，见表 3 - 16。

表 3 - 16　　新兴产业的战略选择

<table>
<tr><th>战略选择</th><th colspan="3">解释说明</th></tr>
<tr><td>塑造产业结构</td><td colspan="3">在新兴产业中占压倒地位的战略问题是考虑企业是否有能力促进产业结构趋于稳定而且成型，这种战略选择有利于企业建立长远的产业地位</td></tr>
<tr><td>正确对待产业发展的外在性</td><td colspan="3">在对产业倡导和追求自身狭窄利益的努力之间做出平衡。产业内企业的发展离不开与其他同类企业的协调以及整个产业的发展，为了产业的整体利益以及自身长远利益，有时必须放弃暂时的自身利益</td></tr>
<tr><td>注意产业机会与障碍的转变，在产业发展变化中占据主动地位</td><td colspan="3">新兴产业的迅速发展可能会使原有的障碍和机会都发生变化。一方面，当产业在规模上有所发展，企业也证明了自身价值时，上下游企业的态度和行为可能会向有利于企业发展的方向转变，尽早挖掘这些方向变化就可能给企业提供战略机会；另一方面，产业的发展会吸引更有规模、资金和市场营销等实力的企业进入，甚至供给者和购买者也可能以纵向一体化的方式进入该产业，此时企业就必须有应对激烈竞争的准备</td></tr>
<tr><td>选择适当的进入时机与领域</td><td>进入时机</td><td>早期进入是适当的（早期进入涉及高风险，但可以在关键市场取得“局内人的位置”，获得市场支配地位）</td><td>①企业的形象和声望对顾客至关重要，企业可因先驱者而发展和提高声望；
②产业中的学习曲线很重要，经验很难模仿，并且不会因持续的技术更新换代而过时，早期进入企业可以较早地开始这一学习过程；
③顾客忠诚非常重要，那些首先对顾客销售的企业将获益；
④通过早期对原材料供应、分销渠道的承诺可带来绝对成本利益</td></tr>
</table>

续表

<table>
<tr><th>战略选择</th><th colspan="3">解释说明</th></tr>
<tr><td rowspan="2">选择适当的进入时机与领域</td><td>进入时机</td><td>早期进入是非常危险的</td><td>①早期竞争细分市场与产业发展成熟后的情况不同，早期进入的企业建立了竞争基础后，面临过高的转换成本；
②为了塑造产业结构，需付出开辟市场的高昂代价，其中包括顾客教育、法规批准、技术开拓等，而开辟市场的利益无法成为企业专有；
③技术变化使早期投资过时，并使晚期进入的企业因拥有最新产品和工艺而获益</td></tr>
<tr><td>进入领域</td><td colspan="2">进入战略的选择还包括对进入领域的选择，即使是新兴产业，不同领域的市场发展前景、发展速度、五种竞争力的变化状况也不尽相同，因而产业整体的赢利水平也会有较大差异。</td></tr>
</table>

名师说

对于新兴产业中的企业来说，找到适当的时机，尽早进入产业中形成老大地位，占据主动态势才是最佳的选择。

【例3-20·单选题】目前新能源汽车行业可以说是一个非常有前景的新兴产业。2010年，环亚公司作为传统汽车行业的一员，决定上马国内第一款新能源汽车，此举在同行眼中无异于一种“逆风而上”的冒险行为。然而，环亚公司以其执着坚守十年时间，实现了对新能源汽车领域核心技术的掌握与完整的产业链布局，迎来了新能源汽车销量在国内外的全面爆发。环亚公司所面对的新兴产业发展障碍是(　　)。

A. 缺少承担风险的胆略与能力　　B. 原材料、零部件、资金与其他供给的不足

C. 顾客的困惑与等待观望　　D. 被替代品的反应

【答案】A

【考点】新兴产业的竞争战略

【解析】新兴产业常见的发展障碍有：①专有技术选择、获取与应用的困难；②原材料、零部件、资金与其他供给的不足；③顾客的困惑与等待观望；④被替代产品的反应；⑤缺少承担风险的胆略与能力。该公司敢于承担风险的胆略与能力是比其他传统企业更有优势的。

（三）蓝海战略★★

欧洲工商管理学院的W. 钱·金（W. Chan Kin）和勒妮·莫博涅（Renee Mauborgne）在2005年2月出版的《蓝海战略》（*Blue Ocean Strategy*）一书，为企业指出了一条通向未来增长的新路。他们设想市场空间由两种海洋组成：红海和蓝海。

红海代表当前业已存在的所有行业和市场，这是一个已知的市场空间，因为供给严重大于需求，企业竞争激烈，企业之间存在血拼，就如一片战斗的血海，故称为红海。“红海”就是充满血腥和竞争的已知市场空间。

蓝海是指**尚未开发，或者尚未被大部分企业重视的市场领域**，在这样的领域中，竞争压力比较小。“蓝海”就是尚未开发的新的市场空间。

在红海中，产业边界是明晰和确定的，游戏的竞争规则是已知的。身处红海的企业试图表现得超过竞争对手，以攫取已知需求下的更大市场份额。当市场空间变得拥挤，利润增长的前景随之黯淡。产品只是常规性的商品，而割喉式的恶性竞争使红海变得更加血腥。与之相反，蓝海则意味着未开垦的市场空间、需求的创造以及利润高速增长的机会。尽管有些蓝海是在现有的红海领域之外创造出来的，但绝大多数蓝海是通过扩展已经存在的产业边界而形成的。在蓝海中，与竞争无关，因为游戏规则还有待建立。红海和蓝海的区别见表3-17。

表 3-17 红海和蓝海的区别

红海	蓝海（记忆）
已存在的行业和市场	尚未开发或尚未被大部分企业重视的市场领域
已知的市场空间	新的市场空间
游戏规则已确立	游戏规则有待建立
竞争激烈	与竞争无关

名师说

实际上，之前学过的“战略群组”其实就是蓝海的雏形。利用战略群组图可以帮助企业预测市场变化或发现战略机会。战略群组图存在很多的“空白”领域，“空白”领域即为蓝海，若企业能了解这些“空白”领域为自己带来战略机会的可行性，就能为新战略或者新的战略群体提供机会。

1. 蓝海战略的内涵★

蓝海战略，就是企业突破红海的残酷竞争，不把主要精力放在打败竞争对手上，而主要放在全力为客户与企业自身创造价值飞跃上，并由此开创新的“无人竞争”的市场空间，彻底甩脱竞争，开创属于自己的一片蓝海。这是一种企业通过开创新的、未被竞争对手重视的市场领域以达到扩张目的的战略。

蓝海战略要求企业把视线从市场的供给一方移向需求一方，从与对手的竞争转向为客户提供价值的飞跃；通过跨越现有竞争边界看市场以及将不同市场的客户价值元素筛选与重新排序，企业就将重建市场和产业边界，开启巨大的潜在需求，从而摆脱“红海”的血腥竞争，开创“蓝海”，实现同时追求“差异化”和“成本领先”。价值创新是开创蓝海、突破竞争的战略思考和战略执行的新途径。红海战略和蓝海战略的区别见表 3-18。

表 3-18 红海战略和蓝海战略的区别

红海战略	蓝海战略（记忆）
在现有的市场空间内竞争	开创无人争抢的市场空间
参与竞争	规避竞争
争夺现有需求	创造并获取新的需求
遵循价值与成本互替定律	打破价值与成本互替定律
根据差异化或低成本的战略选择，把企业行为整合为一个体系	同时追求差异化和低成本，把企业行为整合为一个体系

名师说

蓝海战略的逻辑就是“价值创新”，不跟其他现有企业竞争，而是实现客户和企业自身价值的双赢局面。

2. 蓝海战略制定的原则★

蓝海战略是一种崭新的战略思维，其制定和实施的方法也完全不同于典型的战略规划。蓝海战略开拓了一套条理清晰的绘制和讨论战略布局的过程，以将企业战略推向蓝海。蓝海战略制定的原则见表 3-19。

表3-19　蓝海战略制定的原则

战略制订原则	各原则降低的风险因素
重建市场边界	降低搜寻的风险
注重全局而非数字	降低规划的风险
超越现有需求	降低规模风险
遵循合理的战略顺序	降低商业模式风险
战略执行原则	各原则降低的风险因素
克服关键组织障碍	降低组织的风险
将战略执行建成战略的一部分	降低管理的风险

关于蓝海战略制定的原则，应重点掌握“重建市场边界”，剩余部分能够判断降低的风险因素即可。

3. 重建市场边界的基本法则★★

蓝海战略的第一条原则，就是重新构筑市场的边界，从而打破现有竞争局面，开创蓝海。这一原则解决了令许多公司经常会碰到的搜寻风险。其难点在于如何成功地从一大堆机会中准确地挑选出具有蓝海特征的市场机会。

蓝海战略总结了6种重建市场边界的基本法则，被称之为6条路径框架。表3-20对6种重建市场边界的路径框架作了一个小结。

表3-20　从肉搏式竞争到蓝海战略

表现	肉搏式竞争	开创蓝海战略（记忆）
产业	专注于产业内的竞争者	路径一：审视他择产业
战略群体	专注于战略群体内部的竞争地位	路径二：跨越产业内不同的战略群体看市场
买方群体	专注于更好地为买方群体服务	路径三：重新界定产业的买方群体
产品或服务范围	专注于在产业边界内将产品或服务的价值最大化	路径四：放眼互补性产品或服务
功能/情感导向	专注于产业既定功能/情感导向下性价比的改善	路径五：重设客户的功能性或情感性诉求
时间	专注于适应外部发生的潮流	路径六：跨越时间参与塑造外部潮流

企业应把眼光放在更多的产业、更多的战略群体、更多的购买群体，提供互补性产品或服务，超越产业现有的功能性或情感倾向，甚至应该超越时间。只有这样，企业才能获得重建市场空间、开创蓝海的新视角。

名师说

前两条路径是指要将企业服务的产业范围增大，做他择品的产业、做其他战略群组的产品和服务，其中，他择品的概念要比替代品更广：形式不同但功能或者核心效用相同的产品或服务，属于替代品（如报纸与电视），而他择品则还包括了功能和形式都不同目的却相同的产品或服务（如电影院和酒吧）。路径三是说不一定仅仅局限于产品的购买者，而更要关注产品的实际使用者和对购买者的决策施加影响的人；路径五中的功能性诉求指的是理性用户的选择，注重的是产品或服务的实际使用效果，而情感性诉求指的是感性用户的选择，注重的是产品和服务带来的体验感和情怀；路径六中的跨越时间并非是预测潮流到底怎么变化，而是抓住潮流去提高企业和客户的价值。

【例 3-21·单选题】甲公司是一家区别于传统游乐园方式的新式主题乐园企业，在给顾客提供游乐设施、巡游项目等产品的同时，还给每一位顾客增加了与其梦想相关的服务，通过不断增加的动画角色来增加对顾客梦想的铸造以及企业和顾客之间的链接。甲公司的经营模式取得了成功，营业额高速增长。甲公司实施蓝海战略的路径是(　　)。

A. 跨越时间　　B. 重新界定产业的买方群体

C. 跨越战略群体　　D. 重设客户的功能性或情感性诉求

【答案】D

【考点】蓝海战略

【解析】企业服务的对象还是原有顾客，只是其又增加了一些服务（“给每一位顾客增加了与其梦想相关的服务，通过不断增加的动画角色来增加对顾客梦想的铸造以及企业和顾客之间的链接”）来满足客户的一些功能性或情感性诉求，所以选项 D 是正确的。

三、职能战略★★

（一）市场营销战略★★★

在现代市场营销理论中，市场营销战略的核心是 STP 营销，即市场细分（market segmenting）、目标市场选择（market targeting）和市场定位（market positioning）。

1. 市场细分

(1) 消费者市场细分。

市场细分要依据一定的细分变量来进行。消费者市场的细分变量主要有地理、人口、心理和行为四类，见表 3-21。

表 3-21　消费者市场细分的变量（记忆变量名称）

变量	具体指标
地理细分	按照消费者所在的地理位置以及其他地理变量(包括城市农村、地形气候、交通运输等）来细分消费者市场
人口细分	按照人口变量(包括年龄、性别、收入、职业、教育水平、家庭规模、家庭生命周期阶段、宗教、种族、国籍等）来细分消费者市场
心理细分	按照消费者的生活方式、个性等心理变量来细分消费者市场
行为细分	按照消费者购买或使用某种产品的时机、消费者所追求的利益、使用者情况、消费者对某种产品的使用率、消费者对品牌（或商店）的忠诚程度、消费者待购阶段和消费者对产品的态度等行为变量来细分消费者市场

【例 3-22·单选题】大型超市连锁店为不同地区分店选择重点销售商品时，会考虑到每个地区中居民的一般消费特性，其中一个分类是按居民的平均收入水平的高低，将居民消费者划分为高收入、中等收入及低收入三个客户群组，该细分依据属于(　　)。

A. 人口细分　　B. 心理细分　　C. 地理细分　　D. 行为细分

【答案】A

【考点】市场营销战略

【解析】人口细分，即企业按照人口因素来细分消费者市场，包括性别、年龄、收入、家庭人数、职业、教育、文化水平、宗教、社会阶层等。按收入细分可分为高收入市场、中等收入市场和低收入市场，不同收入市场的需求在层次上存在差异，该超市所用的细分依据属于按照人口细分中的收入进行的细分。

(2) 产业市场细分。

产业市场的购买者是工商服务企业。产业市场细分的变量有一些与消费者市场细分变量相同，如地理因素、追求利益、使用者情况、使用程度、对品牌的信赖程度、购买准备阶段、使用者对产品的态度。

此外，产业市场细分变量还有：

①**用户的行业类别**。不同的最终用户对同一种产业用品的市场营销组合往往有不同的要求，例如，飞机制造商所需要的轮胎必须达到的安全标准比农用拖拉机制造商所需轮胎的安全标准高很多，豪华汽车制造商比一般汽车制造商需要更优质的轮胎。

②**用户规模**。例如，一家办公室用具制造商按照顾客规模将顾客细分为两类顾客群：一类是大客户，另一类是小客户。

③**用户的地理位置**。例如，国界、地区、气候、地形、交通运输、产业布局、自然环境、资源等。

④**购买行为因素**。例如，用户追求的利益、使用频率、品牌忠诚度、使用者地位（重点用户、一般户、常用户、临时户等）、购买方式等。

2. 目标市场选择

（1）企业可以采取的目标市场选择策略共三种，见表 3-22。

表 3-22　　目标市场选择策略

种类	含义	优点	缺点
无差异市场营销	企业把整个市场作为自己的目标市场，只考虑市场需求的共性，不考虑其差异，运用一种产品、一种价格、一种推销方法，尽可能吸引更多的消费者	品种单一，适合大批量生产和销售，发挥规模经济的优势； 可以降低生产、存货和运输的成本，缩减广告、推销、市场调研和市场细分的费用，进而以低成本在市场上赢得竞争优势	应变能力差，一旦市场需求发生变化，难以及时调整企业的生产和市场营销策略，特别是在产品生命周期进入成熟阶段后，竞争手段过于单一，因而风险较大
差异市场营销	企业选择两个或两个以上，并根据不同细分市场的需求特点，分别设计生产不同的产品，制定不同的营销组合策略，有针对性地满足不同细分市场顾客的需求	面向广阔的市场，满足不同消费者的需要，有利于扩大销售量，增强竞争力； 企业适应性强，富有回旋余地，不依赖一个市场一种产品	小批量多品种生产，要求企业具有较高的经营管理水平； 由于品种、价格、销售渠道、广告、推销手段的多样化，使生产成本、研发成本、存货成本、销售费用、市场调研费用相应增加，有可能降低经济效益
集中市场营销	企业以一个或少数几个性质相似的子市场作为目标市场，试图在较少的子市场上占领较大的市场份额	集中运用有限的资源，实行专业化的生产和销售，节省营销费用，提高产品和企业知名度	对单一和窄小的目标市场依赖性太大，一旦目标市场情况发生污染变化，企业周旋余地小，风险大； 当强有力的竞争者打入目标市场时，企业会受到严重影响

（2）选择以上三种策略时需要考虑五个方面的因素：

①市场相似性。

②产品的同质性。

③企业实力。

④产品生命周期阶段。

⑤竞争者的策略。

3. 市场定位

（1）市场定位。

市场定位就是使本企业产品具有一定特色，适应目标市场一定的需求和偏好，塑造产品在目标消费者心目中的独特形象和合适位置。

①第一次市场定位（初次定位）：一般在新产品投入市场时。

②第二次市场定位（再次定位）：一般是随着市场情况变化，产品的创新定位。

（2）三种产品定位策略。

①抢占或填补市场空位策略。

②与竞争者并存和对峙的市场定位策略。

③取代竞争者的市场定位策略。

4. 设计营销组合（4Ps 组合）

市场营销组合可控制的变量可以概括为四个，分别是产品（product）、价格（price）、分销（place）和促销（promotion），四个单词的第一个字母缩写为 4P，因此又被称为 4Ps 组合。

名师说

price 也可翻译为定价，place 也可翻译为渠道或地点。

（1）产品策略。

产品策略包括产品组合策略 、品牌与商标策略、产品开发策略。(记忆)

①产品组合策略。产品组合，是指某一企业所生产或销售的全部产品大类、产品项目的组合。产品大类（又称产品线）是指产品类别中具有密切关系（或经由同种商业网点销售、或同属于一个价格幅度）的一组产品。产品项目是指某一品牌或产品大类内由尺码、价格、外观及其他属性来区别的具体产品。产品组合的范围及策略类型见表 3-23。

表 3-23　产品组合的范围及策略类型

项目名称	明细	解释说明
范围	宽度	指一个企业有多少产品大类（又称产品线）
	长度	指一个企业的产品组合中所包含的产品项目的总数
	深度	指产品大类中每种产品有多少花色、品种、规格
	关联性	指一个企业的各个产品大类在最终使用、生产条件、分销渠道等方面的密切相关程度
策略类型（记忆名称）	扩大产品组合	包括拓展产品组合的宽度、长度和加强产品组合的深度
	缩减产品组合	剔除获利很小甚至亏损的产品大类或产品项目
	产品延伸	具体做法有向下延伸、向上延伸和双向延伸三种

②品牌与商标策略。品牌特征与品牌策略，见表 3-24。

表 3-24　品牌特征与品牌策略

项目名称	解释说明	
品牌特征	名称、标记、关联性、个性	
品牌策略（记忆名称）	单一的企业名称	优点：可以将一种产品具备的特征传递给另一种产品，从而简化了新产品上市的过程，因为无须为新产品建立新的品牌认知度
	每个产品都有不同的品牌名称	如果企业生产的产品在市场中的定位显然不同，或者市场被高度细分，则企业通常对每个产品都采用不同的品牌名称
	自有品牌	零售商自有品牌

③产品开发策略。产品开发的原因和风险，见表 3-25。

表 3-25 产品开发的原因和风险

项目名称	解释说明
产品开发的原因	①企业具有较高的市场份额和较强的品牌实力，并在市场中具有独特的竞争优势； ②市场中有潜在增长力； ③客户需求的不断变化需要新产品； ④需要进行技术开发或采用技术开发； ⑤企业需要对市场的竞争创新做出反应
产品开发的风险	①在某些产业中，缺乏新产品构思； ②不断变小的细分市场使市场容量降低，从而无法证明投资的合理性； ③由于产品涉及复杂的研发过程，因此产品开发失败的概率很高； ④企业通常需要进行许多产品构思来生产好产品，这使得新产品开发非常昂贵； ⑤即便产品获得成功，但是由于被市场中的竞争者“模仿”并加入其自身的创新和改良，因而新产品的生命周期可能较短

（2）价格策略。

基本定价方法、主要定价策略和新产品定价策略，见表 3-26。

表 3-26 基本定价方法、主要定价策略和新产品定价策略

项目名称	解释说明
基本定价方法	①成本导向定价法。 ②需求导向定价法。（市场需求量大，定价就高；需求量小，定价就低） ③竞争价格定价法。（通行价格定价和密封投标定价）
主要定价策略	①心理定价策略。（尾数定价、整数定价、声望定价、招徕定价） ②产品组合定价策略。（系列产品定价、副产品定价、关联产品定价、捆绑定价） ③折扣与折让策略。（现金折扣、数量折扣、交易折扣、季节性折扣和推广折扣） ④地理差价策略。（产地价、目的地交货价、统一交货价、分区运送价、津贴运费定价）
新产品定价策略	①渗透定价法——低价（市场占有率）。 ②撇脂定价法——高价（赚取利润）。 ③满意定价策略——介于以上两种定价策略之间的适中定价策略

（3）分销策略。

分销策略是确定产品到达客户手上的最佳方式。分销渠道类型分为直接分销和间接分销。直接分销是指不经过中间商，直接从生产商到消费者的分销策略。间接分销是指利用了中间商的分销策略（独家分销、选择性分销、密集分销）和分销渠道（线上渠道、线下渠道）。

（4）促销策略。

企业将产品或服务的特性传达给预期客户的方式被称为促销组合。促销的目的、促销组合的要素和促销组合策略，见表 3-27。

表 3-27 促销的目的、促销组合的要素和促销组合策略

项目名称	解释说明
促销的目的	①赢得潜在客户的注意； ②激发客户的购买渴望； ③刺激客户的购买行为

续表

项目名称	解释说明
促销组合构成要素（记忆名称）	①广告促销，即在媒体中投放广告； ②营业推广，即非媒体的促销手段，如试用品、折扣、礼品等； ③公关宣传，宣传企业形象，建立良好公众形象； ④人员推销，销售代表直接与客户接触，做出解释、解答或者演示
促销组合策略	①推式策略：产品经过营销渠道推向最终消费者。 ②拉式策略：制造商的市场活动直接指向最终消费者。 ③推拉结合策略

【例 3－23·单选题】新推出的计算机产品在上市初期的定价相对较高，这种定价策略是（　　）。

A. 渗透定价法　　B. 撇脂定价法　　C. 增脂定价法　　D. 成本领先定价法

【答案】B

【考点】市场营销战略

【解析】撇脂定价法是指在新产品上市之初确定较高的价格，并随着生产能力的提高逐渐降低价格。这一方法旨在产品生命周期的极早阶段获取较高的单位利润。

（二）研究与开发战略★★

研究与开发（后简称研发）被定义为组织层面的企业创新。研发战略并不能独立于企业的其他部分单独进行，需要受到竞争战略的支持，并集中关注企业成功实施业务单位战略所需的技术。

1. 研究的类型

（1）基础研究。

基础研究是取得新的科学技术知识或了解的初始研究，没有明显的商业用途或实际目的。

（2）应用型研究。

应用型研究是指具有明显的商业用途或实际目的的研究。

（3）开发型研究。

开发型研究是指在开始商业生产运作之前利用现有的科学技术知识来生产新产品或系统。

2. 研发的类型

（1）**产品研究（新产品开发）**。

新产品开发是竞争优势的主要来源，是实施差异化战略的关键环节，但新产品上市也可能花费大量的资金。

（2）**流程研究**。

流程研究关注于生产产品或提供服务的流程，旨在建立有效的流程来节约资金和时间，从而**提高生产率或提高质量管理**，对于实施成本领先和差异化战略的企业都是不可少的。

3. 研发的战略作用

（1）波特的基本战略。

产品创新是产品差异化的来源，流程创新使企业能够采用成本领先或差异化战略。

（2）波特的价值链。

研发是价值链的支持性活动，通过提供低成本的产品或改良的差异化产品可以强化价值链。

（3）安索夫矩阵。

研发支持四个象限，可以通过产品求精来实现市场渗透战略和市场开发战略，产品开发和多元化需要更显著的产品创新。

（4）产品的生命周期。

产品研发会加速现有产品的衰退，因而需要研发来为企业提供替代产品。

4. 研发的定位（记忆名称）

（1）成为向市场推出新技术产品的企业（风险较大）。

（2）成为成功产品的创新模仿者（风险和成本最小，但要求优秀的研发人员和营销部门）。

（3）成为成功产品的低成本生产者（研发费用低，但需要对工厂和设备进行不断投资）。

5. 研发的政策

（1）强化产品或流程改良。

（2）强化应用型研究的基础。

（3）成为研发领导者或跟随者。

（4）开发机器人技术或手动流程。

（5）对研发投入高额、适中或低额资金。

（6）在企业内部进行研发或者将研发外包。

（7）利用大学研究者或私营企业的研究。

6. 鼓励创新性构思的政策

（1）必须给予创新财务支持，并可以通过为研发和市场研究投入资金以及为新构思投入风险资金来实现。

（2）必须使员工有机会在一个能够产生创新构思的环境中工作，这需要适当的管理风格和组织结构。

（3）管理层能积极地鼓励员工和客户提出新构思。

（4）组建开发小组并由企业负责项目小组工作。

（5）在适当情况下，企业的招聘政策应集中于招聘具有必备创新技能的员工。应对员工进行培训并使其与时俱进。

（6）由特定的管理者负责从环境中或从企业的内部沟通中获取与创新构思有关的信息。

（7）战略计划应有助于创新目标的达成；对成功实现目标的员工应给予奖励。

（三）生产运营战略★★

生产运营、市场营销和研发被视作企业的三种传统核心职能。

1. 生产运营战略所涉及的主要因素和阶段（见表3-28）

表3-28 运营流程四要素和五阶段

要素及阶段		解释说明
四要素	批量	大规模生产——低成本（可以实现专业化分工）； 小规模生产——高成本（无法实现专业化分工）
	种类	多品种——成本高（要求足够的灵活性）； 少品种——成本低（标准化的生产）
	需求变动	需求波动——产能利用率低——成本高； 需求稳定——产能利用率较高——成本低
	可见性	指生产运营流程为客户所见的程度。 可见性高（服务型行业）——员工技巧要求高——单位成本可能比较高； 可见性较低（生产型行业）——员工技巧要求低——单位成本可能比较低

续表

要素及阶段	解释说明
五阶段	(1) 确定生产运营目标； (2) 将业务战略或营销战略转化为生产运营战略，即确定工作得以具体完成的方式； (3) 通过与竞争者的绩效相比来评估企业当前的运营绩效； (4) 以缺口分析为基础来制定战略； (5) 执行战略，并通过对环境变化做出反应来不断地检查、改善和改良战略

2. 产能计划

产能是企业在指定时间内能够完成的最大工作量。产能计划是指确定企业所需的生产能力以满足其产品不断变化的需求过程，即平衡生产能力与市场需求。产能计划的类型以及平衡方法，见表 3－29。

表 3－29　产能计划的类型和平衡方法

项目名称	类型或方法	解释说明
产能计划的类型	领先策略(进攻型)	根据对需求增长的预期增加产能
	滞后策略(保守型)	仅当企业因需求增长而满负荷生产或超额生产后才增加产能
	匹配策略(稳健性)	少量地增加产能来应对市场需求的变化
平衡产能与需求的方法	资源订单式生产	订单→资源→生产 例如，建筑企业可能会收到承建新的道路桥梁的大订单。该建筑企业将仅在签订了合同之后才开始采购必需的资源
	订单生产式生产	资源→订单→生产 例如，企业会配备适当的劳动力和设备，但企业会在实际收到订单之后才开始生产产品或提供服务
	库存生产式生产	资源→生产→订单 这种情况在制造型企业非常常见

应特别关注产能计划类型和方法在案例上的区分。对于产能计划的类型，是看产能是否先发生，若先大量发生则为领先策略，先少量发生则为匹配策略，后发生产能则为滞后策略。对于平衡方法，比如，建筑公司会等中标后再开始准备材料，这属于资源订单式生产；餐厅会先备好材料等客人点菜才生产，这属于订单生产式生产；玩具生产商在预计圣诞节需求增长的前提下，会提前生产各种玩具来满足可能到来的市场需求，这属于库存生产式生产。

【例 3－24·单选题】甲公司是一家国际船舶制造企业。甲公司在与其客户签订船舶制造合同后，才向各主要部件供应商发出采购订单。甲公司采用的平衡产能与需求的方法是(　　)。

A. 订单生产式生产　　B. 资源订单式生产　　C. 库存生产式生产　　D. 滞后策略式生产

【答案】B

【考点】生产运营战略

【解析】资源订单式生产适用于每个客户的需求各不相同，因此无法准确提前预测需求的情形。企业在取得订单的基础上，仅购买完成订单所需的材料并在需要时才开始生产所需的产品或提供所需的服务，基本顺序为订单——资源——生产。

3. 准时生产系统（Just In Time，JIT）

准时生产方法是指生产的产品能够**精准地满足客户在时间、质量和数量上的需求**，而无论客户是产品的最终用户还是处于生产线上的其他流程。JIT 的要素和优缺点见表 3－30。

表 3-30　　JIT的要素和优缺点

项目	解释说明
要素	(1) 不断改进。 (2) 消除浪费：浪费是指通常意义上的浪费。浪费共有七种类型：①生产过剩的浪费；②等待的浪费；③搬运的浪费；④加工的浪费；⑤库存的浪费；⑥动作的浪费；⑦不良产品的浪费。 (3) 良好的工作场所整理。 (4) 缩短生产准备时间。 (5) 企业中所有员工的参与
优点	(1) 库存量低，减少仓储费用支出。 (2) 由于仅在需要时才取得存货，因此降低了花费在存货上的运营资本。 (3) 降低了存货变质、陈旧或过时的可能性。 (4) 避免因需求突然变动而导致大量产成品无法出售的情况出现。 (5) 由于JIT着重于第一次就执行正确的工作这一理念，因而降低了检查和返工他人所生产的产品的时间
缺点	(1) 由于仅为不合格产品的返工预留了最少量的库存，因而一旦生产环节出错则弥补空间较小。 (2) 生产对供应商的依赖性较强，并且如果供应商没有按时配货，则整个生产计划都会被延误。 (3) 由于企业按照实际订单生产所有产品，因此并无备用的产成品来满足预期之外的订单

名师说

准时生产系统可用于服务型企业和制造型企业，对于服务型企业可以消除客户排队的现象，对于制造型企业可以降低库存。

【例3-25·单选题】下列关于准时生产系统（JIT）的表述中，正确的是(　　)。

A. JIT要求企业为防止发生配送延迟的情况储备材料和部件

B. JIT使企业生产对供应商的依赖性降低

C. JIT可用于服务型企业和制造型企业

D. JIT与企业的采购策略并不相关

【答案】C

【考点】生产运营战略

【解析】JIT的库存降低，仅在需要时才取得材料和部件，因此选项A错误；JIT使企业生产对供应商的依赖性较强，选项B错误；生产与采购是息息相关的，JIT对采购有影响并且也依赖于采购，选项D错误。

（四）采购战略★★

采购是指企业取得所用的材料资源和业务服务的过程。

1. 货源策略

在企业确定从哪个供应商进行采购时可以考虑的策略主要有三种，见表3-31。

表 3-31　　三种货源策略

策略名称	优点	缺点
单一货源策略	(1) 采购方能与供应商建立较为稳固的关系。 (2) 便于信息的保密。 (3) 能产生规模经济。 (4) 随着与供应商的关系的加深，采购方更可能获得高质量的货源	(1) 若无其他供应商，则该供应商的议价能力就会增强。 (2) 采购方容易受到供应中断的影响。 (3) 供应商容易受到订单量变动的影响

续表

策略名称	优点	缺点
多货源策略	(1) 能够取得更多的知识和专门技术。 (2) 一个供应商的供货中断产生的影响较低。 (3) 供应商之间的竞争有利于对供应商压价	(1) 难以设计出有效的质量保证计划。 (2) 供应商的承诺较低。 (3) 疏忽了规模经济
由供应商负责交付一个完整的子部件	(1) 允许采用外部专家和外部技术。 (2) 可为内部员工安排其他任务。 (3) 采购主体能够就规模经济进行谈判	(1) 第一阶供应商处于显要地位。 (2) 竞争者能够使用相同的外部企业，因此企业在货源上不太可能取得竞争优势

名师说

例如，超市的生鲜食品区域包括肉类、鱼类、蔬菜、水果等，由于各类生鲜食品的供应商数量繁多，很难管理生鲜食品的采购，超市会将这些食品的采购外包给专门的第三方，这个第三方对于超市来说就是“第一阶供应商”，而各类生鲜食品的供应商对超市来说则不是“第一阶供应商”。

【例3－26·多选题】关于多货源策略的描述中，正确的有(　　)。

A. 能够取得更多的知识和专门技术

B. 不利于实现规模经济

C. 供应商的承诺较低

D. 竞争者能够使用相同的供应商，因此企业在货源上不太可能取得竞争优势

【答案】ABC

【考点】采购战略

【解析】竞争者能够使用相同的供应商，因此企业在货源上不太可能取得竞争优势属于由供应商负责交付一个完整的子部件的缺点；能够取得更多的知识和专门技术属于多货源的优点；不利于实现规模经济以及供应商的承诺较低属于多货源的缺点。

2. 采购组合

最佳的采购组合可从以下四个领域考虑。

(1) 质量。

所采购的部件和原材料质量决定了产品质量。

(2) 数量。

综合考虑两大因素（即保有库存的成本和库存不足导致的生产延误）之后确定采购订单的大小和时间。

(3) 价格。

采购时应时刻关注一段时间内的最佳价格，价格也并不是唯一考量因素，还要考虑质量、交货、订单的紧急度、库存保有要求等。

(4) 交货。

企业需要评估供应商交货时间及可靠性。

3. 采购经理的职责

当采购具有战略重要性时，最高级别的采购经理应当是董事会成员或者至少应向执行总监报告。采购经理的职责包括以下六点：

(1) 成本控制；

(2) 管理投入；

(3) 生产投入；

(4) 供应商管理；

(5) 获取有关可用性、质量、价格、分销以及供应商的信息用于评价各种采购方案；

(6) 维持库存水平。

（五）人力资源战略★

名师说

人力资源战略的大致框架是：战略→规划→招聘→培养高潜质雇员→激励计划（用绩效评估来评判）→培训和发展。实际上大部分战略都是按照这个步骤进行的，即先有战略，之后规划，再制定详细计划，最后实施。

1. 人力资源战略的作用

人力资源战略是取得、开发、管理和激发企业的关键资源的一种战略性和一贯性方法，企业借此实现可持续竞争优势的目标。

有效的人力资源战略应包括如下事项：

（1）**精确识别**出企业为实现短期、中期和长期的战略目标**所需要的人才类型**。

（2）通过**培训、发展和教育**来激发员工潜力。

（3）应尽可能地**提高任职早期表现出色的员工**在员工总数中所占的**比重**。

（4）**招聘**足够的、有潜力成为出色工作者的**年轻新就业者**。

（5）**招聘**足够的、具备一定**经验和成就的人才**，并使其迅速适应新的企业文化。

（6）确保采取一切可能的措施来**防止竞争对手挖走企业的人才**。

（7）**激励有才能的人员实现更高的绩效水平**，并激发其对企业的忠诚度。

（8）**创造企业文化**，使人才能在这种文化中得到培育并能够施展才华。

2. 人力资源规划

企业人力资源规划包括**人力资源总体规划**和**人力资源业务计划**两个层次。业务计划是总体规划的具体化，每一项业务计划都是由目标、政策、步骤及预算等部分构成。

人力资源规划的步骤如下：

（1）**调查、收集和整理**涉及企业战略决策和经营环境的各种**信息**。

（2）根据企业或部门**实际确定其人力资源规划的期限、范围和性质**。

（3）在分析人力资源供给和需求影响因素的基础上，采用以定量为主结合定性分析的各种科学预测方法**对企业未来人力资源供求进行预测**。

（4）**制定**人力资源供求平衡的**总计划和各项业务计划**。

人力资源规划的最终目的是实现企业人力资源供给和需求的平衡。

（1）针对供给和需求总量平衡但结构不匹配情况应当采取的措施：

①进行人员内部的重新配置，包括晋升、调动、降职等，来弥补空缺的职位；

②对现有人员进行有针对性的专门培训，使他们能够从事空缺职位的工作；

③进行人员的置换，清理企业不需要的人员，补充企业需要的人员，以调整人员的结构。

（2）针对供给大于需求情况应当采取的措施：

①扩大经营规模，或者开拓新的增长点；

②永久性地裁员或者辞退员工；

③鼓励员工提前退休；

④冻结招聘；

⑤缩短员工的工作时间、实行工作分享或者降低员工工资等；

⑥对富余的员工进行培训。

（3）针对供给小于需求情况应当采取的措施：

①从外部雇用人员，包括返聘退休人员；

②采取多种方法提高现有员工的工作效率；

③延长工作时间；

④降低员工的离职率；

⑤将企业的某些业务外包。

3. 人力资源获取

招聘包括招募、甄选与录用三个部分。

（1）招募的渠道和方法。

招募的渠道包括内部招募和外部招募。内部招募和外部招募的来源和方法总结见表3－32，两者的对比见表3－33。

表3－32 **招募的来源和方法**

招聘渠道	来源	方法
内部招募	①下级职位上的人员通过晋升的方式填补空缺职位； ②同级职位上的人员工作调换或轮换； ③上级职位上的人员通过降职的方式来填补空缺职位	①工作公告法； ②档案记录法
外部招募	学校、竞争者、其他公司、失业者、老年群体、退伍军人、自由职业者等	广告招募、外出招募、借助职业中介结构招募、推荐招募

表3－33 **内部招募与外部招募的对比**

招募渠道	优势	劣势
内部招募	①有利于提高士气和发展期望； ②对组织比较熟悉，能够迅速开展工作； ③对企业有认同感，有利于个人和企业长期发展； ④对员工有基本了解，可靠性较高； ⑤节约时间和成本	①容易引起员工间过度竞争； ②失利者心理不平衡，难以安抚，降低士气； ③新上任者难以建立起领导声望； ④思想观念因循守旧，缺乏创新活力
外部招募	①为企业注入新鲜血液，能够给企业带来活力； ②避免企业内部互相竞争； ③给内部人员压力，激发工作动力； ④选择的范围比较广	①对内部人员是打击，感到晋升无望； ②外部人员对企业不了解，需要较长时间适应； ③对外部人员不了解，可靠性较差； ④外部人员不一定认同企业价值观和企业文化，给企业稳定造成影响

（2）甄选与录用。

甄选工具一般包括面试、评价中心、心理测试、工作样本和知识测试。

（3）与企业竞争战略匹配的人力资源获取策略，见表3－34。

表3－34 **与企业竞争战略匹配的人力资源获取策略**

人力资源获取策略	成本领先	差异化	集中化
员工来源	外部	内部	两者兼顾
晋升阶梯	狭窄、不宜转换	广泛、灵活	狭窄、不宜转换
甄选决策	人力资源部	业务部门	结合两者
甄选方法	简历和面试为主	多重方法	心理测试
甄选标准	强调技能	强调与文化契合	结合两者
社会化过程	正式的雇佣和社会化过程	非正式的雇佣和社会化过程	结合两者

4. 人力资源培训与开发

（1）培训与开发流程。

①培训需求分析。培训需求分析是培训活动的首要环节。需求分析的层次分为组织分析、人员分析、任务分析；培训需求的分析方法包括观察法、关键人员面谈法、问卷法。

②培训计划设计。包括培训目标、培训的内容和对象、培训讲师、培训地点和设施、培训的方式方法和费用。

③培训实施。包括在岗培训法、脱产培训法。

④培训效果评估。四个层次评估模型：反应层、学习层、行为层和结果层。

（2）培训与开发类型。

①按照培训对象的不同，分为新员工培训和在职员工培训。

②按照培训形式的不同，分为在岗培训和脱产培训。

③按照培训性质的不同，分为传授性培训和改变性培训。

④按照培训内容的不同，分为知识性培训、技能性培训和态度性培训。

（3）与竞争战略相匹配的人力资源开发与培训，见表3-35。

表3-35　与竞争战略相匹配的人力资源开发与培训

竞争战略	成本领先	差异化	集中化
强调方面	个人能力	与其他企业的不同之处	应用范围适中的知识
要求	范围有限的知识和技巧	广泛的知识、技巧和创造性	对专门领域知识需求迫切
采用方式	设立企业大学或定期培训	购买技能或利用外部培训机构	在职培训或外部培训； 自己培养技能或购买技能

5. 人力资源绩效评估

（1）绩效计划。

绩效计划主要有关键绩效指标法（KPI）、平衡计分卡、目标管理法。

关键绩效指标法（KPI）的主要步骤包括：

①建立评价指标体系；

②设定评价标准；

③审核关键绩效指标。

（2）绩效监控。

（3）绩效考核。

（4）绩效反馈。

（5）绩效管理与企业基本竞争战略的匹配，见表3-36。

表3-36　绩效管理与企业基本竞争战略的匹配

竞争战略	成本领先	差异化	集中化
主张	强调以结果为导向，以控制成本为目的	关注创新和新颖性	综合两者
范围	评估范围狭窄，信息来源单一，上级作为考核的主要考官	范围宽广，评估信息丰富，主要用于员工的发展和素质提升	综合两者

6. 人力资源薪酬激励

（1）薪酬的组成及公平性原则。

①薪酬的组成包括基本薪酬、可变薪酬、间接薪酬。

②薪酬的公平性原则包括外部公平性、内部公平性、个体公平性。

（2）薪酬水平策略。

①领先型策略；

②匹配型策略；

③拖后型策略；

④混合型策略。

（3）薪酬构成策略。

薪酬构成策略是指在总体薪酬中，不同类型薪酬的组合方式。

（4）企业竞争战略与薪酬策略。

实施成本领先战略的企业强调对外公平，实施差异化战略和集中化战略的企业强调对内公平。

（六）财务战略★★★

1. 财务战略的概念

（1）财务管理与财务战略的概念。

财务管理：为企业战略提供资金支持，为提高企业经营活动的价值而进行管理的活动。

财务战略：涉及财务性质的战略。一方面，主要考虑资金的使用和管理的战略问题，以此与其他性质的战略相区别。另一方面，主要考虑财务领域全局、长期发展方向问题，以此与传统财务管理相区别，见图3-3。

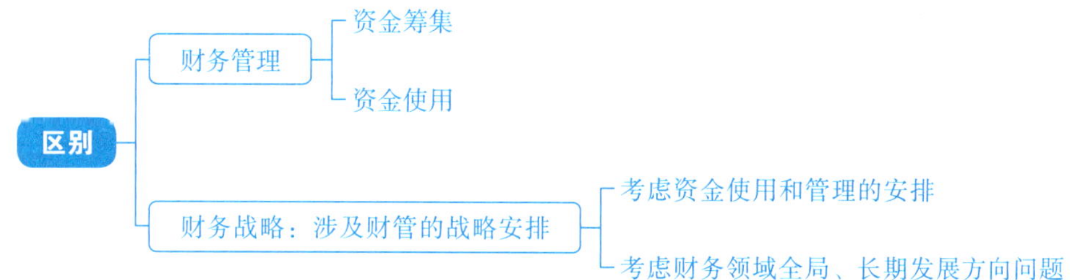

图3-3 财务管理和财务战略的区别

（2）财务战略与非财务战略的区别。

企业战略分为财务战略与非财务战略两类，见图3-4。

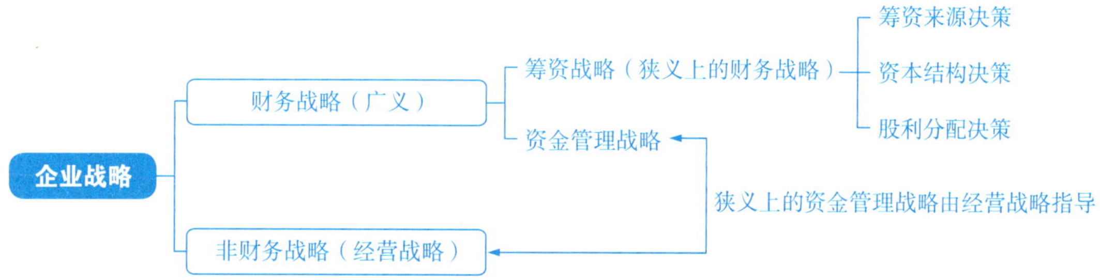

图3-4 财务战略与非财务战略的区别

财务战略主要强调必须适合企业所处的发展阶段并符合利益相关者的期望。财务战略分为筹资战略和资金管理战略。狭义的财务战略仅指筹资战略，包括资本结构决策、筹资来源决策和股利分配决策等。资金管理涉及的实物资产的购置和使用，并非财务职能而是由经营战略指导的。资金管理的战略主要考虑如何建立和维持有利于创造价值的资金管理体系。

非财务战略也叫经营战略，主要强调与外部环境和企业自身能力相适应。

2. 财务战略的确立

财务战略的确立是指在追求实现企业财务目标的过程中，高层财务管理人员对筹资来源、资本结构、股利分配等方面做出决定以满足企业发展需要的过程。

（1）筹资来源。

筹资来源，即企业的融资方式。一般来说，企业有四种不同的融资方式，见表3-37。

表 3-37　　四种融资方式比较

融资方式		优点	缺点
内部融资		①管理层自主性强，比如并不需要像债权融资那样向银行披露自身的战略计划或者像股权融资那样向资本市场披露相关信息； ②可以降低融资成本	①融资数量有限； ②向股东传递了以后盈利的一种信号，对企业盈利能力要求高
股权融资		①经常面对的是企业现在的股东，按照现有股东的投票权比例进行新股发行，新股发行的成功取决于现有股东对企业前景的看好(配股)； ②没有固定的股利支付压力，适宜于大量资金需求。	①引起控制权的变更； ②成本比较高
债权融资	贷款	与股权融资相比： ①融资成本较低； ②融资的速度较快； ③方式也较为隐蔽	①限制较多； ②额度有限； ③需要按期还本付息，对企业的压力大
	租赁	①不需要额外融资，因为融资需要付出成本； ②租赁很有可能使企业享有更多的税收优惠(租金有抵税的作用)； ③租赁可以增加企业的资本回报率	企业使用租赁资产的权利是有限的，因为资产的所有权不是企业的
资产销售融资		①简单易行； ②不用稀释股东权益	①无回旋余地； ②如果销售的时机选择得不准，销售的价值就会低于资产本身的价值

(2) 融资成本与最优资本结构。

为了评价上述四种不同的融资方式，需要考察它们带给企业的融资成本，主要考虑股权融资和债权融资的成本。分析资本成本的最终目的是为企业做出最优的资本结构决策提供帮助。具体来讲，资本结构是权益资本与债务资本的比例。

企业的融资成本与最优资本结构的考虑因素，见表 3-38。

表 3-38　　企业融资成本与最优资本结构的考虑因素

内容	解释说明
融资成本	(1) 股权融资成本的估计： ①资本资产定价模型：企业权益资本成本等于无风险资本成本加上企业的风险溢价，因而企业的资本成本可以计算为无风险利得与企业风险溢价之和。 ②用无风险利率估计：使用这种方法时，企业首先要得到无风险债券的利率值，然后企业再综合考虑自身企业的风险在此利率值的基础上加上几个百分点，最后就是按照这个利率值计算企业的权益资本成本 。 (2) 长期债务资本成本：等于各种债务利息费用的加权平均数扣除税收效应。 (3) 加权平均资本成本：权益资本成本与长期债务资本成本的加权平均

续表

内容	解释说明
最优资本结构的考虑因素	(1) 资本成本; (2) 代理成本; (3) 可接受的债务目标水平; (4) 管理层对于融资方式的倾向; (5) 企业的举债能力; (6) 其他因素,包括管理层对企业的控制能力、企业的资产结构、增长率、盈利能力以及有关的税收成本; (7) 难以量化的因素,包括企业未来战略的经营风险、企业对风险的态度、企业所处行业的风险、竞争对手的资本成本与资本结构、影响利率的潜在因素

(3) 股利分配政策。

一般而言,实务中的股利分配政策有四大类,见表 3-39。

表 3-39　四大股利分配政策比较

政策名称	特征	优缺点
固定股利政策	每年支付固定或稳定增长的股利	优点:为投资者提供可预测的现金流,减少管理层将资金转移到盈利能力差的活动的机会,为成熟企业提供稳定的现金流。 缺点:盈余下降时发放困难
固定股利支付率政策	按企业发放的每股现金股利除以每股盈余付	优点:保持盈余、再投资率和股利现金流之间的稳定关系。 缺点:投资者无法预测现金流,也无法表明管理层的意图或者期望
零股利政策	不支付股利,全部留给企业	适合于成长期的企业,并可反映在股价的增长中
剩余股利政策	只有在没有现金净流量为正的项目时支付	处于成长阶段、不能轻松获得其他融资来源的企业中较为常见

3. 财务战略的选择★★

(1) 财务风险与经营风险的搭配。

经营风险的大小是由特定的经营战略决定的,财务风险大小是由资本结构决定的,它们共同决定了企业的总风险。财务风险和经营风险的搭配方式总共四种类型,见图 3-5。

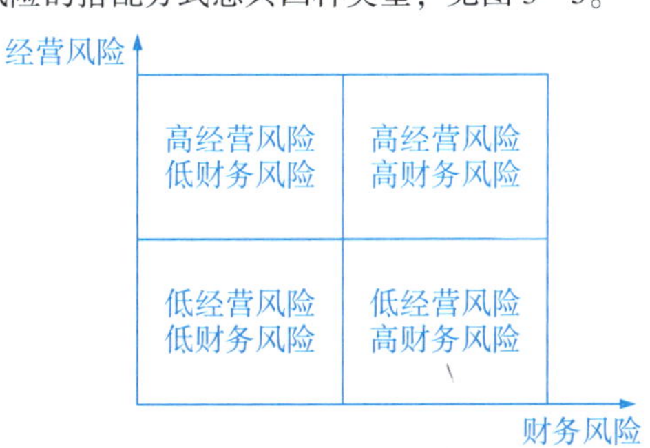

图 3-5　财务风险与经营风险的搭配

①经营风险与财务风险的反向搭配,是可以同时符合权益投资人和债权人的期望的现实搭配。

②"双高搭配"符合风险投资人的要求,不符合债权人的要求,会因找不到债权人而无法实现。

③ **“双低搭配”，对债权人是一个理想的资本结构**，但不符合权益投资人的期望，不是现实的搭配。

（2）基于发展阶段的财务战略选择。

企业在产品生命周期的不同阶段，经营也会有不同的特征，见表3-40。

表3-40　生命周期不同发展阶段的财务战略的选择

具体指标及阶段	各阶段的选择			
	导入期	成长期	成熟期	衰退期
经营风险	非常高	高	中等	低
财务风险	非常低	低	中等	高
资本结构	权益融资	主要是权益融资	权益+债务融资	权益+债务融资
资金来源	风险资本	权益投资增加	保留盈余+债务	债务
股利（现金流）	不分配（负）	分配率很低（低）	分配率高（高）	全部分配（减少）
价格/盈余倍数（市盈率）	非常高	高	中	低
股价	迅速增长	增长并波动	稳定	下降并波动

同学们需准确判断各阶段的不同指标特征以应对客观题选项，可结合产品生命周期的特征理解和记忆。比如，导入期产品能否成功存在很高的不确定性，因此经营风险高，但高风险伴随高回报，因此会吸引权益融资，此外，由于企业处于导入期，主要会考虑积累大量留存收益用于日后发展，因此适宜采取不分配股利的政策；当产品进入成熟期，经营风险下降，因此会吸引债务资本。此外，由于成熟期的企业利润相对稳定，因此可以分配很高的股利。

【例3-27·单选题】当企业处于产品生命周期的成熟期时，下列选项中错误的是(　　)。

A. 财务风险中等　　B. 股价稳定

C. 股利分配率高　　D. 筹资方式为权益融资

【答案】D

【考点】财务战略

【解析】在产品成熟期，经营风险相对降低，从而使公司可以承担中等财务风险，选项A正确。同时企业开始出现大量正现金净流量，这些变化使企业开始可以使用负债而不单单使用收益筹资。现金流量充足，筹资能力强，具备较强的股利支付能力，因此股利分配率高，所以选项C正确。此外，进入这一阶段的企业销售额和总利润额虽然保持在较高水平，但增长速度已经趋于平稳甚至停滞，因此股价稳定，选项B正确。在这一时期企业可采取相对激进的筹资战略，即可采用相对较高的负债率，以有效利用财务杠杆，所以选项D错误。

（3）基于创造价值或增长率的财务战略选择。

①影响价值创造的主要因素，见表3-41。

表3-41　影响价值创造的主要因素

影响因素	解释说明
企业的市场增加值	计量企业价值变动的指标是企业的市场增加值，即特定时点的企业资本的市场价值与占用资本的差额，简称“市场增加值”。 企业市场增加值=企业资本市场价值-企业占用资本

续表

影响因素	解释说明
销售增长率、筹资需求与创造价值	在资产周转率、销售净利率、资本结构、股利支付率不变（目前经营效率和财务政策不变）并且不增发和回购股份的情况下： ①**销售增长率超过可持续增长率：现金短缺。这种增长状态为高速增长。**这里“现金短缺”是指在当前的经营效率和财务政策下产生的现金，不足以支持销售增长，需要通过提高经营效率、改变财务政策或增发股份来平衡现金流动。 ②**销售增长率低于可持续增长率：现金剩余。这种增长状态为缓慢增长。**这里的“现金剩余”是指在当前的经营效率和财务政策下产生的现金，超过了支持销售增长的需要，剩余的现金需要投资于可以创造价值的项目（包括扩大现有业务的规模或开发新的项目），或者还给股东。 ③销售增长率等于可持续增长率：现金平衡。这种增长状态为均衡增长。这里的“现金平衡”是指在当前的经营效率和财务政策下产生的现金，与销售增长的需要可以保持平衡。这是一种理论上的状态，现实中不平衡是绝对的。 从财务的战略目标考虑，必须区分两种现金短缺：一种是创造价值的现金短缺；另一种是减损价值的现金短缺。对于前者，应当设法筹资以支持高增长，创造更多的市场增加值；对于后者，应当提高可持续增长率以减少价值减损。 同样道理，也有两种现金剩余：一种是创造价值的现金剩余，企业应当用这些现金提高股东价值增长率，创造更多的价值；另一种是减损价值的现金剩余，企业应当把钱还给股东，避免更多的价值减损。 综上所述，**影响价值创造的因素主要有：①投资资本回报率；②资本成本；③增长率；④可持续增长率。**它们是影响财务战略选择的主要因素，也是管理者为增加企业价值可以操纵的主要内容

②价值创造和增长率矩阵。

财务战略矩阵，就是通过一个矩阵，将影响价值创造的四种因素组合在一起，把价值创造（投资资本回报率-资本成本）和现金余缺（销售增长率-可持续增长率）联系起来，形成四个象限，见图3－6。

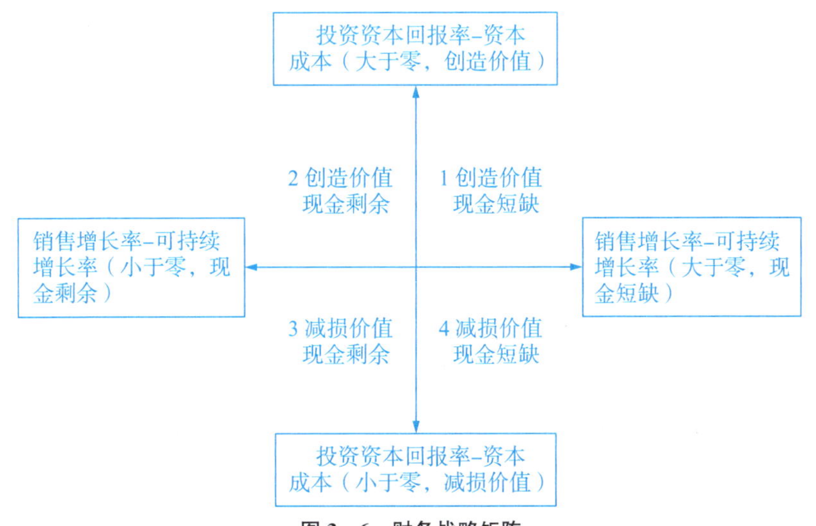

财务战略矩阵

图3－6　财务战略矩阵

价值创造和增长率矩阵可以作为评价和制定战略的分析工具，见表3－42。

表 3－42　　基于价值创造和增长率矩阵的财务战略选择

象限特征	财务战略
增值型现金短缺(第一象限)： 投资资本回报率－资本成本>0 销售增长率－可持续增长率>0	(1) 如果高速增长是暂时的，则应通过借款来筹集所需资金。 (2) 如果高速增长是长期的，则资金问题有两种解决途径： ①提高可持续增长率，包括提高经营效率（提高税后经营利润率和周转率）和改变财务政策（停止支付股利、增加借款），使之向销售增长率靠拢； ②增加权益资本(增发股份、兼并成熟企业)，提供增长所需资金
增值型现金剩余(第二象限)： 投资资本回报率－资本成本>0 销售增长率－可持续增长率<0	(1) 首选的战略是利用剩余现金加速增长。途径包括： ①内部投资； ②收购相关业务。 (2) 如果加速增长之后仍有剩余现金，找不到进一步投资的机会，则应把多余的钱还给股东。途径包括： ①增加股利支付； ②回购股份
减损型现金剩余(第三象限)： 投资资本回报率－资本成本<0 销售增长率－可持续增长率<0	(1) 首选的战略是提高投资资本回报率，途径有： ①提高税后经营利润率； ②提高经营资产周转率。 (2) 在提高投资资本回报率的同时，如果负债比率不当，可以适度调整，以降低平均资本成本。 (3) 如果企业不能提高投资资本回报率或者降低资本成本，则应该将企业出售
减损型现金短缺(第四象限)： 投资资本回报率－资本成本<0 销售增长率－可持续增长率>0	(1) 如果盈利能力低是本公司独有的问题，并且觉得有能力扭转价值减损局面，则可以选择“彻底重组”； (2) 如果盈利能力低是整个行业的衰退引起的，则应该选择的财务战略是“尽快出售”，以减少损失

敲黑板

财务战略矩阵是高频考点之一，同学们需熟练掌握每个象限对应的财务战略选择，在理解原因的基础上进行记忆。理解的关键在于每个象限所解决的问题是什么：对于增值型现金短缺，解决的是缺钱的问题；对于增值型现金剩余，解决的是多余资金的使用问题；对于减损型现金剩余，解决的是企业价值减损的问题；对于减损型现金短缺，解决的是没钱又没价值的问题。

【例 3－28 · 多选题】下列关于企业财务战略矩阵分析的表述中，正确的有(　　)。

A. 对增值型现金短缺业务单位，应首先选择提高可持续增长率

B. 对增值型现金剩余业务单位，应首先选择提高投资资本回报率

C. 对减损型现金剩余业务单位，应首先选择提高投资资本回报率

D. 对减损型现金短缺业务单位，应首先选择提高可持续增长率

【答案】AC

【考点】财务战略

【解析】对于增值型现金短缺业务单位，首先应判明这种高速增长是暂时性的还是长期性的。如果高速增长是暂时的，企业应通过借款来筹集所需资金，等到销售增长率下降后企业会有多余现金归还借款。如果预计这种情况会持续较长时间，不能用短期周转借款来解决，则企业必须采取战略性措施解决资金短缺问题。长期性高速增长的资金问题有两种解决途径：一是提高可持续增长率，使之向销售增长率靠拢；二

是增加权益资本，提供增长所需的资金。不管增长是暂时性的还是长期性的，由于企业目前处于现金短缺的状况，应该首先提高可持续增长率来缓解现金短缺，因此选项 A 正确；对于增值型现金剩余业务单位，应首先选择加速增长，充分利用剩余现金，因此选项 B 错误；对于减损型现金剩余业务单位，其存在的主要问题是盈利能力差，而不是增长率低，简单的加速增长很可能是有害无益的，应首先选择提高投资资本回报率或降低资本成本的途径，使投资资本回报率超过资本成本，因此选项 C 正确；对于减损型现金短缺业务单位，应首先选择彻底重组，因此选项 D 错误。

四、国际化经营战略★★

名师说

国际化经营战略实际上就是当企业市场从国内扩展到国外时，公司三个战略层次在国际市场上的具体运用。主要的逻辑就是，进入国际市场的原因、进入国际市场的方法以及在国际市场中企业的战略选择类型。

（一）企业国际化经营动因★★

敲黑板

对于国际生产要素的组合以及寡占市场反应的相关理论，是多位经济学家从各个层面和角度的探索，掌握结论即可。

1. 国际生产要素的最优组合

（1）海默和金德尔伯格的垄断优势理论，见表 3-43。

表 3-43 垄断优势理论

理论名称	解释说明
垄断优势理论	海默和金德尔伯格的观点：市场不完全导致了对外直接投资
	市场不完全可以表现为四种类型： （1）产品和生产要素市场不完全； （2）由规模经济导致的市场不完全； （3）由政府干预引起的市场不完全； （4）由税赋与关税引起的市场不完全
	跨国企业在不完全竞争下取得的三类优势： （1）来自产品市场不完全的优势，如产品差别、商标、销售技术与操纵价格等； （2）来自生产要素市场不完全的优势，包括专利与工业秘诀、资金获得条件的优惠、管理技能等； （3）企业拥有的内部规模经济与外部规模经济

（2）艾萨德的区位理论。

区位理论认为，国际市场的不完全性会导致各国之间的市场差异，即在生产要素价格、市场规模、市场资源供给等方面存在着不同的差异。如果**国外市场这些差异为准备投资的一国企业带来了有利的条件，企业就会发生对外直接投资**。

影响区位优势的主要因素有生产要素、市场定位、贸易壁垒、经营环境等。

（3）美国哈佛大学教授弗农的产品生命周期理论。

弗农的产品生命周期理论是从产品的研发和生产角度进行考察的，他认为企业的各种优势最终体现在产品上，随着产品生命周期阶段的变化，产品生产的地域会从一个国家转移到另一个国家，以寻求最佳的区位优势，获得自己的竞争优势。

注意弗农提出的产品生命周期理论与波特提出的产品生命周期理论的不同。弗农是从技术创新入手，分析国际贸易、对外直接投资与产品生命周期的关系，是将垄断理论和区位理论结合起来的动态分析。按照企业技术的发展，他将生命周期分为了三个阶段，即产品创新、产品成熟和产品标准化。在他的理论中，产品成熟阶段是企业技术发展最成熟的阶段，适合转移到其他发达国家投资生产，母国减少生产和出口。

（4）内部化理论。

内部化理论是从市场不完全与垄断优势理论发展起来的。

在巴克利等新创的内部化理论中，**市场不完全**并非是指规模经济、寡头垄断或关税壁垒等，而**是指由于某些市场失效**，以及**由于某些产品的特殊性质或垄断势力的存在**，**导致企业市场交易成本增加**。

内部化理论建立在3个基本假设的基础上：

①企业在市场不完全的情况下从事经营的目的是追求利润最大化；

②当生产要素特别是中间产品市场不完全时，企业有可能统一管理经营活动，以内部市场代替外部市场；

③内部化越过国界时就会产生国际企业。

企业能否实现中间产品的内部化，还受到4种因素的影响：

①行业特有因素；

②地区特有因素；

③国家特有因素；

④企业特有因素。

（5）英国里丁大学教授邓宁的国际生产折中理论。

国际生产折中理论，又称为国际生产综合理论。邓宁的国际生产综合理论可以概括为一个简单的公式：**所有权优势+内部化优势+区位优势=对外直接投资**。

企业可以根据自己所具备的不同优势，分别采用不同的国际经营方式：企业对外直接投资，必须同时具备所有权优势、内部化优势与区位优势；该企业如果只拥有所有权优势与内部化优势，只能进行出口贸易：不能利用国外区位优势，内部化在国内进行；企业如果只有所有权优势，则只能考虑采用技术转移的形式，将技术出让给其他企业：无力内部化，也不能利用国外区位优势；如果企业具有上述三种优势，却只采取技术转移的方法，则会丧失内部化优势与区位优势所能带来的收益。

实际上，邓宁的国际生产折中理论就是上述学者理论的结合：企业拥有优势（why），即垄断优势理论，说明为什么企业能到国外办企业；区位优势（where），即区位理论，说明企业到哪里去办子公司；内部化优势（how），即内部化理论，说明企业建立子公司怎样使收益更大；产品生命周期理论（when），说明企业在什么时候建立子公司。

2. 寡占市场（即寡头垄断市场）的反应

（1）海默论跨国企业的寡头垄断反应行为。

对于发达国家之间的对向或交叉直接投资来说，海默认为，必须利用寡占反应行为来加以解释。

传统国际资本流动理论与垄断优势理论的区别：传统的国际资本流动理论解释不了二战之后发达国家企业对外直接投资以及发达国家之间直接投资对向流动现象。海默所说的寡占反应行为是指**各国寡占企业通过在竞争对手的领土上建立地盘来加强自己在国际竞争中的地位**。

（2）尼克博克的“寡占反应理论”。

第二次世界大战后美国企业对外直接投资主要是由寡占行业少数几家寡头公司进行的，它们的投资又大多在同一时期成批发生。

尼克博克将对外直接投资区分为“进攻性投资”与“防御性投资”，见表3-44。

表 3－44　　尼克博克的寡占反应理论区分

类型	含义	解释
进攻性投资	在国外市场建立第一家子公司的寡头公司的投资	弗农的产品周期理论解释
防御性投资	同一行业其他寡头成员追随率先公司也建立子公司	寡占反应行业所决定

发展中国家企业国际化经营动因

3. 发展中国家企业国际化经营动因

（1）发展中国家跨国公司对外投资的主要动机，见表 3－45。

表 3－45　　发展中国家跨国公司对外投资的主要动机（记忆类型名称）

分类	具体类型	解释说明
资产利用战略	寻求市场	进入新市场，扩大规模，规避贸易壁垒。 以寻求市场为主要动机的投资主要形成区域内和发展中国家内部的外国直接投资
	寻求效率	主要是相对较先进（因而劳动力成本较高）的发展中国家跨国公司进行这种投资。 寻求效率的投资又往往是基于两个方面的驱动因素：一是母经济体生产成本上涨，特别是劳动力成本；二是发展中国家公司所面临的竞争压力正在推动它们向海外扩展。 以寻求效率为主要动机的投资一般集中在几个产业（诸如电气和电子产品及成衣和纺织品），大多面向发展中国家
	寻求资源	寻求资源型的外国直接投资大多在发展中国家
资产扩展战略	寻求现成资产	主要是发展中国家跨国公司向发达国家投资。其主要动机是主动获取发达国家企业的品牌、先进技术与管理经验等现成资产

（2）发展中国家跨国公司对外投资的主要竞争优势。

发展中国家跨国公司对外投资的主要竞争优势包括：

①发展中国家跨国公司的对外直接投资对发展中东道国的一大优势是具有更大的创造就业机会的潜力。

②发展中国家跨国公司的技术和经营模式一般比较接近于发展中东道国公司所用的技术和模式，这意味着有益联系和技术吸收的可能性较大。

③发展中国家跨国公司在进入模式上也往往是更多地采取新建投资的方式而不是并购。在发展中东道国的投资尤其如此。就此而言，他们的投资更有可能直接推动提高发展中国家的生产能力。

"发展中国家企业对外投资的主要动机"是考试高频考点之一，同学们要在理解的基础上进行记忆。对于寻求市场，实际上就是扩展市场领域，比如，中国企业对拉丁美洲、亚洲等其他国家的投资可能是为避开贸易壁垒；寻求效率是因为本国市场的要素成本较高，因此要寻求要素成本较低的地方投资；寻求资源中的资源尤其指的是自然资源，寻找的是自然资源丰富的地区；寻求现成资产则是直接获得发达国家企业的优势资源，比如，吉利汽车并购沃尔沃，获得了品牌效应、研发能力、关键技术、营销网络等，提升了企业的国际竞争力。

【例 3－29·单选题】研究证实，许多发展中大国，尤其是中国和印度的跨国公司，都在为了着眼于取得更多石油和天然气等各种原材料供应而对外投资，甚至中国的外交方面也在非洲、中亚、拉丁美洲和加勒比以及西亚地区进行着不懈努力。上述材料说明，中国和印度的跨国公司对外直接投资的动因是(　　)。

A. 寻求市场　　B. 寻求效率　　C. 寻求资源　　D. 寻求现成资产

【答案】C

【考点】发展中国家企业国际化经营动因

【解析】资源尤其是指自然资源，石油和天然气属于自然资源。

（二）国际市场进入模式★

企业进入国外市场的模式一般有三种形式，即出口、对外股权投资、非股权形式。

1. 出口

商品与服务的出口贸易是企业国际化经营相对比较简单，也是比较普遍的进入外国市场的方式，出口的战略选择和定价见表 3-46。

表 3-46　　出口的战略选择及定价

战略选择	解释说明	
目标市场选择	目标市场的区域路径	（1）传统方式： 高新技术产品在发达国家出口的国别路径是先到经济技术发展水平相类似的发达国家，然后再到发展中国家； 发展中国家则是先到环境类似的发展中国家，最后再逐步走向发达国家； 发展中国家的农产品、矿产品等初级产品和劳动密集型的低端产品主要流向是发达国家。 （2）新型方式： 经济全球化背景下，许多产业中的全球分工体系已经形成，全球同步使用新产品。不论是发达国家还是发展中国家，该产业中的高新技术产品出口的国别路径是先到发达国家（特别是美国），以占领世界最大市场，然后再走向发展中国家
目标市场选择	选择目标客户	目标客户选择的基础是市场细分： （1）各国之间的细分市场通常在数量、大小和特点上存在差别，如美国、中国市场可按地域进行细分，但日本却几乎不存在地域差异。 （2）影响细分市场的规模和重要性的因素随着产业的不同而不同：对于消费品的细分市场，影响因素是人口、收入；对于工业机械和原料细分市场，为工资、科技水平、分散性、工业产品的结构。 （3）不同产业所适用的细分市场有所不同：对于高科技、高度自动化及非专用型的机器可选北欧、日本和加拿大；而标准化、大批量生产的机器则适用于新兴的工业化国家；老式的标准化机器适用于发展中国家
选择进入战略	最重要的战略决策是：应该在全球推广标准化的产品，还是针对不同国家的不同需求修改产品和营销组合	
选择分销渠道与出口营销	渠道特点： （1）一般说来，国际分销渠道比国内分销渠道更复杂，涉及更多的中间环节。 （2）国际分销渠道的成本通常比国内分销渠道的成本高。 （3）出口商有时必须通过与国内市场不同的分销渠道向海外市场进行销售。 （4）国际分销渠道通常为公司提供海外市场信息，包括产品在市场上的销售情况及其原因。 贸易中介可以从两个方面加以归类和描述： （1）商品的所有权：代理人或分销商。 （2）对销售渠道的控制方法：直接法和间接法。直接法是指公司拥有并管理分销渠（控制能力强，信息充分，成本高）；间接法是指分销渠道独立于公司之外（成本低，控制能力减弱，信息不足）	
出口市场上的定价	（1）定价偏高，以期获得大于国内市场的收益。 （2）制定使海外市场与国内市场收益水平接近的价格。 （3）在短期内定价较低，即使收益偏低甚至亏损也在所不惜。 （4）只要在抵消变动成本之后还能增加利润，就按能把超过国内市场需求量的产品销售出去的价格定价	

2. 对外股权投资

对外股权投资分为两种类型，即对外证券投资和对外直接投资，对外直接投资又包括全资子公司（即独资经营）和合资经营，见图3-7。

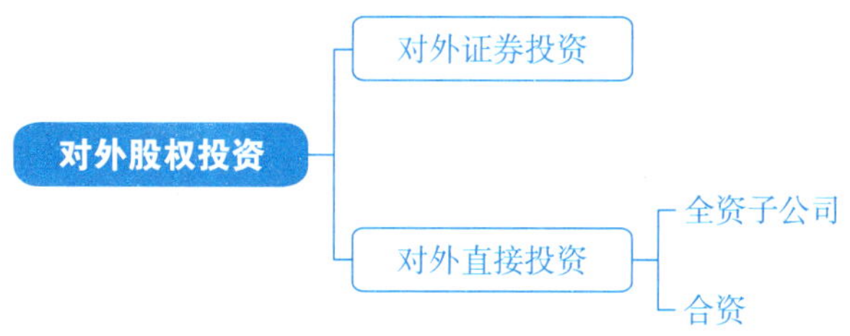

图3-7 对外股权投资的分类

对外证券投资是指个人或机构**取得外国证券**，但并不控制该企业或参与管理。对外直接投资是指**企业将**管理、技术、营销、资金等**资源**以自己控制企业的形式**转移到目标国家或地区**，以便能够在目标市场上充分地发挥竞争优势。全资子公司（即独资经营）是指由**母公司拥有子公司**全部股权和经营权。合资经营是指协议**共同投资**的各方各按一定比例的股份出资，共同组成一家具有法人地位，在经济上独立核算，在业务上独立经营的企业。

对外股权投资各种类型的优缺点，见表3-47。

表3-47 对外股权投资各类型的优缺点

类型名称	优点或动因	缺点
对外证券投资	(1) 证券投资可能**成为直接投资的前奏**； (2) 证券投资可以作为**企业长期计划的一部分**，因为它可能有助于加强技术、许可证和销售协议； (3) 证券投资也是**扩大企业在其他国家利益的一种方法**	(1) 证券投资虽然涉及所有权问题，但**很少或没有涉及管理和控制问题**，不能管理企业所持有的资产； (2) 证券投资**很难充分发挥该公司的技术或产品的优势**
对外直接投资	(1) 缩短了生产和销售的距离，**减少了运输成本**； (2) 可利用当地便宜的劳动力、原材料、能源等生产要素，**降低制造成本**； (3) 能随时获得当地市场的信息和产品的信息反馈，从而**可根据市场的需求来调整生产**； (4) 对外直接投资也使企业跨越东道国政府的各种贸易和非贸易壁垒，有时直接投资还**能享受东道国提供的某种优惠**	投资进入需要大量的资金、管理和其他资源的投入，这就意味着**风险大，灵活性差**
全资子公司	(1) 管理者可以**完全控制子公司在目标市场上的日常经营活动**，并确保有价值的技术、工艺和其他一些无形资产都留在子公司； (2) 可以**摆脱合资经营在利益、目标等方面的冲突问题**，从而使国外子公司的经营战略与企业的总体战略融为一体。	(1) 这种方式可能得**耗费大量资金**，公司必须在内部集资或在金融市场上融资以获得资金； (2) 由于成立全资子公司需要占用公司的大量资源，所以**公司面临的风险可能会很高**； (3) 由于没有东道国企业的合作与参与，全资子公司难以得到当地的政策与各种经营资源的支持，**规避政治风险的能力也明显小于合资经营企业**

续表

类型名称	优点或动因	缺点
合资	动因： (1) 加强现有业务，生产、研发环节； (2) 将现有产品打入国外市场； (3) 将国外产品引入国内市场； (4) 一种新业务经营。 优点： (1) 减少国际化经营的资本投入； (2) 弥补跨国经营经验不足的缺陷，有利于吸引和利用东道国合资方的资源	由于合资企业由多方参与投资，因而协调成本可能过大。协调问题又主要表现在以下几个方面： (1) 合资各方目标的差异； (2) 合资各方的文化差异（国家、民族文化和企业文化）

3. 非股权形式

非股权形式包括合约制造、服务外包、订单农业、特许经营、许可经营、管理合约及其他类型的**合约关系**。

非股权形式是介于对外直接投资与贸易（出口）两种方式的中间道路，也就是仅通过合同协议来协调东道国企业的运作和行为。某些情况下，非股权形式可能会比对外直接投资的形式更为适宜，比如，在农业领域，订单农业比大规模土地收购更易于解决负责任投资的问题，因为订单农业会更加尊重本地权利、农民的生计和资源的可持续利用。

（三）国际化经营的战略类型★★

国际化经营共有四种战略类型，四种战略类型可以通过“全球协作程度”和“本土独立性和适应能力”所构成的两维坐标上体现出来，见图3-8。

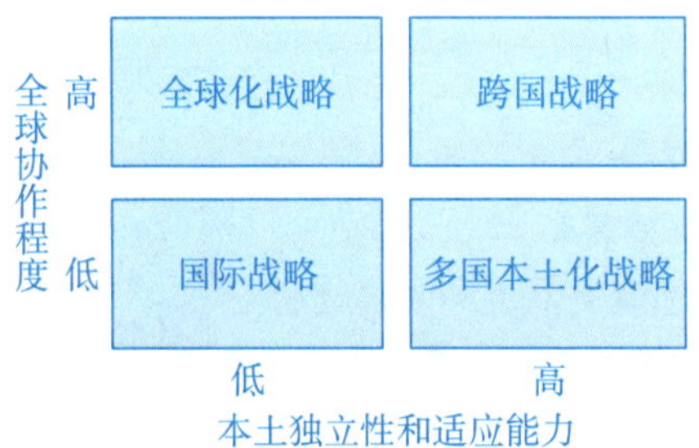

图3-8 国际化经营的战略类型

四种战略类型的区别，见表3-48。

表3-48 四种国际化经营战略类型的区别（记忆名称）

类型	解释说明	主要特征	适应情况
国际战略	企业将其具有价值的产品与技能转移到国外的市场，以创造价值的举措。**产品开发的职能留在母国，而在东道国建立制造和营销职能，总部一般严格地控制产品与市场战略的决策权**： (1) 产品生产一般在国内，出口到其他国家。 (2) 有时也会在其他国家生产，生产什么由总部决定，当地没有决策权	适应性较差；经营成本高	企业的特殊竞争力如果在国外市场上拥有竞争优势，而且在该市场上降低成本的压力较小时

续表

类型	解释说明	主要特征	适应情况
多国本土化战略	将自己国家所开发出的产品和技能转移到国外市场，而且在重要的国家市场上从事生产经营活动。满足各地个性化需求，适应性强；成本结构较高，无法获得经验曲线效益和区位效益： （1）产品在当地生产和当地销售，当地具有决策权。 （2）不同国家生产销售的产品不一样	适应性较好； 经营成本高； 高度分权	在当地市场强烈要求根据当地需求提供产品和服务，并降低成本时
全球化战略	向全世界的市场推销标准化的产品和服务，并在较有利的国家集中地进行生产经营活动，由此形成经验曲线和规模经济效益，以获得高额利润。企业采用该战略的目的是实施成本领先战略，通过提供标准化产品来促使不同国家的习俗和偏好趋同： （1）生产什么由总部统一决定，产品生产的不同环节配置在不同国家。 （2）不同国家生产销售的产品一样	适应性较差； 经营成本低； 高度集权	在成本压力大而当地特殊要求小的情况下
跨国战略	形成以经验为基础的成本效益和区位效益，转移企业内的特殊竞争力，同时注意当地市场的需要。为了避免外部市场的竞争压力，母公司与子公司、子公司与子公司的关系是双向的。运用经验曲线的效应，形成区位效益，能够满足当地市场的需求，达到全球学习的效果。 综合了多国本土化战略和全球化战略的做法	适应性较好； 经营成本低	充分考虑到东道国的需求，同时也要保证跨国公司的核心目标和技能的实现

敲黑板

同学们需在记忆四种类型名称的同时，分别牢记四种类型分别的关键词，并可在案例中准确判断所属类型。国际战略：产品开发以及决策权都在母国，东道国是制造和营销。多国本土化战略：子公司独立性非常强，虽然产品各有不同，但却无法形成经验曲线和区位效益。全球化战略：标准化的产品和服务可以形成经验曲线和规模效益。跨国战略：兼具多国本土和全球化的理想状态。

【例 3－30·单选题】甲公司是牛肉生产、加工及零售企业。近期甲公司开始考虑将其业务扩展到国际市场，在劳工成本较低的越南设立统一的牛肉加工厂，并在多个国家从事牛肉加工食品零售业务。甲公司管理层采用集权式管理方式，为确保牛肉加工食品的质量，甲公司计划将所有原料牛在日本农场饲养。根据以上内容，适合甲公司选择的国际化经营的战略类型是(　　)。

A. 国际战略　　　　B. 全球化战略

C. 多国本土化战略　　　　D. 跨国战略

【答案】B

【考点】国际化经营的战略类型

【解析】全球化战略是指在全世界范围内生产和销售同一类型和质量的产品或服务。企业根据最大限度地获取低成本竞争优势的目标来规划其全部的经营活动，它们将研发、生产、营销等活动按照成本最低原则分散在少数几个最有利的地点来完成，但产品和其他功能则采取标准化和统一化以节约成本。全球化战略强调集权，强调由母国总部控制，不同国家的战略业务单元相互依存，而总部试图将这些业务单元整合。甲公司将经营活动安排在不同国家（但这些国家并无决策权，因为“甲公司管理层采用集权式管理方式”），可以获得规模经济，在全世界范围内出售的也是标准化的产品。因此可以推断甲公司采用的类型为全球化战略。

（四）新兴市场的企业战略★★（记忆名称）

新兴市场是指一些市场发展潜力巨大的发展中国家。

1. 按产业特性配置资源

在争夺新兴市场的大战中，强大的跨国公司并非占尽优势。

（1）认识不同行业面临的不同压力。

在估计全球化压力所产生的影响时，不同产业面临的压力是不同的，本土企业可以在不同产业中了解和评估跨国竞争对手的优势和劣势，从而明确自身在产业中合适的定位。

（2）评估企业自身的优势资源。

一旦本土企业对自身所处的产业有所了解，接下来要做的就是评估自身的优势资源，了解能最大限度发挥自身优势的地方，无论是成功捍卫本国市场、还是向其他市场扩张，本土企业的某些优势都可能使其具有竞争优势。

2. 本土企业的战略选择

将产业所面临的全球化压力和新兴市场本土企业所拥有的优势资源作为两个维度，就可用来指导本土企业的战略选择，见图3-9。

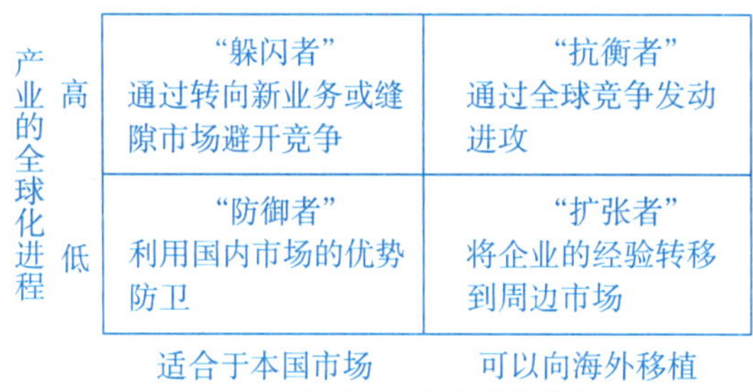

图3-9 本土企业的战略选择

（1）**“防御者”**（defender）——**利用本土优势进行防御**。

面对来势汹汹且实力雄厚的外国竞争对手，“防御者”要做的就是利用本土优势进行防御。具体做法可以考虑：

①把**目光集中于喜欢本国产品的客户**，而不考虑那些崇尚国际品牌的客户。

②**频繁地调整产品和服务**，以适应客户特别的甚至是独一无二的需求。

③**加强分销网络的建设和管理**，缓解国外竞争对手的竞争压力。

在面临跨国竞争对手的挑战时应当注意：

①不要试图赢得所有顾客。

②不要一味模仿跨国竞争对手的战略。

（2）**“扩张者”**（extender）——**向海外延伸本土优势**。

在某种情况下，本土企业可以不仅仅局限于保住现有市场，它们可以通过合理运用可移植的优势资源，并**以其在本地市场的成功为平台，向其他市场扩张**。慎重并有选择地将海外扩张战略用于企业的核心资源，不仅可以增加企业收入，还能促进规模经济，同时也能获得颇有价值的国际化经营的经验。

在向海外延伸本土优势时应当注意寻找在消费者偏好、地缘关系、分销渠道或政府管制方面与本国市场相类似的市场，来最有效地利用自己的资源。

（3）“躲闪者”（dodger）——避开跨国公司的冲击。

在全球化压力很大的产业中，“躲闪者”不能仅仅指望公司的本土资源，还必须重新考虑自身的商业模式。在这种情况下，如果这些企业的资源仅仅在本土才有价值，企业最好的选择可能是以下几个：

①与跨国公司建立合资、合作企业。

②将企业出售给跨国公司。

③重新定义自己的核心业务，避开与跨国公司的直接竞争。

④根据自身的本土优势专注于细分市场，将业务重心转向价值链中的某些环节。

⑤生产与跨国公司产品互补的产品，或者将其改造为适合本国人口味的产品。

（4）“抗衡者”（contender）——在全球范围内对抗。

具体做法包括：

①不要拘泥于成本上竞争，而应该比照行业中的领先公司来衡量自己的实力。

②找到一个定位明确又易于防守的市场。

③在一个全球化的产业中找到一个合适的突破口。

④学习从发达国家获取资源，以克服自身技能不足和资本的匮乏。

本土企业的战略选择是高频考点，同学们需准确记忆每种类型的关键词以应对案例分析。四种类型的名字起得也是非常形象：“防御者”就是要集中于本国市场，“扩张者”就是进行市场开发，“躲闪者”就是不做跨国公司做的领域，“抗衡者”就是全球竞争。

【例3-31·单选题】S公司是墨西哥最大的新鲜面包生产企业，面对跨国公司的激烈竞争，多年来，S公司牢牢依托其强大的分销网络，将刚出炉的新鲜面包送到遍布各地的当地人们至今仍然最喜欢光顾的便利店。正是这套强大的送货网络为跨国公司进入墨西哥市场设置了巨大的障碍，帮助S公司在各主要细分市场保住了自己的市场份额。从新兴市场的企业战略理论来看，S公司扮演的角色为（　　）。

A. 防御者　　B. 扩张者　　C. 躲闪者　　D. 抗衡者

【答案】A

【考点】新兴市场的企业战略

【解析】面对实力雄厚的跨国公司，S公司利用的是自己的本土优势（“牢牢依托其强大的分销网络，将刚出炉的新鲜面包送到遍布各地的当地人们至今仍然最喜欢光顾的便利店”），将目标集中于喜欢本国产品（新鲜面包）的客户；同时加强自己的分销网络，缓解了国外竞争对手的竞争压力（“正是这套强大的送货网络为跨国公司进入墨西哥市场设置了巨大的障碍”）。S公司扮演的角色为防御者。

Part II 历年真题

一、单选题

1. 【2020】达康公司是国内一家中成药品生产企业。为了保障原材料的稳定供给与产品质量，自2015年以来达康公司投资建设了3个原料药材现代化种植基地，收购了2个原属于其他药品公司的药材种植企业，全面推进原材料药材规范化绿色种植工程。下列各项中，属于达康公司采用上述战略适用条件的是（　　）。

A. 中成药品产业增长潜力较大　　B. 达康公司现有销售商的销售成本较高

C. 达康公司存在过剩的生产能力　　D. 中成药品产业竞争较为激烈

【答案】A

【考点】一体化战略

【解析】“投资建设了 3 个原料药材现代化种植基地，收购了 2 个原属于其他药品公司的药材种植企业”是后向一体化，选项 A 属于后向一体化适用条件。

2. 【2017】神大钢铁公司为确保公司铁矿资源与煤炭的稳定供应，成功收购了甲铁矿石企业，同时与龙潭煤炭公司签订了长期购销协议。神大钢铁公司的发展战略属于(　　)。

A. 前向一体化战略　　B. 多元化战略　　C. 密集型战略　　D. 后向一体化战略

【答案】D

【考点】一体化战略

【解析】矿石公司与煤炭公司都是钢铁公司的上游企业，所以属于后向一体化。

3. 【2017】为克服对客户需求的变化缺乏敏感性、公司结构性产能过剩等问题，神大钢铁公司近年来收购了远航造船厂，参股国兴造船厂，与天州钢帘线制造厂签订合作协议。神大钢铁公司的发展战略是(　　)。

A. 前向一体化战略　　B. 后向一体化战略　　C. 多元化战略　　D. 密集型战略

【答案】A

【考点】一体化战略

【解析】前向一体化是指获得分销商或零售商的所有权或加强对它们的控制权的战略。通过控制销售过程和渠道，有利于企业控制和掌握市场，增强对消费者需求变化的敏感性，提高企业产品的市场适应性和竞争力。远航造船厂、国兴造船厂、天州钢帘线制造厂都是神大钢铁公司的下游企业，所以其发展战略是前向一体化战略。

4. 【2017】甲公司是一家玩具生产企业。1998 年以来，该公司依靠其成本优势，将产品成功打入了东南亚、欧洲和北美市场。去年，为了进入 F 国市场，甲公司在该国第二大城市经济开发区建成了一家工厂，并顺利将其产品销往 F 国各地。甲公司采取的发展战略类型是(　　)。

A. 市场开发　　B. 相关多元化　　C. 市场渗透　　D. 产品开发

【答案】A

【考点】密集型战略——市场开发战略

【解析】市场开发是新市场和原有产品的组合，题中的产品没有变化，市场发生了改变。

5. 【2017】甲公司是一家知名的淮扬菜餐厅，在全国有 100 多家门店。为了在行业中始终保持领先地位，公司在内部设立了研究所，紧跟市场需求变化，定期开发特色菜上市，赢得了消费者好评。根据上述描述，甲公司采取的发展战略类型是(　　)。

A. 多元化战略　　B. 市场开发战略　　C. 市场渗透战略　　D. 产品开发战略

【答案】D

【考点】密集型战略——产品开发战略

【解析】产品开发战略指的是技术改进与开发研制新产品，“公司在内部设立了研究所，紧跟市场需求变化，定期开发特色菜上市”说明公司开发研制新产品。

6. 【2013】某城市商业银行，为了扩大信用卡的发行量，在当地与大型百货商场、航空公司合作，推出签账回赠礼品、签账换航空飞行里程等营销措施。从密集型战略来看，这种营销措施属于(　　)。

A. 产品开发战略　　B. 市场营销战略　　C. 市场开发战略　　D. 市场渗透战略

【答案】D

【考点】密集型战略

【解析】密集型战略包括市场渗透战略、市场开发战略和产品开发战略。市场渗透战略的基础是增加现有产品或服务的市场份额，或增加正在现有市场中经营的业务。它的目标是通过各种方法（“推出签账回赠礼品、签账换航空飞行里程等营销措施”）来增加产品的使用频率（“扩大信用卡的发行量”）。

7. 【2018】长森公司是一家从事智能化产品研发和生产的高科技公司，最初的产品是智能手机。近两年来，公司业务范围扩展到智能家电和智能机器人制造等领域，长森公司的发展战略类型属于(　　)。

A. 同心多元化　　B. 离心多元化　　C. 市场渗透　　D. 产品开发

【答案】A

【考点】多元化战略

【解析】以“智能手机”领域为基础，进入相关的“智能家电”和“智能机器人”领域，属于相关(同心)多元化。

8. 【2017】竹岭公司是我国知名的白酒生产企业。随着我国公务消费改革的日益推进，白酒市场需求发生了重大变化。该公司积极应对这一变化，对旗下多个白酒品牌重新进行了定位。并按照系列酒薄利多销的策略，快速实现了从满足公务消费需求向满足商务消费和大众消费需求的转型。该公司采取的总体战略类型属于(　　)。

A. 多元化战略　　B. 转向战略　　C. 放弃战略　　D. 产品开发战略

【答案】B

【考点】收缩战略的方式

【解析】“该公司积极应对这一变化，对旗下多个白酒品牌重新进行了定位”“从满足公务消费转型为商务消费和大众消费”属于转向战略中的重新定位或调整现有的产品和服务。

9. 【2013】M 国 F 汽车集团在经历了 10 余年的全面扩张之后，由于市场变化及公司竞争力下降，业绩全面下滑。集团进行了重大战略调整，即从战略扩张改为战略收缩，只专注于北美市场，专注于其自有的核心品牌，以改变该集团地域性品牌分割状态。集团相继出售了旗下几个欧洲高端品牌，F 汽车集团的战略收缩类型属于(　　)。

A. 削减成本　　B. 放弃　　C. 紧缩与集中　　D. 转向

【答案】B

【考点】收缩战略

【解析】放弃战略是指将企业的一个或几个主要部门转让、出卖或停止经营。“集团相继出售了旗下几个欧洲高端品牌”属于放弃战略。

10. 【2020】佳美公司是一家全国性家电零售连锁企业，在国内一、二线城市拥有近百家大型连锁商城，是国内外众多家电品牌厂家在中国的最大销售商。2019 年，该公司并购了国内另一家著名的家电零售连锁企业恒兴公司，销售网络扩展到全国 2/3 以上的城市和部分乡镇，市场占有率提高了 20%，进一步巩固了其行业领先地位。佳美公司实施上述并购的动机是（　　）。

A. 避开进入壁垒，迅速进入，争取市场机会

B. 克服企业负外部性，减少竞争，增强对市场的控制力

C. 避免经营风险

D. 实现资源互补

【答案】B

【考点】发展战略的主要途径——并购

【解析】“并购了国内另一家著名的家电零售连锁企业”，说明佳美公司不是为了避开进入壁垒，选项 A 错误。选项 CD 是企业战略联盟形成的动因，不是并购动机。

11. 【2019】为了拓展国际业务，国内玩具制造商甲公司收购了 H 国玩具制造商乙公司，并很快打开 H 国玩具市场。其后不久，甲公司发现乙公司在被收购前卷入的一场知识产权纠纷，将导致甲公司面临严重的经营风险。甲公司在并购中失败的原因是(　　)。

A. 决策不当　　B. 支付过高的并购费用

C. 并购后不能很好地进行企业整合　　D. 跨国并购所面临的政治风险

【答案】A

【考点】发展战略的主要途径——并购

【解析】"其后不久，甲公司发现乙公司在被收购前卷入的一场知识产权纠纷，将导致甲公司面临严重的经营风险"说明该事件发生在并购之前，即甲公司没有认真分析目标企业潜在成本和效益，错误选择了目标企业，属于决策不当。

12. 【2019】国内著名商业零售企业东海公司与主营大数据业务的高胜公司签订战略合作协议，商定由东海公司免费向高胜公司开放相关数据收集平台，高胜公司无偿为东海公司提供数据分析及应用方案。下列各项中，属于上述两个公司结成的战略联盟的特点是(　　)。

A. 企业对联盟的控制力较强　　B. 有利于扩大企业资金实力

C. 有利于企业长久合作　　D. 更具有战略联盟的本质特征

【答案】D

【考点】发展战略的主要途径——企业战略联盟

【解析】"国内著名商业零售企业东海公司与主营大数据业务的高胜公司签订战略合作协议"说明两公司采取的战略联盟类型为契约式战略联盟。选项 ABC 都是股权式战略联盟的特征。

13. 【2018】2016 年以来，生产安保设施的天盾公司先后收购了两家同类企业，在扩大生产经营规模、降低成本的同时，开发出功能优于其他同类产品的新产品。天盾公司的上述收购行为属于该公司的(　　)。

A. 业务单位战略　　B. 总体战略

C. 混合战略　　D. 职能战略

【答案】B

【考点】发展战略的主要途径——并购

【解析】收购属于发展战略的主要途径，而发展战略属于总体战略的一种类型。

14. 【2014】如果并购方不以谋求产业利润为首要目的，而是靠购入然后售出企业的所有权来获得投资利润，按并购方的身份分类，则该并购属于(　　)。

A. 产业资本并购　　B. 杠杆并购　　C. 金融资本并购　　D. 非杠杆并购

【答案】C

【考点】发展战略的主要途径——并购

【解析】金融资本并购一般并不以谋求产业利润为首要目的，而是靠购入然后售出企业的所有权来获得投资利润，选项 C 正确。

15. 【2015】与契约式战略联盟相比，股权式战略联盟(　　)。

A. 更具有战略联盟的本质特征

B. 更强调相关企业的协调与默契

C. 初始投入较大，转置成本较高

D. 在经营的灵活性、自主权等方面具有更大的优越性

【答案】C

【考点】发展战略的主要途径——战略联盟

【解析】相对于股权式战略联盟而言，契约式战略联盟由于更强调相关企业的协调与默契，从而更具有战略联盟的本质特征，所以选项 AB 错误。股权式战略联盟初始投入较大，转置成本较高，投资难度大，灵活性差；而契约式战略联盟不存在这类问题，具有较好的灵活性，所以选项 C 正确，选项 D 错误。

16. 【2014】某酒店的使命是"为客人提供舒适"，其目标顾客是那些愿意支付高额住宿费用和希望享受一流个人服务的高端旅行者和度假者。该酒店的经营特色包括：周五是孩子们的卡拉 OK 之夜；周六，全家在私人小屋里吃龙虾，游客们可以在月夜下露营；酒店一共有 365 间客房，每间都能看到海景，还

有大量的套房；附属设施有游泳池、海滩、网球场、儿童俱乐部等。该酒店的竞争战略是(　　)。

A. 产品开发战略　　B. 混合战略　　C. 产品组合战略　　D. 集中差异化战略

【答案】D

【考点】基本竞争战略——集中化战略

【解析】“目标顾客是那些愿意支付高额住宿费用和希望享受一流个人服务的高端旅行者和度假者”说明该公司针对的是特定的购买群体，属于集中化战略，同时提供的是特色的服务，所以是集中差异化竞争战略。

17. 【2019】从事苹果种植与销售的秋实公司于 2017 年率先采取了一种新的经营方式，在种植区内增设了园林景观、运动场、游戏场等，到秋收季节，顾客可前来付费进行休闲娱乐等活动，同时能以市场最低的价格采摘和购买苹果。顾客采摘和购买的苹果达到一定数量，可免费参加休闲娱乐活动。这一经营方式受到市场的热捧。秋实公司采用的上述战略属于(　　)。

A. 成本领先战略　　B. 差异化战略　　C. 集中化战略　　D. 混合战略

【答案】D

【考点】战略钟

【解析】“从事苹果种植与销售的秋实公司于 2017 年率先采取了一种新的经营方式，在种植区内增设了园林景观、运动场、游戏场等，到秋收季节，顾客可前来付费进行休闲娱乐等活动，同时能以市场最低的价格采摘和购买苹果”体现了企业可以在位顾客提供更高认可价值的同时降低成本。

18. 【2018】绿屋咖啡店率先采取了一项新的经营方式：顾客点单付费后，亲自操作咖啡机自取咖啡。此举节省了店员的操作和相关费用，相应地把咖啡价格降低到行业最低水平，同时使顾客产生宾至如归的亲切感，“回头客”明显增加。绿屋咖啡店采用的战略属于(　　)。

A. 成本领先战略　　B. 集中化战略　　C. 混合战略　　D. 差异化战略

【答案】C

【考点】战略钟

【解析】“新的经营方式”是差异化的体现，在此基础上，“此举节省了店员的操作和相关费用，相应地把咖啡价格降低到行业最低水平”又实现成本领先，所以是战略钟里面的混合战略。

19. 【2017】轿车生产企业华美公司起步初期，国内汽车市场基本被跨国公司巨头瓜分殆尽。华美公司生存和发展的唯一途径就是走低价低值路线。过去国内汽车市场一直流传一句话，“卖一辆高档车赚一辆中档车；卖一辆低档车只能赚一辆自行车”。华美公司的轿车在入市时只是一般低档车价格的二分之一，其利润的微薄可想而知。依据基本竞争战略的“战略钟”分析，华美公司当时的竞争战略是(　　)。

A. 集中成本领先战略　　B. 混合战略　　C. 成本领先战略　　D. 失败战略

【答案】A

【考点】战略钟

【解析】低价低值指的是集中成本领先战略。

20. 【2014】甲公司是国内一家语言培训公司，公司率先采用引进外籍教师“一对一”的培训方式，在国内外办出了名气。考生们慕名而来，公司因此又获得规模经济优势。甲公司的竞争战略的类型属(　　)。

A. 集中战略　　B. 混合战略　　C. 差异化战略　　D. 成本领先战略

【答案】B

【考点】战略钟

【解析】“率先采用外籍老师‘一对一’培训方式”体现了差异化战略；“公司因此又获得规模经济优势”体现了成本领先战略。成本领先战略与差异化战略的结合，属于混合战略。

21. 【2014】按照“战略钟”分析体系，下列各项中属于混合战略的是(　　)。

A. 在降低价格的同时，努力保持产品或服务的质量不变

B. 以特别高的价格为顾客提供更高的认可价值

C. 在为顾客提供更高的认可价值的同时，获得成本优势

D. 以中档的价格为顾客提供中等质量的产品或服务

【答案】C

【考点】战略钟

【解析】混合战略是指在某些情况下，企业可以在为顾客提供更高的认可价值的同时，获得成本优势，所以选项 C 正确。

22.【2018】经营中式快餐的力元公司于 2015 年宣布其战略目标是建成门店覆盖全国的“快餐帝国”。由于扩张过快、缺乏相关资源保障、各地流行菜系经营者的激烈竞争以及不同消费者口味难以调和的矛盾，该战略目标未能实现，公司经营也陷入危机。从零散产业角度看，下列各项中，属于力元公司进行战略选择未能避免的战略陷阱是(　　)。

A. 不能保持严格的战略约束力　　B. 寻求支配地位

C. 不了解竞争者的战略目标和管理费用　　D. 过分集权化

【答案】B

【考点】零散产业的竞争战略

【解析】“各地流行菜系经营者的激烈竞争以及不同消费者口味难以调和的矛盾”说明快餐产业市场需求多样化导致产品高度差异化，难以达到经济规模，属于零散产业。零散产业的基本结构决定了寻求支配地位是无效的，该公司“战略目标是建成门店覆盖全国的‘快餐帝国’。由于扩张过快、缺乏相关资源保障……该战略目标未能实现，公司经营也陷入危机”说明该公司战略是想寻求支配地位。

23.【2015】下列各项中，属于造成产业零散的原因是(　　)。

A. 技术不确定性　　B. 战略不确定性

C. 成本的迅速变化　　D. 市场需求多样导致高度产品差异化

【答案】D

【考点】零散产业的竞争战略

【解析】选项 ABC 属于新兴产业共同的结构特征。选项 D 属于造成产业零散的原因。

24.【2016】甲公司是一家区别于传统火锅店方式的新式火锅餐饮企业，在给顾客提供餐饮服务的同时，还免费给顾客提供擦鞋、美甲、擦拭眼镜等服务。甲公司的经营模式取得了成功，营业额高速增长。甲公司实施蓝海战略的路径是(　　)。

A. 跨越时间　　B. 重新界定产业的买方群体

C. 跨越战略群体　　D. 重设客户的功能性或情感性诉求

【答案】D

【考点】蓝海战略

【解析】企业服务的对象还是原有顾客，只是其又增加了一些服务（还免费给顾客提供拖鞋、美甲、擦拭眼镜等服务）来满足客户的一些功能性或情感性诉求，所以选项 D 是正确的。

25.【2015】下列各项关于蓝海战略的表述中，正确的是(　　)。

A. “蓝海”的开创是基于价值的创新　　B. “蓝海”的开创是基于技术的突破

C. “蓝海”不会萌生在产业现有的“红海”之中　　D. 企业不能以系统的、可复制的方式去寻求蓝海

【答案】A

【考点】蓝海战略

【解析】由于“蓝海”的开创是基于价值的创新而不是技术的突破（选项 AB），是基于对现有市场现实的重新排序和构建，而不是对未来市场的猜想和预测，所以企业就能够以系统的、可复制的方式去寻求它（选项 D）；“蓝海”既可以出现在现有产业领域之外，也可以萌生在产业现有的“红海”之中

(选项 C)。

26. 【2019】嘉利啤酒公司通过数据分析发现，其产品的 89%是被 50%的顾客（重度饮用啤酒者）消费掉的，另外 50%顾客（轻度饮用啤酒者）的消费量只占总消费量的 11%。该公司据此推出了吸引重度饮用啤酒者而放弃轻度饮用啤酒者的促销策略。该公司进行市场细分的依据是(　　)。

A. 地理细分　　B. 人口细分　　C. 行为细分　　D. 心理细分

【答案】C

【考点】市场营销战略

【解析】该公司从“重度饮用啤酒者”与“轻度饮用啤酒者”两个角度考虑促销策略，也就是说该公司的划分依据为消费者对啤酒的使用程度，属于行为细分。

27. 【2017】某发达国家 X 公司的滤水壶是壶式滤水器领域中的世界第一品牌。在德国，消费者购买 X 滤水壶的主要原因是它可以降低当地水质的硬度，软化后的过滤水可以带来更好的口感。在法国和意大利，消费者将其作为瓶装水的一种低成本替代品。而在进入中国大陆市场初期，X 滤水壶定位于高端生活改善消费品，它代表健康的水质和时尚的生活感受。在本案例中，消费者的市场细分不包括(　　)。

A. 人口细分　　B. 心理细分　　C. 行为细分　　D. 地理细分

【答案】A

【考点】市场营销战略

【解析】“在德国”“在法国和意大利”“在中国大陆”说明公司采用了地理细分。同时，“在德国，消费者购买 X 滤水壶的主要原因是它可以降低当地水质的硬度，软化后的过滤水可以带来更好的口感。在法国和意大利，消费者将其作为瓶装水的一种低成本替代品。而在进入中国大陆市场初期，X 滤水壶定位于高端生活改善消费品”说明在这些不同的地理区域，消费者购买的动机以及消费者对产品的态度不同，属于行为细分。除此之外，“进入中国大陆市场初期，代表健康的水质和时尚的生活感受”说明该公司还按照消费者的生活方式、个性等心理变量来满足消费者的欲望和需要，即定位于时尚的生活感受属于心理细分。

28. 【2013 改编】许多汽车制造商都在设计旨在满足所有客户需求的电动车，而 A 国 M 公司独辟蹊径，决定按照消费者特定的使用车辆的方式定制生产电动车。该公司将使用车辆的方式分为通勤与旅游模式，这一市场细分方法可以根据消费者的具体需求，匹配车辆的电池蓄能要求，让消费者无须购买比他们实际需求更大的车辆与电池，M 公司这一战略决策的依据是对电动车市场的(　　)。

A. 人口细分　　B. 地理细分　　C. 心理细分　　D. 行为细分

【答案】D

【考点】市场营销战略

【解析】“按照消费者特定的使用车辆的方式定制生产电动车”“这一市场细分方法可以根据消费者的具体需求”都说明该公司是按照消费者的使用情况来进行市场细分的，属于行为细分。

29. 【2012】甲银行在某地新建分行的战略是，先主攻小额商贷业务在当地立足，再通过为小商户理财，扩大存款业务。王某是该行小额商贷部的一名主管，为实施新建分行的战略，首先抓住战略实施中的一个重要变量——市场细分，组织信贷员对市场进行细分和选择研究。因为他知道，只有在市场细分基础上选择确定了目标市场之后，才是下一步的(　　)。

A. 市场定位　　B. 市场开发　　C. 产品定位　　D. 产品推广

【答案】A

【考点】市场营销战略

【解析】确定目标市场的主要工作是进行市场细分和目标市场选择，而选择了目标市场之后，下一步就是找出这些客户有哪些需要，也就是如何定位企业产品的市场定位。

30. 【2012 改编】某旅行社在对旅游市场做出深入分析之后，决定把提供长途、收费较高的大城市的旅游服务作为主要业务，因为这个市场效益较高、市场潜量较大。旅行社做出这一决定是基于对旅游市场的(　　)。

A. 品牌细分　　B. 心理细分　　C. 地理细分　　D. 人口细分

【答案】C

【考点】市场营销战略

【解析】“决定把提供长途、收费较高的大城市的旅游服务作为主要业务，因为这个市场效益较高、市场潜量较大”说明采取的是地理细分，处于不同地理位置的消费者会有不同的需要，同时企业的市场潜量和成本费用也会因为市场位置不同而有所不同，企业应该选择那些本企业能较好为之服务的、效益较高的地理市场为目标市场。

31. 【2019】智达公司是一家计算机制造企业。为了减少库存，公司对生产过程实施订单管理。生产部门依据销售部门提供的客户订购的产品数量安排当期生产。智达公司的生产运营战略所涉及的主要因素是(　　)。

A. 种类　　B. 批量　　C. 需求变动　　D. 可见性

【答案】C

【考点】生产运营战略

【解析】按需生产属于需求变动中的需求波动。种类是同时段生产的产品组合。批量指的是生产能力。可见性是生产运营流程为客户所见的程度。

32. 【2017】下列各项中，对准时生产方法（JIT）的作用表述错误的是(　　)。

A. 该方法降低了存货变质、陈旧或过时的可能性

B. 该方法可能导致生产环节一旦出错则弥补空间小

C. 该方法能够减少对供应商的依赖

D. 该方法避免了因需求突然变动而导致大量产品无法出售的情况

【答案】C

【考点】生产运营战略

【解析】JIT 的缺点之一就是生产对供应商的依赖性较强。

33. 【2016】瑞祥公司是一家啤酒制造和销售企业。2016 年年初，公司管理层预计概念夏天温度较高，加上该年属于奥运会年，啤酒的销量将比上年有较大增长。因此，瑞祥公司决定加大公司上半年的产量，以应对未来需求的增长。瑞祥公司采用的平衡产能与需求的方法是(　　)。

A. 订单生产式　　B. 库存生产式　　C. 准时生产式　　D. 资源订单式

【答案】B

【考点】生产运营战略

【解析】“公司管理层预计今年夏天温度较高，加上今年属于奥运会年，啤酒的销售将比去年有较大增长”说明需求是可预测的，于是企业就加大公司上半年的产量作为库存，来应对未来需求的增长，是库存生产式生产。

34. 【2016】甲公司是一家高科技环保企业，其自主研发的智能呼吸窗刚一推向市场，即受到消费者欢迎，产品供不应求，企业一直处于满负荷生产状态。为满足持续增长的订单要求，公司决定增加一条生产流水线。甲公司所实施的产能计划属于(　　)。

A. 滞后策略　　B. 匹配策略　　C. 维持策略　　D. 领先策略

【答案】A

【考点】生产运营战略

【解析】滞后策略是指仅当企业因需求增长而满负荷生产或超额生产后才增加产能。该策略是一种相对保守的策略，它能降低生产能力过剩的风险但也可能导致潜在客户流失。

35. 【2020】灵川公司是一家汽车制造商，原先只从 1 家公司购买其所需的轴承，后来改为分别从 3 家公司购买。下列各项中，属于灵川公司增加轴承供应商的目的的是（　　）。

A. 容易设计出有效的质量保证计划

B. 与轴承供应商建立更稳定的关系

C. 产生规模经济

D. 利用供应商之间的竞争对供应商压价

【答案】D

【考点】采购战略

【解析】灵川公司增加轴承供应商，采取的是多货源策略。选项 D 属于多货源策略的优点。

36. 【2016】甲公司是一家中式连锁快餐企业，长期分别从三家粮油公司采购大米、面粉和色拉油等。下列各项中，不属于甲公司货源策略优点的是(　　)。

A. 可利用三家粮油公司之间的竞争压低采购价格

B. 有利于促使三家粮油公司提供有统一质量保证的产品

C. 不会因某家粮油公司的供货问题而严重影响企业经营

D. 有利于从三家粮油公司获得更多的知识和技术信息

【答案】B

【考点】采购战略

【解析】甲公司采取的是多货源策略。多货源策略的优点：①能够取得更多的知识和专门技术（选项 D）；②一个供应商的供货中断产生的影响较低（选项 C）；③供应商之间的竞争有利于对供应商压价（选项 A）。多货源策略对于产品的质量无法保证。

37. 【2012】连锁快餐企业选择多货源方案作为采购策略。下列各项中，不具备多货源策略优点的是(　　)。

A. 可以利用供货商之间的竞争获得优惠的价格

B. 有助于制定和实施统一的原料质量控制方案

C. 有利于从多个供应商处获得关于最新的知识和技术信息

D. 货源的供应不会因为个别供应商的问题而中断

【答案】B

【考点】采购战略

【解析】“有助于制定和实施统一的原料质量控制方案”属于单一货源策略的特点。

38. 【2013 改编】以下选项不属于人力资源规划步骤的是(　　)。

A. 调查、收集和整理涉及企业战略决策和经营环境的各种信息

B. 根据企业或部门实际确定其人力资源规划的期限、范围和性质

C. 制定人力资源供求平衡的总计划和各项业务计划

D. 通过晋升下级职位上的人员来填补空缺职位

【答案】D

【考点】人力资源战略

【解析】人力资源规划的步骤包括：①调查、收集和整理涉及企业战略决策和经营环境的各种信息（选项 A）；②根据企业或部门实际确定其人力资源规划的期限、范围和性质（选项 B）；③在分析人力资源供给和需求影响因素的基础上，采用以定量为主结合定性分析的各种科学预测方法对企业未来人力资源供求进行预测；④制定人力资源供求平衡的总计划和各项业务计划（选项 C）。“通过晋升下级职位上的人员来填补空缺职位”属于公司内部招募的来源之一。

39. 【2020】春华公司是一家球类制品生产企业，主要生产足球、网球、高尔夫球等。目前该公司与业内其他企业一样，生产稳定，产品价格疲软，经营战略的重点是在巩固市场份额的同时提高投资报酬率。

春华公司应采取的股利分配战略是（　　）。

A. 不分配　　B. 分配率高　　C. 分配率很低　　D. 全部分配

【答案】B

【考点】财务战略

【解析】“生产稳定，产品价格疲软，经营战略的重点是在巩固市场份额的同时提高投资报酬率”说明球类制品产业处于成熟期，成熟期股利分配率高。

40. 【2020】爱视公司发明了一款供视障患者使用的智能眼镜，使用者在对这种眼镜发出去往某目的地的指令后，就能在行走过程中不断收到眼镜发出的引导信息，从而避开障碍物，保持正确的行走路线。目前，该款眼镜价格较高，性能还有待完善，因此销售量小，公司净利润率较低。爱视公司现阶段的资金来源应是（　　）。

A. 风险资本　　B. 权益投资增加　　C. 债务　　D. 保留盈余+债务

【答案】A

【考点】财务战略

【解析】根据“该款眼镜价格较高，性能还有待完善，因此销售量小，公司净利润率较低”判断，爱视公司处于导入期。导入期的资金来源应是风险资本。

41. 【2020】近年来，人们对健康水源不断增加的需求催生了越来越多的滤水壶生产企业。目前这些企业提供的产品性能、质量大体相同，彼此为争夺客户展开挑衅性的价格竞争；行业规模达到前所未有的水平；任何一个企业扩大市场份额都十分困难。下列各项中，属于目前上述企业所具有的经营特征的是（　　）。

A. 经营风险非常高　　B. 价格/盈余倍数非常高

C. 具有中等的股利分配率　　D. 资金来源于保留盈余加债务

【答案】D

【考点】财务战略

【解析】根据题干描述判断滤水壶企业处于成熟期，成熟期资金来源于保留盈余加债务。

42. 【2019】甲燃气公司负责某市的民用天然气供给业务。近年来该市的民用天然气需求量比较稳定，甲燃气公司主要通过向银行贷款取得更新设备所需的资金。该公司财务风险与经营风险的搭配属于(　　)。

A. 高经营风险与低财务风险　　B. 高经营风险与高财务风险

C. 低经营风险与高财务风险　　D. 低经营风险与低财务风险

【答案】C

【考点】财务战略

【解析】“需求量比较稳定”体现了低经营风险；“通过向银行贷款取得更新设备所需的资金”体现了高财务风险。

43. 【2018】近年来，建筑机械制造商凯达公司所处行业的市场基本饱和，销售额比较稳定，企业之间的价格竞争十分激烈。在这种情况下，凯达公司宜采用的股利分配政策是(　　)。

A. 零股利政策　　B. 低股利政策

C. 稳健的高股利分配政策　　D. 全部分配的股利政策

【答案】C

【考点】财务战略

【解析】市场基本饱和、销售额稳定、价格竞争都是成熟期的特征，成熟期的企业适合稳健的高股利分配政策。

44. 【2015】下列股利政策中，适合于成熟企业且能为投资者提供可预测的现金流量的是(　　)。

A. 零股利政策　　B. 固定股利政策

C. 剩余股利政策　　D. 固定股利支付率政策

【答案】B

【考点】财务战略

【解析】固定股利政策为投资者提供可预测的现金流量，减少管理层将资金转移到盈利能力差的活动的机会，并为成熟的企业提供稳定的现金流，盈余下降时也可能导致股利发放遇到一些困难。

45.【2014】甲公司某年的投资资本回报率为7%，销售增长率为10%；经测算甲公司的加权资本成本为7.5%，可持续增长率为7%。该年甲公司的业务属于财务战略矩阵中的(　　)。

A. 减损型现金短缺　　B. 增值型现金剩余

C. 增值型现金短缺　　D. 减损型现金剩余

【答案】A

【考点】财务战略

【解析】投资资本回报率7%小于加权平均资本成本7.5%，属于减损型；销售增长率10%大于可持续增长率7%，属于现金短缺。所以属于减损型现金短缺。

46.【2013】在以下四种融资方式中，不属于债权融资方式的是(　　)。

A. 长期贷款　　B. 短期贷款　　C. 租赁　　D. 内部融资

【答案】D

【考点】财务战略

【解析】债权融资大致可以分为贷款和租赁两类，贷款包括短期贷款和长期贷款。内部融资是指通过使用内部留存利润进行再投资，不属于债权融资的方式。

47.【2012】某创业三年的净水器生产企业，大股东以其拥有的国内先进的渗透膜技术以及部分现金投入企业进行生产经营，近两年销售额年均增幅在25%以上。为了获得拓展污水处理工程业务所需的资金，并将长期借款置换为权益资本，企业刚完成向机构投资者募集资金。根据财务风险与经营风险搭配理论，该企业属于(　　)。

A. 高经营风险与高财务风险　　B. 低经营风险与高财务风险

C. 高经营风险与低财务风险　　D. 低经营风险与低财务风险

【答案】C

【考点】财务战略

【解析】该企业刚创业三年，从材料的表述来看，属于导入期的企业，说明经营风险比较高；“将长期借款置换为权益资本，企业刚完成向机构投资者募集资金”说明财务风险比较低，所以选项C正确。

48.【2012】根据企业在不同发展阶段的特征，下列各项中正确的是(　　)。

A. 衰退期财务风险和经营风险都高，股利全部分配给股东，股价呈下降并波动趋势

B. 成熟期财务风险和经营风险和股利分配率都是中等，资本结构为权益资本加债务资本

C. 起步期经营风险很高而财务风险很低，资金来源主要是风险资本，随着企业的发展股价迅速增长

D. 成长期经营风险高而财务风险低，权益资本在资金来源中所占的比重增加，股利分配率低且股价也较低

【答案】C

【考点】财务战略

【解析】导入期由于刚进入新的行业，所以经营风险很高，由于资金来源主要是风险资本，所以财务风险低，所以选项C正确；衰退期的财务风险高，但经营风险低，所以选项A错误；成熟期的股利分配率较高，所以选项B错误；成长期的股价较高，并且呈增长并波动的趋势，所以选项D错误。

49.【2012】某家电企业的发展进入成熟期。下列对该企业目前经营特征的相关表述中，错误的是(　　)。

A. 财务风险中等　　B. 资本结构主要是权益融资

C. 股利分配率高　　D. 股价稳定

【答案】B

【考点】财务战略

【解析】成熟期的资本结构主要是权益融资和债务融资相结合，所以选项 B 错误。

50. 【2017】国内家电企业宏浩集团在 2016 年 5 月宣布，将斥资 45 亿美元收购发达国家 G 工业机器人制造商 K 公司。K 公司是该国市场上领先的专注于工业制造流程数字化的企业，其研发的机器人已经被用来装配轿车和飞机。宏浩集团收购 K 公司的动机是(　　)。

A. 寻求市场　　B. 寻求效率　　C. 寻求资源　　D. 寻求现成资产

【答案】D

【考点】发展中国家企业国际化经营动因

【解析】寻求现成资产型对外投资主要是发展中国家跨国公司向发达国家投资，其主要动机是主动获取发达国家企业的品牌、先进技术与管理经验等现成资产。国内家电企业宏浩集团收购发达国家 G 工业机器人制造商 K，是因为 K 拥有成熟的工业制造流程数字化技术，所以收购的动机是寻求现成资产。

51. 【2014】甲公司是国内一家电信设备生产企业。2000 年公司开始实施国际化经营，对外直接投资国首先选择东南亚发展中国家 Y 国。这一选择基于以下三点考虑：一是开发 Y 国市场；二是以 Y 国为基地，向东盟市场进军，降低产品进入东盟的关税；三是以 Y 国为基地，辐射欧盟地区市场，避开反倾销调查。甲公司这一行为的动因是(　　)。

A. 寻求市场　　B. 寻求效率　　C. 寻求资源　　D. 寻求现成资产

【答案】A

【考点】发展中国家企业国际化经营动因

【解析】发展中国家对外投资动机中，最重要的是寻求市场型的外国直接投资，他们特别关心如何规避贸易壁垒和反倾销。甲公司作为中国的一家企业对外直接投资，主要关注 Y 国的市场、降低关税和避开反倾销调查，同时从 Y 国到东盟市场再到欧盟地区市场，都是寻求市场的表现。

52. 【2013】甲银行是国内一家商业银行，2008 年 10 月甲银行纽约分行在曼哈顿开业，该分行依托甲银行的国内资源，致力成为专业的美元清算银行，客户主要定位于在美国投资的中国企业、在中国扩张的美国企业、从事中美贸易的美国公司等。根据上述信息可以判断，甲银行建立纽约分行的动因是(　　)。

A. 寻求市场　　B. 寻求效率　　C. 寻求资源　　D. 寻求现成资产

【答案】A

【考点】发展中国家企业国际化经营动因

【解析】以寻求市场为主要动机的投资主要形成区域内和发展中国家内部的外国直接投资。甲银行纽约分行在曼哈顿开业主要是为了增加自己的客户，进一步扩大市场（从国内到纽约再到曼哈顿），即寻求市场。

53. 【2015】根据国际生产折中理论，如果企业同时具备所有权优势、区位优势与内部化优势，企业最适合采用的国际化经营方式是(　　)。

A. 技术转移　　B. 出口贸易　　C. 证券投资　　D. 对外直接投资

【答案】D

【考点】国际市场进入模式

【解析】企业同时具有所有权优势、内部化优势与区位优势，应选择对外直接投资。

54. 【2020】贝恩公司是著名的电子商务企业，下设 5 大商务区和分布在 100 多个国家的子公司。商务区经理负责为各自商务区制定国际化经营战略，各国子公司经理则根据所在国市场需求对该子公司的经营活动行使经营权和管理权。商务区经理需要各国子公司经理的合作，当商务区经理和子公司经理的意见或决策发生冲突时，可提交总公司裁决。贝恩公司采用的国际化经营的战略类型是（　　）。

A. 国际战略　　B. 全球化战略　　C. 跨国战略　　D. 多国本土化战略

【答案】C

【考点】国际化经营的战略类型

【解析】“商务区经理负责为各自商务区制定国际化经营战略，各国子公司经理则根据所在国市场需求对该子公司的经营活动行使经营权和管理权。商务区经理需要各国子公司经理的合作，当商务区经理和子公司经理的意见或决策发生冲突时，可提交总公司裁决”说明贝恩公司注意当地市场的需要，母公司与子公司、子公司与子公司的关系是双向的，属于跨国战略。

55. 【2019】2015 年，国内研发和制造铁路设备的东盛公司开启了国际化经营战略，在国外成立了多家子公司。东盛公司在国内的母公司保留技术和产品开发的职能，在国外的子公司只生产由母公司开发的产品。东盛公司采取的国际化经营战略类型的特点是(　　)。

A. 全球协作程度低，本土适应性和适应能力高　　B. 全球协作程度高，本土适应性和适应能力低

C. 全球协作程度高，本土适应性和适应能力高　　D. 全球协作程度低，本土适应性和适应能力低

【答案】D

【考点】国际化经营的战略类型

【解析】“东盛公司在国内的母公司保留技术和产品开发的职能，在国外的子公司只生产由母公司开发的产品”说明子公司没有决策权，属于国际战略，对应的象限为全球协作程度低，本土适应性和适应能力低。

56. 【2018】多邦公司是一家驼羊毛制品生产和销售企业，产品销往多个国家和地区，为了确保产品质优价廉，该公司在最适合驼羊生产的 L 国建立统一的驼羊养殖场，并在加工条件最好的 N 国设厂生产脱羊毛制品。多邦公司国际化经营的战略类型是(　　)。

A. 多国本土化战略　　B. 国际战略　　C. 跨国战略　　D. 全球化战略

【答案】D

【考点】国际化经营的战略类型

【解析】“公司在最适合驼羊生产的 L 国建立统一的驼羊养殖场，并在加工条件最好的 N 国设厂生产脱羊毛制品”说明该公司在有利的国家做最适合的活动，由此可以形成经验曲线和规模经济效益，属于全球化战略。

57. 【2017】P 是一家经营日化用品的跨国公司，其母公司设立在 U 国，在其他国家设立 20 余个子公司。在该公司的经营过程中，母公司将产品的研发技术和新产品提供给子公司，子公司也会把当地畅销的产品提供给母公司和其他子公司。P 公司国际化经营的战略类型属于(　　)。

A. 国际战略　　B. 跨国战略　　C. 全球化战略　　D. 多国本土化战略

【答案】B

【考点】国际化经营的战略类型

【解析】母公司将产品金额技术给各个子公司，子公司将畅销的产品提供给母公司和其他子公司，关联性较强，属于跨国结构，所以是跨国战略。

58. 【2016】甲公司是一家玩具制造商，其业务已经扩展到国际市场。甲公司在劳动力成本较低的亚洲设立玩具组装工厂，在欧洲设立玩具设计中心，产品销售经全球 100 多个国家和地区。甲公司国际化经营的战略类型属于(　　)。

A. 跨国战略　　B. 全球化战略　　C. 国际化战略　　D. 多国本土化战略

【答案】B

【考点】国际化经营的战略类型

【解析】全球化战略是向全世界的市场推销标准化的产品和服务（“产品销售经全球 100 多个国家和地

区”），并在较有利的国家集中地进行生产经营活动（“甲公司在劳动力成本较低的亚洲设立玩具组装工厂，在欧洲设立玩具设计中心”），由此形成经验曲线和规模经济效益，以获得高额利润，属于全球化战略。

59. **【2013】** 世界服装生产巨头 Z 公司开创了新的生产模式，该公司通过遍布全球各地的信息网络迅速捕获服装流行趋势和流行元素，总部的设计师团队随即以最快的速度仿制、修改。为了保证生产效率，采购和生产都在欧洲进行，亚洲、南美洲等低成本地区只生产基本款，一件服装从设计到摆上货架最长不超过 20 天。该公司全球所有门店几乎每周都会收到两次新货品。若以“全球协作”的程度和“本土独立性和适应能力”的程序度两个维度来考察，Z 公司采取的是（　　）。

A. 国际战略　　B. 多国本土化战略　　C. 全球化战略　　D. 跨国战略

【答案】 C

【考点】 国际化经营的战略类型

【解析】 全球化战略是向全世界的市场推销标准化的产品和服务，并在较有利的国家集中地进行生产经营活动，由此形成经营曲线和规模经济效益，以获得高额利润。“采购生产在欧洲，总设计师团队设计，亚洲南美洲生产基本款”说明是在有利的国家集中生产经营，体现了全球协作程度高；但是“总部的设计师团队随即以最快的速度仿制、修改”，说明总部具有绝对的话语权，产品的本土适应性和独立性低，所以是全球化战略。

60. **【2012】** 甲公司经营高档餐厅，在中国内地完成布点，其连锁店也开到了中国香港、中国澳门特区和中国台湾地区，并已经编制完成了国际化经营的方案。该方案允许各地分店集中关注其所在地的消费需求、行业状况、政治法律制度和社会标准的特点，所以该方案选择的国际化经营战略是（　　）。

A. 跨国战略　　B. 全球化战略　　C. 多国化战略　　D. 国际市场开发战略

【答案】 C

【考点】 国际化经营的战略类型

【解析】 多国本土化战略采用高度分权的方式，允许每个部门集中关注一个地理区域、地区或国家。多国本土化战略让各国子公司的管理者有权将企业产品个性化来满足本题消费者的特殊需求和爱好，因此，该战略能使企业面对各个市场的异质需求时的反映最优化。“该方案允许各地分店集中关注其所在地的消费需求、行业状况、政治法律制度和社会标准的特点”说明该公司可以根据不同地区的需要改变产品，分店具有决策权，属于多国本土化战略。

61. **【2012】** 甲公司是一家生产护肤美容品的公司，总部和研发中心位于美国。该公司以主要国家和地区来划分战略业务单位，并授权各国的管理者根据消费需求、消费习惯等特征生产本土化产品。根据以上内容，甲公司所采用的国际化战略是（　　）。

A. 全球化战略　　B. 多国本土化战略　　C. 国际战略　　D. 跨国战略

【答案】 B

【考点】 国际化经营的战略类型

【解析】 多国本土化战略采用高度分权的方式，允许每个部门集中关注一个地理区域、地区或国家。多国本土化战略让各国子公司的管理者有权将企业产品个性化来满足本地消费者的特殊需求和爱好，因此，该战略能使企业面对各个市场的异质需求时的反映最优化。甲公司总部“授权各国的管理者根据消费需求、消费习惯等特征生产本土化产品”，说明子公司可以根据当地需要调整产品，属于多国本土化战略。

62. **【2019】** 面对国外著名医药公司在中国市场上不断扩张，多年从事药品研发、生产和销售的康达公司为了自身的长期发展，把药品的生产和销售业务转让给其他公司，同时与国外某医药公司合作专注于新药品的研发业务。从本土企业的战略选择的角度看，康达公司扮演的角色可称为（　　）。

A. 防御者　　B. 扩张者　　C. 抗衡者　　D. 躲闪者

【答案】D

【考点】新兴市场的企业战略

【解析】将业务出售给其他公司，并且与外企进行合作，属于“躲闪者”的策略。

63.【2018】面对国外品牌牙膏不断涌入国内市场的不利局面，健华牙膏厂独创了完全用中草药提取物制造、具有生津健齿功效的牙膏，并通过强化销售网络的建设和管理，赢得了越来越多国内消费者的好评。作为新兴市场的本土企业，健华牙膏厂采用的战略属于(　　)。

A.“防御者”战略　B.“扩张者”战略　C.“躲闪者”战略　D.“抗衡者”战略

【答案】A

【考点】新兴市场的企业战略

【解析】牙膏厂面临的全球化压力小，而其拥有的优势资源适合于本国市场，所以集中力量保护已有的市场份额不被跨过竞争对手侵占。做法有：将目标集中于国内消费者（“赢得了越来越多国内消费者的好评”），并且调整产品适应客户特别的甚至是独一无二的需求（“独创了完全用中草药提取物制造、具有生津健齿功效的牙膏”），加强分销网络的建设和管理，缓解国外竞争对手的压力（“通过强化销售网络的建设和管理”）。

64.【2017】奇天公司是国内通信行业的知名企业。面对日益加剧的全球化压力，奇天公司于 1998 年开始实施全球化扩张行动，成功建成了全球性的市场网络和研发平台。奇天公司始终坚持在通信行业的主航道上聚焦，在国际市场上站稳了脚跟。根据以上描述，奇天公司作为新兴市场本土企业所择的战略是(　　)。

A.“防御者”战略　B.“抗衡者”战略

C.“躲闪者”战略　D.“扩张者”战略

【答案】B

【考点】新兴市场的企业战略

【解析】如果全球化压力大，而企业优势资源可以移植到其他市场，企业有可能与发达国家跨国公司在全球范围内展开正面竞争，我们称这种情况下的本土企业为“抗衡者”。

65.【2016】飞翔公司是国内一家奶粉生产企业。近年来，很多具有品牌优势的国外奶粉制造商纷纷涉足中国市场，竞争十分激烈。飞翔公司为了自身的长期发展，与新西兰乳品巨头甲公司结成战略联盟，双方以 50%：50%的股权比例合资成立一家新公司，产品从奶粉扩展到各类奶制品。从战略选择角度看，飞翔公司扮演的角色可称为(　　)。

A. 扩张者　B. 防御者　C. 抗衡者　D. 躲闪者

【答案】D

【考点】新兴市场的企业战略

【解析】如果全球化压力大，企业就会面临更大的挑战。如果企业优势资源只能在本土发挥作用，企业就必须围绕仍有价值的本土资源，对其价值链的某些环节进行重组，以躲避外来竞争对手的冲击，从而保持企业的独立性。这类企业，我们称之为“躲闪者”。其战略定位是通过转向新业务或缝隙市场避开竞争。该公司采取的方式使合资来避开竞争，因此是躲闪者的策略。

66.【2016】当产业面临的全球压力很大，而企业优势资源可以转移到其他市场时，新兴市场本土企业可以选择的战略方向是(　　)。

A. 作为“抗衡者”，通过全球竞争发动进攻

B. 作为“防御者”，利用国内市场的优势防卫

C. 作为“扩张者”，将企业的经验转移到周边市场

D. 作为“躲闪者”，通过转向新业务或缝隙市场避开竞争

【答案】A

【考点】新兴市场的企业战略

【解析】如果全球化压力大，而企业优势资源可以转移到其他市场，企业有可能与发达国家跨国公司在全球范围内展开正面竞争。我们称这种情况下的本土企业为“抗衡者”。其战略定位是通过全球竞争发动进攻。本题在2015年及2016年进行重复考查。

二、多选题

1.【2016】后向一体化战略适用条件有(　　)。

A. 企业增长潜力大　　B. 销售成本高或可靠性差

C. 供应商少而需求方竞争者多　　D. 企业价格稳定，对企业非常重要

【答案】ACD

【考点】一体化战略

【解析】后向一体化战略主要适用条件包括：①企业现有的供应商供应成本较高或者可靠性较差而难以满足企业对原材料、零件等的需求；②供应商数量较少而需求方竞争者众多；③企业所在产业的增长潜力较大，企业具备后向一体化所需的资金、人力资源等；④供应环节的利润率较高；⑤企业产品价格的稳定对企业而言十分关键，后向一体化有利于控制原材料成本，从而确保产品价格的稳定。所以选项ACD是正确的。选项B是前向一体化战略的适用条件。

2.【2015】下列各项中，属于后向一体化战略主要适用条件的有(　　)。

A. 企业的销售商利润率较高　　B. 企业现有供应商可靠性差

C. 企业现有销售商可靠性差　　D. 控制原材料成本对企业非常重要

【答案】BD

【考点】一体化战略

【解析】后向一体化战略的主要适用条件包括：①企业现有的供应商成本较高或者可靠性较差而难以满足企业对原材料、零件等的需求；②供应商数量较少而需求方竞争者众多；③企业所在产业的增长潜力较大，企业具备后向一体化所需的资金、人力资源等；④供应环节的利润率较高；⑤企业产品价格的稳定对企业而言十分关键，后向一体化有利于控制原材料成本，从而确保产品价格的稳定。所以选项BD正确。选项AC为前向一体化战略的适用条件。

3.【2012】甲公司是一家啤酒生产大型企业，利用自主研发的清爽型啤酒，在当地取得了50%的市场占有率。为通过保证质量、再降成本，强化成本领先战略优势，甲公司下一步应选择一体化战略中的(　　)。

A. 横向一体化　　B. 纵向一体化　　C. 前向一体化　　D. 后向一体化

【答案】BD

【考点】一体化战略

【解析】为了控制投入品质量，甲公司应该采用后向一体化战略去控制上游企业，后向一体化战略属于纵向一体化战略的类型，所以选项BD正确。

4.【2019】京川餐饮公司近期实行了新的经营方式，顾客既可以按照公司提供的菜谱点餐，也可以自带菜谱和食材请公司的厨师加工烹饪，还可以在支付一定学习费用后在厨师指导下自己操作，从而在享受美食的同时提高厨艺。这些新的经营方式使该公司的顾客数量和营业收入均增长20%以上。从密集型战略角度看，京川餐饮公司的上述做法属于(　　)。

A. 市场渗透战略　　B. 市场开发战略　　C. 一体化战略　　D. 产品开发战略

【答案】ABD

【考点】密集型战略

【解析】“顾客既可以按照公司提供的菜谱点餐，也可以自带菜谱和食材请公司的厨师加工烹饪，还可以在支付一定学习费用后在厨师指导下自己操作”属于产品开发战略和市场开发战略；“这些新的经营

方式”属于市场渗透战略。

5. 【2016】下列选项中，属于企业采用市场渗透战略的是(　　)。

A. 某酒店收购一旅行社，进入新的业务领域

B. 甲银行与乙航空公司发行联名卡，刷该银行信用卡客户可累计航空里程积分

C. 甲公司通过与国外经销商合作的方式将生产出来的智能手机出口至拉美国家

D. 某超市为了提高牙膏的销售，采用美化包装、买赠的促销方式

【答案】BD

【考点】密集型战略——市场渗透

【解析】市场渗透战略的基础是增加现有产品或服务的市场份额，或增加正在现有市场中经营的业务。选项 A 属于多元化战略，选项 C 是与市场开发战略。

6. 【2012】甲公司主营定向爆破业务，在大型设施设备定向爆破拆除领域具有明显优势。甲公司确定的发展战略，一是向爆破拆除与拆除现场清理的一揽子承包工程拓展，二是向承揽矿山采掘爆破、筑路土方爆破业务拓展。甲公司业务开拓方向是安索夫矩阵中的(　　)。

A. 市场渗透战略　　B. 市场开发战略　　C. 产品开发战略　　D. 多元化战略

【答案】BC

【考点】密集型战略

【解析】甲公司做的是定向爆破业务，“向爆破拆除与拆除现场清理的一揽子承包工程拓展”属于市场开发战略；“向承揽矿山采掘爆破、筑路土方爆破业务拓展”属于产品开发战略。

7. 【2020】滦河公司是一家大型能源集团，拥有分别从事煤矿开采、炼焦、发电等业务的多家子公司。面对煤炭产能过剩销售困难的局面，该公司管理层提出放弃煤矿开采业务，但此举将使大量煤炭采掘设备废弃，下岗工人生活和重新安置费用短期内难以解决，炼焦、发电等业务原料来源的稳定性将受到影响，因此遭到各个子公司员工的质疑、不满甚至反对。滦河公司的煤矿开采业务面临的退出障碍有(　　)。

A. 感情障碍　　B. 退出成本

C. 内部战略联系　　D. 固定资产的专用性程度

【答案】ABCD

【考点】收缩战略

【解析】“大量煤炭采掘设备废弃”属于固定资产的专用性程度；“下岗工人生活和重新安置费用”属于退出成本；“炼焦、发电等业务原料来源的稳定性将受到影响”属于内部战略联系；“遭到各个子公司员工的质疑、不满甚至反对”属于感情障碍。

8. 【2019】近年来大数据和云计算的快速发展，使主营传统数据库业务的甲公司受到极大冲击，经营业绩大幅下滑。2019 年年初，甲公司裁员 1 800 人，并重组开发团队和相关资源，大力开拓和发展云计算业务，以改善公司的经营状况。甲公司采用的总体战略类型有(　　)。

A. 转向战略　　B. 稳定战略　　C. 市场开发战略　　D. 紧缩与集中战略

【答案】AD

【考点】收缩战略

【解析】“甲公司裁员1 800人”属于紧缩与集中战略中的削减成本战略；“重组开发团队和相关资源，大力开拓和发展云计算业务”属于转向战略中的重新定位和调整现有的产品和服务。

9. 【2016】甲公司是吉祥集团的一家钢铁厂。几年来由于扩张过快和市场竞争激烈等原因，甲公司陷入不能偿还到期债务的危机。由于钢铁厂的高炉等设备难以转产，所以吉祥集团拟通过甲公司破产的方式退出钢铁行业，并用买断方式终止与甲公司员工的劳动合同，但引起一些职工的抵触。后来在当地政府的协调下，甲公司被某外资企业收购。在上述案例中，吉祥集团面临的退出障碍有(　　)。

A. 退出成本
B. 政府社会约束
C. 固定资产专用性程度
D. 感情障碍

【答案】ACD

【考点】收缩战略

【解析】“高炉等设备难以转产”说明钢铁厂的高炉等设备的专用性程度比较高；“用买断方式终止与甲公司员工的劳动合同”说明企业需要给予员工一定的补偿，而这就涉及了退出成本；“引起一些职工的抵触”属于感情障碍。

10. 【2014】2014 年年初，甲公司经营陷入困境。面对困境，甲公司采取了以下措施：高管减薪，加强广告宣传，委托其他公司生产本公司的产品。这些措施所体现的收缩战略的方式有（　　）。

A. 削减成本
B. 调整营销策略
C. 分包
D. 资产互换

【答案】ABC

【考点】收缩战略

【解析】“高管减薪”属于削减成本；“加强广告宣传”属于调整营销策略；“委托其他公司生产本公司的产品”属于分包。所以，选项 ABC 正确。

11. 【2014】甲公司服装事业部的经营持续严重亏损。2014 年年初，甲公司决定关闭服装事业部并进行清算。消息一传出，立即引发了职工的抗议。当地政府要求甲公司就职工补偿和重新安置提出方案。甲公司股东则担心其服装生产线专用性程度高难以对外出售。甲公司关闭服装事业部碰到的退出障碍有（　　）。

A. 固定资产的专用性程度
B. 退出成本
C. 感情障碍
D. 政府和社会约束

【答案】ABCD

【考点】收缩战略

【解析】甲公司股东担心服装生产线的专用性程度高难以对外出售，体现了固定资产的专用性程度引起的退出障碍，选项 A 正确；甲公司关闭事业部，政府要求就职工补偿和重新安置提出方案，政府要求体现了政府和社会的约束，职工补偿和重新安置则体现了退出成本，所以选项 BD 正确；关闭服装事业部的消息一传出，立即引发职工的抗议，体现了感情障碍引起的退出障碍。

12. 【2014】甲公司是 M 国的一家电子商务公司。2006 年甲公司收购了 N 国一家从事电子商务业务的乙公司，从而正式进军 N 国。甲公司收购乙公司涉及的发展战略的类型有（　　）。

A. 横向一体化战略
B. 市场开发战略
C. 产品开发战略
D. 相关多元化战略

【答案】AB

【考点】发展战略的类型

【解析】甲公司和乙公司的业务相同都是电子商务，两者具有竞争关系，所以甲公司收购乙公司属于横向一体化战略，选项 A 正确；甲公司通过收购乙公司，可以将其电子商务业务从 M 国扩展到 N 国，属于市场开发战略，所以选项 B 正确。

13. 【2019】国内零售企业海川公司与主营大数据业务的出云公司签订战略合作协议，商定由海川公司免费向出云公司开放相关数据收集平台，出云公司无偿为海川公司提供数据分析及应用方案。下列各项中，属于上述两个公司所采用的战略联盟特点的有（　　）。

A. 有利于扩大企业的资金实力
B. 具有较好的灵活性
C. 有利于企业长久合作
D. 更具有战略联盟的本质特征

【答案】BD

【考点】发展战略的主要途径——企业战略联盟

【解析】“国内零售企业海川公司与主营大数据业务的出云公司签订战略合作协议”说明该合作形式为

契约式战略联盟。选项 AC 属于股权式战略联盟的特征。

14. 【2020】富和矿业公司于 2013 年收购了 Y 国一座铁矿，预计 5 年后收回成本并赢利。后来发现这座铁矿的储量和矿石出铁率低于预期，且所处地质环境复杂，开采成本和运输费用超出预算 1 倍以上。2018 年年底，该铁矿的运营出现严重收不抵支的状况，富和矿业公司向当地银行申请贷款，但由于 Y 国有限制外资贷款的法律未果，公司被迫宣布该铁矿倒闭。富和矿业公司上述收购失败的原因有(　　)。

A. 决策不当　　B. 跨国并购面临政治风险

C. 支付过高的并购费用　　D. 并购后不能很好地进行企业整合

【答案】AB

【考点】发展战略的主要途径——并购

【解析】“后来发现这座铁矿的储量和矿石出铁率低于预期，且所处地质环境复杂，开采成本和运输费用超出预算 1 倍以上”属于决策不当；“由于 Y 国有限制外资贷款的法律未果”属于跨国并购面临政治风险。

15. 【2019】经过多次磋商签订协议后，汽车制造商甲公司凭借自有资金 2 亿元和发行债券融资 5 亿元，实现了对汽车零部件商乙公司的收购。从并购的类型来看，上述收购属于(　　)。

A. 杠杆收购　　B. 前向收购　　C. 友善收购　　D. 金融资本收购

【答案】AC

【考点】发展战略的主要途径——并购

【解析】“经过多次磋商签订协议后”说明是友善并购；“凭借自有资金 2 亿元和发行债券融资 5 亿元”说明主体资金来源为负债，属于杠杆并购；“汽车制造商甲公司……实现了对汽车零部件商乙公司的收购”说明乙公司为甲公司的上游企业，并且经营上有密切联系，属于纵向并购中的后向并购；而甲公司身份为非金融机构，并购目的是获得产业利润，属于产业资本并购。

16. 【2018】富华公司是一家特种钢材生产企业，其产品主要用于大型采矿机械、采油设备的生产。为了增强对钢铁市场需求变化的敏感性，富华公司决定把前向一体化作为发展战略。下列各项中，符合该公司发展战略的有(　　)。

A. 参股海城矿山机械公司

B. 与东港石油公司签订集研发、生产、销售为一体的合作协议

C. 投资建立铁矿资源开发和生产企业

D. 与南岗煤炭集团建立战略联盟

【答案】AB

【考点】发展战略的主要途径

【解析】该公司决定采用前向一体化，即控制或加强对下游销售商的所有权，其产品主要用于大型采矿机械、采油设备的生产，选项 A 对应大型采矿机械，选项 B 对应采油设备，而选项 CD 是后向一体化的表现。

17. 【2018】从事能源工程建设的百川公司在并购 M 国一家已上市的同类企业后发现，后者因承建的项目未达到 M 国政府规定的环保标准而面临巨额赔偿的风险，股价一落千丈；上市企业的核心技术人员因对百川公司的管理措施不满而辞职。百川公司为挽救被并购企业的危局做出各种努力，均以失败告终。下列各项中，属于百川公司上述并购失败原因的有(　　)。

A. 决策不当　　B. 并购后不能很好地进行企业整合

C. 支付过高的并购费用　　D. 跨国并购面临政治风险

【答案】AB

【考点】发展战略的主要途径——并购

【解析】“在并购 M 国一家已上市的同类企业后发现，后者因承建的项目未达到 M 国政府规定的环保标准而面临巨额赔偿的风险，股价一落千丈”是并购后发生的，体现的是决策不当的并购；“上市企业的核心技术人员因对百川公司的管理措施不满而辞职。百川公司为挽救被并购企业的危局做出各种努力，均以失败告终”体现的是并购后不能很好地进行企业整合。

18. 【2017】Z 公司是澳洲一家矿产公司，其拥有的铜、锌、银、铅、金资源储量非常可观。2008 年国际金融危机爆发，Z 公司面临巨大的债务压力。国内蓝太公司的主营业务为铜、铅、锌等金属产品的生产和经营。2009 年经双方充分协商，蓝太公司以 80%的自有资金，完成了对 Z 公司的并购。蓝太公司对 Z 公司并购的类型属于(　　)。

A. 友善并购　　B. 产业资本并购　　C. 杠杆并购　　D. 纵向并购

【答案】ABD

【考点】发展战略的主要途径——并购的类型

【解析】双方经过充分协商，属于友善并购；蓝太公司不是金融企业，所以是产业资本并购；蓝太公司属于金属产品的生产和经营企业，收购 Z 公司这个拥有资源的矿产企业，属于纵向并购。

19. 【2017】亚强公司的前身是主营五金矿产进出口业务的贸易公司。2004 年，公司在“将亚强从贸易型企业向资源型企业转型”的战略目标指引下，对北美 N 矿业公司发起近 60 亿美元的收购。其收购资金中有 40 亿美元由国内银行贷款提供。亚强公司对北美 N 矿业公司的收购类型包括(　　)。

A. 纵向并购　　B. 产业资本并购　　C. 金融资本并购　　D. 杠杆并购

【答案】ABD

【考点】发展战略的主要途径——并购

【解析】“将亚强从贸易型企业向资源型企业转型”体现了纵向并购以及产业资本并购；“收购资金中有 40 亿美元由国内银行贷款提供”体现了杠杆并购。

20. 【2020】为共同推进国内某市 5G 生态产业集群的发展，A 公司与 B 公司达成战略合作协议。前者作为基础网络和电信服务供应商，提供基础通信、流量入口、运营平台建设保障；后者作为技术供应商，负责该市智慧园区、工业互联网、“5G+光网双千兆”标杆园区、云计算应用等领域的场景落地。下列各项中，属于上述两个公司结成的战略联盟的特点的有（　　）。

A. 双方在经营上具有较强的灵活性和自主权　　B. 双方具有较好的信任感和责任感

C. 联盟内成员之间的沟通不充分　　D. 组织效率较高

【答案】AC

【考点】发展战略的主要途径——战略联盟

【解析】根据“达成战略合作协议”判断属于契约式战略联盟。契约式战略联盟的优势：更强调相关企业的协调与默契，更具有战略联盟的本质特征，在经营的灵活性、自主权和经济效益等方面具有更大的优越性。契约式战略联盟的劣势：企业对联盟的控制能力差，松散的组织缺乏稳定性和长远利益，联盟内成员之间的沟通不充分，组织效率低下。所以，选项 AC 正确，选项 D 错误。选项 B 属于股权式战略联盟的特点。

21. 【2016】甲公司是一家提供社交媒体服务的互联网公司，乙公司是一家著名的电子商务公司。2015 年，甲公司和乙公司签署交换 30%股份的战略合作协议。根据协议，双方将在网络支付服务方面进行合作，同时，甲向乙提供社交媒体客户端的一级入口位置和其他主要平台的支持。甲公司和乙公司结成的战略联盟的特点有(　　)。

A. 投资转置成本较高　　B. 联盟成员之间的沟通不充分

C. 双方具有较好的信任感和责任感　　D. 企业对联盟的控制能力差

【答案】AC

【考点】发展战略的主要途径——战略联盟

【解析】“甲公司和乙公司签署交换 30%股份的战略合作协议”说明两公司结成的是股权式战略联盟。股权式战略联盟的初始投入较大，转置成本较高，有利于扩大企业的资金实力，并通过部分“拥有”对方的形式，增强双方的信任感和责任感，因而更利于长久合作，不足之处是灵活性差。所以，选项 AC 正确。选项 BD 属于契约式战略联盟的特点。

22. 【2013】下列关于战略联盟的表述中，正确的有(　　)。

A. 战略联盟是在竞争者之间建立的一种平等合作的伙伴关系

B. 战略联盟是着眼于优化企业未来竞争环境的长远谋划

C. 合资企业是战略联盟常见的一种类型

D. 契约式联盟具有较好的灵活性，但企业对联盟的控制难度大

【答案】ABCD

【考点】发展战略的主要途径——战略联盟

【解析】20 世纪 80 年代以来，西方企业尤其是跨国公司迫于强大的竞争压力，开始对企业竞争关系进行战略性调整，纷纷从对立竞争走向大规模合作竞争。其中合作竞争最主要的形式之一就是建立企业战略联盟，所以选项 A 正确；从企业行为来看，联盟行为是一种战略性的合作行为，并不是对瞬间变化所做出的应急反应，而是着眼于优化企业未来竞争环境的长远谋划，所以选项 B 正确；合资企业属于股权式联盟，是战略联盟最常见的一种类型，所以选项 C 正确；契约式联盟具有较好的灵活性，但也有一些先天不足，如企业对联盟的控制能力差、松散的组织、缺乏稳定性和长远利益、联盟内成员之间的沟通不充分、组织效率低下等，所以选项 D 正确。

23. 【2015】甲公司专门经营一项其率先推出的手机业务。该业务以基于位置定位的手机信息系统为核心，使用户到与甲公司合作的商家消费时，有一定的优惠。甲公司也可从合作商家得到佣金。甲公司实施的竞争战略有(　　)。

A. 混合战略　　B. 集中化战略　　C. 差异化战略　　D. 成本领先战略

【答案】BC

【考点】基本竞争战略的类型

【解析】甲公司专门经营手机业务，说明甲公司针对的是产品细分市场，属于集中化战略；“率先推出”“该业务以基于位置定位的手机信息系统为核心”体现了差异化战略。

24. 【2014】甲公司是一家享誉世界的家电制造巨头，在其涉足的各项家电业务领域，一直坚持差异化战略，强调原创技术、性能卓越、品质不凡且价格高昂。但甲公司近年连续出现亏损。从差异化战略的风险角度分析，甲公司亏损的原因可能包括(　　)。

A. 竞争对手推出了性能更好的差异化产品

B. 甲公司形成产品差异化的成本过高

C. 随着家电行业的发展和成熟，消费者对产品的差异化需求下降

D. 家电行业技术扩散速度加快，竞争对手的模仿能力迅速提高

【答案】ABCD

【考点】基本竞争战略——差异化战略

【解析】采取差异化战略的风险有：①企业形成产品差别化的成本过高（选项 B）。企业形成产品差别化的成本过高，从而与实施成本领先战略的竞争对手的产品价格差距过大，购买者不愿意为具有差异化的产品支付较高的价格；②市场需求发生变化（选项 C）。市场需求发生变化，购买者需要的产品差异化程度下降，使企业失去竞争优势；③竞争对手的模仿和进攻使已建立的差异缩小甚至转向（选项 AD）。竞争对手的模仿和进攻使已建立的差异缩小甚至转向，这是随着产业的成熟而发生的一种普遍现象。

25. 【2015】下列各项关于“战略钟”中几种竞争战略的表述中，正确的有(　　)。

A. 成本领先战略包括集中成本领先战略　　B. 低价低值战略是一种很有生命力的战略

C. 混合战略包括可能导致企业失败的战略　　D. 差异化战略包括高值战略和高价值战略

【答案】ABD

【考点】战略钟

【解析】鲍曼提出的“战略钟”指出，有效竞争战略包括：成本领先战略包括低价低值战略（集中成本领先战略）和低价战略（成本领先战略）；差异化战略包括高值战略（差异化战略）和高值高价战略（集中差异化战略）；混合战略（整体成本领先和差异化战略），所以选项 AD 正确，选项 C 错误。低价低值战略是一种很有生命力的战略，尤其是在面对收入水平较低的消费群体，所以选项 B 正确。

26. 【2020】松涛旅行社面对老年社会的到来，专注于组织老年消费者出国游业务，并在业内率先根据目的地的特点，开展健身、垂钓、摄影等活动。面对越来越多慕名而来的消费者，该社在国内设立了上百家分社和代理机构复制推广上述业务模式，取得了远远高于行业平均水平的利润。从零散产业的战略选择角度来看，A 旅行社的做法有（　　）。

A. 连锁经营或特许经营　　B. 提高产品差异化程度

C. 尽早发现产业趋势　　D. 目标集聚

【答案】ABCD

【考点】零散产业的竞争战略

【解析】“该社在国内设立了上百家分社和代理机构复制推广上述业务模式”体现了连锁经营或特许经营，选项 A 正确；“在业内率先根据目的地的特点”体现了产品差异化程度，选项 B 正确；“面对老年社会的到来，专注于组织老年消费者出国游业务，并在业内率先根据目的地的特点”体现了尽早发现产业趋势，选项 C 正确；“专注于组织老年消费者出国游业务”体现了目标集聚，选项 D 正确。

27. 【2019】理发业有很多中小企业组成，其中没有任何一个企业占有显著的市场份额或对整个产业的发展产生重大影响。造成理发业上述状况的原因有(　　)。

A. 理发业的经营成本变化迅速　　B. 理发业进入障碍低

C. 理发市场需求多样导致高度产品差异化　　D. 理发业难以达到规模经济

【答案】BCD

【考点】零散产业的竞争战略

【解析】理发产业属于零散产业。造成产业零散的原因有：①进入障碍低或存在退出障碍；②市场需求多样导致高度产品差异化；③不存在规模经济或难以达到经济规模。经营成本变化迅速属于新兴产业的共同结构特征。

28. 【2019】快餐业有很多中小餐饮企业组成，其中没有任何一个企业占有显著的市场份额或对整个产业的发展产生重大影响。造成快餐业上述状况的原因有(　　)。

A. 快餐业进入障碍低　　B. 快餐业的经营成本变化迅速

C. 快餐业难以达到规模经济　　D. 快餐市场需求多样导致高度产品差异化

【答案】ACD

【考点】零散产业的竞争战略

【解析】快餐产业属于零散产业。造成产业零散的原因有：①进入障碍低或存在退出障碍（选项 A）；②市场需求多样导致高度产品差异化（选项 D）；③不存在规模经济或难以达到经济规模（选项 C）。经营成本迅速变化属于新兴产业的共同结构特征。

29. 【2018】近年来，随着汽车销量的上升，洗车行业迅速发展。由于洗车业务不需要复杂的技术和大量的投资，且消费者需要洗车地点分散，因而洗车公司数量大量增加，洗车行业呈零散状态。根据以上信息，造成洗车产业零散的原因有(　　)。

A. 成本的迅速变化　　B. 进入障碍低
C. 技术的不确定性　　D. 市场需求多样导致高度产品差异化

【答案】BD

【考点】零散产业的竞争战略

【解析】选项 AC 是新兴的结构特征。“消费者需要洗车地点分散”体现了市场需求多样；“洗车业务不需要复杂的技术和大量的投资”体现了进入障碍低。

30. 【2017】靓影公司是一家经营照相、冲印、彩扩的企业。靓影公司应当采用的竞争战略有(　　)。
A. 聚焦细分市场需求，如婚庆大尺寸照片的拍摄、冲印、美化等
B. 适应多样化的顾客需求，开发多种服务品种
C. 增加服务的附加价值，如在顾客等候时提供茶水、杂志等
D. 连锁经营或特许经营，将服务点分散在居民生活区中间

【答案】ACD

【考点】零散产业的竞争战略

【解析】选项 B 属于产品开发战略，是总体战略。

31. 【2019】新年前夕，某出版商推出反映不同民族生活习俗特点的系列年画，深受目标市场的消费者喜爱。该出版商进行市场细分的依据有(　　)。
A. 人口细分　　B. 地理细分　　C. 心理细分　　D. 行为细分

【答案】AC

【考点】市场营销战略

【解析】“不同民族”体现的是人口细分中的人口变量；“生活习俗特点”体现的是心理细分的生活方式、个性等变量中的生活方式变量。

32. 【2018】乐融旅行社定期开展会员俱乐部活动。活动期间，该社向参加活动的会员提供免费茶点、风景摄影及旅游知识讲座、旅游新项目推介等，建立了良好的公众形象。在上述活动中，乐融旅行社采用的促销组合要素有(　　)。
A. 营业推广　　B. 广告促销　　C. 人员推销　　D. 公关宣传

【答案】ACD

【考点】市场营销战略

【解析】“定期开展会员俱乐部活动”属于营业推广；“风景摄影及旅游知识讲座、旅游新项目推介”是人员推销；“建立了良好的公众形象”是公关宣传。

33. 【2014 改编】下列关于市场营销战略的表述中，正确的有(　　)。
A. 目标市场的选择策略包括无差异市场营销和差异市场营销两种选择
B. 市场营销组合的变量有产品、价格、地点和促销
C. 常用的消费者市场细分变量主要有地理、人口、心理和行为四类
D. 用户的行业类别、用户规模和用户的地理位置都可以作为产业市场细分的变量

【答案】BCD

【考点】市场营销战略

【解析】目标市场的选择策略包括无差异市场营销、差异市场营销和集中市场营销三种选择，所以选项 A 错误。

34. 【2014】下列各项中，属于企业市场营销组合中产品策略的有(　　)。
A. 广告促销策略　　B. 产品组合策略　　C. 营业推广策略　　D. 品牌与商标策略

【答案】BD

【考点】市场营销战略

【解析】选项 AC 属于促销策略的构成要素。市场营销组合包括产品策略、促销策略、分销策略和价格策略。产品策略包括产品组合策略、品牌与商标策略和产品开发策略。

35. 【2019】生产农用运输车辆的江陵公司将柴油发动机的生产授权给一个供应商。下列各项中，属于该公司货源策略优点的有(　　)。

A. 能够取得更多的知识和专有技术　　B. 采购方能够就规模经济进行谈判

C. 允许采用外部专家和外部技术　　D. 有利于在货源上取得竞争优势

【答案】BC

【考点】采购战略

【解析】"将柴油发动机的生产授权给一个供应商"可知该公司采用的策略是由供应商负责交付一个完整的子部件。选项 A 属于多货源策略的优点；竞争者能够使用相同的外部企业，因此企业在货源上不太可能取得竞争优势，选项 D 错误。

36. 【2017】甲公司是一家电动摩托车制造商，长期从一家电机公司购买发动机，下列各项中，属于甲公司货源策略优点的有(　　)。

A. 便于信息的保密

B. 能产生规模经济

C. 随着与供应商关系的加强，更可能获得价格上的优惠

D. 能与供应商建立较为稳固的关系

【答案】ABD

【考点】采购战略

【解析】甲公司长期从一家电机公司购买发动机，采用的是单一货源策略。优点：①采购方能与供应商建立较为稳固的关系（选项 D）；②便于信息的保密（选项 A）；③能产生规模经济（选项 B）；④随着与供应商的关系加深，采购方更可能获得高质量的货源（选项 C）。

37. 【2014】在采购战略中，相对单一货源策略，采用多货源策略的优点有(　　)。

A. 能与供应商建立较为稳固的关系　　B. 能获取更多的知识和专门技术

C. 能获得高质量的货源　　D. 有利于降低采购成本

【答案】BD

【考点】采购战略

【解析】采购方选择采用多货源策略的优点：①能够取得更多的知识和专门技术（选项 B）；②一个供应商的供货中断产生的影响较低；③供应商之间的竞争有利于对供应商压价（选项 D）。选项 AC 是单一货源策略的优点。

38. 【2019】甲公司是一家煤炭企业集团。近年来，煤炭产品的客户对性价比的要求很高；各煤炭企业的产品差别很小，价格差异缩小且处于很低水平，产品毛利很低，只有大规模生产并有自己销售渠道的企业才具有竞争力；大量中小煤炭企业陆续退出市场。在该产业发展的现阶段，甲公司具备的财务特征有(　　)。

A. 经营风险低　　B. 财务风险高

C. 股价稳定　　D. 资金来源于保留盈余和债务

【答案】AB

【考点】财务战略

【解析】"客户对性价比的要求很高；各煤炭企业的产品差别很小，价格差异缩小且处于很低水平，产品毛利很低，只有大规模生产并有自己销售渠道的企业才具有竞争力；大量中小煤炭企业陆续退出市场"说明该公司目前处于衰退期。选项 CD 属于成熟期的财务特征。

39. 【2019】甲公司某年的投资回报率为 5%，销售增长率为 10%，经测算甲公司的加权平均资本成本为

8%，可持续增长率为 6%。在上述情况下，甲公司应选择的财务战略有(　　)。

A. 彻底重组　　B. 改变财务政策　　C. 提高资本回报率　　D. 出售

【答案】AD

【考点】财务战略

【解析】投资回报率 5%小于加权平均资本成本 8%，并且销售增长率 10%大于可持续增长率 6%，属于减损型现金短缺战略。减损型现金短缺的企业应该采取彻底重组或者出售的策略。

40. 【2018】甲公司是一家互联网叫车平台公司，目前经营处于培育客户的阶段。该公司通过支付大量的营销费用来培养客户通过互联网叫车的习惯。下列各项中，属于甲公司现阶段经营特征的有(　　)。

A. 经营风险非常高而财务风险非常低　　B. 具有中等的股利分配率

C. 价格/盈余倍数非常高　　D. 主要资金来源是风险资本

【答案】ACD

【考点】财务战略

【解析】“经营处于培育客户的阶段”“支付大量的营销费用来培养客户”都说明该公司处于导入期，选项 ACD 正确。

41. 【2017】甲公司财务数据显示，其资本成本为 6%，投资回报率为 8%，可持续增长率为 9%，销售增长率为 15%。经进一步分析，该公司的高速增长将持续较长时间。甲公司为支持其业务增长应采取的措施是(　　)。

A. 增加短期借款　　B. 增加长期借款　　C. 增加权益资本　　D. 提高可持续增长率

【答案】CD

【考点】财务战略——价值创造和增长率矩阵

【解析】根据材料可知，甲公司的财务战略为增值型现金短缺。又因为该增长会持续较长时间，所以应采取解决资金短缺问题。主要有两种解决途径：一是提高可持续增长率，使其向销售增长率靠拢；而是增加权益资本，提供增长所需的资金。

42. 【2016】甲公司是一家制造和销售洗衣粉的公司。目前洗衣粉产业的产品逐步标准化，技术和质量改进缓慢，洗衣粉市场基本饱和。处于目前发展阶段的甲公司具备的财务特征有(　　)。

A. 财务风险高　　B. 股利分配率高

C. 资金来源于保留盈余和债务　　D. 股价迅速增长

【答案】BC

【考点】财务战略

【解析】“产品逐步标准化，技术和质量改进缓慢，洗衣粉市场基本饱和”说明该公司处于成熟期，成熟期的企业财务风险是中等，股利分配率高，资金来源于保留盈余和债务，而股价是比较稳定的。

43. 【2015】在企业经营风险与财务风险结合的几种方式中，同时符合股东和债权人期望的有(　　)。

A. 高经营风险与高财务风险搭配　　B. 高经营风险与低财务风险搭配

C. 低经营风险与高财务风险搭配　　D. 低经营风险与低财务风险搭配

【答案】BC

【考点】财务战略

【解析】高经营风险与低财务风险的搭配以及低经营风险与高财务风险的搭配，具有中等程度的总风险，该种搭配是一种可以同时符合股东和债权人期望的现实搭配。

44. 【2012】以下各项中属于常见的股利政策的有(　　)。

A. 固定股利支付率政策　　B. 零股利政策

C. 剩余股利政策　　D. 股票股利政策

【答案】ABC

【考点】财务战略

【解析】常见的股利政策有四大类，分别是固定股利政策、固定股利支付率政策、零股利政策和剩余股利政策。

45. 【2012】企业在考虑融资成本时，可用来估计权益资本成本的包括(　　)。

A. 资本资产定价模型　B. 债务资本成本　C. 加权平均资本成本　D. 无风险利率

【答案】AD

【考点】财务战略

【解析】在估计企业的融资成本时，可以用资本资产定价模型估计权益资本成本，也可以用无风险利率估计权益资本成本，所以选项 AD 正确。

46. 【2013】甲公司在其五年发展战略中确立了以下目标：①降低产品成本，使现有产品单位成本在 3 年内降至同行业 90% 的水平；②为客户提供差异化服务，提高客户的品牌忠诚度；③细分现有市场并发掘潜在客户，力争在 3 年内使市场占有率提升 5%；④根据市场调研结果，研发新的产品。以上目标所涉及的职能战略有(　　)。

A. 成本领先战略　B. 差异化战略　C. 研究与开发战略　D. 营销战略

【答案】CD

【考点】职能战略的类型

【解析】成本领先战略（“降低产品成本，使现有产品单位成本在 3 年内降至同行业 90% 的水平”）和差异化战略（“为客户提供差异化服务，提高客户的品牌忠诚度”）属于业务单位战略。“细分现有市场并发掘潜在客户，力争在 3 年内使市场占有率提升 5%”体现了营销战略；“根据市场调研结果，研发新的产品”体现了研究与开发战略。

47. 【2018】顺驰公司是国内一家汽车玻璃制造商。面对国内生产要素成本不断上涨和产品订单日趋减少，该公司把一部分资金和生产能力转移至生产综合成本相对较低的汽车产销大国 M 国。通过独立投资设厂和横向并购 M 国一家拥有国际知名品牌的企业，顺驰公司在 M 国不仅很快站稳脚跟，而且获得 M 国汽车制造商的大量订单，业务量大幅增长。在本案例中，顺驰公司向 M 国投资的动机有(　　)。

A. 寻求效率　B. 寻求市场　C. 寻求现成资产　D. 寻求资源

【答案】ABC

【考点】发展中国家企业国际化经营动因

【解析】“转移至生产综合成本相对较低的汽车产销大国”属于寻求效率，从国内转移至 M 国获得大量订单属于寻求市场，“并购 M 国一家拥有国际知名品牌的企业”属于寻求现成资产。

48. 【2012】乙公司是一家同时在境内外三地资本市场上市的煤业集团，其所有的产品均在国内销售。乙公司成功收购了澳大利亚 H 公司，获得 H 公司的控股权。H 公司在澳大利亚拥有的煤炭资源为 15 亿吨，并拥有澳大利亚最大的煤炭出口港，主要客户为欧洲、美洲及澳大利亚本土的钢铁制造商和发电企业。根据上述信息，乙公司进行国际化经营的动因有(　　)。

A. 寻求资源　B. 寻求市场　C. 寻求现成资产　D. 寻求效率

【答案】ABC

【考点】发展中国家企业国际化经营动因

【解析】乙公司收购 H 公司，是为了获取煤炭资源，属于寻求资源，所以选项 A 正确；同时，乙公司是在澳大利亚扩展的市场，属于寻求市场，所以选项 B 正确；H 公司拥有澳大利亚最大的煤炭出口港，欧洲、美洲及澳大利亚本土的主要客户动机是现成资产，所以选项 C 正确。

49. 【2013】在以下进入国外市场的模式中，属于非股权安排形式的有(　　)。

A. 合约制造　B. 对外证券投资　C. 特许经营　D. 服务外包

【答案】ACD

【考点】国际市场进入模式

【解析】企业进入国外市场的模式主要有出口、对外股权投资、非股权安排等几种。非股权安排形式主要包括合约制造、服务外包、订单农业、特许经营、许可经营、管理合约以及其他类型的合约关系。对外证券投资属于对外股权投资的方式。

三、简答题

1. 【2019】日升公司是1995年注册登记的企业，1996年在国内设立生产基地，建设了五个制造厂房。日升公司最初主要从事OEM代工业务，为M国的客户FC公司贴牌生产家具配套及小巧家具组件。之后，公司业务扩展至餐厅及卧房家具，成为国内首家生产卧房家具的企业。1998年，日升公司单月出货量从100个货柜大幅提升至300个货柜，制造能力远远超过昔日家具业的龙头老大。

1999年以前，日升公司的家具几乎全部外销，只做OEM代工业务而没有自己的品牌。公司在低附加值的经营中认识到打造自身品牌的重要性。1999年3月，日升公司在M国组建公司并创立公司品牌"LC"，主要从事中低端家具的生产和销售。然而，日升公司在M国自创品牌的成效并不显著。于是，公司先后实施四次跨国并购，获取了欧美知名企业的品牌、渠道、研发设计及制造能力等战略性资产，实现了从OEM向OBM的升级。

2001年，日升公司斥资完成对原委托方FC公司的收购，直接进入M国中高档家具市场。2005年日升公司成功上市，上市后，股东资金从2004年的1.37亿美元跃升至2005年的3.69亿美元，增长2.69倍。

在强大的资金和产能支持下，日升公司于2006年至2008年又先后收购国际三大品牌家具制造商。四次跨国收购使日升公司的产品组合由单一的中低端木制家具拓展为包含中低端、高端、顶级木制家具，以及沙发、酒店家具的组合；销售市场由M国扩展到欧洲等地。2000年和2008年，在国内设立研发中心的基础上，日升公司又分别在M国和欧洲设立了研发中心。

2007年以来，全球经济环境发生了很大变化。出于对国内市场潜力巨大的判断，日升公司适时调整经营策略，决定在巩固海外市场的同时，进军国内市场。多年的国际化经历使日升公司在生产、设计、销售方面储备了大量人才和经验。2008年日升公司在国内展会上全面亮相，展出专门针对国内市场开发的三大品牌——"日升家居""日升家园""日升屋"。2009年9月在国内建成了日升国际风尚馆。

日升公司在原有多个知名品牌的基础上，运用特许经营品牌、针对细分客户设立新品牌等策略，进一步巩固日升公司的OBM业务。2010年，开展酒店家具业务，并在J国和N国设立生产基地。2009年、2012年，先后推出特许品牌"PDH"和"PDK"；2011年，推出青年家具品牌"SM"；2012年，M国日升推出特许品牌"MH"；2013年，推出特许品牌"WB"；2014年，推出婴儿家具品牌"SB"。日升公司的OBM业务约占总业务的90%。

目前，日升公司在国内18个城市23家门店销售产品。国际市场仍然是日升公司的主要市场。

要求：简要分析日升公司"从OEM向OBM升级"所采用的发展途径。

【考点】发展战略的主要途径

【答案】发展战略的实施途径有：内部发展（新建）、外部发展（并购）和战略联盟。

日升公司涉及的有内部发展（新建）、外部发展（并购）和战略联盟。

(1) 内部发展（新建）。"1996年在国内设立生产基地，建设了五个制造厂房"；"1999年3月，日升公司在M国组建公司并创立公司品牌'LC'，主要从事中低端家具的生产和销售"；"2000年和2008年，在国内设立研发中心的基础上，日升公司又分别在M国和欧洲设立了研发中心"；"2008年日升公司在国内展会上全面亮相，展出专门针对国内市场开发的三大品牌——'日升家居''日升家园''日升屋'。2009年9月在国内建成了日升国际风尚馆"；"2010年，开展酒店家具业务并在J国和N国设立生产基地。2009年、2012年，先后推出特许品牌'PDH'和'PDK'；2011年，推出年家具品牌'SM'；2012年，M国日升推出特许品牌'MH'；2013年，推出特许品牌'WB'；2014年，推出婴儿家具品牌‘SB’”；“日升公司在国内 18 个城市 23 家门店销售产品”。

(2) 外部发展（并购）。“公司先后实施四次跨国并购，获取了欧美知名企业的品牌、渠道、研发设计及制造能力等战略性资产”；“2001 年，日升公司斥资完成对原委托方 FC 公司的收购，直接进入厦国中高档家具市场”；“在强大的资金和产能支持下，日升公司于 2006 年至 2008 年又先后收购国际三大品牌家具制造商”。

(3) 战略联盟。“日升公司最初主要从事 OEM 代工业务，为 M 国的客户 FC 公司贴牌生产家具配套及小巧家具组件”；“日升公司在原有多个知名品牌的基础上，运用特许经营品牌、针对细分客户设立新品牌等策略，进一步巩固日升公司的 OBM 业务”。

2. 【2019】2004 年 1 月，以 B2C 为主要经营模式的综合性网络零售商喜旺公司注册成立。此时在电商领域，无论是用户规模或是平台数量，早期进入者云里公司已占尽先机。为了突破公司一家独大的状况，喜旺公司采取一系列战略举措，实现对商业产业链上下游的控制和整合，打造自身的竞争优势。

(1) 自建物流体系。喜旺公司早期的商品与大多数电商一样，采用第三方物流配送商品。随着商品年销售量的不断增加，第三方物流配送能力不足、每天数千单货物积压问题日益显著，严重影响服务质量和客户满意度。喜旺公司决定自建物流体系，2007 年，喜旺公司投资 2 000 万元建立东速快递公司，专门为喜旺商城提供物流服务，服务范围覆盖 200 多座城市。东速快递公司的成立，大大提高了喜旺商城全国配送业务的速度，为喜旺商城的用户带来良好的体验。此后，喜旺公司不断完善物流配送体系，将大量资金用于物流队伍、运输车队、仓储体系建设。到 2011 年，喜旺公司在全国各地建立 7 个一级物流中心和 20 多个二级物流中心，以及 118 个大型仓库。

(2) 进一步整合物流配送资源和能力。2014 年 3 月，喜旺公司并购迅风物流；2014 年 10 月，喜旺公司与国有邮政公司达成战略合作；2016 年 5 月，喜旺公司并购“快快”，实现“两小时极速达”的个性化增值服务。喜旺公司这一系列举措，使其下游配送的效率取得质的飞跃。

(3) 运用多种方式整合与完善商品采购与供给端。为了确保上游供给商品的质量与可靠性，2014 年 4 月，喜旺公司与国内最大海洋牧场微岛公司达成合作协议；2014 年 6 月，喜旺公司投资智能体重体脂称 P 产品；2015 年 5 月，喜旺公司投资 7 000 万美元建立生鲜电商果园；2015 年 8 月，喜旺公司与国信医药公司合作，使用户在喜旺平台可购买处方药品；2015 年 8 月，喜旺公司出资 43 亿元战略入股永芒超市，取得 10% 股权。永芒超市是国内超市中最好的生鲜品供应商，拥有业内最低的生鲜品采购成本。永芒超市的门店超过 350 家，但还不能覆盖全国。线上线下两大零售巨头原本是竞争对手，达成合作后，在永芒超市门店尚未覆盖的区域，喜旺公司可以与永芒超市共同提供 O2O 服务（即 online 线上网店和 offline 线下消费），喜旺公司还拥有配送网络，因此双方还有较大的潜在合作空间。

要求：

(1) 简要分析喜旺公司所实施的发展战略类型及其实施该战略的动因（或优势）。

(2) 简要分析喜旺公司实施发展战略所采用的途径。

(3) 简要分析喜旺公司与永芒超市合作的动因。

【考点】一体化战略、发展战略的主要途径

【答案】(1) 喜旺公司所实施的发展战略类型属于纵向一体化战略，包括前向一体化战略和后向一体化战略。

①前向一体化战略。“自建物流体系”；“进一步整合下游物流配送资源和能力”。其动因（或优势）是有利于企业控制和掌握市场，增强对消费者需求变化的敏感性，提高企业产品的市场适应性和竞争力。“随着商品年销售量的不断增加，第三方物流配送能力不足、每天数千单的货物积压的问题日益显著，严重影响服务质量和客户满意度。喜旺公司决定自建物流体系”；“喜旺公司这一系列的举措，使得其下有配送的效率取得质的飞跃”。

②后向一体化战略。“运用多种方式整合与完善商品采购与供给端”。其动因（或优势）是有利于企业有效控制关键原材料等投入的成本、质量及供应可靠性，确保企业生产经营活动稳步进行。“为了确保

在商品上游供给的质量与可靠性”；“喜旺公司与国信医药公司合作，使用户在喜旺平台可购买处方药品”；“永芒超市是国内超市中最好的生鲜品供应商，拥有业内最低的生鲜品采购成本”。

（2）喜旺公司所采取的发展战略的主要途径包括内部发展（新建）、外部发展（并购）以及企业战略联盟。

①内部发展（新建）。“自建物流体系……2007年，喜旺公司投资2 000万元建立东速快递公司，专门为喜旺商城提供物流服务，服务范围覆盖200多座城市。东速快递公司的成立，大大提高了喜旺商城全国配送业务的速度，为喜旺商城的用户带来良好的体验”；“喜旺公司不断发展完善物流配送体系，将大量资金用于物流队伍、运输车队、仓储体系建设。到2011年，喜旺公司在全国各地建立了7个一级物流中心和20多个二级物流中心，以及118个大型仓库”；“2014年4月，喜旺公司与国内最大海洋牧场微岛公司达成合作协议；2014年6月，喜旺公司投资智能体重体脂称P产品；2015年5月，喜旺公司投资7 000万美元建立生鲜电商果园”。

②外部发展（并购）。“2014年3月，喜旺公司并购迅风物流……2016年5月，喜旺公司并购‘快快’，实现‘两小时极速达’的个性化增值服务”。

③企业战略联盟。“2014年10月，喜旺公司与国有邮政公司达成战略合作”；“2014年4月，喜旺公司与国内最大海洋牧场微岛公司达成合作协议”；“2015年8月，喜旺公司与国信医药公司合作”；“2015年8月，喜旺公司出资43亿元战略入股永芒超市，取得10%股权”。

（3）喜旺公司与永芒超市合作的动因：

①促进技术创新。“喜旺公司可以与永芒超市共同提供O2O服务（即online线上网店和offline线下消费），喜旺公司还拥有配送网络，因此双方还有较大的潜在合作空间。”

②避免或减少竞争。“线上线下两大零售巨头原本是竞争对手”。

③实现资源互补。“永芒超市是国内超市中最好的生鲜品供应商，拥有业内最低的生鲜品采购成本。永芒超市的门店超过350家，但还不能覆盖全国。线上线下两大零售巨头原本是竞争对手，达成合作后，在永芒超市门店尚未覆盖的区域，喜旺公司可以与永芒超市共同提供O2O服务（即online线上网店和offline线下消费），喜旺公司还拥有配送网络，因此双方还有较大的潜在合作空间。”

敲黑板

战略主观题的综合性尤其强，涉及很多跨章节的知识点，因此主观题需专项演练，更多内容请见《CPA高频高分主观题·公司战略与风险管理》（中国税务出版社2021版）。

Part III 模拟训练

Section 1 基础巩固

一、单选题

1. 甲作为一家小型制造企业，管理层迫于各方的压力，决定“赚1 000万”就罢休，选择采用收缩战略，由此可见，该企业采用收缩战略的原因是（　　）。
   A. 企业失去竞争优势
   B. 外部原因
   C. 小企业的短期行为
   D. 大企业战略重组的需要

2. 甲是一家规模较大的生产通讯设备的企业，2016年利用90%的自有资金收购了一家旅行社。按并购双方所处的产业分类，则该并购属于（　　）。
   A. 杠杆并购　　B. 纵向并购
   C. 非杠杆并购　　D. 多元化并购

3. 已知中国企业吉利汽车并购沃尔沃的主要动机是有效弥补品牌短板、提升研发能力、获得关键技术、获取全球经销商网络、赢得一流管理团队和技术人才，进而提升企业的国际竞争力。吉利汽车这一行为的动因是（　　）。
   A. 寻求效率　　B. 寻求市场

C. 寻求资源　　D. 寻求现成资产

4. N国的甲自行车制造企业前期经营相当成功，管理层在进行下一步的战略决策时分析发现，预测未来战略期内环境变化不大，并且还可以充分利用现有的各种资源。根据公司战略理论，下列各项战略类型中，甲企业可以选择的是(　　)。

A. 一体化战略　　B. 稳定战略
C. 紧缩与集中战略　　D. 转向战略

5. 甲机械公司专门开发生产一种性能优良的折叠式自行车，该自行车折叠迅速、简单，而且相当轻便。但是其竞争对手——成功塑造高级自行车形象的乙公司对此却有不同看法，认为折叠车的市场有限，可能会影响甲公司的竞争优势。事实上，甲公司自行车价格昂贵，远远高于乙公司车的价格。根据材料分析，甲公司采取的基本竞争战略是(　　)。

A. 集中差异化战略　　B. 成本领先战略
C. 撇脂战略　　D. 产品开发战略

6. 家乐福在进入中国之时，对某些商品的定价拥有绝对的决定权，目的就是使客户建立对自己而不是对产品生产商的忠诚度。据此，家乐福采用的品牌和商标策略是(　　)。

A. 每个产品都有不同的品牌名称
B. 同品牌策略
C. 单一的企业名称
D. 自有品牌

7. 甲餐馆需要的员工数量是可变的，餐馆老板专门招聘了一批兼职员工，为了在餐馆举办大型活动或宴会的时候随叫随到。此外，对于其他全职员工采取了需要时加班工作或进行轮班的制度进行管理。根据以上信息可以判断，该餐厅采取的平衡产能与需求的方法属于(　　)。

A. 资源订单式生产　　B. 订单生产式生产
C. 库存生产式生产　　D. 生产订单式生产

8. 当产业面临的全球压力很小，而企业优势资源只适合于本国市场时，新兴市场本土企业可以选择的战略方向是(　　)。

A. 作为“抗衡者”，通过全球竞争发动进攻
B. 作为“防御者”，利用国内市场的优势防卫
C. 作为“扩张者”，将企业的经验转移到周边市场
D. 作为“躲闪者”，通过转向新业务或缝隙市场避开竞争

9. GL是我国的空调生产企业，从最初生产家用空调开始发展，成为经营金融服务、家用电器等业务的综合性企业，最近一段时间GL还打算发展节能汽车业务，则该公司采用的战略是(　　)。

A. 非相关多元化战略　　B. 相关多元化战略
C. 集中化战略　　D. 市场开发战略

10. M公司当初看好卫星通信业务而发起了“铱星”计划，当最后“铱星”负债数十亿而陨落时，该公司因一开始就将“铱星”项目注册为独立的实体而只承受了有限的责任和损失。以上材料说明，实施多元化战略会遇到的风险是(　　)。

A. 市场整体风险
B. 产业进入风险
C. 来自原有经营产业的风险
D. 产业退出风险

11. 当采购具有战略重要性时，最高级别的采购经理应当是董事会成员或者至少应向执行总监报告。以下不属于采购经理的职责的是(　　)。

A. 维持库存水平
B. 管理投入
C. 购买商管理
D. 获取有关质量的信息

12. 企业研发战略至少存在三种定位，不包括(　　)。

A. 成为向市场推出新技术产品的企业
B. 成为成功产品的创新模仿者
C. 成为成功产品的低成本生产者
D. 成为现有产品的市场份额保持者

13. 美国快餐业K公司在进入中国市场时，“K公司为中国而改变”成为其脍炙人口的广告词。该公司相继在中国北方推出“榨菜肉丝汤”“寒稻香蘑饭”，在上海推出“海鲜蛋花粥”“香菇鸡肉粥”等中式早餐。K公司在中国的目标是成为中国消费者最受欢迎的快餐连锁品牌，虽然主打产品还是以鸡肉为主的食品，但K公司一直致力于研发适合中国人口味的新产品。根据以上材料可知，K公司采用的国际化经营的战略类型是(　　)。

A. 国际战略　　B. 多国本土化战略
C. 全球化战略　　D. 跨国战略

14. 现代社会，医药行业主要将目光放在有影响力的群体即医生身上；办公用品行业主要关注采

购者，即企业的采购部门；而服装行业主要直接向使用者销售产品。以上行业遵从的是重建市场边界的基本法则中的(　　)。

A. 审视他择产业

B. 重新界定产业的买方群体

C. 跨越战略群组

D. 放眼互补性产品或服务

15. 甲集团公司是中国印刷机制造业的龙头老大，为了适应市场竞争的需要以及赶上国家技术改造的高潮，决定拓展从未涉及过的印后（折页装订、模切、包装等）设备制造领域，提高企业的综合能力。乙公司是来自日本企业，在印后设备领域跻身于世界的前沿，但苦于各种原因无法打开中国市场。甲公司在一次展销会上与乙公司开始交往，甲公司的真诚、诚信以及双赢的理念深深打动了乙公司；双方通过探索建立起了正常的沟通和交流机制，合作中出现的问题采取磨合和沟通的方式解决；甲公司严格遵守双方的承诺，拒绝了欧洲优秀的印后设备制造商的合作邀请以及日本其他印后设备制造企业的合作愿望。以上说明，甲乙公司双方对战略联盟的管控属于(　　)。

A. 严格界定联盟的目标

B. 周密设计联盟结构

C. 准确评估投入的资产

D. 建立合作信任的联盟关系

16. 以下关于战略联盟的表述，错误的是(　　)。

A. 功能性协议属于契约式战略联盟的方式

B. 从联盟内容上来看，在开发、生产、供给和销售等价值链各个环节上都可能进行战略联盟

C. 从经济组织形式来看，战略联盟是介于企业与市场之间的一种“中间组织”

D. 战略联盟的方式需要对企业进行整合，因此协调成本太大

17. 美国龙虾业中的 D 公司曾宣布其目标是成为“龙虾业的通用汽车公司”。它建立了一支昂贵的、具有先进技术装备的庞大的龙虾船队，建立了内部维修和船坞设施，实行了包括运输车队和餐馆在内的纵向一体化。但是龙虾捕捞的特点使它的船队比其他捕捞者并没有显示出明显的优势，反而由于高固定成本引起小捕捞者的价格竞争。小捕捞者对于相当低的收益就感到满意，不像大企业那样寻求较高的投资收益率。其结果，这家力求第一的公司陷入财务危机，最终停止运行。上述材料说明，在龙虾产业中进行战略选择需要注意的是(　　)。

A. 保持严格的战略约束力

B. 正确对待产业发展的外在性

C. 塑造产业结构

D. 避免寻求支配地位

18. 以下属于成熟期的企业财务战略的是(　　)。

A. 从筹资战略看，在产品成熟期，最具吸引力的资金来源通常是来自公开发行的股票

B. 企业可以采取稳健的高股利分红政策，提高股利支付率

C. 企业的财务风险较低

D. 企业的股价下降并波动

19. 甲公司常年向五家不同的供应商采购会议过程中所需的茶歇物品，下列选项中，不属于甲公司货源策略的优点的是(　　)。

A. 能取得更多的知识和专门技术了解最新行情

B. 有利于对供应商压价

C. 一个供货中断不会影响业务正常开展

D. 能产生规模经济

二、多选题

20. 甲公司是当地一家垄断性企业，目前的经营状况良好，企业管理层打算在目前的经营环境和内部条件下进行经营，甲公司目前采用的这种战略的缺点有(　　)。

A. 外部环境发生变化时，会使企业陷入困境

B. 增加资源重新配置和组合的成本

C. 降低企业对风险的敏感性和适应性

D. 风险非常大

21. 由于消费者的新需求的出现，产生了搬家公司、送餐公司、礼仪公司等新兴产业，对于这些产业来说战略选择包括(　　)。

A. 塑造产业结构

B. 选择适当的进入时机与领域

C. 萌芽企业和另立门户

D. 正确对待产业发展的外在性

22. 关于股权式战略联盟和契约式联盟的表述中，不正确的有(　　)。

A. 股权式战略联盟中各方处于平等和相互依赖的地位，并在经营中保持相对独立性

B. 契约式战略联盟无须组成经济实体，也无须常设机构，结构比较松散

C. 契约式战略联盟有利于扩大企业的资金实

力，但是不利于长久合作

D. 相对于契约式战略联盟而言，股权式战略联盟由于更强调相关企业的协调与默契

23. 下列选项属于跨国战略的特点的有(　　)。

A. 在全球激烈竞争的情况下，形成以经验为基础的成本效益和区位效益

B. 转移企业的核心竞争力，同时注意当地市场的需要，可以形成经验曲线和规模经济效益

C. 跨国战略往往被看成是一种容易实现的形式

D. 为了避免外部市场的竞争压力，母公司与子公司、子公司与子公司的关系是双向的

24. 一家面包店选择了多家供应商为其供应面粉。这样的做法可能会导致的情况有(　　)。

A. 随着与面粉商关系的加深，面包店更可能获得高质量的货源

B. 可能会产生质量问题，从而影响所产面包的质量

C. 面包店容易受到订单变动的影响

D. 面粉供应商之间的竞争有利于面包店对供应商压价

25. 下列关于生产运营四要素的说法中，正确的有(　　)。

A. 生产运营流程的高可见性需要员工具备良好的沟通技巧和人际关系技巧。与可见性低的生产运营流程相比，这种运营流程运营费用较高

B. 需求变动可能是可预测的也可能是无法预测的。当需求变动较大时，生产运营会产生产能利用率的问题

C. 如果种类有限，则企业比较容易对生产运营流程进行明确限定，这种生产运营流程较高的单位成本

D. 较低的投入或产出批量意味着系统化程度较低，并且与高批量情况相比单位产出成本较高

26. 在下列选项中，属于管理层制定财务战略时应考虑的限制股东价值最大化的因素有(　　)。

A. 经济约束　　B. 企业内部的约束

C. 法律法规的约束　　D. 政府的影响

27. 下列选项中，属于成本领先战略优点的有(　　)。

A. 形成进入障碍

B. 保持领先的竞争地位

C. 增强讨价还价能力

D. 降低顾客敏感程度

28. 甲公司管理层根据市场状况，决定实施差异化战略。该公司可能会遇到的风险包括(　　)。

A. 形成产品差异化的成本过高

B. 购买者需要的产品差异化程度下降

C. 技术的变化使过去的经验一笔勾销

D. 市场需求从注重价格转向注重品牌形象

29. 下列关于企业并购类型的说法中，正确的有(　　)。

A. 按照并购方的不同身份，可以分为横向并购、纵向并购和多元化并购

B. 按并购方与被并购方所处的行业相同与否，可以分为产业资本并购和金融资本并购

C. 按被并购方对并购方所持态度不同，可分为友善并购和敌意并购

D. 按照收购资金来源不同，可分为杠杆收购和非杠杆收购

30. 下列选项中，属于促销组合要素的有(　　)。

A. 广告促销　　B. 营业推广

C. 产品组合　　D. 公关宣传

31. 对于新兴产业中的企业来说，发展风险与机遇共存，在进行战略选择时，应该考虑(　　)。

A. 选择适当的进入时机与领域

B. 注意产业机会与障碍的转变，在产业发展变化中占据主动地位

C. 塑造产业结构

D. 正确对待产业发展的内在性

32. 在以下进入国外市场的模式中，属于非股权安排形式的有(　　)。

A. 许可证模式　　B. 对外间接投资

C. 服务外包　　D. 管理合约

33. 以下属于横向一体化战略的适用条件的是(　　)。

A. 企业所在产业的增长潜力比较大

B. 企业产品价格的稳定对企业而言十分关键

C. 企业具备横向一体化所需的资金、人力资源等

D. 企业所在产业竞争较为激烈

34. 甲公司是一家民营高科技企业，前几年由于预算与实际出入太大，新投资的业务运营不善，陷入破产危机。甲公司领导层决心从以下方面改善目前的危机：①首先是严格各项管理制度，建立完善的沟通激励机制；②在各项业务的价格、广告、渠道等环节推出新的举措；③完善现金流的管理制度，坚持全部业务先款后货。

根据上述材料，甲公司所采用的收缩战略的方式包括(　　)。

A. 紧缩与集中战略　　B. 转向战略

C. 放弃战略　　D. 稳定战略

35. 甲公司是一家外资饮料企业，经过双方充分磋商签订并购协议，以 90% 的自有资金收购了位于法国的一家大型饮料企业。甲公司并购的类型包括(　　)。

A. 横向并购　　B. 友善并购

C. 非杠杆收购　　D. 金融资本并购

36. 美国零售业 W 公司 20 世纪 80 年代初花了 4 亿美元买卫星，由于 W 公司在信息技术上的投资，加之 90 年代初利用信息技术建立起的区域性的供货配送中心，使其在全球范围内所有的连锁店获得了成本优势，在 21 世纪连续多年稳居世界 500 强第一位。W 公司克服零散的途径有(　　)。

A. 连锁经营或特许经营

B. 技术创新以创造规模经济

C. 增加附加价值

D. 专门化

37. 以下属于新兴产业发展障碍的是(　　)。

A. 原材料、零部件、资金与其他供给的不足

B. 顾客的困惑与等待观望

C. 萌芽企业和另立门户的企业较多

D. 被替代品的反应

38. 2015 年，甲钢铁公司已经连续几年盈利能力下降，主要原因在于国内外钢铁企业的竞争开始向产业链竞争转变。于是，甲公司做出如下举动，希望能够扭转局面：首先并购了乙铁矿石公司，解决材料供应问题；其次通过 90% 的银行贷款收购了一家造船厂，控制了市场，提高了产品竞争力。上述材料中，体现的并购类型包括(　　)。

A. 纵向并购　　B. 多元化并购

C. 杠杆收购　　D. 金融资本并购

39. 2017 年，甲航空公司购买了乙航空公司 60% 的股权，成为乙公司的第一大股东。甲公司收购乙公司主要出于以下考虑：①收购乙公司可以使甲公司获得期待已久的黄金航线航权；②两家航空公司的航线具有良好的互补性，大大提升了甲公司的竞争力，尤其是针对其他低成本航空公司的激烈竞争。上述材料说明，甲公司收购乙公司的主要动机为(　　)。

A. 支付过高的并购费用

B. 避开进入壁垒，迅速进入，争取市场机会，规避各种风险

C. 获得协同效应

D. 克服企业负外部性，减少竞争，增强对市场的控制力

40. 甲公司是一家规模不大的金融企业。由于整体经济形势较为严峻，导致甲公司赖以生存的外部环境出现危机。与此同时，由于管理不善，甲公司最重要的金融业务经营陷入困境，使其不得不采取措施应对。于是，甲公司最终决定将金融业务分包出去以解决困难。甲公司采用业务分包方式的原因包括(　　)。

A. 大企业战略重组的需要

B. 小企业的短期行为

C. 外部原因

D. 企业（或企业某业务）失去竞争优势

41. 甲公司近期出现利润下滑的状况，调查后发现是由于企业某业务失去了竞争优势，导致企业经营陷入困境，于是甲公司宣布采取防御措施，具体措施有：调整管理层领导班子；缩小该业务相关的职能部门的规模；适当上调该业务相关产品的价格。以上举措中所体现的收缩战略的方式有(　　)。

A. 紧缩与集中战略　　B. 转向战略

C. 放弃战略　　D. 收割战略

42. 甲家电公司的总经理预测电器市场即将饱和，于是利用闲置资金成立了一家餐饮公司和一家搬家公司。两年后，家电厂的效益明显下降，而餐饮公司和搬家公司则风头正盛。甲公司实施的新战略为公司带来的好处可能有(　　)。

A. 分散风险

B. 在企业无法增长的情况下，找到新的增长点

C. 运用盈余资金

D. 减少竞争压力，有助于实现规模经济

43. 某大学城的 X 书吧以创新的理念和定位，进入竞争激烈的文化和生活服务领域，开创了新的生存与发展空间，具体表现有：①随着电子商务的普及，音频的网上销售日益火爆，X 书吧与时俱进，也提供网上点单，送货到门，并且还打造了自习位出租系列，解决学生们抢位现象；②现有书吧通常利用豪华装修来吸引顾客，但这并非大学城附近消费者关注的重点，却会产生巨大的成本，X 书吧抛弃这些做法，只是

在墙壁上描绘了一些山水画提高意境，大大提升了竞争力。依据蓝海战略重建市场边界的基本法则，X 书吧开创的路径有(　　)。

A. 创造并攫取新需求

B. 重设客户功能性或情感性诉求

C. 打破价值与成本互替定律

D. 跨越时间参与塑造外部潮流

Section 2 强化提高

三、单选题

44. 甲公司是一家家用电器生产企业，其生产的蓝光播放机首次投放市场，为了扩大蓝光播放机的销量，甲公司对其首次上市定价采用了低于其他企业价格的策略。甲公司对蓝光播放机首次上市采用的新产品定价策略是(　　)。

A. 渗透定价法　　B. 满意定价策略

C. 竞争价格定价法　　D. 撇脂定价法

45. 企业运营流程的可见性作为影响企业的运营方式和管理方式的重要因素之一，是指(　　)。

A. 企业生产计划的可见程度

B. 企业产能计划的可见程度

C. 企业运营流程为客户所见的程度

D. 企业产品和服务需求变动的可见程度

46. 下列财务政策中，可以用来改善增值型现金短缺型企业资金状况的是(　　)。

A. 增加短期债务比例　　B. 支付现金股利

C. 降低资本成本　　D. 彻底重组

47. 某国内汽车制造厂对中国经济增长潜力抱着乐观态度，除继续生产中等档次的车种外，在 2018 年开始生产高端越野车，希望吸引国内市场的高端消费者。这种做法采用的产品组合策略类型是(　　)。

A. 扩大产品组合　　B. 产品延伸

C. 缩减产品组合　　D. 进行市场细分

48. 乙公司自 2000 年成立以来一直在 M 国从事多种业务的经营，包括烟草业务、酒类业务、茶业务等。近几年 M 国居民健康意识逐渐提升，加之 M 国政府不断提高烟草税收，使乙公司的营业额持续减少。乙公司最终无法维系烟草业务，为解决所面临的经营困难，乙公司将烟草业务卖给甲公司，断绝了烟草业务的所有联系。乙公司采取的收缩战略的类型是(　　)。

A. 紧缩与集中战略　　B. 转向战略

C. 放弃战略　　D. 机制变革

49. 甲公司为一家家电生产企业，自股票发行上市以来，由于家电市场竞争激烈，连年发生重大经营性亏损，公众形象尽失。甲公司管理层预计，2019 年甲公司将无法为股东创造价值，此外，公司产生的现金流量也不足以支持业务增长，甚至会有超过 70% 的负债。专家指出，甲公司盈利能力低是家电市场的衰退引起的。根据价值创造和增长率矩阵，甲公司应该做的是(　　)。

A. 分配现金剩余　　B. 加速增长

C. 出售　　D. 短期借款筹集资金

50. 下列各项中，属于处于导入期的企业可以选择的财务战略是(　　)。

A. 采用高股利政策以吸引投资者

B. 通过债务筹资筹集企业发展所需要的资金

C. 采用权益融资筹集企业发展所需要的资金

D. 通过不断进行债务重组增加资金安排的灵活性

51. 乙公司为国内经营多年的制药公司，近期成功研制了一种预防新型流感的疫苗。乙公司管理层计划将此疫苗规模化生产，并在国内市场销售的同时，开发新的国外市场，在国外市场同步发售，预计该疫苗的销售可为公司未来数年带来较高的净收益。根据安索夫矩阵，乙公司的战略属于(　　)。

A. 市场渗透战略　　B. 市场开发战略

C. 产品开发战略　　D. 多元化战略

52. 某轮胎制造商为汽车制造商和农用拖拉机制造商分别生产两种安全标准不同的轮胎，其中为汽车制造商生产的轮胎安全标准高于为农用拖拉机制造商生产的轮胎安全标准。该轮胎制造商进行市场细分的依据是(　　)。

A. 用户的行业类别

B. 用户的规模

C. 用户的地理位置

D. 购买行为因素

53. 甲公司在对产品定价之前进行了市场调研，发现消费者感觉零数价格（比如 98.9）比整数价格（比如 100）更便宜，于是甲公司选择了尾数定价策略。甲公司的主要定价策略是(　　)。

A. 心理定价策略

B. 产品组合定价策略

C. 折扣与折让策略

D. 地理差价策略

54. 甲公司是一家化妆品生产与制造企业，在激励消费者购买产品时，主要是通过广告以及消费者推广来开展市场活动的。甲公司所采用的促销组合策略是(　　)。
A. 推式策略
B. 拉式策略
C. 推拉结合策略
D. 线下策略

四、多选题

55. 某笔记本电脑生产企业正在大力宣传其新推出的某系列笔记本电脑。该系列笔记本电脑针对的消费群体是年轻人，笔记本不但具有多种可以选择的外壳颜色，而且具有突出的影音、游戏功能配置，其主要目的是满足追求时尚和个性化的年轻人的需要。根据上述情况可以判断，该笔记本电脑生产企业营销该系列笔记本电脑时重点考虑的消费者市场细分依据包括(　　)。
A. 人口细分　　B. 行为细分
C. 地理细分　　D. 心理细分

56. 下列各项关于经营风险与财务风险的搭配方式的表述中，正确的有(　　)。
A. 高经营风险与高财务风险搭配通常因不符合风险投资者的期望而无法实现
B. 高经营风险与低财务风险搭配是同时符合股东和债权人期望的现实搭配
C. 低经营风险与高财务风险搭配是同时符合股东和债权人期望的现实搭配
D. 低经营风险与低财务风险搭配通常因不符合债权人的期望而无法实现

57. 下列各项中，属于促销组合构成要素的有(　　)。
A. 广告促销　　B. 人员推销
C. 营业推广　　D. 公关宣传

58. 下列具有不同特征的企业中，可以选择前向一体化战略的有(　　)。
A. 销售环节利润率较高的企业
B. 供应环节利润率较高的企业
C. 现有上游供应商供应成本较高的企业
D. 现有下游销售商销售成本较高或可靠性较差的企业

59. 某企业集团的下列业务单位中，适合选择成本领先战略的有(　　)。
A. 甲业务单位，生产顾客需求多样化的产品
B. 乙业务单位，生产购买者不太关注品牌的产品
C. 丙业务单位，生产消费者转换成本较低的产品
D. 丁业务单位，生产目标市场具有较大需求空间或增长潜力的产品

60. 价值创造是财务战略的目标，现代财务实践认为经济增加值是判断经济活动是否带来价值创造的一个重要指标。影响经济增加值的直接因素包括(　　)。
A. 资本成本　　B. 净资产收益率
C. 投资资本回报率　　D. 增长率

61. 某玩具制造商拟实施包括实现规模经济、针对3岁以下的幼儿设计独有的“幼童速成学习法”玩具系列等在内的战略方案，以增加其业务的竞争优势。该玩具制造商上述业务层战略属于(　　)。
A. 成本领先战略　　B. 多元化战略
C. 集中差异化战略　　D. 集中成本领先战略

62. 乙公司是一家初创期的高科技企业。乙公司管理层正在实施企业特征分析，以便选择合适的财务战略。下列各项关于乙公司企业特征和财务战略选择的表述中，正确的有(　　)。
A. 乙公司属于经营风险较高的企业
B. 乙公司适合风险投资者投资
C. 乙公司适宜进行高负债筹资
D. 乙公司不适宜派发股利

63. 企业集团多元化经营的优点有(　　)。
A. 能够分散业务风险
B. 企业可利用未被充分利用的资源
C. 为企业提供规模经济的成本优势
D. 企业可较容易地从资本市场中获得融资

64. 市场定位就是使本企业产品具有一定特色，适应目标市场一定的需求和偏好，塑造产品在目标消费者心目中的独特形象和合适位置。企业可选择的市场定位策略包括(　　)。
A. 抢占或填补市场空位策略
B. 与竞争并存和对峙的市场定位策略
C. 取代竞争者的市场定位策略
D. 追随顾客消费观念的定位策略

65. 甲公司近期在进行产品的定价，主要采取的策

略如下：①对于即将上市的新产品，考虑产品价格既能被顾客接受，同时企业又有一定利润的目的；②除江浙沪包邮之外，偏远地区由买方负责运输、仓储、保险等费用；③按照市场需求的强弱情况制定不同的价格，需求量大的定价高，需求量小的定价低；④将相关产品组合起来，以低于整体价格的价格销售，促进消费者购买他们本来可能不会买的产品。甲公司采取的新产品定价策略包括(　　)。

A. 满意定价策略　　B. 地理差价策略

C. 需求导向定价法　　D. 成本导向定价法

五、简答题

66. 宝嘻嘻集团创建于 1987 年，是中国最大的、全球第五的食品饮料生产企业。在中国饮料行业，宝嘻嘻集团在销售收入、利润、利税等指标上已经连续 10 年位于榜首，成为中国最具发展潜力的食品饮料企业。

进入新世纪以后，宝嘻嘻已经拥有了雄厚的产品自主研发能力和技术创新能力，在雄厚资金的保障下，行业龙头地位日益稳固。通过自主开发系列创新产品，宝嘻嘻实现科学发展，不断扩大投资规模，现有的经营已经无法满足其目标。2003 年起，从奶牛养殖，到童装产业，再到零售业，甚至商业地产，宝嘻嘻均有涉足。2010 年，宝嘻嘻的业绩虽然已经到达 500 亿大关，但距离创始人提出的 1 000 亿目标还相差甚远。曾经坚持不上市的宝嘻嘻集团，最终于 2019 年年初决定高调上市。宝嘻嘻董事长张某对企业的经营持乐观态度，认为公司只是想要通过资本做一些上下游的结合，从而更好地推动行业的发展，尤其是技术、产品创新的开拓。业界专业人士认为，宝嘻嘻与资本市场的对接，是想借助资本市场的力量，实现企业的成长。但是公司在利润、市场等方面的表现，已经不能匹配资本市场的需求，宝嘻嘻上市的路还很长。

实际上，宝嘻嘻跨界经营持续长达十余年，效果却并不理想，症结在于品牌老化严重、多元化严重拖累主业等。2003 年开始的童装到 2010 年的奶粉，产品均反响平平，销售额不断创新低；2012 年进军的零售业也于 3 年后悄悄关闭；2013 年高调斥资 150 亿进入的商业地产行业，目前为止也难有突破。近些年来，宝嘻嘻从未停止过跨界，但无疑是失败的，所凸显的是公司长期战略不清晰、优秀团队支撑不够等问题。

要求：

(1) 简要分析宝嘻嘻集团实施多元化战略的原因。

(2) 简要分析宝嘻嘻集团实施多元化战略的优点。

(3) 简要分析宝嘻嘻集团实施多元化战略的风险。

67. F 国蓝微厨具有限公司（简称蓝微公司）创办于 1996 年。近 20 年来，蓝微公司运用成本领先战略，迅速提高市场占有率，在国内外享有较高的知名度。

蓝微公司集中全部资源，重点发展厨具小家电产品。公司利用与发达国家企业 OEM 合作方式获得的设备，进行大批量生产，从而获得规模经济优势。在此基础上，公司多次主动大幅度降低产品价格，使得生产该种产品的企业都无利可图，在市场上既淘汰了高成本和劣质企业，又令新进入者望而却步。

蓝微公司实行 24 小时轮班制，设备的利用率很高。因而其劳动生产率同国外同类企业基本持平。同时，由于国内劳动力成本低，公司产品成本中的人工成本大大低于国外家电业的平均年水平。

对于一些成本高且蓝微公司自身有生产能力的上游资源，如集成电路等。公司通过多种形式自行配置生产，这样，一方面可以大幅度降低成本，确保质量，降低经营风险；另一方面还可以获得核心元器件的生产和研发技术。而对于一些成本高、自身还不具备生产能力的上游资源，公司由于在其他各环节上成本低于竞争对手，也能够消化这些高成本投入的价格。

近几年来，F 国厨具小家电的销售数量每年递增 30%左右，吸引了众多国内外大型家电企业加入。这些企业放弃了原有在大家电市场走的高端产品路线。以中低端的价格进入市场。这些企业认为，在厨具小家电市场，企业销售的都是标准化的产品，消费者大都对价格比较敏感，价格竞争仍然是市场竞争的主要手段。

要求：

(1) 简要分析蓝微公司在 F 国厨具小家电市场采用成本领先战略的优势。

(2) 从市场情况和企业资源能力两个方面，简要分析蓝微公司在 F 国厨具小家电市场实施成本领先战略的条件。

68. 美福粮是一家粮食加工公司，加工经营具有地方特色的绿色大米、杂粮等粮食产品，主要市场位于东北、华北和西北地区。

近年来，随着销售量的扩大，消费者对美福粮品牌给予认可，美福粮董事会决定通过并购的方式来扩大在其他地区的市场份额。经过一段时间的考察，美福粮公司最终计划收购位于中部地区某省的一家产品品质较高、但品牌知名度较低的江华公司的全部股权。双方公司经过友好协商，协议约定美福粮公司以全现金的方式收购江华公司的股权。其中，70%的资金来自美福粮公司的自有资本，20%资金来自银行贷款，剩余10%来自发行债券。江华公司与美福粮公司一样，主营业务是粮食产品的加工，其主要市场是美福粮公司一直想要发展的华中、华东和华南地区。通过此次收购行为，美福粮和江华公司在销售渠道、加工技术等方面完美互补，并且覆盖了全国将近95%的市场，增强了双方的竞争实力。

要求：

（1）简要分析美福粮并购江华公司的动机。

（2）从不同的角度分别简述美福粮收购江华公司股权所属的并购类型。

六、综合题

69. 资料一

2015年10月起，我国政府颁布政策，实施了30多年的独生子女政策宣布终结，全国全面放开二孩政策，只要是合法夫妻就享有生育二胎的权利。二孩政策的出台是为解决内地老龄化形势严峻的问题：根据官方统计数据显示，目前我国出生率和结婚率均大幅度下降，预计到2050年，老年人口数量将达到峰值，占到我国总人口的35%。出生率和结婚率的大幅下降制约了我国多个行业的发展，尤其是国内奶粉行业正感受到阵阵寒意。大小品牌的奶粉企业都表示，奶粉产能过剩的局面持续加剧，其中不乏奶粉大品牌企业之间的竞争，甚至出现了价格战，行业的生存环境残酷。根据业内人士透露，奶粉市场的总容量已经达到峰值，不会再有进一步的增长。

资料二

整个国内奶粉市场中，外资企业严守的二、三线市场已经饱和。从2017年年初开始，新一轮二孩政策施行后，统计数据发现低线市场的生育意愿更为强烈，这对奶粉企业来说也意味着更多的市场机会。然而，我国母婴店数量超过20万家，并且行业集中度很低。数量庞大的店面对利润分配的追求，阻碍了外资品牌向低线市场的延伸，因为量太少则无法满足母婴店的需求，量太多又可能会对现有的产品价格体系产生冲击，得不偿失。这种对于外资品牌的阻碍，恰巧给国内品牌创造了机会。因为对于大多数国内奶粉企业而言，本身布局就在三、四、五线市场，针对细分市场做产品也成了他们的最看重的战略决策。

资料三

贝美美是始创于1992年的专注于婴幼儿产品的企业，主要产品包括配方奶粉、婴儿辅食，儿童乳制品、母婴营养品及亲子食品，所有产品均为自有品牌。在2014年的国内母婴店及电商渠道中，贝美美的市场占有率为第三名，仅次于两家外资奶粉配方企业，也是唯一一家国内本土品牌。迫于近些年国内奶粉行业的严峻形势，贝美美公司管理层认为奶粉种类的市场不会再扩大，决定将企业下一步的增长机会放在奶粉小品类的细分领域，比如羊奶粉和有机奶粉。此外，管理层还提出，传统牛奶粉只是最基础的产品系列，未来的细分市场才更能体现优势，尤其是增强婴幼儿体质和保护视力等方面可以进一步挖掘。2015年年初，公司研发出了技术含量更高的特殊医用配方奶粉，并且已经有7个特殊医用配方奶粉通过注册和审批。公司一直希望通过不断对配方进行升级，形成自己的特色，目前国家施行的婴儿配方奶粉注册制度虽然减少了奶粉市场品牌混乱的现象，但是也给公司的配方调整带来了一定的限制条件，使该公司不得不在品牌宣传上花更大的力气。虽然60%～70%的消费者购买产品依赖于母婴店的推荐，但是对于产品品牌等方面有了更高的要求。为了宣传公司形象，包括贝美美在内的大部分奶粉企业选择请当红明星代言产品。此举意味着巨大的投入，除了代言费之外，还需要大量的广告投入，甚至是深入年轻妈妈市场的活动推广。

要求：

（1）根据资料一，从宏观环境的角度出发，简要分析国内的宏观环境因素。

（2）根据资料一，简要分析奶粉行业所处的产品生命周期阶段，并说明该阶段应采用的战略途径。

(3) 根据资料二，从中小企业的竞争战略角度，简要分析奶粉行业所属的类型，并说明国内奶粉企业的竞争战略选择。

(4) 根据资料三，简要分析贝美美公司的基本竞争战略类型，并且分析其所面对的风险。

(5) 根据资料三，从市场营销战略理论的角度，简要分析贝美美所实施的产品策略。

(6) 根据资料三，从市场营销战略理论的角度，简要分析贝美美的促销组合要素。

主观题需专项演练，更多内容请见《CPA高频高分主观题·公司战略与风险管理》（中国税务出版社 2021 版）。

Section 3 答案解析

1. 【答案】C

【考点】收缩战略

【解析】企业采用收缩战略的原因有多种，大致可分为主动和被动两大类，其中被动原因分为外部原因和企业失去竞争优势两种，所谓的外部原因，指的是由于多种原因，如整体经济形势、产业周期、技术变化、社会价值观或时尚的变化、市场的饱和、竞争行为等。本题中甲公司采用收缩战略的原因是主动原因中的小企业的短期行为。

2. 【答案】D

【考点】发展战略的主要途径

【解析】按照并购双方所处产业分类，分为横向并购、纵向并购和多元化并购三种。多元化并购是指处于不同产业、在经营上也无密切联系的企业之间的并购。例如，一家生产通讯设备的企业收购一家旅行社，这属于多元化并购。所以选项 D 正确。虽然属于非杠杆并购(90%的自有资金)，但题目要求并非是按收购资金来源分类。

3. 【答案】D

【考点】发展中国家企业国际化经营动因

【解析】寻求现成资产型对外投资主要是发展中国家跨国公司向发达国家投资。其主要动机是主动获取发达国家企业的品牌、先进技术与管理经验等现成资产。例如，中国企业吉利汽车并购沃尔沃的主要动机是有效弥补品牌短板、提升研发能力、获得关键技术、获取全球经销商网络、赢得一流管理团队和技术人才，进而提升企业的国际竞争力。

4. 【答案】B

【考点】稳定战略

【解析】公司总体战略包括发展战略、稳定战略和收缩战略。其中，稳定战略又称为维持战略，是指限于经营环境和内部条件，企业在战略期所期望达到的经营状况基本保持在战略起点的范围和水平上的战略。稳定战略适用于对战略环境的预测变化不大，而企业在前期经营相当成功的企业。根据题目资料介绍，该公司适合采用稳定战略。选项 A 属于发展战略，选项 CD 属于收缩战略。

5. 【答案】A

【考点】基本竞争战略——集中化战略

【解析】集中化战略针对的是某一特定购买群体、产品细分市场或区域市场。甲公司致力于折叠自行车，针对的是产品细分市场，由此可以看出选择的是集中化战略，并且价格昂贵，属于集中差异化战略。

6. 【答案】D

【考点】市场营销战略

【解析】许多零售商销售自有品牌的杂货、服饰和五金器具，以使客户建立对该零售商而不是产品生产商的忠诚度。例如，随着多家国际大型超市大举进入中国，自有品牌在这些超市中形成一股浪潮。这些超市对其自有品牌商品的定价拥有绝对的决定权。

7. 【答案】B

【考点】生产运营战略

【解析】在采用某些生产运营流程的情况下，企业可能对未来需求的上涨非常有信心，从而持有为满足未来订单所需的一种或多种资源的存货，如配备适当的劳动力和设备，但企业会在实际收到订单之后才开始生产产品或提供服务。例如，一家餐馆需要的员工数量是可变的，因此它会有一批兼职员工，在餐馆举办大型活动或宴会的时候随叫随到。此外，全职员工还可能在需要时加班工作或进行轮班。

8. 【答案】B

【考点】新兴市场的企业战略

【解析】如果企业面临的全球化压力较小，而其拥有的优势资源只适合于本国市场，那就需要集中力量保护已有的市场份额不被跨国竞争对手侵占。我们称采取这种战略的企业为“防御者”，其战略定位是利用国内市场的优势防卫。

9.【答案】A

【考点】多元化战略

【解析】非相关多元化战略是指企业进入与当前产业和市场均不相关的产业，该公司后来发展的产业与空调生产并不相关，因而属于非相关多元化战略。

10.【答案】D

【考点】多元化战略

【解析】如果企业深陷一个错误的投资项目却无法做到全身而退，那么很可能导致企业全军覆没。一个设计良好的经营退出渠道能有效地降低多元化经营风险。例如，某公司当初看好卫星通信业务而发起了“铱星”计划，当最后“铱星”负债数十亿而陨落时，该公司因一开始就将“铱星”项目注册为独立的实体而只承受了有限的责任和损失。

11.【答案】C

【考点】采购战略

【解析】采购经理的职责包括：成本控制，即确保企业能够长期取得与质量相匹配的衡工量值；管理投入，即从供应商处采购企业所有领域的设备；生产投入，即为生产部门取得材料、零部件、组件、消耗品以及固定设备；供应商管理，即定位供应商并与供应商进行交易，例如，讨论采购条件、规格、交货间隔期以及交易价格等事项；获取有关以下事项的信息，用于评价各种采购方案：可用性、质量、价格、分销以及供应商维持库存水平。

12.【答案】D

【考点】研究与开发战略

【解析】企业研发战略至少存在三种定位：①成为向市场推出新技术产品的企业；②成为成功产品的创新模仿者，从而使启动风险和成本最小化；③成为成功产品的低成本生产者。

13.【答案】B

【考点】国际化经营的战略类型

【解析】为了满足所在国的市场需求，企业可以采用多国本土化战略。这种战略与国际战略不同的是根据不同国家的不同的市场，提供更能满足当地市场需要的产品和服务。相同的是，这种战略也是将自己国家所开发出的产品和技能转移到国外市场，而且在重要的国家市场上从事生产经营活动。

14.【答案】B

【考点】蓝海战略

【解析】在一个产业中的企业通常会都集中于某一类购买群体。举例来说，医药行业主要将目光放在有影响力的群体即医生身上；办公用品行业主要关注采购者，即企业的采购部门；而服装行业主要直接向使用者销售产品。

15.【答案】D

【考点】发展战略的主要途径

【解析】“甲公司在一次展销会上与乙公司开始交往，甲公司的真诚、诚信以及双赢的理念深深打动了乙公司；双方通过探索建立起了正常的沟通和交流机制，合作中出现的问题采取磨合和沟通的方式解决；甲公司严格遵守双方的承诺，拒绝了欧洲优秀的印后设备制造商的合作邀请以及日本其他印后设备制造企业的合作愿望”说明双方之间建立的是合作信任的联盟关系。

16.【答案】D

【考点】发展战略的主要途径

【解析】与并购方式相比，战略联盟的方式不需要进行企业的整合，因此可以降低协调成本。

17.【答案】D

【考点】零散产业的竞争战略

【解析】通过“龙虾捕捞的特点使它的船队比其他捕捞者并没有显示出明显的优势，反而由于高固定成本引起小捕捞者的价格竞争。小捕捞者对于相当低的收益就感到满意，不像大企业那样寻求较高的投资收益率”可知，龙虾产业中的企业没有一个企业占据显著地市场份额，是零散产业的特点。零散产业的基本结构决定了寻求支配地位是无效的，除非可以从根本上出现变化。造成产业零散的原因通常会使企业在增加市场份额的同时面对低效率和失去产品差异性。特别地，企图对所有的人在所有方面占优势会导致竞争力量的脆弱性达到最大值。选项BC是新兴产业战略选择需要注意的方面。

18.【答案】B

【考点】财务战略

【解析】选项 A 属于成长期的企业财务战略，成熟期经营风险中等，可以加大债务融资；成熟期企业的财务风险处于中等水平，因此选项 C 错误；下降并波动的为衰退期的企业财务战略，因此选项 D 错误。

19. 【答案】D

【考点】采购战略

【解析】多货源策略的优点：①能够取得更多的知识和专门技术；②一个供应商的供货中断产生的影响较低；③供应商之间的竞争有利于对供应商压价。选项 ABC 均属于采购方选择多货源策略的优点，而选项 D 属于采用单一货源策略的优点。

20. 【答案】AC

【考点】稳定战略

【解析】甲公司打算在目前的经营环境和内部条件下进行经营，因此采用的战略属于稳定战略。采用稳定战略也有一定的风险。一旦企业外部环境发生较大变动，企业战略目标、外部环境、企业实力三者之间就会失去平衡，将会使企业陷入困境，所以选项 A 正确。稳定战略还容易使企业减弱风险意识，甚至会形成惧怕风险、回避风险的企业文化，降低企业对风险的敏感性和适应性，所以选项 C 正确。避免资源重新配置和组合的成本属于稳定战略的优点之一，所以选项 B 错误。采用稳定战略的风险比较小，所以选项 D 错误。

21. 【答案】ABD

【考点】新兴产业的竞争战略

【解析】在新兴产业中，发展风险与机遇共存，而风险与机遇都来源于产业的不确定性。所以新兴产业中的战略制定过程必须处理好这一不确定性：①塑造产业结构；②正确对待产业发展的外在性；③注意产业机会与障碍的转变，在产业发展变化中占据主动地位；④选择适当的进入时机与领域。选项 C 属于新兴产业的共同结构特征。

22. 【答案】ACD

【考点】发展战略的主要途径

【解析】契约式战略联盟中各方处于平等和相互依赖的地位，并在经营中保持相对独立性，所以选项 A 的表述错误；契约式战略联盟无须组成经济实体，也无须常设机构，结构比较松散，某种意义上只是无限制性的"意向备忘录"，所以选项 B 的表述正确；股权式战略联盟有利于扩大企业的资金实力，并通过部分"拥有"对方的形式，增强双方的信任感和责任感，因而更利于长久合作，所以选项 C 的表述错误；相对于股权式战略联盟而言，契约式战略联盟由于更强调相关企业的协调与默契，从而更具有战略联盟的本质特征，所以选项 D 的表述错误。

23. 【答案】ABD

【考点】国际化经营的战略类型

【解析】跨国战略是在全球激烈竞争的情况下，形成以经验为基础的成本效益和区位效益，转移企业的核心竞争力，同时注意当地市场的需要。为了避免外部市场的竞争压力，母公司与子公司、子公司与子公司的关系是双向的，不仅母公司向子公司提供产品与技术，子公司也可以向母公司提供产品与技术。但是，在实践中地区适应性和全球化效率需要的平衡点难以确定，最优平衡是主观的和经常变动的。由于有效执行的困难，跨国战略往往被看成是一种理想化而非现实的形式，因此选项 C 错误。

24. 【答案】BD

【考点】采购战略

【解析】面包店的做法是多货源策略，选项 A 为单一货源的优点，选项 C 为单一货源的缺点。

25. 【答案】ABD

【考点】生产运营战略

【解析】如果种类有限，则企业比较容易对生产运营流程进行明确限定，这种生产运营流程具有标准化、常规的运营程序及较低的单位成本。但企业在适应客户差异化需求时灵活性较差。

26. 【答案】ABCD

【考点】财务战略

【解析】在制定财务战略时，管理层需要了解一些股东价值最大化的限制因素：企业的内部约束（包括董事会对于财务结构的看法）、政府的影响、法律法规的约束（包括企业经营方面的法规）、经济约束（包括通货膨胀因素），所以选项 ABCD 都正确。

27. 【答案】ABC

【考点】基本竞争战略——成本领先战略

【解析】成本领先战略的优点包括：①形成进入障碍；②增强讨价还价能力；③降低替代品的威胁；④保持领先的竞争地位。选项 D 属于差异化战略的优势。

28. 【答案】AB
【考点】基本竞争战略——差异化战略
【解析】采取差异化战略的风险：①企业形成产品差别化的成本过高。企业形成产品差别化的成本过高，从而与实施成本领先战略的竞争对手的产品价格差距过大，购买者不愿意为获得差异化的产品支付过高的价格。②市场需求发生变化。购买者需要的产品差异化程度下降，使企业失去竞争优势。③竞争对手的模仿和进攻使已建立的差异缩小甚至转向。这是随着产业的成熟而发生的一种普遍现象。选项 CD 为成本领先战略的风险。

29. 【答案】CD
【考点】发展战略的主要途径
【解析】按并购方与被并购方所处的行业相同与否，可以分为横向并购、纵向并购和多元化并购三种。按照并购方的不同身份，可以分为产业资本并购和金融资本并购。

30. 【答案】ABD
【考点】市场营销战略
【解析】促销组合四要素：广告促销、营业推广、公关宣传和人员推销。产品组合属于产品策略包含的内容。

31. 【答案】ABC
【考点】新兴产业的竞争战略
【解析】新兴产业在进行战略选择时，应该考虑：塑造产业结构；正确对待产业发展的外在性（选项 D 为内在性）；注意产业机会与障碍的转变，在产业发展变化中占据主动地位；选择适当的进入时机与领域。

32. 【答案】ACD
【考点】国际市场进入模式
【解析】企业进入国外市场的模式主要有出口、股权投资、非股权安排等几种。非股权安排模式是指企业与目标国的企业签订非权益性合同，使前者的专利、技术、经验、管理、人力等无形资产为后者所使用，并从后者获得经济利益的分享。非股权安排模式是一种通过知识和技术的输出从而进入国外市场的方式。非股权安排模式主要包括：许可证模式、特许经营模式和工程承包模式等。选项 B 属于对外股权投资（即对外证券投资）。

33. 【答案】ACD
【考点】一体化战略
【解析】企业产品价格的稳定对企业而言十分关键属于后向一体化战略的适用条件。

34. 【答案】AB
【考点】收缩战略
【解析】“首先是严格各项管理制度，建立完善的沟通激励机制”属于紧缩与集中战略的机制变革；“完善现金流的管理制度，坚持全部业务先款后货”属于紧缩与集中战略中的财政和财务战略；“在各项业务的价格、广告、渠道等环节推出新的举措”属于转向战略中的调整营销策略。

35. 【答案】ABC
【考点】发展战略的主要途径
【解析】甲公司是一家外资饮料企业，并购了另一家饮料企业，属于横向并购；双方充分磋商签订协议，属于友善并购；90%的自有资金，属于非杠杆收购。

36. 【答案】AB
【考点】零散产业的竞争战略
【解析】选项 CD 不属于克服零散的方式。W 公司为零散产业中的企业，在信息技术上的投资属于技术创新以获得规模经济；“90 年代初利用信息技术建立起的区域性的供货配送中心，使其在全球范围内所有的连锁店获得了成本优势”属于连锁经营或特许经营。

37. 【答案】ABD
【考点】新兴产业的竞争战略
【解析】“萌芽企业和另立门户的企业较多”属于新兴产业的共同结构特征。

38. 【答案】AC
【考点】发展战略的主要途径
【解析】收购了经营商有密切联系的处于不同产销阶段的铁矿石公司和造船厂，属于纵向并购；“90%的银行贷款收购了一家造船厂”说明收购资金来源主体为杠杆收购；甲公司为钢铁公司，身份是非金融企业，目的是为了获得产业利润，所以应为产业资本并购。

39. 【答案】BCD
【考点】发展战略的主要途径
【解析】“收购乙公司可以使甲公司获得期待已久的黄金航线航权”体现了避开进入壁垒，迅速进入，争取市场机会，规避各种风险；“两家航空公司的航线具有良好的互补性”体现了获得协同效应；“大大提升了甲公司的竞争力，尤其是针对其他低成本航空公司的激烈竞争”体现了克服企业负外部性，减少竞争，增强对市场的控制力。“支付过高的并购费用”属于并购失败的原因。

40. 【答案】CD

【考点】收缩战略

【解析】从“甲公司最终决定将金融业务分包出去以解决困难”可判断，甲公司采用的是收缩战略。本题考核收缩战略的原因。“由于整体经济形势较为严峻，导致甲公司赖以生存的外部环境出现危机”体现的是外部原因；“由于管理不善，甲公司最重要的金融业务经营陷入困境，使其不得不采取措施应对”体现的是企业某业务失去竞争优势。

41. 【答案】AB

【考点】收缩战略

【解析】调整管理层领导班子属于紧缩与集中战略中的机制变革，缩小该业务相关的职能部门的规模属于紧缩与集中战略的削减成本战略，适当上调该业务相关产品的价格属于转向战略中的调整营销策略。

42. 【答案】ABC

【考点】多元化战略

【解析】根据材料判断，该公司实施的新战略是多元化战略。多元化战略的优点有：分散风险、更容易从资本市场融资、运用盈余资金、在企业无法增长的情况下找到新的增长点等。减少竞争压力，实现规模经济是横向一体化战略的优点。

43. 【答案】BD

【考点】蓝海战略

【解析】选项 AC 属于与红海战略相比之下蓝海战略的特点。“随着电子商务的普及，音频的网上销售日益火爆，X 书吧与时俱进，也提供网上点单，送货到门，并且还打造了自习位出租系列，解决学生们抢位现象”体现的是选项 D；“现有书吧通常利用豪华装修来吸引顾客，但这并非大学城附近消费者关注的重点，却会产生巨大的成本，X 书吧抛弃这些做法，只是在墙壁上描绘了一些山水画提高意境，大大提升了竞争力”体现的是选项 B。

44. 【答案】A

【考点】市场营销战略

【解析】新产品定价策略分为渗透定价法、撇脂定价法和满意定价策略（介于前两者之间的适中定价）。渗透定价法是指在新产品投放市场时确定一个非常低的价格，以便抢占销售渠道和消费者群体，从而使竞争者较难进入市场，目的是在早期占据市场份额，与甲公司蓝光播放机低价投放市场的策略一致。

45. 【答案】C

【考点】生产运营战略

【解析】运营流程的可见性指的是生产运营流程为客户所见的程度。

46. 【答案】A

【考点】财务战略

【解析】增加借款可以改善增值型现金短缺企业短期缺资金的状况。支付现金股利为增值型现金剩余的企业采取的策略（选项 B）；降低资本成本为减损型现金剩余的企业采用的策略（选项 C）；彻底重组为减损型现金短缺的企业采取的策略（选项 D）。

47. 【答案】B

【考点】市场营销战略

【解析】产品组合策略类型包括扩大产品组合、缩减产品组合和产品延伸。该公司由生产中等档次车进军高端车，属于产品延伸中的向上延伸。进行市场细分属于确定目标市场的内容（选项 D）。

48. 【答案】C

【考点】收缩战略

【解析】“乙公司最终无法维系，为解决所面临的经营困难，乙公司将烟草业务卖给甲公司，断绝了烟草业务的所有联系”说明乙公司卖断了烟草业务，实现了产权的彻底转移，属于放弃战略中的卖断。

49. 【答案】C

【考点】财务战略

【解析】“甲公司将无法为股东创造价值，此外，公司产生的现金流量也不足以支持业务增长，甚至会有超过 70% 的负债”说明该公司为减损型现金短缺，有两种方法可以解决：彻底重组和出售。彻底重组是因为盈利能力低是企业自身的问题，重组失败的话，股东将蒙受更大的损失；而“专家指出，甲公司盈利能力低是家电市场的衰退引起的”，说明盈利能力低是整个行业衰退引起的，企业无法对抗衰退市场的自然结局，应当选择出售减少损失。

50. 【答案】C

【考点】财务战略

【解析】导入期的企业一般采用权益融资筹集企业发展所需要的资金，一般不支付股利（选项 AB 错误，选项 C 正确）；导入期的企业必须建立牢固的财务基础，建立自有现金储备，尽可能增强企业的流动性，进而提高企业的灵活性（选项 D 错误）。

51. 【答案】D
【考点】多元化战略
【解析】多元化战略针对的是新产品和新市场，“近期成功研制了一种预防新型流感的疫苗”是新产品，“在国内市场销售的同时，开发新的国外市场，在国外市场同步发售”是新市场。

52. 【答案】A
【考点】市场营销战略
【解析】不同的最终用户对同一种产业用品的市场营销组合往往有不同的要求，例如，飞机制造商所需轮胎必须达到的安全标准比农用拖拉机制造商所需轮胎的安全标准高很多，豪华汽车制造商比一般汽车制造商需要更优质的轮胎。“某轮胎制造商为汽车制造商和农用拖拉机制造商分别生产两种安全标准不同的轮胎”属于产业市场细分，即根据用户的行业类别进行细分。

53. 【答案】A
【考点】市场营销战略
【解析】心理定价策略包括尾数定价、整数定价、声望定价和招徕定价。尾数定价是根据消费者感觉零数价格比整数价格便宜的消费心理而采取的一种定价策略，属于心理定价策略。

54. 【答案】B
【考点】市场营销战略
【解析】拉式策略是依靠制造商直接开展的市场活动（主要是广告和消费者推广）指向最终消费者，刺激他们购买产品。“甲公司是一家化妆品生产与制造企业，在激励消费者购买产品时，主要是通过广告以及消费者推广来开展市场活动的”，因此甲公司所采用的促销组合策略是拉式策略。

55. 【答案】ABD
【考点】市场营销战略
【解析】题中强调“针对的消费群体是年轻人”属于人口细分中的年龄变量；“具有多种可以选择的外壳颜色，而且具有突出的影音、游戏功能配置”属于行为细分中的消费者的使用情况，“目的是满足追求时尚和个性化的年轻人的需要”属于心理细分中的个性变量。

56. 【答案】BC
【考点】财务战略
【解析】高经营风险与高财务风险的匹配具有很高的总风险，该种匹配不符合债权人的要求，而符合风险投资者的期望，选项 A 错误；高经营风险与低财务风险的匹配以及低经营风险与高财务风险的匹配，具有中等程度的总风险，两种匹配是均可以同时符合股东和债权人期望的现实搭配，选项 BC 正确；低经营风险与低财务风险的搭配不符合风险投资者的要求，而符合债权人的期望，选项 D 错误。

57. 【答案】ABCD
【考点】市场营销战略
【解析】促销组合包括四个要素：广告促销、营业推广、公关宣传和人员推销。

58. 【答案】AD
【考点】一体化战略
【解析】前向一体化战略的主要适用条件包括：①现有销售商销售成本较高或者可靠性较差，难以满足企业的销售需要；②企业所在产业的增长潜力较大；③企业具备前向一体化所需的资金、人力资源等；④销售环节的利润率较高。因此，选项 AD 正确。选项 BC 属于后向一体化的适用条件。

59. 【答案】BC
【考点】基本竞争战略——成本领先
【解析】成本领先战略适用的情形包括：市场中存在大量的价格敏感用户；产品难以实现差异化；购买者不太关注品牌；消费者的转换成本低。选项 A 为差异化战略的适用条件；选项 D 为集中化战略的适用条件。

60. 【答案】ACD
【考点】财务战略
【解析】影响企业增加值的因素为：投资资本回报率、资本成本、增长率。因此，选项 ACD 正确。

61. 【答案】AC
【考点】基本竞争战略的类型
【解析】“实现规模经济”属于成本领先战略，“针对 3 岁以下的幼儿设计独有的幼童速成学习法”属于集中差异化战略。

62. 【答案】ABD
【考点】财务战略
【解析】一个初创期的高科技企业，主要使用权益筹资，较少使用或不使用负债筹资，初创期企业经营风险较高，适用于风险投资者且不分配股利（一是最好将全部收益给企业未来发展使用；二是风险投资者看好的是企业未来发展，即便分配率很低也没有异议）。

63. 【答案】ABD

【考点】多元化战略

【解析】企业集团多元化经营不能体现为企业提供规模经济的成本优势，反而还有可能因为多元化而造成成本上升，提供规模经济是成本领先战略的优点。

64. 【答案】ABC

【考点】市场营销战略

【解析】无论是产品的初次定位还是重新定位，一般有以下三种产品市场定位策略可供选择：①抢占或填补市场空位策略（选项A）；②与竞争并存和对峙的市场定位策略（选项B）；③取代竞争者的市场定位策略（选项C）。

65. 【答案】ABC

【考点】市场营销战略

【解析】“对于即将上市的新产品，考虑产品价格既能被顾客接受，同时企业又有一定利润的目的”属于满意定价策略（选项A），是介于渗透定价法和撇脂定价法之间的适中定价策略；“除江浙沪包邮之外，偏远地区由买方负责运输、仓储、保险等费用”属于地理差价策略（选项B）；“按照市场需求的强弱情况制定不同的价格，需求量大的定价高，需求量小的定价低”属于需求导向定价法（选项C）；“将相关产品组合起来，以低于整体价格的价格销售，促进消费者购买他们本来可能不会买的产品”属于产品组合定价策略。

66. 【考点】多元化战略

【答案】（1）宝嘻嘻集团实施多元化战略的原因：

①在现有产品或市场中持续经营不能达到目标。“现有的经营已经无法满足其目标”；“2010年，宝嘻嘻的业绩虽然已经到达500亿大关，但距离创始人提出的1 000亿目标还相差甚远”。

②企业由于以前在现有产品或市场中成功经营而保留下来的资金超过了其在现有产品或市场中的财务扩张所需要的资金。“宝嘻嘻已经拥有了雄厚的产品自主研发能力和技术创新能力，在雄厚资金的保障下，行业龙头地位日益稳固”。

③在与现有产品或市场中的扩张相比，多元化战略意味着更高的利润。“2003年起，从奶牛养殖，到童装产业，再到零售业，甚至商业地产，宝嘻嘻均有涉足。2010年，宝嘻嘻的业绩虽然已经到达500亿大关，但距离创始人提出的1 000亿目标还相差甚远”。

（2）宝嘻嘻集团实施多元化战略的优点：

①分散风险。“公司只是想要通过资本做一些上下游的结合，从而更好地推动行业的发展，尤其是技术、产品创新的开拓”。

②能更容易从资本市场中获得融资。“曾经坚持不上市的宝嘻嘻集团，最终于2019年年初决定高调上市”；“宝嘻嘻与资本市场的对接，是想借助资本市场的力量，实现企业的成长”。

③当企业在原产业无法增长时找到新的增长点。“现有的经营已经无法满足其目标。2003年起，从奶牛养殖，到童装产业，再到零售业，甚至商业地产，宝嘻嘻均有涉足”。

④利用未被充分利用的资源。“宝嘻嘻已经拥有了雄厚的产品自主研发能力和技术创新能力，在雄厚资金的保障下，行业龙头地位日益稳固。通过自主开发系列创新产品，宝嘻嘻实现科学发展，不断扩大投资规模”；“公司只是想要通过资本做一些上下游的结合，从而更好地推动行业的发展，尤其是技术、产品创新的开拓”。

⑤运用盈余资金。“宝嘻嘻已经拥有了雄厚的产品自主研发能力和技术创新能力，在雄厚资金的保障下，行业龙头地位日益稳固”。

⑥获得资金或其他财务利益。“宝嘻嘻与资本市场的对接，是想借助资本市场的力量，实现企业的成长”。

（3）宝嘻嘻集团实施多元化战略的风险：

①来自原有经营产业的风险。“宝嘻嘻跨界经营持续长达十余年，效果却并不理想，症结在于品牌老化严重、多元化严重拖累主业等”。

②产业进入风险。“多元化严重拖累主业”；“2003年开始的童装到2010年的奶粉，产品均反响平平，销售额不断创新低；2012年进军的零售业也于3年后悄悄关闭；2013年高调斥资150亿进入的商业地产行业，目前为止也难有突破”。

③产业退出风险。“2012年进军的零售业也于3年后悄悄关闭；2013年高调斥资150亿进入的商业地产行业，目前为止也难有突破”。

④内部经营整合风险。“宝嘻嘻从未停止过跨

界，但无疑是失败的，所凸显的是公司长期战略不清晰、优秀团队支撑不够等问题”。

67.【考点】基本竞争战略——成本领先战略

【答案】（1）蓝微公司在F国厨具小家电市场采用成本领先战略的优势：

①形成进入障碍。“蓝微公司多次主动大幅度降低产品价格……又令新进入者望而却步”。

②增强讨价还价能力。“而对于一些成本高，自身还不具备生产能力的上游资源，公司由于在其他各环节上成本低于竞争对手，也能够消化这些高成本投入的价格”。

③保持领先的竞争地位。“在市场上既淘汰了高成本和劣质企业”；“迅速提高市场占有率，在国内外享有较高的知名度”。

（2）蓝微公司在F国厨具小家电市场实施成本领先的条件：

从市场情况的方面来看：

①产品具有较高的价格弹性，市场中存在大量的价格敏感用户。“消费者大都对价格比较敏感”。

②产业中所有企业的产品都是标准化的产品，产品难以实现差异化。“在厨具小家电市场，企业的产品都是标准化的产品”。

③价格竞争是市场竞争的主要手段。“价格竞争仍然是市场竞争的主要手段”。

从资源和能力的方面来看：

①在规模经济显著的产业中建立生产设备来实现规模经济。“利用与发达国家企业OEM合作方式获得的设备，进行大批量生产，从而获得规模经济优势”。

②降低各种要素成本。“由于国内劳动力成本低，公司产品成本中的人工成本大大低于国内制造业的平均水平”；“对于一些成本高且蓝微公司自身有生产能力的上游公司资源，公司通过多种形式自行配套生产，可以大幅度降低成本”。

③提高生产率。“蓝微公司实行24小时轮班制，设备的利用率很高，因而其劳动生产率与国外同类企业基本持平”。

④提高生产能力利用程度。“蓝微公司实行24小时轮班制，设备的利用率很高”。

⑤选择适宜的交易组织形式。“对于一些成本高且蓝微公司自身有生产能力的上游资源，如集成电路等，公司通过多种形式自行配套生产，可以大幅度降低成本”。

⑥重点集聚。“蓝微公司集中全部资源，重点发展厨具小家电产品”。

68.【考点】发展战略的主要途径——并购

【答案】（1）美福粮收购江华公司的动机：

①避开进入壁垒，迅速进入，争取市场机会，规避各种风险。“江华公司与美福粮公司一样，主营业务是粮食产品的加工，其主要市场是美福粮公司一直想要发展的华中、华东和华南地区”。

②获得协同效应。“通过此次收购行为，美福粮和江华公司在销售渠道、加工技术等方面完美互补”。

③克服企业负外部性，减少竞争，增强对市场的控制力。“通过此次收购行为，美福粮和江华公司在销售渠道、加工技术等方面完美互补，并且覆盖了全国将近95%的市场，增强了双方的竞争实力”。

（2）美福粮收购江华公司股权所属的并购类型是：

①按并购双方所处的产业分类，美福粮收购江华公司股权所属的并购类型是横向并购，即双方处于同一个产业。“美福粮公司最终计划收购位于中部地区某省的一家产品品质较高、但品牌知名度较低的江华公司的全部股权”；“江华公司与美福粮公司一样，主营业务是粮食产品的加工”。

②按被并购方的态度分类，美福粮收购江华公司股权所属的并购类型是友善并购，即双方意见一致的情况下实现产权的转让。“双方公司经过友好协商，协议约定美福粮公司以全现金的方式收购江华公司的股权”。

③按并购方的身份分类，美福粮收购江华公司股权所属的并购类型是产业资本并购，即美福粮作为并购方属于非金融企业。“美福粮是一家粮食加工公司，加工经营具有地方特色的绿色大米、杂粮等粮食产品”。

④按收购资金来源分类，美福粮收购江华公司股权所属的并购类型是非杠杆收购，即收购方的主体资金来源是自有资金。“70%的资金来自美福粮公司的自有资本，20%资金来自银行贷款，剩余10%来自发行债券”。

69.【考点】PEST分析、产品生命周期、零散产业的竞争战略、基本竞争战略——集中化战略、市场营销战略

【答案】（1）根据材料一，我国的宏观环境因

素包括：

①政治和法律因素。“根据2015年10月起，我国政府颁布政策，实施了30多年的独生子女政策宣布终结，全面放开二孩政策，只要是合法夫妻就享有生育二胎的权利”。

②经济因素。“出生率和结婚率的大幅下降制约了我国多个行业的发展，尤其是国内奶粉行业正感受到阵阵寒意”。

③社会和文化因素。“二孩政策的出台是为解决内地老龄化形势严峻的问题；根据官方统计数据显示，目前我国出生率和结婚率均大幅度下降，预计到2050年，老年人口数量将达到峰值，占到我国总人口的35%”。

（2）由于“大小品牌的奶粉企业都表示，奶粉产能过剩的局面持续加剧，其中不乏奶粉大品牌企业之间的竞争，甚至出现了价格战，行业的生存环境残酷。根据业内人士透露，奶粉市场的总容量已经达到峰值，不会再有进一步的增长”，说明奶粉行业局部产能过剩、企业之间出现价格竞争、市场基本饱和、销售额达到前所未有的规模，符合成熟期的特征。

成熟期的企业战略重点应在转向巩固市场份额的同时提高投资报酬率，主要战略途径是提高效率，降低成本。

（3）①“我国母婴店数量超过20万家，并且行业集中度很低。数量庞大的店面对利润分配的追求，阻碍了外资品牌向低线市场的延伸，因为量太少则无法满足母婴店的需求，量太多又可能会对现有的产品价格体系产生冲击，得不偿失”说明该产业的产业集中度很低，没有任何企业占据显著的市场份额，也没有任何一个企业能对整个产业的发展产生重大的影响。因此，奶粉行业属于零散产业。

②零散产业的战略选择包括克服零散——获得成本优势、增加附加价值——提高产品差异化程度以及专门化——目标集聚。

国内奶粉企业采用的战略选择为专门化——目标集聚，并且属于地理区域专门化。“整个国内奶粉市场中，外资企业严守的二、三线市场已经饱和”；“这种对于外资品牌的阻碍，恰巧给国内品牌创造了机会。因为对于大多数国内奶粉企业而言，本身布局就在三、四、五线市场，针对细分市场做产品也成了他们的最看重的战略决策”。

（4）贝美美公司的基本竞争战略类型是集中差异化战略。“专注于婴幼儿产品的企业”；“决定将企业下一步的增长机会放在奶粉小品类的细分领域，比如羊奶粉和有机奶粉”；“传统牛奶粉只是最基础的产品系列，未来的细分市场才更能体现优势，尤其是增强婴幼儿体质和保护视力等方面可以进一步挖掘”体现了贝美美针对的是产品细分市场；此外，“公司研发出了技术含量更高的特殊医用配方奶粉”；“公司一直希望通过不断对配方进行升级，形成自己的特色”体现了贝美美在该细分市场上的差异化战略。因此贝美美采用的是集中差异化战略。

贝美美实施集中差异化战略所面对的风险包括：

①狭小的目标市场导致的风险。“目前国家施行的婴儿配方奶粉注册制度虽然减少了奶粉市场品牌混乱的现象，但是也给公司的配方调整带来了一定的限制条件，使该公司不得不在品牌宣传上花更大的力气”。

②购买者群体之间需求差异变小。“虽然60%～70%的消费者购买产品依赖于母婴店的推荐，但是对于产品品牌等方面有了更高的要求”。

③竞争对手的进入与竞争。“为了提升公司形象，包括贝美美在内的大部分奶粉企业选择请当红明星代言产品。此举意味着巨大的投入”。

（5）贝美美所实施的产品策略包括：

①产品组合策略，采用的类型是扩大产品组合。“贝美美是始创于1992年的专注于婴幼儿产品的企业，主要产品包括配方奶粉、婴儿辅食，儿童乳制品、母婴营养品及亲子食品”；“公司管理层认为奶粉种类的市场不会再扩大，决定将企业下一步的增长机会放在奶粉小品类的细分领域，比如羊奶粉和有机奶粉。此外，管理层还提出，传统牛奶粉只是最基础的产品系列，未来的细分市场才更能体现优势，尤其是增强婴幼儿体质和保护视力等方面可以进一步挖掘”。

②品牌与商标策略，采用的类型是自有品牌。“贝美美是始创于1992年的专注于婴幼儿产品的企业，主要产品包括配方奶粉、婴儿辅食，儿童乳制品、母婴营养品及亲子食品，所有产品均为自有品牌”。

③产品开发策略。“2015年年初，公司研发出了技术含量更高的特殊医用配方奶粉，并且已经有7个特殊医用配方奶粉通过注册和审批”。

（6）贝美美的促销组合要素包括：

①广告促销。“包括贝美美在内的大部分奶粉企业选择请当红明星代言产品。此举意味着巨大的投入，除了代言费之外，还需要大量的广告投入”。

②公关宣传。“为了宣传公司形象”。

③人员推销。“60%～70%的消费者购买产品依赖于母婴店的推荐”；“深入年轻妈妈市场的活动推广”。

第四章 战略实施

本章领读

考情概要

本章在考试中多以单选题、多选题的形式出现，每年考查分值在5~10分。同时，考试也会将本章知识点与战略分析、战略选择等其他章节的知识点相结合，进行主观题的综合考查。

考点及考频分布

表4-1 考点及考频分布

考纲内容	考纲能力等级	考查年份及题型
组织结构的构成要素	1级	2015年多选题
纵横向分工结构	3级	2020年单选题、2019年单选题、2019年单选题、2018年单选题、2017年单选题、2017年单选题、2016年单选题、2013年单选题、2012年单选题、2012年单选题、2020年多选题、2019年多选题、2017年多选题、2012年简答题
企业战略与组织结构	3级	2020年单选题、2019年单选题、2018年单选题、2014年单选题、2013年单选题、2014年简答题
企业文化的概念	1级	近年未涉及
企业文化的类型	2级	2020年单选题、2017年单选题、2014年单选题、2013年单选题
文化与绩效	2级	近年未涉及
战略稳定性与文化适应性	2级	2020年单选题、2019年单选题、2018年单选题、2016年单选题
战略控制的过程	2级	2016年单选题
战略控制方法	2级	2019年单选题、2014年单选题、2013年单选题、2020年多选题、2019年多选题、2019年多选题、2018年多选题、2017年多选题、2017年多选题、2016年多选题、2016年多选题、2013年多选题、2012年简答题
企业的主要利益相关者	1级	近年未涉及
企业利益相关者的利益矛盾与均衡	2级	2015年单选题
权力与战略过程	1级	2020年单选题、2019年单选题、2018年单选题、2015年单选题、2014年单选题、2013年单选题、2014年多选题
数字化技术	2级	新增知识点
数字化技术对公司战略的影响	3级	新增知识点

续表

考纲内容	考纲能力等级	考查年份及题型
数字化战略	3 级	新增知识点
数字化战略转型的困难和任务	2 级	新增知识点

学习建议

本章知识点杂而琐碎，需要耐心学习。其中，有一些重要的知识点如横向分工结构、企业战略与组织结构、预算、平衡计分卡等被考核的可能性非常大，还有数字化战略是较新的知识点，也应特别重视。学习本章的时候需要注意，先通学一遍，然后有主次地进行复习。

学习框架

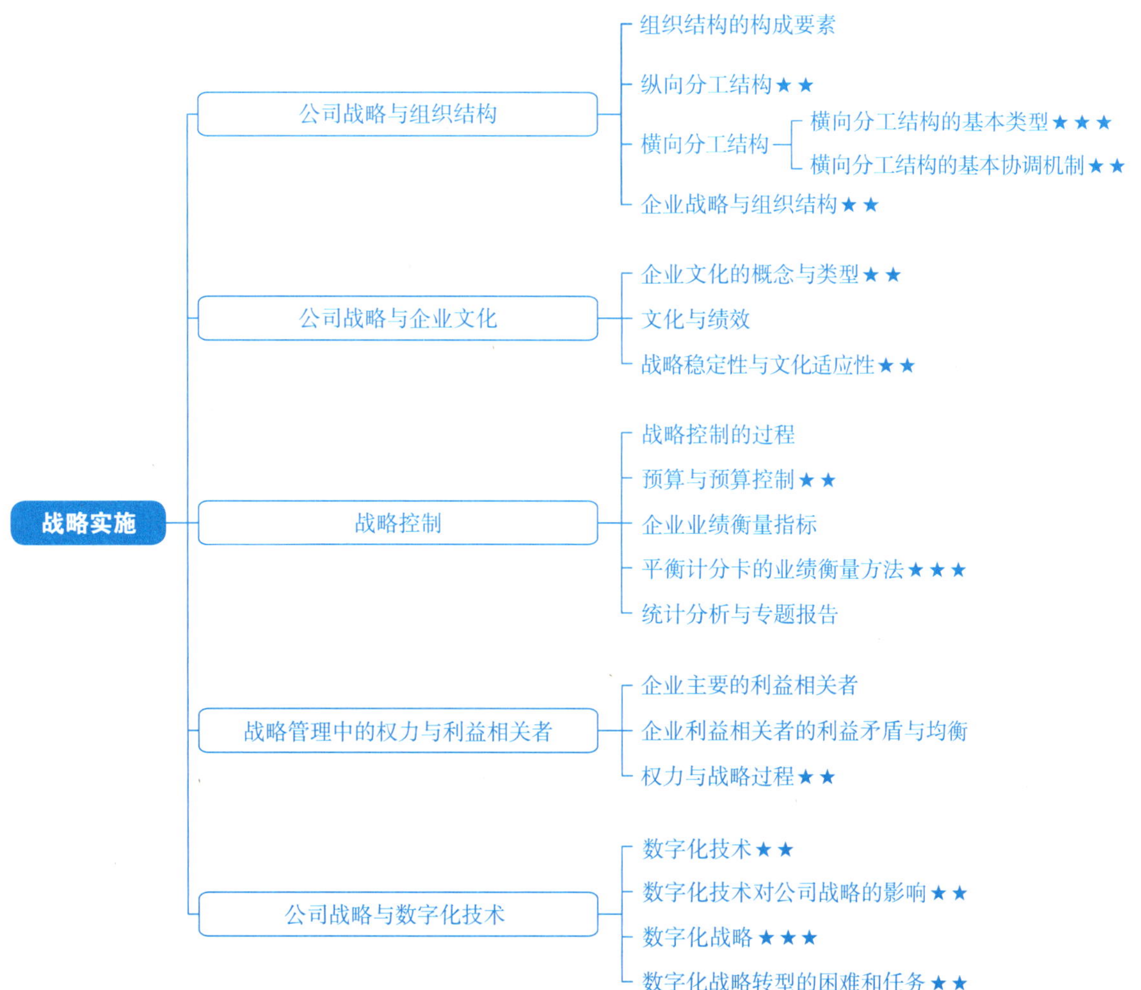

图 4－1 学习框架图

Part I 知识点全解

一、公司战略与组织结构

（一）组织结构的构成要素★

名师说

组织结构的基本构成要素是**分工与整合**。分工是将企业转化成不同职能及事业部的手段，而整合是要将不同的职能及部门结合。

1. 分工

分工是企业为创造价值而对其人员和资源的分配方式。

（1）纵向分工。

企业高层管理人员必须在如何**分配组织的决策权**上做出选择，以便很好地控制企业创造价值的活动。

（2）横向分工。

企业高层管理人员必须在如何**分配人员、职能部门以及事业部**方面做出选择，以便增加企业创造价值的能力。

2. 整合

企业为实现预期的目标而用来协调人员与职能的手段。

（二）纵向分工结构★★

1. 纵向分工结构的基本类型（见图4-2）

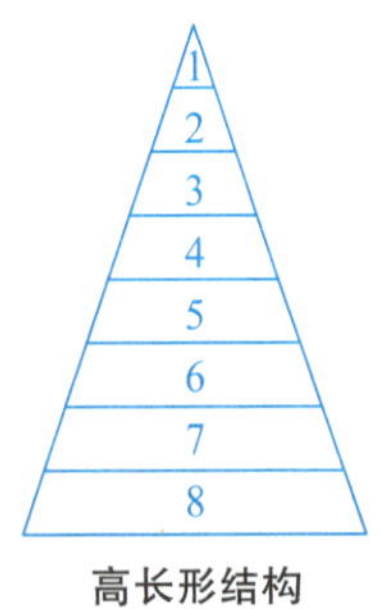

高长形结构

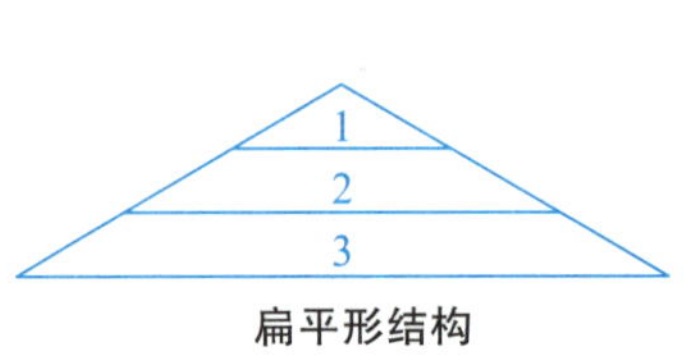

扁平形结构

图4-2 纵向分工结构的基本类型

（1）高长型组织结构。

管理层次**多**。在每个层次上，管理人员的控制幅度较**窄**。**有利于企业内部的控制，但对市场变化的反应较慢**。

（2）扁平型组织结构。

管理层次较**少**。在每个层次上，管理人员的控制幅度较**宽**。**可以及时地反映市场的变化，并做出相应的反应，但容易造成管理的失控**。

名师说

管理人员的控制幅度宽可以简单理解为管理人员管的人或事情比较多。

敲黑板

请记住高长型组织结构最大的问题在于对市场变化的反应较慢，扁平型组织结构最大的问题在于容易造成管理的失控。

2. 纵向分工结构组织内部的管理问题

（1）集权与分权。

①集权是指企业的**高层管理人员拥有最重要的决策权力**。可以使企业高层管理人员比较容易地控制与协调企业的生产经营活动，以达到企业预期的目标。一般拥有多级管理层，并将决策权分配给顶部管理层；其管理幅度比较窄，从而呈现出层级式结构。产品线数量有限且关系较为密切的企业更适于采用集权型结构。

集权型决策的优缺点见表4-2。

表4-2　　集权型决策的优缺点

集权型决策的优点	集权决策的缺点
（1）易于协调各职能间的决策。 （2）对上下沟通的形式进行了规范（比如利用管理账户）。 （3）能与企业的目标达成一致。 （4）危急情况下能够做出快速决策。 （5）有助于实现规模经济。 （6）这种结构比较适用于由外部机构（比如专业的非营利性企业）实施密切监控的企业，因为所有的决策都能得以协调	（1）高级管理层可能不会重视个别部门的特殊要求。 （2）由于决策时需要通过所有层级向上汇报，因此决策时间过长。 （3）对级别较低的管理者而言，其职业发展空间有限

名师说

注意比较优点中的第（4）点指**危急情况**下集权型的决策速度快，因为决策权集中在上层；缺点中的第（2）点**一般情况**下集权型的决策速度慢，因为一般情况下需要逐级汇报。不同的环境有不同的速度，并不矛盾。

②分权型结构一般包含更少的管理层次，并将**决策权分配到较低的层级**，从而具有较宽的管理幅度并呈现出扁平型结构。事业部制结构在企业的成长方面更为灵活。分权型结构减少了信息沟通的障碍，提高了企业反应能力，能够为决策提供更多的信息并对员工产生激励效应。

敲黑板

集权型对应高长形结构，分权型对应扁平形结构。

（2）中层管理人员人数。

高长型结构需要较多的中层管理人员，会增加行政管理费用，企业为了降低成本，使其结构效率化，**应尽量减少管理层次**。

（3）信息传递。

企业内部管理层次越多，信息在传递的过程中就会发生不同程度的扭曲，不可能完整地到达信息传递的目的地，这样，也**会增加管理的费用**。

（4）协调与激励。

企业的管理层次过多，会妨碍内部员工与职能部门间的沟通，增加管理费用。在激励方面，高长型组织中的管理人员在行使权力时，往往会受到各种限制。高层管理人员就需要花费大量的时间从事协调工作。在扁平型结构中，管理人员拥有较大的职权，并可对自己的职责负责，效益也可以清楚地看出，并有较好的报酬。因此，**扁平型结构比高长型结构更能调动管理人员的积极性**。

名师说

可以看出，一般情况下认为扁平比较好，但是同时也要注意扁平也有很大的缺点：容易造成管理的失控。

【例4-1·单选题】某企业的组织结构可以及时地反映市场的变化，并做出相应的反应，但是容易造成管理的失控。则该企业的纵向分工组织结构最有可能是(　　)。

A. 职能制组织结构　　B. 事业部制组织结构　　C. 高长型组织结构　　D. 扁平型组织结构

【答案】D

【考点】纵横向分工结构

【解析】纵向分工组织结构有高长型组织结构和扁平型组织结构。扁平型组织结构是指具有一定规模的企业的内部管理层次较少。这种结构可以及时地反映市场的变化，并做出相应的反应，但容易造成管理的失控。

（三）横向分工结构

1. 横向分工结构的基本类型★★★

本知识点属于重要内容，八种横向分工基本类型需要掌握辨析，并注意适用情况及优缺点的背诵。

（1）创业型组织结构（记忆名称、适用情况），见表4-3。

表4-3　　创业型组织结构

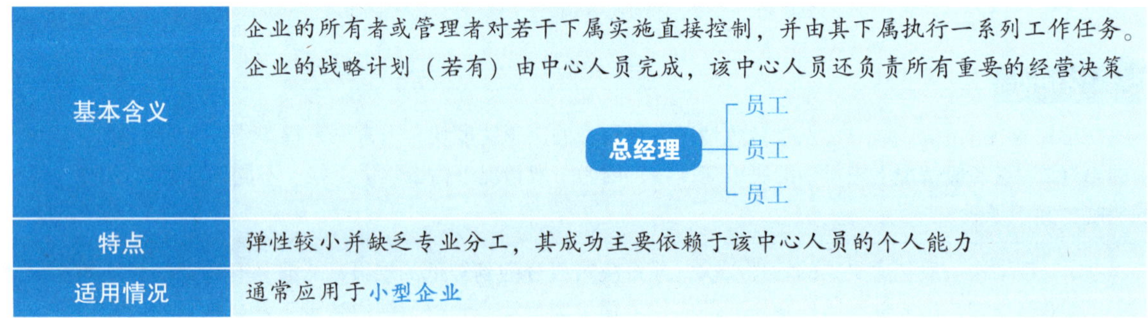

基本含义	企业的所有者或管理者对若干下属实施直接控制，并由其下属执行一系列工作任务。企业的战略计划（若有）由中心人员完成，该中心人员还负责所有重要的经营决策 总经理 — 员工；员工；员工
特点	弹性较小并缺乏专业分工，其成功主要依赖于该中心人员的个人能力
适用情况	通常应用于小型企业

（2）职能制组织结构（记忆名称、适用情况、优点、缺点），见表4-4。

表4-4　　职能制组织结构

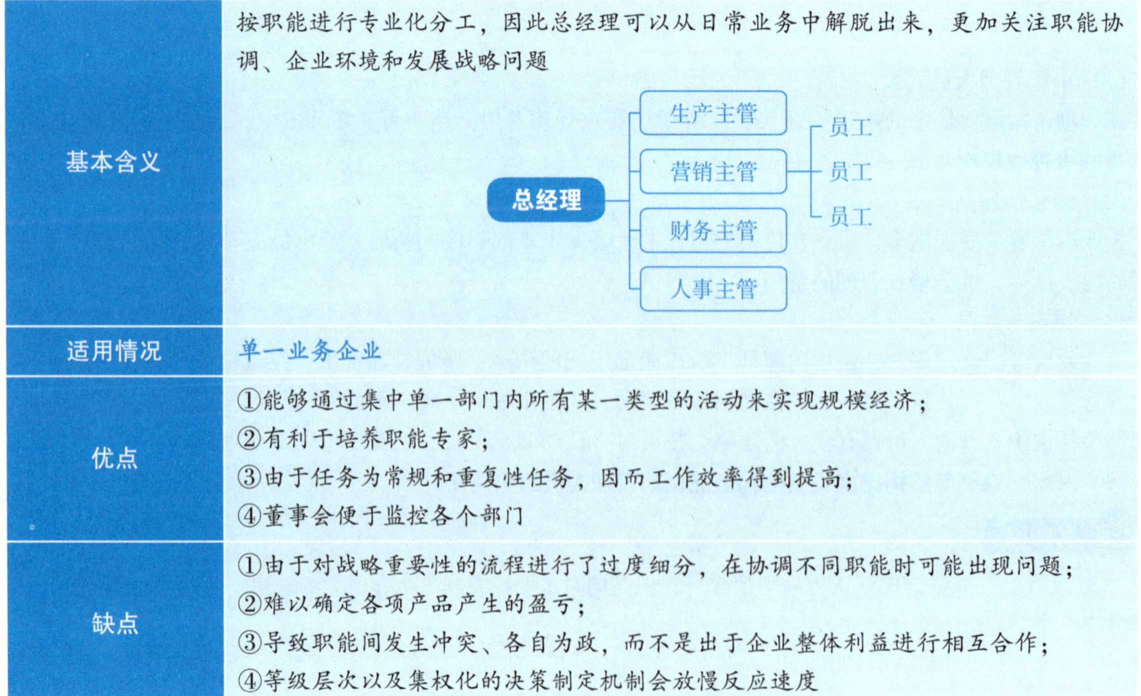

基本含义	按职能进行专业化分工，因此总经理可以从日常业务中解脱出来，更加关注职能协调、企业环境和发展战略问题 总经理 — 生产主管；营销主管（— 员工；员工；员工）；财务主管；人事主管
适用情况	单一业务企业
优点	①能够通过集中单一部门内所有某一类型的活动来实现规模经济； ②有利于培养职能专家； ③由于任务为常规和重复性任务，因而工作效率得到提高； ④董事会便于监控各个部门
缺点	①由于对战略重要性的流程进行了过度细分，在协调不同职能时可能出现问题； ②难以确定各项产品产生的盈亏； ③导致职能间发生冲突、各自为政，而不是出于企业整体利益进行相互合作； ④等级层次以及集权化的决策制定机制会放慢反应速度

（3）事业部制组织结构（记忆名称、适用情况、优点、缺点），见表4－5。

表4－5　　事业部制组织结构

<table>
<tr><td>基本含义</td><td colspan="3">按照产品、服务、市场或地区定义出不同的事业部；
事业部的权力更大；
企业总部负责计划、协调和安排资源；
事业部则承担运营和职能责任，事业部自身的战略规划责任会有所增加</td></tr>
<tr><td rowspan="9">类型与特点</td><td rowspan="4">区域事业部制结构</td><td colspan="2">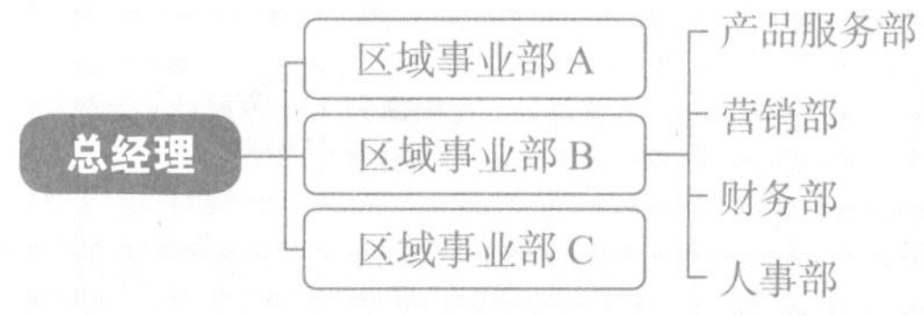
</td></tr>
<tr><td>优点</td><td>①在企业与客户的联系上，能实现更好更快的地区决策；
②与一切由总部运作相比，建立地区工厂或办事处会削减成本费用；
③有利于海外经营企业应对各种环境变化</td></tr>
<tr><td>缺点</td><td>①管理成本的重复；
②难以处理跨区域的大客户的事务</td></tr>
<tr><td>适用情况</td><td>企业在不同的地理区域开展业务</td></tr>
<tr><td rowspan="4">产品/品牌事业部制结构</td><td colspan="2">总经理
产品/品牌事业部A
产品/品牌事业部B
产品/品牌事业部C
产品服务部
营销部
财务部
人事部</td></tr>
<tr><td>优点</td><td>①生产与销售不同产品的不同职能活动和工作可以通过事业部/产品经理来予以协调和配合；
②各个事业部都可以集中精力在其自身的区域；
③易于出售或关闭经营不善的事业部</td></tr>
<tr><td>缺点</td><td>①各个事业部会为了争夺有限资源而产生摩擦；
②各个事业部之间会存在管理成本的重叠和浪费；
③若产品事业部数量较大，则难以协调；
④若产品事业部数量较大，高级管理层会缺乏整体观念</td></tr>
<tr><td>适用情况</td><td>具有若干生产线的企业</td></tr>
<tr><td>客户细分或市场细分事业部制结构</td><td colspan="2">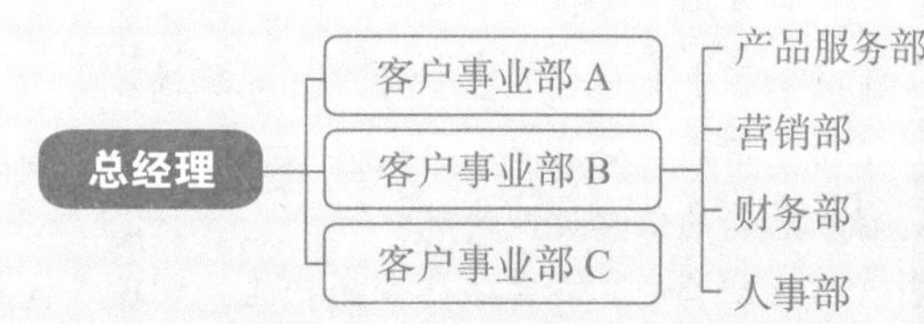
</td></tr>
</table>

（4）M 型企业组织结构（多部门结构）（记忆名称、适用情况、优点、缺点），见表 4－6。

表 4－6　　M 型企业组织结构（多部门结构）

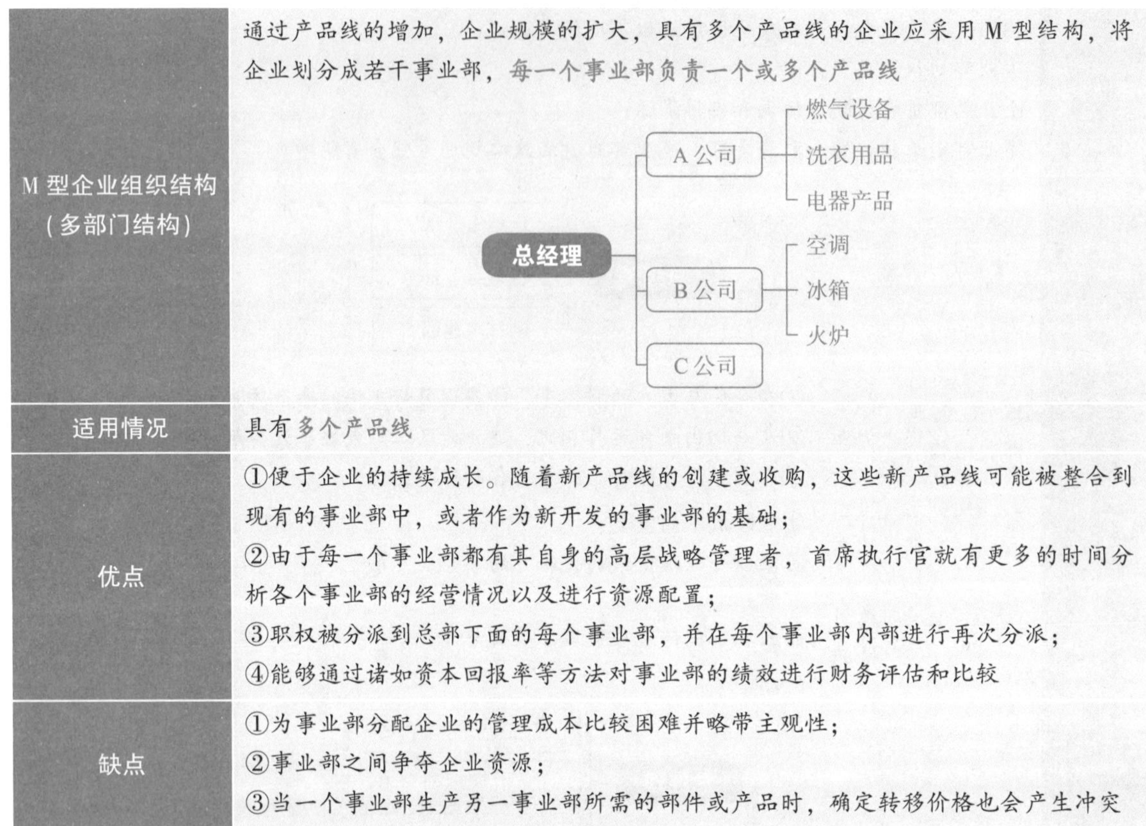

M 型企业组织结构（多部门结构）	通过产品线的增加，企业规模的扩大，具有多个产品线的企业应采用 M 型结构，将企业划分成若干事业部，每一个事业部负责一个或多个产品线
适用情况	具有多个产品线
优点	①便于企业的持续成长。随着新产品线的创建或收购，这些新产品线可能被整合到现有的事业部中，或者作为新开发的事业部的基础； ②由于每一个事业部都有其自身的高层战略管理者，首席执行官就有更多的时间分析各个事业部的经营情况以及进行资源配置； ③职权被分派到总部下面的每个事业部，并在每个事业部内部进行再次分派； ④能够通过诸如资本回报率等方法对事业部的绩效进行财务评估和比较
缺点	①为事业部分配企业的管理成本比较困难并略带主观性； ②事业部之间争夺企业资源； ③当一个事业部生产另一事业部所需的部件或产品时，确定转移价格也会产生冲突

（5）战略业务单位组织结构（SBU）（记忆名称、适用情况、优点、缺点），见表 4－7。

表 4－7　　战略业务单位组织结构（SBU）

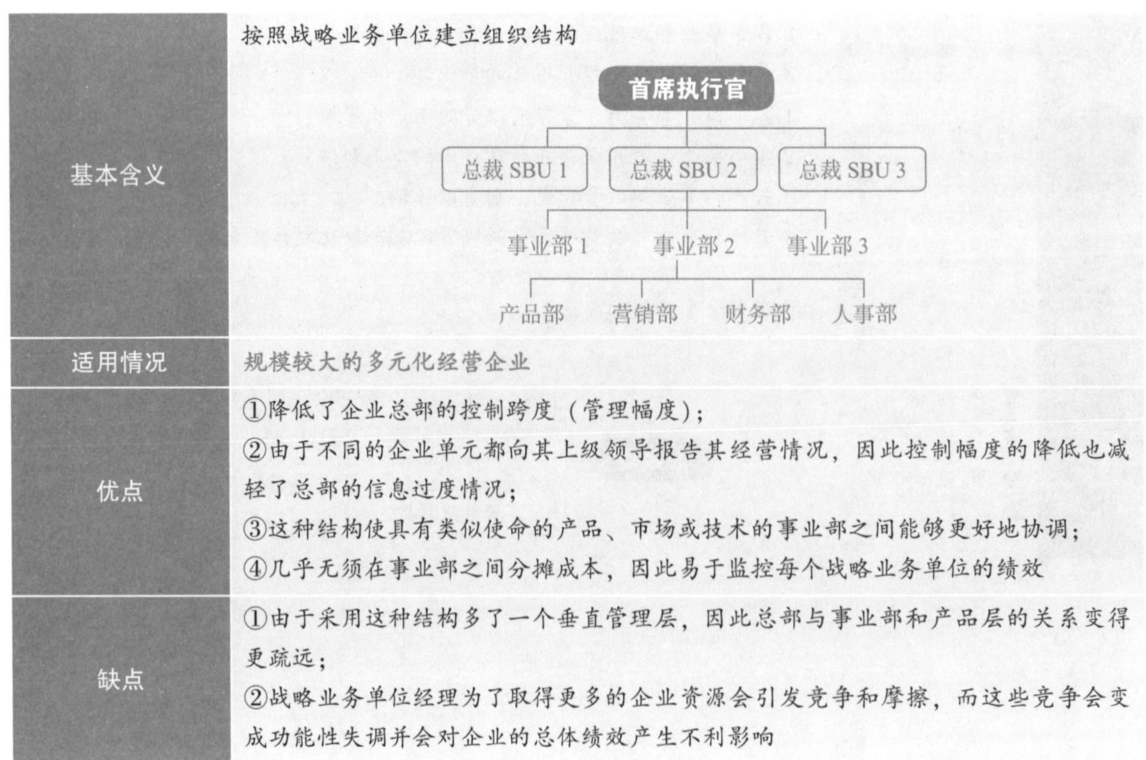

基本含义	按照战略业务单位建立组织结构
适用情况	规模较大的多元化经营企业
优点	①降低了企业总部的控制跨度（管理幅度）； ②由于不同的企业单元都向其上级领导报告其经营情况，因此控制幅度的降低也减轻了总部的信息过度情况； ③这种结构使具有类似使命的产品、市场或技术的事业部之间能够更好地协调； ④几乎无须在事业部之间分摊成本，因此易于监控每个战略业务单位的绩效
缺点	①由于采用这种结构多了一个垂直管理层，因此总部与事业部和产品层的关系变得更疏远； ②战略业务单位经理为了取得更多的企业资源会引发竞争和摩擦，而这些竞争会变成功能性失调并会对企业的总体绩效产生不利影响

（6）矩阵制组织结构（记忆名称、适用情况、优点、缺点），见表 4－8。

表 4－8　　　　矩阵制组织结构

基本含义	是一种具有两个或多个命令通道的结构，包含两条预算权力线以及两个绩效和奖励来源 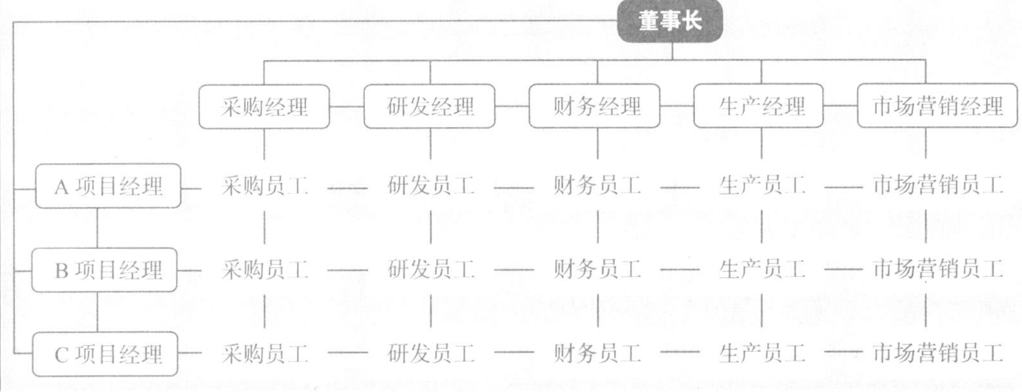
适用情况	非常复杂项目中的控制问题
优点	①由于项目经理与项目的关系更紧密，因而能更直接地参与到与其产品相关的战略中来，从而激发其成功的动力； ②能更加有效地优先考虑关键项目，加强对产品和市场的关注，从而避免职能型结构对产品和市场的关注不足； ③与产品主管和区域主管之间的联系更加直接，从而能够作出更有质量的决策； ④实现了各个部门之间的协作以及各项技能和专门技术的相互交融； ⑤双重权力使企业具有多重定位，这样职能专家就不会只关注自身的业务范围
缺点	①可能导致权力划分不清晰（比如谁来负责预算），并在职能工作和项目工作之间产生冲突。 ②双重权力容易使管理者之间产生冲突。如果采用混合型结构，非常重要的一点就是确保上级的权力不相互重叠，并清晰地划分权力范围。下属必须知道其工作的各个方面应对哪个上级负责。 ③管理层可能难以接受混合型结构，并且管理者可能会觉得另一名管理者将争夺其权力，从而产生危机感。 ④协调所有的产品和地区会增加时间成本和财务成本，从而导致制定决策的时间过长

（7）H 型结构（控股企业/控股集团结构）（记忆名称、适用情况、主要特点），见表 4－9。

表 4－9　　　　H 型结构（控股企业/控股集团结构）

基本含义	成立控股企业，其下属子企业具有独立的法人资格。 控股企业的类型： ①对某家企业进行永久投资，可能控股企业实际上就是一家投资企业； ②拥有各种单独的、无联系的企业的股份，并对这些企业实施较小的控制或不实施控制； ③拥有自主经营的业务单位的企业，这些企业独立经营并保留其原本企业名称
适用情况	业务领域涉及多个方面，甚至上升到全球化竞争层面
主要特点	①其业务单元的自主性强。 ②企业无须负担高额的中央管理费，因为母企业的职员数量很可能非常少；业务单元能够自负盈亏并从母企业取得较便宜的投资成本。 ③在某些国家如果将这些企业看成一个整体，业务单元还能够获得节税收益。 ④控股企业可以将风险分散到多个企业中，但是有时也很容易撤销对个别企业的投资

（8）国际化经营企业的组织结构（**记忆名称**），见图4-3。

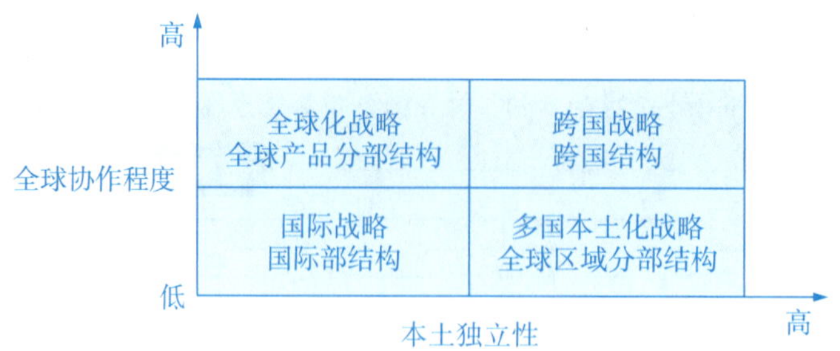

图4-3 国际化经营企业的组织结构

①国际部结构（国际战略）。

企业**全球协作程度低**，产品对东道国市场的需求的**适应能力也比较弱**。在这种情况下，企业多把**产品开发的职能留在母国**，而在**东道国建立制造和营销职能**。

②全球区域分部结构（多国本土化战略）。

为较小的"国内"市场规模较少地生产了同样的产品。下属公司的生产成本通常比母公司高，因为它要以相对小的规模生产各种产品。但在很多情况下，贸易壁垒把国际市场隔离开来，使下属公司仍能以盈利状态运转。

地区和国家经理有高度的自主权，可以改变本国的产品战略，使它能**适应于所在国家或地区的特殊环境**。公司获得了本地迅速适应的能力。

③全球产品分部结构（全球化战略）。

当公司在全球范围内进行资源寻求时，**产品经理可以根据各国成本和技术的差异来设置活动**。在全球产品分部结构下，**一些活动会被分散进行**，如零件加工和装配，**而其他活动则集中进行**，如研制开发活动。

由企业**总部确定企业的总目标和经营战略，各产品部根据总部的经营目标和战略分别制订本部的经营计划**。**下属公司的运营并没有太大自主权**，它们成为全球组织的一个组成部分，下属公司生产的产品是提供整个公司使用的某一模型或部件，产品的设计和说明很少由下属公司来决定。各**下属公司应以服从为重**，并被作为一个成本中心来评估。全球性的**下属公司几乎没有战略自主权**。通常来说，由**母公司管理整个国际市场的营销**，而**下属公司可能会雇用自己市场的营销人员**，这些营销人员一般对部门营销经理负责。

④跨国结构（跨国战略）。

从全球性产品——地区混合结构思路出发，从下属公司的功能与权力角度，对组织结构作进一步优化。产品分部和地区分部都由副总经理负责，企业总部从全球范围来协调各产品分部和地区分部的活动，以**取得各种产品的最佳地区合作**，管理各子公司的经营活动。

跨国结构的目的是力求**同时最大限度地提高效率、地区适应能力和组织学习能力**。

适用于那些产品多样化程度很高、地区分散化程度也很大的跨国公司。尤其是那些销售、计划、财务、人事、研发等职能难以全部下放到产品分部或地区分部，而这些职能又是对各分部以下的子公司之间的协调具有重要意义的企业。

【例4-2·单选题】甲公司为软件开发公司，总部设在北京。甲公司所处的软件开发行业的突出特点是知识更新快，同时也导致经验丰富、素质高的软件工程师流动性较大，为此甲公司以业务管理为单位，对各项目进行管理和考核。根据上述情况，适合甲公司选择的最佳组织结构类型是（　　）。

A. 职能制组织结构　　B. 事业部制组织结构

C. 战略业务单位组织结构　　D. 矩阵制组织结构

【答案】D

【考点】纵横向分工结构

【解析】矩阵制组织结构：矩阵结构是一种具有两个或多个命令通道的结构，包含两条预算权力线以及两个绩效和奖励来源。适用情况：非常复杂的项目中的控制问题。

2. 横向分工结构的基本协调机制★★

在学习横向分工结构的六种基本协调机制之前，希望大家先学习编者补充的结构构型的五个元素（明茨伯格），然后对应图示进行理解，见图 4－4。

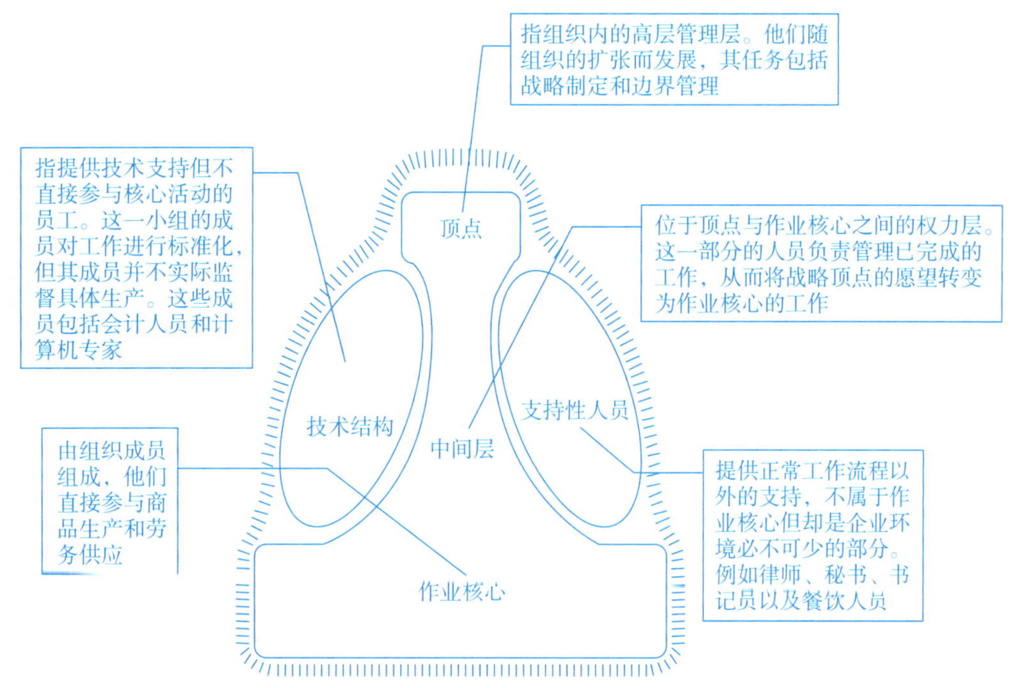

图 4－4 结构构型的五个元素（明茨伯格）

横向分工结构的基本协调机制见表 4－10。

表 4－10　　横向分工结构的基本协调机制

机制名称	图示	含义
相互适应，自行调整		是一种自我控制方式。组织成员直接通过非正式的、平等的沟通达到协调，相互之间不存在指挥与被指挥的关系，也没有来自外部的干预。 适合于最简单的组织结构。在十分复杂的组织里，由于人员构成复杂，工作事务事先不能全部规范化，因而也采用这种协调机制
直接指挥，直接控制		组织的所有活动都按照一个人的决策和指令行事
工作过程标准化		组织通过预先制定的工作标准，来协调生产经营活动

续表

机制名称	图示	含义
工作成果标准化		组织通过预先制定的工作成果标准，实现组织中各种活动的协调。这种协调只规定最终目标，不限定达到目标的途径、方法、手段和过程
技艺（知识）标准化		组织对其成员所应有的技艺、知识加以标准化。 属于超前的间接协调机制
共同价值观		组织内全体成员要对组织的战略、目标、宗旨、方针有共同的认识和共同的价值观念，充分地了解组织的处境和自己的工作在全局中的地位和作用，互相信任、彼此团结，具有使命感，组织内的协调和控制达到高度完美的状态

名师说

最简单的组织结构适用于相互适应、自行调整协调机制。随着工作复杂化，协调机制逐渐升级，在工作极其复杂、难以标准化时，企业往往又回到互相适应调整这种最简单而又最灵活的协调机制上。不过，这不是一种简单的循环，而是螺旋式上升。企业不可能在一段时间内只依靠一种协调机制，往往根据不同任务的侧重点混合使用这六种协调机制。

【例4－3·单选题】外科大夫在给病人进行手术时，需要麻醉师的配合。在手术前配合方案可能已经制订好，但外科大夫在手术台上所遇到的情况往往难以预料，又没有过多的时间与麻醉师讨论，只有凭借他们各人所掌握的知识及经验各自处理自己的职责。这体现的是哪种基本协调机制（　　）。

A. 工作过程标准化　　B. 技艺（知识）标准化

C. 共同价值观　　D. 直接指挥，直接控制

【答案】B

【考点】纵横向分工结构

【解析】技艺（知识）标准化，是指组织对其成员所应有的技艺、知识加以标准化。有些组织内的工作专业性强，工作过程和工作成果均无法标准化。因此，这种协调机制主要是依靠组织成员在任职以前就接受了必要的、标准化的训练，成为具有标准化知识和技能的人才。在实际工作中，他们便可以根据自己的知识和技艺，相互配合与协调。

（四）企业战略与组织结构★★

1. 组织结构与战略的关系

钱德勒的组织结构服从战略理论可以从以下两个方面展开。

（1）战略的前导性与结构的滞后性。

①战略前导性：指企业战略的变化快于组织结构的变化。

②结构滞后性：指企业组织结构的变化常常慢于战略的变化速度。造成这种现象的原因有两种：一是新、旧结构交替有一定的时间过程；二是管理人员的抵制。

（2）企业发展阶段与结构（见表4－11）。

表4－11　　企业发展阶段与结构

产业发展阶段	企业战略	企业特征	企业结构类型
产业发展初期（导入期）	市场渗透战略	简单的小型企业。只生产一种产品，或生产一个产品系列，面对一个独特的小型市场	从简单结构到职能结构
产业进一步发展	市场开发战略	在较大的或多样化的市场上提供单一的或密切相关的产品与服务系列	从职能结构到事业部结构
产业增长后期（成长期）	纵向一体化战略	在多样化的市场上扩展相关的产品系列	从事业部结构到矩阵结构
产业成熟期	多元化经营战略	在大型的多元化产品市场进行多种经营，提供不相关的产品与服务	从事业部结构到战略业务单位结构

请注意，钱德勒组织结构服从战略理论的两个方面就是两个关系，一个是战略与结构的先后关系，另一个是阶段与结构的匹配关系。

2. 组织的战略类型（见表4－12）

组织的战略类型

表4－12　　组织的战略类型

类型名称	开创性问题	技术关键	结构	危险
防御型战略组织	稳定的环境： 创造稳定的经营领域，占领一部分产品市场；通过竞争性定价、高质量产品实现	提高技术效率： 集中于技术效率，尽可能有效地生产与销售产品或提供服务	“机械式”： 有利于产生并保持高效率，最终形成明显的稳定性	适合于较为稳定的产业； 不可能对市场环境做重大的改变
开拓型战略组织	动态的环境： 寻求和开发新产品与新市场	灵活性： 为了避免长期陷入单一的技术，常常通过开发机械程度很低和例外性的多种技术和标准技术	“有机式”： 行政管理具有很大的灵活性	缺乏效率： 要冒利润较低与资源分散的风险，很难获得最大利润
分析型战略组织	中间型： 以最小的风险、最大的机会获得利润，寻求新的产品和市场机会的同时，保持传统的产品和市场。 模仿开拓型组织已开发成功的产品或市场，同时依靠已经稳定的产品和市场保证收入的主要部分	保持技术的灵活性与稳定性之间进行平衡。 适应既稳定又变动的经营业务，使两种经营业务达到平衡	分析型组织的矩阵结构。 在职能部门制定集约式计划，在产品开发小组制定粗放式计划 在职能部门实行集权控制，在产品开发小组使用分权控制	限制了组织的应变能力。 如果分析型组织不能保持战略与结构关系的必要平衡，它最大的危险就是既无效能又无效率

续表

类型名称	开创性问题	技术关键	结构	危险
反应型战略组织	动荡不定的调整模式。是一种下策。 缺少在变化的环境中随机应变的机制。往往会对环境变化和不确定性做出不适当的反应，随后又会执行不力，对以后的经营行动犹豫不决。结果，反应型组织永远处于不稳定的状态。 一个企业组织如果不是处于经营垄断或被高度操纵的产业里，就不应该采取反应型组织形态，即使采取了这种战略，也要逐步地过渡到防御型、开拓型或分析型战略组织形态。 一个企业组织之所以成为反应型组织，主要有三个原因： （1）决策层没有明文表达企业战略； （2）管理层次中没有形成可适用于现有战略的组织结构； （3）只注重保持现有的战略与结构的关系，忽视了外部环境条件的变化			

企业文化的概念与类型

二、公司战略与企业文化

（一）企业文化的概念与类型★★

名师说

企业文化是企业成员共有的哲学、意识形态、价值观、信仰、假定、期望态度和道德规范。企业文化代表了企业内部的行为指针，它们不能由契约明确下来，但却制约和规范着企业的管理者和员工。

企业文化的概念与类型见表 4 - 13。

表 4 - 13　企业文化的概念与类型

类型	主要表现
权力导向型	掌权人试图对下属保持绝对控制，企业组织结构往往是传统框架； 企业的决策可以很快地做出，但其质量在很大程度上取决于企业经理人员的能力； 企业的变革主要由企业中心权力来决定。 通常存在于家族式企业和刚开创的企业
角色导向型	尽可能追求理性和秩序，角色文化十分重视合法性、忠诚和责任； 企业的权力仍在上层，十分强调等级和地位。 这种企业被称作官僚机构，具有稳定性、持续性的优点，可能带来高效率。但是，这类企业不太适合动荡的环境。 最常见于国有企业和公务员机构
任务导向型	管理者关心的是不断地和成功地解决问题； 采用的组织结构往往是矩阵式； 实现目标是任务导向型企业的主导思想； 企业强调的是速度和灵活性，专长是个人权力和职权的主要来源，并且决定一个人在给定情景中的相对权力； 这类企业的特征是无连续性，具有很强的适应性，个人能高度控制自己分内的工作，在十分动荡或经常变化的环境中会很成功，也会给企业带来很高的成本。 常见于新兴产业中的企业，特别是一些高科技企业
人员导向型	企业存在的目的主要是为其成员的需要服务，员工通过示范和助人精神来互相影响，而不是采用正式的职权； 这类文化中的人员不易管理，企业能给他们施加的影响很小。 常见于俱乐部、协会、专业团体和小型咨询公司

名师说

尽管存在着企业文化，但是要将它从其他文化中区别开来却很困难。此外，在一个大企业中要识别出一种能涵盖所有成员的单一文化是困难的，而且，企业的不同部门可能也有不同的文化。在这里，我们只研究那些能潜在影响企业经济绩效，主要存在于企业决策制定者中的文化。

（二）文化与绩效★

名师说

文化可能与高绩效相联系，但它又不一定是高绩效的必然原因。

1. 企业文化为企业创造价值的途径

（1）文化简化了信息处理。

企业文化中的价值观、行为准则和相应的符号，可以使一起工作的员工的活动集中于特定的有范围的安排之中；可以使一起工作的员工能够分享对他们工作的一系列预期，因而减少不确定性；可以使一起工作的员工始终存在共同关注的焦点。

（2）文化补充了正式控制。

文化作为集体价值观和行为准则的集合体，在组织中能发挥一种控制功能。

威廉姆奥奇引入了一个“团体控制”的概念来阐述文化对于官僚控制或市场控制模式的替代作用，奥奇的分析是建立在对日本企业不同于西方企业的管理模式的分析基础之上。

大多数的企业运用市场控制（建立在市场价格基础之上的控制）、官僚控制、团体控制三种控制技术的组合。

（3）文化促进合作并减少讨价还价成本。

企业文化通过互相强化道德规范，减轻企业内权力运动的危害效应，这就使得利己主义的个人之间不可能出现的多方受益的合作行为在企业内部可能出现。可以解决个体理性与集体理性的矛盾。

2. 文化、惯性和不良绩效

当战略符合其环境的要求时，文化则支持企业的定位并使之更有效率；而当企业所面对的环境产生了变化，并显著地要求企业对此适应以求得生存时，文化对绩效的负面影响就变得重要起来。尤其是在一个不利的商业环境中，文化的不可管理性将使之成为一种惯性或阻碍变化的来源。

3. 企业文化成为维持竞争优势源泉的条件

首先，文化必须为企业创造价值；其次，公司文化必须是企业所特有的；最后，企业文化必须是很难被模仿的。

（三）战略稳定性与文化适应性★★（见图 4－5）

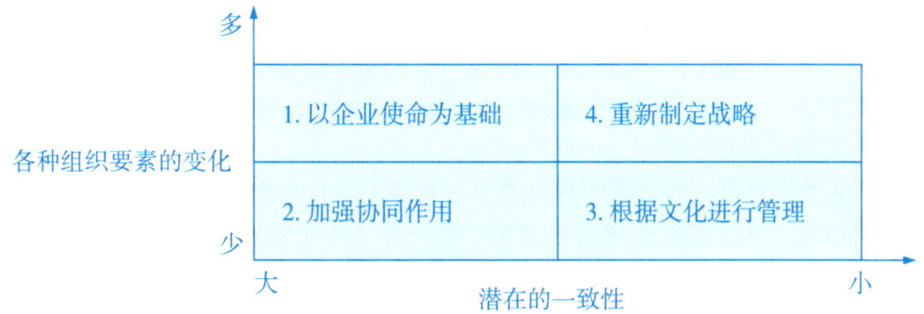

图 4－5 战略稳定性与文化适应性

企业战略稳定性与文化适应性类型见表4-14。

表4-14　企业战略稳定性与文化适应性

类型	特点	主要表现
以企业使命为基础	战略变化大； 文化一致性大	那些以往效益好的企业，可以根据自己的实力，寻找可以利用的重大机会，或试图改变自己的主要产品和市场，以适应新的要求。 企业处理战略与文化关系的重点有以下几项： (1) 企业在进行重大变革时，必须考虑与企业基本使命的关系； (2) 发挥企业现有人员在战略变革中的作用； (3) 在调整企业的奖励系统时，必须注意与企业组织目前的奖励行为保持一致； (4) 考虑进行与企业组织目前的文化相适应的变革，不要破坏企业已有的行为准则
加强协调作用	战略变化小； 文化一致性大； 发生在企业采用稳定战略（或维持不变战略）时	企业应考虑两个主要问题： (1) 利用目前的有利条件，巩固和加强企业文化； (2) 利用文化相对稳定的这一时机，根据企业文化的需求，解决企业生产经营中的问题
根据文化的要求进行管理	战略变化小； 文化一致性小	需要研究这些变化是否可能给企业带来成功的机会。 可以根据经营的需要，在不影响企业总体文化一致的前提下，对某种经营业务实行不同的文化管理
重新制定战略	战略变化大； 文化一致性小	企业首先要考察是否有必要推行这个新战略。 如果没有必要，企业则需要考虑重新制定战略。 在企业外部环境发生重大变化，企业考虑到自身长远利益，必须实施不能迎合企业现有的文化的重大变革，企业则必须进行文化管理，使企业文化也做出相应重大的变化。 为了处理这种重大的变革，企业需要从四个方面采取管理行动： (1) 企业的高层管理人员要痛下决心进行变革，并向全体员工讲明变革的意义； (2) 为了形成新的文化，企业要招聘或从内部提拔一批与新文化相符的人员； (3) 改变奖励结构，将奖励的重点放在具有新文化意识的事业部或个人的身上，促进企业文化的转变； (4) 设法让管理人员和员工明确新文化所需要的行为，形成一定的规范，保证新战略的顺利实施

【例4-4·单选题】企业在处理战略与文化的关系时，遇到了极大的挑战。企业在实施一个新战略时，组织的要素会发生重大的变化，又多与企业现有的文化很不一致，或受到现有文化的抵制。此时，企业应该(　　)。

A. 以企业使命为基础　　B. 加强战略与文化的协同作用

C. 重新制定战略　　D. 根据文化的要求进行管理

【答案】C

【考点】战略稳定性与文化适应性

【解析】企业在处理战略与文化的关系时，遇到了极大的挑战。企业在实施一个新战略时，组织的要素会发生重大的变化，又多与企业现有的文化很不一致，或受到现有文化的抵制。此时，企业应该重新制定战略。

三、战略控制

（一）战略控制的过程★

1. 战略失效与战略控制

（1）战略失效与战略控制的概念。

战略失效的含义：企业战略实施的结果偏离了预定的战略目标或战略管理的理想状态。

战略失效的原因：①企业内部缺乏沟通。②战略实施过程中各种信息的传递和反馈受阻。③战略实施所需的资源条件与现实存在的资源条件之间出现较大缺口。④用人不当，主管人员、作业人员不称职或玩忽职守。⑤公司管理者决策错误，使战略目标本身存在严重缺陷或错误。⑥企业外部环境出现了较大变化，而现有战略一时难以适应等。

战略失效的类型：①早期失效（战略实施初期）。②偶然失效（偶然因素出现的影响）。③晚期失效（战略实施一段时间后）。

早期失效或是晚期失效的判断需注意题干中的定性描述，不要过于在意几个月算是早期、几个月算是晚期这样定量的判断。

战略控制的含义：战略控制是指监督战略实施进程，及时纠正偏差，确保战略有效实施，使战略实施结果符合预期战略目标的必要手段。

战略控制与预算控制的对比见表 4－15。

表 4－15 战略控制与预算控制的对比

类型	主要特征
战略控制	期间比较长，从几年到十几年以上； 定性方法和定量方法； 重点是内部和外部； 不断纠正行为
预算控制	期间通常为一年以下； 定量方法； 重点是内部； 通常在预算期结束之后采用纠正行为

（2）战略控制系统。

①战略控制系统的步骤：执行策略检查；根据企业的使命和目标，识别各个阶段业绩的里程碑；设定目标的实现层次；对战略过程进行正式监控；对于有效实现战略目标的业绩给予奖励。

②战略控制系统的特点：程序的正式程度；能被识别的业绩评价指标数目。

③构建战略控制系统时，应考虑：链接性、多样性、风险、变化、竞争优势。

④战略性业绩计量的特征：重点关注长期的事项，对大多数企业而言可能是股东财富；有助于识别战略成功的动因，如企业是如何长期创造股东价值的；通过企业提高业绩来支持企业学习；提供的奖励基础是基于战略性的事项而不仅仅是某年的业绩。

（3）战略控制和成功关键因素。

识别成功关键因素对战略控制的好处：识别成功关键因素的过程可以提醒管理层那些需要控制的事项，

并显示出次要的事项；传统的预算控制可能使报告的成本与标准成本存在差异，而成功关键因素能够转化为按照相同方式定期报告的关键性业绩指标；成功关键因素能够保证管理层定期收到有关企业的关键信息，指导信息系统的发展；它们能够用于将组织的业绩进行内部对比或者与竞争对手比较。

2. 企业经营业绩的衡量

(1) 衡量企业业绩的重要性。

衡量企业业绩是战略分析中的一个步骤。企业战略关注的是企业目标的实现，因而战略分析中很有必要考察企业的业绩，特别是长期业绩。业绩衡量可能基于财务信息也可能基于非财务信息。

业绩衡量的主要目的：业绩评价是整体控制或者反馈控制系统的一部分，提供了刺激任何必要的控制行为的必要反馈；业绩评价是与利益相关者群体沟通的重要组成部分；业绩评价与激励政策以及业绩管理系统紧密相关；由于管理层追求获得评价为满意的业绩，这会增加管理层的动力。

(2) 对衡量企业业绩的不同观点。

①股东观。

企业是为股东盈利的，因而应该把股东回报率作为企业业绩的指标——资本利得与股利。这种基于市场的方法对传统的会计方法的有效性提出了质疑：会计反映的是企业过去的业绩，而市场方法反映的是对企业未来业绩的预期；会计科目是用来记录交易的，而不是用于评价企业的战略地位；并不是所有的资产都能反映在财务报表上；债务政策是变化的。

②利益相关者观。

企业是为所有利益相关者的利益而存在的。不同利益相关者之间的期望和利益有可能产生矛盾和冲突，涉及更为复杂的衡量问题。例如，应用哪些衡量方法才是适合每个利益群体的，彼此出现矛盾如何处理等。

(3) 关键性业绩指标（KPI）。

应当为每一个成功关键因素建立一个或多个关键性业绩指标。

关键性业绩指标见表4-16。

表4-16　关键性业绩指标（KPI）

活动	关键业绩指标
市场营销	销售数量；毛利率；市场份额
生产	利用能力；质量标准
物流	利用能力；服务水平
新的生产发展	投诉率；回购率
广告计划	了解水平；属性等级；成本水平
管理信息	报告时限；信息准确度

(4) 比较业绩。

①业绩的比较方法。

对比分析：在一个时点上的衡量结果需要与相应的值（如历史数据、行业平均数据、产业最好水平等等）进行比较。

趋势分析：衡量一段时间内的业绩变化。(进行趋势分析也需要与相应的量进行比较)

②获取信息的途径。

财务信息：如通过各种媒体、统计数据等获得。

客户信息：如市场份额等。

内部管理指标：如资产回报率等。

管理效率：如平均每个员工的销售量以及每个商店的销售量。

学习和成长指标：这是最难评估的指标，如开发新产品、进军新的市场、传播知识的能力等。

③对总体业绩的评价。

重点应放在企业的长期业绩上，从而应该考察至少三年的信息，并做出相应的趋势分析。

（二）预算与预算控制★★

1. 预算与预算控制的目的

预算就是财务计划。短期计划试图在长期战略计划的框架内提供一个短期目标。目标通常是用预算的形式来完成的。

预算的目的：强迫计划；交流思想和计划；协调活动；资源分配；提供责任计算框架；授权；建立控制系统；提供绩效评估手段；激励员工提高业绩。

预算控制是一个过程，总预算移交给责任中心，允许对于实际结果和预算的比较进行持续的监控，通过个人行为保证预算目标的实现，或者为修改预算提供基础。

成本并不是唯一的成功关键因素，因此预算控制系统通常是和其他绩效管理体系相辅相成的，从而产生了业绩计量的平衡记分卡。

2. 预算的类型

增量预算与零基预算的对比见表4－17。

表4－17　　增量预算与零基预算的对比

预算类型	含义	优点	缺点
增量预算	新的预算使用以前期间的预算或者实际业绩作为基础来编制，在此基础上增加相应的内容。没有考虑具体情况的变化，并且和员工的业绩无联系	预算是稳定的，并且变化是循序渐进的； 经理能够在一个稳定的基础上经营他们的部门； 系统相对容易操作和理解； 遇到类似威胁的部门能够避免冲突； 容易实现协调预算	它假设经营活动以及工作方式都以相同的方式继续下去； 不能拥有启发新观点的动力； 没有降低成本的动力； 它鼓励将预算全部用光以便明年可以保持相同的预算； 它可能过期，并且不再和经营活动的层次或者执行工作的类型有关
零基预算	在每一个新的期间必须重新判断所有的费用	能够识别和去除不充分或者过时的行动； 能够促进更为有效的资源分配； 需要广泛的参与； 能够应对环境的变化； 鼓励管理层寻找替代方法	它是一个复杂的、耗费时间的过程 它可能强调短期利益而忽视长期目标； 管理团队可能缺乏必要的技能

名师说

增量预算是使用前期的预算或者实际业绩作为基础来编制，零基预算是以零为基础来编制。两种预算的优缺点正好相对应。

【例4－5·多选题】蓝天公司一直以来使用上一年度预算为基础编制新的预算。新上任的财务总监黄某在做宏观分析时发现，现阶段的经济因素和社会文化因素相较过去几年都有了很大的变化，因此建议本年编制预算时要求每个部门分析需求和成本，重新归集成本，结合以前的结果和当前的预测进行计量。黄某建议使用该种预算编制方法的优点包括（　　）。

A. 能够识别和去除不充分或过时的行动　　B. 能够避免部门的冲突

C. 能够促进更为有效的资源分配　　D. 能够应对环境的变化

【答案】ACD

【考点】战略控制方法

【解析】该种方法根据未来的需求编制预算，属于零基预算。优点：能够识别和去除不充分或过时的行动；能够促进更为有效的资源分配；需要广泛的参与；能够应对环境的变化；鼓励管理层寻找替代方法。

（三）企业业绩衡量指标★

1. 财务衡量指标

①盈利能力和回报率指标：毛利率与净利率；已动用资本报酬率。

②股东投资指标：每股盈余或市净率；股息率；市盈率。

③流动性指标：流动比率；速动比率；存货周转期；应收账款周转期；应付账款周转期。

④负债和杠杆作用指标：负债率；现金流量比率。

⑤使用比率来进行绩效评价的主要原因：通过比较各个时期的相应比率可以很容易发现这些比率的变动；相对于实物数量或货币价值的绝对数，比率更易于理解；比率可以进行项目比较并有助于计量绩效；比率可以用作目标；比率提供了总结企业结果的途径，并在类似的企业之间进行比较。

⑥比率评价仍有如下局限性：可比信息的可获得性；历史信息的使用；比率不是一成不变的；需要仔细解读；被扭曲的结果，经过会计的确认、估计与计量过程产生的财务指标本身很可能被扭曲；鼓励短期行为；忽略战略目标，如顾客服务和创新；无法控制无预算责任的员工。

2. 非财务指标

能够很快提供，容易计算，容易理解并有效使用。

非财务指标请见表4-18。

表4-18　非财务指标

评价的领域	业绩计量
服务质量	诉讼数量、客户等待时间
人力资源	员工周转率、旷工时间、每个员工的培训时间
市场营销效力	销量增长、每个销售人员的客户访问量、客户数量

（四）平衡计分卡的业绩衡量方法★★★

1. 平衡计分卡的基本概念（记忆）

提出者：卡普兰和诺顿。

名师说

平衡计分卡表明了企业员工需要什么样的知识技能和系统，分配创新和建立适当的战略优势和效率，使企业能够把特定的价值带给市场，从而最终实现更高的股东价值。请同学记忆以下的四角度与四平衡，另外请特别关注图4-6中平衡计分卡的各个指标，学会对这些指标进行辨析、分类。比如，在顾客角度与内部流程角度中都有指标“交货时间”，那么在做题时遇到“交货时间”，需要同时归在顾客角度与内部流程角度下面。

克服了传统财务业绩评价的局限性，从四个角度审视自身业绩：**财务角度、顾客角度、内部流程角度、创新与学习角度**。

四平衡：**平衡了短期与长期业绩、外部与内部的业绩、财务与非财务业绩、不同利益相关者**。

平衡计分卡见图4-6。

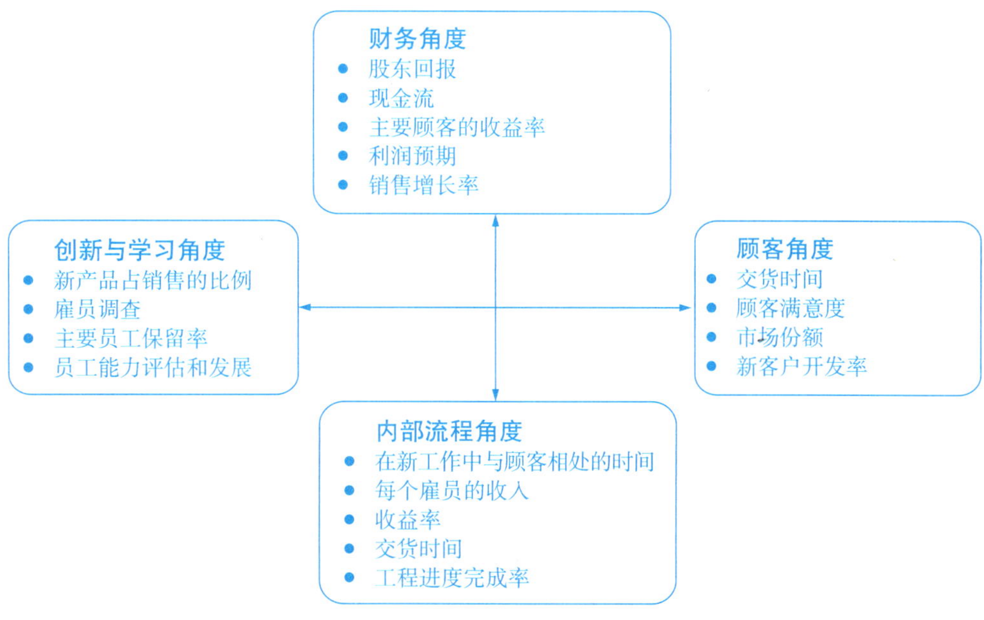

图 4-6 平衡计分卡

(1) 财务角度。

主要关注股东对企业的看法以及企业的财务目标。

(2) 顾客角度。

典型的客户角度是：定义目标市场和扩大关键细分市场的市场份额。

滞后指标：市场份额、客户保留率、新客户开发率、客户满意度和盈利率。

领先指标：时间、质量、价格、可选性、客户关系和企业形象。

(3) 内部流程角度。

进行业务流程再造对促进组织改进十分重要，选择目标时应以企业战略和价值定位为依据。

(4) 创新与学习角度。

平衡计分卡最大的优点就是能够把创新与学习列为四个角度中的一个。

2. 平衡计分卡的特点

(1) 平衡计分卡为企业战略管理提供强有力的支持。

(2) 平衡计分卡可以提高企业整体管理效率。

(3) 注重团队合作，防止企业管理机能失调。

(4) 平衡计分卡可提高企业激励作用，扩大员工的参与意识。

(5) 平衡计分卡可以使企业信息负担降到最少。

3. 平衡计分卡的作用

(1) 平衡计分卡的出现，使传统的绩效管理从人员考核和评估的工具转变成为战略实施的工具。

(2) 平衡计分卡的出现，使领导者拥有了全面的统筹战略、人员、流程和执行四个关键因素的管理工具。

(3) 平衡计分卡的出现，使领导者拥有了可以平衡长期和短期、内部和外部，确保持续发展的管理工具。

(4) 平衡计分卡被誉为近 75 年来世界上最重要的管理工具和方法。

【例 4-6·单选题】甲企业是一家新兴的网络企业，公司非常重视人才的培养，人力部门会定期对员工能力进行评估，分析员工的发展潜力。甲公司的上述做法是从平衡计分卡的（ ）衡量。

A. 财务角度　　B. 顾客角度　　C. 内部流程角度　　D. 创新与学习角度

【答案】D

【考点】战略控制方法

【解析】员工能力评估和发展是创新与学习角度的一种体现。

（五）统计分析与专题报告★

1. 统计分析报告

统计分析结果可以通过表格式、图形式和文章式等多种形式表现出来。文章式的主要形式是统计分析报告。是全部表现形式中最完善的一种。

统计分析报告，就是指运用统计资料和统计分析方法，以独特的表达方法和结构特点，表现所研究事物本质和规律性的一种应用文章。

特点：统计分析报告是以统计数据为主体；统计分析报告是以科学的指标体系和统计方法来进行分析研究说明；统计分析报告具有独特的表达方式和结构特点；统计分析报告在结构上的突出特点是脉络清晰、层次分明。

2. 专题报告

专题报告是根据企业管理人员的要求，指定专人对特定问题进行深入、细致的调查研究，形成包括现状与问题、对策与建议等有关内容的研究报告，以供决策者参考。

四、战略管理中的权力与利益相关者

名师说

利益相关者是对企业产生影响的，或者受企业行为影响的任何团体和个人。利益相关者理论认为企业各类利益相关者的利益期望、利益冲突、利益均衡以及相对权力是问题的关键。

（一）企业主要的利益相关者★（见表4-19）

表4-19 企业主要的利益相关者

利益相关者分类		利益期望
内部利益相关者	向企业投资的利益相关者（包括股东与机构投资者）	资本收益——股息、红利（利润最大化） 如果企业的投资者不止一方，争得多数股权也是各方股东的利益所在
	经理阶层	销售额最大化
	企业员工	是多方面的，主要追求个人收入和职业稳定的极大化
外部利益相关者	政府	最直接的利益期望是对企业税收的期望。 其他的期望：提供就业、支付税款、履行法律责任、促进经济增长、确保国际收支平衡
	购买者和供应者	在他们各自的阶段增加更多的价值
	债权人	企业有理想的现金流量管理状况，以及较高的偿付贷款和利息的能力
	社会公众	企业能够承担一系列的社会责任

（二）企业利益相关者的利益矛盾与均衡★

1. 投资者与经理人员的矛盾与均衡

（1）鲍莫尔——销售最大化模型。

该模型表达了鲍莫尔对经理人员强调销售额的重要性的理解。

经理总是期望企业获得最大化销售收益，股东追求的目标是利润包括红利的最大化。

销售最大化无法实现利润最大化。企业往往不追求销售最大化和利润最大化中的任何一种，各方利益均衡的结果是企业在两种产量之间进行平衡。

(2) 马里斯——增长模型。

该模型是一种“平衡状态”模型。

经理人员的主要目标是公司规模的增长，但这将受到股东们利益的制约。

综合考虑，使企业的增长率确定在双方都能接受的区域内。

(3) 威廉森——管理权限理论（管理斟酌决策权理论）。

强调经理人员的管理动机。反映企业经理人员运用自身相对股东的信息优势来实现对企业的利益追求。

经理们将力求最大化他们自己的效用函数，从而使他们的权力和声望最大化。主要体现在三个重要变量中：①雇员开支；②酬金开支；③可支配的投资开支。

经理们必须有一种非同寻常的理性，经理们必须把他们的个人利益和作为经理本身所作出的决定区别开来。

2. 其他利益矛盾与均衡

(1) 企业员工与企业（股东或经理）之间。

列昂惕夫（Leontief W.）模型描述了企业员工与企业之间的利益的矛盾与均衡。企业员工代表企业工会决定工资，企业决定就业水平。

员工的利益追求：工资收入最大化（工会出面谈判）和工作稳定（就业水平高）。

企业的利益追求：利润最大化（工资约束下的最佳就业水平）。

最终均衡点更偏于哪一方的利益，要取决于双方讨价还价的实力大小。

(2) 企业利益与社会效益之间。

这里的社会效益代表外部利益相关者的共同利益。

企业的利益追求：利润最大化。

社会的利益追求：企业承担社会责任（保证利益相关者的基本利益要求、保护自然环境、赞助和支持社会公益事业）。

企业如何对待社会效益，被称为“商业伦理”问题。在社会效益与企业效益之间，企业总是处于一个讨价还价的均衡点。

(3) 其他方面之间。

包括：投资者之间的股权之争、各级经理人员集权与分权的关系、专业技术人员与企业的矛盾、政府税收与企业利润最大化的矛盾、跨国公司进入东道国市场的利益追求与东道国政府吸引外资目标的差异。

企业最终确定的各种目标是一种妥协，最终的有效性几乎总是低于最大值，这就是“组织呆滞”。由于承认这种低效率，上述呆滞导致的额外“支付”由各成员分摊，这个集团才能团结一致。

(三) 权力与战略过程★★

1. 权力与职权

权力：个人或利益相关者能够采取（或者说服其他有关方面采取）某些行动的能力。权力的影响力在各个方面；受制权力的人不一定能够接受这种权力；权力来自各个方面；权力很难识别和标榜。

职权：职权是指管理职位所固有的发布命令和希望命令得到执行的一种权力。职权也是权力的一种类型，但权力不一定是职权。职权沿着企业的管理层次方向自上而下；职权一般能够被下属接受；职权包含在企业指定的职位或功能之内；职权在企业的组织结构图上很容易确定。

注意，职权是权力的一种，权力包含职权。

2. 企业利益相关者的权力来源（见表 4－20）

表 4－20　企业利益相关者的权力来源

权力来源	主要特征
对资源的控制与交换的权力	企业的利益相关者由于控制着企业所需的具体资源，而存在着许多交换权力的机会。他们争取和保卫利益行动的有效性取决于他们所提供的资源的稀缺程度与企业对这些资源的依赖程度
在管理层次中的地位（正式职权）	强制权意味着实施者和被实施者之间产生一种敌对关系而且会减少长期合作的预期；而奖励权则更为积极并能发展为一种长期关系
个人的素质和影响	个人的素质和影响是一种非正式职权的权力的重要来源。 专家权：来源于对其他人或作为整体组织而言有价值的特殊知识的占有，它也可以被认为是在特定情景中对专家的理所当然的遵从。 榜样权：为那些受人尊敬的人所拥有，他们得到尊重是因为他们具有某些特殊的能力或性格特征，或是具有能保证他人服从的个人气质或形象。 榜样权和专家权比正式职权、奖励权或强制权更具有持久性。榜样权与专家权不仅存在于正式组织之中，在企业的非正式组织中也大量存在
参与或影响企业的战略决策与实施过程	参与或影响企业战略决策与实施也会形成一定权力。"能够接近那些有权力的人"本身就是一种权力来源
利益相关者集中或联合的程度	股东、经理、劳动者影响企业决策的实力与他们自身的联合程度有关

3. 在战略决策与实施过程中的权力运用

战略决策与实施过程中的权力运用类型见图 4－7。

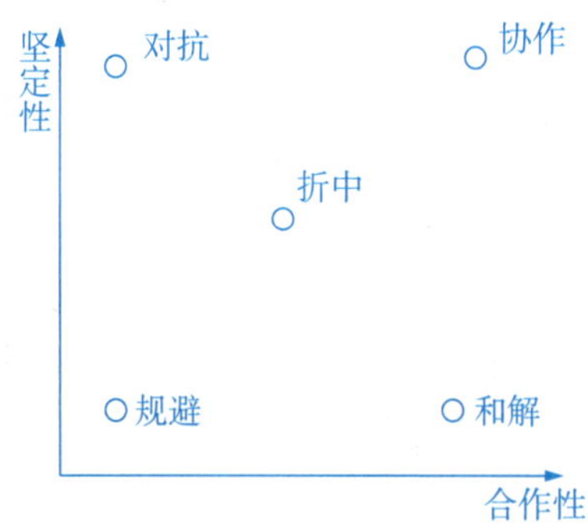

图 4－7 战略决策与实施过程中的权力运用类型

在学习权力运用的时候注意辨析谁退让了谁没有退让。对抗是自身没有退让，对方退让了；和解是自身退让了，对方没有退让；协作是积极合作；折中是双方各退一步；规避是躲避冲突。

战略决策与实施过程中的权力运用对比见表 4－21。

表 4－21　战略决策与实施过程中的权力运用对比

名称	特征	描述
对抗	坚定行为 不合作行为	企业利益相关者运用这种模式处理矛盾与冲突，目的在于使对方彻底就范，根本不考虑对方的要求，并坚信自己有能力实现所追求的目标

续表

名称	特征	描述
和解	不坚定行为 合作行为	一方利益相关者面对利益矛盾与冲突时，设法满足对方的要求，目的在于保持或改进现存的关系。和解模式通常表现为默认和让步
协作	坚定行为 合作行为	在对待利益矛盾与冲突时，既考虑自己利益的满足，也考虑对方的利益，力图寻求相互利益的最佳结合点，并借助于这种合作，使双方的利益都得到满足
折中	中等程度的坚定性 中等程度的合作性行为	通过各方利益相关者之间的讨价还价，相互做出让步，达成双方都能接受的协议。折中模式既可以采取积极的方式，也可以采取消极的方式。前者是指对冲突的另一方做出承诺，给予一定的补偿，以求得对方的让步；后者则以威胁、惩罚等要挟对方做出让步。在多数场合，则是双管齐下
规避	不坚定行为 不合作行为	以时机选择的早晚区分为两种情况：一种是当预期将要发生矛盾与冲突时，通过调整来躲避冲突；另一种是当矛盾与冲突实际发生时主动或被动撤出

五、公司战略与数字化技术

（一）数字化技术★★

1. 数字化技术的发展历程

（1）信息化。

信息化通常指现代信息技术应用，特别是促成应用对象或领域（比如企业或社会）发生转变的过程。信息化的基本功能是开发信息资源。

（2）数字化。

数字化是利用数学量化、统计分析方法和数字数据技术以提高人们的认识能力和实践能力、提高产品或工作系统功效的过程或活动。数字化的基本功能是信息形式的统一化、信息表达的准确化、信息利用的高效化。

（3）智能化。

智能化是在产品、工具和工作系统中协同应用人类智能和人工智能，以提高其功效的过程。智能化的本质特征在于智能的协同发展和应用。

2. 数字化技术应用领域

（1）大数据。

大数据是指所涉及的资料规模巨大，无法通过目前常规软件工具，在合理时间内达到撷取、管理、处理、整理成为有用信息的数据集合。

大数据具有如下特征：

①大量性（数据量巨大）；

②多样性（数据种类繁多）；

③高速性（大数据处理时效性高）；

④价值性（大数据价值巨大，但价值密度低，如何通过强大的机器算法迅速高效地完成数据的价值“提纯”，成为大数据时代亟须解决的难题）。

（2）人工智能。

人工智能是一门新兴的边缘学科，是自然科学和社会科学的交叉学科，它吸取了自然科学和社会科学的最新成果，以智能为核心，形成了具有自身研究特点的新的体系。

（3）移动互联网。

移动互联网是个人计算机互联网发展的必然产物，它将移动通信和互联网二者结合起来，成为一体。

（4）云计算。

三个层次的服务：基础设施级服务（IaaS）、平台级服务（PaaS）、软件级服务（SaaS）。

（5）物联网。

物联网即“万物相连的互联网”，是在互联网基础上延伸和扩展的网络。物联网应用三项关键技术：传感器技术、射频识别技术、嵌入式系统技术。

（6）区块链。

区块链是分布式数据存储、点对点传输、共识机制、加密算法等计算机技术的新型应用模式。其本质上是一个去中心化的数据库。

（二）数字化技术对公司战略的影响★★

1. 数字化技术对组织结构的影响

企业数字化技术对组织结构变革的影响表现在以下几个方面：

（1）组织结构向平台化转型。

（2）构建传统与数字的融合结构。

（3）以新型组织结构为主要形式。

在数字化技术的支持下，一些组织设计并采用了一些新型的组织结构以增强组织竞争力，其中最为重要的是团队结构和虚拟组织。

（1）**团队结构**，是以团队作为协调组织活动的主要方式，团队成员在动机、价值取向和目标追求上具有高度的一致性，要求成员既是全才又是专才。团队具有高度的自主性，对大多数操作性工作负全部责任。信息技术使得团队之间的沟通和组织对团队的有效监督成为可能。

（2）**虚拟组织**，是组织扁平化在企业之间的形式，是当市场出现新机遇时，具有不同资源与优势的企业为了共同开拓市场，共同对付其他的竞争者而组织、建立在信息网络基础上的共享技术与信息，分担费用，联合开发的、互利的企业联盟体。这种结构的优点在于灵活性强，有利于很快地重组社会的资源适应市场的需要。

2. 数字化技术对经营模式的影响

数字化技术对企业经营模式的影响主要体现在以下几个方面：

（1）互联网思维的影响。

（2）多元化经营的影响。

（3）消费者参与的影响。

3. 数字化技术对产品和服务的影响

（1）个性化。

（2）智能化。

（3）连接性。

4. 数字化技术对业务流程的影响

业务流程重组，是通过对业务流程彻底地再设计而大幅度改善成本、质量、进度和服务效益，企业从而可以在市场上成为一名成功的竞争者的过程。

数字化信息系统是企业重组业务流程的核心。

（三）数字化战略★★★

1. 数字化战略的定义

数字化战略就是全面评估企业数字资产，制定持续改进计划并积极服务于企业业务增长目标的战略举措。

2. 数字化战略转型的主要方面

（1）**技术变革**。

①**数字化基础设施建设**。数字化基础设施建设是企业进行数字化转型的基石。

②**数字化研发**。数字化研发是企业转型升级的主要动力。

③**数字化投入**。数字化投入为推动企业数字化转型提供支持。

（2）**组织变革**。

①**组织架构**。数字化转型为企业组织架构带来重要变革。

②**数字化人才**。数字化人才是推动企业数字化转型的关键要素之一。

(3) 管理变革。

①业务数字化管理。业务数字化管理是企业数字化转型的重点之一。

②生产数字化管理。数字化生产是企业数字化转型的关键。

③财务数字化管理。财务数字化管理为企业数字化转型提供保障。

④营销数字化管理。在数字化客户管理的基础上，通过大数据分析实现精准营销、内容营销、数字化的客户生命周期管理等。

（四）数字化战略转型的困难和任务★★

1. 公司数字化战略转型面临的困难

(1) 网络安全问题。

(2) 数据容量问题。

(3)“数据孤岛”问题。

(4) 核心数字技术问题。

2. 大数据时代企业战略转型的主要任务

(1) 构建数字化组织设计，转变经营管理模式。

①制定数字化转型战略。

②建立数字化企业架构。

③推动数字化组织变革。

(2) 加强核心技术攻关，夯实技术基础。

(3) 打破“数据孤岛”，打造企业数字化生态体系。

(4) 加快企业数字文化建设。

(5) 利用新兴技术，提升公司网络安全水平。

Part II 历年真题

Section 1 基础巩固

一、单选题

1. 【2020】升达公司是一家控股企业，下属多个分别主营石油化工、物流、机械制造等业务的独立经营的子公司。升达公司不干预子公司的战略决策和业务活动，仅根据市场前景和子公司的经营状况做出对子公司增加或减少投资的决策。升达公司采取的组织结构类型是（　　）。

A. 事业部制组织结构　　B. H 型组织结构

C. 战略业务单位组织结构　　D. M 型组织结构

【答案】B

【考点】纵横向分工结构

【解析】“升达公司不干预子公司的战略决策和业务活动，仅根据市场前景和子公司的经营状况做出对子公司增加或减少投资的决策”说明升达公司采取的组织结构类型属于 H 型组织结构，下属子企业独立运营。

2. 【2020】华通公司是一家铁路建造企业。该公司把施工单位划分为轨道、桥梁、涵洞等若干项目组，每个项目组都包括从事技术、采购、运输、生产等活动的人员；每个人员都受项目组主管和所属职能部门主管的双重领导。下列各项中，属于华通公司采用的组织结构优点的是（　　）。

A. 权力划分比较清晰　　B. 实现了各个部门之间的协作

C. 容易协调管理者之间的关系　　D. 职能专家更加关注自身的业务范围

【答案】B

【考点】纵横向分工结构

【解析】“每个项目组都包括从事技术、采购、运输、生产等活动的人员；每个人员都受项目组主管和所属职能部门主管的双重领导”，据此判断华通公司采用的组织结构属于矩阵制组织结构。矩阵制组织结构可能导致权力划分不清晰（比如，谁来负责预算），选项 A 错误；双重权力容易使管理者之间产生冲突，选项 C 错误；双重权力使企业具有多重定位，这样职能专家就不会只关注自身的业务范围，选项 D 错误。

3. 【2019】生产智能家电产品的凯威公司适应外部环境的不断变化，及时调整内部资源和组织结构，发挥协同效果和整体优势，激发员工的创新精神和使命感，对社会需求作出灵活、快速的反应。该公司采取的组织协调机制是(　　)。

A. 直接指挥，直接控制　　B. 工作过程标准化

C. 共同价值观　　D. 工作成果标准化

【答案】C

【考点】纵横向分工结构

【解析】“及时调整内部资源和组织结构，发挥协同效果和整体优势，激发员工的创新精神和使命感，对社会需求做出灵活、快速的反应”体现了企业对内要及时调整，发挥创新精神、协同效果和整体优势，对外要灵活适应，快速行动，即共同价值观。

4. 【2019】图美公司是某出版社所属的一家印刷厂，该公司按照出版社提供的文稿、图片和质量要求从事印刷、装订工作。图美公司适宜采用的组织协调机制是(　　)。

A. 共同价值观　　B. 相互适应，自行调整

C. 工作成果标准化　　D. 技艺（知识）标准化

【答案】C

【考点】纵横向分工结构

【解析】“按照出版社提供的文稿，图片和质量要求从事印刷、装订工作”体现了工作成果标准化。

5. 【2018】A 玩具公司成立十年来，生产和经营规模逐步扩大，玩具产品的品种不断增加。为了提高工作效率并实现规模经济，该公司应采用的组织结构是(　　)。

A. M 型组织结构　　B. 事业部制组织结构　　C. 创业型组织结构　　D. 职能制组织结构

【答案】D

【考点】纵横向分工结构

【解析】提高工作效率、实现规模经济，是职能制的优点。

6. 【2017】华胜公司是生产经营手机业务的跨国公司，其组织按照两维结构设计，一维是按照职能专业化原则设立区域组织，它们为业务单位提供支持、服务和监管；另一维是按照业务专业化原则设立四大业务运营中心，它们对应客户需求来组建管理团队并确定相应的经营目标和考核制度。华胜公司采取的组织结构是(　　)。

A. 事业部结构　　B. 战略业务单位结构　　C. 矩阵制组织结构　　D. 职能结构

【答案】C

【考点】纵横向分工结构

【解析】其组织按照二维结构设计是矩阵制组织结构。

7. 【2017】育英公司是一家英语培训机构，定位于高端培训。该公司实行纯英文教学，全部课程由外籍教师进行授课，另外配备一名中文教师担任助教。所有教师都须有 5 年以上的教学经验，育英公司培训活动中的组织协调机制是(　　)。

A. 技艺（知识）标准化　　B. 工作过程标准化

C. 工作成果标准化　　D. 相互适应，自行调整

【答案】A

【考点】纵横向分工结构

【解析】“全部课程由外籍教师进行授课”“所有教师都须有 5 年以上的教学经验”是技艺（知识）标准化。组织对其成员所应有的技艺、知识加以标准化，属于超前的间接协调机制。

8. 【2016】在最简单的组织结构中，适宜采用的组织协调机制是(　　)。

A. 共同价值观　　B. 直接指挥，直接控制

C. 相互适应，自行调整　　D. 标准化体系结构

【答案】C

【考点】纵横向分工结构

【解析】相互适应，自行调整是一种自我控制方式。组织成员直接通过非正式的、平等的沟通达到协调，相互之间不存在指挥与被指挥的关系，也没有来自外部的干预。适合于最简单的组织结构。在十分复杂的组织里，由于人员构成复杂，工作事务事先不能全部规范化，因而也采用这种协调机制。

9. 【2013】某控股公司拥有多家各自独立经营的子公司，这些子公司可以自主做出战略决策。该公司的横向分工结构应为(　　)。

A. M 型组织结构　　B. 战略业务单位组织结构

C. H 型结构　　D. 矩阵制组织结构

【答案】C

【考点】纵横向分工结构

【解析】成立控股企业，其下属子企业具有独立的法人资格。控股企业的类型：①对某家企业进行永久投资，可能控股企业实际上就是一家投资企业；②拥有各种单独的、无联系的企业的股份，并对这些企业实施较小的控制或不实施控制；③拥有自主经营的业务单位的企业，这些企业独立经营并保留其原本企业名称。

10. 【2012】王某个人创办了一间代驾服务社，每接到一笔业务，就临时雇请日间工作单位的职业驾驶员，为一些晚间聚会人员提供泊车代驾服务。次日他会把酬劳存进临时雇请人员的银行卡里。由于业务日渐起色，王某想再找几个人合伙，能多揽一些业务，同时建立适当的组织形式管理企业。适宜的组织结构形式是(　　)。

A. 创业型组织结构　　B. 职能制组织结构　　C. 事业部制组织结构　　D. 矩阵制组织结构

【答案】A

【考点】纵横向分工结构

【解析】个人创办了一间代驾服务社，想再找几个人合伙，是创业型组织结构。

11. 【2012】甲公司是一家内河航运公司，原主要经营水路客货运输业务。为抓住沿岸经济规模扩张和市场领域开放竞争的机遇，公司决定将水路客货运输业务上市筹集的资本金，主要投向已经涉及的物流、仓储、码头、旅游、宾馆、餐厅、航道工程、船舶修造、水难救生等多个业务领域。通过采取兼并收购、战略联盟和内部开发的方式，实现一体化和多元化成长战略，形成规模，建树品牌。为使公司成长战略得以协调实施，公司原有组织结构应当调整为(　　)。

A. 区域事业部结构　　B. 产品/品牌事业部结构

C. 客户细分/市场细分事业部结构　　D. M 型企业组织结构（多部门结构）

【答案】D

【考点】纵横向分工结构

【解析】M 型企业组织结构（多部门结构）适用于具有多个产品线。

12. 【2020】圣元公司是一家智能家居用品制造商。该公司在技术开发和行政管理上具有很大的灵活性，由技术、营销等人员组成的项目组拥有产品开发的自主选择权。近年来该公司适应不断变化的市场需求，陆续开发出智能音箱、智能手环、智能电视、扫地机器人等产品。圣元公司组织结构的战略类型是(　　)。

A. 防御型战略组织　　B. 分析型战略组织　　C. 反应型战略组织　　D. 开拓型战略组织

【答案】D

【考点】企业战略与组织结构

【解析】"该公司在技术开发和行政管理上具有很大的灵活性，由技术、营销等人员组成的项目组拥有产品开发的自主选择权。近年来该公司适应不断变化的市场需求"属于开拓型战略组织。开拓型战略组织适合动态的环境，寻求和开发新产品与新市场，行政管理具有很大的灵活性。

13. 【2019】华蓓公司是 Y 市一家生产婴幼儿用品的企业，多年来公司在 Y 市婴幼儿用品市场拥有稳定的市场占有率。为了巩固其竞争优势，华蓓公司运用竞争性定价阻止竞争对手进入其经营领域，并实施有利于保持高效率的"机械式"组织机制。华蓓公司所采取的组织的战略类型属于(　　)。

A. 防御型战略组织　　B. 开拓型战略组织　　C. 反应型战略组织　　D. 分析型战略组织

【答案】A

【考点】企业战略与组织结构

【解析】实施有利于保持高效率的“机械式组织机制”，体现的是防御型战略组织的特点。

14. 【2018】甲公司的主营业务是生产、销售体育运动器材，从去年起，该公司在保留原有业务的同时寻找新的市场机会，开发出适合个人使用的运动健康补测仪并尝试性投放市场，该仪器可随时把使用者在运动中的有关生物指数显示并记录下来，从而帮助使用者了解自己的健康状况并选择适当的运动方式，甲公司适宜采取的组织战略类型是(　　)。

A. 开拓型战略组织　　B. 创新型战略组织　　C. 反应型战略组织　　D. 分析型战略组织

【答案】D

【考点】企业战略与组织结构

【解析】在保留原有业务的同时寻找新的市场机会，属于兼具防御型开拓型特点的分析型战略组织。

15. 【2014】甲公司是研发音乐耳塞的企业，其近期面向舞台表演者和音乐发烧友推出的3款“入耳型”音乐耳塞产品，虽然外形并不时尚，但凭借着先进的音频技术和舒适的佩戴感觉，得到了客户的认可。甲公司决定不断完善3款产品的制造工艺技术，降低产品成本并提高产品质量，从而能够继续保持这一部分耳塞市场份额。甲公司宜采取的组织战略类型为(　　)。

A. 防御型战略组织　　B. 开拓型战略组织　　C. 分析型战略组织　　D. 反应型战略组织

【答案】A

【考点】企业战略与组织结构

【解析】防御型战略组织，追求一种稳定的环境。创造一个稳定的经营领域，占领一部分产品市场。运用大量的资源解决自身的工程技术问题，集中于技术效率，尽可能有效地生产与销售产品或提供服务。

16. 【2013】在以下4种组织类型中，不能对环境变化和不确定性做出适当反应、总是处于不稳定状态的是(　　)。

A. 防御型战略组织　　B. 开拓型战略组织　　C. 反应型战略组织　　D. 分析型战略组织

【答案】C

【考点】企业战略与组织结构

【解析】反应型战略组织，对其外部环境的反应上采取一种动荡不定的调整模式，缺少在变化的环境中随机应变的机制。往往会对环境变化和不确定性做出不适当的反应，随后又会执行不力，对以后的经营行动犹豫不决。结果，反应型组织永远处于不稳定的状态。一个企业组织如果不是处于经营垄断或被高度操纵的产业里，就不应该采取反应型组织形态，即使采取了这种战略，也要逐步地过渡到防御型、开拓型或分析型战略组织形态。

17. 【2020】格朗公司是一家从事环境艺术的企业。该公司的业务以创意为核心，员工根据个人的爱好、专长和成长需要，自主选择从事建筑设计、室内装潢、城市雕塑和壁画制作等工作，公司则为员工的工作需要提供必要的服务。格朗公司的企业文化类型是（　　）。

A. 权力导向型　　B. 任务导向型　　C. 人员导向型　　D. 角色导向型

【答案】C

【考点】企业文化的类型

【解析】企业存在的目的主要是为其成员的需要服务，员工通过示范和助人精神来互相影响，而不是采用正式的职权，这属于人员导向型的企业文化。

18. 【2020】新阜铁路公司为保障所辖铁路的安全与畅通，制定并实施了一整套严格的工作规章和程序，要求所有员工忠于岗位职责，严守操作规程。该公司文化的类型属于（　　）。

A. 权力导向型　　B. 任务导向型　　C. 角色导向型　　D. 人员导向型

【答案】C

【考点】企业文化的类型

【解析】角色导向型企业尽可能追求理性和秩序。角色导向型企业文化十分重视合法性、忠诚和责任。“制定并实施一整套严格的工作规章和程序，要求所有员工忠于岗位职责，严守操作规程”，属于角色导向型企业文化。

19. 【2017】J 国的 S 公司是一家全球 500 强企业，依靠严格的规章制度进行精细化管理，内部等级分明，决策权主要集中在上层，资历在员工晋升中发挥了重要作用。S 公司的企业文化类型属于(　　)。
A. 任务导向型　　B. 人员导向型　　C. 角色导向型　　D. 权力导向型
【答案】C
【考点】企业文化的类型
【解析】角色导向型企业尽可能追求理性和秩序。角色导向型企业文化十分重视合法性、忠诚和责任。企业的权力仍在上层，十分强调等级和地位。这种企业被称作官僚机构。具有稳定性、持续性的优点，可能带来高效率，但是，这类企业不太适合动荡的环境。最常见于国有企业和公务员机构。

20. 【2014】甲公司是一家关注于高科技移动领域的互联网公司。公司没有森严的等级制度，强调员工平等，崇尚创新，在处理多样化的问题时，鼓励员工跨部门合作，在工作中发挥自己的专长和创意，努力打造客户需要的产品。甲公司的企业文化类型属于(　　)。
A. 权力导向型　　B. 角色导向型　　C. 人员导向型　　D. 任务导向型
【答案】D
【考点】企业文化的类型
【解析】任务导向型，管理者关心的是不断地和成功地解决问题。采用的组织结构往往是矩阵式。实现目标是任务导向型企业的主导思想。企业强调的是速度和灵活性，专长是个人权力和职权的主要来源，并且决定一个人在给定情景中的相对权力。这类企业的特征是无连续性。具有很强的适应性，个人能高度控制自己分内的工作，在十分动荡或经常变化的环境中会很成功。也会给企业带来很高的成本。常见于新兴产业中的企业，特别是一些高科技企业。

21. 【2013】俱乐部、协会、专业团体等组织的企业文化，基本上属于(　　)。
A. 能力导向型　　B. 人员导向型　　C. 角色导向型　　D. 专长导向型
【答案】B
【考点】企业文化的类型
【解析】人员导向型，企业存在的目的主要是为其成员的需要服务，员工通过示范和助人精神来互相影响，而不是采用正式的职权。这类文化中的人员不易管理，企业能给他们施加的影响很小。常见于俱乐部、协会、专业团体和小型咨询公司。

22. 【2020】某市经营综合实体商城的四季公司决定今后 3 年实现在保持原有经营规模的同时，适当减少商品销售活动占用的面积，相应增加供顾客休闲、娱乐的空间，并对管理组织和人员作适当调整。公司的战略调整受到大多数员工的认同和支持。该公司在处理战略稳定性与文化适应性关系时应（　　）。
A. 以企业使命为基础　　B. 加强协同作用　　C. 重新制定战略　　D. 根据文化进行管理
【答案】B
【考点】战略稳定性与文化适应性
【解析】“保持原有经营规模的同时，适当减少商品销售活动占用的面积，相应增加供顾客休闲、娱乐的空间，并对管理组织和人员作适当调整”表明组织要素变化小；“受到大多数员工的认同和支持”表明文化一致性大。因此，该公司在处理战略稳定性与文化适应性关系时应加强协同作用。

23. 【2020】越达公司是合成橡胶、合成树脂等石化类产业的龙头企业。2017 年，该公司启动新的战略变革，将公司在原产业领域积累的高分子技术应用到光化学和有机合成化学领域，使业务内容扩大到半导体制造材料、显示器材料等领域，同时进行了广泛的组织结构调整。此次战略变革得到公司上下一致认同和支持。该公司处理企业战略稳定性与文化适应性的关系时应（　　）。
A. 以企业使命为基础　　B. 根据文化进行管理　　C. 重新制定战略　　D. 加强协调作用
【答案】A
【考点】战略稳定性与文化适应性
【解析】“广泛的组织结构调整”说明组织要素变化大；“得到公司上下一致认同和支持”说明潜在一致性大。因此，该公司处理企业战略稳定性与文化适应性的关系时应以企业使命为基础。

24. 【2019】2017 年，主营电子商城业务的鑫茂公司制定和实施了新零售战略，对原有业务进行了较大调整，建立了多家商品销售实体店，线下线上业务协同开展。这一变革得到企业固有文化的支持。根据战略稳定性和文化适应性矩阵的要求，该公司在实施上述新战略时应(　　)。

A. 以企业使命为基础　　B. 加强协调作用
C. 重新制定战略　　D. 根据文化进行管理
【答案】A
【考点】战略稳定性与文化适应性
【解析】“对原有业务进行了较大调整”表明组织要素变化大；“得到企业固有文化的支持”表明潜在一致性大。因此，该公司在实施新战略时应以企业使命为基础。

25. 【2018】家电制造商甲公司于2015年并购了一家同类企业，在保留被并购企业原有组织的同时实行了新的绩效考核制度，结果遭到被并购企业大多数员工反对。本案例中，甲公司在处理被并购企业战略稳定性与文化适应性关系时正确的做法是(　　)。
A. 加强协调作用　　B. 以企业使命为基础
C. 重新制定战略　　D. 根据文化的要求进行管理
【答案】D
【考点】战略稳定性与文化适应性
【解析】“实行了新的绩效考核制度”表明文化一致性小；“保留被并购企业原有组织”表明组织要素变化小。因此，甲公司在处理被并购企业战略稳定性与文化适应性关系时应根据文化的要求进行管理。

26. 【2016】甲公司是一家成功的家电企业，多年来致力于为消费者提供整套家电解决方案。随着互联网技术的兴起，公司于2004年制定并实施了进军智能家居领域的战略，通过建立“家庭网络标准产业联盟”，推出了一系列信息及多媒体共享的智能家居产品。同时，公司组织结构进行了重大改革，管理制度也作了相应调整，并与企业多年形成的文化保持了一致。根据战略稳定性与文化适应性矩阵的要求。甲公司在实施上述新战略时，应当(　　)。
A. 加强协同作用　　B. 以企业使命为基础　　C. 根据文化进行管理　　D. 重新制定战略
【答案】B
【考点】战略稳定性与文化适应性
【解析】“组织结构进行了重大改革”表明组织要素变化大；“与企业多年形成的文化保持了一致”表明文化一致性大。因此，甲公司在实施新战略时应以企业使命为基础。

27. 【2016】2002年，小王在市区黄金位置开了一家咖啡店，由于经营有方，小店开业不到一个月就创造了销售佳绩。正在小王准备大干一场时，社会上一场流行性疾病袭来，小店经营陷入困境。小王采取各种措施试图挽救，失败后不得不关闭了咖啡店，根据战略失效理论，小王创业没达到预期目标属于(　　)。
A. 前期失效　　B. 正常失效　　C. 偶然失效　　D. 晚期失效
【答案】C
【考点】战略控制过程
【解析】偶然失效：偶然因素出现的影响。

28. 【2019】为高净值客户提供理财咨询服务的天元公司采用平衡计分卡衡量企业业绩，并把主要客户的收益率作为一项重要考核指标。该指标属于平衡计分卡的(　　)。
A. 财务角度　　B. 顾客角度　　C. 内部流程角度　　D. 创新与学习角度
【答案】A
【考点】战略控制方法
【解析】主要客户的收益率属于平衡计分卡中的财务角度，选项A正确。

29. 【2014】下列关于企业增量预算的说法中，正确的是(　　)。
A. 增量预算是稳定的，并且变化是循序渐进的
B. 增量预算能够促使企业降低成本
C. 增量预算拥有启发新观点的动力
D. 增量预算假设经营活动以及工作方式都以不同的方式继续下去
【答案】A
【考点】战略控制方法
【解析】增量预算：新的预算使用以前期间的预算或者实际业绩作为基础来编制，在此基础上增加相应

的内容。没有考虑具体情况的变化，并且和员工的业绩无联系。

优点：①预算是稳定的，并且变化是循序渐进的；②经理能够在一个稳定的基础上经营他们的部门；③系统相对容易操作和理解；④遇到类似威胁的部门能够避免冲突；⑤容易实现协调预算。

缺点：①它假设经营活动以及工作方式都以相同的方式继续下去；②不能拥有启发新观点的动力；③没有降低成本的动力；④它鼓励将预算全部用光以便明年可以保持相同的预算；⑤它可能过期，并且不再和经营活动的层次或者执行工作的类型有关。

30. 【2013】以下关于战略控制与预算控制的表述中，正确的是(　　)。

A. 战略控制的期限通常在一年以内　　B. 战略控制的重点是企业内部

C. 预算控制通常在预算期结束后采取纠正行为　　D. 预算控制采用定性与定量结合的办法

【答案】C

【考点】战略控制方法

【解析】预算控制：期间通常为一年以下，定量方法，重点是内部，通常在预算期结束之后采用纠正行为。

31. 【2015】鲍莫尔的“销售最大化”模型，描述了企业在追求利润最大化和销售额最大化之间的博弈过程，这一模型反映了(　　)。

A. 企业利益与社会效益的矛盾与均衡　　B. 企业与外部利益相关者的矛盾与均衡

C. 企业员工与企业之间的利益矛盾与均衡　　D. 股东与经理人员的利益矛盾与均衡

【答案】D

【考点】企业利益相关者的利益矛盾与均衡

【解析】鲍莫尔“销售最大化”模型：经理总是期望企业获得最大化销售收益（在某种利润约束下）。股东追求的目标是利润包括红利的最大化。矛盾：销售最大化造成利润下降，股东分红降低，资本市场评价下调（无法融资）；利润最大化的产出点往往要求企业的经营活动低于其全部生产能力。因此销售最大化无法实现利润最大化。

32. 【2020】国内大型制冷设备制造商西奥公司拟在欧洲 N 国建立生产基地并雇佣当地操作员工。当得知 N 国劳动者工资水平高且经常在工会支持下提出增加福利的要求后，西奥公司修改了投资和建设方案，所需操作员工全部由机器人代替。西奥公司在战略决策与实施过程中的行为方式是（　　）。

A. 对抗　　B. 协作　　C. 规避　　D. 折中

【答案】C

【考点】权力与战略过程

【解析】“修改了投资和建设方案，所需操作员工全部由机器人代替”是通过调整躲避冲突，属于规避。

33. 【2019】2015 年，大型冶金企业金通公司为获得稳定的原料来源，向某稀土开采企业提出以 20 亿元人民币并购该企业的要求，遭到后者拒绝。后来双方经多次谈判，最终达成以部分股权互换的方式结为战略联盟的协议。金通公司在战略决策与实施过程中的行为模式属于(　　)。

A. 对抗　　B. 和解　　C. 折中　　D. 规避

【答案】C

【考点】权力与战略过程

【解析】通过各方利益相关者之间的讨价还价，相互做出让步，达成双方都能接受的协议，属于折中。

34. 【2018】专营化妆品销售的甲公司取得某外商产品的独家经销权后发现。该外商把部分产品批发给另一家化妆品经销，于是向该外商提出抗议并威胁将诉讼法律，对方当即表示将杜绝同类事情发生并向甲公司做出赔偿。甲公司接受了对方的意见，在本案列中，甲公司对待矛盾与冲突的行为方式是(　　)。

A. 和解　　B. 对抗　　C. 协作　　D. 折中

【答案】B

【考点】权力与战略过程

【解析】“向该外商提出抗议并威胁将诉讼法律，对方当即表示将杜绝同类事情发生并向甲公司做出赔偿”，对方退让，是对抗。

35. 【2015】某公司管理层拟将该公司旗下的两家子公司合并以实现业务重组，这两家子公司的大部分员工面临工作环境改变甚至下岗的风险。这些员工联合起来进行了坚决的抗争，致使公司管理层放弃了上述决定。公司管理层对待和处理这场冲突的策略是(　　)。

A. 规避　　B. 协作　　C. 折中　　D. 和解

【答案】D

【考点】权力与战略过程

【解析】和解：不坚定行为+合作行为。一方利益相关者面对利益矛盾与冲突时，设法满足对方的要求，目的在于保持或改进现存的关系。和解模式通常表现为默认和让步。

36. 【2014】成功的管理者需要建立起榜样权和专家权。关于榜样权和专家权，下列表述中正确的是(　　)。

A. 是管理者的权力来源之一　　B. 主要存在于正式组织中

C. 是管理者在管理层次中的体现　　D. 是管理者对资源的控制的体现

【答案】A

【考点】权力与战略过程

【解析】个人的素质和影响（非正式职权）是榜样权和专家权。榜样权和专家权是管理者的权力来源之一。

37. 【2013】甲公司是一家制药公司，拟将其生产的药品销售价格提高 25%，因此被相关部门约谈，该部门拟以乱涨价为由对其进行处罚。后甲公司与该部门协商，双方最终达成在未来 3 年内逐步调整销售价格、3 年后销售价格比现价上涨 15%的协议。此种行为模式为(　　)。

A. 和解　　B. 协作　　C. 折中　　D. 让步

【答案】C

【考点】权力与战略过程

【解析】折中：中等程度的坚定性+中等程度的合作性行为。通过各方利益相关者之间的讨价还价，相互做出让步，达成双方都能接受的协议。折中模式既可以采取积极的方式，也可以采取消极的方式。前者是指对冲突的另一方做出承诺，给予一定的补偿，以求得对方的让步；后者则以威胁、惩罚等要挟对方做出让步。

38. 【2019】瑞安保险公司依托医疗大数据智能化管理系统，将来自保险机构、医院和药房的诸如疾病发病率、治疗效果和医疗费用等方面的大数据及时进行“提纯”和整合，对潜在目标客户进行精细化管理，从而实现对健康保费的有效控制。本案例主要体现的大数据特征是(　　)。

A. 大量性　　B. 多样性　　C. 价值性　　D. 高速性

【答案】C

【考点】大数据时代企业战略转型

【解析】“瑞安保险公司依托医疗大数据智能化管理系统，将来自保险机构、医院和药房的诸如疾病发病率、治疗效果和医疗费用等方面的大数据及时进行‘提纯’和整合，对潜在目标客户进行精细化管理，从而实现对健康保费的有效控制”，体现了大数据特征的价值性。

39. 【2018 改编】甲电力公司通过大数据分析发现了停电以后恢复供电时间的长短与客户满意度的高度相关性，并依据具体的数据调整了服务战略，提高了客户满意度。根据上述信息，甲公司运用大数据分析影响的战略转型的主要方面是(　　)。

A. 营销数字化管理　　B. 生产数字化管理　　C. 业务数字化管理　　D. 财务数字化管理

【答案】A

【考点】数字化战略

【解析】“依据具体的数据调整了服务战略，提高了客户满意度”，是在数字化客户管理的基础上，通过大数据分析实现精准营销、内容营销、数字化的客户生命周期管理等，属于营销数字化管理。

二、多选题

1. 【2015】大众火锅店规定：10 万元以下的开支，各个分店的店长就可以做主；普通的一线员工，拥有免单权，而且可以根据客人的需求，赠送水果盘。根据组织纵向分工结构集权与分权理论，大众火锅店这种组织方式的优点有（ ）。

A. 降低管理成本　　B. 易于协调各职能间的决策

C. 提高企业对市场的反应能力　　D. 能够对普通员工产生激励效应

【答案】ACD

【考点】组织结构的构成要素

【解析】分权型结构一般包含更少的管理层次，并将决策权分配到较低的层级，从而具有较宽的管理幅度并呈现出扁平型结构。事业部制结构在企业的成长方面更为灵活。分权型结构减少了信息沟通的障碍，提高了企业反应能力，能够为决策提供更多的信息并对员工产生激励效应。

2. 【2020】创维公司是一家拥有 3 000 多名员工的高科技企业，该公司的组织结构从上至下分为总经理、部门经理、一线管理人员和基层员工 4 个层次。根据组织纵向分工结构理论，创维公司采用的组织结构通常具有的特点有（ ）。

A. 可以及时反映市场的变化　　B. 容易造成管理的失控

C. 企业战略难以实施　　D. 企业管理费用会大幅度增加

【答案】AB

【考点】纵横向分工结构

【解析】根据“3 000 多名员工”“4 个层次”判断，创维公司采用的组织结构为扁平型组织结构。这种结构可以及时地反映市场的变化，并做出相应的反应，但容易造成管理的失控。

3. 【2019】以生产、销售多种石化产品为主业的东昌公司对本企业的经营活动和人员，按照北方区域和南方区域进行划分。公司总部负责计划、协调和安排资源，区域分部负责所在区域的所有经营活动、产品销售和客户维护。下列各项中，属于东昌公司组织结构优点的有（ ）。

A. 能实现更好更快的地区决策　　B. 可以削减差旅和交通费用

C. 易于处理跨区域的大客户的事务　　D. 可以避免管理成本的重复

【答案】AB

【考点】纵横向分工结构

【解析】“按照北方区域和南方区域进行划分”体现的是区域事业部制结构，选项 AB 正确。

4. 【2017】威能公司是一家生产日常消费品的企业，有四大事业部，分别负责研发和生产洗发类产品、婴儿类产品、洗漱类产品和化妆类产品。每个事业部都拥有多个产品线。公司总部对各个事业部统一进行资源配置。威能公司采取的组织结构类型的特点有（ ）。

A. 能够通过资本回报率等方法对事业部进行绩效考核

B. 集权化的决策机制放慢了反应速度

C. 职权分派到事业部，并在事业部内部进行再次分派

D. 为各事业部分配企业的管理成本比较困难

【答案】ACD

【考点】纵横向分工结构

【解析】M 型企业组织结构优点：①便于企业的持续成长。随着新产品线的创建或收购，这些新产品线可能被整合到现有的事业部中，或者作为新开发的事业部的基础；②由于每一个事业部都有其自身的高层战略管理者，首席执行官就有更多的时间分析各个事业部的经营情况以及进行资源配置；③职权被分派到总部下面的每个事业部，并在每个事业部内部进行再次分派；④能够通过诸如资本回报率等方法对事业部的绩效进行财务评估和比较。

缺点：①为事业部分配企业的管理成本比较困难并略带主观性；②事业部之间争夺企业资源；③当一个事业部生产另一事业部所需的部件或产品时，确定转移价格也会产生冲突。

5. 【2020】甲公司采用流动比率、资产负债率等财务指标进行绩效评价。下列各项中，属于甲公司上述做法的局限性的有（ ）。

A. 鼓励短期行为　　B. 忽视战略目标　　C. 比率不可以用作目标　　D. 难以进行项目比较

【答案】AB

【考点】战略控制方法

【解析】甲公司采用的是比率评价法。比率评价的局限性：①可比信息的可获得性；②历史信息的使

用；③比率不是一成不变的；④需要仔细解读；⑤结果被扭曲；⑥鼓励短期行为；⑦忽视战略目标；⑧无法控制无预算责任的员工。

6. 【2019】东亚建筑公司采用平衡计分卡衡量公司业绩，并选取了利润预期、工程进度完成率、市场份额、工程交付时间等作为绩效衡量标准。该公司选取的上述指标涵盖的平衡计分卡角度有(　　)。

A. 创新与学习角度　B. 财务角度　C. 顾客角度　D. 内部流程角度

【答案】BCD

【考点】战略控制方法

【解析】利润预期属于财务角度；工程进度完成率属于内部流程角度；市场份额属于顾客角度；工程交付时间（交货时间）属于顾客角度和内部流程角度。

7. 【2019】美邦服装公司每年都采用投资回报率、销售利润率、资产周转率等比率指标对经营业绩进行评价。下列各项中，属于该公司采用的绩效评价指标的局限性的有(　　)。

A. 鼓励短期行为　B. 比率不是一成不变的

C. 比率不可以用作目标　D. 可比信息的可获得性较差

【答案】ABD

【考点】战略控制方法

【解析】美邦公司采用的是比率评价，比率评价的局限性：①可比信息的可获得性；②历史信息的使用；③比率不是一成不变的；④需要仔细解读；⑤被扭曲的结果；⑥鼓励短期行为；⑦忽略战略目标；⑧无法控制无预算责任的员工。

8. 【2018】甲银行每年都依据实际业绩编制预算。2016 年年底甲银行在某地开设了一家分行，该分行 2017 年预算编制类型的优点有(　　)。

A. 能够促进更为有效的资源分配　B. 系统相对容易操作和理解

C. 容易实现协调预算　D. 能够应对环境的变化

【答案】AD

【考点】战略控制方法

【解析】银行在某地开设了一家分行，应用零基预算。优点：①能够识别和去除不充分或者过时的行动；②能够促进更为有效的资源分配；③需要广泛的参与；④能够应对环境的变化；⑤鼓励管理层寻找替代方法。

9. 【2017】富友公司实行全面预算管理，每年年底都在深入分析每个部分的需求和成本的基础上，根据未来的需求编制预算。富友公司编制预算采用的方法的优点有(　　)。

A. 系统相对容易操作和理解　B. 能够促进更为有效的资源配置

C. 鼓励管理层寻找替代方法　D. 容易实现协调预算

【答案】BC

【考点】战略控制方法

【解析】零基预算：在每一个新的期间必须重新判断所有的费用。优点：①能够识别和去除不充分或者过时的行动；②能够促进更为有效的资源分配；③需要广泛的参与；④能够应对环境的变化；⑤鼓励管理层寻找替代方法。

10. 【2017】顺通公司是一家快递公司，2016 年，顺通公司开始使用平衡计分卡衡量公司业绩，并选取了业务量增长率、交货时间、主要员工保留率、预期利润等指标作为业绩衡量指标。上述指标涵盖的角度有(　　)。

A. 创新与学习角度　B. 顾客角度　C. 内部流程角度　D. 财务角度

【答案】ABCD

【考点】战略控制方法

【解析】主要员工保留率是创新与学习角度；业务量增长率、预期利润是财务角度；交货时间是内部流程角度、顾客角度。

11. 【2016】甲公司是一家不锈钢生产企业，为了提高企业竞争力，甲公司决定运用平衡计分卡衡量公司绩效，并选取了销售增长率、预期利润、交货时间、客户满意度等作为绩效衡量指标。甲公司选取的绩效衡量指标涵盖的角度有(　　)。

A. 财务角度　B. 内部流程角度　C. 创新与学习角度　D. 顾客角度

【答案】ABD

【考点】战略控制方法

【解析】销售增长率、预期利润是财务角度；交货时间是内部流程角度、顾客角度；客户满意度是顾客角度。

12. 【2016】南汇公司实行全面预算管理，每年年底都以当年的实际业绩为基础编制下一年的预算。南汇公司编制预算使用的方法的特征有(　　)。

A. 没有降低成本的动力　B. 不能拥有启发新观点的动力

C. 能够促进更为有效的资源分配　D. 能够应对环境的变化

【答案】AB

【考点】战略控制方法

【解析】每年年底都以当年的实际业绩为基础编制下一年的预算是增量预算。

增量预算：新的预算使用以前期间的预算或者实际业绩作为基础来编制，在此基础上增加相应的内容。没有考虑具体情况的变化，并且和员工的业绩无联系。

优点：①预算是稳定的，并且变化是循序渐进的；②经理能够在一个稳定的基础上经营他们的部门；③系统相对容易操作和理解；④遇到类似威胁的部门能够避免冲突；⑤容易实现协调预算。

缺点：①它假设经营活动以及工作方式都以相同的方式继续下去；②不能拥有启发新观点的动力；③没有降低成本的动力；④它鼓励将预算全部用光以便明年可以保持相同的预算；⑤它可能过期，并且不再和经营活动的层次或者执行工作的类型有关。

13. 【2013】甲公司是沿海地区的一家大型物流配送企业，业务量位居全国同行业三甲之列。该公司的业务明确定位于只做文件与小件业务，承诺在国内一、二级城市快件 24 小时送达，其他城市不超过 36 小时。为此，公司在全国建立了 2 个快递分拨中心、50 多个中转场及 100 多个直营网点。甲公司采用平衡计分卡对企业绩效进行衡量。从顾客的角度看，甲公司的平衡计分卡内容可以包括(　　)。

A. 处理单个订单时间　B. 提供服务承诺　C. 建立服务标准　D. 品牌形象建设

【答案】BCD

【考点】战略控制方法

【解析】“承诺在国内一、二级城市快件 24 小时送达”是提供服务承诺；“定位于只做文件与小件业务”是建立服务标准；“大型物流配送企业，业务量位居全国同行业三甲之列”是品牌形象建设。

14. 【2014】下列各项对权力与职权的概念的理解中，正确的有(　　)。

A. 职权也是权力的一种类型　B. 利益相关者内部的联合程度会影响其职权大小

C. 榜样权和专家权是个人素质和影响的重要方面　D. 权力只沿着企业的管理层次自上而下

【答案】AC

【考点】权力与战略过程

【解析】权力：个人或利益相关者能够采取（或者说服其他有关方面采取）某些行动的能力。职权：职权是指管理职位所固有的发布命令和希望命令得到执行的一种权力。职权也是权力的一种类型，但权力不一定是职权。

三、简答题

1. 【2014】2005 年之前金宝集团着重于公用事业，主要围绕城市燃气来推动企业发展。从 2005 年开始金宝集团专注于清洁能源的开发和利用，依托技术创新和商业模式创新，形成从能源开发、能源转化、能源物流到能源分销的上中下游纵向一体化的产业链条，为客户提供多种清洁能源组合的整体解决方案。金宝集团“清洁能源生产与应用”的宗旨日益清晰。

随着集团清洁能源战略目标的日益清晰，金宝集团于 2006 年年初进行了重大调整。

一是调整组织结构，将金宝集团的原有三大产业集团调整为能源分销、能源装备、能源化工、生物化工等产业板块，总部下设的支持保障机构也做了相应的变更。

二是人力资源政策调整，实施以科技牵引集团发展清洁能源的战略升级。金宝集团启动科技人才梯队建设，努力实现拥有科研人员、工程设计人员、技术管理人员、项目管理人员、技术工人五类人才和领军人物、核心人才、骨干人才三级智力网络的优秀科技人才梯队。

三是在科技人才激励体系、运行机制方面，金宝集团依据价值共创与价值共享的人本思想建立科技人才激励机制。金宝集团的激励政策致力于激发员工创新能力，重实绩、重贡献、重成果，向优秀科技创新人才和关键技术岗位倾斜，实行“智慧参与分配”和“技术参与股利分配”政策。技术与资本、劳动、管理一起，作为集团价值分配要素，以引导技术人员创造性地工作，全力攻克技术难关。建立以项目为基本单元、以项目成果为导向的激励机制，使激励和项目运作有机地结合起来。

要求：简要分析钱德勒“组织结构服从战略”理论在金宝集团的战略变革中是如何应用的。

【考点】企业战略与组织结构

【答案】钱德勒的组织结构服从战略理论可以从以下两个方面展开：

（1）战略的前导性与结构的滞后性。这是指企业战略的变化快于组织结构的变化，企业组织结构的变化常常慢于战略的变化速度。企业应努力缩短结构反应滞后的时间，使结构配合战略的实施。

（2）企业发展阶段与结构。企业发展到一定阶段，其规模、产品和市场都发生了变化。这时，企业应采用合适的战略，并要求组织结构做出相应的反应。

本案例中“从 2005 年开始金宝集团专注于清洁能源的开发和利用”，体现战略前导性；“随着集团清洁能源战略目标的日益清晰，金宝集团组织结构也在不断调整”，体现结构的滞后性，也体现出当企业发展到一定阶段，企业会采用合适的战略，并要求组织结构做出相应的反应。

主观题的熟练掌握需要进行专项演练，更多主观题将在《CPA 高频高分主观题·公司战略与风险管理》（中国税务出版社 2021 版）中进行介绍。

Part III 模拟训练

Section 1 基础巩固

一、单选题

1. 为了开发新产品，甲企业建立跨职能的团队，从研发部、市场部、财务部抽取人员进行研发。上述体现了组织结构基本构成要素的（　　）。

A. 横向分工　　B. 纵向分工

C. 整合　　D. 协调

2. 下列选项中既能够适用于最简单的组织结构也能适用于十分复杂的组织结构的组织协调机制是（　　）。

A. 相互适应，自行调整

B. 直接指挥，直接控制

C. 工作过程标准化

D. 工作成果标准化

3. 某企业采用在寻求新的产品和市场机会的同时，保持传统的产品和市场的战略，则该企业的组织战略类型是（　　）。

A. 防御型战略组织　　B. 开拓型战略组织

C. 分析型战略组织　　D. 反应型战略组织

4. 小型咨询公司适用的企业文化类型是（　　）。

A. 权力导向型　　B. 角色导向型

C. 任务导向型　　D. 人员导向型

5. 下列属于以企业使命为基础应考虑的重点是（　　）。

A. 发挥企业现有人员在战略变革中的作用

B. 利用目前的有利条件，巩固和加强企业文化

C. 企业的管理人员要痛下决心进行变革，并向全体员工讲明变革的意义

D. 改变奖励结构，将奖励的重点放在具有新文化意识的事业部或个人身上

6. 下列关于战略控制说法正确的是（　　）。

A. 战略控制期间通常为一年以下

B. 战略控制的重点是控制内部

C. 战略控制通常采用定量方法

D. 战略控制要不断纠正行为

7. 甲公司是一家集团企业，该集团要求旗下所有子公司在编制2010年新预算时使用以前期间的预算或者实际业绩作为基础来编制，在此基础上增加相应的内容。这种预算编制方法属于（　　）。

A. 零基预算　　B. 弹性预算
C. 增量预算　　D. 固定预算

8. 政府对企业最直接的利益期望是（　　）。

A. 促进经济增长
B. 履行法律责任
C. 提供就业
D. 对企业税收的期望

二、多选题

9. 事业部制组织结构具体可以分为（　　）。

A. 产品事业部制结构
B. 市场细分事业部制结构
C. 区域事业部制结构
D. M型事业部制结构

10. 在下列类型的企业中，适合角色导向型的有（　　）。

A. 家族制企业　　B. 国有企业
C. 公务员机构　　D. 专业团体

11. 下列关于增量预算的缺点表述中正确的有（　　）。

A. 它是一个复杂的、耗费时间的过程
B. 不能拥有启发新观点的动力
C. 它可以强调短期利益而忽视长期目标
D. 没有降低成本的动力

12. 与财务指标相比，非财务指标的优势有（　　）。

A. 可能产生于经营部门或者在经营部门使用，以监控非财务方面的活动
B. 可能比财务业绩计量提供的业绩信息更为及时
C. 能够很快地提供给管理层
D. 很容易计算和被非财务管理层理解并有效使用

Section 2 强化提高

三、单选题

13. 甲公司的高层管理人员正在考虑是将保留原有的销售部门和促销部门，还是将两个部门合并。以上体现了组织结构的基本构成要素中的（　　）。

A. 整合　　B. 纵向分工
C. 横向分工　　D. 分权

14. 下列关于纵向分工结构的说法中，不正确的是（　　）。

A. 扁平型组织结构可以及时地反映市场的变化，并做出相应的反应，但容易造成管理的失控
B. 分权型结构中的基础构建模块是单一业务企业
C. 企业为了降低成本，使其结构效率化，应尽量减少管理层次
D. 高长型结构比扁平型结构更能调动管理人员的积极性

15. 当战略推进一段时间之后，原先对战略环境条件的预测与现实变化发展的情况之间的差距会随着时间的推移变得越来越大，战略所依赖的基础就显得越来越糟，从而使失效率大为提高，这是（　　）。

A. 早期失效　　B. 偶然失效
C. 晚期失效　　D. 中期失效

16. 调研与预测是决策的前提，在大数据时代，可以通过数据收集和分析，使预测数据更加可靠、过程更加精细、结果更加贴近实际，大数据的数据分析是（　　）。

A. 向前分析　　B. 向后分析
C. 向旁分析　　D. 双向分析

四、多选题

17. 甲公司是一家电信设备制造商，为了海外业务的拓展，决定大规模采取企业并购方式发展多元化，使公司成长为一家业务涉及金融、保险、酒店、电子等行业的多元化大企业。该公司将实施的组织结构可能为（　　）。

A. 职能制组织结构　　B. M型结构
C. SBU组织结构　　D. 创业型组织结构

18. 根据横向分工结构的基本协调机制的六种类型，下列说法中正确的有（　　）。

A. 企业最简单和十分复杂时，都适用相互适应、自行调整的协调机制
B. 工作成果标准化只规定最终目标，不限定途径、方法、手段、过程
C. 工作过程标准化指组织通过预先制定的工作标准才协调生产经营活动，这是一种超前的间接协调机制

D. 企业在一段时间内可以根据不同任务的侧重点不同，选择多种协调机制混合使用

19. 蓝天公司实施一个新的战略，需要变革小部分领域的组织要素，同时保留了原有的绩效体系与考核制度，蓝天公司在实施中应考虑的主要问题包括(　　)。

A. 利用目前的有利条件，巩固和加强企业文化

B. 利用文化相对稳定的这一时机，根据企业文化的需求，解决企业生产经营中的问题

C. 设法让管理人员和员工明确新文化所需要的行为，形成一定的规范，保证新战略的顺利实施

D. 考虑进行与企业组织目前的文化相适应的变革，不要破坏企业已有的行为准则

20. 平衡计分卡因为突破了财务作为唯一指标的衡量工具，做到了多个方面的平衡。与传统评价体系比较，平衡计分卡的如下特点正确的有(　　)。

A. 平衡计分卡的评价内容与相关指标与企业战略目标紧密相连，为企业战略管理提供强有力的支持

B. 可以将看似不相关的要素有机地结合在一起，大大节约企业管理者的时间，提高企业管理的整体效率

C. 通过对企业各要素的组合，让管理者能同时考虑企业各职能部门在企业整体中不同作用与功能，注重团队合作，防止企业管理机能失调

D. 随着全员管理的引进，新的信息指标不断增加，企业管理者可以获得大量而全面的信息，保证满足企业管理需要

21. 诺德咨询的咨询师王先生在给蓝天公司做咨询时，发现蓝天公司在考虑企业的战略目标和绩效考核中非常重视客户，使用的目标和指针为目标市场的市场份额。王先生建议蓝天公司的经理人要在明确价值定位的过程中考虑与客户满意有关的驱动指标，以下可能是王先生建议的指标的有(　　)。

A. 客户关系　　B. 企业形象

C. 客户满意度　　D. 客户保留率

22. 下列说法正确的有(　　)。

A. 专题报告必须由企业内部人员完成，企业外部人员不得参与

B. 做专题报告需要有一定的投入，但专题报告与因盲目决策而导致的战略失控所造成的损失相比要经济、划算得多

C. 统计分析报告是以统计数字为主体，用简洁的文字来分析叙述事务量的方面及其关系，并进行定量分析

D. 统计分析报告在结构上的突出特点是脉络清晰、层次分明

23. 国内光纤光缆生产商海王公司抓住大数据时代来临的机遇，从“制造”迈向“智造”。该公司通过自动化和信息化不断融合，联动供应链上下游资源，优化生产方案，进行数字化、柔性化生产管理，同时通过交易核算自动化、ERP 优化等多种方法实现全球核算实时可视。下列各项中，属于海王公司在大数据时代战略转型的主要方面的有(　　)。

A. 业务数字化管理　　B. 生产数字化管理

C. 财务数字化管理　　D. 营销数字化管理

五、简答题

24. 华伟公司是全球领先的信息与通信技术解决方案供应商，业务遍及全球 170 多个国家和地区，服务全世界三分之一以上的人口。目前华伟公司约有 18 万名员工，分为 4 个管理层级。

公司自成立初期一直采用的是直线式管理结构：公司总经理直接领导下属五大职能部门：中央研发总部、市场总部、制造系统、财经系统以及行政管理系统。职能经理拥有绝对的职权，员工的所有工作事宜也只能向自己的直接上级报告。

但随着华伟的产品领域从交换机向其他通信产品扩张，市场范围逐步扩大，员工数量也呈几何倍数递增，这种业务结构也变得臃肿复杂、协调性差。

1998 年，为了“让听到炮声的人呼唤炮火”，管理层依据华伟自身特点，既设置了按战略性功能划分的部门组织，又设置了按地区划分的地区项目组织，并将其写入《华伟基本法》。产品与解决方案、运营商 BG、企业 BG、消费者 BG 四大事业部是面向运营商客户、面向企业/行业客户、面向终端产品用户的按战略性功能划分的事业部。地区项目组织负责位于区域的各项资源、能力的建设和有效利用，与客户建立更紧密的联系和伙伴关系。公司采用地区项目经理负责制，项目成员根据需要从各部门抽调，项目成员主要对地区项目经理负责，也同时需要对部门经理负责。

在国家“一带一路”倡议提出以后，华伟公司积极响应国家建设规划，在“一带一路”沿线国家争取更多的业务订单，一方面在已开展业务的国家提高现有产品与服务在现有市场的占有率，另一方面以现有产品和服务在还没有开展业务的国家积极抢占新的国际市场。

要求：根据材料分析华伟公司的横向分工组织结构类型，并简述优缺点。

Section 3 答案解析

1. 【答案】C

【考点】组织结构的构成要素

【解析】组织结构基本构成要素是分工和整合。整合是指企业为实现预期的目标而用来协调人员与职能的手段。为了实现企业目标，企业必须建议组织结构协调不同职能与事业部的生产经营活动，以便有效地执行企业的战略。例如，为了开发新产品，企业可以建立跨职能的团队，使不同部门不同职能的员工一起工作，这就是一般意义上的整合。总之，分工是将企业转化成不同职能及事业部的手段，而整合是要将不同的职能及部门结合起来。所以选项C正确。

2. 【答案】A

【考点】纵横向分工结构

【解析】相互适应、自行调整的机制适合于最简单的组织结构。在十分复杂的组织里，由于人员构成复杂，工作事务事先不能全部规范化，因而也采用这种协调机制。

3. 【答案】C

【考点】企业战略与组织结构

【解析】分析型战略组织综合了防御型战略组织和开拓型战略组织两种组织的特点，即在寻求新的产品和市场机会的同时，保持传统的产品和市场。

4. 【答案】D

【考点】企业文化的类型

【解析】人员导向型文化常见于俱乐部、协会、专业团体和小型咨询公司。

5. 【答案】A

【考点】战略稳定性与文化适应性

【解析】在第一象限中，企业实施一个新的战略时，重要的要素会发生很大的变化，这些变化大多与企业目前的文化有潜在的一致性。选项A属于在这种情况下企业处理战略与文化关系的重点；选项B属于加强协调作用；选项CD属于重新制定战略。

6. 【答案】D

【考点】战略控制的过程

【解析】战略控制期间比较长，从几年到十几年以上；战略控制要采用定性方法也要采用定量方法；战略控制重点是内部和外部；战略控制要不断纠正行为。

7. 【答案】C

【考点】战略控制方法

【解析】新预算使用以前期间的预算或者实际业绩作为基础来编制，在此基础上增加相应的内容属于增量预算。

8. 【答案】D

【考点】企业的主要利益相关者

【解析】政府力图使企业在提供就业、支付税款、履行法律责任、促进经济增长、确保国际支付平衡等多个方面做出贡献，其中最直接的利益期望是政府对企业税收的期望。

9. 【答案】ABC

【考点】纵横向分工结构

【解析】事业部制组织结构内可按产品、服务、市场或地区为依据进行细分。具体可分为：区域事业部制结构、产品/品牌事业部制结构、客户细分或市场细分事业部制结构。

10. 【答案】BC

【考点】企业文化的类型

【解析】角色导向型文化最常见于国有企业和公务员机构。

11. 【答案】BD

【考点】战略控制方法

【解析】增量预算的缺点：①它假设经营活动以及工作方式都以相同的方式继续下去；②不能拥有启发新观点的动力；③没有降低成本的动力；④它鼓励将预算全部用光以便明年可以保持相同的预算；⑤它可能过期，并且不再和经营活动的层次或者执行工作的类型有关。零基预算的缺点：①它是一个复杂的、耗费时间的过程；②它可能强调短期利益而忽视长期目标；③管理团队可能缺乏必要的技能。

12. 【答案】ABCD

【考点】战略控制方法

【解析】非财务业绩计量是基于非财务信息的业绩计量方法，可能产生于经营部门或者在经营部门使用，以监控非财务方面的活动。非财务业绩计量可能比财务业绩计量提供的业绩信息更为及时，也可能容易受到一些市场因素等不可控变化的影响。

和传统的财务报告不同，非财务信息计量能够很快地提供给管理层，而且很容易计算和被非财务管理层理解并有效使用。

选择这些非财务指标也有很多问题，并且报告太多这种计量指标也有很多危险。管理层的信息过多其实是无用的，或者传递了矛盾的信号。信息提供者必须和管理层紧密合作，才能使管理层确信他们的需求得到了适当的理解。

13. 【答案】C

【考点】组织结构的构成要素

【解析】企业高层管理人员必须在如何分配人员、职能部门以及事业部方面做出选择，以便增加企业创造价值的能力，这种选择是横向分工选择。

14. 【答案】D

【考点】纵横向分工结构

【解析】在扁平型结构中，一般管理人员拥有较大的职权，并可对自己的职责负责，效益也可以清楚地看出，并有较好的报酬。因此，扁平型结构比高长型结构更能调动管理人员的积极性。选项 D 的说法错误。

在分权型业务单元中，将活动按照业务线和产品线进行分类，可以避免在多元化经营中使用职能型结构导致的复杂性，因此分权型结构中的基础构建模块是单一业务企业。

15. 【答案】C

【考点】战略控制的过程

【解析】按照在战略实施过程中出现的时间顺序，战略失效可分为早期失效、偶然失效和晚期失效三种类型。在战略实施初期，由于新战略还没有被全体员工理解和接受，或者战略实施者对新的环境、工作还不适应，就有可能导致较高的早期失效率。晚期失效是指当战略推进一段时间之后，原先对战略环境条件的预测与现实变化发展的情况之间的差距会随着时间的推移变得越来越大，战略所依赖的基础就显得越来越糟，从而使失效率大为提高。在战略实施过程中，偶然会因为一些意想不到的因素导致战略失效，这就是偶然失效。

16. 【答案】A

【考点】大数据时代企业战略转型

【解析】在大数据时代，数据分析是“向前分析”，具有预测性。

17. 【答案】BC

【考点】纵横向分工结构

【解析】职能制组织结构适用于单一业务企业，创业型组织结构适用于多数小型企业，不适用于多元化大公司。

18. 【答案】ABD

【考点】纵横向分工结构

【解析】企业组织简单时，需要相互适应、自行调整的协调机制。在十分复杂的组织里，由于人员构成复杂，工作事物事先不能全部规范化，因而也采用这种协调机制。

工作成果标准化只规定最终目标，不限定达到目标途径、方法、手段、过程。

技艺知识标准化指组织对成员所应有的技艺知识加以标准化，这种协调机制主要是依靠组织成员在任职以前就接受了必要的、标准化的训练，这是一种超前的间接协调机制。

实际上，企业不可能在一段时间内只依靠一种协调机制，往往根据不同任务的侧重点不同，混合使用这 6 种协调机制。

19. 【答案】AB

【考点】战略稳定性与文化适应性

【解析】本题考核战略稳定性与文化适应性。在第二象限中，企业实施一个新的战略时，组织要素发生的变化不大，又多与企业目前的文化相一致。这类情况往往发生在企业采用稳定战略（或维持不变战略）时，处在这种地位的企业应考虑两个主要问题：一是利用目前的有利条件，巩固和加强企业文化；二是利用文化相对稳定的这一时机，根据企业文化的需求，解决企业生产经营中的问题。

20. 【答案】ABC

【考点】战略控制方法

【解析】平衡计分卡可以将企业信息负担降到最少。可以使企业管理者仅仅关注少数而又非常关键的相关指标，在保证满足企业管理需要的同时，尽量减少信息负担成本。

21. 【答案】AB

【考点】战略控制方法

【解析】领先指标（驱动指标）有时间、质量、价格、可选性、客户关系和企业形象。滞后指标有销售额、市场份额、客户保留率、新客户开发率、客户满意度和盈利率。

22. 【答案】BCD

【考点】战略控制方法

【解析】专题报告可以由企业内部自己完成；也可以用课题、项目的形式委托大学、科研院所或咨询机构的专业人员完成。

23.【答案】ABC

【考点】数字化战略

【解析】“联动供应链上下游资源”属于业务数字化管理；“优化生产方案，进行数字化、柔性化生产管理”属于生产数字化管理；“通过交易核算自动化、ERP 优化等多种方法实现全球核算实时可视”属于财务数字化管理。

24.【考点】纵横向分工结构

【答案】(1) 1998 年以前的横向分工组织结构属于“职能制组织结构”。“公司总经理直接领导下属五大职能部门”。

1998 年以后的横向分工组织结构属于“矩阵制组织结构”。“采用地区经理负责制，项目成员根据需要从各部门抽调，项目成员主要对地区项目经理负责，也同时需要对部门经理负责”。

(2) 职能制组织结构的优点：①能够通过集中单一部门内所有某一类型的活动来实现规模经济；②有利于培养职能专家；③由于任务为常规和重复性任务，因而工作效率得到提高；④董事会便于监控各个部门。

职能制组织结构的缺点：①由于对战略重要性的流程进行了过度细分，在协调不同职能时可能出现问题；②难以确定各项产品产生的盈亏；③导致职能间发生冲突、各自为政，而不是出于企业整体利益进行相互合作；④等级层次以及集权化的决策制定机制会放慢反应速度。

矩阵制组织结构的优点：①由于项目经理与项目的关系更紧密，因而能更直接地参与到与其产品相关的战略中来，从而激发其成功的动力；②能更加有效地优先考虑关键项目，加强对产品和市场的关注，从而避免职能型结构对产品和市场的关注不足；③与产品主管和区域主管之间的联系更加直接，从而能够作出更有质量的决策；④实现了各个部门之间的协作以及各项技能和专门技术的相互交融；⑤双重权力使企业具有多重定位，这样职能专家就不会只关注自身的业务范围。

矩阵制组织结构的缺点：①可能导致权力划分不清晰（比如谁来负责预算），并在职能工作和项目工作之间产生冲突。②双重权力容易使管理者之间产生冲突。如果采用混合型结构，非常重要的一点就是确保上级的权力不相互重叠，并清晰地划分权力范围。下属必须知道其工作的各个方面应对哪个上级负责。③管理层可能难以接受混合型结构，并且管理者可能会觉得另一名管理者将争夺其权力，从而产生危机感。④协调所有的产品和地区会增加时间成本和财务成本，从而导致制定决策的时间过长。

第五章　公司治理

考情概要

本章在考试中多以单选题、多选题的形式出现，每年考查分值为5~8分。同时，考试也会将本章知识点与风险管理等其他章节的知识点相结合，进行主观题的综合考查。

考点及考频分布

表 5-1　　考点及考频分布

考纲内容	考纲能力等级	考查年份及题型
企业的起源与演进	1级	近年未涉及
公司治理问题的产生	2级	近年未涉及
公司治理的概念	2级	近年未涉及
公司治理理论	2级	近年未涉及
经理人对于股东的“内部人控制”问题	2级	2018年简答题
终极股东对于中小股东的“隧道挖掘”问题	2级	2020年单选题、2019年单选题、2017年多选题、2019年简答题
企业与其他利益相关者之间的关系问题	2级	近年未涉及
公司内部治理结构	2级	2015年单选题
外部治理机制	2级	近年未涉及
公司治理基础设施	2级	2020年简答题、2019年简答题
公司治理原则	2级	近年未涉及

学习建议

本章是在现代制度经济学的大框架下编写的。整章的编排以现代公司治理问题为核心展开，从公司治理问题产生的原因、表现、治理手段三个方面进行了全面阐述。理解框架对于同学们整个知识体系的建立、深入理解以应对灵活性难题、背诵等方面都会起事半功倍的作用。

学习框架

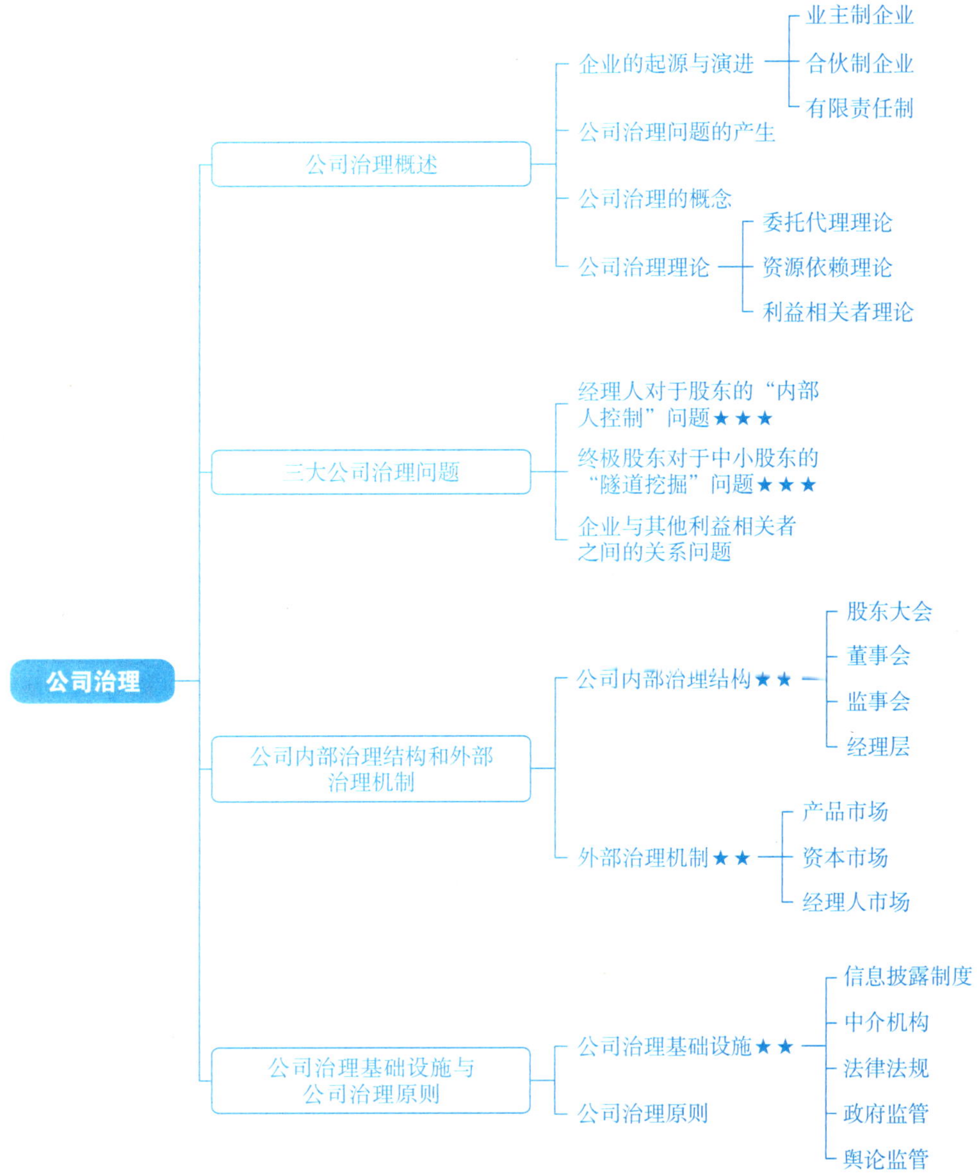

图 5-1 学习框架图

Part I 知识点全解

一、公司治理概述

（一）企业的起源与演进★

企业制度类型见图 5－2。

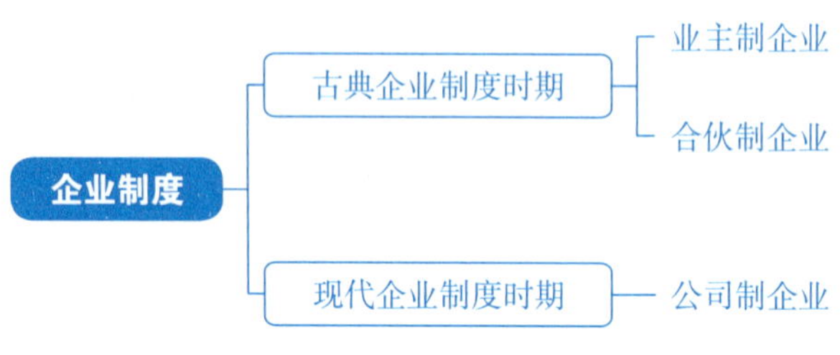

图 5－2 企业制度类型

1. 企业制度优缺点比较（见表 5－2）

表 5－2 企业制度优缺点比较

组织形式	优点	缺点
业主制企业[①]	（1）企业内部组织形式简单，经营管理的制约因素少，经营管理灵活，法律登记手续简单，容易创立和解散。 （2）企业的资产所有权、控制权、经营权、收益权均归业主所有，业主享有完全自主权，便于发挥其个人能动性、生产力及创造力。 （3）业主自负盈亏，对企业负债承担无限责任	（1）所有者只有一人，企业规模小，资金筹集困难，企业容易因资金受限而难以扩大生产和规模。 （2）企业所有权、收益权、控制权、经营权高度统一归业主所有，使企业存续受制于业主的经营意愿、生命期、继承者能力等因素。 （3）企业经营者也只是所有者一人，当企业发展到一定规模后，限制在个人内的人力资本就很可能会影响到组织决策的质量。 （4）因业主承担无限责任所带来的风险较大，企业为规避风险而缺乏动力进行创新，不利于新产业发展
合伙制企业[②]	（1）扩大了资金来源，有助于企业扩大规模、生产发展，部分缓解了业主制资金不足的问题。 （2）合伙企业虽然拥有多个产权主体，但其产权结构完整统一，更有利于整合发挥合伙人的资源优势，促进技术、土地、资金等资源共享，部分缓解了业主制人力资本不足的问题。 （3）合伙人共同经营企业、共担风险，在企业经营管理上可以实现优势互补、集思广益，一定程度上分散了经营压力	（1）合伙人对企业债务承担无限责任，风险较大。 （2）合伙人间缺乏有效制约机制，监督履责困难，可能产生“搭便车”行为[③]，单个合伙人没有全部承担他的行动引起的成本或收益，在无限责任下这种外部性导致了很大的连带风险。 （3）在经营管理决策中合伙人之间产生的分歧带来很多的组织协调成本，降低了决策效率。 （4）合伙人的退伙会影响企业的生存和寿命
有限责任制[④]	（1）降低股东风险，激励投资行为。 （2）促进资本流动，推动证券市场发展。 （3）有限责任可以转移，避免付出高昂的监督成本，减少交易费用，降低管理成本	（1）经营风险转移到利益相关者身上，股东可能产生不谨慎投资行为，做出错误决策，间接损害利益相关者权益。 （2）股东可能利用有限责任漏洞规避法律义务甚至从事违法活动，损害公众利益

注：①业主制是最早存在的企业制度，其发源于工业革命时期由传统家庭作坊演变而来的手工工厂组织，是由自然人个人投资成立和经营控制的组织，是生产技术水平提高和市场规模扩大对专业化分工合作生产提出要求的必然产物。业主制企业不具有法人资格，对企业的负债承担无限责任，即当企业资不抵债的时候，业主需要拿出个人财产偿还企业债务。

②随着企业规模的不断扩大，业主制企业逐渐被合伙制企业所取代。合伙制企业是由两个或多个出资人联合组成的企业。在合伙制企业中，企业归出资人共同所有、共同管理，并分享企业剩余或亏损，对企业债务承担无限责任。

③搭便车理论首先由美国经济学家曼柯·奥尔逊于 1965 年发表的《集体行动的逻辑：公共利益和团体理论》（*The Logic of Collective Action Public Goods and the Theory of Groups*）一书中提出的。其基本含义是不付成本而坐享他人之利。搭便车问题是一种发生在公共财产上的问题，指经济中某个体消费的资源超出他的公允份额，或承担的生产成本少于他应承担的公允份额。例如，一些人需要某种公共财产，但事先宣称自己并无需要，在别人付出代价去取得后，他们就可不劳而获地享受成果。常指宏观经济学中的公共品的消费问题。

④受到上述合伙制缺点的局限，合伙制企业又不断向公司制企业演变。在最简单的公司制企业中，公司由三类不同的利益主体组成：股东、公司管理者、雇员。有限责任的缺点导致三大公司治理问题中的“企业与其他利益相关者之间的关系问题”。例如，可能产生过激的投资行为，甚至投机损害债权人的利益，生产劣质的商品损害消费者的利益，污染环境损害周围居民的利益。

敲黑板

有时候一件事情同时是好事也是坏事，一个特征同时是优点也是缺点。业主制形式简单只有一个人，同时是优点（1）也是缺点（1），所有权力归为同一个人同时是优点（2）也是缺点（2）（3），业主自负盈亏承担无限责任同时是优点（3）也是缺点（4）。

2. 公司制企业的特点

（1）有限责任制。

有限责任指公司应当以其全部财产承担清偿债务的责任。

有两层含义：一是公司以其全部法人财产对其债务承担有限责任；二是当公司破产清算时，股东仅以其出资额为限，对其公司承担有限责任。

名师说

古典企业制度时期的企业（业主制、合伙制）不具有法人地位，因此所有者承担无限责任。现代企业制度时期的公司具有法人地位，因此股东承担有限责任。

（2）股东财产所有权与企业控制权分离。

在公司制企业中，股东保留决策控制权，职业经理人获得决策管理权。

一项决策活动四个阶段：决策制定、决策审批、决策执行、执行监督。其中决策制定和决策执行属于决策管理，决策审批和执行监督属于决策控制。

股东财产所有权与企业控制权两权分离是公司治理的基础，其最大优势是可以将掌握资产但缺乏管理能力的投资者与富有经营管理经验却缺乏资产的经理人结合在一起，实现企业资源与经营管理人员的最优组合，从而实现企业利润最大化的经营目标。

（3）规模增长和永续生命。

公司制企业初始即实现了产权与经营权的分离，所有者与法人财产权的分离，使企业实现永续运行。

3. 公司制企业的类型

主要包括**有限责任公司和股份有限公司**，另外有两种特殊形式（一人有限责任公司、国有独资公司）。

（1）有限责任公司。

依法设立的由一定人数（我国规定 50 人以内）的股东出资组成，每个股东以其出资额为限对公司承担责任，公司以其全部资产对公司债务承担责任的企业法人。

特征：

①股东数量有最高数额限制。

②资本不划分为等额股份，也不能公开筹集股份，不能发行股票，对股东出资的转让限制严格，一般要经过其他股东的同意，而且其他股东有优先购买权。

③只能发起设立无募集设立，程序较为简单，可以由一个或几个人发起，管理机构也较为简单、灵活，公司账目及资产负债情况无须向公众公开。

④经营管理机构比较简单。股东会是最高权力机构，按出资比例行使表决权。董事会可设可不设，不设董事会的，股东会会议由执行董事召集和主持；设监事会的，不得少于三人。股东人数较少或者规模较小的有限责任公司，可以设一至二名监事，不设监事会。

名师说

有限责任公司的特点使得许多中小规模的企业采取这种公司制度，由于有限责任公司为非上市公司，不能公开发行股票，受股东人数限制，筹集资金的范围和规模一般有限，因此难以适应大规模生产经营活动的需要。股份有限公司更好地弥补了这些缺点。

（2）股份有限公司。

指将全部资本划分为等额股份，股东以其认购的股份为限对公司承担责任，公司以全部财产对公司债务承担责任的法人。

特征：

①可以采取发起设立或者募集设立的方式。

②对发起人有明确规定。我国规定应当有二人以上二百人以下为发起人，其中需有半数以上的发起人在中国境内有住所。发起人承担公司筹办事务。

③可以向社会公开发行股票，股票可以依法转让或交易。必须向全体股东以及有关部门、潜在的投资者、债权人及其他社会公众公开披露财务状况，包括董事会的年度报告、公司损益表和资产负债表等。

名师说

有限责任公司和股份有限公司主要在股东人数、股份形成、经营规模等方面存在差异。一般情况下可以大致认为有限责任公司规模小一些，股份有限公司规模大一些。

（二）公司治理问题的产生及公司治理的概念★

1. 导致公司治理问题产生的原因

现代公司制的以下两个特征导致了公司治理问题的产生。

（1）股权结构的分散化。

特点：

一方面，明确、清晰的财产权利关系为资本市场的有效运转奠定了牢固的制度基础。另一方面，高度分散化的股权结构意味着作为公司所有权的供给者和需求者都很多，当股票的买卖者数量越多，股票的交易就越活跃，股票的转让就越容易，规模发展就越快，公司通过资本市场投融资越便捷。

不利影响：

公司的股东们无法在集体行动上达成一致，从而提高了治理成本。对公司的经营者的监督弱化，特别是大量存在的小股东，他们不仅缺乏参与公司决策和对公司高层管理人员进行监督的积极性，而且也不具备这种能力。分散的股权结构使得股东和公司其他利益相关者处于被机会主义行为损害、掠夺的风险之下。

股权结构分散化的缺点使得大股东与小股东的权责利不匹配，导致三大公司治理问题中的“隧道挖掘问题”。

（2）所有权和控制权的分离。

现代公司已由受所有者控制转变为受经营者控制，管理者权力的增大有损害资本所有者利益的危害。

所有权与控制权的分离的缺点使得所有者与经营者目标偏离，导致三大公司治理问题中的“内部人控制问题”。

2. 公司治理的定义（见表5-3）

表5-3　公司治理的定义

定义	内容
狭义的公司治理	指所有者（主要是股东）对经营者的一种监督与制衡机制，即通过一种制度安排，合理地配置所有者和经营者之间的权力和责任关系。它是借助股东大会、董事会、监事会、经理层所构成的公司治理结构来实现的内部治理。其目标是保证股东利益的最大化，防止经营者对所有者利益的背离
广义的公司治理	不局限于股东对经营者的制衡，还涉及广泛的利益相关者，包括股东、雇员、债权人、供应商和政府等与公司有利害关系的集体或个人。治理的目标不仅是股东利益的最大化，而是保证所有利益相关者的利益最大化
泛广义的公司治理	概念在涵盖狭义与广义的公司治理内涵的同时，还包括了企业的战略决策系统、企业文化、企业高管控制制度、收益分配激励制度、财务制度、人力资源管理等制度

三种类型的公司治理主要掌握范围的大小区别。狭义的指所有者和经营者之间的权力和责任关系，也就是指股东和经理之间的关系。广义的指不局限于股东对经营者的制衡，还涉及广泛的利益相关者，包括股东、雇员、债权人、供应商和政府等与公司有利害关系的集体或个人，也就是指公司与其他利益相关者之间的关系。泛广义的除了含有以上两种以外，还包括各种系统、文化、制度的概念。

3. 公司治理的概念理解

（1）公司治理结构与治理机制。

治理结构主要侧重于公司的内部治理，包括股东大会、董事会、监事会、高级管理团队及公司员工间权责利相互监督制衡的制度体系。

治理机制主要指除企业内部的各种监督机制外的各项市场机制对公司多维度的监督与约束。公司治理机制主要有三大类：权益机制（股权机制、债权机制、经营者机制、工会机制、消费者供给机制），市场机制，管理机制。

敲黑板

这里对内部治理结构与外部治理机制仅做大致了解即可，后续知识点会进一步阐述。其中外部治理机制仅需要进一步了解三大市场机制。

（2）从权力制衡到科学决策。

公司治理的实质就是委托代理关系下利益相关方的权、责、利配置问题。

由于市场信息不对称、合约不完备及代理成本的存在，在利益不一致的委托人和代理人间可能产生逆向选择和道德风险等代理问题。

“公司治理的目标不是相互制衡，它只是保证公司科学决策的方式与途径”，权力制衡只是方法，科学决策才是公司治理的核心。

(3) 公司治理能力。

治理结构和治理机制可被视作企业的两种重要资源。

这种能力与公司领导者的个人能力、治理工具、治理环境等要素密切相关。这些要素相互影响、相互作用，综合地体现了公司的治理能力。

公司治理结构、治理机制、治理能力以及治理环境等因素共同组成了完整的公司治理体系，并综合地形成了公司的治理能力系统。

(三) 公司治理理论及公司治理的重要性★

本知识点理论性较强，考频相对较低，尽量看懂即可。

1. 三大公司治理理论

(1) 委托代理理论。

委托代理理论是制度经济学契约理论的主要内容之一。

公司治理理论及公司治理的重要性

委托代理理论的主要观点认为：委托代理关系是随着生产力大发展和规模化大生产的出现而产生的。其原因一方面是生产力发展使得分工进一步细化，权利的所有者由于知识、能力和精力的原因不能行使所有的权利了；另一方面，专业化分工产生了一大批具有专业知识的代理人，他们有精力、有能力代理行使好被委托的权利。

所有权与控制权分离导致的直接后果是委托——代理问题的产生。

从委托人方面来看：股东或者因为缺乏有关的知识和经验，以至于没有能力来监控经营者；或者因为其主要从事的工作太繁忙，以至于没有时间、精力来监控经营者。对于众多中小股东来说，由股东监控带来的经营业绩改善是一种公共物品。

从代理人方面来看：代理人有着不同于委托人的利益和目标，所以，他们的效用函数和委托人的效用函数不同。代理人对自己所做出的努力拥有私人信息，代理人会不惜损害委托人的利益来谋求自身收益的最大化，即产生机会主义行为。

(2) 资源依赖理论。

资源依赖理论认为组织需要通过获取环境中的资源来维持生存，没有组织可以完全实现资源自给，企业经营所需的资源大多需要在环境中进行交换获得。组织对环境及其中资源的依赖，也是资源依赖学派解释组织内权力分配问题的始点。

资源依赖理论也考虑了组织内部的因素，认为组织对某些资源的需要程度、该资源的稀缺程度、该资源能在多大程度上被利用并产生绩效以及组织获取该项资源的能力，都会影响组织内部的权力分配格局。

相较于委托代理理论，**资源依赖理论可以更好地解释企业董事会的功能**。

董事会可以管理环境依赖并且应该反映环境的需要。董事会有能力获得并降低企业的依赖性，董事会的规模和构成影响了董事会为公司提供核心资源的能力。

董事会的规模并不是随意的、独立的，是对外部环境条件的理性反映，随着环境的改变董事会的构成也应随之改变。

董事会为获取资源发挥的作用主要包括：为企业带来忠告、建议形式的信息；获得公司和外部环境之间的信息通道；取得资源的优先条件；提升企业的合法性。

处于不同生命周期的企业对董事的资源依赖也不同，小公司由于缺乏关键资源，资源提供功能较监督功能对其绩效的影响就更为显著。而处于组织衰退和破产期的公司正经历着资源基础的锐减，作为资源提供者的董事发挥的作用更为明显。

有更多外部董事的公司，更可能从破产中重组，再次验证了资源依赖理论的论断。

(3) 利益相关者理论。

利益相关者管理理论是指企业的经营管理者为综合平衡各个利益相关者的利益要求而进行的管理活动。与传统的股东至上主义相比较，该理论认为任何一个公司的发展都离不开各利益相关者的投入或参与，**企业追求的是利益相关者的整体利益，而不仅仅是某些主体的利益**。

利益相关者理论的要点主要体现在以下几个方面：

①在现代公司中，所有权是一个复杂的概念，讨论公司治理以所有权为起点“是彻底错误的，是高水平的误导”，股东并不是唯一的所有者，他们只能拥有企业的一部分。

②并不是只有股东承担剩余风险，职工、债权人、供应商都可能是剩余风险的承担者，应该设计一定的契约安排和治理制度来分配给所有的利益相关者一定的企业控制权，即所有的利益相关者都应该参与公司治理。

③该理论还从对企业发展的贡献上说明了重视非股东的其他利益相关者的必要性。在现代经济生活中，绝大多数资本所有者只是小股东，只不过是市场上的寻利者，大多只会“用脚投票”，而放弃“用手投票”权，对企业承担的责任日益减少；真正为企业的生存和发展操心的，是与企业利害关系更为密切的经理人员和广大职工。公司治理结构不能仅仅局限于调节股东与经理之间的关系，董事会等决策机构中除了股东代表以外还应有其他利益相关者的代表。

④从产权角度论证了其“新所有权观”的合理性。出资者投资形成的资产、公司经营过程中的财产增值和无形资产共同组成公司的法人财产，法人财产是相对独立的。

2. 公司治理的重要性

影响公司治理重要性的主要因素有：公司高管的高薪酬引起了股东及其他利益相关者的不满，因此股东需要一种治理机制来保证自己的权益；机构投资者的监管意识在不断提高；更多的利益相关者接入到公司治理中；随着公司的市场化，“内部人控制”现象更为明显；大股东和中小股东的冲突加剧。

良好的公司治理可以促进企业的股权结构合理化。公司治理问题的根源是公司制度本身，因此公司治理是针对公司制度的治理。公司治理最大的特点是动态性。企业需要基于自身特点及股东权责分配过程建立不同的公司治理机制。

二、三大公司治理问题★★★

三大公司治理问题是本章重点，在实际考核中出题也比较灵活。首先在题目中要准确判断是哪种公司治理问题，再向下考虑这个问题的表现形式与解决方案。判断时注意判断谁欺负谁：经理人欺负股东是“内部人控制问题”，终极股东欺负中小股东是“隧道挖掘问题”，企业欺负其他利益相关者是“企业与其他利益相关者之间的关系问题”。重点掌握前两个问题。

（一）经理人对于股东的“内部人控制”问题（代理型公司治理问题）

经理人对于股东的“内部人控制”问题

企业的内部成员（如厂长、经理或工人）能够直接参与企业的战略决策，并掌握了大部分企业实际控制权，在公司战略决策中追求自身利益，甚至内部各方面联手谋取各自利益，从而架空所有者的有效控制，并以此来侵蚀作为外部人（股东）的合法权益，这就是所谓的“内部人控制”现象。

1. “内部人控制”问题的成因

（1）所有者目标较为单一追求企业利益最大化，而代理人的目标更为多元化，既追求个人收入也追求权力、地位与在职消费等。当**两者之间发生利益冲突**时，经营者往往会利用控制公司的特殊地位和拥有公司大量信息的有利条件，设法弱化所有者的约束，放弃甚至侵害所有者的权益以实现自身利益的最大化。

（2）**公司治理机制的不完善**为内部人控制提供了有利条件。股东大会流于形式，企业并没有把股东大会作为最高权力机构，董事会凌驾于股东大会之上，甚至是董事长兼任总经理一揽大权，董事会、监事会成员由股东大会选举产生的比例也不高，所以难以产生监督和制衡的作用。

2. **“内部人控制”问题的主要表现（记忆）**（见表5-4）

表5-4 “内部人控制”问题的主要表现

类型	主要表现
经理人违背忠诚义务	（1）过高的在职消费，盲目过度投资，经营行为的短期化。 （2）侵占资产，资产转移。 （3）工资、奖金等收入增长过快，侵占利润。 （4）会计信息作假、财务作假。 （5）建设个人帝国
经理人违背勤勉义务	（1）信息披露不完整、不及时。 （2）敷衍偷懒不作为。 （3）财务杠杆过度保守。 （4）经营过于稳健、缺乏创新
国企改革过程中的“内部人控制”问题	（1）国有资产流失。 （2）会计信息失真

3. 治理“内部人控制”问题的基本对策

内部人控制问题虽然出现在企业内部，但**根源在于企业外部的制度和机制**，即外部职责的懈怠和治理功能的缺失。

（1）完善公司治理体系，加大监督力度。

（2）强化监事会的监督职能，形成企业内部权力制衡体系。

（3）加强内部审计工作，充分发挥内部审计的监督职能，完善企业内部约束机制。

（4）完善和加强公司的外部监督体系，使利益相关者参与到公司的监管中，再结合以经济、行政、法律等手段，构建对企业经营者的外部监督机制。

（二）终极股东对于中小股东的“隧道挖掘”问题（剥夺型公司治理问题）

体现为大股东与中小股东之间的利益冲突。

1. “隧道挖掘”问题的成因

许多公司存在具有绝对影响力的大股东，对于数量众多的中小股东而言，他们只拥有名义上的控制权。当资本市场缺乏对小股东利益的保护机制时，对公司经营活动具有控制力的大股东的行为就更加不容易被约束，他们可能以牺牲众多的中小股东利益为代价，通过追求自利目标而非公司价值目标来实现自身福利最大化，从而导致终极股东的“隧道挖掘”问题。

“隧道挖掘”行为的产生，在于控制股东“隧道挖掘”的收益大于其“隧道挖掘”的成本。而收益来源于控股股东所掌控的权力，成本则反映了控制股东对其行为所承担的责任。

2. “隧道挖掘”问题的表现（记忆）（见表 5－5）

表 5－5　“隧道挖掘”问题的表现

类型		主要表现
滥用公司资源（终极股东作为代理人违背勤勉义务）		（1）为了家族荣耀等目标采取过度保守的经营策略。 （2）为了保障社会就业而导致国有企业的冗员
占用公司资源（终极股东作为代理人违背忠实义务）	直接占用资源	（1）直接借款、利用控制的企业借款、代垫费用、代偿债务、代发工资、利用公司为终极股东违规担保、虚假出资。 （2）预付账款也是占用公司资金的途径之一，比其他应收款、应收账款更加隐秘。 （3）终极股东占用公司商标、品牌、专利等无形资产以及抢占公司的商业机会
	关联性交易	（1）商品服务交易活动：终极股东以高于市场价格向公司销售商品和提供服务，以低于市场价格向公司购买商品和服务。 （2）资产租用和交易活动：房屋、土地使用权、机器设备、商标和专利、托管经营活动中的非市场交易。 （3）费用分摊活动：上市公司的控股母公司将广告费用、离退员工费用、员工福利费（如医疗住房交通费）、高管薪酬奖金在职消费等费用分摊到公司进行利益输送
	掠夺性财务活动	（1）掠夺性融资：公司通过作假骗取融资资格、虚假包装、过度融资、向终极股东低价定向增发，损害中小股东利益。 （2）内幕交易：终极股东利用信息优势，谋取不当利益。 （3）掠夺性资本运作：标的物是公司股权，上市公司高价收购终极股东持有的其他公司股权，造成公司的利益流向终极股东。 （4）超额股利：以终极股东需求为导向的股利政策操纵，大笔超额的股利分配更像是“把公司融来的钱还给大股东”

3. 如何保护中小股东（记忆名称）

（1）**累积投票制**：这种局部集中的投票方法，能够使小股东选出代表自己利益的人，从而对终极股东形成制衡，增强中小股东的话语权，提升中小股东权益的保护水平。

（2）**建立有效的股东民事赔偿制度**：我国公司法规定公司股东滥用股东权利给公司或者其他股东造成损失的，应当依法承担赔偿责任。

（3）**建立表决权排除制度**：有利害关系的终极股东不参与表决使得表决更能体现公司整体利益，从而保护了中小股东的权益。

（4）**完善小股东的代理投票权**：①股东本人主动委托他人代为行使表决权。②他人劝诱股东将表决权委托给自己代为行使——股东表决权征集。

（5）**建立股东退出机制**：①转股：指股东将股份转让给他人从而退出公司，即“用脚投票”。②退股：指特定条件下股东要求公司以公平合理价格回购其股份从而退出公司。这种机制来源于异议股东股份回购请求权制度，是一种中小股东在特定条件下的解约退出权。

（三）企业与其他利益相关者之间的关系问题

企业并不单纯是所有者的企业，而是所有其他利益相关者共同的企业。当各利益相关者的利益得到合理的配置与满足时，才能建立更有利于企业长远可持续发展的外部环境，这有利于实现企业价值最大化，积累增加股东财富的目标。

1. 主张

企业经营必须重视将利益相关者融入企业的治理模式中，让外部与企业利益相关的主体共同参与公司治理。

2. 弊端

所有利益相关者共同参与公司治理会产生权责不清的问题，从而降低公司运作效率，企业容易陷入“泛利益相关者治理”的困境。

【例 5-1 · 单选题】太阳公司是 G 省一家于 2013 年发行股票并上市的公司，主营水泥及水泥制品的生产和销售。2018 年 5 月，太阳公司向大股东星科集团以每股 6 元价格定向增发 1 亿股，当时太阳公司股价为每股 12 元。太阳公司存在的“隧道挖掘”的利益输送行为的主要表现是(　　)。

A. 掠夺性融资　　B. 内幕交易

C. 直接占用资源　　D. 掠夺性资本运作

【答案】A

【考点】三大公司治理问题

【解析】掠夺性融资是公司通过作假骗取融资资格、虚假包装、过度融资、向终极股东低价定向增发，损害中小股东利益。本题属于向终极股东低价定向增发。

三、公司内部治理结构和外部治理机制

公司治理的参与方见图 5-3。

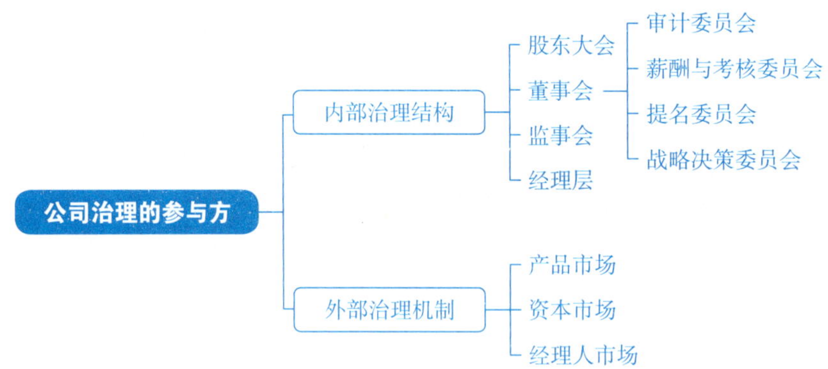

图 5-3　公司治理的参与方

（一）内部治理结构★★

公司内部治理结构是指主要涵盖股东大会、董事会（监事会）、高级管理团队以及公司员工之间权责利相互制衡的制度体系。

名师说

经理人员与股东的利益不一致、合约的不完备和信息的不对称所产生的不确定性，使得委托代理问题不太可能通过合约来解决。这样在公司内部就需要一个制度机制，来约束经理人员的败德行为。所以，在实践中股东并不是将公司的控制权直接交给经理人员，而是以一种信托关系首先交给了董事会，董事会再通过委托代理关系聘用经理人员进行经营管理。为了使公司能够有效运作，各层权力机构应明确自身的权利与义务，避免出现越级管理的现象。

1. 股东大会

（1）股东及股东权利。

股东的特点及权利请见表 5-6。

表 5－6 股东的特点及权利

股东类型	特点	权利
普通股股东	无特别权利、最基本、最标准。 所有的普通股股东都享有同样的权利和义务。 票面价值是股票票面表明的金额，其大小通常由公司章程规定。 普通股的资本成本一般是最高的	剩余收益请求权和剩余财产清偿权。 监督决策权，是普通股股东“用手投票”的途径和体现。 优先认股权，主要保护普通股东的控股比例，不稀释控制权。 股票转让权，转让股票是普通股股东“用脚投票”的途径和体现
优先股股东	在公司收益分配和财产清算方面比普通股股东享有优先权。 一般不享有股东大会投票权。 优先股属于公司的权益资本，是介于公司债和普通股之间的一种筹资工具	利润分配权，在利润分配上优于普通股。 剩余财产清偿权。 管理权（当公司研究与优先股有关的问题时有权参加表决）

（2）股东大会。

①基本特征：是公司内部的最高权力机构和决策机构；是公司的非常设机构，除了每年的例行年会和特别会议外，股东大会并不会在公司出现。董事会，是公司的决策机构。股东大会是权力机构。

②分类：股东大会分为一年一度定期召开的年度股东大会和非定期的、因公司特殊事项而组织召开的临时性股东大会。

③公司法相关规定：股东大会应当每年召开一次年会。年度股东大会应当于上一会计年度结束后的6个月内举行。除了年度股东大会之外，有下列情形之一的，应当在2个月内召开临时股东大会。一是董事人数不足本法规定的人数或者公司章程所定人数的三分之二时；二是公司未弥补的亏损达股本总额三分之一时；三是持有公司股份10%以上的股东请求时；四是董事会认为必要时；五是监事会提议召开时。

④行使职权：决定公司的经营方针和投资计划；选举和更换非职工代表担任的董事、监事，决定有关董事、监事的报酬事项；审议批准董事会的报告；审议批准监事会或者监事的报告；审议批准公司的年度财务预算方案、决算方案；审议批准公司的利润分配方案和弥补亏损方案；对公司增加或者减少注册资本作出决议；对发行公司债券作出决议；对公司合并、分立、解散、清算或者变更公司形式作出决议；修改公司章程；公司章程规定的其他职权。

（3）机构投资者。

①机构投资者概述：机构投资者是指用自有资金或者从分散的公众手中筹集的资金专门进行有价证券投资活动的法人机构，包括证券投资基金、社会保障基金、商业保险公司和各种投资公司等。随着公司投资者中机构投资者规模的扩大，机构投资者的所有权不再被视作是被动的，而是可以通过参与股东大会表决参与公司管理，这就形成了机构投资者的行动主义，从而使公司治理变得更加有效。我国的主要机构投资者有：证券投资基金、证券公司、信托投资公司、财务公司、社保基金、保险公司、合格的外国机构投资者（QFII）、三类企业（国有企业、国有控股企业、上市公司）。

②机构投资者的特征：相对于个人投资者而言，机构投资者具有显著的人才优势；机构投资者往往奉行稳健的价值投资理念，投资具有中长期投资价值的股票；相对于个人投资者而言，机构投资者可以利用股东身份，从而更可能参与上市公司的治理。

③机构投资者参与公司治理的途径：一是“用脚投票”，就是机构投资者作为投资人通过买入和卖出股票而参与被投资公司的管理的行为；二是“用手投票”，就是机构投资者通过董事会选举获得董事会席位，入驻董事会和出席股东大会，对公司投资、融资、人事、分配等重大问题议案进行表决或否决，参与公司的重要决策，直接对公司董事会和经理层的行为施加影响。

2. 董事会

（1）董事会的职能。

负责召集股东大会，并向股东大会报告工作；执行股东大会的决议；决定公司的经营计划和投资方案；制订公司的年度财务预算方案、决算方案；制订公司的利润分配方案和弥补亏损方案；制订公司增加或者减少注册资本的方案以及发行公司债券的方案；拟订公司合并、分立、解散的方案；决定公司内部管理机构的设置；聘任或者解聘公司经理，根据经理的提名，聘任或者解聘公司副经理、财务负责人，决定其报酬事项；制定公司的基本管理制度。

（2）董事及分类见表5－7。（记忆名称）

表5－7　董事及分类

董事类型		描述
内部董事		又称执行董事，主要指担任董事的本公司管理人员，如总经理、常务副总经理等
外部董事[①]	关联董事	不在公司担任其他职位，但仍与公司保持利益关系，如公司关联机构的雇员、咨询顾问等
	独立董事	真正具有独立性的董事，对公司事务做出独立判断，如大学教授、退休的政府官员等

注：[①]外部董事是指不在公司担任除董事以外的其他职务的董事，如其他上市公司总裁、公司咨询顾问和大学教授等。

（3）董事的权利义务见表5－8。（记忆名称）

表5－8　董事的权利义务

权利		①出席董事会会议； ②表决权； ③董事会临时会议召集的提议权； ④通过董事会行使职权而行使权利
义务	善管义务	①董事必须忠实于公司； ②董事必须维护公司资产； ③董事在董事会上有审慎行使决议权的义务
	竞业禁止义务	即竞业行为的禁止，指特定地位的人不得实施与其所服务的营业具有竞争性质的行为。董事违反竞业禁止义务，公司可以依法行使归入权

（4）专门委员会见表5－9。（记忆名称）

表5－9　专门委员会

类型	主要职责
审计委员会	①检查公司会计政策、财务状况和财务报告程序； ②与公司外部审计机构进行交流； ③对内部审计人员及其工作进行考核； ④对公司的内部控制进行考核； ⑤检查、监督公司存在或潜在的各种风险； ⑥检查公司遵守法律、法规的情况
薪酬与考核委员会	①制定董事、监事与高级管理人员考核的标准，并进行考核； ②制定、审查董事、监事、高级管理人员的薪酬政策与方案

续表

类型	主要职责
提名委员会	①分析董事会构成情况，明确对董事的要求； ②制定董事选择的标准和程序； ③广泛搜寻合格的董事候选人； ④对股东、监事会提名的董事候选人进行形式审核； ⑤确定董事候选人提交股东大会表决
战略决策委员会	①监督、核实公司重大投资决策等； ②制定公司长期发展战略

3. 监事会

（1）国际监事会三种类型。**（记忆）**

①**公司内部不设监事会**，相应的监督职能由独立董事发挥，以美国为代表。董事会既有监督职能又有决策职能。

②**设立监事会，且监事会的权力在董事会之上**，这种董事会模式又名为双层董事会，以德国为代表。监事与董事不能兼任，从而使监督权与执行权从机构上明确分开，而且监事会具有任命和监督董事会成员的权利。

③**设立监事会，但监事会与董事会是平行机构**，也叫复合结构。这种董事会模式以日本最为典型，在我国大陆和台湾地区、韩国以及东南亚的一些国家也采取类似模式。董事会具有决策职能，但由于董事会大都由执行董事构成，因此同时具有执行职能。为了避免监督者监督自己，法律规定由股东大会选举法定审计人或监事，对董事和经理层进行监督。

（2）我国《公司法》的规定。

有限责任公司，经营规模较大的，设立监事会，其成员不得少于 3 人。监事会应在其组成人员中推选 1 名召集人。监事会由股东代表和适当比例的公司职工代表组成，具体比例由公司章程规定。监事会中的职工代表由公司职工民主选举产生。有限责任公司，股东人数较少和规模较小的，可以设 1 至 2 名监事。董事、经理及财务负责人不得兼任监事。股份有限公司设监事会，其成员不得少于 3 人。关于监事会组成和人员产生方式的要求与有限责任公司相同。

4. 经理层

（1）经理人的职权。

在我国，总经理受聘于董事会，但其职权由《公司法》明文规定。公司经理人员的职权包括：主持公司的生产经营管理工作，组织实施董事会决议；组织实施公司年度经营计划和投资方案；拟定公司内部管理机构设置方案；拟定公司的基本管理制度；制定公司的具体规章；提请聘任或者解聘公司副经理、财务负责人；决定聘任或者解聘除应由董事会决定聘任或者解聘以外的负责管理人员；董事会授予的其他职权。

（2）经理人的薪酬激励。

①年薪制：基本报酬+风险收入。缺点：可能导致短期行为。

②股权激励：**具有“报酬激励”和“所有权激励”双重作用**。目的是通过报酬机制把经营者的行为与公司所有者的利益体系相互联系在一起。具体方式：股票期权、股票增值权、虚拟股票、业绩股票及限制性股票、延期支付、经理人持股等。

名师说

股权激励是为了弥补年薪制的短期行为缺点而产生的，所以激励的具体方式都带有期权性质。

【例 5－2·单选题】股东分为普通股股东与优先股股东。蓝天公司要发行优先股了，由于以前并没有发行过优先股，所以大家对优先股的认识也不够深入，以下关于优先股的讨论中观点正确的是（　　）。

A. 优先股股东一般不能在股东大会上投票

B. 优先股也是股票，同股同权，因此享有普通股同样的权利

C. 优先股可以随时撤回，这体现了股票资产的高流动性

D. 当公司经营不善破产时，优先股享有与普通股东相同的清偿权

【答案】A

【考点】公司内部治理结构

【解析】优先股在收益分配和财产清算方面比普通股东享有优先权，一般不享有股东大会投票权，优先股股东对公司的投资在公司成立后不得抽回，所以选项A正确。

（二）外部治理机制★★（记忆名称）

外部治理机制

1. **产品市场**

产品市场竞争越激烈，经理人员败德行为的空间越小。产品市场的竞争可以提供有关经理人员行为的更有价值的信息，股东可以通过把自己企业与其他企业比较而获得经理人员工作好坏的具体信息。

2. **资本市场（控制权市场）**

资本市场是一种市场形式，是指所有在这个市场上交易的人、机构以及他们之间的关系。收购和重组的威胁被认为是控制经理人员行为的最有效方法之一。

3. **经理人市场**

经理人市场是指在公开、公平、公正的竞争条件下，企业自主地通过招标、招聘等方式选择职业经理的人才市场。声誉、信誉→报酬。

公司治理机制主要有三大类：权益机制（股权机制、债权机制、经营者机制、工会机制、消费者供给机制），市场机制，管理机制。这里仅关注三大市场机制。

【例5-3·单选题】高先生是宅化公司的总经理，他在位时给自己装修豪华办公室，每年搞豪华访问团出国10余次，报销大量私人费用等，将宅化公司三年掏空，经营业绩下滑，巨额亏损，被前任总经理微博实名举报，高先生提出辞职后没有公司愿意继续聘请他。这体现了（　　）对公司的监控和约束。

A. 产品市场　　B. 资本市场　　C. 经理人市场　　D. 人力资源市场

【答案】C

【解析】经理人市场之所以对经理人员的行为有约束作用，是因为在竞争的市场上声誉是决定个人价值的重要因素。经理人员如果不努力，其业绩表现就会不佳，其声誉就会下降。经理人员也必须关心自己的名声，因为信誉好了才会有人在未来愿意聘请他，才能获得更高的报酬。所以选项C正确。

四、公司治理的基础设施与公司治理原则

（一）公司治理基础设施★★

公司治理的参与方见图5-4。

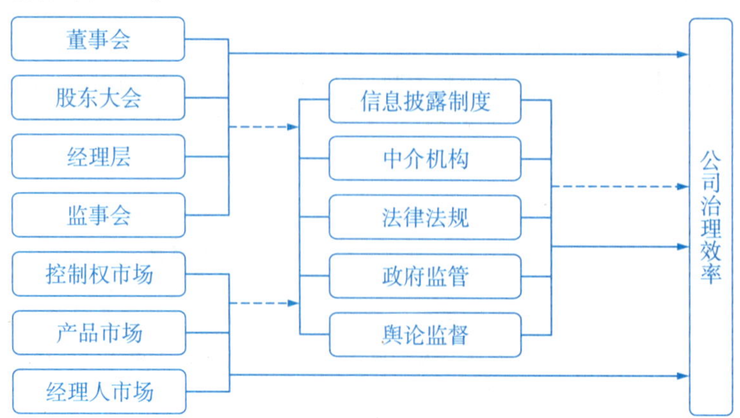

图5-4　公司治理的参与方

1. 信息披露制度

上市公司为保障投资者利益、接受社会公众的监督而依照法律规定必须将自身的财务变化、经营状况等信息和资料向证券管理部门和证券交易所报告，并向社会公开或公告，以便使投资者充分了解情况的制度。

信息披露制度见表5-10。

表5-10 **信息披露制度**

主要特征	(1) 信息披露义务的**强制性、自愿性**。 (2) 信息披露内容的**多样性**。 (3) 信息披露时间的**持续性**等①
分类	(1) 上市披露（对一级市场的招股说明书；对二级市场的上市公告书），上市阶段的信息披露在公司完成上市以后就结束了。 (2) 定期披露（包括年度报告、中期报告，公司年度报告基本上包括了所有最重要的、正式的应披露信息，上市公司的信息披露主要采取定期披露方式）。 (3) 临时披露（重要事件公告、收购与合并公告等）
评估信息披露的质量的方面	(1) 财务信息，包括使用的会计准则、公司的财务状况、关联交易等。 (2) 审计信息，包括注册会计师的审计报告、内部控制评估等，审计及信息披露评价当前比较注重审计关系本身的合规性、独立性。 (3) 披露的公司治理信息是否符合相关规定，目前虽具有较高的定性标准，但缺乏具体的量化标准。 (4) 信息披露的及时性，公司应建立网址、网站，便于投资者及时查阅有关信息。总体而言，信息透明度的核心是完整性、真实性、及时性
在公司治理结构中的作用	(1) 信息披露在内部治理结构中的监督作用。 (2) 信息披露在内部治理结构中的激励作用。 (3) 信息披露在内部治理结构中的契约沟通作用。 (4) 信息披露有助于外部治理机制的有序运作

注：①没有及时性。信息披露义务的强制性、自愿性是指有些类型的信息是强制披露的比如年度报告，有些类型是自愿披露的，如公司的投资机会公布。信息披露内容的多样性是指信息的内容是多种多样的，并不唯一。信息披露时间的持续性是指公司在上市期间要持续信息披露。

2. 中介机构

需要保持足够的独立性，对公司披露的信息出具客观公正的评估，为公司的利益相关者负责，避免公司利益相关者的利益受到损害。

(1) 类型**（记忆名称）**。

①**会计师事务所**：一方面为公司起草和审查财务报告，另一方面还要查找公司账目的漏洞，防止虚假信息的出现，从而保证真实、准确地描述公司财务状况。

②**投资银行**：投资银行是主要从事证券发行、承销、交易、企业重组、兼并与收购、投资分析、风险投资及项目融资等业务的非银行金融机构。投资分析结论对广大投资者投资决策有重大影响。同时参与的企业兼并、收购和重组等业务。

③**律师事务所**：律师事务所会综合考虑接受发行公司准备的相关文件，提醒发行公司和投资银行遵守信息披露制度。

(2) 作用：信用中介机构的主要作用是保证公司披露信息的质量，以**减少利益相关者的信息不对称程度**。

(3) 提高中介机构的独立性可以采取两种方案：一方面，通过制定一系列法律法规促使信用中介机构对投资者承担责任，如设立代表最低质量标准的信用中介机构许可证、调查中介机构违规案件、取消中介机构经营许可证，对情节严重者追究其刑事责任；另一方面，建立评价二级信用中介机构以保证一级信用中介机构的质量，比如行业协会和自律组织等。

3. 法律法规

投资者法律保护主要是指一个国家的法律法规对投资者的保护条款及这些条款的执行情况。**对中小投资者法律保护越好，公司价值越高**。

对小股东的权利保护较好时，普通投资者预期他们未来的投资收益被大股东剥夺的可能性较小，从而更愿意购买这些公司的股票；相反，对小股东的权利保护较差时，普通投资者面临着很大的被大股东欺诈的可能性，因而不能实现他们应该得到的未来收益。在这种情况下，普通投资者愿意为这些公司的股票付出的价格就低，在极端的情况下甚至可能迫使一些公司退出股票市场。

4. 政府监管

（1）政府监管的必要性和重要性。

①信息不对称问题导致市场失灵，从而需要政府监管。

②由于法律的不完备性，需要通过政府监管加以弥补。

（2）有效的政府监管体系。

有效的政府监管体系应包括以下四个方面，请见表5-11。

表5-11　有效的政府监管体系

法律监管	法律具有权威性与强制性，对公司治理中各主体和客体的行为具有最高权威的强制性约束，是其他形式监督的依据和基础。 法律监管包括制定法律规章，即立法监管；法院执法，即司法介入监管。 法律监管不足：法律规章的制定不完善、不健全；司法介入监管一般是被动的和事后的，不利于保护受损人的利益
行政监管	指各级行政机关依法律的授权和规定对公司治理中各主体和客体的行为所进行的监督（主动行为）。 行政监管主体是证券委及其派出机构、财政部、国资委、保监会等
市场环境监管	指政府通过对市场环境的建设来达到公司治理的目的。 良好的市场体系，必然要依靠政府去培育和营造
信息披露监管	指一国或地区对上市公司信息披露行为所采取的管理体系、管理结构和管理手段的总称，是上市公司监管体制的重要组成部分。 信息披露监管管理机构主要包括证券主管机关和证券交易所

5. 媒体、专业人士的舆论监督

（1）实施主体的层次。

①公众：舆论话题的发现者与提供者。

②媒体（双重任务）：一方面媒体是公众舆论监督的实现途径和输出管道，另一方面媒体是舆论监督话题的发现者与供应者。

（2）实施主体的特征。

①公众监督：对公司治理的影响主要来自**专业人士**的作用，包括公司治理、公司财务等方面的专家和学者。

②媒体监督：具有**全方位性和独立性**，对公司治理主体和客体（公司、监管部门）构成现实的和潜在的监督。

【例5-4·多选题】蓝天公司是甲省一家于2013年发行股票并上市的公司，主营医用疫苗的生产和销售。2019年，某财经媒体深度报道了蓝天公司存在的多种经营违规行为。该报道在微博等网络平台上成为热门话题后，甲省证监局迅速反应，立案调查。公司治理基础设施在本案例中发挥作用的有(　　)。

A. 信息披露制度　　B. 媒体、专业人士的舆论监督

C. 政府监管　　D. 中介机构

【答案】BC

【考点】公司治理基础设施

【解析】“G省证监局迅速反应，立案调查”属于政府监管。“2019年，某财经媒体深度报道了蓝天公司存在的多种经营违规行为。该报道在微博等网络平台上成为热门话题……”属于媒体、专业人士的舆论监督。

（二）公司治理原则★

公司治理原则由经济合作与发展组织（OECD）在1999年出台，旨在帮助OECD成员国及非成员国政府评估和改善本国公司治理的法律、制度和监管体系，为股票交易所、投资者、公司和其他在推进良好公司治理过程中发挥作用的机构提供指引和建议。《OECD公司治理原则》是一份不断完善的文件，是一个灵活的工具。这部分考频较低，同学们大致掌握即可。

1. 确保有效的公司治理框架

公司治理框架的构建应着眼于其对整体经济运行的影响，着眼于其对市场参与者提供的激励，着眼于提升市场的透明度和效率。

影响一国公司治理实践的法律和监管要求应具有透明性和可强制执行性。

一国监管当局的责任划分应明确并且确保维护公众的利益。

监督、管理和执行当局应具备相应的权威性、公正性，应拥有一定资源以便能够用一种专业化和客观的方式执行职责，更重要的是他们的决定应及时、透明并做出充分的解释。

2. 股东权利和主要的所有者职能

股东的基本权利：安全登记所有权的方法；转让和交易股票；及时、定期地从公司得到相关和真实的信息资料；参加股东大会和参与投票表决；选举和撤换董事会成员；分享企业利润。

股东应该具有参与权、充分告知权、有关企业重大变更的决策权。

股东应有机会参加股东大会并在大会行使投票权，有权了解包括投票程序在内的股东大会的有关规则。

如果公司的资本结构和安排使得一部分股东享有与其所有权不相称的某种程度的控制权，相关的情形应予以披露。

公司控制权市场应被允许以有效率和高透明的方式运作。

应为包括机构投资者在内的所有股东行使权利创造有利条件。

包括机构投资者在内的全体股东应有权利就与上述基本股东权利有关的问题互相咨询，可能造成不正当密谋的情形除外。

3. 平等对待全体股东

同一类别、同一系列的股东应当得到同样的公平待遇。

禁止内部交易和滥用权力的自我交易。

在直接影响到企业的任何交易或事件中，董事会成员和关键经营人员直接、间接或在第三方利益上对于董事会具有实质性利益的，都应当被要求公开。

4. 利益相关者在公司治理中的作用

公司治理框架应承认法律规定的利益相关者在公司治理中的权利，并鼓励公司与利益相关者共同创造财富、工作和财务稳健、可持续发展的企业等方面展开合作。

受法律保护的利益相关者的权利应得到尊重。

如果利益相关者的权利受法律保护，利益相关者在权利受到侵害时应有机会获得有效的赔偿。

应允许开发那些有利于业绩提升的员工参与机制。

如果利益相关者参加了公司治理程序，则他们有权及时、定期获取与他们的权利有关的充分信息。

利益相关者（包括个人雇员及其代表团体）应有权自由地同公司董事会就公司的非法或不道德的做法进行交流，并不得因行使该权利而妨碍其他权利的行使。

公司治理框架应以有作用、有效率的破产制度框架和有效的债权人权利执行机制作为补充。

5. 信息披露和透明度

公司治理框架应确保与公司重大事件有关的信息及时、准确地予以披露，其中包括财务状况、业绩、所有权及公司的治理情况。

应当披露的重大信息至少包括：公司的财务和业绩状况；公司经营目标；公司主要的股票所有权及相关的投票权；董事会和主要行政人员以及他们的报酬；关联方交易；可预期的重大风险因素；与雇员和其他利益相关者有关的重大事件；公司的治理结构和制度。

应根据会计、财务和非财务披露的高质量标准，准备并披露信息。

公司每年应聘请独立、尽职、有执业资格的审计人员出具年度审计报告，由外部人员为董事会和股东对财务报表的编制和呈报的方式提供客观的依据。

外部审计人员向股东负责，对公司负有在审计中发挥应有的职业审慎的义务。

信息传播的途径应确保信息使用人能够平等、及时、低成本地获取有关信息。

作为公司治理框架的补充，应有一种有效措施，促使分析师、经纪人、评级机构以及其他机构提出与投资者决策有关的分析或建议，并避免产生可能影响其分析或建议诚实性的利益冲突。

6. 董事会的义务

公司治理结构应确保董事会对公司的战略指导和对管理层的有效监督，确保董事会对公司和股东的责任和忠诚。

董事会成员应在全面了解情况的基础上，诚实、尽职、谨慎地开展工作，最大限度地维护公司和股东的责任和忠诚。

如果董事会的决策可能对不同的股东团体造成不同的影响，董事会应做到公平对待全体股东。

董事会应具备高度的道德准则，并考虑利益相关者的利益。

董事会应履行特定的职责：审查、指导公司的战略、重要行动计划、风险政策、年度预算和商业计划；设定公司的业绩目标；监督业绩目标的执行情况和公司的行为；监督重大的资本支出、收购和出售等行为；对公司治理的有效性进行监督并根据实际需要加以调整；选举主要经理人员，确定其薪酬，监督他们的行为和业绩，在必要的时候更换新的人员并对他们职务的交接进行监督；促使主要行政人员和董事会成员的报酬与公司的长期利益相一致；确保董事会成员的提名和选举过程的正规性和透明度；对管理层、董事会成员和股东之间的潜在的利益冲突进行监督和管理，其中包括滥用公司资产和不当关联方交易；确保包括独立审计在内的公司会计和财务报告系统诚实可靠；确保公司具备恰当的控制制度，特别是风险管理制度、财务和营运控制制度等，确保公司的行为不违反法律和相关的准则等；监督信息披露和对外交流的过程。

董事会应能够在公司事务中做出客观独立的判断：董事会应考虑委派相当数量的非执行董事对可能存在利益冲突的事项进行判断。例如，为了确保财务和非财务报告制度的完整性，对关联方交易进行审查，董事会的提名以及主要经理人员和董事会成员的报酬等事项。如果董事会成立了专门的委员会，他们的职责、组成和工作程序应予以明确并由董事会进行披露。董事会成员应有足够的精力和时间履行职责。

为了更好地履行职责，董事会成员应能够及时、准确地获取与履行职责有关的信息。

Part II 历年真题

Section 1 基础巩固

一、单选题

1.【2015】下列主体中，在公司内部属于公司治理直接参与者的是(　　)。

A. 外部审计师　　B. 审计委员会　　C. 内部审计师　　D. 债权人

【答案】B

【考点】公司内部治理结构

【解析】审计委员会是治理层。

2.【2020】建安集团是一家上市公司，公开信息显示该公司 2016 年实现净利润 3.8 亿元。当年该公司股价波动区间为 12~22 元，市盈率波动区间为 6~11 倍，公司以每股 5 元的价格向控股股东定向增发 1 000 万股。从掠夺性财务活动角度分析，建安集团的上述定向增发行为属于（　　）。

A. 内幕交易　　B. 超额股利　　C. 掠夺性资本运作　　D. 掠夺性融资

【答案】D

【考点】三大公司治理问题

【解析】低价定向增发属于掠夺性融资。

3.【2019】佳宝公司是一家上市公司，最近连续两年亏损，经营陷入困境。经审计发现，佳宝公司的重大决策权一直被控股股东控制，控股股东把佳宝公司当作“提款机”，占用佳宝公司的资金累计高达 10 亿元。佳宝公司存在的公司治理问题属于(　　)。

A. 代理型公司治理问题　　B. 内部人控制问题

C. 剥夺型公司治理问题　　D. 企业与其他利益相关者之间的关系问题

【答案】C

【考点】三大公司治理问题

【解析】控股股东把佳宝公司当作提款机，是终极股东对于中小股东的“隧道挖掘”问题。

4.【2019】甲公司在 2017 年完成发行上市后的首次定增，以每股 1 元的价格向两名控股股东发行 5 000 万股。当时该公司股价为每股 5 元。甲公司披露的 2017 年报显示，当年有净利润 1.2 亿元，市盈率为 2.8 倍。从终极股东对于中小股东的“隧道挖掘”问题角度看，甲公司的上述作法属于掠夺性财务活动中的(　　)。

A. 内幕交易　　B. 掠夺性融资　　C. 直接占用资源　　D. 超额股利

【答案】B

【考点】三大公司治理问题

【解析】甲公司这种低价定向增发股票的行为属于掠夺性融资行为。

二、多选题

1.【2017】当前，在国内上市公司中，终极股东对中小股东的“隧道挖掘”问题有多种表现形式，其中包括(　　)。

A. 过高的在职消费　　B. 产品购销的关联交易

C. 以对大股东有利的形式转移定价　　D. 扩股发行稀释其他股东利益

【答案】BCD

【考点】三大公司治理问题

【解析】选项 A，过高的在职消费属于内部人控制问题。

三、简答题

1. 【2018】四水集团是一家专门从事基础设施研发与建造、房地产开发及进出口业务的公司，1996 年 11 月 21 日在证券交易所正式挂牌上市。2014 年 8 月 8 日，四水集团收到证监局《行政监管措施决定书》，四水集团一系列违规问题被披露出来。

(1) 未按规定披露重大关联交易。四水集团监事刘某同时担任 F 公司的董事长、法定代表人；刘某的配偶李某担任 H 贸易公司的董事、总经理、法定代表人。2012 年度，四水集团与 F 公司关联交易总金额6 712万元，与 H 贸易公司的关联交易总金额 87 306 万元；2013 年度，四水集团与 H 贸易公司的关联交易总金额为 215 395 万元。这些关联交易均超过 3 000 万元且超过四水集团最近一期经审计净资产的 5%。根据证监会的规定，这些交易属于应当在年报中披露的重大关联交易。但是，四水集团均未在这两年的年度报告中披露上述重大关联交易。

(2) 违规在关联公司间进行频繁的资金拆借，非法占用上市公司资金。四水集团无视证监会关于禁止上市公司之间资金相互拆借的有关规定，2012 年 4 月至 2014 年 8 月，向关联公司 H 贸易公司、F 公司拆借和垫付资金 6 笔，共 27 250 万元。

(3) 通过派发高额工资等方式变相占用上市公司非经营性资金。四水集团近年来效益很不佳，连续多年没有分红，公司股价也一直处于低迷状态。然而，2011—2013 年，包括董事长在内的公司高管人数分别为 17 名、19 名和 16 名，合计从公司领走 1 317 万元、1 436 万元和 1 447 万元薪酬，均超过同期四水集团归属于母公司股东的净利润水平。

(4) 连续多年向公司董事、监事和高级管理人员提供购房借款。截至 2013 年 12 月 31 日，四水集团向公司董事、监事和高级管理人员提供购房借款金额达到 610 万元。上述行为违反了《公司法》关于“公司不得直接或通过子公司向董事、监事、高级管理人员提供借款”的相关规定。

(5) 利用上市公司信用为关联公司进行大量违规担保。四水集团 2011—2014 年为公司高管所属的公司提供担保的金额分别为 0. 91 亿元、5. 2 亿元、5. 6 亿元、7. 7 亿元。公司管理层将四水集团当作融资工具，为自己所属公司解决资金需求。一旦这些巨额贷款到期无法偿还，四水集团就必须承担起还款的责任。

四水集团管理层频繁的违规行为，导致四水集团的发展陷入举步维艰的地步。公司 2011—2014 年的经营状况不佳，扣除非经常性损益后的净利润出现连续大额亏损的状况，公司连续多年资产负债率高达70%以上，且流动资产和流动负债相差无几，财务风险很大。四水集团的每股收益连续多年走低，远低于上市公司平均水平，反映出四水集团股东的获利水平很低。

要求：依据“三大公司治理问题”，简要分析四水集团存在的公司治理问题的类型与主要表现。

【考点】三大公司治理问题

【答案】四水集团存在的公司治理问题主要是经理人对于股东的“内部人控制”问题。

主要表现：

①信息披露不规范不及时。“根据证监会的规定，这些交易属于应当在年报中披露的重大关联交易。但是，四水集团均未在这两年的年度报告中披露上述重大关联交易。”

②工资、奖金等收入增长过快，侵占利润。“通过派发高额工资等方式变相占用上市公司非经营性资金。四水集团近年来效益很不佳，连续多年没有分红，公司股价也一直处于低迷状态。然而，2011—2013 年，包括董事长在内的公司高管人数分别为 17 名、19 名和 16 名，合计从公司领走 1 317 万元、1 436万元和 1 447 万元薪酬，均超过同期四水集团归属于母公司股东的净利润水平。”

③资产转移。“违规在关联公司间进行频繁的资金拆借，非法占用上市公司资金”；“连续多年向公司董事、监事和高级管理人员提供购房借款”。

④大量负债，甚至严重亏损。“利用上市公司信用为关联公司进行大量违规担保”；“公司 2011—2014 年的经营状况不佳，扣除非经常性损益后的净利润出现连续大额亏损的状况，公司连续多年资产负债率高达 70%以上，且流动资产和流动负债相差无几，财务风险很大”。

敲黑板

战略主观题涉及跨章节知识，想要熟练掌握需要进行专项演练，更多主观题及解题方法将在《CPA 高频高分主观题·公司战略与风险管理》（中国税务出版社 2021 版）中进行介绍。

Part III 模拟训练

Section 1 基础巩固

一、单选题

1. 纵观企业制度的演进发展史，(　　)是最早存在的企业制度。
   A. 业主制　　B. 合伙制
   C. 公司制　　D. 股份制

2. 一般来说，另外还包含了企业的战略决策系统、企业文化、财务制度等制度的治理概念是(　　)。
   A. 原始概念　　B. 狭义概念
   C. 广义概念　　D. 泛广义概念

3. 设置监事会的模式在国际上并不统一，有的国家并没有监事会，监事的职能由独立董事代为行使，典型的国家有(　　)。
   A. 德国　　B. 日本
   C. 中国　　D. 美国

二、多选题

4. 普通股股东享有的权利有(　　)。
   A. 剩余收益请求权和剩余财产清偿权
   B. 监督决策权
   C. 优先认股权
   D. 股票转让权

5. 小高是个 CPA，近期他与另外几名合伙人一起创立了会计师事务所，这类组织的特点有(　　)。
   A. 对企业承担无限责任
   B. 有利于企业的长期存续发展
   C. 共同经营，同担风险，分散压力
   D. 可能产生搭便车行为

6. 公司制企业是现代经济生活中随处可见的企业存在形式，与传统企业相比具有重要的特点，公司制的特点有(　　)。
   A. 有限责任
   B. 规模增长和永续生命
   C. 所有权与控制权分离
   D. 共同经营，分散压力

7. 公司内部治理结构并不能解决公司治理的所有问题，所以需要以下(　　)外部治理机制配合，进行科学决策。
   A. 产品市场　　B. 竞争市场
   C. 资本市场　　D. 经理人市场

8. 小王在一个上市公司工作，主要负责公司的信息披露，信息披露主要包括公司证券发行前的披露和上市后的持续信息公开。他认识到信息披露制度的特征包括(　　)。
   A. 信息披露义务的强制性
   B. 信息披露义务的自愿性
   C. 信息披露时间的持续性
   D. 信息披露时间的及时性

9. 在公司治理基础设施中舆论监督实施主体的层次主要有(　　)。
   A. 审计监督　　B. 政府监督
   C. 公众监督　　D. 媒体监督

Section 2 强化提高

三、单选题

10. 下列关于利益相关者理论的描述中，正确的是(　　)。
    A. 任何一个公司的发展都离不开各利益相关者的投入或参与
    B. 企业追求的是股东的利益
    C. 只有普通股股东承担剩余风险
    D. 绝大多数股东真正为企业的生存和发展操心

11. 旭灿公司是做太阳能电池板的上市公司，为了激励高层管理人员，推出了股权激励计划，目前的市价为 25 元一股，若 100 名高管工作满一年，则可以获得以 5 元一股的价格购买十万股的权利。这种激励方式的特点有(　　)。
    A. 保证经营者行为与所有者利益保持一致
    B. 是视其经营业绩发放风险收入的一种薪酬制度
    C. 体现了经营者人力资本的价值
    D. 容易导致经营者的短期行为

12. 蓝天公司的股东孙钱为了夺得蓝天公司的控制权，动用多种利益手段分化和获取经销商的支持。一年以后，供应商内部也发生了分裂，为数不少的供应商也认为董事长王恒不值得再次支持。最终，获得几乎所有重要资源的孙钱取得了胜利，正式接手蓝天公司董事长职务。以上案例充分体现了(　　)。

A. 资源依赖理论　　B. 委托代理理论

C. 现代管家理论　　D. 利益相关者理论

13. 治理“内部人控制”问题的基本对策不包括(　　)。

A. 完善公司治理体系

B. 强化监事会的监督职能

C. 完善和加强公司的外部监督体系

D. 建立有效的股东民事赔偿制度

四、多选题

14. 随着公司制企业的不断发展，现代公司呈现出(　　)典型特征，由此产生了治理问题，使公司治理成为现代企业所应关注的核心问题。

A. 股权结构分散化

B. 所有权与经营权分离

C. 公司的永续生命

D. 有限责任制

15. 蓝天股份有限公司收到股东质疑，认为在经营中存在内部人控制问题，支持该股东做出判断的主要原因有(　　)。

A. 管理层的工资连续每年翻倍

B. 盲目过度投资过快扩张

C. 与关联方进行不正当交易进行利益输送

D. 扩股发行稀释其他股东权益

16. 在考虑如何保护中小股东的问题上，除了建立有效的股东民事赔偿制度的手段以外，我们还可以(　　)。

A. 完善累积投票制

B. 建立表决权排除制度

C. 完善小股东的代理投票权

D. 建立股东退出机制

17. 蓝天公司近期通过了一项股权激励计划，旨在激励经营管理层，该计划其中可能包括的具体方式有(　　)。

A. 年终奖与营业收入挂钩

B. 采用平衡记分卡进行绩效考评

C. 按行政级别发放股票期权

D. 用虚拟股票进行业绩奖励

五、简答题

18. C国蓝天集团总公司是一个大型集团公司，拥有子公司蓝天股份。蓝天股份是主板上市公司，上市数年来一直经营稳定。

但是2016年开始股份公司的业绩大幅度下降，据查，股份公司2016—2018年具有如下事项：

(1) 2016年蓝天集团总公司把自己的原值3 500万元的两处房屋以高达2 000万元的年租金租给股份公司。

(2) 蓝天集团总公司对2016年度广告费用的变更处理：由集团公司承担商标宣传的费用，由股份公司承担产品宣传费用。这样就可以将挂在集团公司长期待摊费用科目下的6 000多万广告费用问题解决，改由股份公司支付广告费用中的95%。谁能说出一条广告中产品宣传部分与商标宣传部分应各占多少呢？

(3) 2017年年报显示，股份公司以每股17元的价格购买集团公司持有的子公司太远科技1 000万股，而太远科技上一年度录得亏损4 702万元。

(4) 蓝天股份2017年年底其他应收款高达12.58亿元；2018年中期高达11.90亿元。高额的其他应收款中，主要源于蓝天集团的欠款，高达9.76亿元，占其他应收款的大半份额。高额欠款给股份公司带来了影响：2018年中期该公司的财务费用为1.95亿元，比上年同期的1.02亿元增长了90.81%，增幅高居上市公司榜首。说明大额的其他应收款是以公司增加有息负债为代价的，这不但恶化了公司的财务状况和资本结构，同时也带来巨额的财务费用，形成业绩的重大利空。

(5) 蓝天股份2018年中期对外担保总额达人民币4.7亿元，美元159.8万元，其中为大股东蓝天集团担保的金额为4.2亿元，占上市公司对外担保总额的88%。巨额担保转化成的实际负债使该股份公司商业信用扫地，经营无以为继，濒于破产。

(6) 由于大额的其他应收款存在，2018年11月股份公司发布董事会公告称，拟以5.2亿元受让第一大股东蓝天集团的“小蓝玉”系列商标使用权，价款以上市公司的“应收账款”抵冲。

要求：依据“三大公司治理问题”简要分析蓝天股份存在的公司治理问题的类型与主要表现。

Section 3 答案解析

1. 【答案】A
【考点】企业的起源与演进
【解析】业主制是最早存在的企业制度。

2. 【答案】D
【考点】公司治理的概念
【解析】泛广义的公司治理概念在涵盖狭义与广义的公司治理内涵的同时，还包括了企业的战略决策系统、企业文化、企业高管控制制度、收益分配激励制度、财务制度、人力资源管理等制度。

3. 【答案】D
【考点】公司内部治理结构
【解析】公司内部不设监事会，以美国为代表。董事会既有监督职能又有决策职能。

4. 【答案】ABCD
【考点】公司内部治理结构
【解析】一般来说普通股股东享有的权利包括：①剩余收益请求权和剩余财产清偿权；②监督决策权；③优先认股权；④股票转让权。

5. 【答案】ACD
【考点】企业的起源与演进
【解析】合伙制的优点：①扩大了资金来源；②产权结构完整统一，有利于整合发挥合伙人的资源优势，促进资源共享；③共同经营，共担风险，分散经营压力。合伙制的缺点：①承担无限责任，风险较大；②可能产生搭便车行为；③合伙人的退伙会影响企业的生存和寿命。业主制、合伙制企业受所有者个人因素影响较大，更为关注短期利益，不利于企业规模的扩大和长期存续发展。

6. 【答案】ABC
【考点】企业的起源与演进
【解析】与传统的企业或古典企业相比，公司制的特点有：有限责任，规模增长和永续生命，所有权与控制权分离。

7. 【答案】ACD
【考点】外部治理机制
【解析】外部治理机制主要是指除企业内部的各种监控机制外，还包括各个市场机制（产品市场、资本市场、经理人市场）对公司的监控和约束。

8. 【答案】ABC
【考点】公司治理基础设施
【解析】信息披露制度的特征包括：信息披露义务的强制性和自愿性、信息披露内容的多样性、信息披露时间的持续性。

9. 【答案】CD
【考点】公司治理基础设施
【解析】舆论监督的实施主体的层次：公众（舆论话题的发现者与提供者）；媒体（①公众舆论监督的实现途径和输出管道；②舆论监督话题的发现者与供应者）。

10. 【答案】A
【考点】公司治理理论
【解析】利益相关者理论认为任何一个公司的发展都离不开各利益相关者的投入或参与。企业追求的是利益相关者的整体利益，而不仅仅是某些主体的利益。并不是只有股东承担剩余风险，职工、债权人、供应商都可能是剩余风险的承担者。绝大多数资本所有者只是小股东，只不过是市场上的寻利者，真正为企业的生存和发展操心的，是与企业利害关系更为密切的经理人员和广大职工。

11. 【答案】A
【考点】公司内部治理结构
【解析】判断为股权激励。股权激励可以通过所有权机制保证经营者行为与所有者的利益保持一致，所以选项 A 正确。选项 BCD 都是年薪制的特点。

12. 【答案】A
【考点】公司治理理论
【解析】依据资源依赖理论，那些能帮助组织获得稀缺性资源的利益相关者往往能在组织中获得更多的话语权，即资源的依赖状况决定组织内部的权力分配状况，蓝天公司的控制权之争体现了谁拥有重要资源谁的话语权就更大，所以选项 A 正确。

13. 【答案】D
【考点】三大公司治理问题
【解析】治理“内部人控制”问题的基本对策有：①完善公司治理体系，加大监督力度。②强化监事会的监督职能，形成企业内部权力制衡体系。③完善和加强公司的外部监督体系，使利益相关者参与到公司的监管中，再结合以经济、行政、法律等手段，构建对企业经营者的外部监督机制。

14. 【答案】AB
【考点】公司治理问题的产生
【解析】随着公司制企业的不断发展，现代公司呈现出股权结构分散化及所有权与经营权分离等典型特征，由此产生了治理问题，使公司治理成为现代企业所应关注的核心问题。

15. 【答案】AB

【考点】三大公司治理问题

【解析】当前一般认为内部人控制问题主要表现有：过高的在职消费，盲目过度投资；信息披露不规范、不及时；经营者的短期行为，过度耗用资产，工资、奖金等收入增长过快，侵占利润；资产转移，敷衍偷懒；大量拖欠债务，甚至严重亏损；等等。国有资产流失、会计信息失真是我国国企改革过程中的“内部人控制”的主要表现形式。

16. 【答案】ABCD

【考点】三大公司治理问题

【解析】如何保护中小股东：①累积投票制；②建立有效的股东民事赔偿制度；③建立表决权排除制度；④完善小股东的代理投票权；⑤建立股东退出机制。

17. 【答案】CD

【考点】公司内部治理结构

【解析】股权激励的具体方式有多种，其中包括股票期权、股票增值权、虚拟股票、业绩股票及限制性股票、延期支付、经理人持股等。

18. 【考点】三大公司治理问题

【答案】三大公司治理问题包括：经理人对于股东的“内部人控制”问题，终极股东对于中小股东的“隧道挖掘”问题，企业与其他利益相关者的关系问题。

蓝天公司主要体现了终极股东对于中小股东的“隧道挖掘”问题中的占用公司资源（违背忠实义务）。

（1）直接占用资源。“蓝天股份2017年年底其他应收款高达12.58亿元；2018年中期高达11.90亿元。高额的其他应收款中，主要源于蓝天集团的欠款，高达9.76亿元，占其他应收款的大半份额。”“蓝天股份2018年中期对外担保总额达人民币4.7亿元，美元159.8万元，其中为大股东蓝天集团担保的金额为4.2亿元，占上市公司对外担保总额的88%。”

（2）关联性交易。

资产租用和交易活动。“2016年蓝天集团总公司把自己的原值3 500万元的两处房屋以高达2 000万元的年租金租给股份公司。”“拟以5.2亿元受让第一大股东蓝天集团的‘小蓝玉’系列商标使用权，价款以上市公司的‘应收账款’抵冲。”

费用分摊活动。“蓝天集团总公司对2016年度广告费用的变更处理：由集团公司承担商标宣传的费用，由股份公司承担产品宣传费用。”

（3）掠夺性财务活动。

掠夺性资本运作。“2017年年报显示，股份公司以每股17元的价格购买集团公司持有的子公司太远科技1 000万股，而太远科技上一年度录得亏损4 702万元。”

第六章 风险与风险管理

本章领读

考情概要

本章在考试中多以单选题、多选题、简答题、综合题的形式出现，是非常重要的一章，每年考查分值约为 20 分。考试常将本章知识点与公司治理等其他章节的知识点相结合，进行综合命题。

考点及考频分布

表 6－1 考点及考频分布

考纲内容	考纲能力等级	考查年份及题型
风险的概念与构成要素	2 级	2014 年多选题
风险种类	3 级	2019 年单选题、2018 年单选题、2018 年单选题、2018 年单选题、2017 年单选题、2017 年单选题、2016 年单选题、2016 年单选题、2014 年单选题、2013 年单选题、2019 年多选题、2018 年多选题、2017 年多选题、2016 年多选题、2016 年多选题、2015 年多选题、2014 年多选题、2013 年多选题、2012 年多选题、2020 年简答题、2020 年简答题、2020 年简答题、2019 年简答题、2018 年简答题、2017 年简答题、2017 年简答题、2016 年简答题、2015 年简答题、2014 年简答题、2013 年简答题、2020 年综合题、2019 年综合题、2018 年综合题
风险管理的概念、目标和演进	2 级	2018 年单选题、2015 年单选题、2016 年多选题、2016 年多选题、2014 年多选题
风险管理的目标	2 级	近年未涉及
收集风险管理初始信息	2 级	2014 年单选题、2019 年多选题、2017 年多选题
进行风险评估	2 级	2016 年多选题
制定风险管理策略	3 级	近年未涉及
提出和实施风险管理解决方案	3 级	2017 年单选题
风险管理的监督与改进	2 级	近年未涉及
风险管理策略	2 级	2020 年单选题、2019 年单选题、2019 年单选题、2019 年单选题、2018 年单选题、2016 年单选题、2015 年单选题、2014 年单选题、2017 年多选题、2015 年多选题、2014 年多选题、2013 年多选题、2012 年多选题
风险理财措施	3 级	2020 年单选题、2019 年单选题、2019 年单选题、2017 年单选题、2017 年单选题、2015 年单选题、2014 年单选题、2013 年单选题、2018 年多选题、2015 年多选题
风险管理组织体系	3 级	2014 年单选题、2015 年多选题、2013 年多选题、2012 年多选题、2012 年简答题
风险管理信息系统	1 级	2014 年多选题

续表

考纲内容	考纲能力等级	考查年份及题型
内部控制系统	3 级	2017 年单选题、2016 年单选题、2015 年单选题、2014 年单选题、2013 年单选题、2012 年单选题、2020 年多选题、2018 年多选题、2016 年多选题、2014 年多选题、2012 年多选题
头脑风暴法	2 级	近年未涉及
德尔菲法	2 级	2016 年单选题、2014 年单选题
失效模式影响和危害度分析法	2 级	近年未涉及
流程图分析法	2 级	2018 年单选题
马尔科夫分析法	2 级	2016 年单选题
风险评估系图法	2 级	2019 年单选题、2012 年单选题
情景分析法	2 级	2017 年单选题、2014 年单选题
敏感性分析法	2 级	2019 年单选题、2017 年单选题、2015 年单选题
事件树分析法	2 级	2014 年单选题、2018 年多选题
决策树法	2 级	2017 年单选题、2012 年单选题
统计推论法	2 级	2020 年单选题、2017 年单选题

学习建议

本章重点知识点非常突出，在本章学习过程中，要注意抓住重点。比如，风险的种类这个知识点，就涵盖了十八项内部控制应用指引的内容，所以单个知识点的分值就可以在 10 分以上，每年必考，需要特别重视。另外，在风险管理体系下的内部控制系统这个知识点，涵盖了内部控制的定义、五要素等内容，重要性也很突出。还有一些每年几乎必考的知识点，如风险管理策略的七大工具、风险理财措施、十一个风险管理技术与方法等，也需要仔细学习。

学习框架

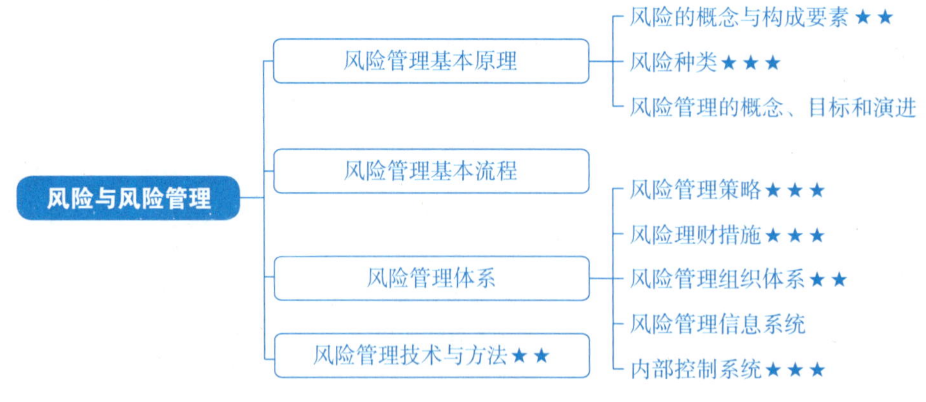

图 6-1 学习框架图

Part Ⅰ 知识点全解

一、风险管理基本原理

风险概念

（一）风险的概念与构成要素★★

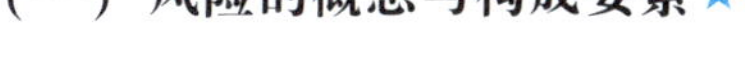

1. 风险的概念

COSO委员会2017年定义风险：风险是事项发生并影响实现战略和经营目标的可能性。

ISO31000定义风险：风险是不确定性对目标的影响。

国务院国有资产监督管理委员会2006年《中央企业全面风险管理指引》定义企业风险：未来的不确定性对企业实现其经营目标的影响。

风险分为纯粹风险（只有带来损失一种可能性）和机会风险（带来损失和盈利的可能性并存）。风险是有价值的。

理解这个定义需要把握以下几个方面：

（1）企业风险与企业战略相关。

（2）风险是一系列可能发生的结果，不能简单理解为最有可能的结果。

（3）风险既具有客观性，又具有主观性。

（4）风险往往与机遇并存。有风险才有机会，风险是机会存在的基础。可以把负面的风险称为威胁，把正面的风险称为机会。

名师说

风险是不确定性，所以风险是一系列可能的结果，如果只有一种最可能的结果，那么就不存在不确定性，也就不存在风险了。风险是客观存在的，这体现了风险的客观性；风险是可以通过主观努力去改变的，这体现了风险的主观性。可以认为负面的风险是纯粹风险，正面的风险是机会风险。

2. 风险的构成要素

（1）**风险因素。**

风险因素是指促使某一风险事件发生，或增加其发生的可能性，或提高其损失程度的原因或条件。

①**有形风险因素**，是指直接影响事物物理功能的物质风险因素，也称为实质性风险因素。（如水源或空气污染是损害人们健康的有形风险因素，汽车刹车系统失灵是引起车祸的有形风险因素）

②**无形风险因素**，是指影响物质损失的可能性和程度的非物质因素，可以进一步分为道德风险因素（由于不诚实、不正当、不轨企图，如欺诈、抢劫、盗窃、贪污等）和心理风险因素（由于主观上的过失或疏忽，如司机在驾驶过程中注意力分散增加车祸发生的风险、居民外出忘记锁门增加盗窃发生的风险）。

（2）**风险事件（事故）。**

风险事件是指造成损失的偶发事故。例如，火灾、洪水、地震、车祸、核泄漏、疾病、股市崩盘等，都是导致财产损失的风险事件。

风险事件发生的根源主要有自然力作用、社会经济变动、人的行为等。

（3）**损失。**

损失是指非故意的、非预期的、非计划的经济价值的减少。

①**直接损失**，是指风险事件导致的财产损毁和人身伤害，又称为实质损失。

②**间接损失**，是指由直接损失引起的其他损失，即派生损失，包括额外费用损失、收入损失和责任损失等。间接损失有时大于直接损失。

（4）**风险因素、风险事件（事故）、损失三者的关系。**

风险因素、风险事件和损失相互依存、相互作用，风险因素引起风险事件发生或增加其发生的概率；风险事件的发生造成损失；损失的发生使风险因素和风险事件得以呈现或暴露，使风险最终形成。

（二）风险种类★★★

政治风险

1. 外部风险

（1）政治风险。

政治风险指完全或部分由政府官员行使权力和政府组织的行为而产生的不确定性。

以下政治风险的几种表现是最近的热点话题，希望同学们特别关注。

政治风险的表现（记忆名称）：

①**限制投资领域**。出于对东道国产业安全保护的目的，大多数国家对于外国企业对本国的投资领域进行限制。例如，2018 年某发达国家出台相关政策，限制外国企业对该国科技公司投资，以保护该国敏感技术外流。

②**设置贸易壁垒**。一些发达国家对于新兴经济体企业与本国的贸易设置了多种壁垒，比如，制定限制本国高新技术产品出口等知识产权保护政策，开展对进口产品反倾销、反补贴、反垄断等的调查与诉讼等。

③**外汇管制的规定**。通常欠发达国家制定的外汇管制规定更为严格。例如，外币供应实行定量配给。

④**进口配额和关税**。规定进口配额可以限制在东道国内的子公司从其控股公司购买以投放到国内市场上销售的商品数量。有时候东道国会要求征收额外税收，目的是为本地企业提供优势条件。

⑤**组织结构及要求最低持股比例**。可能要求所有投资必须采取与东道国的公司联营的方式，东道国政府决定组织结构。最低持股比例指外资公司的部分股权必须由当地投资人持有。

⑥**限制向东道国的银行借款**。限制甚至包括禁止外资企业向东道国的银行和发展基金按最低利率借款。某些国家仅向本国的企业提供获取外币的渠道，以迫使外资企业将外币带入本国。

⑦**没收资产**。出于国家利益的考虑，东道国可能会没收外国财产。

（2）法律风险与合规风险。

合规风险，是指因违反法律或监管要求而受到制裁、遭受金融损失以及因未能遵守适用法律、法规、行为准则或相关标准而给企业信誉带来的损失的可能性。

法律风险，是指企业在经营过程中因自身经营行为的不规范或者外部法律环境发生重大变化而导致不利法律后果的可能性。

名师说

合规风险侧重于行政责任和道德责任的承担；法律风险侧重于民事责任的承担，也就是基于法律的原因可能发生的危险及不良后果。

法律风险通常包括以下三方面：

①法律环境因素，包括立法不完备、执法不公正等；

②市场主体自身法律意识淡薄，在经营活动中不考虑法律因素等；

③交易相对方的失信、违约或欺诈等。

合规风险和法律风险有时会同时发生，有时也会发生分离。

（3）社会文化风险。

文化风险是指文化这一不确定性因素给企业经营活动带来的影响。

①跨国经营活动引发的文化风险。（民族文化风险）

②企业并购活动引发的文化风险。（跨国并购面临组织文化与民族文化的双重风险）

③组织内部因素引发的文化风险。（组织文化风险）

（4）技术风险。

技术风险分类见表 6－2。

表 6-2 技术风险分类

分类标准	风险类型	含义
从技术风险范围分类	广义的技术风险	指某一种新技术给某一行业或某一些企业带来增长的同时，可能对另一行业或另一些企业形成巨大的威胁。 例如：晶体管的发明危害了直头管，高性能塑料和陶瓷材料危害了钢铁业
	狭义的技术风险	技术在创新过程中，由于技术本身复杂性和其他相关因素变化的不确定性而导致技术创新遭遇失败的可能性。 例如：技术手段的局限性，技术系统内部的复杂性，技术难度过高，产品寿命不可预测，替代性技术缺乏，技术创新目标出现较大起伏
从技术活动过程所处的不同阶段分类	技术设计风险	指技术在设计阶段，由于技术构思或设想的不全面性致使技术及技术系统存在先天“缺陷”或创新不足而引发的各种风险。 例如：氟利昂，我国模仿创新途径开发的技术不能适应中国国情
	技术研发风险	指在技术研究或开发阶段，由于外界环境变化的不确定性、技术研发项目本身的难度和复杂性、技术研发人员自身知识和能力的有限性都可能导致技术的研发面临着失败的危险。 例如：外部环境不具备协调规范的产权制度、市场结构、社会技术创新体系、风险投资体系；微观组织结构缺乏灵活的技术开发组织形式、缺乏创新观念和创业理念的企业家精神
	技术应用风险	技术成果在产品化、产业化的过程中由一系列不确定性带来的负面影响。 例如：外部环境没有良好的社会化服务和技术的聚集效应，缺乏成熟的市场经济体制、规范的市场环境、透明的行业政策，市场对新技术接受程度不高，他人的技术模仿行为，市场准入技术门槛低，技术应用方面的人为道德诚信问题

（5）市场风险。

市场风险指企业所面对的外部市场的复杂性和变动性所带来的与经营相关的风险。

市场风险包括以下几个方面：（记忆）

①产品或服务的价格及供需变化带来的风险。

②能源、原材料、配件等物资供应的充足性、稳定性和价格的变化带来的风险。

③主要客户、主要供应商的信用风险。

④税收政策和利率、汇率、股票价格指数的变化带来的风险。

⑤潜在进入者、竞争者、与替代品的竞争带来的风险。

【例 6-1·单选题】下列风险中，不属于市场风险的是（ ）。

A. 商品价格风险　　B. 利率风险　　C. 技术风险　　D. 汇率风险

【答案】C

【考点】风险种类

【解析】市场风险包括以下几个方面：①产品或服务的价格及供需变化带来的风险。②能源、原材料、配件等物资供应的充足性、稳定性和价格的变化带来的风险。③主要客户、主要供应商的信用风险。④税收政策和利率、汇率、股票价格指数的变化带来的风险。⑤潜在进入者、竞争者、与替代品的竞争带来的风险。选项 C 是技术风险。

【例 6-2·单选题】某钢铁公司铁矿石原料主要依赖进口，下列各项中，属于其市场风险的是（ ）。

A. 产品风险　　B. 信用风险　　C. 流动性风险　　D. 汇率风险

【答案】D

【考点】风险种类

【解析】市场风险包括以下几个方面：①产品或服务的价格及供需变化带来的风险。②能源、原材料、配件等物资供应的充足性、稳定性和价格的变化带来的风险。③主要客户、主要供应商的信用风险。④税收政策和利率、汇率、股票价格指数的变化带来的风险。⑤潜在进入者、竞争者、与替代品的竞争带来的风险。进口遇到的主要市场风险是汇率风险。

2. 内部风险

十八项企业内部控制应用指引需要关注的主要风险都需要记忆。

(1) 战略风险。

战略风险指企业在战略管理过程中，由于内外部环境的复杂性和变动性以及主体对环境的认知能力和适应能力的有限性，而导致企业整体性损失和战略目标无法实现的可能性及其损失。

需要关注的战略风险见表6-3。

表6-3　需要关注的战略风险

依据	需要关注的主要风险
《企业内部控制应用指引第2号——发展战略》	①缺乏明确的发展战略或发展战略实施不到位，可能导致企业盲目发展，难以形成竞争优势，丧失发展机遇和动力。 ②发展战略过于激进，脱离企业实际能力或偏离主业，可能导致企业过度扩张，甚至经营失败。 ③发展战略因主观原因频繁变动，可能导致资源浪费，甚至危及企业生存和持续发展

(2) 运营风险。

运营风险是指企业在运营过程中，由于内外部环境的复杂性和变动性以及主体对环境的认知能力和适应能力的有限性，而导致运营失败或使运营活动达不到预期的目标的可能性及其损失。

运营风险要考虑的主要方面：(记忆)

①企业产品结构、新产品研发方面可能引发的风险；

②企业新市场开发、市场营销策略（包括产品或服务定价与销售渠道，市场营销环境状况等）方面可能引发的风险；

③企业组织效能、管理现状、企业文化以及高、中层管理人员和重要业务流程中专业人员的知识结构、专业经验等方面可能引发的风险；

④期货等衍生产品业务中发生失误带来的风险；

⑤质量、安全、环保、信息安全等管理中发生失误导致的风险；

⑥因企业内、外部人员的道德因素或业务控制系统失灵导致的风险；

⑦给企业造成损失的自然灾害风险；

⑧企业现有业务流程和信息系统操作运行情况的监管、运行评价及持续改进能力方面引发的风险。

需要关注的运营风险见表6-4。

表6-4　需要关注的运营风险

依据	需要关注的主要风险
《企业内部控制应用指引第1号——组织架构》	①治理结构形同虚设，缺乏科学决策、良性运行机制和执行力，可能导致企业经营失败，难以实现发展战略。 ②内部机构设计不科学，权责分配不合理，可能导致机构重叠、职能交叉或缺失、推诿扯皮，运行效率低下

续表

依据	需要关注的主要风险
《企业内部控制应用指引第 3 号——人力资源》	①人力资源缺乏或过剩、结构不合理、开发机制不健全，可能导致企业发展战略难以实现。 ②人力资源激励约束制度不合理、关键岗位人员管理不完善，可能导致人才流失、经营效率低下或关键技术、商业秘密和国家机密泄露。 ③人力资源退出机制不当，可能导致法律诉讼或企业声誉受损
《企业内部控制应用指引第 4 号——社会责任》	①安全生产措施不到位，责任不落实，可能导致企业发生安全事故。 ②产品质量低劣，侵害消费者利益，可能导致企业巨额赔偿、形象受损，甚至破产。 ③环境保护投入不足，资源耗费大，造成环境污染或资源枯竭，可能导致企业巨额赔偿、缺乏发展后劲，甚至停业。 ④促进就业和员工权益保护不够，可能导致员工积极性受挫，影响企业发展和社会稳定
《企业内部控制应用指引第 5 号——企业文化》	①缺乏积极向上的企业文化，可能导致员工丧失对企业的信心和认同感，企业缺乏凝聚力和竞争力。 ②缺乏开拓创新、团队协作和风险意识，可能导致企业发展目标难以实现，影响可持续发展。 ③缺乏诚实守信的经营理念，可能导致舞弊事件的发生，造成企业损失，影响企业信誉。 ④忽视企业间的文化差异和理念冲突，可能导致并购重组失败
《企业内部控制应用指引第 7 号——采购业务》	①采购计划安排不合理，市场变化趋势预测不准确，造成库存短缺或积压，可能导致企业生产停滞或资源浪费。 ②供应商选择不当，采购方式不合理，招投标或定价机制不科学，授权审批不规范，可能导致采购物资质次价高，出现舞弊或遭受欺诈。 ③采购验收不规范，付款审核不严，可能导致采购物资、资金损失或信用受损
《企业内部控制应用指引第 8 号——资产管理》	①存货积压或短缺，造成流动资金占用过量、存货价值贬损或生产中断。 ②固定资产更新改造不够、使用效能低下、维护不当、产能过剩，致使企业缺乏竞争力、资产价值贬损、安全事故频发或资源浪费。 ③无形资产缺乏核心技术、权属不清、技术落后、存在重大技术安全隐患，导致法律纠纷、缺乏可持续发展能力
《企业内部控制应用指引第 9 号——销售业务》	①销售政策和策略不当，市场预测不准确，销售渠道管理不当等，可能导致销售不畅、库存积压、经营难以为继。 ②客户信用管理不到位，结算方式选择不当，账款回收不力等，可能导致销售款项不能收回或遭受欺诈。 ③销售过程存在舞弊行为，可能导致企业利益受损
《企业内部控制应用指引第 10 号——研究与开发》	①研究项目未经科学论证或论证不充分，可能导致创新不足或资源浪费。 ②研发人员配备不合理或研发过程管理不善，可能导致研发成本过高、舞弊或研发失败。 ③研究成果转化应用不足、保护措施不力，可能导致企业利益受损

续表

依据	需要关注的主要风险
《企业内部控制应用指引第11号——工程项目》	①立项缺乏可行性研究或者可行性研究流于形式，决策不当，盲目上马，可能导致难以实现预期效益或项目失败。 ②项目招标暗箱操作，存在商业贿赂，可能导致中标人实质上难以承担工程项目、中标价格失实及相关人员涉案。 ③工程造价信息不对称，技术方案不落实，概预算脱离实际，可能导致项目投资失控。 ④工程物资质次价高，工程监理不到位，项目资金不落实，可能导致工程质量低劣，进度延迟或中断。 ⑤竣工验收不规范，最终把关不严，可能导致工程交付使用后存在重大隐患
《企业内部控制应用指引第12号——担保业务》	①对担保申请人的资信状况调查不深，审批不严或越权审批，可能导致企业担保决策失误或遭受欺诈。 ②对被担保人出现财务困难或经营陷入困境等状况监控不力，应对措施不当，可能导致企业承担法律责任。 ③担保过程中存在舞弊行为，可能导致经办审批等相关人员涉案或企业利益受损
《企业内部控制应用指引第13号——业务外包》	①外包范围和价格确定不合理，承包方选择不当，可能导致企业遭受损失。 ②业务外包监控不严、服务质量低劣，可能导致企业难以发挥业务外包的优势。 ③业务外包存在商业贿赂等舞弊行为，可能导致企业相关人员涉案
《企业内部控制应用指引第16号——合同管理》	①未订立合同、未经授权对外订立合同、合同对方主体资格未达要求、合同内容存在重大疏漏和欺诈，可能导致企业合法权益受到侵害。 ②合同未全面履行或监控不当，可能导致企业诉讼失败、经济利益受损。 ③合同纠纷处理不当，可能损害企业利益、信誉和形象
《企业内部控制应用指引第17号——内部信息传递》	①内部报告系统缺失、功能不健全、内容不完整，可能影响生产经营有序运行。 ②内部信息传递不通畅、不及时，可能导致决策失误、相关政策措施难以落实。 ③内部信息传递中泄露商业秘密，可能削弱企业核心竞争力
《企业内部控制应用指引第18号——信息系统》	①信息系统缺乏或规划不合理，可能造成信息孤岛或重复建设，导致企业经营管理效率低下。 ②系统开发不符合内部控制要求，授权管理不当，可能导致无法利用信息技术实施有效控制。 ③系统运行维护和安全措施不到位，可能导致信息泄露或毁损，系统无法正常运行

（3）财务风险。

财务风险是指企业在生产经营过程中，由于内外部环境的各种难以预料或无法控制的不确定性因素的作用，使企业在一定时期内所获取的财务收益与预期收益发生偏差的可能性。

财务风险是客观存在的，企业管理者对财务风险只有采取有效措施来降低风险，而不可能完全消除风险。

需要关注的财务风险见表6-5。

表 6-5 需要关注的财务风险

依据	需要关注的主要风险
《企业内部控制应用指引第 6 号——资金活动》	①筹资决策不当，引发资本结构不合理或无效融资，可能导致企业筹资成本过高或债务危机。 ②投资决策失误，引发盲目扩张或丧失发展机遇，可能导致资金链断裂或资金使用效益低下。 ③资金调度不合理、营运不畅，可能导致企业陷入财务困境或资金冗余。 ④资金活动管控不严，可能导致资金被挪用、侵占、抽逃或遭受欺诈
《企业内部控制应用指引第 14 号——财务报告》	①编制财务报告违反会计法律法规和国家统一的会计准则制度，可能导致企业承担法律责任和声誉受损。 ②提供虚假财务报告，误导财务报告使用者，造成决策失误，干扰市场秩序。 ③不能有效利用财务报告，难以及时发现企业经营管理中存在的问题，可能导致企业财务和经营风险失控
《企业内部控制应用指引第 15 号——全面预算》	①不编制预算或预算不健全，可能导致企业经营缺乏约束或盲目经营。 ②预算目标不合理、编制不科学，可能导致企业资源浪费或发展战略难以实现。 ③预算缺乏刚性、执行不力、考核不严，可能导致预算管理流于形式

【例 6-3·单选题】根据《企业内部控制应用指引第 6 号——资金活动》的要求，下列不属于企业资金活动需关注的主要风险的是(　　)。

A. 筹资决策不当，引发资本结构不合理或无效融资

B. 投资决策不当，引发盲目扩张或丧失发展机遇

C. 存货积压或短缺，造成流动资金占用过量

D. 资金调度不合理、营运不畅

【答案】C

【考点】风险种类

【解析】资金活动需关注的主要风险包括：①筹资决策不当，引发资本结构不合理或无效融资，可能导致企业筹资成本过高或债务危机。②投资决策不当，引发盲目扩张或丧失发展机遇，可能导致资金链断裂或资金使用效益低下。③资金调度不合理、营运不畅，可能导致企业陷入财务困境或资金冗余。④资金活动管控不严，可能导致资金被挪用、侵占、抽逃或遭受欺诈。选项 C 是资产管理的主要风险。

（三）风险管理的概念、目标和演进★

1. 风险管理的概念

（1）风险管理的定义与特征。

《中央企业全面风险管理指引》对风险管理的定义：全面风险管理，指企业围绕总体经营目标，通过在企业管理的各个环节和经营过程中执行风险管理的基本流程，培育良好的风险管理文化，建立健全全面风险管理体系，包括风险管理策略、风险理财措施、风险管理的组织职能体系、风险管理信息系统和内部控制系统，从而为实现风险管理的总体目标提供合理保证的过程和方法。

企业风险管理的特征和风险管理的新旧理念对比分别见表 6-6 和表 6-7。

表 6-6 企业风险管理的特征

特征	内容
战略性	尽管风险管理渗透到现代企业各项活动中，存在于现代企业管理者对企业的日常管理当中，但它主要运用于企业战略管理层面，站在战略层面整合和管理企业层面风险是全面风险管理的价值所在

续表

特征	内容
全员化	企业全面风险管理是一个由企业治理层、管理层和所有员工参与，旨在把风险控制在风险容量以内，增进企业价值的过程
专业性	要求风险管理的专业人才实施专业化管理
二重性	全面风险管理的商业使命在于：①损失最小化管理；（风险不能避免时，尽量减小损失）②不确定性管理；（风险可能发生时，降低发生可能）③绩效最优化管理。（预示机会时，化风险为增进企业价值的机会） 全面风险管理既要管理纯粹的风险，也要管理机会风险
系统性	全面风险管理必须拥有一套系统的、规范的方法，建立健全全面风险管理体系（确保所有的风险都得到识别，所有的风险都得到管理）

表6－7　　风险管理的新旧理念对比

项目	传统风险管理	全面风险管理
涉及面	主要是财务会计主管和内部审计等部门负责；就单个风险个体实施风险管理，主要是可保风险和财务风险	在高层的参与下，每个成员都承担与自己行为相关的风险管理责任；从总体上集中考虑和管理所有风险（包括纯企业风险和风险机会）
连续性	只有管理层认为必要时才进行	是企业系统的、有重点的、持续的行为
态度	被动地将风险管理作为成本中心	主动积极地将风险管理作为价值中心
目标	与企业战略联系不紧，目的是转移或避免风险	紧密联系企业战略，目的是寻求风险优化措施
方法	事后反应式的风险管理方法，即先检查和预防经营风险，然后采取应对措施	事前风险防范，事中风险预警和及时处理，事后风险报告、评估、备案及其他相应措施
注意焦点	专注于纯粹和灾害性风险	焦点在所有利益相关者共同利益最大化上

（2）风险偏好与风险承受度。

风险偏好是企业希望承受的风险范围，希望承担什么风险，承担多少风险。（态度）

风险承受度是指企业风险偏好的边界。（能力）

分析风险承受度可以将其作为企业采取行动的预警指标，企业可以设置若干承受度指标，以显示不同的警示级别。

风险偏好概念提出的意义在于研究企业风险和收益的关系，明确了企业的风险偏好和风险承受度，就能够把握企业在风险和收益之间如何选择平衡点。

【例6－4·单选题】企业全面风险管理是一个由企业治理层、管理层和所有员工参与的，旨在把风险控制在风险容量以内，增进企业价值的过程。在这个过程中，只有将风险意识转化为全体员工的共同认识和自觉行动，才能确保风险管理目标的实现。以上反映的全面风险管理的特征是(　　)。

A. 战略性　　B. 全员化　　C. 系统性　　D. 二重性

【答案】B

【考点】风险管理的概念

【解析】全员化：企业全面风险管理是一个由企业治理层、管理层和所有员工参与的，对企业所有风险进行管理，旨在把风险控制在风险容量以内，增进企业价值的过程。企业风险管理本身并不是一个结果，而是实现结果的一种方式。在这个过程中，只有将风险意识转化为全体员工的共同认识和自觉行动，才能确保风险管理目标的实现。

2. 风险管理的目标★

(1) 确保将风险控制在与公司总体目标相适应并可承受的范围内。

(2) 确保内外部，尤其是企业与股东之间实现真实、可靠的信息沟通，包括编制和提供真实、可靠的财务报告。

(3) 确保遵守有关法律法规。

(4) 确保企业有关规章制度和为实现经营目标而采取重大措施的贯彻执行，保障经营管理的有效性，提高经营活动的效率和效果，降低实现经营目标的不确定性。

(5) 确保企业建立针对各项重大风险发生后的危机处理计划，保护企业不因灾害性风险或人为失误而遭受重大损失。

3. 风险管理的演进与新发展

(1) 风险管理的演进。

1987 年，成立了 COSO 委员会，专门研究内部控制问题。

1992 年，COSO 委员会发布了《企业内部控制——整合框架》。

2002 年，美国国会通过《萨班斯-奥克斯利法案》。

2004 年，COSO 委员会发布了《企业风险管理——整合框架》。

2006 年，我国国务院国有资产监督管理委员会以通知的形式印发《中央企业全面风险管理指引》，要求中央企业根据自身实际情况开展全面风险管理工作。

2008 年，我国印发了《企业内部控制基本规范》。

(2) 风险管理的新发展。

2013 年，COSO 委员会正式发布新内部控制框架。

2017 年，COSO 委员会发布了《企业风险管理——整合战略和绩效（2017）》。

2018 年，发布新版《ISO31000：组织的风险管理国际标准》。

2019 年，我国审议通过了《关于加强中央企业内部控制体系建设与监督工作的实施意见》。

二、风险管理基本流程★

风险管理基本流程请见图 6－2。

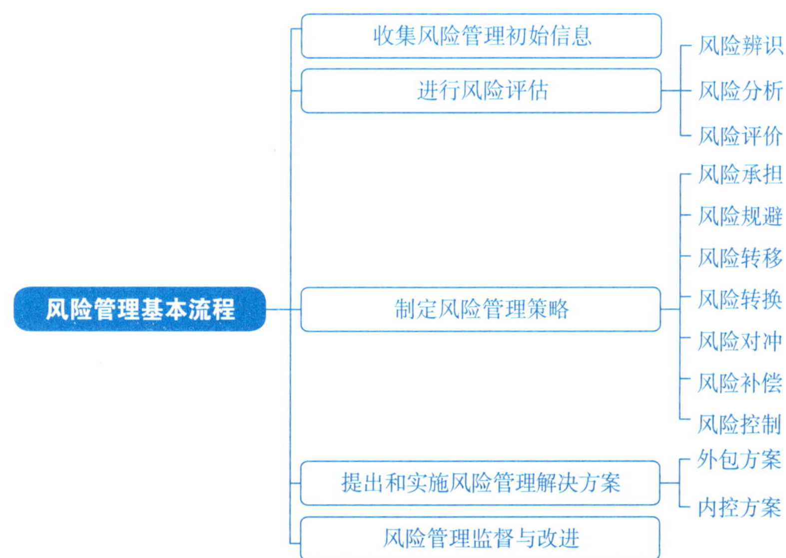

图 6－2 风险管理基本流程

（一）收集风险管理初始信息——风险管理基本流程的第一步

本部分内容引自《中央企业全面风险管理指引》第二章“风险管理初始信息”。

要广泛地、持续不断地收集与本企业风险和风险管理相关的内部、外部初始信息，包括历史数据和未来预测。

应把收集初始信息的职责分工落实到各有关职能部门和业务单位。收集初始信息要根据所分析的风险类型具体展开。

企业对收集的初始信息应进行必要的筛选、提炼、对比、分类、组合，以便进行风险评估。

（1）分析战略风险，企业应广泛收集国内外企业战略风险失控导致企业蒙受损失的案例。

在战略风险方面，企业应广泛收集国内外企业战略风险失控导致企业蒙受损失的案例，并至少收集与本企业相关的以下重要信息：

（一）国内外宏观经济政策以及经济运行情况、本行业状况、国家产业政策；

（二）科技进步、技术创新的有关内容；

（三）市场对本企业产品或服务的需求；

（四）与企业战略合作伙伴的关系，未来寻求战略合作伙伴的可能性；

（五）本企业主要客户、供应商及竞争对手的有关情况；

（六）与主要竞争对手相比，本企业实力与差距；

（七）本企业发展战略和规划、投融资计划、年度经营目标、经营战略，以及编制这些战略、规划、计划、目标的有关依据；

（八）本企业对外投融资流程中曾发生或易发生错误的业务流程或环节。

（2）分析财务风险，企业应广泛收集国内外企业财务风险失控导致危机的案例。

在财务风险方面，企业应广泛收集国内外企业财务风险失控导致危机的案例，并至少收集本企业的以下重要信息（其中有行业平均指标或先进指标的，也应尽可能收集）：

（一）负债、或有负债、负债率、偿债能力；

（二）现金流、应收账款及其占销售收入的比重、资金周转率；

（三）产品存货及其占销售成本的比重、应付账款及其占购货额的比重；

（四）制造成本和管理费用、财务费用、营业费用；

（五）盈利能力；

（六）成本核算、资金结算和现金管理业务中曾发生或易发生错误的业务流程或环节；

（七）与本企业相关的行业会计政策、会计估算、与国际会计制度的差异与调节（如退休金、递延税项等）等信息。

（3）分析市场风险，企业应广泛收集国内外企业忽视市场风险、缺乏应对措施导致企业蒙受损失的案例。

在市场风险方面，企业应广泛收集国内外企业忽视市场风险、缺乏应对措施导致企业蒙受损失的案例，并至少收集与本企业相关的以下重要信息：

（一）产品或服务的价格及供需变化；

（二）能源、原材料、配件等物资供应的充足性、稳定性和价格变化；

（三）主要客户、主要供应商的信用情况；

（四）税收政策和利率、汇率、股票价格指数的变化；

（五）潜在竞争者、竞争者及其主要产品、替代品情况。

（4）分析运营风险，企业应收集与该企业、本行业运营相关的信息。

在运营风险方面，企业应至少收集与本企业、本行业相关的以下信息：

（一）产品结构、新产品研发；

（二）新市场开发，市场营销策略，包括产品或服务定价与销售渠道，市场营销环境状况等；

（三）企业组织效能、管理现状、企业文化，高、中层管理人员和重要业务流程中专业人员的知识结构、专业经验；

（四）期货等衍生产品业务中曾发生或易发生失误的流程和环节；

（五）质量、安全、环保、信息安全等管理中曾发生或易发生失误的业务流程或环节；

（六）因企业内、外部人员的道德风险致使企业遭受损失或业务控制系统失灵；

（七）给企业造成损失的自然灾害以及除上述有关情形之外的其他纯粹风险；

（八）对现有业务流程和信息系统操作运行情况的监管、运行评价及持续改进能力；

（九）企业风险管理的现状和能力。

(5) 分析法律风险，企业应广泛收集国内外企业忽视法律法规风险、缺乏应对措施导致企业蒙受损失的案例。

在法律风险方面，企业应广泛收集国内外企业忽视法律法规风险、缺乏应对措施导致企业蒙受损失的案例，并至少收集与本企业相关的以下信息：

（一）国内外与本企业相关的政治、法律环境；

（二）影响企业的新法律法规和政策；

（三）员工道德操守的遵从性；

（四）本企业签订的重大协议和有关贸易合同；

（五）本企业发生重大法律纠纷案件的情况；

（六）企业和竞争对手的知识产权情况。

【例 6－5·多选题】蓝天股份有限公司今年推行风险管理，成立了风险管理小组，其中王同学在风险管理小组中负责分析市场风险，下列属于其应该收集的信息的有(　　)。

A. 质量、安全、环保、信息安全等管理中曾发生或易发生失误的业务流程或环节

B. 该企业签订的重大协议和有关贸易合同

C. 能源、原材料、配件等物资供应的充足性、稳定性和价格变化

D. 主要客户、主要供应商的信用情况

【答案】CD

【考点】风险管理基本流程

【解析】选项 A 属于分析运营风险应该收集的信息；选项 B 属于分析法律风险方面应该收集的信息。

（二）进行风险评估

(1) **风险评估包括风险辨识、风险分析、风险评价三个步骤。(记忆)**

①风险辨识：指查找企业各业务单元、各项重要经营活动及其重要业务流程中有无风险，有哪些风险。

②风险分析：对辨识出的风险及其特征进行明确的定义描述，分析和描述风险发生可能性的高低、风险发生的条件。

③风险评价：评估风险对企业实现目标的影响程度、风险的价值等。

(2) 风险评估应由企业组织有关职能部门和业务单位实施，也可聘请有资质、信誉好、风险管理专业能力强的中介机构协助实施。

(3) 企业应对风险管理信息实行动态管理，定期或不定期实施风险辨识、分析、评价，以便对新的风险和原有风险的变化重新评估。

（三）制定风险管理策略

风险管理策略，是指企业根据自身条件和外部环境，围绕企业发展战略，确定风险偏好、风险承受度、风险管理有效性标准，选择风险承担、风险规避、风险转移、风险转换、风险对冲、风险补偿、风险控制

等适合的风险管理工具的总体策略，并确定风险管理所需人力和财力资源的配置原则。

名师说

风险管理策略具体在后续章节展开，这里无须关注。

（四）提出和实施风险管理解决方案

1. 风险管理解决方案的两种类型

从大的分类看，风险管理解决方案可以分为外部和内部解决方案。

（1）外部解决方案（一般指外包）。

应注重成本与收益的平衡、外包工作的质量、自身商业秘密的保护以及防止自身对风险解决外包产生依赖性风险等，并制定相应的预防和控制措施。

（2）内部解决方案（风险管理体系的运转）。

在具体实施中，一般是以下几种手段的综合应用：风险管理策略；组织职能；内部控制；信息系统（包括报告体系）；风险理财措施。

其中，内部控制系统针对的风险是可控纯粹风险，其控制对象是企业中的个人，其控制目的是规范员工的行为，其控制范围是企业的业务和管理流程。

2. 关键风险指标管理

关键风险指标管理是对引起风险事件发生的关键成因指标进行管理的方法。

关键风险指标管理可以管理单项风险的多个关键成因，也可以管理影响企业主要目标的多个主要风险。

（1）关键风险指标管理的步骤：假设公司现在关心的主要目标是年度盈利指标。影响年度盈利指标的风险因素有许多，包括年度销售额、原材料价格、制造成本、销售成本、投资收入、利息、应收账款等。

①分析风险成因，从中找出关键成因。经过数据分析，认定影响盈利的主要风险是信用风险，其代表性的风险事件是客户还款不及时，导致应收账款大量增加。

②将关键成因量化，确定其度量，分析确定导致风险事件发生（或极有可能发生）时该成因的具体数值。将应收账款进一步量化，得到月度坏账损失额、每月未回收的应收账款和客户结构变化率等三个量化指标，并得出预警值。

③以该具体数值为基础，以发出风险信息为目的，加上或减去一定数值后形成新的数值，该数值即为关键风险指标。

④建立风险预警系统，即当关键成因数值达到关键风险指标时，发出风险预警信息。

⑤制定出现风险预警信息时应采取的风险控制措施。

⑥跟踪监测关键成因的变化，一旦出现预警，即实施风险控制措施。

名师说

《中央企业全面风险管理指引》附录里有一个很好的例子可以帮助我们理解关键风险指标管理：

以易燃易爆危险品储存容器泄漏引发爆炸的风险管理为例。容器泄漏的成因有：使用时间过长、日常维护不够、人为破坏、气候变化等因素，但容器使用时间过长是关键成因。如容器使用最高期限为 50 年，人们发现当使用时间超过 45 年后，则易发生泄漏。该“45 年”即为关键风险指标。为此，制定使用时间超过“45 年”后需采取的风险控制措施，一旦使用时间接近或达到“45 年”时，发出预警信息，即采取相应措施。

该方法既可以管理单项风险的多个关键成因指标，也可以管理影响企业主要目标的多个主要风险。使用该方法，要求风险关键成因分析准确，且易量化、易统计、易跟踪监测。

（2）关键风险指标分解。

对于关键风险指标的分解要注意职能部门和业务单位之间的协调。

（3）落实风险管理解决方案。

①高度重视，充分认识到风险管理是企业时刻不可放松的工作，是企业价值创造的根本源泉。

②风险管理是企业全员的分内工作，没有风险的岗位是不创造价值的岗位，没有理由存在。

③将风险管理方案落实到各级各类组织，明确分工和责任。

④对风险管理解决方案的实施进行持续监控改进，并与绩效考核联系起来，以确保工作的效果。

（五）风险管理的监督与改进

风险管理的监督与改进是风险管理基本流程的最后一个步骤。

三、风险管理体系

风险管理体系见图6－3。

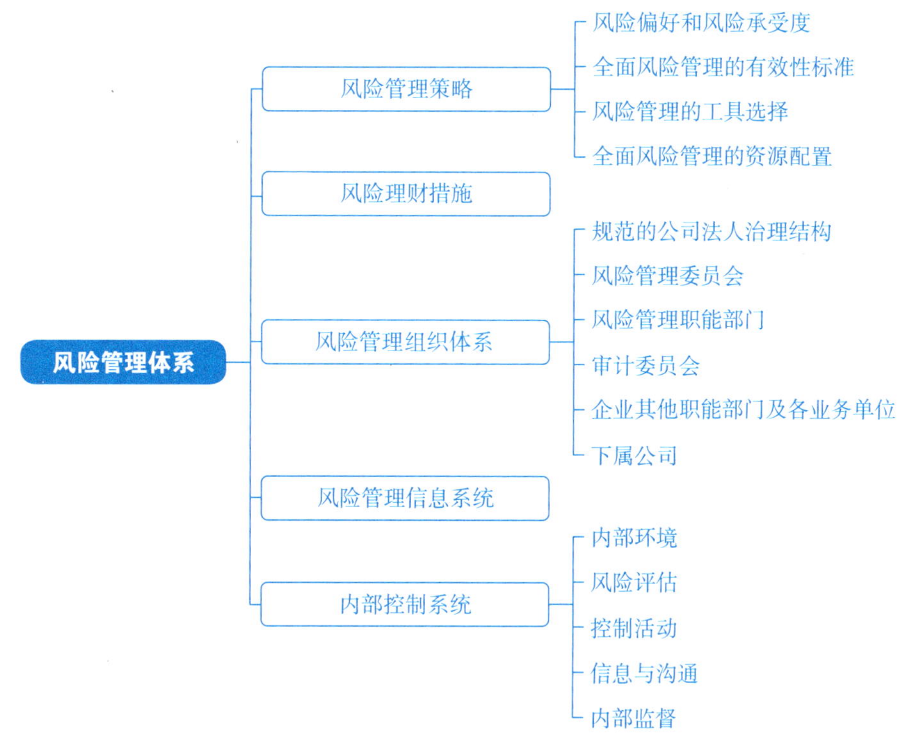

图6－3 风险管理体系

（一）风险管理策略★★★

1. 风险管理策略总体定位与作用

名师说

风险管理策略，是指企业根据自身条件和外部环境，围绕企业发展战略，确定风险偏好、风险承受度、风险管理有效性标准，选择风险承担、风险规避、风险转移、风险转换、风险对冲、风险补偿、风险控制等适合的风险管理工具的总体策略，并确定风险管理所需人力和财力资源的配置原则。

（1）风险管理策略的总体定位。

①风险管理策略是根据企业经营战略制定的全面风险管理的总体策略；

②风险管理策略在整个风险管理体系中起着统领全局的作用；

③风险管理策略在企业战略管理的过程中起着承上启下的作用，制定与企业战略保持一致的风险管理策略减少了企业战略错误的可能性。

（2）风险管理策略的作用。

①为企业的总体战略服务，保证企业经营目标的实现；

②连接企业的整体经营战略和运营活动；

③指导企业的一切风险管理活动；

④分解为各领域的风险管理指导方针。

2. 风险管理策略的组成部分

（1）风险偏好和风险承受度。明确公司要承担什么风险、承担多少。

（2）全面风险管理的有效性标准。明确怎样衡量我们的风险管理工作成效。

（3）风险管理的工具选择。明确怎样管理重大风险。

（4）全面风险管理的资源配置。明确如何安排人力、财力、物资、外部资源等风险管理资源。

风险管理策略的工具

3. 风险管理策略的工具

风险管理策略七大工具几乎是每年必考的重点。同学们要学会准确地判断工具种类，下面的举例也需要一定的记忆，见表6－8。

表6－8　风险管理策略的工具

名称	含义	注意点
风险承担	亦称风险保留、风险自留，是指企业对所面临的风险采取接受的态度，从而承担风险带来的后果	企业风险评估的结果对于是否采用风险承担影响很大。对于重大风险，一般不应采用风险承担。未能辨识出的风险，企业只能采用风险承担。 辨识出的风险，企业也可能由于以下几种原因采用风险承担： （1）缺乏能力进行主动管理，对这部分风险只能承担。 （2）没有其他备选方案。 （3）从成本效益考虑，这一方案是最适宜的方案
风险规避	指企业回避、停止或退出蕴含某一风险的商业活动或商业环境，避免成为风险的所有人	例如： （1）退出某一市场以避免激烈竞争。 （2）拒绝与信用不好的交易对手进行交易。 （3）外包某项对工人健康安全风险较高的工作。 （4）停止生产可能有潜在客户安全隐患的产品。 （5）禁止各业务单位在金融市场进行投机。 （6）不准员工访问某些网站或下载某些内容
风险转移	指企业通过合同将风险转移到第三方，企业对转移后的风险不再拥有所有权。转移风险不会降低其可能的严重程度，只是从一方移除后转移到另一方	例如： （1）保险。 （2）非保险型的风险转移：将风险可能导致的财务风险损失负担转移给非保险机构，如服务保证书等。 （3）风险证券化：通过证券化保险风险构造形成的保险连接型证券（ILS）
风险转换	指企业通过战略调整等手段将企业面临的风险转换成另一个风险	手段包括战略调整和衍生产品等。 风险转换一般不会直接降低企业总的风险，其简单形式就是在减少某一风险的同时，增加另一风险。 例如，通过放松交易客户信用标准，增加了应收账款，但扩大了销售。 企业可以通过风险转换在两个或多个风险之间进行调整，以达到最佳效果。 风险转换可以在低成本或无成本的情况下达到目的

续表

名称	含义	注意点
风险对冲	指采取各种手段，引入多个风险因素或承担多个风险，使这些风险能够互相对冲	例如，资产组合使用、多种外币结算的使用和战略上的多种经营等。 在金融资产管理中，对冲也包括使用衍生产品，如利用期货进行套期保值。（后面将在风险理财中具体介绍） 在企业的风险中，有些风险具有自然对冲的性质，应加以利用，如不同行业的经济周期风险对冲。 风险对冲必须涉及风险组合，而不是对单一风险；对于单一风险，只能进行风险规避、风险控制
风险补偿	指企业对风险可能造成的损失采取适当的措施进行补偿。 表现在企业主动承担风险，并采取措施以补偿可能的损失	风险补偿的形式有财务补偿、人力补偿、物资补偿等。 财务补偿是损失融资，包括企业自身的风险准备金或应急资本等。（后面将在风险理财中具体介绍）
风险控制	指控制风险事件发生的动因、环境、条件等，来达到减轻风险事件发生时的损失或降低风险事件发生的概率的目的	控制概率例子：室内使用不易燃地毯、山上禁止吸烟。 控制风险事件发生后的损失例子：修建水坝防洪、设立质量检查防止次品出厂等。 风险控制对象一般是可控风险，包括多数运营风险，如质量、安全和环境风险以及法律风险中的合规性风险

【例 6-6·单选题】甲公司董事会对待风险的态度属于风险厌恶。为有效管理公司的信用风险，甲公司管理层决定将其全部的应收款项以应收总金额的 80% 出售给乙公司，由乙公司向有关债务人收取款项，甲公司不再承担有关债务人未能如期付款的风险。甲公司应对此项信用风险的策略属于（　　）。

A. 风险降低　　B. 风险转移　　C. 风险保留　　D. 风险消除

【答案】B

【考点】风险管理策略

【解析】“甲公司不再承担有关债务人未能如期付款的风险”属于风险转移。

4. 确定风险偏好和风险承受度

确定风险偏好和风险承受度，要正确认识和把握风险和收益的平衡，防止和纠正忽视风险，片面追求收益而不讲条件、范围，认为风险越大、收益越高的观念和做法；同时，也要防止单纯为规避风险而放弃发展机遇。

确定企业整体风险偏好要考虑以下因素：

（1）风险个体（对每一个风险都可以确定风险偏好和风险承受度）；

（2）相互关系（既要考虑同一个风险在各个业务单位或子公司之间的分配，又要考虑不同风险之间的关系）；

（3）整体形状（一个企业的整体风险偏好和风险承受度是基于针对每一个风险的风险偏好和风险承受度）；

（4）行业因素（同一风险在不同行业风险偏好不同）。

一般来讲，风险偏好和风险承受度是针对公司的重大风险制定的，对企业的非重大风险的风险偏好和风险承受度不一定要十分明确，甚至可以先不提出。

重大风险的风险偏好是企业的重大决策，应由董事会决定。

5. 风险度量

（1）风险度量的关键。

风险度量的关键在于量化。风险偏好可以定性，但风险承受度一定要定量。

（2）风险度量方法。

企业应该对所采取的风险度量取得共识，但不一定在整个企业使用唯一的风险度量，而应对不同的风险采取不同的度量方法。

以下几种风险度量方法的区别请同学们特别关注。考虑一下哪些方法是需要知道概率的，哪些方法无需概率。

①**最大可能损失**。最大可能损失指风险事件发生后可能造成的最大损失。企业一般在无法判断发生概率或无须判断概率的时候，使用最大可能损失作为风险的衡量。

②**概率值**。概率值是指风险事件发生的概率或造成损失的概率。在可能的结果只有好坏、对错、是否、输赢、生死等简单情况下，常常使用概率值。在许多场合使用频率作为概率值是没有意义的，特别是在缺少数据或者一次性的决策场合。

③**期望值**。期望值通常指的是数学期望，即概率加权平均值。期望值的办法综合了概率和最大损失两种方法。

④**波动性**。波动性反映数据的离散程度，也就是该变量离其期望值的距离。一般采用方差或均方差（标准差）来描述波动性。

⑤**在险值**。又称 VaR，是指在正常的市场条件下，在给定的时间段中和给定的置信区间内，预期可能发生的最大损失。优点：在险值具有通用、直观、灵活的特点，为《巴塞尔协议》采用。缺点：在险值的局限性是适用的风险范围小，对数据要求严格，计算困难，对肥尾效应无能为力。

在险值请见图 6－4。

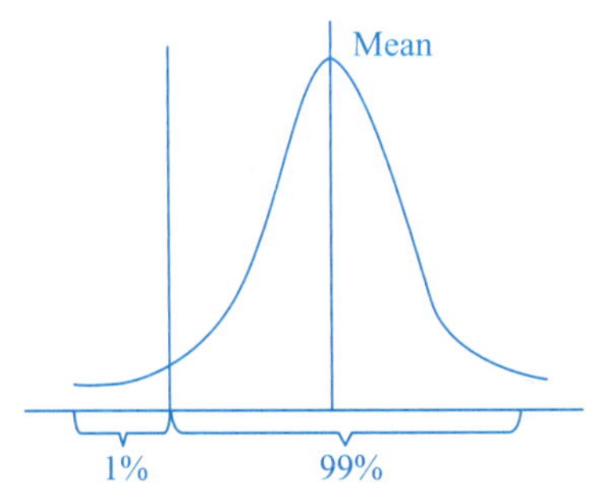

图 6－4 在险值

⑥**直观方法**。不依赖于概率统计结果的度量是人们直观的判断，如专家意见。当统计数据不足或需要度量结果包括人们的偏好时，可以使用直观的度量方法，如层次分析法等。

（3）选择适当的风险度量模型。

不依赖于概率统计结果的度量是人们直观的判断，如专家意见。当统计数据不足或需要度量结果（包括人们的偏好）时，可以使用直观的度量方法，如层次分析法等。对不同种类的风险要使用不同的度量模型。对外部风险的度量包括市场指标、景气指数等。对内部运营风险的度量包括各种质量指标、执行效果、安全指数等。

（4）风险量化的困难。

①方法误差。

②数据。

③信息系统。

④整合管理。

6. 风险管理的有效性标准

(1) 风险管理有效性标准的作用。

风险管理有效性标准的作用是帮助企业了解：企业现在的风险是否在风险承受度范围之内，即风险是否优化；企业风险状况的变化是否是所要求的，即风险的变化是否优化。

量化的企业风险管理的有效性标准与企业风险承受度有相同的度量基础。

(2) 确立风险管理有效性标准的原则。

①风险管理的有效性标准要针对企业的重大风险，能够反映企业重大风险管理的现状；

②风险管理有效性标准应当对照全面风险管理的总体目标，在所有五个方面保证企业的运营效果；

③风险管理有效性标准应当在企业的风险评估中应用，并根据风险的变化随时调整；

④风险管理有效性标准应当用于衡量全面风险管理体系的运行效果。

7. 风险管理的资源配置

风险管理的资源包括人才、组织设置、政策、设备、物资、信息、经验、知识、技术、信息系统、资金等。应当统筹兼顾，将资源用于管理需要优先管理的重大风险。

8. 确定风险管理的优先顺序

风险管理的优先顺序决定企业优先管理哪些风险，对哪些风险管理进行资源优先配置。一个很重要的原则是，风险与收益相平衡，在风险评估结果的基础上，全面考虑风险与收益。要特别重视对企业有影响的重大风险，要首先解决“颠覆性”风险问题，保证企业持续发展。

根据风险与收益平衡原则，确定风险管理的优先顺序可以考虑以下几个因素：风险事件发生的可能性和影响；风险管理的难度；风险的价值或管理风险可能带来的收益；合规的需要；对企业技术、人力、资金的需求；利益相关者的要求。

9. 风险管理策略检查

风险管理策略要随着企业经营状况的变化、经营战略的变化，外部环境风险的变化而调整。风险管理策略定期检查的频率依赖于企业面临的风险。企业经营战略回顾时应该同时总结和分析风险管理策略。要定期重新评估风险以便确认风险管理策略的有效性。必要时，调整有效性标准。

制定风险管理策略要注意整个全面风险管理体系的配合。

（二）风险理财措施★★★

1. 风险理财概述

(1) 风险理财的一般概念。

风险理财是用金融手段管理风险。

(2) 风险理财的历史发展。

敲黑板

风险理财的历史发展这一知识点的考频较低，大致掌握即可。

最初的风险理财只是准备金，然后有了保险、期货等金融市场的单一方法。

20 世纪 80 年代：财产保险和责任保险承保能力不足——产生自保或专属保险公司、对财务损失的应急借款协议。

20 世纪 90 年代：金融混业经营的发展——衍生产品的出现和金融市场的管制放松呈现金融一体化加速的趋势。对巨灾保险的需求——导致保险期货和期权的发展。

(3) 风险理财的必要性。

风险理财是全面风险管理的重要组成部分。对于可控的风险，如果存在重大损失的可能，只有风险控制而无风险理财，仍然不能提供合理的保证，使人安心。风险理财可以针对不可控的风险。

(4) 风险理财的特点。

①风险理财的手段既不改变风险事件发生的可能性，也不改变风险事件可能引起的直接损失程度。

②风险理财需要判断风险的定价，因此量化的标准较高，即不仅需要风险事件的可能性和损失的分布，更需要量化风险本身的价值。

③风险理财的应用范围一般不包括声誉等难以衡量其价值的风险，也难以消除战略失误造成的损失。

④风险理财手段技术强，许多风险理财工具本身有着比较复杂的风险特性，使用不当容易造成重大损失。

（5）风险理财与公司理财。

风险理财过去被认为是公司财务管理的一部分，现在则认为其在很多情况下超出了公司财务管理的范畴。

具体表现在：

①风险理财注重风险因素对现金流的影响；

②风险理财影响公司资本结构，注意以最低成本获得现金流；

③风险理财成为公司战略的有机部分，其风险经营的结果直接影响公司整体价值的提升。

（6）风险理财创造价值。

传统的风险理财：传统的风险理财是损失理财，即为可能发生的损失融资，补偿风险造成的财务损失，如购买保险。传统的风险理财的目的是降低公司承担的风险。

风险理财：与损失理财相反，公司可能通过使用金融工具来承担额外的风险，改善公司的财务状况，创造价值。风险理财对机会的利用是整个经营战略的有机组成部分和战略举措。

2. 风险理财的策略与方案

（1）选择风险理财策略的原则和要求。

①与公司整体风险管理策略一致。

②与公司所面对风险的性质相匹配。

③在选择风险理财工具时，要考虑如下几点：合规的要求；可操作性；法律法规环境；企业的熟悉程度；风险理财工具的风险特征；不同的风险理财手段可能适用同一风险。

④成本与收益的平衡。

（2）对金融衍生产品的选择。

以下几种金融衍生产品的特点与区别（见表6-9）需要大致记忆并学会判断。该知识点考客观题的概率较大。

表6-9　金融衍生产品

衍生产品	内容
远期合约	远期合约指合约双方同意在未来日期按照固定价格交换金融资产的合约，承诺以当前约定的条件在**未来进行交易的合约**，会指明买卖的商品或金融工具种类、价格及交割结算的日期。 远期合约是**必须履行**的协议，不像可选择不行使权利（即放弃交割）的期权。 远期合约也与期货不同，其合约条件是为买卖双方**量身定制**的，通过场外交易（OTC）达成，而后者则是在交易所买卖的标准化合约。 远期合约主要有远期利率协议、远期外汇合约、远期股票合约。 远期合约是**现金交易**，买方和卖方达成协议在未来的某一特定日期交割一定质量和数量的商品，价格可以预先确定或在交割时确定。 如果即期价格低于远期价格，市场状况被描述为正向市场或溢价。 如果即期价格高于远期价格，市场状况被描述为反向市场或差价

续表

衍生产品	内容
互换交易	互换交易，主要指对相同货币的债务和不同货币的债务通过金融中介进行互换的一种行为。 互换的种类： ①利率互换：是指双方同意在未来的一定期限内根据同种货币的同样的名义本金交换现金流，其中一方的现金根据浮动利率计算出来，而另一方的现金流根据固定利率计算。 ②货币互换：是指将一种货币的本金和固定利息与另一货币的等价本金和固定利息进行互换。 ③商品互换：是一种特殊类型的金融交易，交易双方为了管理商品价格风险，同意交换与商品价格有关的现金流。它包括固定价格及浮动价格的商品价格互换和商品价格与利率的互换。 ④其他互换：股权互换、信用互换、期货互换和互换期权等
期货	期货是指在约定的将来某个日期按约定的条件（包括价格、交割地点、交割方式）买入或卖出一定标准数量的某种资产。 期货合约是期货交易的买卖对象或标的物，它是由期货交易所统一制定的、规定在某一特定的时间和地点交割一定数量和质量商品的标准化合约。 期货价格则是通过公开竞价而达成的。 按现货标的物之种类，期货可分为商品期货与金融期货两大类。 期货合约的主要类型： ①商品期货：标的为实物商品的期货。 ②外汇期货：标的物是外汇，如美元、欧元、英镑、日元等。 ③利率期货：标的资产价格依赖于利率水平的期货合约，如长期国债、短期国债、商业汇票和欧洲美元期货。 ④股票指数期货：标的物是股价指数
期权	期权是在规定的一段时间内，可以以规定的价格购买或者出卖某种规定的资产的权利。期权是在期货的基础上产生的一种金融工具，将权利和义务分开进行定价。 按交易主体划分，期权可分为买方期权和卖方期权两类： ①买方期权：是指赋予期权持有人在期权有效期内按履约价格买进（但不负有必须买进的义务）规定的资产的权利。（看涨期权） ②卖方期权：是指赋予期权持有人在期权有效期内按履约价格卖出（但不负有必须卖出的责任）规定的资产的权利。（看跌期权）

运用衍生产品进行风险管理的主要思路：增加自己愿意承担的风险；消除或减少自己不愿承担的风险；转换不同的风险。

衍生产品的特点如下：

①未来性：交易结果要在未来时刻才能确定。

②灵活性：其设计和创造具有较高的灵活性。

③杠杆性：可以使交易者用较少成本获取现货市场上用较多资金才能完成的结果。

④风险性：内在的杠杆作用和交易的复杂性也决定了金融衍生产品交易的高风险性。

⑤虚拟性：金融衍生产品本身没有价值，只是一种收益获取的凭证，其交易独立于现实资本运动之外，具有虚拟性。

运用衍生产品进行风险管理需满足的条件：

①合法合规；

②与公司的业务和发展战略保持一致；

③建立完善的内部控制措施，包括授权、计划、报告、监督、决策等流程和规范；

④采用能够准确反映风险状况的风险计量方法，明确头寸、损失、风险限额；

⑤完善的信息沟通机制，保证头寸、损失、风险敞口的报告及时可靠；

⑥合格的操作人员。

3. 损失事件管理

损失事件管理这部分知识点考客观题的概率较大，特别是应急资本、保险、专业自保，这几点需要仔细学习，适当记忆。

损失事件管理是指对可能给企业造成重大损失的风险事件的事前、事后管理的方法。

损失事件管理

损失包括企业的资金、声誉、技术、品牌、人才等。

（1）损失融资。

损失融资是为风险事件造成的财物损失融资，是从风险理财的角度进行损失事件的事后管理。是损失事件管理中最有共性，也是最重要的部分。企业损失分为预期损失和非预期损失，因此损失事件融资也相应分为预期损失融资和非预期损失融资。**预期损失融资**一般作为运营资本的一部分，而**非预期损失融资**则是属于风险资本的范畴。

（2）风险资本。

风险资本即除经营所需的资本之外，公司还需要额外的资本用于补偿风险造成的财务损失。

传统的风险资本表现形式是风险准备金。风险资本是使一家公司破产的概率低于某一给定水平所需的资金，因此取决于公司的风险偏好。

例如，一家公司每年最低运营资本是5亿元，但是有5%的可能性需要7.5亿元维持运营，有1%的可能性需要10亿元才能维持运营。换句话说，如果风险资本为2.5亿元，那么这家公司的生存概率就是95%，而5亿元的风险资本对应的则是99%的生存概率。7.5−5=2.5（亿元），也就是如果有2.5亿的风险资本在手，生存的可能性为95%，破产的可能性为5%。10−5=5（亿元），也就是如果有5亿的风险资本在手，生存的可能性为99%，破产的可能性为1%。继续推论，如果有3亿的风险资本在手，生存的可能性为95%~99%，破产的可能性为1%~5%。

敲黑板

以上案例需要仔细琢磨，学会计算。计算题在本科目中考查得不多，所以需要特别关注。

（3）应急资本。

巴塞尔继续研究的领域。应急资本是风险资本的表现形式之一。

应急资本是一个金融合约，规定在某一个时间段内、某个特定事件发生的情况下公司有权从应急资本提供方处募集股本或贷款（或资产负债表上的其他实收资本项目），并为此按时间向资本提供方缴纳权力费，这里的特定事件称为触发事件。应急资本费用、利息和额度在合同签订时约定。应急资本最简单的形式是公司为满足特定条件下的经营需要而从银行获得的信贷额度，一般通过与银行签订协议加以明确，比如信用证、循环信用工具等。

应急资本具有如下特点：

①应急资本的提供方并不承担特定事件发生的风险，而只是在事件发生并造成损失后提供用于弥补损失、持续经营的资金，事后公司要向资本提供者归还这部分资金，并支付相应的利息；

②应急资本是一个综合运用保险和资本市场技术设计和定价的产品，与保险不同，应急资本不涉及风险的转移，是企业风险补偿策略的一种方式；

③应急资本是一个在一定条件下的融资选择权，公司可以不使用这个权利；

④应急资本可以提供经营持续性的保证。

（4）保险。

保险是风险转移的传统手段，即投保人通过保险把风险可能导致的财务损失负担转移给保险公司。可保风险是纯粹风险，机会风险不可保。

保单类型请见表 6－10。

表 6－10　　保单类型

风险	保单类型
财产	商业财产险、企业收入损失险、汽车物理损失险
责任	商业一般责任险、汽车责任险、员工赔偿和雇主责任险
多种财产	商业综合险
海险	海运险、内陆航运险
雇员福利	人寿保险、医疗保险、伤残保险

（5）专业自保。

专业自保公司又称专属保险公司，是非保险公司的附属机构，为母公司提供保险，并由其母公司筹集保险费，建立损失储备金。

专业自保的特点：由被保险人所有和控制，要承保其母公司的风险，但可以通过租借的方式承保其他公司的保险，不在保险市场上开展业务。

专业自保的优点：降低运营成本、改善公司现金流、保障项目更多、公平的费率等级、保障的稳定性、直接进行再保险、提高服务水平、减少规章限制、国外课税扣除和流通转移。

专业自保的缺点：提高内部管理成本、增加资本与投入、损失储备金不足、减少其他保险的可得性。

4. 套期保值

敲黑板

套期保值不用深究，主要学会概念即可，考核概念的可能性较大。

（1）套期保值与投机。

套期保值与投机的比较请见表 6－11。

表 6－11　　套期保值与投机的比较

	套期保值	投机
含义	指为冲抵风险而买卖相应的衍生产品的行为	与套期保值相反的投机行为
目的	降低风险	承担额外的风险以盈利
结果	降低了风险	增加了风险

（2）期货套期保值。

绝大多数期货合约不会在到期日用标的物兑现。期货价格表现的是市场对标的物的远期预期价格。基差：用来表示标的物的现货价格与所用合约的期货价格之差。基差在期货合约到期日为零，在此之前可正可负。一般而言，离到期日越近，基差就越小。

期货的套期保值亦称为期货对冲，是指为配合现货市场上的交易，而在期货市场上做与现货市场商品相同或相近但交易部位相反的买卖行为，以便将现货市场的价格波动的风险在期货市场上抵销。基本原理：某一特定商品的期货价格和现货价格受相同的经济因素影响和制约。

空头套期保值：如果某公司要在未来某时间出售资产，可以通过持有该资产期货合约的空头对冲风险。

多头套期保值：如果要在未来某时买入某种资产，则可采用持有该资产期货合约的多头来对冲风险。

空头套期保值的操作请见表 6－12。

表 6-12 空头套期保值的操作

时点	现货市场	期货市场
目前时点	—	卖出期货（持有空头）
未来时点	出售资产	买入期货

多头套期保值的操作请见表 6-13。

表 6-13 多头套期保值的操作

时点	现货市场	期货市场
目前时点	—	买入期货（持有多头）
未来时点	买入资产	卖出期货

期货投机的风险：期货投机，是指基于对市场价格走势的预期，为了盈利在期货市场上进行的买卖行为。由于远期市场价格的波动性，与套期保值相反，期货的投机会增加风险。

（3）期权套期保值。

利用期权套期保值（期权作为对冲的工具可以起到相似保险的作用）。

期权投机的风险（期权也可以作为投机的工具，但风险更大）。

运用风险理财措施要明确以下几点：

①风险理财是全面风险管理的重要组成部分，在对许多风险的管理上，有着不可替代的地位和作用；

②风险理财形式多样，应用灵活，时效性强，具有许多其他手段不可比拟的优点；

③风险理财技术性强，需要专门的人才、知识、组织结构、程序和法律环境；

④风险理财手段的不当使用，包括策略错误和内控失灵，可能带来巨大的损失，因此风险理财本身的风险管理尤为重要。

【例 6-7·单选题】甲公司是一家食品加工企业，需要在 3 个月后采购一批大豆。目前大豆的市场价格是 4 000 元/吨。甲公司管理层预计 3 个月后大豆的市场价格将超过 4 600 元/吨，但因目前甲公司的仓储能力有限，现在购入大豆将不能正常存储。甲公司计划通过衍生工具交易抵消大豆市场价格上涨的风险，下列方案中，甲公司可以采取的是(　　)。

A. 卖出 3 个月后到期的执行价格为 4 500 元/吨的看涨期权

B. 卖出 3 个月后到期的执行价格为 4 500 元/吨的看跌期权

C. 买入 3 个月后到期的执行价格为 4 500 元/吨的看涨期权

D. 买入 3 个月后到期的执行价格为 4 500 元/吨的看跌期权

【答案】C

【考点】风险理财措施

【解析】管理层预计会有上涨，现在不能买现货，所以比较适合买入看涨期权。

（三）风险管理组织体系★★

本部分内容引自《中央企业全面风险管理指引》第七章“风险管理组织体系”。

1. 规范的公司法人治理结构

应建立外部董事、独立董事制度，外部董事、独立董事人数应超过董事会全部成员的半数，以保证董事会能够在重大决策、重大风险管理等方面做出独立于经理层的判断和选择。

董事会就全面风险管理工作的有效性对股东（大）会负责。董事会在全面风险管理方面主要履行以下职责：

（一）审议并向股东（大）会提交企业全面风险管理年度工作报告；

（二）确定企业风险管理总体目标、风险偏好、风险承受度，批准风险管理策略和重大风险管理解决方案；

（三）了解和掌握企业面临的各项重大风险及其风险管理现状，做出有效控制风险的决策；

（四）批准重大决策、重大风险、重大事件和重要业务流程的判断标准或判断机制；

（五）批准重大决策的风险评估报告；

（六）批准内部审计部门提交的风险管理监督评价审计报告；

（七）批准风险管理组织机构设置及其职责方案；

（八）批准风险管理措施，纠正和处理任何组织或个人超越风险管理制度做出的风险性决定的行为；

（九）督导企业风险管理文化的培育；

（十）全面风险管理其他重大事项。

2. 风险管理委员会

具备条件的企业，董事会可下设风险管理委员会。该委员会的召集人应由不兼任总经理的董事长担任；董事长兼任总经理的，召集人应由外部董事或独立董事担任。该委员会成员中需有熟悉企业重要管理及业务流程的董事，以及具备风险管理监管知识或经验、具有一定法律知识的董事。

风险管理委员会对董事会负责，主要履行以下职责：

（一）提交全面风险管理年度报告；

（二）审议风险管理策略和重大风险管理解决方案；

（三）审议重大决策、重大风险、重大事件和重要业务流程的判断标准或判断机制，以及重大决策的风险评估报告；

（四）审议内部审计部门提交的风险管理监督评价审计综合报告；

（五）审议风险管理组织机构设置及其职责方案；

（六）办理董事会授权的有关全面风险管理的其他事项。

3. 风险管理职能部门

企业总经理对全面风险管理工作的有效性向董事会负责。总经理或总经理委托的高级管理人员，负责主持全面风险管理的日常工作，负责组织拟订企业风险管理组织机构设置及其职责方案。

企业应设立专职部门或确定相关职能部门履行全面风险管理的职责。该部门对总经理或其委托的高级管理人员负责，主要履行以下职责：

（一）研究提出全面风险管理工作报告；

（二）研究提出跨职能部门的重大决策、重大风险、重大事件和重要业务流程的判断标准或判断机制；

（三）研究提出跨职能部门的重大决策风险评估报告；

（四）研究提出风险管理策略和跨职能部门的重大风险管理解决方案，并负责该方案的组织实施和对该风险的日常监控；

（五）负责对全面风险管理有效性评估，研究提出全面风险管理的改进方案；

（六）负责组织建立风险管理信息系统；

（七）负责组织协调全面风险管理日常工作；

（八）负责指导、监督有关职能部门、各业务单位以及全资、控股子企业开展全面风险管理工作；

（九）办理风险管理其他有关工作。

4. 审计委员会

企业应在董事会下设立审计委员会，企业内部审计部门对审计委员会负责。内部审计部门在风险管理方面，主要负责研究提出全面风险管理监督评价体系，制定监督评价相关制度，开展监督与评价，出具监督评价审计报告。

(1) 审计委员会履行职责的方式。

审计委员会的责任由董事会明确；审计委员会的任务会因企业的规模、复杂性及风险状况而有所不同。建议审计委员会每年至少举行三次会议，并于审计周期的主要日期举行。审计委员会应每年至少与外聘及内部审计师会面一次，讨论与审计相关的事宜，但无须管理层出席。审计委员会主席可能特别希望与其他关键人员（如董事会主席、首席执行官、财务总监、高级审计合伙人和内部审计主管）进行私下会面。审计委员会成员之间的不同意见如无法内部调解，应提请董事会解决。审计委员会应每年对其权限及其有效性进行复核，并就必要的人员变更向董事会报告。管理层对审计委员会有告知义务，并应主动提供信息，而不应等审计委员会索取。

（2）审计委员会与合规。

审计委员会的主要活动之一是核查对外报告规定的遵守情况。审计委员会一般有责任确保公司履行对外报告义务，并结合企业财务报表的编制情况，对重大的财务报告事项和判断进行复核。管理层的责任是编制财务报表，审计师的责任是编制审计计划和执行审计。审计委员会要倾听审计师关于财务报告的看法。如有不满意的地方，须向董事会汇报。审计委员会还应对财务报表后所附的与财务有关的信息（比如，运营和财务复核信息及公司治理部分关于审计和风险管理的陈述）进行复核。

（3）审计委员会与内部审计。

审计委员会的义务是确保充分且有效的内部控制，其中包括负责监督内部审计部门的工作。审计委员会监察和评估内部审计职能在企业整体风险管理系统中的角色和发挥的作用。审计委员会应该核查内部审计的有效性，并决定对内部审计主管的任命和解聘。审计委员会还应确保内部审计部门能直接与董事会主席接触，并负有向审计委员会说明的责任。审计委员会复核及评估年度内部审计工作计划。审计委员会收到关于内部审计部门工作的定期报告，复核和监察管理层对内部审计的调查结果的反应。确保内部审计部门提出的建议已执行。审计委员会有助于保持内部审计部门的独立性，确保内部审计部门正在有效运作。审计委员会在四个主要方面对内部审计进行复核，即组织中的地位、职能范围、技术才能和专业应尽义务。

5. 企业其他职能部门及各业务单位

企业其他职能部门及各业务单位在全面风险管理工作中，应接受风险管理职能部门和内部审计部门的组织、协调、指导和监督，主要履行以下职责：

（一）执行风险管理基本流程；

（二）研究提出本职能部门或业务单位重大决策、重大风险、重大事件和重要业务流程的判断标准或判断机制；

（三）研究提出本职能部门或业务单位的重大决策风险评估报告；

（四）做好本职能部门或业务单位建立风险管理信息系统的工作；

（五）做好培育风险管理文化的有关工作；

（六）建立健全本职能部门或业务单位的风险管理内部控制子系统；

（七）办理风险管理其他有关工作。

6. 下属公司

企业应通过法定程序，指导和监督其全资、控股子企业建立与企业相适应或符合全资、控股子企业自身特点、能有效发挥作用的风险管理组织体系。

（四）风险管理信息系统★

此部分内容来自《中央企业全面风险管理指引》第八章“风险管理信息系统”，考试频率较低，大致了解即可。

企业应将信息技术应用于风险管理的各项工作，建立涵盖风险管理基本流程和内部控制系统各环节的风险管理信息系统，包括信息的采集、存储、加工、分析、测试、传递、报告、披露等。

企业应采取措施确保向风险管理信息系统输入的业务数据和风险量化值的一致性、准确性、及时性、可用性和完整性。对输入信息系统的数据，未经批准，不得更改。

风险管理信息系统应能够进行对各种风险的计量和定量分析、定量测试；能够实时反映风险矩阵和排序频谱、重大风险和重要业务流程的监控状态；能够对超过风险预警上限的重大风险实施信息报警；能够满足风险管理内部信息报告制度和企业对外信息披露管理制度的要求。

风险管理信息系统应实现信息在各职能部门、业务单位之间的集成与共享，既能满足单项业务风险管理的要求，也能满足企业整体和跨职能部门、业务单位的风险管理综合要求。

企业应确保风险管理信息系统的稳定运行和安全，并根据实际需要不断进行改进、完善或更新。

已建立或基本建立企业管理信息系统的企业，应补充、调整、更新已有的管理流程和管理程序，建立完善的风险管理信息系统；尚未建立企业管理信息系统的，应将风险管理与企业各项管理业务流程、管理软件统一规划、统一设计、统一实施、同步运行。

（五）内部控制系统★★★

1. COSO 委员会关于内部控制的定义与框架

（1）内部控制的定义。

COSO 委员会（Committee of Sponsoring Organization）是美国反虚假财务报告委员会下属的发起人委员会。

COSO 委员会对内部控制的定义是："公司的董事会、管理层及其他人士为实现以下目标提供合理保证而实施的程序：运营的效益和效率，财务报告的可靠性和遵守适用的法律法规"。

COSO 委员会的上述定义对内部控制的基本概念提供了一些深入的见解，并特别指出：内部控制是一个实现目标的程序及方法，而其本身并非目标；内部控制只提供合理保证，而非绝对保证；内部控制要由企业中各级人员实施与配合。

（2）《内部控制——整合框架》的三项目标和五大要素。

①三项目标：取得经营的效率和有效性；确保财务报告的可靠性；遵循适用的法律法规。

②五大要素：控制环境（包括员工的正直、道德价值观和能力，管理当局的理念和经营风格，管理当局确立权威性和责任、组织和开发员工的方法等）；风险评估（为了达成组织目标而对相关的风险所进行的辨别与分析）；控制活动（为了确保实现管理当局的目标而采取的政策和程序，包括审批、授权、验证、确认、经营业绩的复核、资产的安全性等），信息与沟通（为了保证员工履行职责而必须识别、获取的信息及其沟通）；监控（对内部控制实施质量的评价，主要包括经营过程中的持续监控，即日常管理和监督、员工履行职责的行动等，也包括个别评价，或者是两者的结合）。

2. 我国内部控制规范体系

我国内部控制规范体系包括基本规范、应用指引、评价和审计三个类别。

（1）《企业内部控制基本规范》（简称《基本规范》）规定内部控制的目标、要素、原则和总体要求，是内部控制的总体框架，在内部控制标准体系中起统领作用。

《基本规范》要求企业建立内部控制体系时应符合以下目标：**合理保证企业经营管理合法合规、资产安全、财务报告及相关信息真实完整；提高经营效率和效果；促进企业实现发展战略。**

我国的目标与 COSO 的三项目标相比，多关注了资产安全与促进企业实现发展战略。

《基本规范》借鉴了 COSO 委员会内部控制整合报告为代表的国际内部控制框架，并结合中国国情，要求企业所建立与实施的内部控制，应当包括下列五个要素：**内部环境；风险评估；控制活动；信息与沟通；内部监督。**

（2）《企业内部控制应用指引》（简称《应用指引》）是对企业按照内部控制原则和内部控制五要素建立健全本企业内部控制所提供的指引，在配套指引乃至整个内部控制规范体系中占据主体地位。

（3）《企业内部控制评价指引》和《企业内部控制审计指引》是对企业按照内部控制原则和内部控制五要素建立健全本企业事后控制的指引，是对企业贯彻《基本规范》和《应用指引》效果的评价与检验。

3. 内部控制的要素

企业内部控制要素的内容非常多，也是每年必考的重点，请同学们特别关注我国《企业内部控制基本规范》中的要求（见表 6-14），不需要每一句话都背诵精准，但是需要记忆大体的要求方向。

表6－14　　我国《企业内部控制基本规范》中关于内部控制要素的要求

要素	COSO委员会	我国《企业内部控制基本规范》
控制环境	COSO《内部控制框架》关于控制环境要素的要求为： 控制环境决定了企业的基调，直接影响企业员工的控制意识。控制环境提供了内部控制的基本规则和构架，是其他四要素的基础。控制环境包括员工的诚信度、职业道德和才能；管理哲学和经营风格；权责分配方法、人事政策；董事会的经营重点和目标等。 控制环境要素应当坚持以下原则： (1) 企业对诚信和道德价值观做出承诺。 (2) 董事会独立于管理层，对内部控制的制定及其绩效施以监控。 (3) 管理层在董事会的监控下，建立目标实现过程中所涉及的组织架构、报告路径以及适当的权力和责任。 (4) 企业致力于吸引、发展和留任优秀人才，以配合企业目标达成。 (5) 企业根据其目标，使员工各自担负起内部控制的相关责任	我国《企业内部控制基本规范》关于内部环境要素的要求： (1) 企业应当根据国家有关法律法规和企业章程，建立规范的公司治理结构和议事规则，明确决策、执行、监督等方面的职责权限，形成科学有效的职责分工和制衡机制。 (2) 董事会负责内部控制的建立健全和有效实施。监事会对董事会建立与实施内部控制进行监督。经理层负责组织领导企业内部控制的日常运行。企业应当成立专门机构或者指定适当的机构具体负责组织协调内部控制的建立实施及日常工作。 (3) 企业应当在董事会下设立审计委员会。审计委员会负责审查企业内部控制，监督内部控制的有效实施和内部控制自我评价情况，协调内部控制审计及其他相关事宜等。审计委员会负责人应当具备相应的独立性、良好的职业操守和专业胜任能力。 (4) 企业应当结合业务特点和内部控制要求设置内部机构，明确职责权限，将权力与责任落实到各责任单位。企业应当通过编制内部管理手册，使全体员工掌握内部机构设置、岗位职责、业务流程等情况，明确权责分配，正确行使职权。 (5) 企业应当加强内部审计工作，保证内部审计机构设置、人员配备和工作的独立性。内部审计机构应当结合内部审计监督，对内部控制的有效性进行监督检查。内部审计机构对监督检查中发现的内部控制缺陷，应当按照企业内部审计工作程序进行报告；对监督检查中发现的内部控制重大缺陷，有权直接向董事会及其审计委员会、监事会报告。 (6) 企业应当制定和实施有利于企业可持续发展的人力资源政策。人力资源政策应当包括下列内容：①员工的聘用、培训、辞退与辞职；②员工的薪酬、考核、晋升与奖惩；③关键岗位员工的强制休假制度和定期岗位轮换制度；④掌握国家秘密或重要商业秘密的员工离岗的限制性规定；⑤有关人力资源管理的其他政策。 (7) 企业应当将职业道德修养和专业胜任能力作为选拔和聘用员工的重要标准，切实加强员工培训和继续教育，不断提升员工素质。 (8) 企业应当加强文化建设，培育积极向上的价值观和社会责任感，倡导诚实守信、爱岗敬业、开拓创新和团队协作精神，树立现代管理理念，强化风险意识。董事、监事、经理及其他高级管理人员应当在企业文化建设中发挥主导作用。企业员工应当遵守员工行为守则，认真履行岗位职责。 (9) 企业应当加强法制教育，增强董事、监事、经理及其他高级管理人员和员工的法制观念，严格依法决策、依法办事、依法监督，建立健全法律顾问制度和重大法律纠纷案件备案制度

续表

要素	COSO 委员会	我国《企业内部控制基本规范》
风险评估	COSO《内部控制框架》关于风险评估要素的要求为： 风险评估的前提是使经营目标在不同层次上相互衔接，保持一致。风险评估指识别、分析相关风险以实现既定目标，从而形成风险管理的基础。 风险评估要素应当坚持以下原则： (1) 企业制定足够清晰的目标，以便识别和评估有关目标所涉及的风险。 (2) 企业从整个企业的角度来识别实现目标所涉及的风险，分析风险，并据此决定应如何管理这些风险。 (3) 企业在评估影响目标实现的风险时，考虑潜在的舞弊行为。 (4) 企业识别并评估可能会对内部控制系统产生重大影响的变更	我国《企业内部控制基本规范》关于风险评估要素的要求： (1) 根据设定的控制目标，全面系统持续地收集相关信息，结合实际情况，及时进行分析评估。 (2) 企业开展风险评估，应当准确识别与实现控制目标相关的内部风险和外部风险，确定相应的风险承受度。风险承受度是企业能够承担的风险限度，包括整体风险承受能力和业务层面的可接受风险水平。 (3) 企业识别内部风险，应当关注下列因素：①董事、监事、经理及其他高级管理人员的职业操守、员工专业胜任能力等人力资源因素；②组织机构、经营方式、资产管理、业务流程等管理因素；③研究开发、技术投入、信息技术运用等自主创新因素；④财务状况、经营成果、现金流量等财务因素；⑤营运安全、员工健康、环境保护等安全环保因素；⑥其他有关内部风险因素。 (4) 企业识别外部风险，应当关注下列因素：①经济形势、产业政策、融资环境、市场竞争、资源供给等经济因素；②法律法规、监管要求等法律因素；③安全稳定、文化传统、社会信用、教育水平、消费者行为等社会因素；④技术进步、工艺改进等科学技术因素；⑤自然灾害、环境状况等自然环境因素；⑥其他有关外部风险因素。 (5) 企业应当采用定性与定量相结合的方法，按照风险发生的可能性及其影响程度等，对识别的风险进行分析和排序，确定关注重点和优先控制的风险。企业进行风险分析，应当充分吸收专业人员，组成风险分析团队，按照严格规范的程序开展工作，确保风险分析结果的准确性。 (6) 企业应当根据风险分析的结果，结合风险承受度，权衡风险与收益，确定风险应对策略。企业应当合理分析、准确掌握董事、经理及其他高级管理人员、关键岗位员工的风险偏好，采取适当的控制措施，避免因个人风险偏好给企业经营带来重大损失。 (7) 企业应当综合运用风险规避、风险降低、风险分担和风险承受等风险应对策略，实现对风险的有效控制。 (8) 企业应当结合不同发展阶段和业务拓展情况，持续收集与风险变化相关的信息，进行风险识别和风险分析，及时调整风险应对策略

续表

要素	COSO 委员会	我国《企业内部控制基本规范》
控制活动	COSO《内部控制框架》关于控制活动要素的要求为： 控制活动指那些有助于管理层决策顺利实施的政策和程序。控制行为体现在整个企业的不同层次和不同部门中。它们包括诸如批准、授权、查证、核对、复核经营业绩、资产保护和职责分工等活动。 控制活动要素应当坚持以下原则： (1) 企业选择并制定有助将目标实现风险降低至可接受水平的控制活动。 (2) 企业用以支持目标实现的技术选择并制定一般控制政策。 (3) 企业通过政策和程序来部署控制活动：政策用来确定所期望的目标；程序则将政策付诸行动	我国《企业内部控制基本规范》关于控制活动要素的要求： (1) 企业应当结合风险评估结果，通过手工控制与自动控制、预防性控制与发现性控制相结合的方法，运用相应的控制措施，将风险控制在可承受度之内。控制措施一般包括：不相容职务分离控制、授权审批控制、会计系统控制、财产保护控制、预算控制、运营分析控制和绩效考评控制等。 (2) 不相容职务分离控制要求企业全面系统地分析、梳理业务流程中所涉及的不相容职务，实施相应的分离措施，形成各司其职、各负其责、相互制约的工作机制。 (3) 授权审批控制要求企业根据常规授权和特别授权的规定，明确各岗位办理业务和事项的权限范围、审批程序和相应责任。企业应当编制常规授权的权限指引，规范特别授权的范围、权限、程序和责任，严格控制特别授权。常规授权是指企业在日常经营管理活动中按照既定的职责和程序进行的授权。特别授权是指企业在特殊情况、特定条件下进行的授权。 企业各级管理人员应当在授权范围内行使职权和承担责任。企业对于重大的业务和事项，应当实行集体决策审批或者联签制度，任何个人不得单独进行决策或者擅自改变集体决策。 (4) 会计系统控制要求企业严格执行国家统一的会计准则制度，加强会计基础工作，明确会计凭证、会计账簿和财务会计报告的处理程序，保证会计资料真实完整。企业应当依法设置会计机构，配备会计从业人员。从事会计工作的人员，必须取得会计从业资格证书。会计机构负责人应当具备会计师以上专业技术职务资格。大中型企业应当设置总会计师。设置总会计师的企业，不得设置与其职权重叠的副职。 (5) 财产保护控制要求企业建立财产日常管理制度和定期清查制度，采取财产记录、实物保管、定期盘点、账实核对等措施，确保财产安全。企业应当严格限制未经授权的人员接触和处置财产。 (6) 预算控制要求企业实施全面预算管理制度，明确各责任单位在预算管理中的职责权限，规范预算的编制、审定、下达和执行程序，强化预算约束。 (7) 运营分析控制要求企业建立运营情况分析制度，经理层应当综合运用生产、购销、投资、筹资、财务等方面的信息，通过因素分析、对比分析、趋势分析等方法，定期开展运营情况分析，发现存在的问题，及时查明原因并加以改进。 (8) 绩效考评控制要求企业建立和实施绩效考评制度，科学设置考核指标体系，对企业内部各责任单位和全体员工的业绩进行定期考核和客观评价，将考评结果作为确定员工薪酬以及职务晋升、评优、降级、调岗、辞退等的依据。 (9) 企业应当根据内部控制目标，结合风险应对策略，综合运用控制措施，对各种业务和事项实施有效控制。 (10) 企业应当建立重大风险预警机制和突发事件应急处理机制，明确风险预警标准，对可能发生的重大风险或突发事件，制定应急预案、明确责任人员、规范处置程序，确保突发事件得到及时妥善处理

续表

要素	COSO委员会	我国《企业内部控制基本规范》
信息与沟通	COSO《内部控制框架》关于信息与沟通要素的要求为： 公允的信息必须被确认、捕获并以一定形式及时传递，以便员工履行职责。信息系统产出涵盖经营、财务和遵循性信息的报告，以助于经营和控制企业。信息系统不仅处理内部产生的信息，还包括与企业经营决策和对外报告相关的外部事件、行为和条件等。有效的沟通从广义上说是信息的自上而下、横向以及自下而上的传递。所有员工必须从管理层得到清楚的信息，认真履行控制职责。员工必须理解自身在整个内控系统中的位置，理解个人行为与其他员工工作的相关性。员工必须有向上传递重要信息的途径。同时，与外部诸如客户、供应商、管理当局和股东之间也需要有效的沟通。 信息与沟通应当坚持以下原则： (1) 企业获取或生成和使用相关的高质量信息，以支持内部控制其他要素发挥效用。 (2) 企业于内部沟通的内部控制信息，包括内部控制目标和职责范围，必须能够支持内部控制的其他要素发挥作用。 (3) 企业就影响内部控制其他要素发挥效用的事项与外部方进行沟通	我国《企业内部控制基本规范》的要求： (1) 企业应当建立信息与沟通制度，明确内部控制相关信息的收集、处理和传递程序，确保信息及时沟通，促进内部控制有效运行。 (2) 企业应当对收集的各种内部信息和外部信息进行合理筛选、核对、整合，提高信息的有用性。企业可以通过财务会计资料、经营管理资料、调研报告、专项信息、内部刊物、办公网络等渠道，获取内部信息。企业可以通过行业协会组织、社会中介机构、业务往来单位、市场调查、来信来访、网络媒体以及有关监管部门等渠道，获取外部信息。 (3) 企业应当将内部控制相关信息在企业内部各管理级次、责任单位、业务环节之间，以及企业与外部投资者、债权人、客户、供应商、中介机构和监管部门等有关方面之间进行沟通和反馈。信息沟通过程中发现的问题，应当及时报告并加以解决。重要信息应当及时传递给董事会、监事会和经理层。 (4) 企业应当利用信息技术促进信息的集成与共享，充分发挥信息技术在信息与沟通中的作用。企业应当加强对信息系统开发与维护、访问与变更、数据输入与输出、文件储存与保管、网络安全等方面的控制，保证信息系统安全稳定运行。 (5) 企业应当建立反舞弊机制，坚持惩防并举、重在预防的原则，明确反舞弊工作的重点领域、关键环节和有关机构在反舞弊工作中的职责权限，规范舞弊案件的举报、调查、处理、报告和补救程序。企业至少应当将下列情形作为反舞弊工作的重点：①未经授权或者采取其他不法方式侵占、挪用企业资产，牟取不当利益；②在财务会计报告和信息披露等方面存在的虚假记载、误导性陈述或者重大遗漏等；③董事、监事、经理及其他高级管理人员滥用职权；④相关机构或人员串通舞弊。 (6) 企业应当建立举报投诉制度和举报人保护制度，设置举报专线，明确举报投诉处理程序、办理时限和办结要求，确保举报、投诉成为企业有效掌握信息的重要途径。举报投诉制度和举报人保护制度应当及时传达至全体员工

续表

要素	COSO委员会	我国《企业内部控制基本规范》
监控	COSO《内部控制框架》关于监控要素的要求为：内部控制系统需要被监控，即对该系统有效性进行评估的全过程。可以通过持续性的监控行为、独立评估或两者的结合来实现对内控系统的监控。持续性的监控行为发生在企业的日常经营过程中，包括企业的日常管理和监督行为、员工履行各自职责的行为。独立评估活动的广度和频度有赖于风险预估和日常监控程序的有效性。 内部控制的缺陷应该自下而上进行汇报，性质严重的应上报最高管理层和董事会。 监控要素应当坚持以下原则： (1) 企业选择、制定并实行持续及/或单独的评估，以判定内部控制各要素是否存在且发挥效用。 (2) 企业及时评估内部控制缺陷，并将有关缺陷及时通报给负责整改措施的相关方，包括高级管理层和董事会（如适当）	我国《企业内部控制基本规范》关于内部监督要素的要求： (1) 企业应当根据本规范及其配套办法，制定内部控制监督制度，明确内部审计机构（或经授权的其他监督机构）和其他内部机构在内部监督中的职责权限，规范内部监督的程序、方法和要求。内部监督分为日常监督和专项监督。日常监督是指企业对建立与实施内部控制的情况进行常规、持续的监督检查；专项监督是指在企业发展战略、组织结构、经营活动、业务流程、关键岗位员工等发生较大调整或变化的情况下，对内部控制的某一或者某些方面进行有针对性的监督检查。专项监督的范围和频率应当根据风险评估结果以及日常监督的有效性等予以确定。 (2) 企业应当制定内部控制缺陷认定标准，对监督过程中发现的内部控制缺陷，应当分析缺陷的性质和产生的原因，提出整改方案，采取适当的形式及时向董事会、监事会或者经理层报告。内部控制缺陷包括设计缺陷和运行缺陷。企业应当跟踪内部控制缺陷整改情况，并就内部监督中发现的重大缺陷，追究相关责任单位或者责任人的责任。 (3) 企业应当结合内部监督情况，定期对内部控制的有效性进行自我评价，出具内部控制自我评价报告。内部控制自我评价的方式、范围、程序和频率，由企业根据经营业务调整、经营环境变化、业务发展状况、实际风险水平等自行确定。 (4) 企业应当以书面或者其他适当的形式，妥善保存内部控制建立与实施过程中的相关记录或者资料，确保内部控制建立与实施过程的可验证性

【例6-8·多选题】企业下列各项活动中，属于内部控制活动的有(　　)。

A. 办公楼设置门禁系统

B. 人力资源部门安排员工年度考核评价

C. 员工如请事假，需向部门经理申请及获得批准

D. 复核行政部门向贵州捐款建设希望小学是否符合预算

【答案】ABCD

【考点】内部控制系统

【解析】选项A属于财产保护控制，选项B属于绩效考评控制，选项C属于授权审批控制，选项D属于预算控制。

四、风险管理技术与方法★★

十一种风险管理技术与方法每年必考，内容繁多，但是分值却不高，主要以选择题的形式考核，每年1~2题选择，所以属于性价比较低的知识点。建议同学们先掌握考核频率较高的主要优点与局限性这部分知识，在有余力的情况下再扩展到定义、适用范围、实施步骤等部分。

（一）头脑风暴法（Brain-Storming）

头脑风暴法又称智力激励法、BS法、自由思考法。它是指刺激并鼓励一群知识渊博、知悉风险情况的人员畅所欲言，开展集体讨论的方法。

头脑风暴法的分类请见表6-15。

表6-15 头脑风暴法的分类

类型	说明
直接头脑风暴法（通常简称“头脑风暴法”）	专家群体决策，尽可能激发创造性，产生尽可能多的设想的方法
质疑头脑风暴法（也称“反头脑风暴法”）	对前者提出的设想、方案逐一质疑，分析其现实可行性的方法

1. 适用范围

适用于充分发挥专家意见，在风险识别阶段进行定性分析。

2. 实施步骤

（1）会前准备。

（2）风险主题展开探讨。

（3）风险主题探讨意见分类与整理。

3. 主要优点与局限性

（1）主要优点：

①激发了想象力，有助于发现新的风险和全新的解决方案。

②让主要的利益相关者参与其中，有助于进行全面沟通。

③速度较快并易于开展。

（2）局限性：

①参与者可能缺乏必要的技术及知识，无法提出有效的建议。

②由于头脑风暴法相对松散，因此较难保证过程的全面性。

③可能会出现特殊的小组状况，导致某些有重要观点的人保持沉默而其他人成为讨论的主角。

④实施成本较高，要求参与者有较好的素质，这些因素是否满足会影响头脑风暴法实施的效果。

（二）德尔菲法（DelPhi Method）

德尔菲法又名专家意见法，是在一组专家中取得可靠共识的程序，其基本特征是专家单独、匿名表达各自的观点，同时随着过程的进展，他们有机会了解其他专家的观点。

1. 适用范围

适用于在专家一致性意见基础上，在风险识别阶段进行定性分析。

2. 实施步骤

（1）组成专家小组。

（2）向所有专家提出所要预测的问题及有关要求，并附上有关这个问题的所有背景材料，同时请专家提出还需要什么材料，然后由专家做书面答复。

（3）各专家根据他们所收到的材料，提出自己的预测意见，并说明自己是怎样利用这些材料并提出预测值的。

（4）将各位专家第一次判断意见汇总，再次分发，以便他们参考修改自己的意见。

（5）将所有专家的修改意见收集起来汇总，再次分发，以便做第二次修改。这一过程反复进行，直到每一个专家不再改变自己的意见为止。

（6）对专家的意见进行综合处理。

3. 主要优点和局限性

（1）主要优点：

①由于观点是匿名的，因此更有可能表达出那些不受欢迎的看法。

②所有观点有相同的权重，避免重要人物占主导地位的问题。

③专家不必一次聚集在某个地方，比较方便。

④这种方法具有广泛的代表性。

（2）局限性：

①权威人士的意见影响他人的意见。

②有些专家碍于情面，不愿意发表与其他人不同的意见。

③出于自尊心而不愿意修改自己原来不全面的意见。

④德尔菲法的主要缺点是过程比较复杂，花费时间较长。

（三）失效模式影响和危害度分析法（FMECA）

FMECA（failure mode effects and criticality analysis），即失效模式影响及危害度分析法，是一种 bottom-up（自下而上）的分析方法，可用来分析、审查系统的潜在故障模式。

1. 适用范围

适用于对失效模式、影响及危害进行定性或定量分析，还可以对其他风险识别方法提供数据支持。

2. 实施步骤

（1）将系统分成组件或步骤。

（2）根据故障结果的严重性，将每个识别出的失效模式进行分类并确定风险等级。

（3）识别风险优先级，这是一种半定量的危害度测量方法。

（4）FMECA 将获得一份故障模式、失效机制及其对各组件或者系统或过程步骤影响的清单。

3. 主要优点和局限性

（1）主要优点：

①广泛适用于人力、设备和系统失效模式，以及硬件、软件和程序。

②识别组件失效模式及其原因和对系统的影响，同时用可读性较强的形式表现出来。

③通过在设计初期发现问题，从而避免了开支较大的设备改造。

④识别单点失效模式以及对冗余或安全系统的需要。

（2）局限性：

①只能识别单个失效模式，无法同时识别多个失效模式。

②一般耗时较长且开支较大。

（四）流程图分析法（Flow Charts Analysis）

流程图分析法是对流程的每一阶段、每一环节逐一进行调查分析，从中发现潜在风险，找出导致风险发生的因素，分析风险产生后可能造成的损失以及对整个组织可能造成的不利影响。

1. 适用范围

通过业务流程图方法，**对企业生产或经营中的风险及其成因进行定性分析**。

2. 实施步骤

（1）根据企业实际绘制业务流程图。

（2）识别流程图上各业务节点的风险因素，并予以重点关注。

（3）针对风险及产生原因，提出监控和预防的方法。

3. 主要优点和局限性

（1）主要优点：

流程图分析是识别风险最常用的方法之一。其主要优点是清晰明了，易于操作，且组织规模越大，流程越复杂，流程图分析法就越能体现出优越性。通过业务流程分析，可以更好地发现风险点，从而为防范风险提供支持。

（2）局限性：该方法的使用效果依赖于专业人员的水平。

（五）马尔科夫分析法（Markov Analysis）

通常用于对那些存在多种状态（包括各种降级使用状态）的可维修复杂系统进行分析。

1. 适用范围

适用于对**复杂系统中不确定性事件及其状态改变的定量分析**。

2. 实施步骤

（1）调查不确定性事件各状态及其变化情况。

（2）建立数学模型。

（3）求解模型，得到风险事件各个状态发生的可能性。

3. 主要优点和局限性

（1）主要优点：能够计算出具有维修能力和多重降级状态的系统的概率。

（2）局限性：

①无论是故障还是维修，都假设状态变化的概率是固定的。

②所有事项在统计上具有独立性，因此未来的状态独立于一切过去的状态，除非两个状态紧密相连。

③需要了解状态变化的各种概率。

④有关矩阵运算的知识比较复杂，非专业人士很难看懂。

（六）风险评估系图法（Risk Assessment System）

风险评估系图请见图6－5。

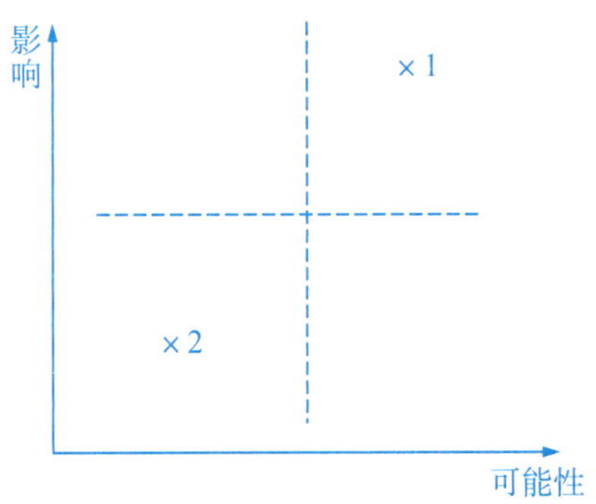

图6－5 风险评估系图

用以评估风险影响的常见的定性方法是制作风险评估系图。风险评估系图识别某一风险是否会对企业产生重大影响，并将此结论与风险发生的可能性联系起来，**为确定企业风险的优先次序提供框架**。

1. 适用范围

适用于对风险初步的定性分析。

2. 实施步骤（略）

3. 主要优点和局限性

（1）主要优点：风险评估系图法作为一种简单的定性方法，直观明了。

（2）局限性：如需要进一步探求风险原因，则显得过于简单，缺乏有效的经验证明和数据支持。

【例6-9·单选题】在风险评估系图中，风险对企业所产生的影响是影响风险评级的重要参数，另一个影响风险评级的重要参数是（　　）。

A. 应对风险措施的成本

B. 风险发生的可能性

C. 企业对风险的偏好

D. 企业对风险的承受能力

【答案】B

【考点】风险管理技术与方法

【解析】风险评估系图是把风险发生可能性的高低、风险发生后对目标的影响程度，作为两个维度绘制在同一个平面上（即绘制成直角坐标系）。

（七）情景分析法（Scenario Analysis）

情景分析可用来预计威胁和机遇可能发生的方式，以及如何将威胁和机遇用于各类长期及短期风险。

在周期较短及数据充分的情况下，可以从现有情景中推断出可能出现的情景。对于周期较长或数据不充分的情况，情景分析的有效性更依赖于合乎情理的想象力。

应特别关注那些最重要、最不确定的因素。

1. 适用范围

通过模拟不确定性情景，对企业面临的风险进行定性和定量分析。

2. 实施步骤

（1）建立团队和相关沟通渠道，确定需要处理的问题和事件的背景。

（2）确定可能出现的变化的性质。

（3）对主要因素、趋势变化的可能进行研究、预测。

3. 主要优点和局限性

（1）主要优点：对于未来变化不大的情况能够给出比较精确的模拟结果。

（2）局限性：

①在存在较大不确定性的情况下，模拟有些情景可能不够现实。

②对数据的有效性以及分析师和决策者开发现实情境的能力有很高的要求。

③将情景分析法作为一种决策工具，所用情景可能缺乏充分的基础，数据可能具有随机性。

一家企业在评估一项投资项目的风险时所进行的情景分析请见表6-16。

表6-16　一家企业在评估一项投资项目的风险时所进行的情景分析

因素		最佳情景	基准情景	最差情景
影响因素	市场需求	不断提升	不变	下降
	经济增长	增长5%~10%	增长<5%	负增长
发生概率		20%	45%	35%
结果		投资项目可在5年达到收支平衡	投资项目可在10~15年达到收支平衡	不确定

（八）敏感性分析法（Sensitivity Analysis）

敏感性分析是针对潜在的风险性，研究项目的各种不确定因素变化至一定幅度时，计算其主要经济指标变化率及敏感程度的一种方法。

敏感性分析最常用的显示方式是龙卷风图。龙卷风图有助于比较具有**较高不确定性的变量与相对稳定的变量之间的相对重要程度**。

1. 适用范围

适用于对项目**不确定性对结果产生的影响进行的定量分析**。

2. 实施步骤

（1）选定不确定因素，并设定这些因素的变动范围。

（2）确定分析指标。

（3）进行敏感性分析。

（4）绘制敏感性分析图。

（5）确定变化的临界点。

3. 主要优点和局限性

（1）主要优点：

①为决策者提供有价值的参考信息；

②可以清晰地为风险分析指明方向；

③可以帮助企业制定紧急预案。

（2）局限性：

①所需要的数据经常缺乏，无法提供可靠的参数变化；

②分析时借助公式计算，没有考虑各种不确定因素在未来发生变动的概率，无法给出各参数的变化情况，因此其分析结果可能和实际相反。

（九）事件树分析法（ETA）

事件树（event tree analysis，ETA）是一种表示初始事件发生之后**互斥性后果的图解技术**，其根据是为减轻其后果而设计的各种系统是否起作用，它可以**定性地和定量地应用**。

事件树分析法请见图 6－6。

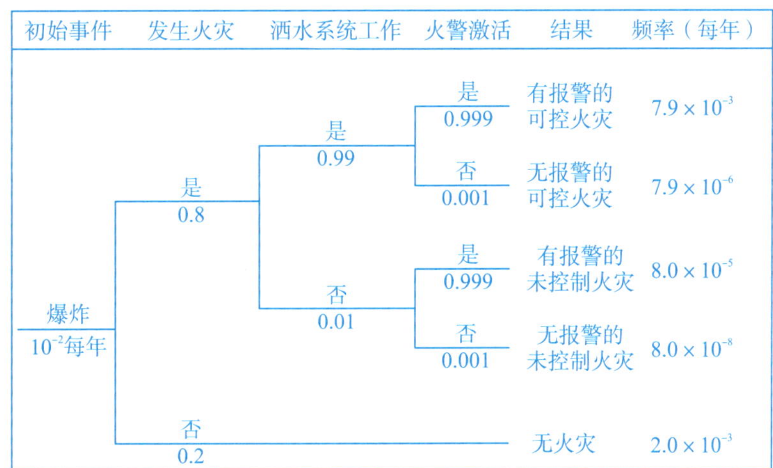

图 6－6　事件树分析法

1. 适用范围

适用于对故障发生以后，在各种减轻事件严重性的影响下，对多种可能后果的定性和定量分析。

2. 实施步骤

（1）挑选初始事件。

（2）按序列出那些旨在缓解结果的现有功能或系统。

（3）在每条线上标注一定的失效概率，同时通过专家判断或故障树分析的方法来估算这种条件概率。

3. 主要优点和局限性

（1）主要优点：

①ETA 以清晰的图形显示了经过分析的初始事项之后的潜在情景，以及缓解系统或功能成败产生的影响。

②它能说明时机、依赖性，以及故障树模型中很繁琐的多米诺效应。

③它生动地体现事件的顺序，而使用故障树是不可能表现的。

（2）局限性：

①为了将 ETA 作为综合评估的组成部分，一切潜在的初始事项都要进行识别，这可能需要使用其他分析方法（如危害及可操作研究法），但总是有可能错过一些重要的初始事项。

②事件树只分析了某个系统的成功及故障状况，很难将延迟成功或恢复事项纳入其中。

③任何路径都取决于路径上以前分支点处发生的事项。因此，要分析各可能路径上众多从属因素。然而，人们可能会忽视某些从属因素，如常见组件、应用系统以及操作员等。如果不认真处理这些从属因素，就会导致风险评估过于乐观。

（十）决策树法（Decision Tree）

决策树是考虑到在**不确定性情况下，以序列方式表示决策选择和结果**。

1. 适用范围

适用于对**不确定性投资方案期望收益的定量分析**。

2. 实施步骤（略）

3. 主要优点和局限性

（1）主要优点：

①对于决策问题的细节提供了一种清楚的图解说明。

②能够计算到达一种情形的最优路径。

（2）局限性：

①大的决策树可能过于复杂，不容易与其他人交流。

②为了能够用树形图表示，可能有过于简化环境的倾向。

两个项目决策分析请见表 6－17。

表 6－17　　两个项目决策分析

项目	投资额	经营年限	状态	
			销路好（0.7）	销路差（0.3）
A1	450 万元	5 年	300 万元	-60 万元
A2	240 万元	5 年	120 万元	30 万元

两个项目之间做决策，与情景分析不同，注意可以剪枝。

决策树分析法请见图 6－7。

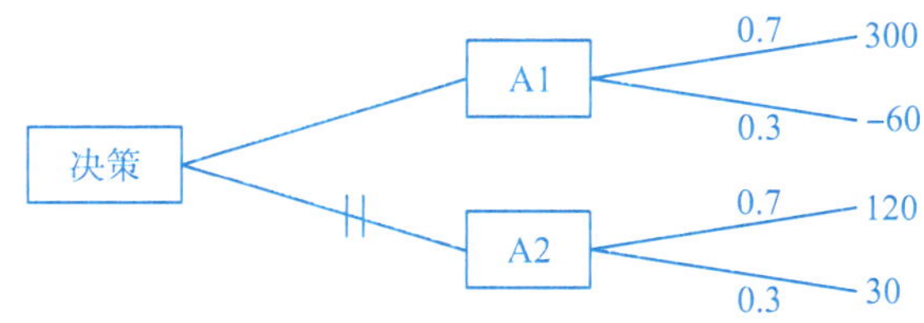

图 6-7 决策树分析法

A1 的净收益值=（300×0.7-60×0.3）×5-450=510（万元）

A2 的净收益值=（120×0.7+30×0.3）×5-240=225（万元）

（十一）统计推论法（Inferential Statistics）

统计推论是进行项目风险评估和分析的一种十分有效的方法，它可分为前推、后推和旁推三种类型。

前推，就是根据历史的经验和数据推断出未来事件发生的概率及其后果。

后推，是在手头没有历史数据可供使用时所采用的一种方法。是把未知的想象的事件及后果与一已知事件与后果联系起来，把未来风险事件归结到有数据可查的造成这一风险事件的初始事件上，从而对风险做出评估和分析。

旁推，就是利用类似项目的数据进行外推，用某一项目的历史记录对新的类似建设项目可能遇到的风险进行评估和分析。

1 适用范围

适合于各种风险分析预测。

2. 实施步骤

（1）收集并整理与风险相关的历史数据。

（2）选择合适的评估指标并给出数学模型。

（3）根据数学模型和历史数据预测未来风险发生的可能性和损失大小。

3. 主要优点和局限性

（1）主要优点：

①在数据充足可靠的情况下简单易行。

②结果准确率高。

（2）局限性：

①由于历史事件的前提和环境已发生了变化，不一定适用于今天或未来。

②没有考虑事件的因果关系，使外推结果可能产生较大偏差。为了修正这些偏差，有时必须在历史数据的处理中加入专家或集体的经验修正。

敲黑板

定性分析：头脑风暴法、德尔菲法、流程图分析法、风险评估系图法。

定量分析：马尔科夫分析法、敏感性分析法、决策树法、统计推论法。

定性和定量分析：失效模式影响和危害度分析法、情景分析法、事件树分析法。

Part II 历年真题

Section 1 基础巩固

一、单选题

1.【2019】随着云计算技术的崛起，传统数据技术受到严峻挑战。此前引领世界数据库软件市场的 J 公司对环境变化反应迟钝，没有及时研究云计算技术。当公司意识到云技术是未来方向时，转型为时已晚。2018 年，J 公司营业收入基本零增长，净利润比前一年暴跌 59%。J 公司面对的主要风险是( )。

A. 运营风险　　B. 法律风险　　C. 财务风险　　D. 社会文化风险

【答案】A

【考点】风险种类

【解析】“前引领世界数据库软件市场的 J 公司对环境变化反应迟钝，没有及时研究云计算技术。当公司意识到云技术是未来方向时，转型为时已晚”体现的是运营风险中的企业组织效能、管理现状、企业文化、高、中层管理人员和重要业务流程中专业人员的知识结构、专业经验等方面可能引发的风险。

2.【2018】甲公司曾是一家世界著名的照相机生产企业。近年来，面对各类新型照相设备的兴起，该公司业务转型迟缓，目前出现巨额亏损，濒临破产。甲公司遭遇的风险属于( )。

A. 技术风险　　B. 财务风险　　C. 战略风险　　D. 产业风险

【答案】C

【考点】风险种类

【解析】战略风险指企业在战略管理过程中，由于内外部环境的复杂性和变动性以及主体对环境的认知能力和适应能力的有限性，而导致企业整体性损失和战略目标无法实现的可能性及其损失。

3.【2018】有关研究机构证实，从事中成药生产的上市公司天康公司的主打产品含有对人体健康有害的成分。该研究结果被媒体披露后，天康公司的股价大跌，购买其产品的部分消费者和经销商纷纷要求退货，致使其经营陷入危机。上述案例中，天康公司面临的风险属于( )。

A. 市场风险　　B. 运营风险　　C. 财务风险　　D. 产业风险

【答案】B

【考点】风险种类

【解析】属于公司在质量、安全、环保、信息安全等管理中发生失误导致的风险，属于运营风险。本题用排除法做更好。

4.【2018】惠通公司开发出一种用于少儿英语学习的智能机器人。该产品投放市场不久，便被其他公司仿制。从技术活动过程所处的不同阶段考察，惠通公司面临的技术风险属于( )。

A. 技术设计风险　　B. 技术选择风险　　C. 技术研发风险　　D. 技术应用风险

【答案】D

【考点】风险种类

【解析】技术应用风险是技术成果在产品化、产业化的过程中由一系列不确定性带来的负面影响。

5.【2017】亚洲 R 国 H 公司推出了一个名为“东大机器人”的项目，该项目的目标是通过 R 国顶级学府 J 大学的入学考试。2013 年以来，“东大机器人”每年都参加 J 大学的入学考试，但连续 3 年的得分均低于 J 大学的录取分数线。H 公司于 2016 年 11 月正式宣布因项目过于复杂而最终放弃该项目。根据上述描述，H 公司研发“东大机器人”项目面临的风险是( )。

A. 战略风险　　B. 市场风险　　C. 技术风险　　D. 产业风险

【答案】C

【考点】风险种类

【解析】“H 公司于 2016 年 11 月正式宣布因项目过于复杂而最终放弃该项目”，属于狭义的技术风险。狭义的技术风险是技术在创新过程中，由于技术本身复杂性和其他相关因素变化的不确定性而导致技术创新遭遇失败的可能性。例如，技术手段的局限性，技术系统内部的复杂性，技术难度过高，产品寿命不可预测，替代性技术缺乏，技术创新目标出现较大起伏。

6. 【2017】思达集团原是一家房地产企业。2016 年，思达集团以银行贷款为主要资金来源，开始大举并购一些发达国家的酒店和娱乐、体育健身等方面的业务。最近，思达集团由于收购规模过大，资金出现短缺。同时银行收紧了银根，不再向思达集团发放贷款。因此，思达集团被迫终止了收购活动，并为弥补资金漏洞出售了一些已购的业务。根据《企业内部控制应用指引第 2 号——发展战略》，思达集团在制定和实施发展战略方面存在的主要风险是(　　)。

A. 发展战略实施不到位

B. 发展战略过于激进，脱离企业实际能力或偏离主业

C. 发展战略因主观原因频繁变动

D. 缺乏明确的发展战略

【答案】B

【考点】风险种类

【解析】思达集团由于收购规模过大，资金出现短缺，是发展过于激进，脱离企业的实际能力。

7. 【2016】甲公司以公开招标方式采购一批设备，乙公司以最低价中标。在签订正式采购合同前，乙公司发现钢材等原材料价格突然暴涨，如果继续以中标价格签订合同，公司将蒙受重大损失。乙公司与甲公司商议能否提高合同价格，遭到甲公司拒绝。于是乙公司放弃了该项目，甲公司则根据约定没收了甲公司的投标保证金。在上述案例中，甲公司采购设备时面临的风险是(　　)。

A. 市场风险　　B. 运营风险　　C. 操作风险　　D. 产业风险

【答案】A

【考点】风险种类

【解析】面临的风险是乙公司（供应商）的信用风险，属于市场风险。

8. 【2016】我国某纺织生产企业甲公司向欧洲 H 国出口“双羊”牌高档羊绒被，其英文商标名为“Goats”。该产品虽然质量上乘，但在 H 国一直销路不佳。甲公司进行详细调查后发现，在 H 国，“Goats”除了有山羊的意思以外，还有其他的贬义，一些消费者因此产生不好的联想，影响了产品的销售。这个案例表明，企业跨国营销可能面临(　　)。

A. 市场风险　　B. 环境风险　　C. 文化风险　　D. 品牌风险

【答案】C

【考点】风险种类

【解析】“在 H 国，‘Goats’除了有山羊的意思以外，还有其他的贬义，一些消费者因此产生不好的联想，影响了产品的销售。”这个案例表明，甲公司跨国营销可能面临社会文化风险，风俗习惯不同。

9. 【2016 改编】甲会计师事务所为了节约成本，减轻管理人员压力，将公司信息系统软硬件服务外包给了乙公司。3 个月后，甲公司出现客户财务数据泄密事件。甲公司经过调查，发现是乙公司技术人员在对信息系统进行维护时操作不当导致信息安全漏洞被黑客攻击所致。在上述案例中，甲会计师事务所面临的风险有(　　)。

A. 运营风险　　B. 市场风险　　C. 政治风险　　D. 技术风险

【答案】A

【考点】风险种类

【解析】质量、安全、环保、信息安全等管理中发生失误导致的风险属于运营风险。

10. 【2014】企业信息安全管理中发生失误导致的风险属于(　　)。

A. 市场风险　　B. 运营风险　　C. 技术风险　　D. 操作风险

【答案】B

【考点】风险种类

【解析】质量、安全、环保、信息安全等管理中发生失误导致的风险属于运营风险。

11. 【2013】根据《企业内部控制应用指引第 6 号——资金活动》，以下需关注的主要风险是(　　)。

A. 存货积压，导致流动资金占用过多　　B. 固定资产更新改造不够，资产价值贬值

C. 无形资产缺乏核心技术，缺乏可持续发展能力　　D. 筹资决策不当，引发资本结构不合理

【答案】D

【考点】风险种类

【解析】资金活动需关注的主要风险有：①筹资决策不当，引发资本结构不合理或无效融资导致企业筹资成本过高或债务危机；②投资决策失误，引发盲目扩张或丧失发展机遇，导致资金链断裂或资金使用效益低下；③资金调度不合理、营运不畅，可能导致企业陷入财务困境或资金冗余；④资金流动管控不严，可能导致资金被挪用、侵占、抽逃或遭受欺诈。选项 ABC 属于资产管理需关注的主要风险。

12. 【2018】永泽公司是一家餐饮公司。2010 年，一场传染病的流行使餐饮业进入“寒冬”，该公司在进行风险评估后认为，这场传染病的流行将使消费者的健康饮食意识大大增强，于是组织员工迅速开发并推出系列健康菜品，使公司营业额逆势上升。永泽公司的上述做法体现的风险管理特征是(　　)。

A. 专业性　　B. 战略性　　C. 系统性　　D. 二重性

【答案】D

【考点】风险管理的概念

【解析】既管理纯粹风险又管理机会风险，体现二重性。

13. 【2015】下列各项关于企业全面风险管理的说法，错误的是(　　)。

A. 全面风险管理既管理纯粹风险也管理机会风险

B. 全面风险管理主要由财务会计和内部审计等部门负责

C. 全面风险管理的焦点在所有利益相关者的共同利益最大化上

D. 全面风险管理主动将风险管理作为价值中心

【答案】B

【考点】风险管理的概念

【解析】企业全面风险管理是一个由企业治理层、管理层和所有员工参与，旨在把风险控制在风险容量以内，增进企业价值的过程。全面风险管理是在高层的参与下，每个成员都承担与自己行为相关的风险管理责任。所以选项 B 的说法错误。

14. 【2017】下列各项关于风险管理解决方案的表述，错误的是(　　)。

A. 风险管理解决方案中的外部解决方案一般指外包

B. 风险管理解决方案应有风险解决的具体目标和风险管理工具等方面的内容

C. 落实风险管理解决方案必须认识到风险管理是企业价值创造的根本源泉

D. 风险管理解决方案中的内部解决方案一般指风险管理策略

【答案】D

【考点】风险管理基本流程

【解析】内部解决方案是风险管理体系的运转。在具体实施中，一般是以下几种手段的综合应用：风险管理策略；组织职能；内部控制（简称“内控”），包括政策、制度、程序；信息系统，包括报告体系；风险理财措施。选项 D 的表述错误。

15. 【2014】下列各项中，不属于分析企业战略风险应收集的信息是(　　)。

A. 主要客户、供应商及竞争对手的有关情况　　B. 市场对企业产品或服务的需求

C. 科技进步、技术创新的有关内容　　D. 企业组织效能和管理现状

【答案】D

【考点】风险管理基本流程

【解析】在战略风险方面，企业应广泛收集国内外企业战略风险失控导致企业蒙受损失的案例，并至少收集与本企业相关的以下重要信息：①国内外宏观经济政策以及经济运行情况、本行业状况、国家产业政策；②科技进步、技术创新的有关内容；③市场对本企业产品或服务的需求；④与企业战略合作伙伴的关系，未来寻求战略合作伙伴的可能性；⑤本企业主要客户、供应商及竞争对手的有关情况；⑥与主要竞争对手相比，本企业实力与差距；⑦本企业发展战略和规划、投融资计划、年度经营目标、经营战略，以及编制这些战略、规划、计划、目标的有关依据；⑧本企业对外投融资流程中曾发生或易发生错误的业务流程或环节。选项D不属于分析企业战略风险应收集的信息。

16. 【2019】厨具生产商佳乐公司为了分散经营风险，开展多元化经营，投资了一个环保项目。由于对该项目的前期调研不够充分，相关信息搜索不足，公司管理人员在分析项目运营风险时，无法判断风险发生的概率。在这种情况下，佳乐公司应采取的风险度量方法是(　　)。

A. 期望值　　B. 在险值　　C. 最大可能损失　　D. 概率值

【答案】C

【考点】风险管理策略

【解析】企业一般在无法判断发生概率或无须判断概率的时候，使用最大可能损失作为风险的衡量。

17. 【2019】甲基金公司在对基金管理、受托资产管理、基金销售和咨询等业务活动进行风险度量时，首先对所有事件中每一事件发生的概率乘以该事件的影响，然后将这些乘积相加得到风险数值。甲基金公司采用的风险度量方法是(　　)。

A. 概率值　　B. 最大可能损失　　C. 期望值　　D. 在险值

【答案】C

【考点】风险管理策略

【解析】期望值通常指的是数学期望，即概率加权平均值。

18. 【2019】中科公司是国内一家著名的印刷机制造商。面对G国先进印刷机在中国的市场占有率迅速提高，中科公司将业务转型为给G国印刷机的用户提供零配件和维修保养服务，取得比业务转型前更高的收益率。从风险管理策略角度看，中科公司采取的策略是(　　)。

A. 风险规避　　B. 风险转换　　C. 风险转移　　D. 风险补偿

【答案】A

【考点】风险管理策略

【解析】“中科公司将业务转型为给G国印刷机的用户提供零配件和维修保养服务”体现了中科公司退出了印刷机制造商的领域，即为风险规避。

19. 【2018】M国某地区位于地震频发地带，那里的居民具有较强的防震意识，住房普遍采用木质结构，抗震性能优越。不少家庭加装了地震时会自动关闭煤气的仪器，以防范地震带来的相关灾害。根据上述信息，该地区居民采取的风险管理策略工具是(　　)。

A. 风险控制　　B. 风险转移　　C. 风险规避　　D. 风险转换

【答案】A

【考点】风险管理策略

【解析】住房普遍采用木质结构，抗震性能优越，加装了地震时会自动关闭煤气的仪器，体现控制风险发生后的概率和损失。

20.【2016】下列各项中，属于企业一般不应把风险承担作为风险管理策略的情况是(　　)。

A. 企业管理层及全体员工都未辨识出风险

B. 企业从成本效益考虑认为选择风险承担是最适宜的方案

C. 企业缺乏能力对已经辨识出的风险进行有效管理与控制

D. 企业面临影响企业目标实现的重大风险

【答案】D

【考点】风险管理策略

【解析】对未能辨识出的风险，企业只能采用风险承担。对于辨识出的风险，企业也可能由于以下几种原因采用风险承担：①缺乏能力进行主动管理，对这部分风险只能承担；②没有其他备选方案；③从成本效益考虑，这一方案是最适宜的方案。对于企业的重大风险，即影响到企业目标实现的风险，企业一般不应采用风险承担。所以，选项 D 错误。

21.【2015】甲公司是一家生产遮阳用品的企业。2013 年，公司在保留原有业务的同时，进入雨具生产业务。从风险管理策略的角度看，甲公司采取的策略是(　　)。

A. 风险承担　　B. 风险规避　　C. 风险转换　　D. 风险对冲

【答案】D

【考点】风险管理策略

【解析】本题考核的是风险管理策略的 7 种工具的运用，本题体现的是战略上多种经营，是风险对冲里常见的例子之一。

22.【2014】企业对所面临的风险采取接受的态度，从而承担风险带来的后果，其原因不包括(　　)。

A. 企业能够采取措施以补偿风险造成的损失　　B. 企业未能辨识出风险

C. 企业缺乏能力进行主动的风险管理　　D. 企业没有其他备选方案

【答案】A

【考点】风险管理策略

【解析】未能辨识出的风险，企业只能采用风险承担。辨识出的风险，企业也可能由于以下几种原因采用风险承担：①缺乏能力进行主动管理，对这部分风险只能承担；②没有其他备选方案；③从成本效益考虑，这一方案是最适宜的方案。

23.【2014】下列各项中，属于风险管理委员会职责的是(　　)。

A. 组织协调全面风险管理日常工作　　B. 督导企业风险管理文化的培育

C. 审议风险管理策略和重大风险管理解决方案　　D. 批准重大决策的风险评估报告

【答案】C

【考点】风险管理组织体系

【解析】审议风险管理策略和重大风险管理解决方案是风险管理委员会职责。

24.【2017】凌云公司近年来不断加强企业内部控制体系建设，在董事会下设立了审计委员会。审计委员会负责审查企业内部控制，监督内部控制的不实施和内部控制自我评价情况，协调内部控制审计及其他相关事宜。根据 COSO《内部控制框架》，凌云公司的上述做法属于内部控制要素的(　　)。

A. 风险评估　　B. 控制活动　　C. 监控　　D. 控制环境

【答案】D

【考点】内部控制系统

【解析】企业应当在董事会下设立审计委员会，审计委员会负责审查企业内部控制，监督内部控制的有效实施和内部控制的自我评价情况，协调内部控制审计及其他相关事宜等。这属于控制环境的范畴，选项 D 正确。

25. 【2016】下列各项中，属于控制活动要素的是(　　)。

A. 企业实施全面预算管理制度　　B. 企业制定内部控制缺陷认定标准

C. 企业根据设立的控制目标，及时进行风险评估　　D. 董事会下设立审计委员会

【答案】A

【考点】内部控制系统

【解析】选项 B 属于内部监督要素；选项 C 属于风险评估要素；选项 D 属于内部环境要素。

26. 【2015】随着全面风险管理意识的加强，甲公司的股东要求管理层建立重大风险预警机制，明确风险预警标准，对可能发生的重大风险条件，制定应急方案，明确相关责任人和处理流程、程序和政策，确保重大风险事件得到及时、稳妥处理。甲公司股东的要求所针对的内部控制要素是(　　)。

A. 控制活动　　B. 内部监督　　C. 信息与沟通　　D. 风险评估

【答案】A

【考点】内部控制系统

【解析】我国《企业内部控制基本规范》关于控制活动要素的要求中第 10 条的要求是：企业应当建立重大风险预警机制和突发事件应急处理机制，明确风险预警标准，对可能发生的重大风险或突发事件，制定应急预案、明确责任人员、规范处置程序，确保突发事件得到及时妥善处理。

27. 【2014】根据 COSO 框架，反舞弊机制属于内部控制要素中的(　　)。

A. 风险评估　　B. 控制活动　　C. 内部监督　　D. 信息与沟通

【答案】D

【考点】内部控制系统

【解析】信息与沟通是企业及时、准确地收集、传递与内部控制相关的信息，确保信息在企业内部、企业与外部之间进行有效沟通。基本规范主要围绕内部和外部信息的收集、信息在内部和对外部相关者间的传递、信息技术平台、反舞弊机制、举报投诉制度和举报人保护制度等展开。

28. 【2013】在 COSO《内部控制——整合框架》中，没有作为内部控制的目标的是(　　)。

A. 战略目标　　B. 运营目标　　C. 财务报告目标　　D. 合规目标

【答案】A

【考点】内部控制系统

【解析】战略目标属于 COSO《风险管理——整合框架》中的风险管理目标，而不属于 COSO《内部控制——整合框架》中的内部控制的目标。选项 BCD 属于 COSO《内部控制——整合框架》中内部控制的三大目标。

29. 【2012】下列各项中，不属于常见的内部控制活动是(　　)。

A. 预算控制　　B. 会计系统控制　　C. 营运分析控制　　D. 财务决算控制

【答案】D

【考点】内部控制系统

【解析】控制措施一般包括不相容职务分离控制、授权审批控制、会计系统控制、财产保护控制、预算控制、运营分析控制和绩效考评控制等。

30. 【2020】为了对可能给企业造成重大损失的风险事件进行有效管理，南方石油公司成立了自己的专属保险公司，为母公司提供保险，并由母公司筹集总计 10 亿元的保险费，建立损失储备金。下列各项中，属于南方石油公司采用的上述损失事件管理办法的优点的是（　　）。

A. 降低内部管理成本　　B. 改善公司现金流

C. 增加了其他保险的可得性　　D. 损失储备金充足

【答案】B

【考点】风险理财措施

【解析】“成立了自己的专属保险公司，为母公司提供保险，并由母公司筹集总计 10 亿元的保险费，建立损失储备金”属于专业自保，优点是可以改善公司现金流。

31. 【2020】甲公司每年最低运营资本是 5 000 万元，有 10%的可能性维持运营需要 5 800 万元，有 5%的可能性维持运营需要 6 200 万元。若甲公司风险资本为 1 000 万元，则该公司的生存概率为（　　）。

A. 10%　　B. 90%～95%　　C. 95%以上　　D. 90%

【答案】B

【考点】风险理财措施

【解析】风险资本为 800 万元时生存概率为 90%，风险资本为 1 200 万元时生存概率为 95%，因此，风险资本为 1 000 万元时生存概率为 90%～95%。

32. 【2019】甲公司每年维持经营所需的最低资本为 1 000 万元，但是有 4%的可能性需要 1 500 万元才能维持经营。该公司为了保证 96%的生存概率所需的风险准备金是(　　)。

A. 500 万元　　B. 1 500 万元　　C. 2 500 万元　　D. 1 000 万元

【答案】A

【考点】风险理财措施

【解析】“甲公司每年维持所需的最低资本为 1 000 万元，但是有 4%的可能性需要 1 500 万元才能维持经营”，也就是说如果风险资本为 500 万元，那么这家公司的生存概率就是 96%。

33. 【2019】甲公司每年最低运营资本是 10 亿元，但是有 5%的可能性需要 12 亿元维持运营。该公司筹集了 12 亿元，将其生存概率提高到 95%。甲公司管理损失事件的方法是(　　)。

A. 风险资本　　B. 损失融资　　C. 保险　　D. 专业自保

【答案】A

【考点】风险理财措施

【解析】风险资本即除经营所需的资本之外，公司还需要额外的资本用于补偿风险造成的财务损失。本题的 12 亿元中，10 亿元为最低运营资本，其余的 2 亿元为风险资本。

34. 【2017】下列各项关于金融衍生产品的说法中，正确的是(　　)。

A. 远期合约价格不能预先确定　　B. 期货价格不是通过公开竞价达成的

C. 欧式期权只能在到期日执行　　D. 远期合约是标准化合约

【答案】C

【考点】风险理财措施

【解析】远期合约是指合约双方同意在未来日起按照固定价格交换金融资产的合约，所以选项 A 错误。期货价格通过公开竞价达成，所以选项 B 错误。期货合约是标准化合约，所以选项 D 错误。

35. 【2017】宏远海运公司为了加强对损失事件的管理成立了一家附属机构，这家附属机构的职责是用母公司提供的资金建立损失储备金，并为母公司提供保险。宏远海运公司管理损失事件的方法属于（　　）。

A. 损失融资　　B. 风险资本　　C. 保险　　D. 专业自保

【答案】D

【考点】风险理财措施

【解析】专业自保公司又称专属保险公司，是非保险公司的附属机构，为母公司提供保险，并由其母公司筹集保险费，建立损失储备金。题中附属机构为母公司建立损失储备金。

36. 【2015】宏远海运公司为加强对风险损失事件的管理，与甲银行签订协议，规定在一定期间内，如果宏远海运公司由于台风等自然灾害遭受重大损失，可从甲银行取得贷款，并为此按约定的期间向甲银行缴纳权力费。宏远海运公司管理损失事件的方法称为(　　)。

A. 专业自保　　B. 应急资本　　C. 风险补偿合约　　D. 损失融资

【答案】B

【考点】风险理财措施

【解析】本题考核风险理财措施中的损失事件管理。应急资本是一个金融合约，规定在某一时间段内、某个特定事件发生的情况下公司有权从应急资本提供方处募集股本或贷款（或资产负债表上的其他实收资本项目），并为此按时间向资本提供方缴纳权力费，这里特定事件称为触发事件。

37. 【2014】甲公司每年最低运营资本是1 000万元，但是有5%的可能性需要1 500万元才能维持运营。如果该公司风险资本为510万元，该公司生存的概率是(　　)。

A. 5%　　B. 95%　　C. 小于5%　　D. 大于95%

【答案】D

【考点】风险理财措施

【解析】死亡的概率小于5%，因此生存的概率大于95%。

38. 【2013】甲企业是一家大型纺织企业，主要生产原材料为棉花。甲企业预计未来棉花价格将持续上涨。为了降低已经承接的纺织品订单的生产成本上涨风险，甲企业决定以套期保值的方式规避棉花现货风险。下列选项中，不符合套期保值特征的是(　　)。

A. 甲企业从事棉花套期保值的目的是通过降低棉花价格变动风险而获利

B. 甲企业为套期保值所持有的棉花期货合约可以在到期日之前卖出平仓或者到期交割

C. 甲企业棉花期货合约开仓时的价格反映了市场参与者对棉花的远期预期价格

D. 甲企业持有的棉花期货合约对应的“基差”反映了棉花现货和棉花期货的价格差异，该差异在期货合约到期日之前，既可以为正，也可以为负

【答案】A

【考点】风险理财措施

【解析】套期保值指为冲抵风险而买卖相应的衍生产品的行为。是指为配合现货市场上的交易，而在期货市场上做与现货市场商品相同或相近但交易部位相反的买卖行为，以便将现货市场的价格波动的风险在期货市场上抵销。并不是为了获利，选项A错误。

39. 【2020】龙泉啤酒公司为了应对气候变化对产品销售的影响，对过去3年中气温与该公司啤酒销售量的变化进行了统计分析，找出其中气温炎热、温和及寒冷等不同状态下产品销量变动的规律，并依据此规律和气象部门的预测，计算、推测出该公司下一年应实现的产品销售量。龙泉啤酒公司采用的风险管理方法属于（　　）。

A. 敏感性分析法　　B. 马尔可夫分析法

C. 统计推论法　　D. 情景分析法

【答案】C

【考点】风险管理技术与方法

【解析】“对过去3年中气温与该公司啤酒销售量的变化进行了统计分析”“计算、推测出该公司下一年应实现的产品销售量”，说明龙泉啤酒公司采用的风险管理方法属于统计推论法。

40. 【2019】科环公司计划在某市兴建一座垃圾处理厂，并对占用土地的价格、垃圾处理收入和建设周期等不可控因素的变化对该垃圾处理厂内部收益率的影响进行了分析。科环公司采取的风险管理方法是(　　)。

A. 马尔科夫分析法　　B. 失效模式影响和危害度分析法

C. 情景分析法　　D. 敏感性分析法

【答案】D

【考点】风险管理技术与方法

【解析】敏感性分析是针对潜在的风险性，研究项目的各种不确定因素变化至一定幅度时，计算其主要经济指标变化率及敏感程度的一种方法。

41. 【2019】甲公司在实施风险管理过程中，对由人为操作和自然因素引起的各种风险对企业影响的大小和发生的可能性进行分析，为确定企业风险的优先次序提供分析框架。该公司采取的上述风险管理方法属于(　　)。

A. 决策树法　　B. 马尔科夫分析法　　C. 流程图分析法　　D. 风险评估系图法

【答案】D

【考点】风险管理技术与方法

【解析】风险评估系图，识别某一风险是否会对企业产生重大影响，并将此结论与风险发生的可能性联系起来，为确定企业风险的优先次序提供框架。

42. 【2018】甲公司是一家白酒生产企业，为了进一步提高产品质量，甲公司通过图表形式将白酒生产过程按顺序划分为多个模块，并对各个模块逐一进行详细调查，识别出每个模块各种潜在的风险因素或风险事件，从而使公司决策者获得清晰直观的印象。根据上述信息，下列各项中，对甲公司采取的风险管理办法的描述错误的是(　　)。

A. 该方法的使用效果依赖于专业人员的水平

B. 该方法的优点是简单明了易于操作

C. 该方法可以对企业生产或经营中的风险及其成因进行定性分析

D. 该方法适用于组织规模较小、流程较简单的业务风险分析

【答案】D

【考点】风险管理技术与方法

【解析】按顺序划分为多个模块，属于流程图分析法。组织规模越大、流程越复杂，越能体现优越性。

43. 【2017】甲公司是一家大型商场。开业以来，公司积累了丰富的销售数据。公司战略部门每年都会对这些数据进行收集整理，据此推算出未来年度企业的销售风险。根据上述信息，甲公司采用的风险管理方法是(　　)。

A. 后推法　　B. 前推法　　C. 逆推法　　D. 正推法

【答案】B

【考点】风险管理技术与方法

【解析】前推就是根据历史的经验和数据推断出未来时间发生的概率及其后果。本题根据积累的销售数据，推算出未来年度企业的销售风险，属于前推法。

44. 【2017】通达路桥公司拟在某省兴建一座大桥。这项工程将面临诸多不确定因素，如工程总投资、银行贷款、过桥费收入等。公司为了预算这项工程所产生的效益并防范可能发生的风险，组织相关人员分析了上述每一个因素的变化对该项目内部收益的影响。通达路桥公司所采用的风险管理方法是(　　)。

A. 敏感性分析法　　B. 马尔科夫分析法　　C. 风险评估分析法　　D. 情景分析法

【答案】A

【考点】风险管理技术与方法

【解析】敏感性分析法是针对潜在的风险性，研究项目的各种不确定因素变化至一定幅度时，计算其主要经济指标变化率及敏感程度的一种方法。

45. 【2017】为了适应市场需求，甲公司决定投资扩大手机生产规模。市场预测表明：该产品销路好的概率为 0.6，销路差的概率为 0.4。据此，公司计算出多个备选方案，并根据在产品销路不确定情况下净现值的期望值，选择出最优方案。根据上述信息，甲公司采用的风险管理技术与方法是(　　)。

A. 流程图分析法　　B. 事件树分析法　　C. 敏感性分析法　　D. 决策树分析法

【答案】D

【考点】风险管理技术与方法

【解析】决策树法是考虑在不确定的情况下，以序列方式表示决策选择和结果。

46. 【2017】面对未来国内外经济形势不确定因素增加的局面，鑫华基金公司按照较好、一般、较差三种假

设条件，对公司未来可能遇到的不确定因素及其对公司收入和利润的影响作出定性和定量分析。鑫华基金公司使用的风险管理技术与方法是(　　)。

A. 情景分析法　　B. 敏感性分析法　　C. 统计推论法　　D. 马尔科夫分析法

【答案】A

【考点】风险管理技术与方法

【解析】情景分析法：通过模拟不确定性情景，对企业面临的风险进行定性和定量分析。

47. 【2016】甲公司是一家化工企业，每年都对设备进行检修。甲公司在对设备故障风险进行分析时，先将设备运行情况划分为几种情景状态，然后用随机转移矩阵描述这几种状态之间的转移，最后用计算机程序计算出每种状态发生的概率。甲公司采用的这种风险管理方法是(　　)。

A. 事件树分析法　　B. 马尔科夫分析法

C. 失效模式影响和危害度分析法　　D. 情景分析法

【答案】B

【考点】风险管理技术与方法

【解析】马尔科夫分析法通常用于对那些存在多种状态（包括各种降级使用状态）的可维修复杂系统进行分析。适用于对复杂系统中不确定性事件及其状态改变的定量分析。

48. 【2016】甲公司是一家计划向移动互联网领域转型的大型传统媒体企业。为了更好地了解企业转型中存在的风险因素，甲公司聘请了20位相关领域的专家，根据甲公司面临的内外部环境，针对六个方面的风险因素，反复征询每个专家的意见，直到每一个专家不再改变自己的意见、达成共识为止。该公司采取的这种风险管理方法是(　　)。

A. 德尔菲法　　B. 情景分析法　　C. 因素分析法　　D. 头脑风暴法

【答案】A

【考点】风险管理技术与方法

【解析】德尔菲法又名专家意见法，是在一组专家中取得可靠共识的程序。其基本特征是专家单独、匿名表达各自的观点，同时随着过程的进展，他们有机会了解其他专家的观点。德尔菲法采用背对背的通信方式征询专家小组成员的意见，专家之间不得互相讨论，不发生横向联系，只能与调查人员发生关系。通过反复填写问卷，搜集各方意见，以形成专家之间的共识。所以，选项A正确。

49. 【2015】甲公司拟新建一个化工项目。经过可行性研究，该项目预计净现值为420万元，内部收益率为13%。甲公司进一步分析初始投资，建设期及寿命期的变动对该项目预计净现值的影响及影响程度。甲公司风险管理技术与方法是(　　)。

A. 事件树分析法　　B. 敏感性分析法　　C. 决策树分析法　　D. 情景分析法

【答案】B

【考点】风险管理技术与方法

【解析】敏感性分析是针对潜在的风险性，研究项目的各种不确定因素变化至一定幅度时，计算其主要经济指标变化率及敏感程度的一种方法。敏感性分析是在确定性分析的基础上，进一步分析不确定性因素对项目最终效果指标的影响及影响程度。敏感性因素一般可选择主要参数（如销售收入、经营成本、生产能力、初始投资、寿命期、建设期、达产期等）进行分析。

50. 【2014】今年以来，受国内外各种不确定性因素的影响，房地产行业的发展进入了一个新阶段。甲房地产公司从定性和定量的角度，按照很好、较好、一般、较差四种不同的假设条件，预测了本公司本年度将面临的各种不确定因素以及由此给公司带来的各种不同后果。甲房地产公司采用的风险管理技术与方法是(　　)。

A. 敏感性分析法　　B. 条件预测法　　C. 情景分析法　　D. 统计推论法

【答案】C

【考点】风险管理技术与方法

【解析】情景分析可用来预计威胁和机遇可能发生的方式，以及如何将威胁和机遇用于各类长期及短期风险。通过模拟不确定性情景，对企业面临的风险进行定性和定量分析。

51. 【2014】乙公司是一家国内知名的互联网企业。乙公司去年以来推出了多款新的互联网金融产品。为了消除部分客户对其产品风险的质疑，乙公司组织了来自学术界、企业界以及政府相关职能部门的专家，通过电子信箱发送问卷的调查方式征询专家对公司产品风险的意见。下列各项对乙公司采用的风险管理技术与方法优点的表述中，正确的是(　　)。

A. 这种方法速度较快，容易开展

B. 这种方法通过专家群体决策，产生尽可能多的设想

C. 这种方法更有可能表达出那些不受欢迎的看法

D. 这种方法能够激发专家们的想象力

【答案】C

【考点】风险管理技术与方法

【解析】德尔菲法主要优点：①由于观点是匿名的，因此更有可能表达出那些不受欢迎的看法；②所有观点有相同的权重，避免重要人物占主导地位的问题；③专家不必一次聚集在某个地方，比较方便；④这种方法具有广泛的代表性。

52. 【2014】下列风险管理技术与方法中，能够对风险进行定量分析的是(　　)。

A. 专家意见法　　B. 事件树分析法　　C. 流程图分析法　　D. 风险评估系图法

【答案】B

【考点】风险管理技术与方法

【解析】事件树是一种表示初始事件发生之后互斥性后果的图解技术，其根据是为减轻其后果而设计的各种系统是否起作用，它可以定性地和定量地应用。选项 ACD 都是定性分析方法。

53. 【2012】乙公司为一家专营空中物流货运的航空公司，现正为可能开发的中东航线进行风险评估。以下是所制定的风险评估系图。

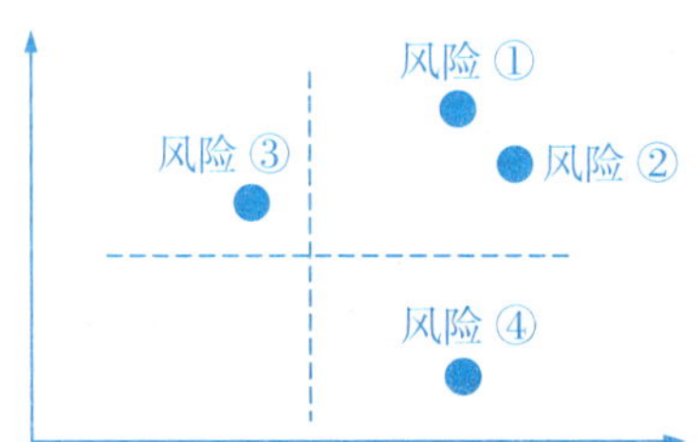

在风险管理的基本原则下，乙公司应将注意力集中应对所面临的风险有(　　)。

A. 风险①和风险②　　B. 风险①、风险②和风险③

C. 风险①、风险②和风险④　　D. 风险①、风险②、风险③和风险④

【答案】A

【考点】风险管理技术与方法

【解析】风险坐标图是把风险发生可能性的高低、风险发生后对目标的影响程度，作为两个维度绘制在同一个平面上（即绘制成直角坐标系）。双高需要重视的是风险①和②。

54. 【2012】某公司财务部使用净现值法评价一个投资项目。根据公司发展战略有很多影响投资的变量，其中多个变量是不确定的。一些变量的值可能会取决于其他变量的值，因此该方法列出各个不确定变量及其结果以便衡量替代行为的范围与可能的结果。根据描述选择这种财务风险管理技术是(　　)。

A. 净现值法　　B. 敏感性分析　　C. 决策树　　D. 决策矩阵

【答案】C

【考点】风险管理技术与方法

【解析】决策树是考虑到在不确定性情况下，以序列方式表示决策选择和结果。适用于对不确定性投资方案期望收益的定量分析。

二、多选题

1. 【2014】关于现代市场经济中人们对风险观念的理解，下列表述中正确的有(　　)。
A. 可以由人的主观判断来决定选择不同的风险
B. 风险是一系列可能发生的结果而不是最有可能的结果
C. 风险总是与机遇并存
D. 风险是可预测、可度量的负面因素
【答案】ABC
【考点】风险概念
【解析】企业风险是指未来的不确定性对企业实现其经营目标的影响。理解这个定义需要把握以下几个方面：①企业风险与企业战略相关。②风险是一系列可能发生的结果，不能简单理解为最有可能的结果。③风险既具有客观性，又具有主观性。④风险总是与机遇并存。不只是负面因素，所以选项 D 错误。

2. 【2019】主营太阳能电池组件业务的日华公司上市后，通过股权融资、债券融资、银行借贷、信贷融资、民间集资等各种手段融资近 70 亿元，在多个国家投资布局光伏全产业链，还大举投资房地产、汽车等项目。后来光伏产业国际市场需求急剧萎缩，致使公司出现大额亏损，深陷债务危机。本案例中，日华公司所面临的主要风险类型有(　　)。
A. 战略风险　　B. 政治风险　　C. 社会文化风险　　D. 财务风险
【答案】AD
【考点】风险种类
【解析】“在多个国家投资布局光伏全产业链，还大举投资房地产、汽车等项目”体现了发展战略过于激进，脱离企业实际能力或偏离主业，可能导致企业过度扩张，甚至经营失败，属于战略风险。“通过股权融资、债券融资、银行借贷，信贷融资、民间集资等各种手段融资近 70 亿元”体现了筹资决策不当，“出现大额亏损，深陷债务危机”属于财务风险。

3. 【2018】甲公司是一家钢铁生产企业。2015 年上半年，甲公司把通过银行贷款取得的大部分技改项目基金投入股市。后来，由于政府宏观管理措施的出台和股市的暴跌，甲公司投入股市的资金无法收回。在上述案例中，甲公司面临的风险有(　　)。
A. 技术风险　　B. 战略风险　　C. 法律和合规风险　　D. 政治风险
【答案】BCD
【考点】风险种类
【解析】把通过银行贷款取得的大部分技改项目基金投入股市属于法律和合规风险，政府宏观管理措施的出台属于政治风险，公司把资金投入股市后股市暴跌属于战略风险。

4. 【2017 改编】甲公司是一家环保设备制造商。2010 年，甲公司把以投资建设环保项目为由从银行取得的贷款转而投入了房地产开发。几年后，由于政府宏观调控政策的出台和房地产业的收缩，甲公司投入房地产开发的大部分资金无法收回，经营陷入危机。上述案例所涉及的风险有(　　)。
A. 法律和合规风险　　B. 技术风险　　C. 操作风险　　D. 政治风险
【答案】AD
【考点】风险种类
【解析】未按规定用途用款，是法律和合规风险。国家宏观调控政策是政治风险。

5. 【2016】根据《企业内部控制应用指引第 4 号——社会责任》，企业在履行社会责任方面需要关注的主要风险有(　　)。
A. 缺乏诚实守信的经营理念，可能导致舞弊事件的发生
B. 安全生产措施不到位，责任不落实，可能导致安全事故的发生
C. 产品质量低劣，侵害消费者利益，可能导致企业巨额赔偿、形象受损

D. 促进就业和员工权益保护不够，可能导致员工积极性受挫

【答案】BCD

【考点】风险种类

【解析】企业履行社会责任方面需关注的主要风险有：①安全生产措施不到位，责任不落实，可能导致企业发生安全事故。②产品质量低劣，侵害消费者利益，可能导致企业巨额赔偿、形象受损，甚至破产。③环境保护投入不足，资源耗费大，造成环境污染或资源枯竭，可能导致企业巨额赔偿，缺乏发展后劲，甚至停业。④促进就业和员工权益保护不够，可能导致员工积极性受挫，影响企业发展和社会稳定。选项 A 属于企业文化需关注的主要风险。所以选项 BCD 正确。

6. 【2016】甲公司是一家从事手机研发和制造的高科技企业。2015 年，甲公司将手机的制造外包给乙公司。此后，市场上发生多起甲公司的手机电池爆炸，给用户造成人身和财产损失的事故。甲公司详细调查后发现，乙公司提供的手机电池质量不合格，存在很大的安全隐患，甲公司将手机的制造外包给乙公司后面临的风险有(　　)。

A. 法律风险　　B. 运营风险　　C. 操作风险　　D. 技术风险

【答案】AB

【考点】风险种类

【解析】“市场上发生多起甲公司的手机电池爆炸，给用户造成人身和财产损失的事故”，可能会引发一些法律风险，如法律诉讼等；“甲公司详细调查后发现，乙公司提供的手机电池质量不合格，存在很大的安全隐患”属于运营风险中的质量、安全、环保等管理中发生失误导致的风险。所以，选项 AB 正确。

7. 【2015】甲公司是我国一家长期向 X 国出口摩托车的企业。2013 年，X 国对我国出口的摩托车大幅度提高了关税。面对这种情况，甲公司在 X 国与当地企业组建了一家合资公司，生产销售摩托车。甲公司在 X 国组建合资公司规避的风险有(　　)。

A. 运营风险　　B. 市场风险　　C. 政治风险　　D. 产业风险

【答案】BC

【考点】风险种类

【解析】“2013 年，X 国对我国出口的摩托车大幅度提高了关税”表明甲公司向 X 国出口摩托车面临政治风险。税收风险指由于税收政策变化使企业税后利润发生变化产生的风险，影响产品，税收风险属于市场风险。

8. 【2014】近年来，受出口番茄酱价格持续上涨影响，某省原有的番茄企业纷纷增加生产线，导致产能过剩。甲番茄酱厂于 2013 年新建了 2 条生产线，投产以来一直面临着原料紧缺的问题。在番茄种植季节，甲番茄酱厂与农民签订了收购合同，但到了收购季节，随着番茄收购价格一路攀升，部分农民拒绝供货，转而将番茄卖给了出价更高的企业。甲番茄酱厂此时面临的风险包括(　　)。

A. 信用风险　　B. 技术风险　　C. 市场风险　　D. 产业风险

【答案】AC

【考点】风险种类

【解析】部分农民拒绝供货是信用风险，价格上涨是市场风险。

9. 【2013 改编】美捷商务连锁酒店近期频频开展对地方酒店的并购活动。根据《企业内部控制应用指引第 2 号——发展战略》，下列选项中，与美捷商务连锁酒店发展战略有关的风险有(　　)。

A. 发展战略过于激进，脱离企业实际能力或偏离主业，可能导致企业过度扩张，甚至经营失败

B. 缺乏明确的发展战略或发展战略实施不到位，可能导致企业盲目发展，难以形成竞争优势，丧失发展机遇和动力

C. 收购后没有注重文化管理，可能导致员工丧失对企业的信心和认同感，企业缺乏凝聚力和竞争力

D. 忽视企业间的文化差异和理念冲突，可能导致并购重组失败

【答案】AB

【考点】风险种类

【解析】制定与实施发展战略需关注的主要风险包括：①缺乏明确的发展战略或发展战略实施不到位，可能导致企业盲目发展，难以形成竞争优势，丧失发展机遇和动力。②发展战略过于激进，脱离企业实际能力或偏离主业，可能导致企业过度扩张，甚至经营失败。③发展战略因主观原因频繁变动，可能导致资源浪费，甚至危及企业的生存和持续发展。结合题目中提到该酒店正在大力开展并购活动，因此与该酒店发展战略有关的风险应当为选项 AB。

10. 【2012】在商业活动中，企业面临的市场风险有(　　)。

A. 信用风险　　B. 项目风险　　C. 商品价格风险　　D. 股票价格风险

【答案】ACD

【考点】风险种类

【解析】市场风险包括以下几个方面：①产品或服务的价格及供需变化带来的风险。②能源、原材料、配件等物资供应的充足性、稳定性和价格的变化带来的风险。③主要客户、主要供应商的信用风险。④税收政策和利率、汇率、股票价格指数的变化带来的风险。⑤潜在进入者、竞争者、与替代品的竞争带来的风险。选项 B 不属于市场风险。

11. 【2016】下列各项关于企业全面风险管理的表述中，正确的有(　　)。

A. 企业全面风险管理是增进企业价值的过程

B. 企业全面风险管理旨在把风险控制在风险容量以内

C. 企业全面风险管理的参与者由管理层和全体员工组成

D. 企业全面风险管理对企业所有风险进行管理

【答案】ABD

【考点】风险管理的概念

【解析】企业全面风险管理是一个由企业治理层、管理层和所有员工参与，旨在把风险控制在风险容量以内，增进企业价值的过程。选项 C 缺少了治理层。

12. 【2014】下列关于企业全面风险管理特征的表述中，正确的有(　　)。

A. 使用系统的、规范的方法，以确保所有的风险都得到识别

B. 主要运用于企业的日常风险管理层面

C. 对企业所有风险进行管理

D. 由风险管理专业人才实施专业化管理

【答案】ACD

【考点】风险管理的概念

【解析】尽管风险管理渗透到现代企业各项活动中，存在于现代企业管理者对企业的日常管理当中，但它主要运用于企业战略管理层面，站在战略层面整合和管理企业层面风险是全面风险管理的价值所在。

13. 【2019】宝胜公司是一家全球性的手机生产企业。近年来公司在高速发展的同时，面临的风险也与日俱增。为了更好地分析面临的市场风险，宝胜公司应该至少收集的与该公司相关的重要信息有(　　)。

A. 全球汇率变动状况　　B. 全球手机价值链生产供应状况

C. 各国手机的价格及供需变化　　D. 各国对手机及其零部件进出口的政策导向

【答案】ABC

【考点】风险管理基本流程

【解析】分析市场风险，企业应广泛收集国内外企业忽视市场风险、缺乏应对措施导致企业蒙受损失的案例，并至少收集与本企业相关的以下重要信息：①产品或服务的价格及供需变化；②能源、原材料、配件等物资供应的充足性、稳定性和价格变化；③主要客户、主要供应商的信用情况；④税收政策和利率、汇率、股票价格指数的变化；⑤潜在竞争者、竞争者及其主要产品、替代品情况。

14. 【2017】分析企业运营风险，企业应至少收集与该企业、本行业相关的信息，其中包括(　　)。

A. 企业风险管理的现状和能力

B. 潜在竞争者、竞争者及其主要产品、替代品情况
C. 期货等衍生产品业务曾发生或易发生失误的流程和环节
D. 新市场开发、市场营销策略

【答案】ACD

【考点】风险管理基本流程

【解析】分析运营风险，企业应至少收集与本企业、本行业相关的以下信息：①产品结构、新产品研发；②新市场开发，市场营销策略，包括产品或服务定价与销售渠道，市场营销环境状况等；③企业组织效能、管理现状、企业文化，高、中层管理人员和重要业务流程中专业人员的知识结构、专业经验；④期货等衍生产品业务中曾发生或易发生失误的流程和环节；⑤质量、安全、环保、信息安全等管理中曾发生或易发生失误的业务流程或环节；⑥因企业内、外部人员的道德风险致使企业遭受损失或业务控制系统失灵；⑦给企业造成损失的自然灾害以及除上述有关情形之外的其他纯粹风险；⑧对现有业务流程和信息系统操作运行情况的监管、运行评价及持续改进能力；⑨企业风险管理的现状和能力。

15. 【2016】下列各项关于风险评估的表述中，正确的有(　　)。
A. 风险评估包括风险辨识、风险分析和风险评价三个步骤
B. 风险定性评估时应统一制定各风险的度量单位和度量模型
C. 企业应当定期或不定期对新风险或原有风险的变化进行重新评估
D. 风险评估应当将定性方法和定量方法相综合

【答案】ACD

【考点】风险管理基本流程

【解析】进行风险辨识、分析、评价，应将定性与定量方法相结合。定性方法可采用问卷调查、集体讨论、专家咨询、情景分析、政策分析、行业标杆比较、管理层访谈、由专人主持的工作访谈和调查研究等。定量方法可采用统计推论（如集中趋势法）、计算机模拟（如蒙特卡罗分析法）、失效模式与影响分析、事件树分析等。进行风险定量评估时，应统一制定各风险的度量单位和风险度量模型，选项B错误。

16. 【2017】星云公司制造手机所需要的部分零部件由奇象公司提供。星云公司为了防范和应对采购过程中可能出现的风险，与奇象公司签订了严格而规范的合同，其中一项规定是：如果由于外界不可抗力因素造成奇象公司不能按时供货并给星云公司带来损失，只要损失额超过一定数量，那么超过的部分由奇象公司予以赔偿。在上述案例中，星云公司采取的风险管理工具有(　　)。
A. 风险规避　　B. 风险转移　　C. 风险补偿　　D. 风险承担

【答案】BD

【考点】风险管理策略

【解析】“只要损失额超过一定数量，那么超过的部分由奇象公司予以赔偿”，超过的部分就是风险转移，未超过的部分就是风险承担。

17. 【2015】下列风险度量方法中，建立在概率基础上的方法是(　　)。
A. 在险值法　　B. 层次分析法　　C. 期望值法　　D. 最大可能损失

【答案】AC

【考点】风险管理策略

【解析】常用的风险度量包括：最大可能损失、概率值、期望值、波动性、方差或均方差、在险值。在险值和期望值法是在已知概率的条件下计算出来的，而最大可能损失则无法判断发生概率或无法预测概率。所以选项AC正确，选项D错误，选项B属于干扰项。

18. 【2014】某商品经销商在期货市场上做与现货市场商品相同或者相近但交易部位相反的买卖行为，以便将现货市场价格波动的风险在期货市场上抵消。下列各项中，对该经销商采用的风险管理方法表述正确的有(　　)。

A. 该经销商采用的风险管理方法是风险对冲
B. 该经销商采用的风险管理方法主要是为了盈利
C. 该经销商采用的风险管理方法回避了价格风险
D. 该经销商采用的风险管理方法主要是为了管理财务风险
【答案】AC
【考点】风险管理策略
【解析】采取各种手段，引入多个风险因素或承担多个风险，使这些风险能够互相对冲，对冲是回避价格风险，不是为了盈利。

19. 【2013】甲公司是一家生产高档不锈钢表壳的企业，产品以出口为主，以美元为结算货币。公司管理层召开会议讨论如何管理汇率风险，以下表述正确的是(　　)。
A. 部门经理刘某提出“风险规避”策略：从国外进口相关的原材料，这样可以用外币支付采购货款，抵消部分人民币升值带来的影响
B. 业务员李某提出“风险对冲”策略：运用套期保值工具来控制汇率风险
C. 财务部小王提出“风险转移”策略：干脆公司把目标客户从国外转移到国内，退出国外市场，这样就从根本上消除了汇率风险
D. 负责出口业务的副总张某提出“风险控制”策略：加强对汇率变动趋势的分析和研究，以减少汇率风险带来的损失
【答案】BD
【考点】风险管理策略
【解析】抵消部分汇率风险不是风险规避策略，选项 A 错误。从根本上消除了汇率风险，风险没有了，选项 C 属于风险规避。

20. 【2012】某集团管理层做出了风险应对措施决策。下列各项中，正确的包括(　　)。
A. 通过与某国内公司联合进行境外投资项目转移投资风险
B. 在本国和其他国家和地区进行投资，以便缓解和分散集中投资的风险
C. 为了获得更加灵活、质量更高的信息技术资源，将集团全部信息技术业务外包以转移风险
D. 基于成本效益考虑，管理层认为不利事件发生的可能性低而且即使发生对企业影响也很小，决定接受风险
【答案】ABD
【考点】风险管理策略
【解析】全部外包不能转移风险，风险的承担者还是某集团，选项 C 错误。

21. 【2015】下列各项对审计委员会与外聘会计师事务所之间关系的表述中，正确的有(　　)。
A. 审计委员会负责批准会计师事务所的聘请和解聘
B. 审计委员会应制定政策，明确外聘会计师事务所不得提供的服务类型
C. 审计委员会应监督外聘会计师事务所的原雇员到本企业担任高级职务的情况
D. 审计委员会与外聘会计师事务所的注册会计师会面讨论审计相关事宜时，不需管理层参与
【答案】BCD
【考点】风险管理组织体系
【解析】审计委员会负责批准会计师事务所的聘请，并负责向董事会提交解聘会计师事务所的建议，选项 A 错误。

22. 【2013】甲公司在董事会下设立了审计委员会，审计委员会负责审查内部控制，监督内部控制的有效实施及内控自我评价等。下列选项中，符合《企业内部控制基本规范》和《企业内部控制配套指引》要求的有(　　)。
A. 甲公司审计委员会的成员全部为非执行董事
B. 甲公司审计委员会的职能是监督、评估和复核除内部审计部门之外的所有部门和系统

C. 内部控制评价中发现的重大缺陷和重要缺陷的整改方案，向董事会报告，但一般缺陷可视情况决定
D. 甲公司审计委员会的职责由董事会确定，审计委员会每年应对其权限及其有效性进行复核

【答案】ACD

【考点】风险管理组织体系

【解析】确保充分且有效的内部控制是审计委员会的义务，其中包括负责监督内部审计部门的工作。选项 B 的说法不正确。

23. 【2012】下列各项中，内部审计部门的职能包括(　　)。
A. 委任承担公司年度财务报表审计的会计师事务所
B. 评价企业是否遵守法律法规、合同以及内部政策
C. 确保企业履行对外报告的义务
D. 协助董事会和管理层评价收购计划以及实施收购过程中的控制措施

【答案】BD

【考点】风险管理组织体系

【解析】审计委员会就任命、重新任命或解聘外部审计师向董事会提出建议，选项 A 错误。董事会确保企业履行对外报告的义务，选项 C 错误。内部审计的基本职能：评价会计、运营及行政控制的可靠性、充分性及有效性；确保企业的内部控制能使交易得以迅速及正确地记录，正确地保护资产；确定公司是否遵循了法律法规及其自己的政策，以及管理层是否采取了适当的步骤，来应对控制的不足。扩展职能：为企业增加新产品或服务提供建设性的商业建议，帮助企业制定及修订新的政策、程序、做法，在兼并、收购和转型活动中发挥作用，包括帮助董事会和管理层评价在收购计划及实施过程中的安全措施及控制，包括适当的文件记录及审计痕迹。所以，选项 BD 正确。

24. 【2020】甲公司在加强风险管理过程中采取了下列做法，其中符合我国《企业内部控制基本规范》关于信息与沟通要素要求的有（　　）。
A. 加强法制教育，建立健全法律顾问制度和重大法律纠纷备案制度
B. 建立举报投诉制度和举报人保护制度
C. 建立重大风险预警机制和突发事件应急处理机制
D. 建立反舞弊机制，坚持惩防并举、重在预防的原则

【答案】BD

【考点】内部控制系统

【解析】选项 A 属于内部环境要素的要求；选项 C 属于控制活动要素的要求。

25. 【2018】隆盛信托投资公司自成立以来，结合业务特点和内部控制要求设置内部机构，明确职责权限，将权力和责任落实到责任单位，同时综合运用风险规避、风险降低、风险分担和风险承受等风险应对策略，实现对风险的有效控制。根据我国《企业内部控制基本规范》，该公司的上述做法涉及的内部控制要素有(　　)。
A. 风险评估　　B. 控制环境　　C. 信息与沟通　　D. 控制活动

【答案】AB

【考点】内部控制系统

【解析】“结合业务特点和内部控制要求设置内部机构，明确职责权限，将权力和责任落实到责任单位”属于控制环境；“综合运用风险规避、风险降低、风险分担和风险承受等风险应对策略，实现对风险的有效控制”属于风险评估。

26. 【2016】下列各项中，属于《企业内部控制基本规范》对内部环境要素要求的有(　　)。
A. 企业应当建立举报投诉制度和举报人保护制度
B. 企业应当建立重大风险预警机制和突发事件应急处理机制
C. 企业应当制定和实施有利于企业可持续发展的人力资源政策
D. 企业应当加强内部审计工作

【答案】CD

【考点】内部控制系统

【解析】选项 A 属于信息与沟通要素的要求，选项 B 属于控制活动要素的要求。

27. 【2014】下列各项中，属于内部控制要素中的控制活动，在风险管理框架下的公司治理中的体现有(　　)。

A. 独立董事的独立性

B. 董事长对经理的决策授权与监督

C. 董事、监事、经理的考核激励控制

D. 董事会聘请独立第三方对经理履行职责情况的检查

【答案】BC

【考点】内部控制系统

【解析】选项 A 属于控制环境在公司治理中的体现，选项 D 属于监督在公司治理中的体现。

28. 【2012】某上市公司根据《企业内部控制基本规范》建立了反舞弊机制，关注的反舞弊风险重点应当包括(　　)。

A. 与编制虚假财务报告导致的错报相关的舞弊风险

B. 与侵占资产导致的错报相关的舞弊风险

C. 治理层、管理层和监事可能凌驾于控制之上或者对财务报告过程实施不当影响的风险

D. 相关机构和人员串通舞弊的风险

【答案】ABCD

【考点】内部控制系统

【解析】企业至少应当将下列情形作为反舞弊工作的重点：①未经授权或者采取其他不法方式侵占、挪用企业资产，牟取不当利益；②在财务会计报告和信息披露等方面存在的虚假记载、误导性陈述或者重大遗漏等；③董事、监事、经理及其他高级管理人员滥用职权；④相关机构或人员串通舞弊。

29. 【2018】2017 年年初，甲公司与乙银行签订一份协议，约定甲公司一旦发生特定事件引起财务危机时，有权从乙银行取得 500 万元贷款来应对风险。在协议中，双方明确了甲公司归还贷款的期限以及获得贷款应当支付的利息和费用。关于上述协议，下列各项中表述正确的有(　　)。

A. 甲公司采取的风险理财策略为其可持续经营提供了保证

B. 甲公司采取的风险理财策略不涉及风险补偿

C. 乙银行向甲公司提供贷款不承担甲公司发生特定事件的风险

D. 甲公司采取的风险理财策略是风险资本的表现形式之一

【答案】ACD

【考点】风险理财措施

【解析】先判断出本题描述的是应急资本。选项 ACD 是应急资本的特点。应急资本属于风险补偿的一种形式，因此选项 B 错误。

30. 【2015】乙公司近年来实施全面风险管理，运用衍生产品等风险理财工具防范风险。下列对乙公司风险理财的表述中，正确的有(　　)。

A. 乙公司运用风险理财工具不需要判断风险定价

B. 乙公司运用风险理财工具的主要目的是降低风险

C. 乙公司运用风险理财工具注重风险因素对现金流的影响

D. 乙公司运用风险理财工具既可以针对不可控风险也可以针对可控风险

【答案】CD

【考点】风险理财措施

【解析】风险理财需要判断风险的定价，所以选项 A 错误。传统的风险理财是损失理财，目的是降低公司承担的风险，而现代风险理财是可以创造价值的，是对机会的利用，所以选项 B 错误。

31. 【2014】下列关于风险管理信息系统功能的表述中，正确的有(　　)。

A. 能够对各种风险进行计量和定量分析

B. 实时反映风险矩阵和排序频谱、重大风险和重要业务流程的监控状态

C. 对超过风险预警上限的重大风险实施信息预警

D. 实现风险相关信息与企业外部利益相关者的共享

【答案】ABC

【考点】风险管理信息系统

【解析】风险管理信息系统应实现信息在各职能部门、业务单位之间的集成与共享，既能满足单项业务风险管理的要求，也能满足企业整体和跨职能部门、业务单位的风险管理综合要求，所以选项 D 错误。风险管理信息系统应能够进行对各种风险的计量和定量分析、定量测试；能够实时反映风险矩阵和排序频谱、重大风险和重要业务流程的监控状态；能够对超过风险预警上限的重大风险实施信息报警，所以选项 ABC 正确。

32. 【2018】东风林场为了加强对火灾风险的防控工作，组织有关人员深入分析了由于自然或人为因素引发火灾、场内消防系统工作、火警和灭火直升机出动等不确定事件下产生各种后果的频率。下列各项中，属于该林场采用的风险管理方法优点的有(　　)。

A. 生动地体现事件的顺序

B. 不会遗漏重要的初始事项

C. 能够将延迟成功或恢复事件纳入其中

D. 能说明时机、依赖性和多米诺效应

【答案】AD

【考点】风险管理技术与方法

【解析】先判断火灾风险的防控，有一个火灾初始事件，属于事件树。选项 AD 属于事件树的优点。

三、简答题

1. 【2018】四水集团是一家专门从事基础设施研发与建造、房地产开发及进出口业务的公司，1996 年 11 月 21 日在证券交易所正式挂牌上市。2014 年 8 月 8 日，四水集团收到证监局《行政监管措施决定书》，四水集团一系列违规问题被披露出来。

(1) 未按规定披露重大关联交易。四水集团监事刘某同时担任 F 公司的董事长、法定代表人；刘某的配偶李某担任 H 贸易公司的董事、总经理、法定代表人。2012 年度，四水集团与 F 公司关联交易总金额 6 712 万元，与 H 贸易公司的关联交易总金额 87 306 万元；2013 年度，四水集团与 H 贸易公司的关联交易总金额为 215 395 万元。这些关联交易均超过 3 000 万元且超过四水集团最近一期经审计净资产的 5%。根据证监会的规定，这些交易属于应当在年报中披露的重大关联交易。但是，四水集团均未在这两年的年度报告中披露上述重大关联交易。

(2) 违规在关联公司间进行频繁的资金拆借，非法占用上市公司资金。四水集团无视证监会关于禁止上市公司之间资金相互拆借的有关规定，2012 年 4 月至 2014 年 8 月，向关联公司 H 贸易公司、F 公司拆借和垫付资金 6 笔，共 27 250 万元。

(3) 通过派发高额工资等方式变相占用上市公司非经营性资金。四水集团近年来效益很不佳，连续多年没有分红，公司股价也一直处于低迷状态。然而，2011—2013 年，包括董事长在内的公司高管人数分别为 17 名、19 名和 16 名，合计从公司领走 1 317 万元、1 436 万元和 1 447 万元薪酬，均超过同期四水集团归属于母公司股东的净利润水平。

(4) 连续多年向公司董事、监事和高级管理人员提供购房借款。截至 2013 年 12 月 31 日，四水集团向公司董事、监事和高级管理人员提供购房借款金额达到 610 万元。上述行为违反了《公司法》关于“公司不得直接或通过子公司向董事、监事、高级管理人员提供借款”的相关规定。

(5) 利用上市公司信用为关联公司进行大量违规担保。四水集团 2011—2014 年为公司高管所属的公司提供担保的金额分别为 0.91 亿元、5.2 亿元、5.6 亿元、7.7 亿元。公司管理层将四水集团当作融资工具，为自己所属公司解决资金需求。一旦这些巨额贷款到期无法偿还，四水集团就必须承担起还款的责任。

四水集团管理层频繁的违规行为，导致四水集团的发展陷入举步维艰的地步。公司2011—2014年的经营状况不佳，扣除非经常性损益后的净利润出现连续大额亏损的状况。公司连续多年资产负债率高达70%以上，且流动资产和流动负债相差无几，财务风险很大。四水集团的每股收益连续多年走低，远低于上市公司平均水平，反映四水集团股东的获利水平很低。

要求：依据《企业内部控制应用指引第6号——资金活动》，简要分析四水集团资金活动存在的主要风险。

【考点】风险种类

【答案】四水集团资金活动存在的主要风险：

①资金活动管控不严，可能导致资金被挪用、侵占、抽逃或遭受欺诈。“违规在关联公司间进行频繁的资金拆借，非法占用上市公司资金”；“连续多年向公司董事、监事和高级管理人员提供购房借款”。“公司管理层将四水集团当作融资工具，为自己所属公司解决资金需求，一旦这些巨额贷款到期无法偿还，四水集团就必须承担起还款的责任”。

②资金调度不合理、营运不畅，可能导致企业陷入财务困境或资金冗余。“违规在关联公司间进行频繁的资金拆借，非法占用上市公司资金，四水集团无视证监会关于禁止上市公司之间资金相互拆借的有关规定，2012年4月至2014年8月，向关联公司H贸易公司、F公司拆借和垫付资金6笔，共27 250万元”；“公司连续多年资产负债率高达70%以上，且流动资产和流动负债相差无几，财务风险很大”；“公司2011—2014年的经营状况不佳，扣除非经常性损益后的净利润出现连续大额亏损的状况”。

敲黑板

主观题的熟练掌握需要进行专项演练，更多主观题将在《CPA高频高分主观题·公司战略与风险管理》（中国税务出版社2021版）中进行介绍。

Part III 模拟训练

Section 1 基础巩固

一、单选题

1. GD公司是国有大型钢铁企业，主要原料依赖进口，下列各项中，属于其市场风险的是(　　)。
   A. 政治风险　　B. 运营风险
   C. 社会文化风险　　D. 汇率风险

2. 我国采用模仿创新途径开发的一些技术不能适应中国国情，在设计思路上存在创新不足引发的风险是(　　)。
   A. 技术设计风险　　B. 技术研发风险
   C. 技术应用风险　　D. 技术研究风险

3. 下列关于企业全面风险管理特征的表述中，错误的是(　　)。
   A. 主要存在于现代企业管理者对企业的日常管理当中
   B. 是由企业治理层、管理层和所有员工参与的
   C. 要求风险管理的专业人才实施专业化管理
   D. 从总体上集中考虑和管理所有风险

4. 下列各项中，不属于分析企业财务风险应收集的信息的是(　　)。
   A. 盈利能力
   B. 税收政策和利率、汇率、股票价格指数的变化
   C. 制造成本和管理费用、财务费用、营业费用
   D. 负债、负债率、偿债能力

5. 甲公司为了应对员工出差路上的额外风险，向保险公司进行投保，甲公司采取的风险对策为(　　)。
   A. 风险降低　　B. 风险规避
   C. 风险转移　　D. 风险保留

6. 甲公司为了避免自己遭受货款难以回收的压力，拒绝与任何信用不好的交易对手进行交易。甲公司应对风险的方法是(　　)。
   A. 风险承担　　B. 风险规避
   C. 风险控制　　D. 风险转移

7. GD公司的董事会认为，在一般情况下，(　　)负责整个风险管理过程，包括确保内部控制系

统是充分且有效的。

A. 董事会　　B. 内部审计部门
C. 审计委员会　　D. 外部审计师

8. 金融衍生产品本身没有价值，只是一种收益获取的凭证，其交易独立于现实资本运动之外，这体现的金融衍生产品特点是（　）。

A. 虚拟性　　B. 风险性
C. 未来性　　D. 灵活性

9. 授权审批控制属于内部控制要素中的（　）。

A. 控制活动　　B. 风险评估
C. 信息与沟通　　D. 监控

10. 下列各项不属于控制活动的是（　）。

A. 授权审批控制　　B. 财产保护控制
C. 预算控制　　D. 风险应对

11. 被认为是提供了内部控制的基本规则和构架，是其他内部要素的基础的是（　）。

A. 信息与沟通　　B. 内部监督
C. 内部环境　　D. 控制活动

12. 下列关于风险资本的说法中，不正确的是（　）。

A. 应急资本是风险资本的表现形式之一
B. 应急资本是企业风险转移策略的一种方式
C. 应急资本是一个在一定条件下的融资选择权，公司可以不使用这个权利
D. 应急资本可以提供经营持续性的保证

13. 下列关于金融衍生产品的说法中，不正确的是（　）。

A. 远期合约是必须履行的协议
B. 期权合约到期可以选择行权，也可以选择不行权
C. 远期合约是现金交易
D. 衍生产品的风险很小

14. 某企业打算兴建一座大桥。企业将这项新建项目总投资、银行贷款利率、过桥费收入三个因素作为分析对象，分析每一个因素的变化对大桥内部收益率的影响。这种风险管理与技术为（　）。

A. 敏感性分析　　B. 情景分析
C. 事件树分析　　D. 决策树分析

15. 通过模拟不确定性情景，对企业面临的风险进行定性和定量分析的风险管理技术与方法是（　）。

A. 德尔菲法　　B. 流程图分析法
C. 情景分析法　　D. 敏感性分析法

16. 蓝天公司在识别企业风险时，邀请了二十名专业人员和外部专家开会集体展开讨论，畅所欲言，产生尽可能多的设想的方法，之后由风险管理小组对集体讨论后识别的所有风险进行复核，并且认定核心风险。该种方法是（　）。

A. 德尔菲法　　B. 头脑风暴法
C. 情景分析法　　D. 风险评估系图法

二、多选题

17. 我国发布《中央企业全面风险管理指引》，给企业风险定义为：未来的不确定性对企业实现其经营目标的影响。关于这里的风险，以下说法正确的有（　）。

A. 企业风险与企业战略相关
B. 风险是一系列可能发生的结果，不能简单理解为最有可能的结果
C. 风险既具有客观性，又具有主观性
D. 风险往往与机遇并存

18. 风险的基本构成要素为（　）。

A. 风险因素　　B. 风险事件
C. 损失　　D. 风险控制

19.《企业内部控制应用指引第 4 号——社会责任》是指企业在经营发展过程中应当履行的社会职责和义务，主要包括（　）。

A. 安全生产　　B. 环境保护
C. 促进就业　　D. 产品质量

20. 下列选项中属于全面风险管理理念的有（　）。

A. 焦点在所有利益相关者的共同利益最大化上
B. 紧密联系企业战略，目的是寻求风险优化措施
C. 事后反应式的风险管理方法
D. 从总体上集中考虑和管理所有风险

21. 下列风险度量方法中，建立在概率基础上的方法有（　）。

A. 在险值法　　B. 概率值法
C. 期望值法　　D. 最大可能损失法

22. 企业对面临的很多风险采取接受的态度，从而承担风险带来的后果，其原因包括（　）。

A. 企业未能辨识出风险
B. 企业能够采取措施以补偿风险造成的损失
C. 企业没有其他备选方案
D. 企业缺乏能力进行主动的风险管理

23. 企业风险管理组织体系主要包括(　　)。
A. 规范的公司法人治理结构
B. 风险管理职能部门
C. 内部审计部门和法律事务部门以及其他有关职能部门
D. 业务单位的组织领导机构及其职责

24. 董事会在全面风险管理方面主要履行的职责包括(　　)。
A. 审议并向股东（大）会提交企业全面风险管理年度工作报告
B. 批准重大决策的风险评估报告
C. 批准重大决策、重大风险、重大事件和重要业务流程的判断标准或判断机制
D. 批准风险管理组织机构设置及其职责方案

25. 审计委员会对内部审计进行复核时应从以下哪些方面进行(　　)。
A. 组织中的地位　　B. 职能范围
C. 技术才能　　D. 专业应尽义务

26. 下列各项属于我国《企业内部控制基本规范》内部控制目标的有(　　)。
A. 合理保证企业经营管理合法合规
B. 合理保证企业资产安全
C. 促进企业实现发展战略
D. 提高经营效率和效果

27. 下列各项属于内部控制活动的有(　　)。
A. 不相容职务分离控制
B. 财产保护控制
C. 运营分析控制
D. 预算控制

28. 下列属于 COSO 委员会规定的内部控制目标的有(　　)。
A. 运营的效益和效率
B. 财务报告的可靠性
C. 遵守适用的法律法规
D. 符合利益相关者的期望

29. 企业应当建立反舞弊机制。下列作为企业反舞弊工作重点的有(　　)。
A. 未经授权或者采取其他不法方式侵占、挪用企业资产，牟取不当利益
B. 在财务会计报告和信息披露等方面存在的虚假记载、误导性陈述或者重大遗漏等
C. 董事、监事、经理及其他高级管理人员滥用职权
D. 相关机构或人员串通舞弊

30. 专业自保公司又称专属保险公司，下列关于专业自保公司的优点正确的有(　　)。
A. 降低运营成本
B. 损失储备金不足和潜在损失
C. 改善公司现金流
D. 提升服务水平

31. 下列风险管理方法中，既可以进行定性分析也可以进行定量分析的方法有(　　)。
A. 马尔科夫分析法
B. 敏感性分析法
C. 失效模式影响和危害度分析法
D. 情景分析法

32. 下列有关风险评估系图的说法中，正确的有(　　)。
A. 用以评估风险影响的常见定性方法是制作风险评估系图
B. 风险评估系图适用于对风险初步的定性分析
C. 风险评估系图的主要优点是直观明了
D. 风险评估系图的局限性是过于简单

Section 2 强化提高

三、单选题

33. 甲公司今年开展全面风险管理工作，财务经理王经理的下列说法中，不正确的是(　　)。
A. 公司经营中战略目标不同，企业面临的风险也不同
B. 风险是最有可能的结果
C. 可以由人的主观判断来决定选择不同的风险
D. 风险往往与机遇并存

34. 某商业银行与客户约定的利率超出了人民银行规定的基准利率上浮幅度，银行受到了客户的起诉，客户要求银行承担民事赔偿责任。对银行来讲，这属于(　　)。
A. 政治风险　　B. 法律风险
C. 市场风险　　D. 合规风险

35. AD 汽车在中国市场被消费者投诉因车内空气质量不达标致使消费者患癌而身陷“异味门”事件后，被曝一辆 Q5 在正常行驶中发动机突然爆炸又陷“质量门”，经初步检测，涉事车辆故障原因为发动机弹簧断裂。两次事件被媒体披露后，AD 公司遭遇到消费者及经销商质问，经营陷入危机。AD 公司面临的风险属于(　　)。
A. 战略风险　　B. 市场风险

C. 财务风险　　D. 运营风险

36. 具有通用、直观、灵活的特点，但是适用的风险范围小，对数据要求严格，计算困难，对肥尾效应无能为力的风险度量方法是(　　)。

A. 最大可能损失　　B. 概率值

C. 期望值　　D. 在险值

37. 甲公司是生产的保温瓶由于质量问题在消费者家中爆炸了，被消费者在媒体曝光。甲公司决定做针对性的风险管理，下列关于风险管理的措施中，属于风险规避的是(　　)。

A. 甲公司停止生产可能存在质量隐患的产品系列

B. 甲公司购买保险规定由保险公司为损失支付赔偿

C. 甲公司设立质量检查防止次品出厂

D. 甲公司为生产线上工人提供提高产品质量的操作培训

38. 随着全面风险管理意识的加强，蓝天公司的股东要求管理层根据内部控制目标，结合风险应对策略，综合运用控制措施，对各种业务和事项实施有效控制，这样才能更好地控制风险，为客户服务。蓝天公司股东的要求所针对的内部控制要素是(　　)。

A. 控制活动　　B. 内部监督

C. 信息与沟通　　D. 风险评估

39. GD 公司为加强对风险损失事件的管理，与甲银行签订协议，规定在三年内，如果 GD 公司由于台风等自然灾害遭受重大损失，可从甲银行取得贷款，并为此按年向甲银行缴纳权力费。如果没有灾害事件发生，GD 公司可以不行使这个权利。GD 公司损失事件管理的方法称为(　　)。

A. 专业自保　　B. 应急资本

C. 风险资本　　D. 损失融资

40. 下列关于风险理财的说法中，不正确的是(　　)。

A. 公司可以与银行签订应急资本合同应对公司突发事件造成的资本需求

B. 风险理财既可以针对可控风险，也可以针对不可控风险

C. 风险理财的手段不改变风险事件发生的可能性，但是可以改变风险事件可能引起的直接损失程度

D. 风险理财是公司战略的有机部分，其风险经营的结果直接影响公司整体价值的提升

四、多选题

41. 有形风险因素，是指直接影响事物物理功能的物质风险因素，也称为实质性风险因素。以下属于有形风险因素的有(　　)。

A. 空气污染

B. 汽车刹车系统失灵

C. 居民外出忘记锁门

D. 贪污

42. 企业文化风险具有高度不确定性，许多企业的经营失败是由于面临文化风险没有很好地解决，从文化风险成因来看，文化风险存在并作用于企业经营的更深领域，主要的方面有(　　)。

A. 跨国经营活动引发的文化风险

B. 企业并购活动引发的文化风险

C. 组织内部因素引起的文化风险

D. 企业战略变革引起的文化风险

43. 下列各项属于企业风险管理的总体目标的有(　　)。

A. 确保将风险控制在与公司总体目标相适应并可承受的范围内

B. 确保企业有关规章制度和为实现经营目标而采取重大措施的贯彻执行，保障经营管理的有效性，提高经营活动的效率和效果，降低实现经营目标的不确定性

C. 确保内外部，尤其是企业与股东之间实现真实、可靠的信息沟通，包括编制和提供真实、可靠的财务报告

D. 确保企业建立针对各项重大风险发生后的危机处理计划，保护企业不因灾害性风险或人为失误而遭受重大损失

44. 企业可聘请有资质、信誉好、风险管理专业能力强的中介机构对企业全面风险管理工作进行评价，出具风险管理评估和建议专项报告。报告一般应包括(　　)。

A. 风险管理基本流程与风险管理策略

B. 企业重大风险、重大事件和重要管理及业务流程的风险管理及内部控制系统的建设

C. 风险管理组织体系与信息系统

D. 全面风险管理总体目标

45. 下列关于风险度量的说法正确的是(　　)。

A. 风险理财的量化标准很高，不仅需要量化风险事件的可能性和损失的分布，更需要量化风

险本身的价值

B. 企业应该采取统一制定的风险度量模型

C. 在实践中使用概率值度量时，统计意义上的频率和主观概率的判断都可以使用

D. 整个企业应该使用唯一的风险度量，对所采取的风险度量取得共识

46. 某企业针对全面风险管理工作进行了讨论，下列论述中，针对企业风险管理策略描述错误的有(　　)。

A. 风险转移可以在低成本或者无成本的情况下达到目的

B. 风险承担也称风险保留、风险自留，表现在企业主动承担风险，并采取措施以补偿可能的损失

C. 重大风险的风险偏好是企业的重大决策，应由股东大会决定

D. 风险偏好和风险承受度应定量

47. 甲公司进行全面风险管理，对于已经辨识出的某些风险，甲公司决定采用风险承担策略，其主要原因是(　　)。

A. 没有能力进行主动管理，因此对这部分风险只能承担

B. 没有其他备选方案

C. 从成本效益考虑，这一方案是最适宜的方案

D. 有能力承担风险发生的后果或有能力转移风险发生的后果

48. 某集团公司将全面风险管理工作纳入业绩考核体系，推动了全面风险管理工作落实。该集团公司董事会在全面风险管理方法主要履行的职责包括(　　)。

A. 审议并向股东（大）会提交企业全面风险管理年度工作报告

B. 审议内部审计部门提交的风险管理监督评价审计报告

C. 督导企业风险管理文化的培育

D. 批准风险管理组织机构设置及其职责方案

49. 确保充分且有效的内部控制是审计委员会的义务，其中包括负责监督内部审计部门的工作。以下关于审计委员会与内部审计关系的说法中，正确的是(　　)。

A. 审计委员会应监察和评估内部审计职能在企业整体风险管理系统中的角色和有效性

B. 审计委员会应该核查内部审计的有效性，并批准对内部审计主管的任命和解聘

C. 审计委员会应确保内部审计部门能直接与董事会主席接触，并负有向审计委员会说明的责任

D. 审计委员会会收到关于内部审计部门工作的定期报告，复核和监察管理层对内部审计的调查结果的反应

50. 下列关于我国《企业内部控制基本规范》关于内部监督要素要求的说法中，正确的有(　　)。

A. 企业应当跟踪内部控制缺陷整改情况，并就内部监督中发现的重大缺陷，追究相关责任单位或者责任人的责任

B. 企业应当结合内部监督情况，定期对内部控制的有效性进行自我评价，出具内部控制自我评价报告

C. 企业应当建立反舞弊机制，坚持惩防并举、重在预防的原则，明确反舞弊工作的重点领域、关键环节和有关机构在反舞弊工作中的职责权限，规范舞弊案件的举报、调查、处理、报告和补救程序

D. 企业应当以书面或者其他适当的形式，妥善保存内部控制建立与实施过程中的相关记录或者资料，确保内部控制建立与实施过程的可验证性

51. 下列属于控制活动在公司治理中的体现的有(　　)。

A. 内部审计机构应当结合内部审计监督，对内部控制的有效性进行监督检查

B. 企业应当依法设置会计机构，配备会计从业人员

C. 企业各级人员应当在授权范围内行使职权和承担责任

D. 增强董事、监事、经理及其他高级管理人员和员工的法制观念

52. 蓝天公司近年来实施全面风险管理，运用衍生产品等风险理财工具防范风险。但是有些高管并不了解风险理财，他们以下的看法中，正确的有(　　)。

A. 蓝天公司运用风险理财工具不需要判断风险定价

B. 蓝天公司运用风险理财工具既不改变风险事件发生的可能性，也不改变风险事件可能引起的直接损失程度

C. 蓝天公司运用风险理财工具的主要目的是降

低风险

D. 蓝天公司运用风险理财工具既可以针对不可控风险也可以针对可控风险

53. 下列关于损失事件管理的说法中，正确的有(　　)。

A. 损失融资是损失事件管理中最有共性，最重要的部分

B. 应急资本是风险资本的表现形式之一

C. 应急资本不涉及风险的转移，是企业风险补偿策略的一种方式

D. 专业自保公司也可以在保险市场上开展业务

54. 企业选择风险理财策略要考虑的因素有(　　)。

A. 与公司整体风险管理策略一致

B. 成本与收益的平衡

C. 与公司所面对风险的性质相匹配

D. 风险理财的手段可能会改变风险事件发生的可能性

55. 下列关于风险管理信息系统的说法正确的有(　　)。

A. 应能够进行对各种风险进行计量和定量分析、定量测试

B. 能够实时反映风险矩阵和排序频谱、重大风险和重要业务流程的监控状态

C. 能够对超过风险预警上限的重大风险实施信息报警

D. 能够满足风险管理内部信息报告制度和企业对外信息披露管理制度的要求

56. 蓝天学校正在考虑将饮食服务外包给外部的服务供应商，也就是说，私人企业将接管现有的饮食服务员工及厨师，并承担为学生提供饮食的责任。在评价该项目的风险因素时，校长建议委托一家专业公司进行风险调查取代原先的学校领导层内部集体讨论的方式。学校要求该调查公司组成合格的专家小组，专家只与调查人员发生通信关系，在一致性意见基础上达成共识。校长提出该建议的原因可能有(　　)。

A. 观点是匿名的，因此更有可能表达出不受欢迎的看法

B. 所有观点有相同的权重，避免重要人物占主导地位

C. 激发了想象力，有助于发现新的风险和全新的解决方案

D. 速度较快并易于开展

57. 甲公司正在考虑厂房搬迁项目方案的不确定性情况，根据将厂房搬迁到城市周边或者搬迁至农村地区这两种状态，计算了在顺利进行及不顺利进行各种概率下的期望结果，然后根据期望结果做出方案选择。甲公司采用的风险管理技术与方法的特点有(　　)。

A. 对于决策问题的细节提供了一种清楚的图解说明

B. 可能有过于简化环境的倾向

C. 能够生动地体现事件的顺序

D. 能够计算到达一种情形的最优路径

五、简答题

58. 蓝天公司管理层意识到必须建立全面风险管理体系，设立专门的风险管理委员会和风险管理部门以便对风险进行预测、识别和应对。针对建设全面风险管理体系，公司部分管理人员提出以下观点：

(1) 人力资源部经理王某：风险管理渗透在现代企业各项活动中，存在于现代企业管理者对企业的日常管理当中，因此，企业建设风险管理体系主要运用于企业日常管理层面。

(2) 市场部经理郑某：各有关部门定期对风险管理工作进行自查和检验，及时发现缺陷并改进，出具风险管理报告并报送企业总经理。

(3) 财务部经理张某：风险管理部门对跨部门和业务单位的风险管理解决方案进行评价，提出建议和出具报告，报送公司总经理或其委托的分管风险管理工作的高级管理人员。

(4) 生产部经理费某：风险管理委员会由总经理或总经理委托的高级管理人员担任召集人，对全面风险管理工作的有效性向董事会负责。

(5) 研发部经理李某：企业内部审计部门应每年至少一次对包括风险管理职能部门在内的各有关部门和业务单位能否按照有关规定开展风险管理工作及其工作效果进行监督评价，监督评价报告应直接报送总经理或其委托的分管风险管理工作的高级管理人员。

要求：

(1) 简要分析王某、郑某、张某、费某、李某的观点是否正确，并说明理由。

(2) 简要叙述风险管理的基本流程。

敲黑板

主观题的熟练掌握需要进行专项演练，更多主观题将在《CPA 高频高分主观题·公司战略与风险管理》(中国税务出版社 2021 版) 中进行介绍。

Section 3 答案解析

1. 【答案】D
【考点】风险种类
【解析】市场风险可以考虑以下几个方面：①产品或服务的价格及供需变化带来的风险。②能源、原材料、配件等物资供应的充足性、稳定性和价格的变化带来的风险。③主要客户、主要供应商的信用风险。主要客户信用风险体现为对方在账款到期时不予支付的风险。供应商信用风险体现为供应商不能按照双方合同或协议的要求按时、保质、保量地提供这些生产要素。④税收政策和利率、汇率、股票价格指数的变化带来的风险。税收风险指由于税收政策变化使企业税后利润发生变化产生的风险。利率风险是指因利率提高或降低而产生预期之外损失的风险。汇率风险或货币风险是由汇率变动的可能性以及一种货币对另一种货币的价值发生变动的可能性导致的。股票价格风险影响企业股票或其他资产的投资者，还会影响企业融资。⑤潜在进入者、竞争者、与替代品的竞争带来的风险。
2. 【答案】A
【考点】风险种类
【解析】我国采用模仿创新途径开发的一些技术不能适用中国国情，在设计思路上存在创新不足引发的风险是技术设计风险。
3. 【答案】A
【考点】风险管理的概念
【解析】尽管风险管理渗透到现代企业各项活动中，存在于现代企业管理者对企业的日常管理当中，但它主要运用于企业战略管理层面。
4. 【答案】B
【考点】风险管理基本流程
【解析】分析财务风险，企业应广泛收集国内外企业财务风险失控导致危机的案例，并至少收集本企业的以下重要信息：①负债、负债率、偿债能力；②现金流、应收账款及其占销售收入的比重、资金周转率；③产品存货及其占销售成本的比重、应付账款及其占购货额的比重；④制造成本和管理费用、财务费用、营业费用；⑤盈利能力；⑥成本核算、资金结算和现金管理业务中曾发生或易发生错误的业务流程或环节；⑦与本企业相关的产业会计政策、会计估算、与国际会计制度的差异与调节（如退休金、递延税项等）等信息。
5. 【答案】C
【考点】风险管理策略
【解析】风险转移：指企业通过合同将风险转移到第三方，企业对转移后的风险不再拥有所有权。转移风险不会降低其可能的严重程度，只是从一方移除后转移到另一方。例如：①保险。②非保险型的风险转移，即将风险可能导致的财务风险损失负担转移给非保险机构，如服务保证书等（免责约定、保证互助、基金制度、赔偿条款、出售等）。③风险证券化，即通过证券化保险风险构造的保险连接型证券（ILS），这种债券的利息支付和本金偿还取决于某个风险事件的发生或严重程度。
6. 【答案】B
【考点】风险管理策略
【解析】甲公司拒绝和信用不好的交易对手进行交易，从而使自己规避了货款回收不利的风险，所以属于风险规避。
7. 【答案】C
【考点】风险管理组织体系
【解析】在一般情况下，审计委员会负责整个风险管理过程，包括确保内部控制系统是充分且有效的。
8. 【答案】A
【考点】风险理财措施
【解析】金融衍生产品本身没有价值，只是一种收益获取的凭证，其交易独立于现实资本运动之外，具有虚拟性。
9. 【答案】A
【考点】内部控制系统
【解析】控制活动的控制措施包括不相容职务分离控制、授权审批控制、会计系统控制、财产保护控制、预算控制、运营分析控制和绩效考评控制等。
10. 【答案】D
【考点】内部控制系统
【解析】风险应对属于风险评估的内容，不属于控制活动。
11. 【答案】C
【考点】内部控制系统
【解析】内部环境是其他内部控制因素的根基。
12. 【答案】B
【考点】风险理财措施
【解析】应急资本是一个综合运用保险和资本市场技术设计和定价的产品。与保险不同，应急资本不涉及风险的转移，是企业风险补偿策略的一种方式。

13.【答案】D

【考点】风险理财措施

【解析】衍生产品的优点：准确性；时效；使用方便；成本优势；灵活性；对于管理金融市场等市场风险有不可替代的作用。缺点：衍生产品的杠杆作用很大，因而风险很大，如用来投机可能会造成巨大损失。

远期合约是必须履行的协议，其合约条件是为买卖双方量身定制的，是现金交易，是场外交易。

14.【答案】A

【考点】风险管理技术与方法

【解析】企业将这项新建项目总投资、银行贷款利率、过桥费收入三个因素作为分析对象，分析每一个因素的变化对大桥内部收益率的影响是敏感性分析。

15.【答案】C

【考点】风险管理技术与方法

【解析】通过模拟不确定性情景，对企业面临的风险进行定性和定量分析的方法是情景分析法。

16.【答案】B

【考点】风险管理技术与方法

【解析】头脑风暴法又称智力激励法、BS 法、自由思考法，是指刺激并鼓励一群知识渊博、知悉风险情况的人员畅所欲言，开展集体讨论的方法。

17.【答案】ABCD

【考点】风险概念

【解析】理解这个定义需要从以下几个方面把握：

①企业风险与企业战略相关。企业风险是影响企业实现战略目标的各种因素和事项，公司经营中战略目标不同，企业面临的风险也就不同。

②风险是一系列可能发生的结果，不能简单理解为最有可能的结果。由于风险的可能结果不是单一的，而是一系列，所以理解和评估风险时，“范围”这个概念对应了众多的不确定性。

③风险既具有客观性，又具有主观性。风险是事件本身的不确定性，但却是在一定具体情况下的风险，可以由人的主观判断来决定选择不同的风险。

④风险往往与机遇并存。大多数人只关注风险不利面，如风险带来的竞争失败、经营中断、法律诉讼、商业欺诈、无益开支、资产损失、决策失误等，因而害怕风险。但风险本身并不一定是坏事，必须学会把握风险可能导致的相反结果所带来的机遇。有风险才有机会，风险是机会存在的基础。为此，可以把负面的风险称为威胁，而把正面的风险称为机会。

18.【答案】ABC

【考点】风险的概念与构成要素

【解析】风险的基本构成要素为风险因素、风险事件（事故）、损失。

19.【答案】ABCD

【考点】风险种类

【解析】社会责任是指企业在经营发展过程中应当履行的社会职责和义务，主要包括安全生产、产品质量、环境保护、资源节约、促进就业、员工权益保护等。

20.【答案】ABD

【考点】风险管理的概念

【解析】全面风险管理是事前风险防范，事中风险预警和及时处理，事后风险报告、评估、备案及其他相应措施。

21.【答案】ABC

【考点】风险管理策略

【解析】①最大可能损失。最大可能损失指风险事件发生后可能造成的最大损失。企业一般在无法判断发生概率或无须判断概率的时候，使用最大可能损失作为风险的衡量。

②概率值。概率值是指风险事件发生的概率或造成损失的概率。在可能的结果只有好坏、对错、是否、输赢、生死等简单情况下，常常使用概率值。在许多场合使用频率作为概率值是没有意义的，特别是在缺少数据或者一次性的决策场合。

③期望值。期望值通常指的是数学期望，即概率加权平均值。期望值的办法综合了概率和最大损失两种方法。

④在险值。在险值，又称 VaR，是指在正常的市场条件下，在给定的时间段中，给定的置信区间内，预期可能发生的最大损失。（99%，10 万美元）

优点：在险值具有通用、直观、灵活的特点，为《巴塞尔协议》采用。

缺点：在险值的局限性是适用的风险范围小，

对数据要求严格，计算困难，对肥尾效应无能为力。

22. 【答案】ACD

【考点】风险管理策略

【解析】对于辨识出的风险，企业可能由于以下几种原因采用风险承担：①缺乏能力进行主动管理，对这部分风险只能承担；②没有其他备选方案；③从成本效益考虑，这一方案是最适宜的方案。对于未能辨识出的风险，企业只能采用风险承担。风险补偿表现在企业主动承担风险，并采取措施以补偿可能的损失。

23. 【答案】ABCD

【考点】风险管理组织体系

【解析】企业风险管理组织体系，主要包括规范的公司法人治理结构、风险管理职能部门、内部审计部门和法律事务部门以及其他有关职能部门、业务单位的组织领导机构及其职责。

24. 【答案】ABCD

【考点】风险管理组织体系

【解析】本题考核风险管理组织体系。董事会在全面风险管理方面主要履行以下职责：①审议并向股东（大）会提交企业全面风险管理年度工作报告；②确定企业风险管理总体目标、风险偏好、风险承受度，批准风险管理策略和重大风险管理解决方案；③了解和掌握企业面临的各项重大风险及其风险管理现状，做出有效控制风险的决策；④批准重大决策、重大风险、重大事件和重要业务流程的判断标准或判断机制；⑤批准重大决策的风险评估报告；⑥批准内部审计部门提交的风险管理监督评价审计报告；⑦批准风险管理组织机构设置及其职责方案；⑧批准风险管理措施，纠正和处理任何组织或个人超越风险管理制度做出的风险性决定的行为；⑨督导企业风险管理文化的培育；⑩全面风险管理的其他重大事项。

25. 【答案】ABCD

【考点】风险管理组织体系

【解析】审计委员会及内部审计师需要确保内部审计部门正在有效运作。它将在四个主要方面对内部审计进行复核，即组织中的地位、职能范围、技术才能和专业应尽义务。

26. 【答案】ABCD

【考点】内部控制系统

【解析】《企业内部控制基本规范》将内部控制的目标归纳为五个方面：①合理保证企业经营管理合法合规；②合理保证企业资产安全；③合理保证企业财务报告及相关信息真实完整；④提高经营效率和效果；⑤促进企业实现发展战略。

27. 【答案】ABCD

【考点】内部控制系统

【解析】控制活动含有不相容职务分离控制、授权审批控制、会计系统控制、财产保护控制、预算控制、运营分析控制和绩效考评控制等。

28. 【答案】ABC

【考点】内部控制系统

【解析】COSO 委员会对内部控制的定义是“公司的董事会、管理层及其他人士为实现以下目标提供合理保证而实施的程序：运营的效益和效率，财务报告的可靠性和遵守适用的法律法规。”

29. 【答案】ABCD

【考点】内部控制系统

【解析】企业至少应当将下列情形作为反舞弊工作的重点：①未经授权或者采取其他不法方式侵占、挪用企业资产，牟取不当利益；②在财务会计报告和信息披露等方面存在的虚假记载、误导性陈述或者重大遗漏等；③董事、监事、经理及其他高级管理人员滥用职权；④相关机构或人员串通舞弊。

30. 【答案】ACD

【考点】风险理财措施

【解析】专业自保公司的优点有：降低运营成本；改善公司现金流；保障项目更多；公平的费率等级；保障的稳定性；直接进行再保险；提高服务水平；减少规章的限制；国外课税扣除和流通转移。选项 B 属于专业自保公司的缺点。

31. 【答案】CD

【考点】风险管理技术与方法

【解析】马尔科夫分析法适用于对复杂系统中不确定性事件及其状态改变的定量分析。敏感性分析法适用于对项目不确定性对结果产生的影响进行的定量分析。失效模式影响和危害度分析法适用于对失效模式、影响及危害进行定性或定量分析，还可以对其他风险识别方法提供数据支持。情景分析法通过模拟不确定性情景，对企业面临的风险进行定性和定量分析。

32. 【答案】ABCD

【考点】风险管理技术与方法

【解析】用以评估风险影响的常见定性方法是制作风险评估系图，选项 A 正确，风险评估系图的使用范围是适用于对风险初步的定性分析，选项 B 正确，主要优点：风险评估系图法作为一种简单的定性方法，直观明了，选项 C 正确；局限性：如需要进一步探求风险原因，则显得过于简单，缺乏有效的经验证明和数据支持，选项 D 正确。

33. 【答案】B

【考点】风险概念

【解析】风险是一系列可能发生的结果，不能简单理解为最有可能的结果。

34. 【答案】B

【考点】风险种类

【解析】法律风险是指企业在经营过程中因自身经营行为的不规范或者外部法律环境发生重大变化而造成的不利法律后果的可能性。法律风险侧重于民事责任的承担。合规风险指因违反法律或监管要求而受到制裁、遭受金融损失以及未能遵守适用的法律、法规、行为准则或相关标准而给企业信誉带来损失的可能性。合规风险侧重于行政责任和道德责任的承担。

35. 【答案】D

【考点】风险种类

【解析】属于公司在质量、安全、环保、信息安全等管理中发生失误导致的风险，是运营风险。本题用排除法做更好。

36. 【答案】D

【考点】风险管理策略

【解析】在险值，又称 VaR，是指在正常的市场条件下，在给定的时间段中，给定的置信区间内，预期可能发生的最大损失。在险值具有通用、直观、灵活的特点。其局限性是适用的风险范围小，对数据要求严格，计算困难，对肥尾效应无能为力。

37. 【答案】A

【考点】风险管理策略

【解析】选项 A 属于风险规避，选项 B 属于风险转移，选项 C 属于控制风险事件发生后的损失，选项 D 属于控制风险事件发生的概率。

38. 【答案】A

【考点】内部控制系统

【解析】我国《企业内部控制基本规范》关于控制活动要素的要求：企业应当根据内部控制目标，结合风险应对策略，综合运用控制措施，对各种业务和事项实施有效控制。

39. 【答案】B

【考点】风险理财措施

【解析】应急资本是风险资本的表现形式之一。应急资本是一个金融合约，规定在某一个时间段内、某个特定事件发生的情况下公司有权从应急资本提供方处募集股本或贷款（或资产负债表上的其他实收资本项目），并为此按时间向资本提供方缴纳权力费，这里特定事件称为触发事件。

40. 【答案】C

【考点】风险理财措施

【解析】风险理财的手段既不改变风险事件发生的可能性，也不改变风险事件可能引起的直接损失程度。

41. 【答案】AB

【考点】风险的概念与构成要素

【解析】有形风险因素是指直接影响事物物理功能的物质风险因素，也称为实质性风险因素。如水源或空气污染是损害人们健康的有形风险因素，汽车刹车系统失灵是引起车祸的有形风险因素。无形风险因素是指影响物质损失的可能性和程度的非物质因素，可以进一步分为道德风险因素（由于不诚实、不正当、不轨企图，如欺诈、抢劫、盗窃、贪污等）和心理风险因素（由于主观上的过失或疏忽，如司机在驾驶过程中注意力分散增加车祸发生的风险，居民外出忘记锁门增加盗窃发生的风险）。

42. 【答案】ABC

【考点】风险种类

【解析】从文化风险成因来看，文化风险存在并作用于企业经营的更深领域，主要有以下方面：跨国经营活动引发的文化风险、企业并购活动引发的文化风险、组织内部因素引起的文化风险。

43. 【答案】ABCD

【考点】风险管理目标

【解析】风险管理总体目标：①确保将风险控制在与公司总体目标相适应并可承受的范围内；②确保内外部，尤其是企业与股东之间实现真实、可靠的信息沟通，包括编制和提供真实、可靠的财务报告；③确保遵守有关法律法规；④确保企业有关规章制度和为实现经营目标而采取重大措施的贯彻执行，保障经营管理的有效性，提高经营活动的效率和效果，降低实现经营目标的不确定性；⑤确保企业建立针对各项重大风险发生后的危机处理计划，保护企业不因灾害性风险或人为失误而遭受重大损失。

44. 【答案】ABCD
【考点】风险管理基本流程
【解析】本题考核风险管理的基本流程。企业可聘请有资质、信誉好、风险管理专业能力强的中介机构对企业全面风险管理工作进行评价，出具风险管理评估和建议专项报告。报告一般应包括以下几方面的实施情况、存在缺陷和改进建议：①风险管理基本流程与风险管理策略；②企业重大风险、重大事件和重要管理及业务流程的风险管理及内部控制系统的建设；③风险管理组织体系与信息系统；④全面风险管理总体目标。

45. 【答案】ABC
【考点】风险管理策略
【解析】企业应该采取统一制定的风险度量模型，对采取的风险度量取得共识；但不一定在整个企业使用唯一的风险度量，允许对不同的风险采取不同的度量方法。选项 D 错误。

46. 【答案】ABCD
【考点】风险管理策略
【解析】风险转换可以在低成本或者无成本的情况下达到目的，选项 A 错误。风险补偿表现在企业主动承担风险，并采取措施以补偿可能的损失，选项 B 错误。重大风险的风险偏好是企业的重大决策，应由董事会决定，选项 C 错误。风险偏好可以定性，但风险承受度一定要定量，选项 D 错误。

47. 【答案】ABC
【考点】风险管理策略
【解析】本题考核风险承担。对于辨识出的风险，企业也可能由于以下几种原因采用风险承担：①缺乏能力进行主动管理，对这部分风险只能承担；②没有其他备选方案；③从成本效益考虑，这一方案是最适宜的方案。

48. 【答案】ACD
【考点】风险管理组织体系
【解析】董事会就全面风险管理工作的有效性对股东（大）会负责。董事会在全面风险管理方面主要履行以下职责：①审议并向股东（大）会提交企业全面风险管理年度工作报告；②确定企业风险管理总体目标、风险偏好、风险承受度，批准风险管理策略和重大风险管理解决方案；③了解和掌握企业面临的各项重大风险及其风险管理现状，做出有效控制风险的决策；④批准重大决策、重大风险、重大事件和重要业务流程的判断标准或判断机制；⑤批准重大决策的风险评估报告；⑥批准内部审计部门提交的风险管理监督评价审计报告；⑦批准风险管理组织机构设置及其职责方案；⑧批准风险管理措施，纠正和处理任何组织或个人超越风险管理制度做出的风险性决定的行为；⑨督导企业风险管理文化的培育；⑩全面风险管理的其他重大事项。
审议内部审计部门提交的风险管理监督评价审计报告是风险管理委员会的职责。

49. 【答案】ABCD
【考点】风险管理组织体系
【解析】本题考核审计委员会的内容。审计委员会应监察和评估内部审计职能在企业整体风险管理系统中的角色和有效性。审计委员会应该核查内部审计的有效性，并批准对内部审计主管的任命和解聘。审计委员会应确保内部审计部门能直接与董事会主席接触，并负有向审计委员会说明的责任。审计委员会会收到关于内部审计部门工作的定期报告，复核和监察管理层对内部审计的调查结果的反应。全部正确。

50. 【答案】ABD
【考点】内部控制系统
【解析】我国《企业内部控制基本规范》关于内部监督要素的要求：
①企业应当根据本规范及其配套办法，制定内部控制监督制度，明确内部审计机构（或经授权的其他监督机构）和其他内部机构在内部监督中的职责权限，规范内部监督的程序、方法和要求。内部监督分为日常监督和专项监督。日常监督是指企业对建立与实施内部控制的情况进行常规、持续的监督检查；专项监督是指在企业发展战略、组织结构、经营活动、业务流程、关键岗位员工等发生较大调整或变化的情况下，对内部控制的某一或者某些方面进行有针对性的监督检查。专项监督的范围和频率应当根据风险评估结果以及日常监督的有效性等予以确定。
②企业应当制定内部控制缺陷认定标准，对监

督过程中发现的内部控制缺陷，应当分析缺陷的性质和产生的原因，提出整改方案，采取适当的形式及时向董事会、监事会或者经理层报告。内部控制缺陷包括设计缺陷和运行缺陷。企业应当跟踪内部控制缺陷整改情况，并就内部监督中发现的重大缺陷，追究相关责任单位或者责任人的责任。

③企业应当结合内部监督情况，定期对内部控制的有效性进行自我评价，出具内部控制自我评价报告。内部控制自我评价的方式、范围、程序和频率，由企业根据经营业务调整、经营环境变化、业务发展状况、实际风险水平等自行确定。

④企业应当以书面或者其他适当的形式，妥善保存内部控制建立与实施过程中的相关记录或者资料，确保内部控制建立与实施过程的可验证性。

51. 【答案】BC

【考点】内部控制系统

【解析】选项 AD 属于控制环境，选项 B 属于会计系统控制，选项 C 属于授权审批控制。

52. 【答案】BD

【考点】风险理财措施

【解析】对于可控的风险，所有的风险控制措施，除了规避风险在特定范畴内完全有效外，其余均无法保证不会发生。风险理财可以针对不可控的风险。

风险理财的手段既不改变风险事件发生的可能性，也不改变风险事件可能引起的直接损失程度。

风险理财需要判断风险的定价，因此量化的标准较高，即不仅需要风险事件的可能性和损失的分布，更需要量化风险本身的价值。

传统的风险理财：传统的风险理财是损失理财，即为可能发生的损失融资，补偿风险造成的财务损失，如购买保险。传统的风险理财的目的是降低公司承担的风险。

风险理财与损失理财相反，公司可能通过使用金融工具来承担额外的风险，改善公司的财务状况，创造价值。风险理财对机会的利用是整个经营战略的有机组成部分和战略举措。

53. 【答案】ABC

【考点】风险理财措施

【解析】专业自保公司可以通过租借的方式承保其他公司的保险，不在保险市场上开展业务。

54. 【答案】ABC

【考点】风险理财措施

【解析】选择风险理财策略要考虑以下几点：①与公司整体风险管理策略一致；②与公司所面对风险的性质相匹配；③选择风险理财工具的要求；④成本与效益的平衡。风险理财的手段既不改变风险事件发生的可能性，也不改变风险事件可能引起的直接损失程度。

55. 【答案】ABCD

【考点】风险管理信息系统

【解析】风险管理信息系统应能够进行对各种风险进行计量和定量分析、定量测试；能够实时反映风险矩阵和排序频谱、重大风险和重要业务流程的监控状态；能够对超过风险预警上限的重大风险实施信息报警；能够满足风险管理内部信息报告制度和企业对外信息披露管理制度的要求。

56. 【答案】AB

【考点】风险管理技术与方法

【解析】专家一致性意见基础上在风险识别阶段进行定性分析是德尔菲法。德尔菲法的主要优点：①由于观点是匿名的，因此更有可能表达出不受欢迎的看法；②所有观点有相同的权重，避免重要人物占主导地位；③专家不必一次聚集在某个地方，比较方便；④这种方法具有广泛的代表性。选项 CD 是头脑风暴法的优点。

57. 【答案】ABD

【考点】风险管理技术与方法

【解析】决策树是考虑到在不确定性的情况下，以序列方式表示决策选择和结果，适用于对不确定性投资方案期望收益的定量分析。主要优点：①对于决策问题的细节提供了一种清楚的图解说明；②能够计算到达一种情形的最优路径。局限性：①大的决策树可能过于复杂，不容易与其他人交流；②为了能够用树形图表示，可能有过于简化环境的倾向。

58. 【考点】风险管理的概念、风险管理组织体系、风险管理基本流程

【答案】（1）王某的观点不正确。企业风险管理具有战略性。尽管风险管理渗透到企业各项活动中，存在于企业管理者对企业的日常管理当中，但它主要运用于企业战略管理层面，站在战略层面整合和管理企业层面风险是全面风

险管理的价值所在。

郑某的观点不正确。企业各有关部门和业务单位应定期对风险管理工作进行自查和检验，及时发现缺陷并改进，其检查、检验报告应及时报送企业风险管理职能部门，而不是报送给企业总经理。

张某的观点正确。企业风险管理职能部门应定期对各部门和业务单位风险管理工作实施情况和有效性进行检查和检验，要根据在制定风险策略时提出的有效性标准的要求对风险管理策略进行评估，对跨部门和业务单位的风险管理解决方案进行评价，提出调整或改进建议，出具评价和建议报告，及时报送企业总经理或其委托分管风险管理工作的高级管理人员。

费某的观点不正确。董事会可下设风险管理委员会，该委员会的召集人应由不兼任总经理的董事长担任；董事长兼任总经理的，召集人应由外部董事或独立董事担任。总经理或总经理委托的高级管理人员，负责主持全面风险管理的日常工作，负责组织拟订企业风险管理组织机构设置及其职责方案。企业总经理对全面风险管理工作的有效性向董事会负责。

李某的观点不正确。企业内部审计部门应每年至少一次对包括风险管理职能部门在内的各有关部门和业务单位能否按照有关规定开展风险管理工作及其工作效果进行监督评价，监督评价报告应直接报送董事会或董事会下设的风险管理委员会和审计委员会。

（2）风险管理的基本流程：①收集风险管理初始信息；②进行风险评估；③制定风险管理策略；④提出和实施风险管理解决方案；⑤风险管理的监督与改进。